CB142610

ORGANIZADOR
MÁRCIO ANDRÉ LOPES CAVALCANTE

VADE MECUM Magistratura Federal *Legislação Complementar*

LEGISLAÇÃO SELECIONADA PARA CONCURSO DE JUIZ FEDERAL

Parte integrante da obra VADE MECUM MAGISTRATURA FEDERAL

Não pode ser vendido separadamente

2018

EDITORA *Jus*PODIVM | Dizer o Direito
www.editorajuspodivm.com.br

EDITORA *Jus*PODIVM

www.editorajuspodivm.com.br

Rua Mato Grosso, 164, Ed. Marfina, 1º Andar – Pituba, CEP: 41830-151 – Salvador – Bahia
Tel: (71) 3045.9051
• Contato: https://www.editorajuspodivm.com.br/sac

Copyright: Edições *Jus*PODIVM

Conselho Editorial: Eduardo Viana Portela Neves, Dirley da Cunha Jr., Leonardo Garcia, Fredie Didier Jr., José Henrique Mouta, José Marcelo Vigliar, Marcos Ehrhardt Júnior, Nestor Távora, Robério Nunes Filho, Roberval Rocha Ferreira Filho, Rodolfo Pamplona Filho, Rodrigo Reis Mazzei e Rogério Sanches Cunha.

ISBN: 978-85-442-2203-4

Todos os direitos desta edição reservados à Edições *Jus*PODIVM.

É terminantemente proibida a reprodução total ou parcial desta obra, por qualquer meio ou processo, sem a expressa autorização do autor e da Edições *Jus*PODIVM. A violação dos direitos autorais caracteriza crime descrito na legislação em vigor, sem prejuízo das sanções civis cabíveis.

SUMÁRIO

LEI Nº 8.004, DE 14 DE MARÇO DE 1990

Dispõe sobre transferência de financiamento no âmbito do Sistema Financeiro da Habitação, e dá outras providências.

O Presidente da República, faço saber que o Congresso Nacional decreta e eu sanciono a seguinte lei:

Art. 1º O mutuário do Sistema Financeiro da Habitação (SFH) pode transferir a terceiros os direitos e obrigações decorrentes do respectivo contrato, observado o disposto nesta lei.

Parágrafo único. A formalização de venda, promessa de venda, cessão ou promessa de cessão relativas a imóvel financiado através do SFH dar-se-á em ato concomitante à transferência do financiamento respectivo, com a interveniência obrigatória da instituição financiadora. (Redação dada pela Lei nº 10.150, de 2000)

Art. 2º Nos contratos que tenham cláusula de cobertura de eventual saldo devedor residual pelo FCVS, a transferência dar-se-á mediante simples substituição do devedor, mantidas para o novo mutuário as mesmas condições e obrigações do contrato original, desde que se trate de financiamento destinado à casa própria, observando-se os requisitos legais e regulamentares, inclusive quanto à demonstração da capacidade de pagamento do cessionário em relação ao valor do novo encargo mensal. (Redação dada pela Lei nº 10.150, de 2000)

§ 1º Além do disposto no caput, o valor do encargo mensal para o novo mutuário será atualizado pro rata die, a contar da data do último reajustamento desse encargo até a data da formalização da transferência, com base no índice de atualização das contas de poupança mantidas no Sistema Brasileiro de Poupança e Empréstimo – SBPE, e acrescido da quinta parte do valor atualizado do encargo, observando que: (Redação dada pela Lei nº 10.150, de 2000)

a) o acréscimo da quinta parte do valor do encargo atualizado será integralmente direcionado à elevação da parcela correspondente à prestação de amortização e juros e, quando devida, da contribuição mensal ao FCVS; (Redação dada pela Lei nº 10.150, de 2000)

b) nos contratos enquadrados no Plano de Equivalência Salarial, instituído pelo Decreto-Lei nº 2.164, de 1984, o enquadramento na categoria profissional do novo mutuário dar-se-á a partir da data da transferência; (Redação dada pela Lei nº 10.150, de 2000)

c) na aplicação do primeiro reajuste do encargo mensal, após a transferência, nos contratos não enquadrados na alínea anterior, será compensada a atualização pro rata die de que trata o caput deste inciso.(Redação dada pela Lei nº 10.150, de 2000)

§ 2º Nas transferências dos contratos de financiamento da casa própria que não tenham cobertura de eventual saldo devedor residual pelo FCVS, e daqueles não enquadrados na Lei nº 8.692, de 1993, aplicam-se as condições previstas no caput e no parágrafo anterior. (Redação dada pela Lei nº 10.150, de 2000)

§ 3º Nas transferências de que trata o caput deste artigo, as instituições financiadoras ficam dispensadas da observância das seguintes exigências: (Redação dada pela Lei nº 10.150, de 2000)

a) limite máximo de financiamento, desde que não haja desembolso adicional de recursos;(Redação dada pela Lei nº 10.150, de 2000)

b) limite máximo de preço de venda ou de avaliação do imóvel objeto da transferência;(Redação dada pela Lei nº 10.150, de 2000)

c) localização do imóvel no domicílio do comprador. (Redação dada pela Lei nº 10.150, de 2000)

Art. 3º A critério da instituição financiadora, as transferências poderão ser efetuadas mediante assunção, pelo novo mutuário, do saldo devedor contábil da operação, atualizado pro rata die da data do último reajuste até a data da transferência, observados os percentuais de pagamento previstos no caput e nos incisos I, II e III do art. 5º desta Lei e os requisitos legais e regulamentares da casa própria, vigentes para novas contratações, inclusive quanto à demonstração da capacidade de pagamento do cessionário em relação ao valor do novo encargo mensal. (Redação dada pela Lei nº 10.150, de 2000)

§ 1º A transferência, nos casos deste artigo, se efetivará mediante a contratação de nova operação, que deverá observar as normas em vigor relativas aos financiamentos do SFH.

§ 2º Nas transferências de que se trata este artigo, as instituições financiadoras ficam dispensadas da observância das seguintes exigências:

a) limite máximo de financiamento, desde que não haja desembolso adicional de recursos;

b) limite máximo de preço de venda ou de avaliação do imóvel financiado;

c) localização do imóvel no domicílio do comprador;

d) contribuição ao Fundo de Assistência Habitacional (Fundhab).

§ 3º As transferências que, à data da publicação desta lei, tenham sido celebradas entre o mutuário e o adquirente, sem interveniência da instituição financiadora, serão regularizadas nos termos desta lei.

Art. 4º Para os efeitos desta lei, considera-se o Valor de Referência de Financiamento (VRF), aquele que, à época da contratação original, tenha sido indicado no contrato como referencial para efeito de atualização monetária do financiamento.

Art. 5º O mutuário do SFH que tenha firmado contrato até 31 de março de 1990 com cláusula de cobertura de eventuais saldos devedores residuais pelo FCVS poderá, no prazo máximo de um ano, liquidar antecipadamente sua dívida, mediante pagamento de valor correspondente a: (Redação dada pela Lei nº 10.150, de 2000)

I – contratos firmados até 28 de fevereiro de 1986: cinqüenta por cento do saldo devedor contábil da operação, atualizado pro rata die da data do último reajuste até a data da liquidação; (Inciso incluído pela Lei nº 10.150, de 2000)

II – contratos firmados de 1º de março de 1986 até 31 de dezembro de 1988: sessenta por cento do saldo devedor contábil da operação, atualizado pro rata die da data do último reajuste até a data da liquidação; (Inciso incluído pela Lei nº 10.150, de 2000)

III – contratos firmados de 1º de janeiro de 1989 até 31 de março de 1990: setenta por cento do saldo devedor contábil da operação, atualizado pro rata die da data do último reajuste até a data da liquidação. (Inciso incluído pela Lei nº 10.150, de 2000)

§ 1º A critério do mutuário, a liquidação antecipada dos saldos devedores dos contratos firmados até 28 de fevereiro de 1986, que tenham cláusula de cobertura de eventuais saldos devedores residuais pelo FCVS, poderá ser efetivada, alternativamente, mediante o pagamento do montante equivalente ao valor total das mensalidades vincendas, que será integralmente utilizado para amortizar o saldo devedor, inexistindo qualquer repasse para a apólice do seguro do SFH, cuja cobertura se encerra no momento da liquidação do contrato. (Redação dada pela Lei nº 10.150, de 2000)

§ 2º O valor da mensalidade (§ 1º) corresponde à soma dos encargos devidos mensalmente pelo mutuário, em decorrência do conjunto de obrigações componentes da operação. Esse valor será, para essa finalidade, reajustado pro rata die, com base nos índices de atualização dos depósitos de poupança, a contar do dia 1º do mês do último reajustamento até a data de liquidação da dívida.

Art. 6º (Revogado pela Lei nº 10.150, de 2001)

Art. 7º Os abatimentos de que tratam os arts. 3º e 5º serão suportados pelas instituições financiadoras, em valores equivalentes a vinte por cento do saldo devedor contábil, atualizado na forma definida nesta lei, podendo ser diferidos em vinte semestres. As parcelas remanescentes dos abatimentos, de responsabilidade do FCVS, poderão, a critério das instituições financiadoras, ser por estas suportadas.

Art. 8º No caso de descontos em contratos celebrados com recursos de repasse do extinto Banco Nacional de Habitação (BNH), será concedido, pela Caixa Econômica Federal (CEF), desconto proporcional ao montante repassado.

Art. 9º Tratando-se de descontos em contratos caucionados para garantia de refinanciamento e de operações de outros fundos geridos pelo extinto BNH, os vinte por cento do saldo devedor de responsabilidade das instituições financiadoras (art. 7º) serão por estas repassados à CEF nas mesmas condições em que o FCVS vier a ressarci-las (art. 11, III). As instituições financiadoras caucionarão em valor da CEF os respectivos créditos perante o FCVS.

Art. 10. Nas operações de que tratam os arts. 8º e 9º e nas realizadas com recursos do Fundo de Garantia do Tempo de Serviço (FGTS), em que tenha havido operação direta da CEF como instituição financiadora, ficará a cargo do FCVS a responsabilidade sobre o desconto concedido.

Art. 11. O FCVS quitará o saldo de sua responsabilidade junto às instituições financiadoras e, nas hipóteses previstas nos arts. 8º, 9º e 10, junto à CEF, na qualidade de sucessora do BNH, o qual será reajustado mensalmente com base no índice de atualização dos depósitos de poupança e com juros calculados à taxa contratual, observado o seguinte:

I – os saldos decorrentes da aplicação do art. 5º, no prazo de até dez anos, sendo três de carência, com pagamento mensal de juros, e sete de amortização em parcelas mensais consecutivas, vencendo a primeira no 37º mês a contar da liquidação efetivada pelo mutuário;

II – os saldos decorrentes da aplicação do art. 3º, no prazo de até oito anos, em parcelas mensais consecutivas, vencíveis a partir do trigésimo dia após a celebração do contrato de transferência; e

III – a parcela de vinte por cento de que trata o art. 9º, no prazo de cinco anos, em parcelas mensais consecutivas, vencendo-se a primeira no trigésimo dia após a liquidação da dívida pelo mutuário ou após a transferência do financiamento.

Art. 12. Os financiamentos concedidos na forma dos arts. 6º e 13 conservarão a classificação original (novos ou usados).

Art. 13. A instituição financiadora poderá, mediante liquidação do saldo devedor existente e concessão de novo financiamento, ampliar o valor financiado, utilizando como garantia a hipoteca do respectivo imóvel, observado o disposto nos arts. 7º e 11.

Art. 14. Será considerada, para os efeitos dos arts. 3º e 5º, a data do contrato original do financiamento, ainda que tenha ocorrido sub-rogação da dívida, desde que regular.

Art. 15. Para os contratos de financiamento com cronograma de desembolso parcelado, a data a ser considerada para fins do disposto nos arts. 2º, 3º e 5º é a da liberação da última parcela.

Art. 16. Os valores expressos em número de VRF (art. 4º) correspondentes aos descontos absorvidos pelas instituições financiadoras (arts. 3º e 5º) serão considerados como aplicação habitacional pelo prazo de um ano, reduzindo-se em cinquenta por cento após a expiração desse prazo.

Art. 17. O reajustamento das prestações dos mutuários enquadrados no Plano de Equivalência Salarial por Categoria Profissional (PES/CP) levará em consideração também o reajuste de salário concedido no próprio mês da celebração do contrato, ainda que a título de antecipação salarial.

Art. 18. O § 1º do art. 3º da Lei nº 5.741, de 1º de dezembro de 1971, passa a vigorar com a seguinte redação:

"§ 1º A citação far-se-á na pessoa do réu e de seu cônjuge ou de seus representantes legais."

Art. 19. O art. 31 do Decreto-Lei nº 70, de 21 de novembro de 1966, passa a vigorar com a seguinte redação:

"Art. 31. Vencida e não paga a dívida hipotecária, no todo ou em parte, o credor que houver preferido executá-la de acordo com este decreto-lei formalizará ao agente fiduciário a solicitação de execução da dívida, instruindo-a com os seguintes documentos:

I – o título da dívida devidamente registrado;

II – a indicação discriminada do valor das prestações e encargos não pagos;

III – o demonstrativo do saldo devedor discriminando as parcelas relativas a principal, juros, multa e outros encargos contratuais e legais; e

IV – cópia dos avisos reclamando pagamento da dívida, expedidos segundo instruções regulamentares relativas ao SFH.

§ 1º Recebida a solicitação da execução da dívida, o agente fiduciário, nos dez dias subseqüentes, promoverá a notificação do devedor, por intermédio de Cartório de Títulos e Documentos, concedendo-lhe o prazo de vinte dias para a purgação da mora.

§ 2º Quando o devedor se encontrar em lugar incerto ou não sabido, o oficial certificará o fato, cabendo, então, ao agente fiduciário promover a notificação por edital, publicado por três dias, pelo menos, em um dos jornais de maior circulação local, ou noutro de comarca de fácil acesso, se no local não houver imprensa diária."

Art. 20. (Vetado).

Art. 21. Somente serão objeto de execução na conformidade dos procedimentos do Decreto-Lei nº 70, de 21 de novembro de 1966, ou da Lei nº 5.741, de 1º de dezembro de 1971, os financiamentos em que se verificar atraso de pagamento de três ou mais prestações.

Art. 22. O art. 9º do Decreto-Lei nº 2.164, de 19 de setembro de 1984, passa a vigorar com a seguinte redação:

"Art. 9º As prestações mensais dos contratos de financiamento firmados no âmbito do SFH, vinculados ao Plano de Equivalência Salarial por Categoria Profissional (PES/CP) serão reajustadas no mês seguinte ao em que ocorrer a data-base da categoria profissional do mutuário utilizando-se a variação do Índice de Preços ao Consumidor (IPC) apurada nas respectivas datas-base.

§ 1º Nas datas-base o reajuste das prestações contemplará também o percentual relativo ao ganho real de salário.

§ 2º As prestações relativas a contratos vinculados ao Plano de Equivalência Salarial Plena serão reajustadas no mês seguinte ao dos reajustes salariais, inclusive os de caráter automático, complementar e compensatórios, e as antecipações a qualquer título.

§ 3º Fica assegurado ao mutuário o direito de, a qualquer tempo, solicitar alteração da data-base, nos casos de mudança de categoria profissional, sendo que a nova situação prevalecerá a partir do reajuste anual seguinte.

§ 4º O reajuste da prestação em função da primeira data-base ou após a opção pelo PES/CP terá como limite o índice de reajuste aplicado ao saldo devedor relativo ao período decorrido desde a data do evento até o mês do reajuste a ser aplicado à prestação, deduzidas as antecipações já repassadas às prestações.

§ 5º A prestação mensal não excederá a relação prestação/salário verificada na data da assinatura do contrato, podendo ser solicitada a sua revisão a qualquer tempo.

§ 6º Não se aplica o disposto no § 5º às hipóteses de redução de renda por mudança de emprego ou por alteração na composição da renda familiar em decorrência da exclusão de um ou mais co-adquirentes, assegurado ao mutuário nesses casos o direito à renegociação da dívida junto ao agente financeiro, visando a restabelecer o comprometimento inicial da renda.

§ 7º Sempre que em virtude da aplicação do PES a prestação for reajustada em percentagem inferior ao da variação integral do IPC acrescida do índice relativo ao ganho real de salário, a diferença será incorporada em futuros reajustes de prestações até o limite de que trata o § 5º.

§ 8º Os mutuários cujos contratos, firmados até 28 de fevereiro de 1986, ainda não assegurem o direito de reajustamento das prestações pelo PES/CP, poderão optar por este plano no mês seguinte ao do reajuste contratual da prestação.

§ 9º No caso de opção (§ 8º), o mutuário não terá direito a cobertura pelo Fundo de Compensação de Variações Salariais (FCVS) de eventual saldo devedor residual ao final do contrato, o qual deverá ser renegociado com o agente financeiro."

Art. 23. As importâncias eventualmente cobradas a mais dos mutuários deverão ser ressarcidas devidamente corrigidas pelos índices de atualização dos depósitos de poupança, em espécie ou através de redução nas prestações vincendas imediatamente subsequentes.

Art. 24. O Banco Central do Brasil baixará as instruções necessárias à aplicação desta lei.

Art. 25. Esta lei entra em vigor na data de sua publicação.

Brasília, 14 de março de 1990; 169º da Independência e 102º da República.

JOSÉ SARNEY

DOU de 14.3.1990

LEI Nº 8.100, DE 5 DE DEZEMBRO DE 1990

Dispõe sobre o reajuste das prestações pactuadas nos contratos de financiamento firmados no âmbito do Sistema Financeiro da Habitação, vinculados ao Plano de Equivalência Salarial e dá outras providências.

Faço saber que o Presidente da República adotou a Medida Provisória nº 260, de 1990, que o Congresso Nacional aprovou, e eu, NELSON CARNEIRO, Presidente do Senado Federal, para os efeitos do disposto no parágrafo único do art. 62 da Constituição Federal, promulgo a seguinte lei:

Art. 1º As prestações mensais pactuadas nos contratos de financiamento firmados no âmbito do Sistema Financeiro da Habitação (SFH), vinculados ao Plano de Equivalência Salarial por Categoria Profissional (PES/CP), serão reajustadas em função da data-base para a respectiva revisão salarial, mediante a aplicação do percentual que resultar:

I – da variação: até fevereiro de 1990, do Índice de Preços ao Consumidor (IPC) e, a partir de março de 1990, o valor nominal do Bônus do Tesouro Nacional (BTN);

II – do acréscimo de percentual relativo ao ganho real de salário.

1º No caso de contratos enquadrados na modalidade plena do PES/CP, far-se-á, a partir do mês de julho de 1990, o reajuste mensal das respectivas prestações, com base no percentual de variação do valor nominal do BTN.

2º Do percentual de reajuste de que trata o *caput* deste artigo será deduzido o percentual de reajuste a que se refere o parágrafo anterior.

3º É facultado ao agente financeiro aplicar, em substituição aos percentuais previstos no *caput* e 1º deste artigo, o índice de aumento salarial da categoria profissional que for antecipadamente conhecido.

Art. 2º Ao mutuário, cujo aumento salarial for inferior à variação dos percentuais referidos no *caput* e 1º do artigo anterior, fica assegurado o reajuste das prestações mensais em percentual idêntico ao do respectivo aumento salarial, desde que efetuem a devida comprovação perante o agente financeiro.

Art. 3º O Fundo de Compensação de Variações Salariais – FCVS quitará somente um saldo devedor remanescente por mutuário ao final do contrato, exceto aqueles relativos aos contratos firmados até 5 de dezembro de 1990, ao amparo da legislação do SFH, independentemente da data de ocorrência do evento caracterizador da obrigação do FCVS. (Redação dada pela Lei nº 10.150, de 21.12.2001)

1º No caso de mutuários que tenham contribuído para o FCVS em mais de um financiamento, desde que não sejam referentes a imóveis na mesma localidade, fica assegurada a cobertura do fundo, a qualquer tempo, somente para quitações efetuadas na forma estabelecida no *caput* do art. 5º da Lei nº 8.004, de 14 de março de 1990.

2º Ocorrendo a hipótese de um mutuário figurar como codevedor em contrato celebrado anteriormente, não será considerado como tendo mais de um financiamento.

§ 3º Para assegurar o cumprimento do disposto neste artigo, fica a CEF, na qualidade de Administradora do FCVS, autorizada a desenvolver, implantar e operar cadastro nacional de mutuários do Sistema Financeiro da Habitação – SFH, constituído a partir dos cadastros de operações imobiliárias e de seguro habitacional, ficando sob responsabilidade do FCVS os custos decorrentes do desenvolvimento, implantação, produção e manutenção do referido cadastro. (Redação dada pela Lei nº 10.150, de 21.12.2001)

§ 4º O Conselho Monetário Nacional – CMN editará os atos normativos necessários à administração e manutenção do cadastro a que se refere o § 3º deste artigo. (Incluído pela Lei nº 10.150, de 21.12.2001)

Art. 4° O Banco Central do Brasil expedirá as instruções necessárias à aplicação desta lei, inclusive aquelas relativas ao reajuste de prestações de financiamentos firmados no âmbito do SFH.

Art. 5° As relações jurídicas decorrentes das Medidas Provisórias n°s 191, de 6 de junho de 1990, 196, de 30 de junho de 1990, 202, de 1° de agosto de 1990, 217, de 31 de agosto de 1990, e 239, de 2 de outubro de 1990, serão disciplinados pelo Congresso Nacional, nos termos do disposto no parágrafo único do art. 62 da Constituição.

Art. 6° Esta lei entra em vigor na data de sua publicação.

Art. 7° Revogam-se as disposições em contrário.

Senado Federal, em 5 de dezembro de 1990; 169° da Independência e 102° da República.

NELSON CARNEIRO

D.O.U. de 6.12.1990

LEI Nº 9.962, DE 22 DE FEVEREIRO DE 2000

Disciplina o regime de emprego público do pessoal da Administração federal direta, autárquica e fundacional, e dá outras providências.

O Presidente da República

Faço saber que o Congresso Nacional decreta e eu sanciono a seguinte Lei:

Art. 1º O pessoal admitido para emprego público na Administração federal direta, autárquica e fundacional terá sua relação de trabalho regida pela Consolidação das Leis do Trabalho, aprovada pelo Decreto-Lei nº 5.452, de 1º de maio de 1943, e legislação trabalhista correlata, naquilo que a lei não dispuser em contrário.

§ 1º Leis específicas disporão sobre a criação dos empregos de que trata esta Lei no âmbito da Administração direta, autárquica e fundacional do Poder Executivo, bem como sobre a transformação dos atuais cargos em empregos.

§ 2º É vedado:

I – submeter ao regime de que trata esta Lei:

a) (VETADO)

b) cargos públicos de provimento em comissão;

II – alcançar, nas leis a que se refere o § 1º, servidores regidos pela Lei nº 8.112, de 11 de dezembro de 1990, às datas das respectivas publicações.

§ 3º Estende-se o disposto no § 2º à criação de empregos ou à transformação de cargos em empregos não abrangidas pelo § 1º.

§ 4º (VETADO)

Art. 2º A contratação de pessoal para emprego público deverá ser precedida de concurso público de provas ou de provas e títulos, conforme a natureza e a complexidade do emprego.

Art. 3º O contrato de trabalho por prazo indeterminado somente será rescindido por ato unilateral da Administração pública nas seguintes hipóteses:

I – prática de falta grave, dentre as enumeradas no art. 482 da Consolidação das Leis do Trabalho – CLT;

II – acumulação ilegal de cargos, empregos ou funções públicas;

III – necessidade de redução de quadro de pessoal, por excesso de despesa, nos termos da lei complementar a que se refere o art. 169 da Constituição Federal;

IV – insuficiência de desempenho, apurada em procedimento no qual se assegurem pelo menos um recurso hierárquico dotado de efeito suspensivo, que será apreciado em trinta dias, e o prévio conhecimento dos padrões mínimos exigidos para continuidade da relação de emprego, obrigatoriamente estabelecidos de acordo com as peculiaridades das atividades exercidas.

Parágrafo único. Excluem-se da obrigatoriedade dos procedimentos previstos no *caput* as contratações de pessoal decorrentes da autonomia de gestão de que trata o § 8º do art. 37 da Constituição Federal.

Art. 4º Aplica-se às leis a que se refere o § 1º do art. 1º desta Lei o disposto no art. 246 da Constituição Federal.

Art. 5º Esta Lei entra em vigor na data de sua publicação.

Brasília, 22 de fevereiro de 2000; 179º da Independência e 112º da República.

FERNANDO HENRIQUE CARDOSO

D.O.U de 23.2.2000

LEI Nº 10.188, DE 12 DE FEVEREIRO DE 2001

Cria o Programa de Arrendamento Residencial, institui o arrendamento residencial com opção de compra e dá outras providências.

Faço saber que o Presidente da República adotou a Medida Provisória nº 2.135-24, de 2001, que o Congresso Nacional aprovou, e eu, Antonio Carlos Magalhães, Presidente, para os efeitos do disposto no parágrafo único do art. 62 da Constituição Federal, promulgo a seguinte Lei:

CAPÍTULO I
DAS DISPOSIÇÕES GERAIS

Art. 1º Fica instituído o Programa de Arrendamento Residencial para atendimento da necessidade de moradia da população de baixa renda, sob a forma de arrendamento residencial com opção de compra. (Redação dada pela Lei nº 11.474, de 2007)

§ 1º A gestão do Programa cabe ao Ministério das Cidades e sua operacionalização à Caixa Econômica Federal – CEF. (Redação dada pela Lei nº 10.859, de 2004)

§ 2º Os Ministros de Estado das Cidades e da Fazenda fixarão, em ato conjunto, a remuneração da CEF pelas atividades exercidas no âmbito do Programa. (Incluído pela Lei nº 10.859, de 2004)

§ 3º Fica facultada a alienação, sem prévio arrendamento, ou a cessão de direitos dos imóveis adquiridos no âmbito do Programa. (Redação dada pela Lei nº 12.424, de 2011)

Art. 2º Para a operacionalização do Programa instituído nesta Lei, é a CEF autorizada a criar um fundo financeiro privado com o fim exclusivo de segregação patrimonial e contábil dos haveres financeiros e imobiliários destinados ao Programa. (Redação dada pela Lei nº 12.693, de 20120)

§ 1º O fundo a que se refere o *caput* será subordinado à fiscalização do Banco Central do Brasil, devendo sua contabilidade sujeitar-se às normas do Plano Contábil das Instituições do Sistema Financeiro Nacional (Cosif), aos princípios gerais de contabilidade e, no que couber, às demais normas de contabilidade vigentes no País. (Redação dada pela Lei nº 12.693, de 20120)

§ 2º O patrimônio do fundo a que se refere o *caput* será constituído: (Redação dada pela Lei nº 12.693, de 20120)

I – pelos bens e direitos adquiridos pela CEF no âmbito do Programa instituído nesta Lei; e (Incluído pela Lei nº 12.693, de 20120)

II – pelos recursos advindos da integralização de cotas. (Incluído pela Lei nº 12.693, de 20120)

§ 3º Os bens e direitos integrantes do patrimônio do fundo a que se refere o caput, em especial os bens imóveis mantidos sob a propriedade fiduciária da CEF, bem como seus frutos e rendimentos, não se comunicam com o patrimônio desta, observadas, quanto a tais bens e direitos, as seguintes restrições:

I – não integram o ativo da CEF;

II – não respondem direta ou indiretamente por qualquer obrigação da CEF;

III – não compõem a lista de bens e direitos da CEF, para efeito de liquidação judicial ou extrajudicial;

IV – não podem ser dados em garantia de débito de operação da CEF;

V – não são passíveis de execução por quaisquer credores da CEF, por mais privilegiados que possam ser;

VI – não podem ser constituídos quaisquer ônus reais sobre os imóveis.

§ 4º No título aquisitivo, a CEF fará constar as restrições enumeradas nos incisos I a VI e destacará que o bem adquirido constitui patrimônio do fundo a que se refere o caput.

§ 5º No registro de imóveis, serão averbadas as restrições e o destaque referido no parágrafo anterior.

§ 6º A CEF fica dispensada da apresentação de certidão negativa de débitos, expedida pelo Instituto Nacional do Seguro Social – INSS, e da Certidão Negativa de Tributos e Contribuições administradas pela Secretaria da Receita Federal, quando alienar imóveis integrantes do patrimônio do fundo a que se refere o caput.

§ 7º A alienação dos imóveis pertencentes ao patrimônio do fundo a que se refere o caput deste artigo será efetivada diretamente pela CEF, constituindo o instrumento de alienação documento hábil para cancelamento, perante o Cartório de Registro de Imóveis, das averbações pertinentes às restrições e ao destaque de que tratam os §§ 3º e 4º deste artigo, observando-se: (Redação dada pela Lei nº 11.474, de 2007)

I – o decurso do prazo contratual do Arrendamento Residencial; ou (Incluído pela Lei nº 11.474, de 2007)

II – a critério do gestor do Fundo, o processo de desimobilização do fundo financeiro de que trata o caput deste artigo. (Incluído pela Lei nº 11.474, de 2007)

§ 8º Cabe à CEF a gestão do fundo a que se refere o *caput* e a proposição de seu regulamento para a aprovação da assembleia de cotistas. (Redação dada pela Lei nº 12.693, de 20120)

Art. 2º-A. A integralização de cotas pela União poderá ser realizada, a critério do Ministério da Fazenda: (Incluído pela Lei nº 12.693, de 2012)

I – em moeda corrente; (Incluído pela Lei nº 12.693, de 2012)

II – em títulos públicos; (Incluído pela Lei nº 12.693, de 2012)

III – por meio de suas participações minoritárias; ou (Incluído pela Lei nº 12.693, de 2012)

IV – por meio de ações de sociedades de economia mista federais excedentes ao necessário para manutenção de seu controle acionário. (Incluído pela Lei nº 12.693, de 2012)

§ 1º A representação da União na assembleia de cotistas ocorrerá na forma do inciso V do caput do art. 10 do Decreto-Lei nº 147, de 3 de fevereiro de 1967. (Incluído pela Lei nº 12.693, de 2012)

§ 2º O Fundo de Arrendamento Residencial (FAR), de que trata o inciso II do caput do art. 2º da Lei nº 11.977, de 7 de julho de 2009, terá direitos e obrigações próprias, pelas quais responderá com seu patrimônio, não respondendo os cotistas por qualquer obrigação do Fundo, salvo pela integralização das cotas que subscreverem. (Incluído pela Lei nº 12.693, de 2012)

Art. 3º Para atendimento exclusivo às finalidades do Programa instituído nesta Lei, fica a CEF autorizada a: (Vide Medida Provisória nº 349, de 2007)

I – utilizar os saldos disponíveis dos seguintes Fundos e Programa em extinção:

a) Fundo de Apoio ao Desenvolvimento Social – FAS, criado pela Lei nº 6.168, de 9 de dezembro de 1974;

b) Fundo de Investimento Social – FINSOCIAL, criado pelo Decreto-Lei nº 1.940, de 25 de maio de 1982;

c) Programa de Difusão Tecnológica para Construção de Habitação de Baixo Custo – PROTECH, criado por Decreto de 28 de julho de 1993; e

d) Fundo de Desenvolvimento Social – FDS, a que se refere o Decreto nº 103, de 22 de abril de 1991;

II – contratar operações de crédito com o Fundo de Garantia do Tempo de Serviço – FGTS, na forma e condições disciplinadas pelo Conselho Curador do FGTS, até limite a ser fixado pelo Poder Executivo; e (Redação dada pela Lei nº 10.859, de 2004)

III – incorporar as receitas pertencentes ao fundo financeiro específico do Programa, provenientes do processo de desimobilização previsto no inciso II do § 7º do art. 2º desta Lei; e (Redação dada pela Lei nº 11.474, de 2007)

IV – receber outros recursos a serem destinados ao Programa. (Incluído pela Lei nº 11.474, de 2007)

§ 1º Do saldo relativo ao FDS será deduzido o valor necessário ao provisionamento, na CEF, das exigibilidades de responsabilidade do Fundo existentes na data de publicação desta Lei.

§ 2º A CEF promoverá o pagamento, nas épocas próprias, das obrigações de responsabilidade do FDS.

§ 3º As receitas provenientes das operações de arrendamento e das aplicações de recursos destinados ao Programa instituído nesta Lei serão, deduzidas as despesas de administração, utilizadas para amortização da operação de crédito a que se refere o inciso II.

§ 4º O saldo positivo existente ao final do Programa será integralmente revertido à União.

§ 5º A aquisição de imóveis para atendimento dos objetivos do Programa será limitada a valor a ser estabelecido pelo Poder Executivo. (Redação dada pela Lei nº 10.859, de 2004)

§ 6º No caso de imóveis tombados pelo Poder Público nos termos da legislação de preservação do patrimônio histórico e cultural ou daqueles inseridos em programas de revitalização ou reabilitação de centros urbanos, a CEF fica autorizada a adquirir os direitos de posse em que estiverem imitidos a União, Estados, Distrito Federal, Municípios e suas entidades, desde que devidamente registrados no Registro Geral de Imóveis – RGI, nos termos do art. 167, inciso I, item 36, da Lei nº 6.015, de 31 de dezembro de 1973. (Redação dada pela Lei nº 10.859, de 2004)

Art. 3º-A. O FAR não contará com qualquer tipo de garantia ou aval por parte do setor público e responderá por suas obrigações até o limite dos bens e direitos integrantes de seu patrimônio. (Incluído pela Lei nº 12.693, de 2012)

Art. 4º Compete à CEF:

I – criar o fundo financeiro a que se refere o art. 2º;

II – alocar os recursos previstos no art. 3º, inciso II, responsabilizando-se pelo retorno dos recursos ao FGTS, na forma do § 1º do art. 9º da Lei nº 8.036, de 11 de maio de 1990;

III – expedir os atos necessários à operacionalização do Programa;

IV – definir os critérios técnicos a serem observados na aquisição, alienação e no arrendamento com opção de compra dos imóveis destinados ao Programa; (Redação dada pela Lei nº 11.474, de 2007)

V – assegurar que os resultados das aplicações sejam revertidos para o fundo e que as operações de aquisição de imóveis sujeitar-se-ão aos critérios técnicos definidos para o Programa;

VI – representar o arrendador ativa e passivamente, judicial e extrajudicialmente;

VII – promover, em nome do arrendador, o registro dos imóveis adquiridos.

VIII – observar as restrições a pessoas jurídicas e físicas, no que se refere a impedimentos à atuação em programas habitacionais, subsidiando a atualização dos cadastros existentes, inclusive os do Sistema Financeiro da Habitação – SFH. (Redação dada pela Lei nº 11.474, de 2007)

Parágrafo único. As operações de aquisição, construção, recuperação, arrendamento e venda de imóveis obedecerão aos critérios estabelecidos pela CEF, respeitados os princípios da legalidade, finalidade, razoabilidade, moralidade administrativa, interesse público e eficiência, ficando dispensada da observância das disposições específicas da lei geral de licitação.

Art. 5º Compete ao Ministério das Cidades: (Redação dada pela Lei nº 10.859, de 2004)

I – estabelecer diretrizes gerais para a aplicação dos recursos alocados; (Redação dada pela Lei nº 10.859, de 2004)

II – fixar regras e condições para implementação do Programa, tais como áreas de atuação, público-alvo, valor máximo de aquisição da unidade habitacional, entre outras que julgar necessárias; (Redação dada pela Lei nº 11.474, de 2007)

III – acompanhar e avaliar o desempenho do Programa em conformidade com os objetivos estabelecidos nesta Lei. (Redação dada pela Lei nº 10.859, de 2004)

IV – estabelecer diretrizes para a alienação prevista no § 7º do art. 2º desta Lei; (Redação dada pela Lei nº 11.474, de 2007)

V – encaminhar às 2 (duas) Casas do Congresso Nacional relatório semestral sobre as ações do Programa. (Incluído pela Lei nº 11.474, de 2007)

CAPÍTULO II
DO ARRENDAMENTO RESIDENCIAL

Art. 6º Considera-se arrendamento residencial a operação realizada no âmbito do Programa instituído nesta Lei, que tenha por objeto o arrendamento com opção de compra de bens imóveis adquiridos para esse fim específico.

Parágrafo único. Para os fins desta Lei, considera-se arrendatária a pessoa física que, atendidos os requisitos estabelecidos pelo Ministério das Cidades, seja habilitada pela CEF ao arrendamento. (Redação dada pela Lei nº 10.859, de 2004)

Art. 7º (Revogado pela Lei nº 10.859, de 2004)

Art. 8º O contrato de aquisição de imóveis pelo arrendador, as cessões de posse e as promessas de cessão, bem como o contrato de transferência do direito de propriedade ou do domínio útil ao arrendatário, serão celebrados por instrumento particular com força de escritura pública e registrados em Cartório de Registro de Imóveis competente. (Redação dada pela Lei nº 10.859, de 2004)

§ 1º O contrato de compra e venda referente ao imóvel objeto de arrendamento residencial que vier a ser alienado na forma do inciso II do § 7º do art. 2º desta Lei, ainda que o pagamento integral seja feito à vista, contemplará cláusula impeditiva de o adquirente, no prazo de 24 (vinte e quatro) meses, vender, prometer vender ou ceder seus direitos sobre o imóvel alienado. (Incluído pela Lei nº 11.474, de 2007)

§ 2º O prazo a que se refere o § 1º deste artigo poderá, excepcionalmente, ser reduzido conforme critério a ser definido pelo Ministério das Cidades, nos casos de arrendamento com período superior à metade do prazo final regulamentado. (Incluído pela Lei nº 11.474, de 2007)

§ 3º Nos imóveis alienados na forma do inciso II do § 7º do art. 2º desta Lei, será admitida a utilização dos recursos depositados em conta vinculada do FGTS, em condições a serem definidas pelo Conselho Curador do FGTS. (Incluído pela Lei nº 11.474, de 2007)

Art. 9º Na hipótese de inadimplemento no arrendamento, findo o prazo da notificação ou interpelação, sem pagamento dos encargos em atraso, fica configurado o esbulho possessório que autoriza o arrendador a propor a competente ação de reintegração de posse.

Art. 10. Aplica-se ao arrendamento residencial, no que couber, a legislação pertinente ao arrendamento mercantil.

Art. 10-A. Os valores apurados com a alienação dos imóveis serão utilizados para amortizar os saldos devedores dos empréstimos tomados perante o FGTS, na forma do inciso II do caput do art. 3º desta Lei, nas condições a serem estabelecidas pelo Conselho Curador do FGTS. (Incluído pela Lei nº 11.474, de 2007)

Art. 11. Ficam convalidados os atos praticados com base na Medida Provisória nº 2.135-23, de 28 de dezembro de 2000.

Art. 12. Esta Lei entra em vigor na data de sua publicação.

Congresso Nacional, em 12 de fevereiro de 2001; 180º da Independência e 113º da República

Senador ANTONIO CARLOS MAGALHÃES
Presidente

DOU de 14.2.2001

DECRETO Nº 5.450, DE 31 DE MAIO DE 2005

Regulamenta o pregão, na forma eletrônica, para aquisição de bens e serviços comuns, e dá outras providências.

O Presidente da República, no uso da atribuição que lhe confere o art. 84, inciso IV, da Constituição, e tendo em vista o disposto na Lei nº 10.520, de 17 de julho de 2002,

DECRETA:

Art. 1º A modalidade de licitação pregão, na forma eletrônica, de acordo com o disposto no § 1º do art. 2º da Lei nº 10.520, de 17 de julho de 2002, destina-se à aquisição de bens e serviços comuns, no âmbito da União, e submete-se ao regulamento estabelecido neste Decreto.

Parágrafo único. Subordinam-se ao disposto neste Decreto, além dos órgãos da administração pública federal direta, os fundos especiais, as autarquias, as fundações públicas, as empresas públicas, as sociedades de economia mista e as demais entidades controladas direta ou indiretamente pela União.

Art. 2º O pregão, na forma eletrônica, como modalidade de licitação do tipo menor preço, realizar-se-á quando a disputa pelo fornecimento de bens ou serviços comuns for feita à distância em sessão pública, por meio de sistema que promova a comunicação pela internet.

§ 1º Consideram-se bens e serviços comuns, aqueles cujos padrões de desempenho e qualidade possam ser objetivamente definidos pelo edital, por meio de especificações usuais do mercado.

§ 2º Para o julgamento das propostas, serão fixados critérios objetivos que permitam aferir o menor preço, devendo ser considerados os prazos para a execução do contrato e do fornecimento, as especificações técnicas, os parâmetros mínimos de desempenho e de qualidade e as demais condições definidas no edital.

§ 3º O sistema referido no caput será dotado de recursos de criptografia e de autenticação que garantam condições de segurança em todas as etapas do certame.

§ 4º O pregão, na forma eletrônica ,será conduzido pelo órgão ou entidade promotora da licitação, com apoio técnico e operacional da Secretaria de Logística e Tecnologia da Informação do Ministério do Planejamento, Orçamento e Gestão, que atuará como provedor do sistema eletrônico para os órgãos integrantes do Sistema de Serviços Gerais – SISG.

§ 5º A Secretaria de Logística e Tecnologia da Informação poderá ceder o uso do seu sistema eletrônico a órgão ou entidade dos Poderes da União, Estados, Distrito Federal e Municípios, mediante celebração de termo de adesão.

Art. 3º Deverão ser previamente credenciados perante o provedor do sistema eletrônico a autoridade competente do órgão promotor da licitação, o pregoeiro, os membros da equipe de apoio e os licitantes que participam do pregão na forma eletrônica.

§ 1º O credenciamento dar-se-á pela atribuição de chave de identificação e de senha, pessoal e intransferível, para acesso ao sistema eletrônico.

§ 2º No caso de pregão promovido por órgão integrante do SISG, o credenciamento do licitante, bem assim a sua manutenção, dependerá de registro atualizado no Sistema de Cadastramento Unificado de Fornecedores – SICAF.

§ 3º A chave de identificação e a senha poderão ser utilizadas em qualquer pregão na forma eletrônica, salvo quando cancelada por solicitação do credenciado ou em virtude de seu descadastramento perante o SICAF.

§ 4º A perda da senha ou a quebra de sigilo deverá ser comunicada imediatamente ao provedor do sistema, para imediato bloqueio de acesso.

§ 5º O uso da senha de acesso pelo licitante é de sua responsabilidade exclusiva, incluindo qualquer transação efetuada diretamente ou por seu representante, não cabendo ao provedor do sistema ou ao órgão promotor da licitação responsabilidade por eventuais danos decorrentes de uso indevido da senha, ainda que por terceiros.

§ 6º O credenciamento junto ao provedor do sistema implica a responsabilidade legal do licitante e a presunção de sua capacidade técnica para realização das transações inerentes ao pregão na forma eletrônica.

Art. 4º Nas licitações para aquisição de bens e serviços comuns será obrigatória a modalidade pregão, sendo preferencial a utilização da sua forma eletrônica.

§ 1º O pregão deve ser utilizado na forma eletrônica, salvo nos casos de comprovada inviabilidade, a ser justificada pela autoridade competente.

§ 2º Na hipótese de aquisições por dispensa de licitação, fundamentadas no inciso II do art. 24 da Lei nº 8.666, de 21 de junho de 1993, as unidades gestoras integrantes do SISG deverão adotar, preferencialmente, o sistema de cotação eletrônica, conforme disposto na legislação vigente.

Art. 5º A licitação na modalidade de pregão é condicionada aos princípios básicos da legalidade, impessoalidade, moralidade, igualdade, publicidade, eficiência, probidade administrativa, vinculação ao instrumento convocatório e do julgamento objetivo, bem como aos princípios correlatos da razoabilidade, competitividade e proporcionalidade.

Parágrafo único. As normas disciplinadoras da licitação serão sempre interpretadas em favor da ampliação da disputa entre os interessados, desde que não comprometam o interesse da administração, o princípio da isonomia, a finalidade e a segurança da contratação.

Art. 6º A licitação na modalidade de pregão, na forma eletrônica, não se aplica às contratações de obras de engenharia, bem como às locações imobiliárias e alienações em geral.

Art. 7º Os participantes de licitação na modalidade de pregão, na forma eletrônica, têm direito público subjetivo à fiel observância do procedimento estabelecido neste Decreto, podendo qualquer interessado acompanhar o seu desenvolvimento em tempo real, por meio da internet.

Art. 8º À autoridade competente, de acordo com as atribuições previstas no regimento ou estatuto do órgão ou da entidade, cabe:

I – designar e solicitar, junto ao provedor do sistema, o credenciamento do pregoeiro e dos componentes da equipe de apoio;

II – indicar o provedor do sistema;

III – determinar a abertura do processo licitatório;

IV – decidir os recursos contra atos do pregoeiro quando este mantiver sua decisão;

V – adjudicar o objeto da licitação, quando houver recurso;

VI – homologar o resultado da licitação; e

VII – celebrar o contrato.

Art. 9º Na fase preparatória do pregão, na forma eletrônica, será observado o seguinte:

I – elaboração de termo de referência pelo órgão requisitante, com indicação do objeto de forma precisa, suficiente e clara, vedadas especificações que, por excessivas, irrelevantes ou desnecessárias, limitem ou frustrem a competição ou sua realização;

II – aprovação do termo de referência pela autoridade competente;

III – apresentação de justificativa da necessidade da contratação;

IV – elaboração do edital, estabelecendo critérios de aceitação das propostas;

V – definição das exigências de habilitação, das sanções aplicáveis, inclusive no que se refere aos prazos e às condições que, pelas suas particularidades, sejam consideradas relevantes para a celebração e execução do contrato e o atendimento das necessidades da administração; e

VI – designação do pregoeiro e de sua equipe de apoio.

§ 1º A autoridade competente motivará os atos especificados nos incisos II e III, indicando os elementos técnicos fundamentais que o apóiam, bem como quanto aos elementos contidos no orçamento estimativo e no cronograma físico-financeiro de desembolso, se for o caso, elaborados pela administração.

§ 2º O termo de referência é o documento que deverá conter elementos capazes de propiciar avaliação do custo pela administração diante de orçamento detalhado, definição dos métodos, estratégia de suprimento, valor estimado em planilhas de acordo com o preço de mercado, cronograma físico-financeiro, se for o caso, critério de aceitação do objeto, deveres do contratado e do contratante, procedimentos de fiscalização e gerenciamento do contrato, prazo de execução e sanções, de forma clara, concisa e objetiva.

Art. 10. As designações do pregoeiro e da equipe de apoio devem recair nos servidores do órgão ou entidade promotora da licitação, ou de órgão ou entidade integrante do SISG.

§ 1º A equipe de apoio deverá ser integrada, em sua maioria, por servidores ocupantes de cargo efetivo ou emprego da administração pública, pertencentes, preferencialmente, ao quadro permanente do órgão ou entidade promotora da licitação.

§ 2º No âmbito do Ministério da Defesa, as funções de pregoeiro e de membro da equipe de apoio poderão ser desempenhadas por militares.

§ 3º A designação do pregoeiro, a critério da autoridade competente, poderá ocorrer para período de um ano, admitindo-se reconduções, ou para licitação específica.

§ 4º Somente poderá exercer a função de pregoeiro o servidor ou o militar que reúna qualificação profissional e perfil adequados, aferidos pela autoridade competente.

Art. 11. Caberá ao pregoeiro, em especial:

I – coordenar o processo licitatório;

II – receber, examinar e decidir as impugnações e consultas ao edital, apoiado pelo setor responsável pela sua elaboração;

III – conduzir a sessão pública na internet;

IV – verificar a conformidade da proposta com os requisitos estabelecidos no instrumento convocatório;

V – dirigir a etapa de lances;

VI – verificar e julgar as condições de habilitação;

VII – receber, examinar e decidir os recursos, encaminhando à autoridade competente quando mantiver sua decisão;

VIII – indicar o vencedor do certame;

IX – adjudicar o objeto, quando não houver recurso;

X – conduzir os trabalhos da equipe de apoio; e

XI – encaminhar o processo devidamente instruído à autoridade superior e propor a homologação.

Art. 12. Caberá à equipe de apoio, dentre outras atribuições, auxiliar o pregoeiro em todas as fases do processo licitatório.

Art. 13. Caberá ao licitante interessado em participar do pregão, na forma eletrônica:

I – credenciar-se no SICAF para certames promovidos por órgãos da administração pública federal direta, autárquica e fundacional, e de órgão ou entidade dos demais Poderes, no âmbito da União, Estados, Distrito Federal e Municípios, que tenham celebrado termo de adesão;

II – remeter, no prazo estabelecido, exclusivamente por meio eletrônico, via internet, a proposta e, quando for o caso, seus anexos;

III – responsabilizar-se formalmente pelas transações efetuadas em seu nome, assumindo como firmes e verdadeiras suas propostas e lances, inclusive os atos praticados diretamente ou por seu representante, não cabendo ao provedor do sistema ou ao órgão promotor da licitação responsabilidade por eventuais danos decorrentes de uso indevido da senha, ainda que por terceiros;

IV – acompanhar as operações no sistema eletrônico durante o processo licitatório, responsabilizando-se pelo ônus decorrente da perda de negócios diante da inobservância de quaisquer mensagens emitidas pelo sistema ou de sua desconexão;

V – comunicar imediatamente ao provedor do sistema qualquer acontecimento que possa comprometer o sigilo ou a inviabilidade do uso da senha, para imediato bloqueio de acesso;

VI – utilizar-se da chave de identificação e da senha de acesso para participar do pregão na forma eletrônica; e

VII – solicitar o cancelamento da chave de identificação ou da senha de acesso por interesse próprio.

Parágrafo único. O fornecedor descredenciado no SICAF terá sua chave de identificação e senha suspensas automaticamente.

Art. 14. Para habilitação dos licitantes, será exigida, exclusivamente, a documentação relativa:

I – à habilitação jurídica;

II – à qualificação técnica;

III – à qualificação econômico-financeira;

IV – à regularidade fiscal com a Fazenda Nacional, o sistema da seguridade social e o Fundo de Garantia do Tempo de Serviço – FGTS;

V – à regularidade fiscal perante as Fazendas Estaduais e Municipais, quando for o caso; e

VI – ao cumprimento do disposto no inciso XXXIII do art. 7º da Constituição e no inciso XVIII do art. 78 da Lei nº 8.666, de 1993.

Parágrafo único. A documentação exigida para atender ao disposto nos incisos I, III, IV e V deste artigo poderá ser substituída pelo registro cadastral no SICAF ou, em se tratando de órgão ou entidade não abrangida pelo referido Sistema, por certificado de registro cadastral que atenda aos requisitos previstos na legislação geral.

Art. 15. Quando permitida a participação de empresas estrangeiras na licitação, as exigências de habilitação serão atendidas mediante documentos equivalentes, autenticados pelos respectivos consulados ou embaixadas e traduzidos por tradutor juramentado no Brasil.

Art. 16. Quando permitida a participação de consórcio de empresas, serão exigidos:

I – comprovação da existência de compromisso público ou particular de constituição de consórcio, com indicação da empresa-líder, que deverá atender às condições de liderança estipuladas no edital e será a representante das consorciadas perante a União;

II – apresentação da documentação de habilitação especificada no instrumento convocatório por empresa consorciada;

III – comprovação da capacidade técnica do consórcio pelo somatório dos quantitativos de cada consorciado, na forma estabelecida no edital;

IV – demonstração, por empresa consorciada, do atendimento aos índices contábeis definidos no edital, para fins de qualificação econômico-financeira;

V – responsabilidade solidária das empresas consorciadas pelas obrigações do consórcio, nas fases de licitação e durante a vigência do contrato;

VI – obrigatoriedade de liderança por empresa brasileira no consórcio formado por empresas brasileiras e estrangeiras, observado o disposto no inciso I; e

VII – constituição e registro do consórcio antes da celebração do contrato.

Parágrafo único. Fica impedida a participação de empresa consorciada, na mesma licitação, por intermédio de mais de um consórcio ou isoladamente.

Art. 17. A fase externa do pregão, na forma eletrônica, será iniciada com a convocação dos interessados por meio de publicação de aviso, observados os valores estimados para contratação e os meios de divulgação a seguir indicados:

I – até R$ 650.000,00 (seiscentos e cinqüenta mil reais):

a) Diário Oficial da União; e

b) meio eletrônico, na internet;

II – acima de R$ 650.000,00 (seiscentos e cinqüenta mil reais) até R$ 1.300.000,00 (um milhão e trezentos mil reais):

a) Diário Oficial da União;

b) meio eletrônico, na internet; e

c) jornal de grande circulação local;

III – superiores a R$ 1.300.000,00 (um milhão e trezentos mil reais):

a) Diário Oficial da União;

b) meio eletrônico, na internet; e

c) jornal de grande circulação regional ou nacional.

§ 1º Os órgãos ou entidades integrantes do SISG e os que aderirem ao sistema do Governo Federal disponibilizarão a íntegra do edital, em meio eletrônico, no Portal de Compras do Governo Federal – COMPRASNET, sítio www.comprasnet.gov.br.

§ 2º O aviso do edital conterá a definição precisa, suficiente e clara do objeto, a indicação dos locais, dias e horários em que poderá ser lida ou obtida a íntegra do edital, bem como o endereço eletrônico onde ocorrerá a sessão pública, a data e hora de sua realização e a indicação de que o pregão, na forma eletrônica, será realizado por meio da internet.

§ 3º A publicação referida neste artigo poderá ser feita em sítios oficiais da administração pública, na internet, desde que certificado digitalmente por autoridade certificadora credenciada no âmbito da Infra-Estrutura de Chaves Públicas Brasileira – ICP-Brasil.

§ 4º O prazo fixado para a apresentação das propostas, contado a partir da publicação do aviso, não será inferior a oito dias úteis.

§ 5º Todos os horários estabelecidos no edital, no aviso e durante a sessão pública observarão, para todos os efeitos, o horário de Brasília, Distrito Federal, inclusive para contagem de tempo e registro no sistema eletrônico e na documentação relativa ao certame.

§ 6º Na divulgação de pregão realizado para o sistema de registro de preços, independentemente do valor estimado, será adotado o disposto no inciso III.

Art. 18. Até dois dias úteis antes da data fixada para abertura da sessão pública, qualquer pessoa poderá impugnar o ato convocatório do pregão, na forma eletrônica.

§ 1º Caberá ao pregoeiro, auxiliado pelo setor responsável pela elaboração do edital, decidir sobre a impugnação no prazo de até vinte e quatro horas.

§ 2º Acolhida a impugnação contra o ato convocatório, será definida e publicada nova data para realização do certame.

Art. 19. Os pedidos de esclarecimentos referentes ao processo licitatório deverão ser enviados ao pregoeiro, até três dias úteis anteriores à data fixada para abertura da sessão pública, exclusivamente por meio eletrônico via internet, no endereço indicado no edital.

Art. 20. Qualquer modificação no edital exige divulgação pelo mesmo instrumento de publicação em que se deu o texto original, reabrindo-se o prazo inicialmente estabelecido, exceto quando, inquestionavelmente, a alteração não afetar a formulação das propostas.

Art. 21. Após a divulgação do edital no endereço eletrônico, os licitantes deverão encaminhar proposta com a descrição do objeto ofertado e o preço e, se for o caso, o respectivo anexo, até a data e hora marcadas para abertura da sessão, exclusivamente por meio do sistema eletrônico, quando, então, encerrar-se-á, automaticamente, a fase de recebimento de propostas.

§ 1º A participação no pregão eletrônico dar-se-á pela utilização da senha privativa do licitante.

§ 2º Para participação no pregão eletrônico, o licitante deverá manifestar, em campo próprio do sistema eletrônico, que cumpre plenamente os requisitos de habilitação e que sua proposta está em conformidade com as exigências do instrumento convocatório.

§ 3º A declaração falsa relativa ao cumprimento dos requisitos de habilitação e proposta sujeitará o licitante às sanções previstas neste Decreto.

§ 4º Até a abertura da sessão, os licitantes poderão retirar ou substituir a proposta anteriormente apresentada.

Art. 22. A partir do horário previsto no edital, a sessão pública na internet será aberta por comando do pregoeiro com a utilização de sua chave de acesso e senha.

§ 1º Os licitantes poderão participar da sessão pública na internet, devendo utilizar sua chave de acesso e senha.

§ 2º O pregoeiro verificará as propostas apresentadas, desclassificando aquelas que não estejam em conformidade com os requisitos estabelecidos no edital.

§ 3º A desclassificação de proposta será sempre fundamentada e registrada no sistema, com acompanhamento em tempo real por todos os participantes.

§ 4º As propostas contendo a descrição do objeto, valor e eventuais anexos estarão disponíveis na internet.

§ 5º O sistema disponibilizará campo próprio para troca de mensagens entre o pregoeiro e os licitantes.

Art. 23. O sistema ordenará, automaticamente, as propostas classificadas pelo pregoeiro, sendo que somente estas participarão da fase de lance.

Art. 24. Classificadas as propostas, o pregoeiro dará início à fase competitiva, quando então os licitantes poderão encaminhar lances exclusivamente por meio do sistema eletrônico.

§ 1º No que se refere aos lances, o licitante será imediatamente informado do seu recebimento e do valor consignado no registro.

§ 2º Os licitantes poderão oferecer lances sucessivos, observados o horário fixado para abertura da sessão e as regras estabelecidas no edital.

§ 3º O licitante somente poderá oferecer lance inferior ao último por ele ofertado e registrado pelo sistema.

§ 4º Não serão aceitos dois ou mais lances iguais, prevalecendo aquele que for recebido e registrado primeiro.

§ 5º Durante a sessão pública, os licitantes serão informados, em tempo real, do valor do menor lance registrado, vedada a identificação do licitante.

§ 6º A etapa de lances da sessão pública será encerrada por decisão do pregoeiro.

§ 7º O sistema eletrônico encaminhará aviso de fechamento iminente dos lances, após o que transcorrerá período de tempo de até trinta minutos, aleatoriamente determinado, findo o qual será automaticamente encerrada a recepção de lances.

§ 8º Após o encerramento da etapa de lances da sessão pública, o pregoeiro poderá encaminhar, pelo sistema eletrônico, contraproposta ao licitante que tenha apresentado lance mais vantajoso, para que seja obtida melhor proposta, observado o critério de julgamento, não se admitindo negociar condições diferentes daquelas previstas no edital.

§ 9º A negociação será realizada por meio do sistema, podendo ser acompanhada pelos demais licitantes.

§ 10. No caso de desconexão do pregoeiro, no decorrer da etapa de lances, se o sistema eletrônico permanecer acessível aos licitantes, os lances continuarão sendo recebidos, sem prejuízo dos atos realizados.

§ 11. Quando a desconexão do pregoeiro persistir por tempo superior a dez minutos, a sessão do pregão na forma eletrônica será suspensa e reiniciada somente após comunicação aos participantes, no endereço eletrônico utilizado para divulgação.

Art. 25. Encerrada a etapa de lances, o pregoeiro examinará a proposta classificada em primeiro lugar quanto à compatibilidade do preço em relação ao estimado para contratação e verificará a habilitação do licitante conforme disposições do edital.

§ 1º A habilitação dos licitantes será verificada por meio do SICAF, nos documentos por ele abrangidos, quando dos procedimentos licitatórios realizados por órgãos integrantes do SISG ou por órgãos ou entidades que aderirem ao SICAF.

§ 2º Os documentos exigidos para habilitação que não estejam contemplados no SICAF, inclusive quando houver necessidade de envio de anexos, deverão ser apresentados inclusive via fax, no prazo definido no edital, após solicitação do pregoeiro no sistema eletrônico.

§ 3º Os documentos e anexos exigidos, quando remetidos via fax, deverão ser apresentados em original ou por cópia autenticada, nos prazos estabelecidos no edital.

§ 4º Para fins de habilitação, a verificação pelo órgão promotor do certame nos sítios oficiais de órgãos e entidades emissores de certidões constitui meio legal de prova.

§ 5º Se a proposta não for aceitável ou se o licitante não atender às exigências habilitatórias, o pregoeiro examinará a proposta subsequente e, assim sucessivamente, na ordem de classificação, até a apuração de uma proposta que atenda ao edital.

§ 6º No caso de contratação de serviços comuns em que a legislação ou o edital exija apresentação de planilha de composição de preços, esta deverá ser encaminhada de imediato por meio eletrônico, com os respectivos valores readequados ao lance vencedor.

§ 7º No pregão, na forma eletrônica, realizado para o sistema de registro de preços, quando a proposta do licitante vencedor não atender ao quantitativo total estimado para a contratação, respeitada a ordem de classificação, poderão ser convocados tantos licitantes quantos forem necessários para alcançar o total estimado, observado o preço da proposta vencedora.

§ 8º Os demais procedimentos referentes ao sistema de registro de preços ficam submetidos à norma específica que regulamenta o art. 15 da Lei nº 8.666, de 1993.

§ 9º Constatado o atendimento às exigências fixadas no edital, o licitante será declarado vencedor.

Art. 26. Declarado o vencedor, qualquer licitante poderá, durante a sessão pública, de forma imediata e motivada, em campo próprio do sistema, manifestar sua intenção de recorrer, quando lhe será concedido o prazo de três dias para apresentar as razões de recurso, ficando os demais licitantes, desde logo, intimados para, querendo, apresentarem contra-razões em igual prazo, que começará a contar do término do prazo do recorrente, sendo-lhes assegurada vista imediata dos elementos indispensáveis à defesa dos seus interesses.

§ 1º A falta de manifestação imediata e motivada do licitante quanto à intenção de recorrer, nos termos do caput, importará na decadência desse direito, ficando o pregoeiro autorizado a adjudicar o objeto ao licitante declarado vencedor.

§ 2º O acolhimento de recurso importará na invalidação apenas dos atos insuscetíveis de aproveitamento.

§ 3º No julgamento da habilitação e das propostas, o pregoeiro poderá sanar erros ou falhas que não alterem a substância das propostas, dos documentos e sua validade jurídica, mediante despacho fundamentado, registrado em ata e acessível a todos, atribuindo-lhes validade e eficácia para fins de habilitação e classificação.

Art. 27. Decididos os recursos e constatada a regularidade dos atos praticados, a autoridade competente adjudicará o objeto e homologará o procedimento licitatório.

§ 1º Após a homologação referida no caput, o adjudicatário será convocado para assinar o contrato ou a ata de registro de preços no prazo definido no edital.

§ 2º Na assinatura do contrato ou da ata de registro de preços, será exigida a comprovação das condições de habilitação consignadas no edital, as quais deverão ser mantidas pelo licitante durante a vigência do contrato ou da ata de registro de preços.

§ 3º O vencedor da licitação que não fizer a comprovação referida no § 2º ou quando, injustificadamente, recusar-se a assinar o contrato ou a ata de registro de preços, poderá ser convocado outro licitante, desde que respeitada a ordem de classificação, para, após comprovados os requisitos habilitatórios e feita a negociação, assinar o contrato ou a ata de registro de preços, sem prejuízo das multas previstas em edital e no contrato e das demais cominações legais.

§ 4º O prazo de validade das propostas será de sessenta dias, salvo disposição específica do edital.

Art. 28. Aquele que, convocado dentro do prazo de validade de sua proposta, não assinar o contrato ou ata de registro de preços, deixar de entregar documentação exigida no edital, apresentar documentação falsa, ensejar o retardamento da execução de seu objeto, não mantiver a proposta, falhar ou fraudar na execução do contrato, comportar-se de modo inidôneo, fizer declaração falsa ou cometer fraude fiscal, garantido o direito à ampla defesa, ficará impedido de licitar e de contratar com a União, e será descredenciado no SICAF, pelo prazo de até cinco anos, sem prejuízo das multas previstas em edital e no contrato e das demais cominações legais.

Parágrafo único. As penalidades serão obrigatoriamente registradas no SICAF.

Art. 29. A autoridade competente para aprovação do procedimento licitatório somente poderá revogá-lo em face de razões de interesse público, por motivo de fato superveniente devidamente comprovado, pertinente e suficiente para justificar tal conduta, devendo anulá-lo por ilegalidade, de ofício ou por provocação de qualquer pessoa, mediante ato escrito e fundamentado.

§ 1º A anulação do procedimento licitatório induz à do contrato ou da ata de registro de preços.

§ 2º Os licitantes não terão direito à indenização em decorrência da anulação do procedimento licitatório, ressalvado o direito do contratado de boa-fé de ser ressarcido pelos encargos que tiver suportado no cumprimento do contrato.

Art. 30. O processo licitatório será instruído com os seguintes documentos:

I – justificativa da contratação;

II – termo de referência;

III – planilhas de custo, quando for o caso;

IV – previsão de recursos orçamentários, com a indicação das respectivas rubricas;

V – autorização de abertura da licitação;

VI – designação do pregoeiro e equipe de apoio;

VII – edital e respectivos anexos, quando for o caso;

VIII – minuta do termo do contrato ou instrumento equivalente, ou minuta da ata de registro de preços, conforme o caso;

IX – parecer jurídico;

X – documentação exigida para a habilitação;

XI – ata contendo os seguintes registros:

a) licitantes participantes;

b) propostas apresentadas;

c) lances ofertados na ordem de classificação;

d) aceitabilidade da proposta de preço;

e) habilitação; e

f) recursos interpostos, respectivas análises e decisões;

XII – comprovantes das publicações:

a) do aviso do edital;

b) do resultado da licitação;

c) do extrato do contrato; e

d) dos demais atos em que seja exigida a publicidade, conforme o caso.

§ 1º O processo licitatório poderá ser realizado por meio de sistema eletrônico, sendo que os atos e documentos referidos neste artigo constantes dos arquivos e registros digitais serão válidos para todos os efeitos legais, inclusive para comprovação e prestação de contas.

§ 2º Os arquivos e registros digitais, relativos ao processo licitatório, deverão permanecer à disposição das auditorias internas e externas.

§ 3º A ata será disponibilizada na internet para acesso livre, imediatamente após o encerramento da sessão pública.

Art. 31. O Ministério do Planejamento, Orçamento e Gestão estabelecerá instruções complementares ao disposto neste Decreto.

Art. 32. Este Decreto entra em vigor em 1º de julho de 2005.

Art. 33. Fica revogado o Decreto nº 3.697, de 21 de dezembro de 2000.

Brasília, de de 2005; 184º da Independência e 117º da República.

LUIZ INÁCIO LULA DA SILVA

DOU de 1º.6.2005

LEI Nº 4.117, DE 27 DE AGOSTO DE 1962

Institui o Código Brasileiro de Telecomunicações.

O PRESIDENTE DA REPÚBLICA

Faço saber que o CONGRESSO NACIONAL decreta e eu sanciono a seguinte Lei:

CAPÍTULO I INTRODUÇÃO

Art. 1º Os serviços de telecomunicações em todo território do País, inclusive águas territoriais e espaço aéreo, assim como nos lugares em que princípios e convenções internacionais lhes reconheçam extraterritorialidade obedecerão aos preceitos da presente lei e aos regulamentos baixados para a sua execução.

Art. 2º Os atos internacionais de natureza normativa, qualquer que seja a denominação adotada serão considerados tratados ou convenções e só entrarão em vigor a partir de sua aprovação pelo Congresso Nacional.

Parágrafo único. O Poder Executivo enviará ao Congresso Nacional no prazo de 180 (cento e oitenta) dias, a contar da data da assinatura, os atos normativos sobre telecomunicações, anexando-lhes os respectivos regulamentos, devidamente traduzidos.

Art. 3º Os atos internacionais de natureza administrativa entrarão em vigor na data estabelecida em sua publicação depois de aprovados pelo Presidente da República (art. 29, a1). *(Artigo vetado pelo Presidente da República e mantido pelo Congresso Nacional, em 17/12/1962)*

CAPÍTULO II DAS DEFINIÇÕES

Art. 4º Para os efeitos desta lei, constituem serviços de telecomunicações a transmissão, emissão ou recepção de símbolos, caracteres, sinais, escritos, imagens, sons ou informações de qualquer natureza, por fio, rádio, eletricidade, meios óticos ou qualquer outro processo eletromagnético.

Telegrafia é o processo de telecomunicação destinado à transmissão de escritos, pelo uso de um código de sinais.

Telefonia é o processo de telecomunicação destinado à transmissão da palavra falada ou de sons.

§ 1º Os termos não definidos nesta lei têm o significado estabelecido nos atos internacionais aprovados pelo Congresso Nacional.

§ 2º Os contratos de concessão, as autorizações e permissões serão interpretados e executados de acordo com as definições vigentes na época em que os mesmos tenham sido celebrados ou expedidos. *(Parágrafo vetado pelo Presidente da República e mantido pelo Congresso Nacional, em 17/12/1962)*

Art. 5º Quanto ao seu âmbito, os serviços de telecomunicações se classificam em:

a) serviço interior, estabelecido entre estações brasileiras, fixas ou móveis, dentro dos limites da jurisdição territorial da União;

b) serviço internacional, estabelecido entre estações brasileiras, fixas ou móveis, e estações estrangeiras ou estações brasileiras móveis que se achem fora dos limites da jurisdição territorial da União.

Art. 6º Quanto aos fins a que se destinam, as telecomunicações assim se classificam:

a) serviço público, destinado ao uso do público em geral;

b) serviço público restrito, facultado ao uso dos passageiros dos navios, aeronaves, veículos em movimento ou ao uso do público em localidade ainda não atendidas por serviço público de telecomunicação;

c) serviço limitado, executado por estações não abertas à correspondência pública e destinada ao uso de pessoas físicas ou jurídicas nacionais. Constituem serviço limitado entre outros:

1) o de segurança, regularidade, orientação e administração dos transportes em geral;

2) o de múltiplos destinos;

3) o serviço rural;

4) o serviço privado;

d) serviço de radiodifusão, destinado a ser recebido direta e livremente pelo público em geral, compreendendo radiodifusão sonora e televisão;

e) serviço de rádio-amador, destinado a treinamento próprio, intercomunicação e investigações técnicas levadas a efeito por amadores, devidamente autorizados, interessados na radiotécnica unicamente a título pessoal a que não visem a qualquer objetivo pecuniário ou comercial;

f) serviço especial, relativo a determinados serviços de interesse geral, não abertos à correspondência pública e não incluídos nas definições das alíneas anteriores entre os quais:

1) o de sinais horários;

2) o de freqüência padrão;

3) o de boletins meteorológicos;

4) o que se destine a fins científicos ou experimentais;

5) o de música funcional;

6) o de radiodeterminação.

Art. 7º Os meios, através dos quais se executam os serviços de telecomunicações constituirão troncos e redes contínuos, que formarão o Sistema Nacional de Telecomunicações.

§ 1º O Sistema Nacional de Telecomunicações será integrado por troncos e redes a eles ligados.

§ 2º Objetivando a estruturação e o emprego do Sistema Nacional de Telecomunicações, o Governo estabelecerá as normas técnicas e as condições de tráfego mútuo a serem compulsoriamente observadas pelos executores dos serviços segundo o que for especificado nos Regulamentos.

Art. 8º Constituem troncos do Sistema Nacional de Telecomunicações os circuitos portadores comuns, que interligam os centros principais de telecomunicações.

§1º Circuitos portadores comuns são aqueles que realizam o transporte integrado de diversas modalidades de telecomunicações.

§ 2º Centro principais de telecomunicações são aqueles nos quais se realiza a concentração e distribuição das diversas modalidades de telecomunicações destinadas ao transporte integrado.

§ 3º Entendem-se por urbanas as redes telefônicas situadas dentro dos limites de um município ou do Distrito Federal e por interurbanas as intermunicipais dentro dos limites de um Estado ou Território.

Art. 9º O Conselho Nacional de Telecomunicações ao planejar o Sistema Nacional de Telecomunicações, discriminará os troncos e os centro principais de telecomunicações.

§ 1º Na discriminação a que se refere, este artigo serão incluídas, na medida das possibilidades e conveniências entre os centros principais de telecomunicação, a Capital da República e as capitais de todos os Estados e Territórios.

§ 2º O Conselho Nacional de Telecomunicações estabelecerá as prioridades, segundo as quais se procederá à instalação dos troncos e redes do Sistema Nacional de Telecomunicações. *(Artigo vetado pelo Presidente da República e mantido pelo Congresso Nacional, em 17/12/1962).*

CAPÍTULO III
DA COMPETÊNCIA DA UNIÃO

Art. 10. Compete privativamente à União:

I – manter e explorar diretamente:

a) os serviços dos troncos que integram o Sistema Nacional de Telecomunicações, inclusive suas conexões internacionais; *(Expressão "dos troncos" vetada pelo Presidente da República e mantida pelo Congresso Nacional, em 17/12/1962)*

b) os serviços públicos de telégrafos, de telefones interestaduais e de radiocomunicações, ressalvadas as exceções constantes desta lei, inclusive quanto aos de radiodifusão e ao serviço internacional;

II – fiscalizar os serviços de telecomunicações por ela concedidos, autorizados ou permitidos.

Art. 11. Compete, também, a União: fiscalizar os serviços de telecomunicações concedidos, permitidos ou autorizados pelos Estados ou Municípios, em tudo que disser respeito a observância das normas gerais estabelecidas nesta lei e a integração desses serviços no Sistema Nacional de Telecomunicações.

Art. 12. As concessões feitas na faixa de 150 (cento e cinqüenta) quilômetros estabelecida na Lei nº 2.597, de 12 de setembro de 1955 obedecerão às normas fixadas na referida lei, observando-se iguais restrições relativamente aos serviços explorados pela União.

Art. 13. Dentro dos seus limites respectivos, os Estados e Municípios poderão organizar, regular e executar serviços de telefones, diretamente ou mediante concessão, obedecidas as normas gerais fixadas pelo Conselho Nacional de Telecomunicações.

CAPÍTULO IV
DO CONSELHO NACIONAL DE TELECOMUNICAÇÕES

Art. 14. É criado o Conselho Nacional de Telecomunicações (C.O.N.T.E.L.), com a organização e competência, definidas nesta lei, diretamente subordinado ao Presidente da República. *(Expressões "e competência" e "diretamente subordinado ao Presidente da República" vetadas pelo Presidente da República e mantidas pelo Congresso Nacional, em 17/12/1962).*

Art. 15. O Conselho Nacional de Telecomunicações terá um Presidente de livre nomeação do Presidente da República e será constituído:

a) do Diretor do Departamento dos Correios e Telégrafos em exercício no referido cargo, o qual pode ser representado por pessoa escolhida entre os membros de seu Gabinete ou Diretores de sua repartição; *(Expressão "pessoa escolhida entre os membros de seu Gabinete ou" vetada pelo Presidente da República e mantida pelo Congresso Nacional, em 17/12/1962)*

b) de 3 (três) membros indicados, respectivamente, pelos Ministros da Guerra, Marinha e Aeronáutica;

c) de 1 (um) membro indicado pelo Chefe do Estado Maior das Forças Armadas;

d) de 4 (quatro) membros indicados, respectivamente pelos Ministros da Justiça e Negócios Interiores, da Educação e Cultura, das Relações Exteriores e da Indústria e Comércio;

e) de 3 (três) representantes dos 3 (três) maiores partidos políticos, segundo a respectiva representação na Câmara dos Deputados no início da legislatura, indicados pela direção nacional de cada agremiação. *(Alínea vetada pelo Presidente da República e mantida pelo Congresso Nacional, em 17/12/1962)*

f) do diretor da empresa pública que terá a seu cargo a exploração dos troncos do Sistema Nacional de Telecomunicações e serviços correlatos, o qual pode ser representado por pessoa escolhida entre os membros de seu Gabinete ou Diretores da empresa; *(Expressões "dos troncos" e "pessoa escolhida entre os membros de seu Gabinete ou" vetadas pelo Presidente da República e mantidas pelo Congresso Nacional, em 17/12/1962)*

g) do Diretor Geral do Departamento Nacional de Telecomunicações, sem direito a voto. *(Alínea vetada pelo Presidente da República e mantida pelo Congresso Nacional, em 17/12/1962)*

§ 1º Se os três partidos a que se refere a alínea "e" estiveram todos apoiando o Governo, o partido de menor representação será substituído pelo maior partido de oposição, com representação na Câmara dos Deputados. *(Parágrafo vetado pelo Presidente da República e mantido pelo Congresso Nacional, em 17/12/1962)*

§ 2º Os representantes dos partidos políticos de que trata este artigo serão indicados até 30 (trinta) dias após o início de cada legislatura. *(Parágrafo vetado pelo Presidente da República e mantido pelo Congresso Nacional, em 17/12/1962)*

Art. 16. O mandato dos membros do Conselho mencionado nas alíneas b, c, d, e e terá a duração de 4 (quatro) anos. *(Expressão "e e" vetada pelo Presidente da República e mantida pelo Congresso Nacional, em 17/12/1962)*

Parágrafo único. Será de dois anos apenas o primeiro mandato dos membros indicados nas alíneas "b" e "e" observado o disposto no § 2º do artigo anterior. *(Parágrafo único vetado pelo Presidente da República e mantido pelo Congresso Nacional, em 17/12/1962)*

Art. 17. Em caso de vaga, o membro que for nomeado em substituição exercerá o mandato até o fim do período que caberia ao substituído.

Parágrafo único. É vedada a substituição dos membros do Conselho no decurso do mandato, salvo por justa causa verificada mediante inquérito administrativo, sob pena de nulidade das decisões tomadas com o voto do substituto.

Art. 18. O membro do Conselho que faltar, sem motivo justo, a 3 (três) reuniões consecutivas perderá automaticamente o cargo.

§ 1º O Regimento Interno do Conselho disporá sobre a justificação das faltas.

§ 2º Serão nulas as deliberações de que participar, com voto decisivo, membro que tenha incorrido nas sanções deste artigo, incidindo o presidente, que houver admitido esse voto, em perda imediata de seu cargo.

Art. 19. O presidente será substituído, em seus impedimentos, pelo vice presidente eleito pelo Conselho dentre seus membros.

Parágrafo único. O presidente tem voto de qualidade nas deliberações do Conselho.

Art. 20. Os membros do Conselho ao se empossarem, devem fazer prova de quitação do imposto sobre a renda, declaração de bens e rendas próprias, de suas esposas e dependentes, renovando-as em 30 de julho de cada ano.

§ 1º Os documentos constantes, dessas declarações serão lacrados e arquivados.

§ 2º O exame desses documentos só será admitido por determinação do Presidente da República ou do Poder Judiciário.

Art. 21. *(Artigo revogado pela Lei nº 5.535, de 20/11/1968)*

Art. 22. *(Artigo revogado pela Lei nº 5.535, de 20/11/1968)*

Art. 23. Nenhum membro do Conselho ou servidor, que no mesmo tenha exercício poderá fazer parte de qualquer empresa, companhia, sociedade ou firma, que tenha por objetivo comercial a telecomunicação, como diretor, técnico, consultor, advogado, perito, acionista, cotista, debenturista, sócio ou assalariado, nem tão pouco ter qualquer interesse direito ou indireto na manufatura ou venda de matéria aplicável a telecomunicação. *(Expressão "como diretor, técnico, consultor, advogado, perito, acionista, cotista, debenturista, sócio ou assalariado, nem tão pouco ter qualquer interesse direito ou indireto na manufatura ou venda de matéria aplicável a telecomunicação" vetada pelo Presidente da República e mantida pelo Congresso Nacional, em 17/12/1962)*

§ 1º A infração deste artigo – devidamente comprovada, acarretará a perda imediata do mandato no Conselho.

§ 2º Caberá ao Conselho tomar conhecimento das denúncias feitas nesse sentido e, quando por dois terços de seus votos, entender comprovadas as acusações, encaminhar ao Presidente da República o pedido de nomeação do substitutivo.

Art. 24. Das deliberações do Conselho caberá pedido de reconsideração para o mesmo e, em instância superior, recurso para o Ministro das Comunicações, salvo das deliberações tomadas sob a sua presidência, quando será dirigido diretamente ao Presidente da República.

§ 1º As decisões serão tomadas por maioria absoluta de votos dos representantes que compõem o Conselho, considerando-se unânimes tão somente as que contarem com a totalidade destes.

§ 2º O pedido de reconsideração ou o recurso de que trata este artigo deve ser apresentado no prazo de trinta (30) dias contados da notificação feita ao interessado por telegrama, ou carta registrada um e outro com aviso de recebimento, ou da publicação dessa notificação feita no Diário Oficial da União.

§ 3º O recurso terá efeito suspensivo. *(Artigo com redação dada pela Lei nº 5.535, de 20/11/1968)*

Art. 25. O Departamento Nacional de Telecomunicações é a secretaria executiva do Conselho e terá a, seguinte organização administrativa:

I- Divisão de Engenharia

II- Divisão Jurídica

III- Divisão Administrativa

IV- Divisão de Estatística

V- Divisão de Fiscalização

VI- Delegacias Regionais. *(Artigo vetado pelo Presidente da República e mantido pelo Congresso Nacional, em 17/12/1962)*

Art. 26. O território nacional fica dividido em oito Distritos, a cada um dos quais corresponderá uma Delegacia Regional, com sede, respectivamente em:

Brasília (DF)

Belém (PA)

Recife (PE)

Salvador (BA)

Rio de Janeiro (GB)

São Paulo (SP)

Porto Alegre (RS)

Campo Grande (MT)

Parágrafo único. Cada Distrito terá a jurisdição delimitada pelo Conselho. *(Artigo vetado pelo Presidente da República e mantido pelo Congresso Nacional, em 17/12/1962)*

Art. 27. São criados, no Conselho, os cargos de provimento em comissão constantes da tabela anexa. *(Artigo vetado pelo Presidente da República e mantido pelo Congresso Nacional, em 17/12/1962)*

Art. 28. Os membros do Conselho, o seu presidente, o diretor geral os diretores de divisão e os delegados regionais serão cidadãos brasileiros de reputação ilibada e notórios conhecimentos de assuntos ligados aos diversos ramos de telecomunicações. *(Expressão "o diretor geral os diretores de divisão e os delegados regionais" vetada pelo Presidente da República e mantida pelo Congresso Nacional, em 17/12/1962)*

Art. 29. Compete ao Conselho Nacional de Telecomunicações:

a) elaborar o seu Regimento Interno;

b) organizar, na forma da lei os serviços de sua administração;

c) elaborar o plano nacional de telecomunicações e proceder à sua revisão, pelo menos, de cinco em cinco anos, para a devida apropriação pelo Congresso Nacional; *(Expressão "para a devida apropriação pelo Congresso Nacional;" vetada pelo Presidente da República e mantida pelo Congresso Nacional, em 17/12/1962)*

d) adotar medidas que assegurem a continuidade dos serviços de telecomunicações quando as concessões, autorizações ou permissões não forem renovadas ou tenham sido cassadas, e houver interesse público na continuação desses serviços;

e) promover, orientar e coordenar o desenvolvimento das telecomunicações, bem como a constituição, organização, articulação e expansão dos serviços públicos de telecomunicações; *(Expressões "promover" e "bem como a constituição, organização, articulação e expansão dos serviços públicos de telecomunicações;" vetadas pelo Presidente da República e mantidas pelo Congresso Nacional, em 17/12/1962)*

f) estabelecer as prioridades previstas no art. 9º, § 2º, desta lei.; *(Alínea vetada pelo Presidente da República e mantida pelo Congresso Nacional, em 17/12/1962)*

g) propor ou promover as medidas adequadas à execução da presente lei;

h) fiscalizar o cumprimento das obrigações decorrentes das concessões, autorizações e permissões de serviços de telecomunicações e aplicar as sanções que estiverem na sua alçada;

i) rever os contratos de concessão ou atos de autorização ou permissão, por efeito da aprovação pelo Congresso, de atos internacionais;

j) fiscalizar as concessões, autorizações e permissões em vigor; opinar sobre a respectiva renovação e propor a declaração de caducidade e perempção;

l) estudar os temas a serem debatidos pelas delegações brasileiras, nas conferências e reuniões internacionais de telecomunicações, sugerindo e propondo diretrizes;

m) estabelecer normas para a padronização da escrita e contabilidade das empresas que explorem serviços de telecomunicação;

n) promover e superintender o tombamento dos bens e a perícia contábil das empresas concessionárias ou permissionárias de serviços de telecomunicação, e das empresas subsidiárias associadas ou dependentes delas, ou a elas vinculadas, inclusive das que sejam controladas por acionistas estrangeiros ou tenham como acionistas pessoas jurídicas com sede no estrangeiro, com o objetivo de determinação do investimento efetivamente realizado e do conhecimento de todos os elementos, que concorram para a emposição do custo do serviço, requisitando para esse fim os funcionários federais que possam contribuir para a apuração desses dados;

o) estabelecer normas técnicas dentro das leis e regulamentos em vigor, visando à eficiência e integração dos serviços no sistema nacional de telecomunicações;

p) propor ao Presidente da República o valor das taxas a serem pagas pela execução dos serviços concedidos, autorizados ou permitidos, e destinadas ao custeio do serviço de fiscalização;

q) cooperar para o desenvolvimento do ensino técnico profissional dos ramos pertinentes à telecomunicação;

r) promover e estimular o desenvolvimento de indústria de equipamentos de telecomunicações dando preferência àqueles cujo capital, na sua maioria, pertençam a acionistas brasileiros;

s) estabelecer ou aprovar normas técnicas e especificações a serem observadas na planificação da produção industrial e na fabricação de peças, aparelhos e equipamentos utilizados nos serviços de telecomunicações;

t) sugerir normas para censura nos serviços de telecomunicações, em caso de declaração de estado de sítio;

u) fiscalizar a execução dos convênios firmados pelo Governo brasileiro com outros países;

v) encaminhar à autoridade superior os recursos regularmente interpostos de seus atos, decisões ou resoluções;

x) outorgar ou renovar quaisquer permissões e autorizações de serviço de radiodifusão de caráter local (art. 33 § 5º) e opinar sobre a outorga ou renovação de concessões e autorizações (art. 34 §§ 1º e 3º);

z) estabelecer normas, fixar critérios e taxas para redistribuição de tarifa nos casos de tráfego mútuo entre as empresas de telecomunicações de todo o País;

aa) expedir certificados de licença para o funcionamento das estações de radiocomunicação e radiodifusão uma vez verificado, em vistoria, o atendimento às condições técnicas exigidas;

ab) estabelecer as quantificações necessárias ao desempenho de funções técnicas e operacionais pertinentes as telecomunicações, expedindo os certificados correspondentes;

ac) solicitar a prestação de serviços de quaisquer repartições ou autarquias federais;

ad) aplicar as penas de multa e suspensão à estação de radiodifusão que transmitir ou utilizar, total ou parcialmente, as emissões de estações congêneres sem prévia autorização;

ae) fiscalizar, durante as retransmisões de radiodifusão, a declaração de prefixo ou indicativo e a localização da estação emissora e da estação de origem;

af) fiscalizar o cumprimento, por parte das emissoras de radiodifusão, das finalidades e obrigações de programação, definidas no art. 38;

ag) estabelecer ou aprovar normas técnicas e especificações para a fabricação e uso de quaisquer instalações ou equipamentos elétricos que possam vir a causar interferências prejudiciais aos serviços de telecomunicações, incluindo-se nessa disposição as linhas de transmissão de energia e as estações e subestações transformadoras;

ah) propor ao Presidente do Conselho a imposição das penas da competência do Conselho; ai)opinar sobre a aplicação da pena de cassação ou de suspensão, quando fundada em motivos de ordem técnica;

aj) propor, em parecer fundamentado, a declaração da caducidade ou perempção, da concessão, autorização ou permissão;

al) opinar sobre os atos internacionais de natureza administrativa, antes de sua aprovação pelo Presidente da República (artigo 3º); *(Expressão "de natureza administrativa, antes de sua aprovação pelo Presidente da República (artigo 3º)" vetada pelo Presidente da República e mantida pelo Congresso Nacional, em 17/12/1962)*

am) aprovar as especificações das redes telefônicas de exploração ou concessão estadual ou municipal.

CAPÍTULO V
DOS SERVIÇOS DE TELECOMUNICAÇÕES

Art. 30. Os serviços de telégrafos, radiocomunicações e telefones interestaduais estão sob a jurisdição da União, que explorará diretamente os troncos integrantes do Sistema Nacional de Telecomunicações, e poderá explorar diretamente ou através de concessão, autorização ou permissão, as linhas e canais subsidiários.

§ 1º Os troncos que constituem o Sistema Nacional de Telecomunicações serão explorados pela União através de empresa pública, com os direitos privilegiados e prerrogativas do Departamento dos Correios e Telégrafos, a qual avocará todos os serviços processados pelos referidos troncos, à medida que expirarem as concessões ou autorizações vigentes ou que se tornar conveniente a revogação das autorizações sem prazo determinado.

§ 2º Os serviços telefônicos explorados pelo Estado ou Município, diretamente ou através de concessão ou autorização, a partir do momento em que se ligarem direta ou indiretamente a serviços e congêneres existentes em outra unidade federativa, ficarão sob fiscalização do Conselho Nacional de Telecomunicações, que terá poderes para determinar as condições de tráfego mútuo, a redistribuição das taxas daí resultante, e as normas e especificações a serem obedecidas na operação e instalação desses serviços, inclusive para fixação das tarifas.

Art. 31. Os serviços internacionais de telecomunicações serão explorados pela União diretamente ou através de concessão outorgada, sem caráter exclusivo para instalação e operação de estações em pontos determinados do território nacional, com o fim único de estabelecer serviço público internacional.

Parágrafo único. As estações dos concessionários serão ligadas ao Serviço Nacional de Telecomunicações através do qual será encaminhado e recebido o tráfego telegráfico e telefônico para os locais não compreendidos na concessão.

Art. 32. Os serviços de radiodifusão, nos quais se compreendem os de televisão, serão executados diretamente pela União ou através de concessão, autorização ou permissão.

Art. 33. Os serviços de telecomunicações, não executados diretamente pela União, poderão ser explorados por concessão, autorização ou permissão, observadas as disposições desta Lei. *("Caput" do artigo com redação dada pela Lei nº 13.424, de 28/3/2017)*

§ 1º Na atribuição de freqüência para a execução dos serviços de telecomunicações serão levadas em consideração:

a) o emprego ordenado e econômico do spectrum eletromagnético;

b) as consignações de freqüências anteriormente feitas, objetivando, evitar interferência prejudicial.

§ 2º Considera-se interferência qualquer emissão, irradiação ou indução que obstrua, total ou parcialmente, ou interrompa repetidamente serviços radioelétricos;

§ 3º Os prazos de concessão, permissão e autorização serão de dez anos para o serviço de radiodifusão sonora e de quinze anos para o de televisão, podendo ser renovados por períodos sucessivos e iguais. *(Parágrafo com redação dada pela Lei nº 13.424, de 28/3/2017)*

§ 4º *(Revogado pela Lei nº 13.424, de 28/3/2017)*

§ 5º *(Revogado pela Lei nº 13.424, de 28/3/2017)*

§ 6º *(Revogado pela Lei nº 13.424, de 28/3/2017)*

Art. 34. As novas concessões ou permissões para o serviço de radiodifusão serão precedidas de edital, publicado com sessenta dias de antecedência pelo órgão competente do Poder Executivo, convidando as entidades interessadas a apresentar suas propostas em prazo determinado. *("Caput" do artigo com redação dada pela Lei nº 13.424, de 28/3/2017)*

a) *(Revogada pela Lei nº 13.424, de 28/3/2017)*

b) *(Revogada pela Lei nº 13.424, de 28/3/2017)*

c) *(Revogada pela Lei nº 13.424, de 28/3/2017)*

§ 1º A outorga da concessão ou permissão é prerrogativa do Presidente da República, depois de ouvido o órgão competente do Poder Executivo sobre as propostas e requisitos exigidos pelo edital e de publicado o respectivo parecer. *(Parágrafo com redação dada pela Lei nº 13.424, de 28/3/2017)*

§ 2º Terão preferência para a concessão as pessoas jurídicas de direito público interno, inclusive universidades.

§ 3º As disposições do presente artigo regulam as novas autorizações de serviços de caráter local no que lhes forem aplicáveis.

Art. 35. As concessões e autorizações não têm caráter de exclusividade, e se restringem, quando envolvem a utilização de radiofreqüência ao respectivo uso sem limitação do direito, que assiste à União, de executar, diretamente, serviço idêntico.

Art. 36. O funcionamento das estações de telecomunicações fica subordinado a prévia licença, de que constarão as respectivas características, e que só será expedida depois de verificada a observância de todas as exigências legais.

§ 1º A vistoria, para as estações de radiodifusão, após o atendimento das condições legais a que se refere este artigo e do registro do contrato de concessão pelo Tribunal de Contas, deverá ser procedida dentro de 30 (trinta) dias após a data da entrada do pedido de vistoria, e, aprovada esta, o fornecimento da licença para funcionamento não poderá ser retardado por mais de 30 (trinta) dias.

§ 2º O disposto neste artigo não se aplica às redes por fio do Departamento dos Correios e Telégrafos e das estradas de ferro, cumprindo-lhes, todavia, comunicar ao Conselho Nacional de Telecomunicações a data da inauguração e as características da estação, para inscrição no cadastro e ulterior verificação.

§ 3º Expirado o prazo da concessão ou autorização, perde, automaticamente, a sua validade a licença para o funcionamento da estação.

Art. 37. Os serviços de telecomunicações podem ser desapropriados, ou requisitados nos termos do artigo 141, § 16 da Constituição, e das leis vigentes.

Parágrafo único. No cálculo da indenização serão deduzidos os favores cambiais e fiscais concedidos pela União e pelos Estados. *(Artigo vetado pelo Presidente da República e mantido pelo Congresso Nacional, em 17/12/1962)*

Art. 38. Nas concessões, permissões ou autorizações para explorar serviços de radiodifusão, serão observados, além de outros requisitos, os seguintes preceitos e cláusulas: *("Caput" do artigo com redação dada pela Lei nº 10.610, de 23/12/2002)*

a) pelo menos 70% (setenta por cento) do capital total e do capital votante deverá pertencer, direta ou indiretamente, a brasileiros natos ou naturalizados há mais de dez anos, que exercerão obrigatoriamente a gestão das atividades e estabelecerão o conteúdo da programação; *(Alínea com redação dada pela Lei nº 13.424, de 28/3/2017)*

b) as alterações contratuais ou estatutárias deverão ser encaminhadas ao órgão competente do Poder Executivo, no prazo de sessenta dias a contar da realização do ato, acompanhadas de todos os documentos que comprovam atendimento à legislação em vigor, nos termos regulamentares; *(Alínea com redação dada pela Lei nº 13.424, de 28/3/2017)*

c) a transferência da concessão ou permissão de uma pessoa jurídica para outra depende, para sua validade, de prévia anuência do órgão competente do Poder Executivo; *(Alínea com redação dada pela Lei nº 13.424, de 28/3/2017)*

d) os serviços de informação, divertimento, propaganda e publicidade das empresas de radiodifusão estão subordinadas às finalidades educativas e culturais inerentes à radiodifusão, visando aos superiores interesses do País; *(Alínea com redação dada pela Lei nº 10.610, de 23/12/2002)*

e) as emissoras de radiodifusão sonora são obrigadas a retransmitir, diariamente, no horário compreendido entre as dezenove horas e as vinte e duas horas, exceto aos sábados, domingos e feriados, o programa oficial de informações dos Poderes da República, ficando reservados sessenta minutos ininterruptos, assim distribuídos: vinte e cinco minutos para o Poder Executivo, cinco minutos para o Poder Judiciário, dez minutos para o Senado Federal e vinte minutos para a Câmara dos Deputados; *(Alínea com redação dada pela Lei nº 13.644, de 4/4/2018)*

f) as empresas, não só através da seleção de seu pessoal, mas também das normas de trabalho observadas nas estações emissoras devem criar as condições mais eficazes para que se evite a prática de qualquer das infrações previstas na presente lei; *(Alínea com redação dada pela Lei nº 10.610, de 23/12/2002)*

g) a mesma pessoa não poderá participar da administração ou da gerência de mais de uma concessionária, permissionária ou autorizada do mesmo tipo de serviço de radiodifusão, na mesma localidade. *(Alínea com redação dada pela Lei nº 10.610, de 23/12/2002)*

h) as emissoras de radiodifusão, inclusive televisão, deverão cumprir sua finalidade informativa, destinando um mínimo de 5% (cinco por cento) de seu tempo para transmissão de serviço noticioso. *(Alínea com redação dada pela Lei nº 10.610, de 23/12/2002)*

i) as concessionárias e permissionárias de serviços de radiodifusão deverão apresentar, até o último dia útil de cada ano, ao órgão do Poder Executivo e aos órgãos de registro comercial ou de registro civil de pessoas jurídicas, declaração com a composição de seu capital social, incluindo a nomeação dos brasileiros natos ou naturalizados há mais de dez anos titulares, direta ou indiretamente, de pelo menos setenta por cento do capital total e do capital votante; *(Alínea acrescida pela Lei nº 10.610, de 23/12/2002)*

j) declaração de que nenhum dos dirigentes e sócios da entidade se encontra condenado em decisão transitada em julgado ou proferida por órgão judicial colegiado nos ilícitos previstos nas alíneas *b, c, d, e, f, g, h, i, j, k, l, m, n, o, p* e *q* do inciso I do art. 1º da Lei Complementar nº 64, de 18 de maio de 1990. *(Alínea acrescida pela Lei nº 13.424, de 28/3/2017)*

§ 1º Não poderá exercer a função de diretor ou gerente de concessionária, permissionária ou autorizada de serviço de radiodifusão quem esteja no gozo de imunidade parlamentar ou de foro especial. *(Parágrafo único com redação dada pela Lei nº 10.610, de 23/12/2002, transformado em § 1º em virtude do acréscimo do § 2º pela Lei nº 12.872, de 24/10/2013)*

§ 2º *(Parágrafo acrescido pela Lei nº 12.872, de 24/10/2013, e revogado pela Lei nº 13.424, de 28/3/2017)*

§ 3º A falsidade das informações prestadas nos termos da alínea *j* deste artigo sujeitará os responsáveis às sanções penais, civis e administrativas cabíveis. *(Parágrafo acrescido pela Lei nº 13.424, de 28/3/2017)*

§ 4º O programa de que trata a alínea *e* do *caput* deste artigo deverá ser retransmitido sem cortes, com início:

I – às dezenove horas, horário oficial de Brasília, pelas emissoras educativas;

II – entre as dezenove horas e as vinte e duas horas, horário oficial de Brasília, pelas emissoras educativas vinculadas aos Poderes Legislativos federal, estadual ou municipal, nos dias em que houver sessão deliberativa no plenário da respectiva Casa Legislativa. *(Parágrafo acrescido pela Lei nº 13.644, de 4/4/2018)*

§ 5º Os casos excepcionais de flexibilização ou dispensa de retransmissão do programa serão regulamentados pelo Poder Executivo. *(Parágrafo acrescido pela Lei nº 13.644, de 4/4/2018)*

§ 6º As emissoras de radiodifusão sonora são obrigadas a veicular, diariamente, às dezenove horas, exceto aos sábados, domingos e feriados, inserção informativa sobre horário de retransmissão do programa de que trata a alínea e do *caput* deste artigo. *(Parágrafo acrescido pela Lei nº 13.644, de 4/4/2018)*

Art. 39. As estações de radiodifusão, nos 90 (noventa) dias anteriores às eleições gerais do País ou da circunscrição eleitoral, onde tiverem sede reservarão diariamente 2 (duas) horas à propaganda partidária gratuita, sendo uma delas durante o dia e outra entre 20 (vinte) e 23 (vinte e três) horas e destinadas, sob critério de rigorosa rotatividade, aos diferentes partidos e com proporcionalidade no tempo de acordo com as respectivas legendas no Congresso Nacional e Assembléias Legislativas.

§ 1º Para efeito deste artigo a distribuição dos horários a serem utilizados pelos diversos partidos será fixada pela Justiça Eleitoral, ouvidos os representantes das direções partidárias.

§ 2º Requerida aliança de partidos, a rotatividade prevista no parágrafo anterior será alternada entre os partidos requerentes de alianças diversas.

§ 3º O horário não utilizado por qualquer partido será redistribuído pelos demais, não sendo permitida cessão ou transferência.

§ 4º Caberá à Justiça Eleitoral disciplinar as divergências oriundas da aplicação deste artigo.

Art. 40. As estações de rádio ficam obrigadas, a divulgar, 60 (sessenta) dias antes das eleições mencionadas no artigo anterior, os comunicados da Justiça Eleitoral até o máximo de tempo de 30 (trinta) minutos.

Art. 41. As estações de rádio e de televisão não poderão cobrar, na publicidade política, preços superiores aos em vigor, nos 6 (seis) meses anteriores, para a publicidade comum.

Art. 42. É o Poder Executivo autorizado a constituir uma entidade autônoma, sob a forma de empresa pública, de cujo capital participem exclusivamente pessoas jurídicas de direito público interno, bancos e empresas governamentais, com o fim de explorar industrialmente serviços de telecomunicações postos, nos termos da presente lei, sob o regime de exploração direta da União.

§ 1º A entidade a que se refere este artigo ampliará progressivamente seus encargos, de acordo com as diretrizes elaboradas pelo Conselho Nacional de Telecomunicações, mediante:

a) transferência, por decreto do Poder Executivo, de serviços hoje executados pelo Departamento dos Correios e Telégrafos;

b) incorporação de serviços hoje explorados mediante concessão ou autorização, à medida que estas sejam extintas;

c) desapropriação de serviços existentes, na forma da legislação vigente. *(Alínea vetada pelo Presidente da República e mantida pelo Congresso Nacional, em 17/12/1962)*

§ 2º O Presidente da República nomeará uma comissão para organizar a nova entidade e a ela incorporar os bens móveis e imóveis pertencentes à União, atualmente sob a administração do Departamento dos Correios e Telégrafos aplicados nos serviços transferidos.

§ 3º A entidade poderá contratar pessoal de acordo com a legislação trabalhista, recrutado dentro ou fora do país, para exercer as funções de natureza técnico-especializada, relativas à instalação e uso de equipamentos especiais.

§ 4º A entidade poderá requisitar do Departamento dos Correios e Telégrafos o pessoal de que necessite para o seu funcionamento, correndo o pagamento respectivo à conta de seus recursos próprios. *(Parágrafo vetado pelo Presidente da República e mantido pelo Congresso Nacional, em 17/12/1962)*

§ 5º Os recursos da nova entidade serão constituídos:

a) das tarifas cobradas pela prestação de seus serviços;

b) dos recursos do Fundo Nacional de Telecomunicações criado no art. 51 desta lei, cuja aplicação obedecerá ao Plano Nacional de Telecomunicações elaborado pelo Conselho Nacional de Telecomunicações e aprovado por decreto do Presidente da República;

c) das dotações consignadas no Orçamento Geral da União;

d) do produto de operações de crédito, juros de depósitos bancários, rendas de bens patrimoniais, venda de materiais inservíveis ou de bens patrimoniais.

§ 6º A arrecadação das taxas de outras fontes de receita será efetuada diretamente pela entidade ou mediante convênios e acordos com órgãos do Poder Público.

Art. 43. As tarifas devidas pela utilização dos serviços de telecomunicações prestados pela entidade serão fixados pelo Conselho Nacional de Telecomunicações de forma a remunerar os custos totais dos serviços, as amortizações do capital investido e a formação dos fundos necessários à conservação, reposição, modernização dos equipamentos e ampliações dos serviços.

Art. 44. É vedada a concessão ou autorização do serviço de radiodifusão a sociedades por ações ao portador ou a empresas que não sejam constituídas exclusivamente dos brasileiros a que se referem as alíneas I e II do art. 129 da Constituição Federal.

Art. 45. A cada modalidade de telecomunicação corresponderá uma concessão, autorização ou permissão distinta que será considerada isoladamente para efeito da fiscalização e das contribuições previstas nesta lei.

Art. 46. Os Estados e Territórios Federais poderão obter permissão para o serviço telegráfico interior limitado sob sua direta administração e responsabilidade, dentro dos respectivos limites e destinado exclusivamente a comunicações oficiais.

Art. 47. Nenhuma estação de radiodifusão, de propriedade da União, dos Estados, Territórios ou Municípios ou nas quais possuam essas pessoas de direito público maioria de cotas ou ações, poderá ser utilizada para fazer propaganda política ou difundir opiniões favoráveis ou contrárias a qualquer partido político, seus órgãos, representantes ou candidatos, ressalvado o disposto na legislação eleitoral.

Art. 48. Nenhuma estação de radiodifusão poderá transmitir ou utilizar, total ou parcialmente, as emissões de estações congêneres, nacionais ou estrangeiras, sem estar por estas previamente autorizada. Durante a irradiação, a estação dará a conhecer que se trata de retransmissão ou aproveitamento de transmissão alheia, declarando, além do próprio indicativo e localização, os da estação de origem.

Art. 49. A qualquer particular pode ser dada, pelo Conselho Nacional de Telecomunicações permissão para executar serviço limitado, para uso privado entre duas localidades ou em uma mesma cidade, de telex, fac-símile ou processo semelhante.

Parágrafo único. Só será permitido o telex internacional desde que os serviços para o Brasil sejam executados através da Rede Nacional de Telecomunicações e assegurado o recolhimento, pelo permissionário, das taxas terminais brasileiras e das de execução do trabalho pela União. *(Artigo vetado pelo Presidente da República e mantido pelo Congresso Nacional, em 17/12/1962)*

Art. 50. As concessões e autorizações para a execução de serviços de telecomunicações poderão ser revistas sempre que se fizer necessária a sua adaptação a cláusulas de atos internacionais aprovados pelo Congresso Nacional ou a leis supervenientes de atos, observado o disposto no art. 141, § 3º da Constituição Federal.

CAPÍTULO VI

DO FUNDO NACIONAL DE TELECOMUNICAÇÕES

Art. 51. *(Revogado pelo Decreto-Lei nº 2.186, de 20/12/1984)*

CAPÍTULO VII

DAS INFRAÇÕES E PENALIDADES

Art. 52. A liberdade de radiodifusão não exclui a punição dos que praticarem abusos no seu exercício.

Art. 53. Constitui abuso, no exercício de liberdade da radiodifusão, o emprego desse meio de comunicação para a prática de crime ou contravenção previstos na legislação em vigor no país, inclusive:

a) incitar a desobediência às leis ou decisões judiciárias;

b) divulgar segredos de Estado ou assuntos que prejudiquem a defesa nacional;

c) ultrajar a honra nacional;

d) fazer propaganda de guerra ou de processos de subversão da ordem política e social;

e) promover campanha discriminatória de classe, cor, raça ou religião;

f) insuflar a rebeldia ou a indisciplina nas forças armadas ou nas organizações de segurança pública;

g) comprometer as relações internacionais do País;

h) ofender a moral familiar pública, ou os bons costumes;

i) caluniar, injuriar ou difamar os Poderes Legislativos, Executivo ou Judiciário ou os respectivos membros;

j) veicular notícias falsas, com perigo para ordem pública, econômica e social;

l) colaborar na prática de rebeldia, desordens ou manifestações proibidas. *(Artigo com redação dada pelo Decreto-Lei nº 236, de 28/2/1967)*

Art. 54. São livres as críticas e os conceitos desfavoráveis, ainda que veementes, bem como a narrativa de fatos verdadeiros, guardadas as restrições estabelecidas em lei, inclusive de atos de qualquer dos poderes do Estado. *(Artigo vetado pelo Presidente da República e mantido pelo Congresso Nacional, em 17/12/1962)*

Art. 55. É inviolável a telecomunicação nos termos desta lei. *(Artigo vetado pelo Presidente da República e mantido pelo Congresso Nacional, em 17/12/1962)*

Art. 56. Pratica crime de violação de telecomunicação quem, transgredindo lei ou regulamento, exiba autógrafo ou qualquer documento do arquivo, divulgue ou comunique, informe ou capte, transmita a outrem ou utilize o conteúdo, resumo, significado, interpretação, indicação ou efeito de qualquer comunicação dirigida a terceiro.

§ 1º Pratica, também, crime de violação de telecomunicações quem ilegalmente receber, divulgar ou utilizar, telecomunicação interceptada.

§ 2º Somente os serviços fiscais das estações e postos oficiais poderão interceptar telecomunicação.

Art. 57. Não constitui violação de telecomunicação:

I – A recepção de telecomunicação dirigida por quem diretamente ou como cooperação esteja legalmente autorizado;

II – O conhecimento dado:

a) ao destinatário da telecomunicação ou a seu representante legal;

b) aos intervenientes necessários ao curso da telecomunicação;

c) ao comandante ou chefe, sob cujas ordens imediatas estiver servindo;

d) aos fiscais do Governo junto aos concessionários ou permissionários;

e) ao juiz competente, mediante requisição ou intimação deste.

Parágrafo único. Não estão compreendidas nas proibições contidas nesta lei as radiocomunicações destinadas a ser livremente recebidas, as de amadores, as relativas a navios e aeronaves em perigo, ou as transmitidas nos casos de calamidade pública.

Art. 58. Nos crimes de violação da telecomunicação, a que se referem esta Lei e o artigo 151 do Código Penal, caberão, ainda as seguintes penas:

I – Para as concessionárias ou permissionárias as previstas nos artigos 62 e 63, se culpados por ação ou omissão e independentemente da ação criminal.

II – Para as pessoas físicas:

a) 1 (um) a 2 (dois) anos de detenção ou perda de cargo ou emprego, apurada a responsabilidade em processo regular, iniciado com o afastamento imediato do acusado até decisão final;

b) para autoridade responsável por violação da telecomunicação, as penas previstas na legislação em vigor serão aplicadas em dobro;

c) serão suspensos ou cassados, na proporção da gravidade da infração, os certificados dos operadores profissionais e dos amadores responsáveis pelo crime de violação da telecomunicação. *(Artigo com redação dada pelo Decreto-Lei nº 236, de 28/2/1967)*

Art. 59. As penas por infração desta lei são:

a) multa, até o valor de NCr$ 10.000,00;

b) suspensão, até trinta (30) dias;

c) cassação;

d) detenção.

§ 1º Nas infrações em que, a juízo do CONTEL, não se justificar a aplicação de pena, o infrator será advertido, considerando-se a advertência como agravante na aplicação de penas por inobservância do mesmo ou de outro preceito desta Lei.

§ 2º A pena de multa poderá ser aplicada isolada ou conjuntamente, com outras sanções especiais e estatuídas nesta Lei.

§ 3º O valor das multas será atualizado de 3 em 3 anos, de acordo com os níveis de correção monetária. *(Artigo com redação dada pelo Decreto-Lei nº 236, de 28/2/1967)*

Art. 60. A aplicação das penas desta Lei compete:

a) ao CONTEL: multa e suspensão, em qualquer caso, cassação, quando se tratar de permissão;

b) ao Presidente da República: cassação, mediante representação do CONTEL em parecer fundamentado. *(Artigo com redação dada pelo Decreto-Lei nº 236, de 28/2/1967)*

Art. 61. A pena será imposta de acordo com a infração cometida, considerados os seguintes fatores:

a) gravidade da falta;

b) antecedentes da entidade faltosa;

c) reincidência específica. *(Artigo com redação dada pelo Decreto-Lei nº 236, de 28/2/1967)*

Art. 62. A pena de multa poderá ser aplicada por infração de qualquer dispositivo legal, ou quando a concessionária ou permissionária não houver cumprido, dentro do prazo estipulado, exigência que tenha sido feita pela CONTEL. *(Artigo com redação dada pelo Decreto-Lei nº 236, de 28/2/1967)*

Art. 63. A pena de suspensão poderá ser aplicada nos seguintes casos:

a) infração dos artigos 38, alíneas *a, b, c, e, g* e *h* ; 53, 57, 71 e seus parágrafos;

b) infração à liberdade de manifestação do pensamento e de informação (Lei número 5.250 de 9 de fevereiro de 1967).

c) quando a concessionária ou permissionária não houver cumprido, dentro do prazo estipulado, exigência que lhe tenha sido feita pelo CONTEL;

d) quando seja criada situação de perigo de vida;

e) utilização de equipamentos diversos dos aprovados ou instalações fora das especificações técnicas constantes da portaria que as tenha aprovado;

f) execução de serviço para o qual não está autorizado.

Parágrafo único. No caso das letras *d* , *e* e *f* deste artigo, poderá ser determinada a interrupção do serviço pelo agente fiscalizador, "ad-referendum" do CONTEL. *(Artigo com redação dada pelo Decreto-Lei nº 236, de 28/2/1967)*

Art. 64. A pena de cassação poderá ser imposta nos seguintes casos:

a) infringência do artigo 53;

b) reincidência em infração anteriormente punida com suspensão;

c) interrupção do funcionamento por mais de trinta (30) dias consecutivos, exceto quando tenha, para isso, obtido autorização prévia do CONTEL;

d) superveniência da incapacidade legal, técnica, financeira ou econômica para execução dos serviços da concessão ou permissão;

e) não haver a concessionária ou permissionária, no prazo estipulado, corrigido as irregularidades motivadoras da suspensão anteriormente imposta;

f) não haver a concessionária ou permissionária cumprido as exigências e prazos estipulados, até o licenciamento definitivo de sua estação. *(Artigo com redação dada pelo Decreto-Lei nº 236, de 28/2/1967)*

g) não-observância, pela concessionária ou permissionária, das disposições contidas no art. 222, *caput* e seus §§ 1º e 2º, da Constituição. *(Alínea acrescida pela Medida Provisória nº 70, de 1/10/2002* convertida na Lei nº 10.610, de 23/12/2002)

Art. 65. O CONTEL promoverá as medidas cabíveis, punindo ou propondo a punição, por iniciativa própria ou sempre que receber representação de qualquer autoridade. *(Artigo com redação dada pelo Decreto-Lei nº 236, de 28/2/1967)*

Art. 66. Antes de decidir da aplicação de qualquer das penalidades previstas, o CONTEL notificará a interessada para exercer o direito de defesa, dentro do prazo de 5 (cinco) dias, contados do recebimento da notificação.

§ 1º A repetição da falta no período decorrido entre o recebimento da notificação e a tomada de decisão, será considerada como reincidência e, no caso das transgressões citadas no artigo 53, o Presidente do CONTEL suspenderá a emissora provisoriamente.

§ 2º Quando a representação for feita por uma das autoridades a seguir relacionadas, o Presidente do

CONTEL verificará *"in limine"* sua procedência, podendo deixar de ser feita a notificação a que se refere este artigo:

I – Em todo o território nacional:

a) Mesa da Câmara dos Deputados ou do Senado Federal;

b) Presidente do Supremo Tribunal Federal;

c) Ministros de Estado;

d) Secretário Geral do Conselho de Segurança Nacional;

e) Procurador Geral da República;

f) Chefe do Estado Maior das Forças Armadas.

II – Nos Estados:

a) Mesa da Assembléia Legislativa;

b) Presidente do Tribunal de Justiça;

c) Secretário de assuntos relativos à Justiça;

d) Chefe do Ministério Público Estadual.

III – Nos Municípios:

a) Mesa da Câmara Municipal;

b) Prefeito Municipal. *(Artigo com redação dada pelo Decreto-Lei nº 236, de 28/2/1967)*

Art. 67. A perempção da concessão ou autorização será declarada pelo Presidente da República, precedendo parecer do Conselho Nacional de Telecomunicações, se a concessionária ou permissionária decair do direito à renovação.

Parágrafo único. O direito à renovação decorre do cumprimento pela empresa, de seu contrato de concessão ou permissão, das exigências legais e regulamentares, bem como das finalidades educacionais, culturais e morais a que se obrigou, e de persistirem a possibilidade técnica e o interesse público em sua existência. *(Artigo com redação dada pelo Decreto-Lei nº 236, de 28/2/1967)*

Art. 68. A caducidade da concessão ou da autorização será declarada pelo Presidente da República, precedendo parecer do Conselho Nacional de Telecomunicações, nos seguintes casos:

a) quando a concessão ou a autorização decorra de convênio com outro país, cuja denúncia a torne inexeqüível;

b) quando expirarem os prazos de concessão ou autorização decorrente de convênio com outro país, sendo inviável a prorrogação.

Parágrafo único. A declaração de caducidade só se dará se for impossível evitá-la por convênio com qualquer país ou por inexistência comprovada de freqüência no Brasil que possa ser atribuída à concessionária ou permissionária, a fim de que não cesse seu funcionamento. *(Artigo com redação dada pelo Decreto-Lei nº 236, de 28/2/1967)*

Art. 69. A declaração da perempção ou da caducidade, quando viciada por ilegalidade, abuso do poder ou pela desconformidade com os fins ou motivos alegados, titulará o prejudicado a postular reparação do seu direito perante o Judiciário. *(Artigo com redação dada pelo Decreto-Lei nº 236, de 28/2/1967)*

Art. 70. Constitui crime punível com a pena de detenção de 1 (um) a 2 (dois) anos, aumentada da metade se houver dano a terceiro, a instalação ou utilização de telecomunicações, sem observância do disposto nesta Lei e nos regulamentos.

Parágrafo único. Precedendo ao processo penal, para os efeitos referidos neste artigo, será liminarmente procedida a busca e apreensão da estação ou aparelho ilegal. *(Artigo com redação dada pelo Decreto-Lei nº 236, de 28/2/1967)*

Art. 71. Toda irradiação será gravada e mantida em arquivo durante as 24 horas subsequentes ao encerramento dos trabalhos diários de emissora.

§ 1º As emissoras de televisão poderão gravar apenas o som dos programas transmitidos.

§ 2º As emissoras deverão conservar em seus arquivos os textos dos programas, inclusive noticiosos, devidamente autenticados pelos responsáveis, durante 60 (sessenta) dias.

§ 3º As gravações dos programas políticos, de debates, entrevistas, pronunciamentos da mesma natureza e qualquer irradiação não registrada em texto, deverão ser conservados em arquivo pelo prazo de 20 (vinte) dias depois de transmitidas, para as concessionárias até 1 kw e 30 (trinta) dias para as demais.

§ 4º As transmissões compulsoriamente estatuídas por lei serão gravadas em material fornecido pelos interessados. *(Artigo com redação dada pelo Decreto-Lei nº 236, de 28/2/1967)*

Art. 72. A autoridade que impedir ou embaraçar a liberdade da radiodifusão ou da televisão fora dos casos autorizados em lei, incidirá no que couber, na sanção do artigo 322 do Código Penal. *(Artigo com redação dada pelo Decreto-Lei nº 236, de 28/2/1967)*

Arts. 73 a 99. *(Revogados pelo Decreto-Lei nº 236, de 28/2/1967)*

CAPÍTULO VIII
DAS TAXAS E TARIFAS

Art. 100. A execução de qualquer serviço de telecomunicações, por meio de concessão, autorização ou permissão, está sujeita ao pagamento de taxas cujo valor será fixado em lei. *(Expressão "cujo valor será fixado em lei" vetada pelo Presidente da República e mantida pelo Congresso Nacional, em 17/12/1962)*

Art. 101. Os critérios para determinação da tarifa dos serviços de telecomunicações, excluídas as referentes à Radiodifusão, serão fixados pelo Conselho Nacional de Telecomunicações de modo a permitirem:

a) cobertura das despesas de custeio;

b) justa remuneração do capital;

c) melhoramentos e expansão dos serviços (Constituição, art. 151, parágrafo único).

§ 1º As tarifas dos serviços internacionais obedecerão aos mesmos princípios deste artigo, observando-se o que estiver ou vier a ser estabelecido em acordos e convenções a que o Brasil esteja obrigado.

§ 2º Nenhuma tarifa entrará em vigor sem prévia aprovação pelo Conselho Nacional de Telecomunicações.

Art. 102. A parte da tarifa que se destinar a melhoramentos e expansão dos serviços de telecomunicações, de que trata o art. 101, letra *"c"* , será escriturada em rubrica especial na contabilidade da empresa.

Art. 103. Não poderão ser incluídos na composição do custo do serviço, para efeito da revisão ou fixação tarifária:

a) despesas de publicidade das concessionárias e permissionárias;

b) assistência técnica devida a empresas que pertençam a holding , de que faça parte também a concessionária ou permissionária;

c) honorários advocatícios, ou despesas com pareceres, quando a empresa possua órgãos técnicos permanentes para o serviço forense;

d) despesa com peritos da parte, sempre que no quadro da empresa figurem pessoas habilitadas para a perícia em questão;

e) vencimentos de diretores ou chefes de serviços, no que vierem a exceder a remuneração atribuída, no serviço federal, ao Ministro de Estado;

f) despesas não cobradas com serviços de qualquer natureza que a lei não haja tornado gratuitos ou que não tenham sido dispensados de pagamento em resolução do Conselho Nacional de Telecomunicações, publicada no Diário Oficial .

Parágrafo único. A publicação de editais ou de notícias de evidente interesse público, não se incluirá na redação da letra *"a"* desde que previamente autorizada pelo Conselho Nacional de Telecomunicações e distribuída uniformemente por todos os jornais diários.

Art. 104. Será adotada tarifa especial para os programas educativos dos Estados, Municípios e Distrito Federal, assim como para as instalações privadas de ensino e de cultura.

Art. 105. Na ocorrência de novas modalidades do serviço, poderá o Governo até que a lei disponha a respeito, adotar taxas e tarifas provisórias, calculadas na base das que são cobradas em serviço análogo ou fixadas para a espécie em regulamento internacional. *(Expressão "e tarifas" vetada pelo Presidente da República e mantida pelo Congresso Nacional, em 17/12/1962)*

Art. 106. A tarifa do serviço telegráfico público interior será constituída de uma taxa fixa por grupo de palavras ou fração, e de taxa de percurso por palavra. A tarifa dos serviços telefônicos, de foto-telegramas, de telex e outros congêneres, terá por base a ocupação do circuito e a distância entre as estações. *(Artigo vetado pelo Presidente da República e mantido pelo Congresso Nacional, em 17/12/1962)*

Art. 107. No serviço telegráfico público internacional a União terá direito às taxas de terminal e de trânsito brasileiras.

Art. 108. Em relação à que for cobrada pela União em serviço interior idêntico, a tarifa dos concessionários e permissionários, deverá ser:

a) igual, no serviço telegráfico das estradas de ferro;

b) nunca inferior nos casos de serviço público restrito interior;

c) sempre mais elevada, nos demais casos.

Art. 109. No serviço público telegráfico interior em tráfego mútuo entre redes da União e de estradas de ferro, a pró-rateação das taxas obedecerá ao que for estipulado pelo Conselho Nacional de Telecomunicações.

Parágrafo único. Os convênios serão aprovados pelo Conselho Nacional de Telecomunicações e o rateio das taxas obedecerá às normas por ele estabelecidas.

Art. 110. Nos serviços de telegramas e radiocomunicações de múltiplos destinos será cobrada a tarifa que vigorar para a imprensa.

Art. 111. A tarifa dos radiotelegramas internacionais será estabelecida segundo os respectivos regulamentos, considerando-se, porém, serviço público interior para esse efeito os radiotelegramas diretamente permutados entre as estações brasileiras fixas ou móveis e as estações brasileiras móveis que se acharem fora da jurisdição territorial do Brasil.

Art. 112. As disposições sobre tarifas somente têm aplicação nos casos de serviços remunerados.

Parágrafo único. O Orçamento consignará anualmente dotação suficiente para cobertura das despesas, correspondentes às taxas postais-telegráficas resultantes dos serviços dos órgãos dos Poderes Executivo, Legislativo e Judiciário.

Art. 113. Os concessionários e permissionários não poderão cobrar tarifas diferentes das que, para os mesmos destinos no exterior e pela mesma via, estejam em vigor nas estações do Departamento de Correios e Telégrafos. *(Expressão "nas estações do Departamento de Correios e Telégrafos" vetada pelo Presidente da República e mantida pelo Congresso Nacional, em 17/12/1962)*

Art. 114. Ficam revogados os dispositivos em vigor referentes ao registro de aparelhos receptores de radiodifusão.

Art. 115. São anistiadas as dívidas pelo não pagamento de taxa de registro de aparelhos receptores de radiodifusão, devendo o Poder Executivo providenciar o imediato cancelamento dessas dívidas, inclusive as já inscritas e ajuizadas.

Art. 116. Regulamentada esta lei, constituído e instalado o Conselho Nacional de Telecomunicações, ficará extinta a Comissão Técnica de Rádio, transferindo-se o seu pessoal, arquivo, expediente e instalações para o Conselho Nacional de Telecomunicações.

Art. 117. As concessões e autorizações para os serviços de radiodifusão em funcionamento ficam automaticamente mantidas pelos prazos fixados no art. 33, § 3º, desta lei. *(Artigo vetado pelo Presidente da República e mantido pelo Congresso Nacional, em 17/12/1962)*

Art. 118. O Conselho Nacional de Telecomunicações procederá, imediatamente, ao levantamento das concessões, autorizações e permissões, propondo ao Presidente da República a extinção daquelas cujos serviços não estiverem funcionando por culpa dos concessionários.

Art. 119. Até que seja aprovado o seu Quadro de Pessoal os serviços a cargo do Conselho Nacional de Telecomunicações serão executados por servidores públicos civis e militares, requisitados na forma da legislação em vigor.

Art. 120. Após a sua instalação, o Conselho Nacional de Telecomunicações proporá, dentro de 90 (noventa) dias, a organização dos quadros de seus serviços e órgãos.

Art. 121. O Conselho Nacional de Telecomunicações procederá à revisão dos contratos das empresas de telecomunicações que funcionam no país, observando:

a) a padronização de todos os contratos, observadas as circunstâncias peculiares a cada tipo de serviço;

b) a fixação de prazo para as concessionárias autorizadas a funcionar no país se adaptarem aos preceitos da presente lei e às disposições do seu respectivo regulamento.

Art. 122. É o Departamento dos Correios e Telégrafos dispensado de, no último dia do ano, recolher à conta de "restos a pagar", as importâncias empenhadas na aquisição de material ou na contratação ou ajuste de serviços de terceiros, não entregues ou não concluídos antes daquela data.

§ 1º As importâncias serão depositadas no Banco do Brasil, em conta vinculada com o fornecedor, só podendo ser liberadas quando certificado o recebimento.

§ 2º A conta vinculada mencionará especificamente a data limite de entrega ou de conclusão dos serviços.

§ 3º 30 (trinta) dias após a data limite e não tendo o Departamento dos Correios e Telégrafos liberado a conta, o Banco do Brasil recolherá o depósito à conta de "restos a pagar" da União.

Art. 123. As disposições legais e regulamentares que disciplinam os serviços de telecomunicações não colidentes com esta lei e não revogadas ou derrogadas, explícita ou implicitamente, pela mesma, deverão ser consolidadas pelo Poder Executivo.

Art. 124. O tempo destinado na programação das estações de radiodifusão, à publicidade comercial, não poderá exceder de 25% (vinte e cinco por cento) do total.

Art. 125. O Departamento dos Correios e Telégrafos continuará a exercer as atribuições de fiscalização e a efetuar a arrecadação das atuais taxas, prêmios e contribuições, até que o Conselho Nacional de Telecomunicações esteja devidamente aparelhado para o exercício destas atribuições. *(Artigo vetado pelo Presidente da República e mantido pelo Congresso Nacional, em 17/12/1962)*

Art. 126. Enquanto não houver serviços telefônicos entre Brasília e as demais regiões do país, em condições de atender aos membros do Congresso Nacional em assuntos relacionados com o exercício de seus mandatos, o Conselho Nacional de Telecomunicações deverá reservar freqüências para serem utilizadas por estações transmissoras e receptoras particulares, com aquele objetivo, observados os preceitos legais e regulamentares que disciplinam a matéria. *(Artigo vetado pelo Presidente da República e mantido pelo Congresso Nacional, em 17/12/1962)*

Art. 127. É o Poder Executivo autorizado a abrir, no Ministério da Fazenda, o crédito especial de Cr$ 30.000.000,00 (trinta milhões de cruzeiros) destinado a atender, no corrente exercício, às despesas de qualquer natureza com a instalação e funcionamento do Conselho Nacional de Telecomunicações.

Art. 128. Esta lei entrará em vigor na data de sua publicação e deverá ser regulamentada, por ato do Poder Executivo, dentro de 90 (noventa) dias.

Art. 129. Revogam-se as disposições em contrário.

Brasília, 27 de agosto de 1962; 141º da Independência e 74º da República.

JOÃO GOULART

Francisco Brochado da Rocha

Candido de Oliveira Neto

Pedro Paulo de Araújo Suzano

Miguel Calmon

Hélio de Almeida

Reynaldo de Carvalho Filho

Carlos Siqueira Castro

CONSELHO NACIONAL DE TELECOMUNICAÇÕES

TABELA I
Cargos de Provimento em Comissão

Número de Cargos	DENOMINAÇÃO	Símbolo	Qualificação
1	Presidente do Conselho Nacional de Telecomunicações	1-c	*
13	Membros do Conselho Nacional de Telecomunicações	1-c	
1	Diretor-Geral do Departamento Nacional de Telecomunicações	1-c	*
1	Diretor da Divisão de Engenharia do Departamento Nacional de Telecomunicações	3-c	Engenheiro
1	Diretor da Divisão Jurídica do Departamento Nacional de Telecomunicações	3-c	Bacharel
1	Diretor da Divisão de Administração do Departamento Nacional de Telecomunicações	3-c	**
1	Diretor da Divisão de Estatística do Departamento Nacional de Telecomunicações	3-c	Estatístico
1	Diretor da Divisão de Fiscalização do Departamento Nacional de Telecomunicações	3-c	Engenheiro
1	Delegado Regional, em Belém, o Departamento Nacional de Telecomunicações	5-c	Engenheiro
1	Delegado Regional, em Recife, Departamento Nacional de Telecomunicações	5-c	Engenheiro
1	Delegado Regional, em Brasília, do Departamento Nacional de Telecomunicações	5-c	Engenheiro
1	Delegado Regional, em Salvador, do Departamento Nacional de Telecomunicações	5-c	Engenheiro
1	Delegado Regional, na Guanabara, do Departamento Nacional de Telecomunicações	5-c	Engenheiro
1	Delegado Regional, em São Paulo, do Departamento Nacional de Telecomunicações	5-c	Engenheiro
1	Delegado Regional, em Porto Alegre, do Departamento Nacional de Telecomunicações	5-c	Engenheiro
1	Delegado Regional, em Campo Grande, MT, do Departamento Nacional de Telecomunicações	5-c	Engenheiro

LEI Nº 4.947, DE 6 DE ABRIL DE 1966

Fixa Normas de Direito Agrário, dispõe sobre o Sistema de Organização e Funcionamento do Instituto Brasileiro de Reforma Agrária, e dá outras Providências.

O Presidente da República: Faço saber que o Congresso Nacional decreta e eu sanciono a seguinte Lei:

(...)

CAPÍTULO V
DISPOSIÇÕES GERAIS

(...)

Art. 19. Utilizar, como prova de propriedade ou de direitos a ela relativos, documento expedido pelo IBRA para fins cadastrais ou tributários, em prejuízo de outrem ou em proveito próprio ou alheio:

Pena: Reclusão de 2 a 6 anos.

Parágrafo único. Se o agente é funcionário público e comete o crime prevalecendo-se do cargo, aumenta-se a pena de sexta parte.

Art. 20. Invadir, com intenção de ocupá-las, terras da União, dos Estados e dos Municípios:

Pena: Detenção de 6 meses a 3 anos.

Parágrafo único. Na mesma pena incorre quem, com idêntico propósito, invadir terras de órgãos ou entidades federais, estaduais ou municipais, destinadas à Reforma Agrária.

(...)

Art. 27. A presente Lei entrará em vigor na data de sua publicação, revogadas as disposições em contrário.

Brasília, 6 de abril de 1966; 145º da Independência e 78º da República.

H. CASTELLO BRANCO

DOU de 11.4.1966 e retificado em 24.7.1966

LEI Nº 9.112, DE 10 DE OUTUBRO DE 1995

Dispõe sobre a exportação de bens sensíveis e serviços diretamente vinculados.

O Presidente da República

Faço saber que o Congresso Nacional decreta e eu sanciono a seguinte Lei:

Art. 1º Esta Lei disciplina as operações relativas à exportação de bens sensíveis e serviços diretamente vinculados a tais bens.

§ 1º Consideram-se bens sensíveis os bens de uso duplo e os bens de uso na área nuclear, química e biológica: (Redação dada pela Medida provisória nº 2.216-37, de 2001)

I – (Revogado pela Medida Provisória nº 2.216-37, de 31.8.2001)

II – consideram-se bens de uso duplo os de aplicação generalizada, desde que relevantes para aplicação bélica;

III – consideram-se bens de uso na área nuclear os materiais que contenham elementos de interesse para o desenvolvimento da energia nuclear, bem como as instalações e equipamentos utilizados para o seu desenvolvimento ou para as inúmeras aplicações pacíficas da energia nuclear;

IV – consideram-se bens químicos ou biológicos os que sejam relevantes para qualquer aplicação bélica e seus precursores.

§ 2º Consideram-se serviços diretamente vinculados a um bem as operações de fornecimento de informação específica ou tecnologia necessária ao desenvolvimento, à produção ou à utilização do referido bem, inclusive sob a forma de fornecimento de dados técnicos ou de assistência técnica.

Art. 2º Os bens de que trata o artigo anterior serão relacionados em Listas de Bens Sensíveis, atualizadas periodicamente e publicadas no Diário Oficial.

Art. 3º Dependerão de prévia autorização formal dos órgãos federais competentes, segundo a regulamentação estabelecida e publicada no Diário Oficial, a exportação de:

I – bem constante das Listas de Bens Sensíveis; e

II – serviço diretamente vinculado a bem constante das Listas de Bens Sensíveis.

§ 1º O exportador deverá apresentar ao órgão coordenador a que se refere o parágrafo único do art. 4º documentos de garantia de destino ou uso final, julgados suficientes.

§ 2º Os órgãos federais competentes poderão exigir dos exportadores, por intermédio do órgão coordenador, cópias de contratos ou outros documentos que sejam considerados necessários para subsidiar suas deliberações sobre a operação em questão, assegurada a devida proteção ao sigilo da documentação.

§ 3º Os órgãos federais competentes poderão aplicar o disposto neste artigo a outros bens e serviços não abrangidos pelos incisos I e II, desde que seja considerado que se destinam, em todo ou em parte, a contribuir para o desenvolvimento, a produção ou a utilização de armas de destruição em massa – nucleares, químicas ou biológicas – ou sistemas de ataques, inclusive mísseis, carregados com tais armas.

Art. 4º No âmbito da Presidência da República, fica constituída a Comissão Interministerial de Controle de Exportação de Bens Sensíveis, integrada por representantes dos órgãos federais envolvidos no processo de exportação dos bens de que trata esta Lei.

Parágrafo único. O Ministério da Ciência e Tecnologia exercerá a função de órgão coordenador. (Redação dada pela Medida Provisória nº 2.229-43, de 2001)

Art. 5º Compete à Comissão Interministerial de Controle de Exportação de Bens Sensíveis:

I – propor os regulamentos, critérios, procedimentos e mecanismos de controle a serem adotados para a exportação de bens sensíveis e serviços diretamente vinculados, de que trata esta Lei;

II – elaborar, atualizar e divulgar as Listas de Bens Sensíveis;

III – aplicar as penalidades administrativas previstas no art. 6º desta Lei.

Parágrafo único. No exercício de sua competência, a Comissão deverá observar os seguintes pressupostos:

I – os interesses da política externa, da defesa nacional, da capacitação tecnológica e do comércio exterior do País; e

II – os tratados e compromissos internacionais de que o Brasil é parte.

Art. 6º A exportação de bens sensíveis e serviços diretamente vinculados, em violação ao disposto nesta Lei e em suas normas reguladoras, tornará o infrator sujeito às seguintes penalidades:

I – advertência;

II – multa de até o dobro do valor equivalente ao da operação;

III – perda do bem objeto da operação;

IV – suspensão do direito de exportar, pelo prazo de seis meses a cinco anos;

V – cassação da habilitação para atuar no comércio exterior, no caso de reincidência.

§ 1º A advertência será aplicada por escrito, no caso de infrações de menor relevância, que não justifiquem a imposição de penalidade mais grave.

§ 2º As penalidades previstas nos incisos II a V podem ser aplicadas cumulativamente.

§ 3º As penalidades previstas neste artigo serão aplicadas levando-se em conta a gravidade da infração e os antecedentes do infrator, depois de concluída a apuração de responsabilidades em processo administrativo no qual se assegure ao indiciado amplo direito de defesa.

Art. 7º As pessoas físicas que, direta ou indiretamente, por ação ou omissão, concorrerem para o descumprimento desta Lei, incorrerão em crime.

Pena – reclusão, de um a quatro anos.

Art. 8º Permanece com o Ministério do Exército a atribuição de fiscalização sobre os produtos controlados de que trata o Decreto nº 55.649, de 28 de janeiro de 1965.

Art. 9º O Poder Executivo, observadas as condições estabelecidas nesta Lei, regulamentará as operações de exportação de bens sensíveis e serviços diretamente vinculados.

Art. 10. Esta Lei entra em vigor na data de sua publicação.

Brasília, 10 de outubro de 1995; 174º da Independência e 107º da República.

FERNANDO HENRIQUE CARDOSO

D.O.U. de 11.10.1995. e Retificada no D.O.U. de 18.10.1995

LEI Nº 11.254, DE 27 DE DEZEMBRO DE 2005

Estabelece as sanções administrativas e penais em caso de realização de atividades proibidas pela Convenção Internacional sobre a Proibição do Desenvolvimento, Produção, Estocagem e Uso das Armas Químicas e sobre a Destruição das Armas Químicas existentes no mundo (CPAQ).

O Presidente da República

Faço saber que o Congresso Nacional decreta e eu sanciono a seguinte Lei:

Art. 1º Sob pena de sofrer sanções penais ou administrativas, previstas nesta Lei, e sem prejuízo das demais sanções cabíveis, nenhuma pessoa física ou jurídica:

I – realizará, no Brasil, atividade vedada pela Convenção Internacional sobre Proibição do Desenvolvimento, Produção e Uso das Armas Químicas e sobre a Destruição das Armas Químicas existentes no mundo (CPAQ);

II – contribuirá para a realização, no Brasil ou no exterior, de atividade vedada pela CPAQ;

III – omitirá informação ou prestará informação incorreta à Comissão Interministerial para Assuntos relativos à Convenção sobre a Proibição das Armas Químicas e sua aplicação no Brasil, criada pelo Decreto nº 2.074, de 14 de novembro de 1996, doravante referida como Comissão Interministerial, ou se recusará a colaborar com essa Comissão Interministerial no exercício de suas funções legais.

Art. 2º A Comissão Interministerial arbitrará sobre a pertinência, por um lado, da aplicação de sanções administrativas e, por outro lado, da tomada de providências necessárias à iniciativa do processo criminal, caso julgue serem imputáveis sanções penais.

Art. 3º Omissões ou imprecisões de informação, bem como a não colaboração com a Comissão Interministerial no exercício de suas funções legais, constituem infração administrativa, ficando o infrator sujeito às seguintes penalidades:

I – advertência;

II – multa;

III – perda do bem envolvido na infração;

IV – suspensão do direito de comercializar, pelo prazo de 6 (seis) meses a 5 (cinco) anos;

V – cassação da habilitação para atuação no comércio, no caso de reincidência.

§ 1º A advertência será aplicada, por escrito, no caso de infrações de menor relevância.

§ 2º A multa será aplicada, conforme a infração, no valor de R$ 5.000,00 (cinco mil reais) a R$ 50.000,00 (cinquenta mil reais).

§ 3º As penalidades previstas nos incisos II, III, IV e V podem ser aplicadas cumulativamente, levando-se em consideração a gravidade da infração e os antecedentes do infrator.

§ 4º As penalidades administrativas serão aplicadas pela Comissão Interministerial, depois de apurada a infração em processo administrativo, no qual se assegurará ao infrator amplo direito de defesa.

Art. 4º Constitui crime:

I – fazer uso de armas químicas ou realizar, no Brasil, atividade que envolva a pesquisa, produção, estocagem, aquisição, transferência, importação ou exportação de armas químicas ou de substâncias químicas abrangidas pela CPAQ com a finalidade de produção de tais armas;

II – contribuir, direta ou indiretamente, por ação ou omissão, para o uso de armas químicas ou para a realização, no Brasil ou no exterior, das atividades arroladas no inciso I:

Pena – reclusão, de 1 (um) a 10 (dez) anos.

Art. 5º Esta Lei entra em vigor na data de sua publicação.

Brasília, 27 de dezembro de 2005; 184º da Independência e 117º da República.

LUIZ INÁCIO LULA DA SILVA

D.O.U. de 28.12.2005

LEI Nº 12.984, DE 2 DE JUNHO DE 2014

Define o crime de discriminação dos portadores do vírus da imunodeficiência humana (HIV) e doentes de aids.

A Presidenta da República

Faço saber que o Congresso Nacional decreta e eu sanciono a seguinte Lei:

Art. 1º Constitui crime punível com reclusão, de 1 (um) a 4 (quatro) anos, e multa, as seguintes condutas discriminatórias contra o portador do HIV e o doente de aids, em razão da sua condição de portador ou de doente:

I – recusar, procrastinar, cancelar ou segregar a inscrição ou impedir que permaneça como aluno em creche ou estabelecimento de ensino de qualquer curso ou grau, público ou privado;

II – negar emprego ou trabalho;

III – exonerar ou demitir de seu cargo ou emprego;

IV – segregar no ambiente de trabalho ou escolar;

V – divulgar a condição do portador do HIV ou de doente de aids, com intuito de ofender-lhe a dignidade;

VI – recusar ou retardar atendimento de saúde.

Art. 2º Esta Lei entra em vigor na data de sua publicação.

Brasília, 2 de junho de 2014; 193º da Independência e 126º da República.

DILMA ROUSSEFF

DOU de 3.6.2014

RESOLUÇÃO CONJUNTA PRES/CORE Nº 2, DE 01 DE MARÇO DE 2016

Dispõe sobre a implantação da Audiência de Custódia

O PRESIDENTE DO TRIBUNAL REGIONAL FEDERAL DA TERCEIRA REGIÃO e a CORREGEDORA REGIONAL DA JUSTIÇA FEDERAL DA TERCEIRA REGIÃO, no uso de suas atribuições regimentais,

CONSIDERANDO que o artigo 5º, inciso LXII, da Constituição, determina que a prisão de qualquer pessoa e o local onde se encontre serão comunicados imediatamente ao juiz competente e à família do preso ou à pessoa por ele indicada;

CONSIDERANDO que o Brasil é signatário do Pacto de Direitos Civis e Políticos, promulgado pelo Decreto nº 592, de 6 de julho de 1992;

CONSIDERANDO o Decreto nº 678, de 6 de novembro de 1992, que promulgou a Convenção

Americana sobre Direitos Humanos (Pacto de São José da Costa Rica), de 22 de novembro de 1969;

CONSIDERANDO o Termo de Cooperação Técnica nº 16/2015, firmado entre o Conselho Nacional de Justiça e o Conselho da Justiça Federal, voltado à conjugação de esforços, visando à efetiva implantação do "Projeto Audiência de Custódia", de modo a fomentar e viabilizar a operacionalização da apresentação de pessoa(s) presa(s) ou detida(s) em flagrante delito à autoridade judiciária, no prazo máximo de 24 horas após sua prisão ou detenção;

CONSIDERANDO o Termo de Adesão do Tribunal Regional Federal da 3ª Região (TRF3R) ao Termo de Cooperação Técnica nº 16/2015, firmado em 23 de setembro de 2015;

CONSIDERANDO a Resolução nº 213, de 15 de dezembro de 2015, do Conselho Nacional de Justiça, que dispõe sobre a apresentação de toda pessoa presa à autoridade judicial no prazo de 24 horas;

CONSIDERANDO o teor dos expedientes SEI 0022817-70.2015.4.03.8000 e 0001487-80.2016.4.03.8000, R E S O L V E:

Art. 1º Implantar a audiência de custódia, no âmbito da Justiça Federal da 3ª Região, para determinar que toda pessoa presa em flagrante delito, independentemente da motivação ou natureza do ato, seja obrigatoriamente apresentada, em até 24 horas da comunicação do flagrante, à autoridade judicial competente, e ouvida sobre as circunstâncias em que se realizou sua prisão ou apreensão, observados os termos da Resolução CNJ nº 213/2015.

§ 1º Nos termos do artigo 13 da Resolução CNJ nº 213/2015, a apresentação à autoridade judicial no prazo de 24 horas também será assegurada às pessoas presas em decorrência de cumprimento de mandados de prisão cautelar ou definitiva.

§ 2º Para a realização da audiência de custódia deverá ser utilizado o Sistema de Audiência de Custódia (SISTAC), nos termos da referida Resolução.

§ 3º A audiência de custódia será implantada, a partir de 15 de março de 2016, inicialmente nas Subseções Judiciárias de São Paulo/SP, Guarulhos/SP e Campo Grande/MS.

§ 4º A partir de 30 de março de 2016, a audiência de custódia será implantada em todas as Subseções Judiciárias dos Estados de São Paulo e de Mato Grosso do Sul.

§ 5º Até que seja editado ato conjunto da Presidência e da Corregedoria Regional disciplinando a realização de audiências de custódia nos dias de funcionamento do plantão judiciário, as medidas a que se referem os parágrafos anteriores deverão ser observadas pelos Juízos Federais apenas nos dias de expediente forense ordinário, postergando-se para o primeiro dia útil subsequente à prisão a realização da audiência de custódia relativa a pessoa presa durante os feriados legais e finais de semana.

Art. 2º Ressalvados os dias de plantão judiciário, as audiências de custódia serão realizadas pelo Juízo Federal competente após a distribuição, por sorteio ou prevenção, do respectivo comunicado de prisão em flagrante.

§ 1º Na hipótese do artigo 1º, § 1º, desta Resolução, a audiência de custódia deverá ser realizada pelo Juízo Federal ordenador da prisão, preferencialmente, ou pelo Juízo do local da prisão, quando a distância entre ambos ou outras circunstâncias assim o recomendarem.

§ 2º A partir da entrada em vigor desta Resolução, na confecção de mandados de prisão deverá ser observado o comando do artigo 13, parágrafo único, da Resolução CNJ nº 213/2015.

Art. 3º Não se adiará a realização de audiência de custódia se o advogado constituído pelo preso ou o

Defensor Público, embora regularmente intimados, deixarem de comparecer ao ato.

§ 1º Ausente o advogado constituído ou o Defensor Público, nomear-se-á ao preso defensor "ad hoc".

§ 2º Compete ao Coordenador do respectivo Fórum assegurar a existência de local apropriado para a entrevista prévia entre a pessoa presa e o seu advogado ou defensor, nos termos do artigo 6º, caput e parágrafo único, da Resolução CNJ nº 213/2015.

Art. 4º Não sabendo ou não podendo o preso comunicar-se em língua portuguesa, e não sendo localizado intérprete em tempo hábil para a realização da audiência de custódia no prazo estabelecido no artigo 1º desta Resolução, o ato ocorrerá em data próxima, tão logo superado o obstáculo à oitiva do preso, consignando-se em ata ou certidão o motivo determinante do adiamento.

Art. 5º Nos termos do parágrafo único do artigo 15 da Resolução CNJ nº 213/2015, os Juízos Federais deverão assegurar às pessoas presas em flagrante antes da implantação da audiência de custódia na respectiva Subseção Judiciária, e que ainda não tenham sido colocadas em liberdade ou apresentadas em outra audiência no curso do processo, a apresentação à autoridade judicial.

§ 1º A existência de situações que se enquadrem no "caput", deverá ser informada pelos Juízos Federais à CORE, no prazo de 15 (quinze) dias após a publicação desta Resolução, no processo SEI nº 0005580-86.2016.4.03.8000.

§ 2º As providências previstas no "caput" deste artigo deverão ser adotadas até a implantação

definitiva da Audiência de Custódia e o seu cumprimento deverá ser relatado à CORE.

Art. 6º As disposições desta Resolução aplicam-se aos processos da competência originária do Tribunal Regional Federal da 3ª Região, podendo a apresentação do preso ser delegada pelo Relator, por carta de ordem, a Juízo Federal sorteado para esse fim.

Art. 7º Ademais do previsto na Resolução CNJ nº 213/2015, deverão ser observados, para a realização da audiência de custódia, os procedimentos disciplinados pela Corregedoria-Regional.

Art. 8º Esta Resolução entra em vigor na data de sua publicação.

DEJF 04.03.2016

LEI Nº 8.160, DE 8 DE JANEIRO DE 1991

Dispõe sobre a caracterização de símbolo que permita a identificação de pessoas portadoras de deficiência auditiva.

O Presidente da República, faço saber que o Congresso Nacional decreta e eu sanciono a seguinte lei:

Art. 1º É obrigatória a colocação, de forma visível, do "Símbolo Internacional de Surdez" em todos os locais que possibilitem acesso, circulação e utilização por pessoas portadoras de deficiência auditiva, e em todos os serviços que forem postos à sua disposição ou que possibilitem o seu uso.

Art. 2º O "Símbolo Internacional de Surdez" deverá ser colocado, obrigatoriamente, em local visível ao público, não sendo permitida nenhuma modificação ou adição ao desenho reproduzido no anexo a esta lei.

Art. 3º É proibida a utilização do "Símbolo Internacional de Surdez" para finalidade outra que não seja a de identificar, assinalar ou indicar local ou serviço habilitado ao uso de pessoas portadoras de deficiência auditiva.

Parágrafo único. O disposto no caput deste artigo não se aplica à reprodução do símbolo em publicações e outros meios de comunicação relevantes para os interesses do deficiente auditivo, a exemplo de adesivos específicos para veículos por ele conduzidos.

Art. 4º O Poder Executivo regulamentará esta lei no prazo de noventa dias, a contar de sua vigência.

Art. 5º Esta lei entra em vigor na data de sua publicação.

Art. 6º Revogam-se as disposições em contrário.

Brasília, 8 de janeiro de 1991; 170º da Independência e 103º da República.

FERNANDO COLLOR

D.O.U. de 09.01.1991

ANEXO

(Art. 2º da Lei nº 8.160, de 08 de janeiro de 1991)

"SÍMBOLO INTERNACIONAL DE SURDEZ"

DECRETO Nº 3.298, DE 20 DE DEZEMBRO DE 1999

Regulamenta a Lei nº 7.853, de 24 de outubro de 1989, dispõe sobre a Política Nacional para a Integração da Pessoa Portadora de Deficiência, consolida as normas de proteção, e dá outras providências.

O Presidente da República, no uso das atribuições que lhe confere o art. 84, incisos IV e VI, da Constituição, e tendo em vista o disposto na Lei nº 7.853, de 24 de outubro de 1989,

DECRETA:

CAPÍTULO I
DAS DISPOSIÇÕES GERAIS

Art. 1º A Política Nacional para a Integração da Pessoa Portadora de Deficiência compreende o conjunto de orientações normativas que objetivam assegurar o pleno exercício dos direitos individuais e sociais das pessoas portadoras de deficiência.

Art. 2º Cabe aos órgãos e às entidades do Poder Público assegurar à pessoa portadora de deficiência o pleno exercício de seus direitos básicos, inclusive dos direitos à educação, à saúde, ao trabalho, ao desporto, ao turismo, ao lazer, à previdência social, à assistência social, ao transporte, à edificação pública, à habitação, à cultura, ao amparo à infância e à maternidade, e de outros que, decorrentes da Constituição e das leis, propiciem seu bem-estar pessoal, social e econômico.

Art. 3º Para os efeitos deste Decreto, considera-se:

I – deficiência – toda perda ou anormalidade de uma estrutura ou função psicológica, fisiológica ou anatômica que gere incapacidade para o desempenho de atividade, dentro do padrão considerado normal para o ser humano;

II – deficiência permanente – aquela que ocorreu ou se estabilizou durante um período de tempo suficiente para não permitir recuperação ou ter probabilidade de que se altere, apesar de novos tratamentos; e

III – incapacidade – uma redução efetiva e acentuada da capacidade de integração social, com necessidade de equipamentos, adaptações, meios ou recursos especiais para que a pessoa portadora de deficiência possa receber ou transmitir informações necessárias ao seu bem-estar pessoal e ao desempenho de função ou atividade a ser exercida.

Art. 4º É considerada pessoa portadora de deficiência a que se enquadra nas seguintes categorias:

I – deficiência física – alteração completa ou parcial de um ou mais segmentos do corpo humano, acarretando o comprometimento da função física, apresentando-se sob a forma de paraplegia, paraparesia, monoplegia, monoparesia, tetraplegia, tetraparesia, triplegia, triparesia, hemiplegia, hemiparesia, ostomia, amputação ou ausência de membro, paralisia cerebral, nanismo, membros com deformidade congênita ou adquirida, exceto as deformidades estéticas e as que não produzam dificuldades para o desempenho de funções; (Redação dada pelo Decreto nº 5.296, de 2004)

II – deficiência auditiva – perda bilateral, parcial ou total, de quarenta e um decibéis (dB) ou mais, aferida por audiograma nas freqüências de 500HZ, 1.000HZ, 2.000Hz e 3.000Hz; (Redação dada pelo Decreto nº 5.296, de 2004)

III – deficiência visual – cegueira, na qual a acuidade visual é igual ou menor que 0,05 no melhor olho, com a melhor correção óptica; a baixa visão, que significa acuidade visual entre 0,3 e 0,05 no melhor olho, com a melhor correção óptica; os casos nos quais a somatória da medida do campo visual em ambos os olhos for igual ou menor que 60º; ou a ocorrência simultânea de quaisquer das condições anteriores; (Redação dada pelo Decreto nº 5.296, de 2004)

IV – deficiência mental – funcionamento intelectual significativamente inferior à média, com manifestação antes dos dezoito anos e limitações associadas a duas ou mais áreas de habilidades adaptativas, tais como:

a) comunicação;

b) cuidado pessoal;

c) habilidades sociais;

d) utilização dos recursos da comunidade; (Redação dada pelo Decreto nº 5.296, de 2004)

e) saúde e segurança;

f) habilidades acadêmicas;

g) lazer; e

h) trabalho;

V – deficiência múltipla – associação de duas ou mais deficiências.

CAPÍTULO II
DOS PRINCÍPIOS

Art. 5º A Política Nacional para a Integração da Pessoa Portadora de Deficiência, em consonância com o Programa Nacional de Direitos Humanos, obedecerá aos seguintes princípios;

I – desenvolvimento de ação conjunta do Estado e da sociedade civil, de modo a assegurar a plena integração da pessoa portadora de deficiência no contexto sócio-econômico e cultural;

II – estabelecimento de mecanismos e instrumentos legais e operacionais que assegurem às pessoas portadoras de deficiência o pleno exercício de seus direitos básicos que, decorrentes da Constituição e das leis, propiciam o seu bem-estar pessoal, social e econômico; e

III – respeito às pessoas portadoras de deficiência, que devem receber igualdade de oportunidades na sociedade por reconhecimento dos direitos que lhes são assegurados, sem privilégios ou paternalismos.

CAPÍTULO III
DAS DIRETRIZES

Art. 6º São diretrizes da Política Nacional para a Integração da Pessoa Portadora de Deficiência:

I – estabelecer mecanismos que acelerem e favoreçam a inclusão social da pessoa portadora de deficiência;

II – adotar estratégias de articulação com órgãos e entidades públicos e privados, bem assim com organismos internacionais e estrangeiros para a implantação desta Política;

III – incluir a pessoa portadora de deficiência, respeitadas as suas peculiaridades, em todas as iniciativas governamentais relacionadas à educação, à saúde, ao trabalho, à edificação pública, à previdência social, à assistência social, ao transporte, à habitação, à cultura, ao esporte e ao lazer;

IV – viabilizar a participação da pessoa portadora de deficiência em todas as fases de implementação dessa Política, por intermédio de suas entidades representativas;

V – ampliar as alternativas de inserção econômica da pessoa portadora de deficiência, proporcionando a ela qualificação profissional e incorporação no mercado de trabalho; e

VI – garantir o efetivo atendimento das necessidades da pessoa portadora de deficiência, sem o cunho assistencialista.

CAPÍTULO IV
DOS OBJETIVOS

Art. 7º São objetivos da Política Nacional para a Integração da Pessoa Portadora de Deficiência:

I – o acesso, o ingresso e a permanência da pessoa portadora de deficiência em todos os serviços oferecidos à comunidade;

II – integração das ações dos órgãos e das entidades públicos e privados nas áreas de saúde, educação, trabalho, transporte, assistência social, edificação pública, previdência social, habitação, cultura, desporto e lazer, visando à prevenção das deficiências, à eliminação de suas múltiplas causas e à inclusão social;

III – desenvolvimento de programas setoriais destinados ao atendimento das necessidades especiais da pessoa portadora de deficiência;

IV – formação de recursos humanos para atendimento da pessoa portadora de deficiência; e

V – garantia da efetividade dos programas de prevenção, de atendimento especializado e de inclusão social.

CAPÍTULO V
DOS INSTRUMENTOS

Art. 8º São instrumentos da Política Nacional para a Integração da Pessoa Portadora de Deficiência:

I – a articulação entre entidades governamentais e não-governamentais que tenham responsabilidades quanto ao atendimento da pessoa portadora de deficiência, em nível federal, estadual, do Distrito Federal e municipal;

II – o fomento à formação de recursos humanos para adequado e eficiente atendimento da pessoa portadora de deficiência;

III – a aplicação da legislação específica que disciplina a reserva de mercado de trabalho, em favor da pessoa portadora de deficiência, nos órgãos e nas entidades públicos e privados;

IV – o fomento da tecnologia de bioengenharia voltada para a pessoa portadora de deficiência, bem como a facilitação da importação de equipamentos; e

V – a fiscalização do cumprimento da legislação pertinente à pessoa portadora de deficiência.

CAPÍTULO VI
DOS ASPECTOS INSTITUCIONAIS

Art. 9º Os órgãos e as entidades da Administração Pública Federal direta e indireta deverão conferir, no âmbito das respectivas competências e finalidades, tratamento prioritário e adequado aos assuntos relativos à pessoa portadora de deficiência, visando a assegurar-lhe o pleno exercício de seus direitos básicos e a efetiva inclusão social.

Art. 10. Na execução deste Decreto, a Administração Pública Federal direta e indireta atuará de modo integrado e coordenado, seguindo planos e programas, com prazos e objetivos determinados, aprovados pelo Conselho Nacional dos Direitos da Pessoa Portadora de Deficiência – CONADE.

Art. 11. Ao CONADE, criado no âmbito do Ministério da Justiça como órgão superior de deliberação colegiada, compete:

I – zelar pela efetiva implantação da Política Nacional para Integração da Pessoa Portadora de Deficiência;

II – acompanhar o planejamento e avaliar a execução das políticas setoriais de educação, saúde, trabalho, assistência social, transporte, cultura, turismo, desporto, lazer, política urbana e outras relativas à pessoa portadora de deficiência;

III – acompanhar a elaboração e a execução da proposta orçamentária do Ministério da Justiça, sugerindo as modificações necessárias à consecução da Política Nacional para Integração da Pessoa Portadora de Deficiência;

IV – zelar pela efetivação do sistema descentralizado e participativo de defesa dos direitos da pessoa portadora de deficiência;

V – acompanhar e apoiar as políticas e as ações do Conselho dos Direitos da Pessoa Portadora de Deficiência no âmbito dos Estados, do Distrito Federal e dos Municípios;

VI – propor a elaboração de estudos e pesquisas que objetivem a melhoria da qualidade de vida da pessoa portadora de deficiência;

VII – propor e incentivar a realização de campanhas visando à prevenção de deficiências e à promoção dos direitos da pessoa portadora de deficiência;

VIII – aprovar o plano de ação anual da Coordenadoria Nacional para Integração da Pessoa Portadora de Deficiência – CORDE;

IX – acompanhar, mediante relatórios de gestão, o desempenho dos programas e projetos da Política Nacional para Integração da Pessoa Portadora de Deficiência; e

X – elaborar o seu regimento interno.

Art. 12. O CONADE será constituído, paritariamente, por representantes de instituições governamentais e da sociedade civil, sendo a sua composição e o seu funcionamento disciplinados em ato do Ministro de Estado da Justiça.

Parágrafo único. Na composição do CONADE, o Ministro de Estado da Justiça disporá sobre os critérios de escolha dos representantes a que se refere este artigo, observando, entre outros, a representatividade e a efetiva atuação, em nível nacional, relativamente à defesa dos direitos da pessoa portadora de deficiência.

Art. 13. Poderão ser instituídas outras instâncias deliberativas pelos Estados, pelo Distrito Federal e pelos Municípios, que integrarão sistema descentralizado de defesa dos direitos da pessoa portadora de deficiência.

Art. 14. Incumbe ao Ministério da Justiça, por intermédio da Secretaria de Estado dos Direitos Humanos, a coordenação superior, na Administração Pública Federal, dos assuntos, das atividades e das medidas que se refiram às pessoas portadoras de deficiência.

§ 1º No âmbito da Secretaria de Estado dos Direitos Humanos, compete à CORDE:

I – exercer a coordenação superior dos assuntos, das ações governamentais e das medidas referentes à pessoa portadora de deficiência;

II – elaborar os planos, programas e projetos da Política Nacional para Integração da Pessoa Portadora de Deficiência, bem como propor as providências necessárias à sua completa implantação e ao seu adequado desenvolvimento, inclusive as pertinentes a recursos financeiros e as de caráter legislativo;

III – acompanhar e orientar a execução pela Administração Pública Federal dos planos, programas e projetos mencionados no inciso anterior;

IV – manifestar-se sobre a Política Nacional para a Integração da Pessoa Portadora de Deficiência, dos projetos federais a ela conexos, antes da liberação dos recursos respectivos;

V – manter com os Estados, o Distrito Federal, os Municípios e o Ministério Público, estreito relacionamento, objetivando a concorrência de ações destinadas à integração das pessoas portadoras de deficiência;

VI – provocar a iniciativa do Ministério Público, ministrando-lhe informações sobre fatos que constituam objeto da ação civil de que trata a Lei nº 7.853, de 24 de outubro de 1989, e indicando-lhe os elementos de convicção;

VII – emitir opinião sobre os acordos, contratos ou convênios firmados pelos demais órgãos da Administração Pública Federal, no âmbito da Política Nacional para a Integração da Pessoa Portadora de Deficiência; e

VIII – promover e incentivar a divulgação e o debate das questões concernentes à pessoa portadora de deficiência, visando à conscientização da sociedade.

§ 2º Na elaboração dos planos e programas a seu cargo, a CORDE deverá:

I – recolher, sempre que possível, a opinião das pessoas e entidades interessadas; e

II – considerar a necessidade de ser oferecido efetivo apoio às entidades privadas voltadas à integração social da pessoa portadora de deficiência.

CAPÍTULO VII
DA EQUIPARAÇÃO DE OPORTUNIDADES

Art. 15. Os órgãos e as entidades da Administração Pública Federal prestarão direta ou indiretamente à pessoa portadora de deficiência os seguintes serviços:

I – reabilitação integral, entendida como o desenvolvimento das potencialidades da pessoa portadora de deficiência, destinada a facilitar sua atividade laboral, educativa e social;

II – formação profissional e qualificação para o trabalho;

III – escolarização em estabelecimentos de ensino regular com a provisão dos apoios necessários, ou em estabelecimentos de ensino especial; e

IV – orientação e promoção individual, familiar e social.

SEÇÃO I
DA SAÚDE

Art. 16. Os órgãos e as entidades da Administração Pública Federal direta e indireta responsáveis pela saúde devem dispensar aos assuntos objeto deste Decreto tratamento prioritário e adequado, viabilizando, sem prejuízo de outras, as seguintes medidas:

I – a promoção de ações preventivas, como as referentes ao planejamento familiar, ao aconselhamento genético, ao acompanhamento da gravidez, do parto e do puerpério, à nutrição da mulher e da criança, à identificação e ao controle da gestante e do feto de alto risco, à imunização, às doenças do metabolismo e seu diagnóstico, ao encaminhamento precoce de outras doenças causadoras de deficiência, e à detecção precoce das doenças crônico-degenerativas e a outras potencialmente incapacitantes;

II – o desenvolvimento de programas especiais de prevenção de acidentes domésticos, de trabalho, de trânsito e outros, bem como o desenvolvimento de programa para tratamento adequado a suas vítimas;

III – a criação de rede de serviços regionalizados, descentralizados e hierarquizados em crescentes níveis de complexidade, voltada ao atendimento à saúde e reabilitação da pessoa portadora de deficiência, articulada com os serviços sociais, educacionais e com o trabalho;

IV – a garantia de acesso da pessoa portadora de deficiência aos estabelecimentos de saúde públicos e privados e de seu adequado tratamento sob normas técnicas e padrões de conduta apropriados;

V – a garantia de atendimento domiciliar de saúde ao portador de deficiência grave não internado;

VI – o desenvolvimento de programas de saúde voltados para a pessoa portadora de deficiência, desenvolvidos com a participação da sociedade e que lhes ensejem a inclusão social; e

VII – o papel estratégico da atuação dos agentes comunitários de saúde e das equipes de saúde da família na disseminação das práticas e estratégias de reabilitação baseada na comunidade.

§ 1º Para os efeitos deste Decreto, prevenção compreende as ações e medidas orientadas a evitar as causas das deficiências que possam ocasionar incapacidade e as destinadas a evitar sua progressão ou derivação em outras incapacidades.

§ 2º A deficiência ou incapacidade deve ser diagnosticada e caracterizada por equipe multidisciplinar de saúde, para fins de concessão de benefícios e serviços.

§ 3º As ações de promoção da qualidade de vida da pessoa portadora de deficiência deverão também assegurar a igualdade de oportunidades no campo da saúde.

Art. 17. É beneficiária do processo de reabilitação a pessoa que apresenta deficiência, qualquer que seja sua natureza, agente causal ou grau de severidade.

§ 1º Considera-se reabilitação o processo de duração limitada e com objetivo definido, destinado a permitir que a pessoa com deficiência alcance o nível físico, mental ou social funcional ótimo, proporcionando-lhe os meios de modificar sua própria vida, podendo compreender medidas visando a compensar a perda de uma função ou uma limitação funcional e facilitar ajustes ou reajustes sociais.

§ 2º Para efeito do disposto neste artigo, toda pessoa que apresente redução funcional devidamente diagnosticada por equipe multiprofissional terá direito a beneficiar-se dos processos de reabilitação necessários para corrigir ou modificar seu estado físico, mental ou sensorial, quando este constitua obstáculo para sua integração educativa, laboral e social.

Art. 18. Incluem-se na assistência integral à saúde e reabilitação da pessoa portadora de deficiência a concessão de órteses, próteses, bolsas coletoras e materiais auxiliares, dado que tais equipamentos complementam o atendimento, aumentando as possibilidades de independência e inclusão da pessoa portadora de deficiência.

Art. 19. Consideram-se ajudas técnicas, para os efeitos deste Decreto, os elementos que permitem compensar uma ou mais limitações funcionais motoras, sensoriais ou mentais da pessoa portadora de deficiência, com o objetivo de permitir-lhe superar as barreiras da comunicação e da mobilidade e de possibilitar sua plena inclusão social.

Parágrafo único. São ajudas técnicas:

I – próteses auditivas, visuais e físicas;

II – órteses que favoreçam a adequação funcional;

III – equipamentos e elementos necessários à terapia e reabilitação da pessoa portadora de deficiência;

IV – equipamentos, maquinarias e utensílios de trabalho especialmente desenhados ou adaptados para uso por pessoa portadora de deficiência;

V – elementos de mobilidade, cuidado e higiene pessoal necessários para facilitar a autonomia e a segurança da pessoa portadora de deficiência;

VI – elementos especiais para facilitar a comunicação, a informação e a sinalização para pessoa portadora de deficiência;

VII – equipamentos e material pedagógico especial para educação, capacitação e recreação da pessoa portadora de deficiência;

VIII – adaptações ambientais e outras que garantam o acesso, a melhoria funcional e a autonomia pessoal; e

IX – bolsas coletoras para os portadores de ostomia.

Art. 20. É considerado parte integrante do processo de reabilitação o provimento de medicamentos que favoreçam a estabilidade clínica e funcional e auxiliem na limitação da incapacidade, na reeducação funcional e no controle das lesões que geram incapacidades.

Art. 21. O tratamento e a orientação psicológica serão prestados durante as distintas fases do processo reabilitador, destinados a contribuir para que a pessoa portadora de deficiência atinja o mais pleno desenvolvimento de sua personalidade.

Parágrafo único. O tratamento e os apoios psicológicos serão simultâneos aos tratamentos funcionais e, em todos os casos, serão concedidos desde a comprovação da deficiência ou do início de um processo patológico que possa originá-la.

Art. 22. Durante a reabilitação, será propiciada, se necessária, assistência em saúde mental com a finalidade de permitir que a pessoa submetida a esta prestação desenvolva ao máximo suas capacidades.

Art. 23. Será fomentada a realização de estudos epidemiológicos e clínicos, com periodicidade e abrangência adequadas, de modo a produzir informações sobre a ocorrência de deficiências e incapacidades.

SEÇÃO II
DO ACESSO À EDUCAÇÃO

Art. 24. Os órgãos e as entidades da Administração Pública Federal direta e indireta responsáveis pela educação dispensarão tratamento prioritário e adequado aos assuntos objeto deste Decreto, viabilizando, sem prejuízo de outras, as seguintes medidas:

I – a matrícula compulsória em cursos regulares de estabelecimentos públicos e particulares de pessoa portadora de deficiência capazes de se integrar na rede regular de ensino;

II – a inclusão, no sistema educacional, da educação especial como modalidade de educação escolar que permeia transversalmente todos os níveis e as modalidades de ensino;

III – a inserção, no sistema educacional, das escolas ou instituições especializadas públicas e privadas;

IV – a oferta, obrigatória e gratuita, da educação especial em estabelecimentos públicos de ensino;

V – o oferecimento obrigatório dos serviços de educação especial ao educando portador de deficiência em unidades hospitalares e congêneres nas quais esteja internado por prazo igual ou superior a um ano; e

VI – o acesso de aluno portador de deficiência aos benefícios conferidos aos demais educandos, inclusive material escolar, transporte, merenda escolar e bolsas de estudo.

§ 1º Entende-se por educação especial, para os efeitos deste Decreto, a modalidade de educação escolar oferecida preferencialmente na rede regular de ensino para educando com necessidades educacionais especiais, entre eles o portador de deficiência.

§ 2º A educação especial caracteriza-se por constituir processo flexível, dinâmico e individualizado, oferecido principalmente nos níveis de ensino considerados obrigatórios.

§ 3º A educação do aluno com deficiência deverá iniciar-se na educação infantil, a partir de zero ano.

§ 4º A educação especial contará com equipe multiprofissional, com a adequada especialização, e adotará orientações pedagógicas individualizadas.

§ 5º Quando da construção e reforma de estabelecimentos de ensino deverá ser observado o atendimento as normas técnicas da Associação Brasileira de Normas Técnicas – ABNT relativas à acessibilidade.

Art. 25. Os serviços de educação especial serão ofertados nas instituições de ensino público ou privado do sistema de educação geral, de forma transitória ou permanente, mediante programas de apoio para o aluno que está integrado no sistema regular de ensino, ou em escolas especializadas exclusivamente quando a educação das escolas comuns não puder satisfazer as necessidades educativas ou sociais do aluno ou quando necessário ao bem-estar do educando.

Art. 26. As instituições hospitalares e congêneres deverão assegurar atendimento pedagógico ao educando portador de deficiência internado nessas unidades por prazo igual ou superior a um ano, com o propósito de sua inclusão ou manutenção no processo educacional.

Art. 27. As instituições de ensino superior deverão oferecer adaptações de provas e os apoios necessários, previamente solicitados pelo aluno portador de deficiência, inclusive tempo adicional para realização das provas, conforme as características da deficiência.

§ 1º As disposições deste artigo aplicam-se, também, ao sistema geral do processo seletivo para ingresso em cursos universitários de instituições de ensino superior.

§ 2º O Ministério da Educação, no âmbito da sua competência, expedirá instruções para que os programas de educação superior incluam nos seus currículos conteúdos, itens ou disciplinas relacionados à pessoa portadora de deficiência.

Art. 28. O aluno portador de deficiência matriculado ou egresso do ensino fundamental ou médio, de instituições públicas ou privadas, terá acesso à educação profissional, a fim de obter habilitação profissional que lhe proporcione oportunidades de acesso ao mercado de trabalho.

§ 1º A educação profissional para a pessoa portadora de deficiência será oferecida nos níveis básico, técnico e tecnológico, em escola regular, em instituições especializadas e nos ambientes de trabalho.

§ 2º As instituições públicas e privadas que ministram educação profissional deverão, obrigatoriamente, oferecer cursos profissionais de nível básico à pessoa portadora de deficiência, condicionando a matrícula à sua capacidade de aproveitamento e não a seu nível de escolaridade.

§ 3º Entende-se por habilitação profissional o processo destinado a propiciar à pessoa portadora de deficiência, em nível formal e sistematizado, aquisição de conhecimentos e habilidades especificamente associados a determinada profissão ou ocupação.

§ 4º Os diplomas e certificados de cursos de educação profissional expedidos por instituição credenciada pelo Ministério da Educação ou órgão equivalente terão validade em todo o território nacional.

Art. 29. As escolas e instituições de educação profissional oferecerão, se necessário, serviços de apoio especializado para atender às peculiaridades da pessoa portadora de deficiência, tais como:

I – adaptação dos recursos instrucionais: material pedagógico, equipamento e currículo;

II – capacitação dos recursos humanos: professores, instrutores e profissionais especializados; e

III – adequação dos recursos físicos: eliminação de barreiras arquitetônicas, ambientais e de comunicação.

SEÇÃO III

DA HABILITAÇÃO E DA REABILITAÇÃO PROFISSIONAL

Art. 30. A pessoa portadora de deficiência, beneficiária ou não do Regime Geral de Previdência Social, tem direito às prestações de habilitação e reabilitação profissional para capacitar-se a obter trabalho, conservá-lo e progredir profissionalmente.

Art. 31. Entende-se por habilitação e reabilitação profissional o processo orientado a possibilitar que a pessoa portadora de deficiência, a partir da identificação de suas potencialidades laborativas, adquira o nível suficiente de desenvolvimento profissional para ingresso e reingresso no mercado de trabalho e participar da vida comunitária.

Art. 32. Os serviços de habilitação e reabilitação profissional deverão estar dotados dos recursos necessários para atender toda pessoa portadora de deficiência, independentemente da origem de sua deficiência, desde que possa ser preparada para trabalho que lhe seja adequado e tenha perspectivas de obter, conservar e nele progredir.

Art. 33. A orientação profissional será prestada pelos correspondentes serviços de habilitação e reabilitação profissional, tendo em conta as potencialidades da pessoa portadora de deficiência, identificadas com base em relatório de equipe multiprofissional, que deverá considerar:

I – educação escolar efetivamente recebida e por receber;

II – expectativas de promoção social;

III – possibilidades de emprego existentes em cada caso;

IV – motivações, atitudes e preferências profissionais; e

V – necessidades do mercado de trabalho.

SEÇÃO IV

DO ACESSO AO TRABALHO

Art. 34. É finalidade primordial da política de emprego a inserção da pessoa portadora de deficiência no mercado de trabalho ou sua incorporação ao sistema produtivo mediante regime especial de trabalho protegido.

Parágrafo único. Nos casos de deficiência grave ou severa, o cumprimento do disposto no *caput* deste artigo poderá ser efetivado mediante a contratação das cooperativas sociais de que trata a Lei nº 9.867, de 10 de novembro de 1999.

Art. 35. São modalidades de inserção laboral da pessoa portadora de deficiência:

I – colocação competitiva: processo de contratação regular, nos termos da legislação trabalhista e previdenciária, que independe da adoção de procedimentos especiais para sua concretização, não sendo excluída a possibilidade de utilização de apoios especiais;

II – colocação seletiva: processo de contratação regular, nos termos da legislação trabalhista e previdenciária, que depende da adoção de procedimentos e apoios especiais para sua concretização; e

III – promoção do trabalho por conta própria: processo de fomento da ação de uma ou mais pessoas, mediante trabalho autônomo, cooperativado ou em regime de economia familiar, com vista à emancipação econômica e pessoal.

§ 1º As entidades beneficentes de assistência social, na forma da lei, poderão intermediar a modalidade de inserção laboral de que tratam os incisos II e III, nos seguintes casos:

I – na contratação para prestação de serviços, por entidade pública ou privada, da pessoa portadora de deficiência física, mental ou sensorial: e

II – na comercialização de bens e serviços decorrentes de programas de habilitação profissional de adolescente e adulto portador de deficiência em oficina protegida de produção ou terapêutica.

§ 2º Consideram-se procedimentos especiais os meios utilizados para a contratação de pessoa que, devido ao seu grau de deficiência, transitória ou permanente, exija condições especiais, tais como jornada variável, horário flexível, proporcionalidade de salário, ambiente de trabalho adequado às suas especificidades, entre outros.

§ 3º Consideram-se apoios especiais a orientação, a supervisão e as ajudas técnicas entre outros elementos que auxiliem ou permitam compensar uma ou mais limitações funcionais motoras, sensoriais ou mentais da pessoa portadora de deficiência, de modo a superar as barreiras da mobilidade e da comunicação, possibilitando a plena utilização de suas capacidades em condições de normalidade.

§ 4º Considera-se oficina protegida de produção a unidade que funciona em relação de dependência com entidade pública ou beneficente de assistência social, que tem por objetivo desenvolver programa de habilitação profissional para adolescente e adulto portador de deficiência, provendo-o com trabalho remunerado, com vista à emancipação econômica e pessoal relativa.

§ 5º Considera-se oficina protegida terapêutica a unidade que funciona em relação de dependência com entidade pública ou beneficente de assistência social, que tem por objetivo a integração social por meio de atividades de adaptação e capacitação para o trabalho de adolescente e adulto que devido ao seu grau de deficiência, transitória ou permanente, não possa desempenhar atividade laboral no mercado competitivo de trabalho ou em oficina protegida de produção.

§ 6º O período de adaptação e capacitação para o trabalho de adolescente e adulto portador de deficiência em oficina protegida terapêutica não caracteriza vínculo empregatício e está condicionado a processo de avaliação individual que considere o desenvolvimento biopsicosocial da pessoa.

§ 7º A prestação de serviços será feita mediante celebração de convênio ou contrato formal, entre a entidade beneficente de assistência social e o tomador de serviços, no qual constará a relação nominal dos trabalhadores portadores de deficiência colocados à disposição do tomador.

§ 8º A entidade que se utilizar do processo de colocação seletiva deverá promover, em parceria com o tomador de serviços, programas de prevenção de doenças profissionais e de redução da capacidade laboral, bem assim programas de reabilitação caso ocorram patologias ou se manifestem outras incapacidades.

Art. 36. A empresa com cem ou mais empregados está obrigada a preencher de dois a cinco por cento de seus cargos com beneficiários da Previdência Social reabilitados ou com pessoa portadora de deficiência habilitada, na seguinte proporção:

I – até duzentos empregados, dois por cento;

II – de duzentos e um a quinhentos empregados, três por cento;

III – de quinhentos e um a mil empregados, quatro por cento; ou

IV – mais de mil empregados, cinco por cento.

§ 1º A dispensa de empregado na condição estabelecida neste artigo, quando se tratar de contrato por prazo determinado, superior a noventa dias, e a dispensa imotivada, no contrato por prazo indeterminado, somente poderá ocorrer após a contratação de substituto em condições semelhantes.

§ 2º Considera-se pessoa portadora de deficiência habilitada aquela que concluiu curso de educação profissional de nível básico, técnico ou tecnológico, ou curso superior, com certificação ou diplomação expedida por instituição pública ou privada, legalmente credenciada pelo Ministério da Educação ou órgão equivalente, ou aquela com certificado de conclusão de processo de habilitação ou reabilitação profissional fornecido pelo Instituto Nacional do Seguro Social - INSS.

§ 3º Considera-se, também, pessoa portadora de deficiência habilitada aquela que, não tendo se submetido a processo de habilitação ou reabilitação, esteja capacitada para o exercício da função.

§ 4º A pessoa portadora de deficiência habilitada nos termos dos §§ 2º e 3º deste artigo poderá recorrer à intermediação de órgão integrante do sistema público de emprego, para fins de inclusão laboral na forma deste artigo.

§ 5º Compete ao Ministério do Trabalho e Emprego estabelecer sistemática de fiscalização, avaliação e controle das empresas, bem como instituir procedimentos e formulários que propiciem estatísticas sobre o número de empregados portadores de deficiência e de vagas preenchidas, para fins de acompanhamento do disposto no *caput* deste artigo.

Art. 37. Fica assegurado à pessoa portadora de deficiência o direito de se inscrever em concurso público, em igualdade de condições com os demais candidatos, para provimento de cargo cujas atribuições sejam compatíveis com a deficiência de que é portador.

§ 1º O candidato portador de deficiência, em razão da necessária igualdade de condições, concorrerá a todas as vagas, sendo reservado no mínimo o percentual de cinco por cento em face da classificação obtida.

§ 2º Caso a aplicação do percentual de que trata o parágrafo anterior resulte em número fracionado, este deverá ser elevado até o primeiro número inteiro subseqüente.

Art. 38. Não se aplica o disposto no artigo anterior nos casos de provimento de:

I - cargo em comissão ou função de confiança, de livre nomeação e exoneração; e

II - cargo ou emprego público integrante de carreira que exija aptidão plena do candidato.

Art. 39. Os editais de concursos públicos deverão conter:

I - o número de vagas existentes, bem como o total correspondente à reserva destinada à pessoa portadora de deficiência;

II - as atribuições e tarefas essenciais dos cargos;

III - previsão de adaptação das provas, do curso de formação e do estágio probatório, conforme a deficiência do candidato; e

IV - exigência de apresentação, pelo candidato portador de deficiência, no ato da inscrição, de laudo médico atestando a espécie e o grau ou nível da deficiência, com expressa referência ao código correspondente da Classificação Internacional de Doença - CID, bem como a provável causa da deficiência.

Art. 40. É vedado à autoridade competente obstar a inscrição de pessoa portadora de deficiência em concurso público para ingresso em carreira da Administração Pública Federal direta e indireta.

§ 1º No ato da inscrição, o candidato portador de deficiência que necessite de tratamento diferenciado nos dias do concurso deverá requerê-lo, no prazo determinado em edital, indicando as condições diferenciadas de que necessita para a realização das provas.

§ 2º O candidato portador de deficiência que necessitar de tempo adicional para realização das provas deverá requerê-lo, com justificativa acompanhada de parecer emitido por especialista da área de sua deficiência, no prazo estabelecido no edital do concurso.

Art. 41. A pessoa portadora de deficiência, resguardadas as condições especiais previstas neste Decreto, participará de concurso em igualdade de condições com os demais candidatos no que concerne:

I - ao conteúdo das provas;

II - à avaliação e aos critérios de aprovação;

III - ao horário e ao local de aplicação das provas; e

IV - à nota mínima exigida para todos os demais candidatos.

Art. 42. A publicação do resultado final do concurso será feita em duas listas, contendo, a primeira, a pontuação de todos os candidatos, inclusive a dos portadores de deficiência, e a segunda, somente a pontuação destes últimos.

Art. 43. O órgão responsável pela realização do concurso terá a assistência de equipe multiprofissional composta de três profissionais capacitados e atuantes nas áreas das deficiências em questão, sendo um deles médico, e três profissionais integrantes da carreira almejada pelo candidato.

§ 1º A equipe multiprofissional emitirá parecer observando:

I - as informações prestadas pelo candidato no ato da inscrição;

II - a natureza das atribuições e tarefas essenciais do cargo ou da função a desempenhar;

III – a viabilidade das condições de acessibilidade e as adequações do ambiente de trabalho na execução das tarefas;

IV – a possibilidade de uso, pelo candidato, de equipamentos ou outros meios que habitualmente utilize; e

V – a CID e outros padrões reconhecidos nacional e internacionalmente.

§ 2º A equipe multiprofissional avaliará a compatibilidade entre as atribuições do cargo e a deficiência do candidato durante o estágio probatório.

Art. 44. A análise dos aspectos relativos ao potencial de trabalho do candidato portador de deficiência obedecerá ao disposto no art. 20 da Lei nº 8.112, de 11 de dezembro de 1990.

Art. 45. Serão implementados programas de formação e qualificação profissional voltados para a pessoa portadora de deficiência no âmbito do Plano Nacional de Formação Profissional – PLANFOR.

Parágrafo único. Os programas de formação e qualificação profissional para pessoa portadora de deficiência terão como objetivos:

I – criar condições que garantam a toda pessoa portadora de deficiência o direito a receber uma formação profissional adequada;

II – organizar os meios de formação necessários para qualificar a pessoa portadora de deficiência para a inserção competitiva no mercado laboral; e

III – ampliar a formação e qualificação profissional sob a base de educação geral para fomentar o desenvolvimento harmônico da pessoa portadora de deficiência, assim como para satisfazer as exigências derivadas do progresso técnico, dos novos métodos de produção e da evolução social e econômica.

SEÇÃO V

DA CULTURA, DO DESPORTO, DO TURISMO E DO LAZER

Art. 46. Os órgãos e as entidades da Administração Pública Federal direta e indireta responsáveis pela cultura, pelo desporto, pelo turismo e pelo lazer dispensarão tratamento prioritário e adequado aos assuntos objeto deste Decreto, com vista a viabilizar, sem prejuízo de outras, as seguintes medidas:

I – promover o acesso da pessoa portadora de deficiência aos meios de comunicação social;

II – criar incentivos para o exercício de atividades criativas, mediante:

a) participação da pessoa portadora de deficiência em concursos de prêmios no campo das artes e das letras; e

b) exposições, publicações e representações artísticas de pessoa portadora de deficiência;

III – incentivar a prática desportiva formal e não-formal como direito de cada um e o lazer como forma de promoção social;

IV – estimular meios que facilitem o exercício de atividades desportivas entre a pessoa portadora de deficiência e suas entidades representativas;

V – assegurar a acessibilidade às instalações desportivas dos estabelecimentos de ensino, desde o nível pré-escolar até à universidade;

VI – promover a inclusão de atividades desportivas para pessoa portadora de deficiência na prática da educação física ministrada nas instituições de ensino públicas e privadas;

VII – apoiar e promover a publicação e o uso de guias de turismo com informação adequada à pessoa portadora de deficiência; e

VIII – estimular a ampliação do turismo à pessoa portadora de deficiência ou com mobilidade reduzida, mediante a oferta de instalações hoteleiras acessíveis e de serviços adaptados de transporte.

Art. 47. Os recursos do Programa Nacional de Apoio à Cultura financiarão, entre outras ações, a produção e a difusão artístico-cultural de pessoa portadora de deficiência.

Parágrafo único. Os projetos culturais financiados com recursos federais, inclusive oriundos de programas especiais de incentivo à cultura, deverão facilitar o livre acesso da pessoa portadora de deficiência, de modo a possibilitar-lhe o pleno exercício dos seus direitos culturais.

Art. 48. Os órgãos e as entidades da Administração Pública Federal direta e indireta, promotores ou financiadores de atividades desportivas e de lazer, devem concorrer técnica e financeiramente para obtenção dos objetivos deste Decreto.

Parágrafo único. Serão prioritariamente apoiadas a manifestação desportiva de rendimento e a educacional, compreendendo as atividades de:

I – desenvolvimento de recursos humanos especializados;

II – promoção de competições desportivas internacionais, nacionais, estaduais e locais;

III – pesquisa científica, desenvolvimento tecnológico, documentação e informação; e

IV – construção, ampliação, recuperação e adaptação de instalações desportivas e de lazer.

CAPÍTULO VIII
DA POLÍTICA DE CAPACITAÇÃO DE PROFISSIONAIS ESPECIALIZADOS

Art. 49. Os órgãos e as entidades da Administração Pública Federal direta e indireta, responsáveis pela formação de recursos humanos, devem dispensar aos assuntos objeto deste Decreto tratamento prioritário e adequado, viabilizando, sem prejuízo de outras, as seguintes medidas:

I – formação e qualificação de professores de nível médio e superior para a educação especial, de técnicos de nível médio e superior especializados na habilitação e reabilitação, e de instrutores e professores para a formação profissional;

II – formação e qualificação profissional, nas diversas áreas de conhecimento e de recursos humanos que atendam às demandas da pessoa portadora de deficiência; e

III – incentivo à pesquisa e ao desenvolvimento tecnológico em todas as áreas do conhecimento relacionadas com a pessoa portadora de deficiência.

CAPÍTULO IX
DA ACESSIBILIDADE NA ADMINISTRAÇÃO PÚBLICA FEDERAL

Arts. 50 a 54. (Revogado pelo Decreto nº 5.296, de 2004)

CAPÍTULO X
DO SISTEMA INTEGRADO DE INFORMAÇÕES

Art. 55. Fica instituído, no âmbito da Secretaria de Estado dos Direitos Humanos do Ministério da Justiça, o Sistema Nacional de Informações sobre Deficiência, sob a responsabilidade da CORDE, com a finalidade de criar e manter bases de dados, reunir e difundir informação sobre a situação das pessoas portadoras de deficiência e fomentar a pesquisa e o estudo de todos os aspectos que afetem a vida dessas pessoas.

Parágrafo único. Serão produzidas, periodicamente, estatísticas e informações, podendo esta atividade realizar-se conjuntamente com os censos nacionais, pesquisas nacionais, regionais e locais, em estreita colaboração com universidades, institutos de pesquisa e organizações para pessoas portadoras de deficiência.

CAPÍTULO XI
DAS DISPOSIÇÕES FINAIS E TRANSITÓRIAS

Art. 56. A Secretaria de Estado dos Direitos Humanos, com base nas diretrizes e metas do Plano Plurianual de Investimentos, por intermédio da CORDE, elaborará, em articulação com outros órgãos e entidades da Administração Pública Federal, o Plano Nacional de Ações Integradas na Área das Deficiências.

Art. 57. Fica criada, no âmbito da Secretaria de Estado dos Direitos Humanos, comissão especial, com a finalidade de apresentar, no prazo de cento e oitenta dias, a contar de sua constituição, propostas destinadas a:

I – implementar programa de formação profissional mediante a concessão de bolsas de qualificação para a pessoa portadora de deficiência, com vistas a estimular a aplicação do disposto no art. 36; e

II – propor medidas adicionais de estímulo à adoção de trabalho em tempo parcial ou em regime especial para a pessoa portadora de deficiência.

Parágrafo único. A comissão especial de que trata o *caput* deste artigo será composta por um representante de cada órgão e entidade a seguir indicados:

I – CORDE;

II – CONADE;

III – Ministério do Trabalho e Emprego;

IV – Secretaria de Estado de Assistência Social do Ministério da Previdência e Assistência Social;

V – Ministério da Educação;

VI – Ministério dos Transportes;

VII – Instituto de Pesquisa Econômica Aplicada; e

VIII – INSS.

Art. 58. A CORDE desenvolverá, em articulação com órgãos e entidades da Administração Pública Federal, programas de facilitação da acessibilidade em sítios de interesse histórico, turístico, cultural e desportivo, mediante a remoção de barreiras físicas ou arquitetônicas que impeçam ou dificultem a locomoção de pessoa portadora de deficiência ou com mobilidade reduzida.

Art. 59. Este Decreto entra em vigor na data da sua publicação,

Art. 60. Ficam revogados os Decretos nºs 93.481, de 29 de outubro de 1986, 914, de 6 de setembro de 1993, 1.680, de 18 de outubro de 1995, 3.030, de 20 de abril de 1999, o § 2º do art. 141 do Regulamento da Previdência Social, aprovado pelo Decreto nº 3.048, de 6 de maio de 1999, e o Decreto nº 3.076, de 1º de junho de 1999.

Brasília, 20 de dezembro de 1999; 178º da Independência e 111º da República.

FERNANDO HENRIQUE CARDOSO

DOU de 21.12.1999

LEI Nº 12.153, DE 22 DE DEZEMBRO DE 2009

Dispõe sobre os Juizados Especiais da Fazenda Pública no âmbito dos Estados, do Distrito Federal, dos Territórios e dos Municípios.

O Presidente da República

Faço saber que o Congresso Nacional decreta e eu sanciono a seguinte Lei:

Art. 1º Os Juizados Especiais da Fazenda Pública, órgãos da justiça comum e integrantes do Sistema dos Juizados Especiais, serão criados pela União, no Distrito Federal e nos Territórios, e pelos Estados, para conciliação, processo, julgamento e execução, nas causas de sua competência.

Parágrafo único. O sistema dos Juizados Especiais dos Estados e do Distrito Federal é formado pelos Juizados Especiais Cíveis, Juizados Especiais Criminais e Juizados Especiais da Fazenda Pública.

Art. 2º É de competência dos Juizados Especiais da Fazenda Pública processar, conciliar e julgar causas cíveis de interesse dos Estados, do Distrito Federal, dos Territórios e dos Municípios, até o valor de 60 (sessenta) salários mínimos.

§ 1º Não se incluem na competência do Juizado Especial da Fazenda Pública:

I – as ações de mandado de segurança, de desapropriação, de divisão e demarcação, populares, por improbidade administrativa, execuções fiscais e as demandas sobre direitos ou interesses difusos e coletivos;

II – as causas sobre bens imóveis dos Estados, Distrito Federal, Territórios e Municípios, autarquias e fundações públicas a eles vinculadas;

III – as causas que tenham como objeto a impugnação da pena de demissão imposta a servidores públicos civis ou sanções disciplinares aplicadas a militares.

§ 2º Quando a pretensão versar sobre obrigações vincendas, para fins de competência do Juizado Especial, a soma de 12 (doze) parcelas vincendas e de eventuais parcelas vencidas não poderá exceder o valor referido no *caput* deste artigo.

§ 3º (VETADO)

§ 4º No foro onde estiver instalado Juizado Especial da Fazenda Pública, a sua competência é absoluta.

Art. 3º O juiz poderá, de ofício ou a requerimento das partes, deferir quaisquer providências cautelares e antecipatórias no curso do processo, para evitar dano de difícil ou de incerta reparação.

Art. 4º Exceto nos casos do art. 3º, somente será admitido recurso contra a sentença.

Art. 5º Podem ser partes no Juizado Especial da Fazenda Pública:

I – como autores, as pessoas físicas e as microempresas e empresas de pequeno porte, assim definidas na Lei Complementar nº 123, de 14 de dezembro de 2006;

II – como réus, os Estados, o Distrito Federal, os Territórios e os Municípios, bem como autarquias, fundações e empresas públicas a eles vinculadas.

Art. 6º Quanto às citações e intimações, aplicam-se as disposições contidas na Lei nº 5.869, de 11 de janeiro de 1973 – Código de Processo Civil.

Art. 7º Não haverá prazo diferenciado para a prática de qualquer ato processual pelas pessoas jurídicas de direito público, inclusive a interposição de recursos, devendo a citação para a audiência de conciliação ser efetuada com antecedência mínima de 30 (trinta) dias.

Art. 8º Os representantes judiciais dos réus presentes à audiência poderão conciliar, transigir ou desistir nos processos da competência dos Juizados Especiais, nos termos e nas hipóteses previstas na lei do respectivo ente da Federação.

Art. 9º A entidade ré deverá fornecer ao Juizado a documentação de que disponha para o esclarecimento da causa, apresentando-a até a instalação da audiência de conciliação.

Art. 10. Para efetuar o exame técnico necessário à conciliação ou ao julgamento da causa, o juiz nomeará pessoa habilitada, que apresentará o laudo até 5 (cinco) dias antes da audiência.

Art. 11. Nas causas de que trata esta Lei, não haverá reexame necessário.

Art. 12. O cumprimento do acordo ou da sentença, com trânsito em julgado, que imponham obrigação de fazer, não fazer ou entrega de coisa certa, será efetuado mediante ofício do juiz à autoridade citada para a causa, com cópia da sentença ou do acordo.

Art. 13. Tratando-se de obrigação de pagar quantia certa, após o trânsito em julgado da decisão, o pagamento será efetuado:

I – no prazo máximo de 60 (sessenta) dias, contado da entrega da requisição do juiz à autoridade citada para a causa, independentemente de precatório, na hipótese do § 3º do art. 100 da Constituição Federal; ou

II – mediante precatório, caso o montante da condenação exceda o valor definido como obrigação de pequeno valor.

§ 1º Desatendida a requisição judicial, o juiz, imediatamente, determinará o sequestro do numerário suficiente ao cumprimento da decisão, dispensada a audiência da Fazenda Pública.

§ 2º As obrigações definidas como de pequeno valor a serem pagas independentemente de precatório terão como limite o que for estabelecido na lei do respectivo ente da Federação.

§ 3º Até que se dê a publicação das leis de que trata o § 2º, os valores serão:

I – 40 (quarenta) salários mínimos, quanto aos Estados e ao Distrito Federal;

II – 30 (trinta) salários mínimos, quanto aos Municípios.

§ 4º São vedados o fracionamento, a repartição ou a quebra do valor da execução, de modo que o pagamento se faça, em parte, na forma estabelecida no inciso I do **caput** e, em parte, mediante expedição de precatório, bem como a expedição de precatório complementar ou suplementar do valor pago.

§ 5º Se o valor da execução ultrapassar o estabelecido para pagamento independentemente do precatório, o pagamento far-se-á, sempre, por meio do precatório, sendo facultada à parte exequente a renúncia ao crédito do valor excedente, para que possa optar pelo pagamento do saldo sem o precatório.

§ 6º O saque do valor depositado poderá ser feito pela parte autora, pessoalmente, em qualquer agência do banco depositário, independentemente de alvará.

§ 7º O saque por meio de procurador somente poderá ser feito na agência destinatária do depósito, mediante procuração específica, com firma reconhecida, da qual constem o valor originalmente depositado e sua procedência.

Art. 14. Os Juizados Especiais da Fazenda Pública serão instalados pelos Tribunais de Justiça dos Estados e do Distrito Federal.

Parágrafo único. Poderão ser instalados Juizados Especiais Adjuntos, cabendo ao Tribunal designar a Vara onde funcionará.

Art. 15. Serão designados, na forma da legislação dos Estados e do Distrito Federal, conciliadores e juízes leigos dos Juizados Especiais da Fazenda Pública, observadas as atribuições previstas nos arts. 22, 37 e 40 da Lei nº 9.099, de 26 de setembro de 1995.

§ 1º Os conciliadores e juízes leigos são auxiliares da Justiça, recrutados, os primeiros, preferentemente, entre os bacharéis em Direito, e os segundos, entre advogados com mais de 2 (dois) anos de experiência.

§ 2º Os juízes leigos ficarão impedidos de exercer a advocacia perante todos os Juizados Especiais da Fazenda Pública instalados em território nacional, enquanto no desempenho de suas funções.

Art. 16. Cabe ao conciliador, sob a supervisão do juiz, conduzir a audiência de conciliação.

§ 1º Poderá o conciliador, para fins de encaminhamento da composição amigável, ouvir as partes e testemunhas sobre os contornos fáticos da controvérsia.

§ 2º Não obtida a conciliação, caberá ao juiz presidir a instrução do processo, podendo dispensar novos depoimentos, se entender suficientes para o julgamento da causa os esclarecimentos já constantes dos autos, e não houver impugnação das partes.

Art. 17. As Turmas Recursais do Sistema dos Juizados Especiais são compostas por juízes em exercício no primeiro grau de jurisdição, na forma da legislação dos Estados e do Distrito Federal, com mandato de 2 (dois) anos, e integradas, preferencialmente, por juízes do Sistema dos Juizados Especiais.

§ 1º A designação dos juízes das Turmas Recursais obedecerá aos critérios de antiguidade e merecimento.

§ 2º Não será permitida a recondução, salvo quando não houver outro juiz na sede da Turma Recursal.

Art. 18. Caberá pedido de uniformização de interpretação de lei quando houver divergência entre decisões proferidas por Turmas Recursais sobre questões de direito material.

§ 1º O pedido fundado em divergência entre Turmas do mesmo Estado será julgado em reunião conjunta das Turmas em conflito, sob a presidência de desembargador indicado pelo Tribunal de Justiça.

§ 2º No caso do § 1º, a reunião de juízes domiciliados em cidades diversas poderá ser feita por meio eletrônico.

§ 3º Quando as Turmas de diferentes Estados derem a lei federal interpretações divergentes, ou quando a decisão proferida estiver em contrariedade com súmula do Superior Tribunal de Justiça, o pedido será por este julgado.

Art. 19. Quando a orientação acolhida pelas Turmas de Uniformização de que trata o § 1º do art. 18 contrariar súmula do Superior Tribunal de Justiça, a parte interessada poderá provocar a manifestação deste, que dirimirá a divergência.

§ 1º Eventuais pedidos de uniformização fundados em questões idênticas e recebidos subsequentemente em quaisquer das Turmas Recursais ficarão retidos nos autos, aguardando pronunciamento do Superior Tribunal de Justiça.

§ 2º Nos casos do *caput* deste artigo e do § 3º do art. 18, presente a plausibilidade do direito invocado e havendo fundado receio de dano de difícil reparação, poderá o relator conceder, de ofício ou a requerimento do interessado, medida liminar determinando a suspensão dos processos nos quais a controvérsia esteja estabelecida.

§ 3º Se necessário, o relator pedirá informações ao Presidente da Turma Recursal ou Presidente da Turma de Uniformização e, nos casos previstos em lei, ouvirá o Ministério Público, no prazo de 5 (cinco) dias.

§ 4º (VETADO)

§ 5º Decorridos os prazos referidos nos §§ 3º e 4º, o relator incluirá o pedido em pauta na sessão, com preferência sobre todos os demais feitos, ressalvados os processos com réus presos, os *habeas corpus* e os mandados de segurança.

§ 6º Publicado o acórdão respectivo, os pedidos retidos referidos no § 1º serão apreciados pelas Turmas Recursais, que poderão exercer juízo de retratação ou os declararão prejudicados, se veicularem tese não acolhida pelo Superior Tribunal de Justiça.

Art. 20. Os Tribunais de Justiça, o Superior Tribunal de Justiça e o Supremo Tribunal Federal, no âmbito de suas competências, expedirão normas regulamentando os procedimentos a serem adotados para o processamento e o julgamento do pedido de uniformização e do recurso extraordinário.

Art. 21. O recurso extraordinário, para os efeitos desta Lei, será processado e julgado segundo o estabelecido no art. 19, além da observância das normas do Regimento.

Art. 22. Os Juizados Especiais da Fazenda Pública serão instalados no prazo de até 2 (dois) anos da vigência desta Lei, podendo haver o aproveitamento total ou parcial das estruturas das atuais Varas da Fazenda Pública.

Art. 23. Os Tribunais de Justiça poderão limitar, por até 5 (cinco) anos, a partir da entrada em vigor desta Lei, a competência dos Juizados Especiais da Fazenda Pública, atendendo à necessidade da organização dos serviços judiciários e administrativos.

Art. 24. Não serão remetidas aos Juizados Especiais da Fazenda Pública as demandas ajuizadas até a data de sua instalação, assim como as ajuizadas fora do Juizado Especial por força do disposto no art. 23.

Art. 25. Competirá aos Tribunais de Justiça prestar o suporte administrativo necessário ao funcionamento dos Juizados Especiais.

Art. 26. O disposto no art. 16 aplica-se aos Juizados Especiais Federais instituídos pela Lei nº 10.259, de 12 de julho de 2001.

Art. 27. Aplica-se subsidiariamente o disposto nas Leis nºs 5.869, de 11 de janeiro de 1973 – Código de Processo Civil, 9.099, de 26 de setembro de 1995, e 10.259, de 12 de julho de 2001.

Art. 28. Esta Lei entra em vigor após decorridos 6 (seis) meses de sua publicação oficial.

Brasília, 22 de dezembro de 2009; 188º da Independência e 121º da República.

LUIZ INÁCIO LULA DA SILVA

DOU de 23.12.2009

DECRETO Nº 6.214, DE 26 DE SETEMBRO DE 2007

Regulamenta o benefício de prestação continuada da assistência social devido à pessoa com deficiência e ao idoso de que trata a Lei nº 8.742, de 7 de dezembro de 1993, e a Lei nº 10.741, de 1º de outubro de 2003, acresce parágrafo ao art. 162 do Decreto nº 3.048, de 6 de maio de 1999, e dá outras providências.

O Presidente da República, no uso da atribuição que lhe confere o art. 84, inciso IV, da Constituição, e tendo em vista o disposto no art. 20 da Lei nº 8.742, de 7 de dezembro de 1993, e no art. 34 da Lei nº 10.741, de 1º de outubro de 2003,

DECRETA:

Art. 1º Fica aprovado, na forma do Anexo deste Decreto, o Regulamento do Benefício de Prestação Continuada instituído pelo art. 20 da Lei nº 8.742, de 7 de dezembro de 1993.

Art. 2º O art. 162 do Regulamento da Previdência Social, aprovado pelo Decreto no 3.048, de 6 de maio de 1999, passa a vigorar acrescido do seguinte parágrafo:

Parágrafo único. O período a que se refere o *caput* poderá ser prorrogado por iguais períodos, desde que comprovado o andamento regular do processo legal de tutela ou curatela.

Art. 3º Este Decreto entra em vigor na data de sua publicação.

Art. 4º Ficam revogados os Decretos nºs 1.744, de 8 de dezembro de 1995, e 4.712, de 29 de maio de 2003.

Brasília, 26 de setembro de 2007; 186º da Independência e 189º da República.

LUIZ INÁCIO LULA DA SILVA

ANEXO
REGULAMENTO DO BENEFÍCIO DE PRESTAÇÃO CONTINUADA

CAPÍTULO I
DO BENEFÍCIO DE PRESTAÇÃO CONTINUADA E DO BENEFICIÁRIO

Art. 1º O Benefício de Prestação Continuada previsto no art. 20 da Lei nº 8.742, de 7 de dezembro de 1993, é a garantia de um salário mínimo mensal à pessoa com deficiência e ao idoso, com idade de sessenta e cinco anos ou mais, que comprovem não possuir meios para prover a própria manutenção e nem de tê-la provida por sua família.

§ 1º O Benefício de Prestação Continuada integra a proteção social básica no âmbito do Sistema Único de Assistência Social – SUAS, instituído pelo Ministério do Desenvolvimento Social e Agrário, em consonância com o estabelecido pela Política Nacional de Assistência Social – PNAS. (Redação dada pelo Decreto nº 8.805, de 2016)

§ 2º O Benefício de Prestação Continuada é constitutivo da PNAS e integrado às demais políticas setoriais, e visa ao enfrentamento da pobreza, à garantia da proteção social, ao provimento de condições para atender contingências sociais e à universalização dos direitos sociais, nos moldes definidos no parágrafo único do art. 2º da Lei nº 8.742, de 1993.

§ 3º A plena atenção à pessoa com deficiência e ao idoso beneficiário do Benefício de Prestação Continuada exige que os gestores da assistência social mantenham ação integrada às demais ações das políticas setoriais nacional, estaduais, municipais e do Distrito Federal, principalmente no campo da saúde, segurança alimentar, habitação e educação.

Art. 2º Compete ao Ministério do Desenvolvimento Social e Agrário a implementação, a coordenação-geral, a regulação, o financiamento, o monitoramento e a avaliação da prestação do beneficio, sem prejuízo das iniciativas compartilhadas com Estados, Distrito Federal e Municípios, em consonância com as diretrizes do SUAS e da descentralização político-administrativa, prevista no inciso I do **caput** do art. 204 da Constituição e no inciso I do **caput** do art. 5º da Lei nº 8.742, de 1993. (Redação dada pelo Decreto nº 8.805, de 2016)

Art. 3º O Instituto Nacional do Seguro Social – INSS é o responsável pela operacionalização do Benefício de Prestação Continuada, nos termos deste Regulamento.

Art. 4º Para os fins do reconhecimento do direito ao benefício, considera-se:

I – idoso: aquele com idade de sessenta e cinco anos ou mais;

II – pessoa com deficiência: aquela que tem impedimentos de longo prazo de natureza física, mental, intelectual ou sensorial, os quais, em interação com diversas barreiras, podem obstruir sua participação plena e efetiva na sociedade em igualdade de condições com as demais pessoas; (Redação dada pelo Decreto nº 7.617, de 2011)

III – incapacidade: fenômeno multidimensional que abrange limitação do desempenho de atividade e restrição da participação, com redução efetiva e acentuada da capacidade de inclusão social, em correspondência à interação entre a pessoa com deficiência e seu ambiente físico e social;

IV – família incapaz de prover a manutenção da pessoa com deficiência ou do idoso: aquela cuja renda mensal bruta familiar dividida pelo número de seus integrantes seja inferior a um quarto do salário mínimo;

V – família para cálculo da renda *per capita*: conjunto de pessoas composto pelo requerente, o cônjuge, o companheiro, a companheira, os pais e, na ausência de um deles, a madrasta ou o padrasto, os irmãos solteiros, os filhos e enteados solteiros e os menores tutelados, desde que vivam sob o mesmo teto; e (Redação dada pelo Decreto nº 7.617, de 2011)

VI – renda mensal bruta familiar: a soma dos rendimentos brutos auferidos mensalmente pelos membros da família composta por salários, proventos, pensões, pensões alimentícias, benefícios de previdência pública ou privada, seguro-desemprego, comissões, *pro-labore*, outros rendimentos do trabalho não assalariado, rendimentos do mercado informal ou autônomo, rendimentos auferidos do patrimônio, Renda Mensal Vitalícia e Benefício de Prestação Continuada, ressalvado o disposto no parágrafo único do art. 19. (Redação dada pelo Decreto nº 7.617, de 2011)

§ 1º Para fins de reconhecimento do direito ao Benefício de Prestação Continuada às crianças e adolescentes menores de dezesseis anos de idade, deve ser avaliada a existência da deficiência e o seu impacto na limitação do desempenho de atividade e restrição da participação social, compatível com a idade. (Redação dada pelo Decreto nº 7.617, de 2011)

§ 2º Para fins do disposto no inciso VI do *caput*, não serão computados como renda mensal bruta familiar: (Redação dada pelo Decreto nº 7.617, de 2011)

I – benefícios e auxílios assistenciais de natureza eventual e temporária; (Incluído pelo Decreto nº 7.617, de 2011)

II – valores oriundos de programas sociais de transferência de renda; (Incluído pelo Decreto nº 7.617, de 2011)

III- bolsas de estágio supervisionado; (Redação dada pelo Decreto nº 8.805, de 2016)

IV – pensão especial de natureza indenizatória e benefícios de assistência médica, conforme disposto no art. 5º; (Incluído pelo Decreto nº 7.617, de 2011)

V – rendas de natureza eventual ou sazonal, a serem regulamentadas em ato conjunto do Ministério do Desenvolvimento Social e Combate à Fome e do INSS; e (Incluído pelo Decreto nº 7.617, de 2011)

VI – rendimentos decorrentes de contrato de aprendizagem. (Redação dada pelo Decreto nº 8.805, de 2016)

§ 3º Considera-se impedimento de longo prazo aquele que produza efeitos pelo prazo mínimo de dois anos. (Redação dada pelo Decreto nº 7.617, de 2011)

Art. 5º O beneficiário não pode acumular o Benefício de Prestação Continuada com outro benefício no âmbito da Seguridade Social ou de outro regime, inclusive o seguro-desemprego, ressalvados o de assistência médica e a pensão especial de natureza indenizatória. (Redação dada pelo Decreto nº 8.805, de 2016)

Parágrafo único. A acumulação do benefício com a remuneração advinda do contrato de aprendizagem pela pessoa com deficiência é limitada ao prazo máximo de dois anos. (Redação dada pelo Decreto nº 8.805, de 2016)

Art. 6º A condição de acolhimento em instituições de longa permanência, como abrigo, hospital ou instituição congênere não prejudica o direito do idoso ou da pessoa com deficiência ao Benefício de Prestação Continuada. (Redação dada pelo Decreto nº 7.617, de 2011)

Art. 7º O Benefício de Prestação Continuada é devido ao brasileiro, nato ou naturalizado, e às pessoas de nacionalidade portuguesa, em consonância com o disposto no Decreto nº 7.999, de 8 de maio de 2013, desde que comprovem, em qualquer dos casos, residência no Brasil e atendam a todos os demais critérios estabelecidos neste Regulamento. (Redação dada pelo Decreto nº 8.805, de 2016)

CAPÍTULO II
DA HABILITAÇÃO, DA CONCESSÃO, DA MANUTENÇÃO, DA REPRESENTAÇÃO E DO INDEFERIMENTO

SEÇÃO I
DA HABILITAÇÃO E DA CONCESSÃO

Art. 8º Para fazer jus ao Benefício de Prestação Continuada, o idoso deverá comprovar:

I – contar com sessenta e cinco anos de idade ou mais;

II – renda mensal bruta familiar, dividida pelo número de seus integrantes, inferior a um quarto do salário mínimo; e

III – não possuir outro benefício no âmbito da Seguridade Social ou de outro regime, inclusive o seguro-desemprego, salvo o de assistência médica e a pensão especial de natureza indenizatória, observado o disposto no inciso VI do *caput* e no § 2º do art. 4º. (Redação dada pelo Decreto nº 7.617, de 2011)

Parágrafo único. A comprovação da condição prevista no inciso III poderá ser feita mediante declaração do idoso ou, no caso de sua incapacidade para os atos da vida civil, do seu curador.

Art. 9º Para fazer jus ao Benefício de Prestação Continuada, a pessoa com deficiência deverá comprovar:

I – a existência de impedimentos de longo prazo de natureza física, mental, intelectual ou sensorial, os quais, em interação com diversas barreiras, obstruam sua participação plena e efetiva na sociedade em igualdade de condições com as demais pessoas, na forma prevista neste Regulamento; (Redação dada pelo Decreto nº 7.617, de 2011)

II – renda mensal bruta familiar do requerente, dividida pelo número de seus integrantes, inferior a um quarto do salário mínimo; e

III – por meio de declaração, que não recebe outro benefício no âmbito da Seguridade Social ou de outro regime, inclusive o seguro-desemprego, exceto o de assistência médica e a pensão especial de natureza indenizatória. (Redação dada pelo Decreto nº 8.805, de 2016)

Parágrafo único. A comprovação da condição prevista no inciso III poderá ser feita mediante declaração da pessoa com deficiência ou, no caso de sua incapacidade para os atos da vida civil, do seu curador ou tutor.

Art. 10. Para fins de identificação da pessoa com deficiência e do idoso e de comprovação da idade do idoso, deverá o requerente apresentar um dos seguintes documentos:

I – certidão de nascimento;

II – certidão de casamento;

III – certificado de reservista;

IV – carteira de identidade; ou

V – carteira de trabalho e previdência social.

Art. 11. Para fins de identificação da pessoa com deficiência e do idoso e de comprovação da idade do idoso, no caso de brasileiro naturalizado, deverão ser apresentados os seguintes documentos:

I – título declaratório de nacionalidade brasileira; e

II – carteira de identidade ou carteira de trabalho e previdência social.

Art. 12. São requisitos para a concessão, a manutenção e a revisão do benefício as inscrições no Cadastro de Pessoas Físicas – CPF e no Cadastro Único para Programas Sociais do Governo Federal – CadÚnico. (Redação dada pelo Decreto nº 8.805, de 2016)

§ 1º O beneficiário que não realizar a inscrição ou a atualização no CadÚnico, no prazo estabelecido em convocação a ser realizada pelo Ministério do Desenvolvimento Social e Agrário, terá o seu benefício suspenso, conforme disciplinado em ato do Ministro de Estado do Desenvolvimento Social e Agrário. (Redação dada pelo Decreto nº 8.805, de 2016)

§ 2º O benefício só será concedido ou mantido para inscrições no CadÚnico que tenham sido realizadas ou atualizadas nos últimos dois anos. (Redação dada pelo Decreto nº 8.805, de 2016)

Art. 13. As informações para o cálculo da renda familiar mensal *per capita* serão declaradas no momento da inscrição da família do requerente no CadÚnico, ficando o declarante sujeito às penas previstas em lei no caso de omissão de informação ou de declaração falsa. (Redação dada pelo Decreto nº 8.805, de 2016)

§ 1º As informações de que trata o **caput** serão declaradas em conformidade com o disposto no Decreto nº 6.135, de 26 de junho de 2007. (Redação dada pelo Decreto nº 8.805, de 2016)

§ 2º Por ocasião do requerimento do benefício, conforme disposto no § 1º do art. 15, o requerente ratificará as informações declaradas no CadÚnico, ficando sujeito às penas previstas em lei no caso de omissão de informação ou de declaração falsa. (Redação dada pelo Decreto nº 8.805, de 2016)

§ 3º Na análise do requerimento do benefício, o INSS confrontará as informações do CadÚnico, referentes à renda, com outros cadastros ou bases de dados de órgãos da administração pública disponíveis, prevalecendo as informações que indiquem maior renda se comparadas àquelas declaradas no CadÚnico. (Redação dada pelo Decreto nº 8.805, de 2016)

§ 4º Compete ao INSS e aos órgãos autorizados pelo Ministério do Desenvolvimento Social e Agrário, quando necessário, verificar junto a outras instituições, inclusive de previdência, a existência de benefício ou de renda em nome do requerente ou beneficiário e dos integrantes da família. (Redação dada pelo Decreto nº 8.805, de 2016)

§ 5º Na hipótese de as informações do CadÚnico serem insuficientes para a análise conclusiva do benefício, o INSS: (Redação dada pelo Decreto nº 8.805, de 2016)

I – comunicará o interessado, o qual deverá atualizar seu cadastro junto ao órgão local responsável pelo CadÚnico no prazo de trinta dias; (Incluído pelo Decreto nº 8.805, de 2016)

II – concluirá a análise após decorrido o prazo de que trata o inciso I; e (Incluído pelo Decreto nº 8.805, de 2016)

III – no caso de o cadastro não ser atualizado no prazo de que trata o inciso I, indeferirá a solicitação para receber o benefício. (Incluído pelo Decreto nº 8.805, de 2016)

§ 6º Quando o requerente for pessoa em situação de rua deve ser adotado, como referência, o endereço do serviço da rede sócioassistencial pelo qual esteja sendo acompanhado, ou, na falta deste, de pessoas com as quais mantém relação de proximidade.

§ 7º Será considerado família do requerente em situação de rua as pessoas elencadas no inciso V do art. 4º, desde que convivam com o requerente na mesma situação, devendo, neste caso, ser relacionadas na Declaração da Composição e Renda Familiar.

§ 8º Entende-se por relação de proximidade, para fins do disposto no § 6º, aquela que se estabelece entre o requerente em situação de rua e as pessoas indicadas pelo próprio requerente como pertencentes ao seu ciclo de convívio que podem facilmente localizá-lo. (Incluído pelo Decreto nº 6.564, de 2008)

Art. 14. O Benefício de Prestação Continuada deverá ser requerido junto às agências da Previdência Social ou aos órgãos autorizados para este fim.

§ 1º Os formulários utilizados para o requerimento do benefício serão disponibilizados, por meio dos sítios eletrônicos: (Incluído pelo Decreto nº 8.805, de 2016)

I – do Ministério do Desenvolvimento Social e Agrário; (Incluído pelo Decreto nº 8.805, de 2016)

II – do INSS; ou (Incluído pelo Decreto nº 8.805, de 2016)

III – dos órgãos autorizados pelo Ministério do Desenvolvimento Social e Agrário ou pelo INSS. (Incluído pelo Decreto nº 8.805, de 2016)

§ 2º Os formulários a que se refere o § 1º deverão ser disponibilizados de forma acessível, nos termos estabelecidos pelo Decreto nº 5.296, de 2 de dezembro de 2004. (Incluído pelo Decreto nº 8.805, de 2016)

Art. 15. A concessão do benefício dependerá da prévia inscrição do interessado no CPF e no CadÚnico, este com informações atualizadas ou confirmadas em até dois anos, da apresentação de requerimento, preferencialmente pelo requerente, juntamente com os documentos ou as informações necessárias à identificação do beneficiário. (Redação dada pelo Decreto nº 8.805, de 2016) (Vigência)

§ 1º O requerimento do benefício deve ser realizado pelos canais de atendimento da Previdência Social ou por outros canais a serem definidos em ato conjunto dos Ministros de Estado do Desenvolvimento Social e Agrário, da Fazenda e do Planejamento, Desenvolvimento e Gestão, observado o disposto no art. 13. (Redação dada pelo Decreto nº 8.805, de 2016)

§ 2º Na hipótese de não ser o requerente alfabetizado ou de estar impossibilitado para assinar o pedido, será admitida a aposição da impressão digital na presença de funcionário do órgão recebedor do requerimento.

§ 3º A existência de formulário próprio não impedirá que seja aceito qualquer requerimento pleiteando o benefício, desde que nele constem os dados imprescindíveis ao seu processamento.

§ 4º A apresentação de documentação incompleta não constitui motivo de recusa liminar do requerimento do benefício.

§ 5º Na hipótese de ser verificado que a renda familiar mensal *per capita* não atende aos requisitos de concessão do benefício, o pedido deverá ser indeferido pelo INSS, sendo desnecessária a avaliação da deficiência. (Incluído pelo Decreto nº 8.805, de 2016)

Art. 16. A concessão do benefício à pessoa com deficiência ficará sujeita à avaliação da deficiência e do grau de impedimento, com base nos princípios da Classificação Internacional de Funcionalidades, Incapacidade e Saúde – CIF, estabelecida pela Resolução da Organização Mundial da Saúde nº 54.21, aprovada pela 54ª Assembleia Mundial da Saúde, em 22 de maio de 2001. (Redação dada pelo Decreto nº 7.617, de 2011)

§ 1º A avaliação da deficiência e do grau de impedimento será realizada por meio de avaliação social e avaliação médica. (Redação dada pelo Decreto nº 7.617, de 2011)

§ 2º A avaliação social considerará os fatores ambientais, sociais e pessoais, a avaliação médica considerará as deficiências nas funções e nas estruturas do corpo, e ambas considerarão a limitação do desempenho de atividades e a restrição da participação social, segundo suas especificidades. (Redação dada pelo Decreto nº 7.617, de 2011)

§ 3º As avaliações de que trata o § 1º serão realizadas, respectivamente, pelo serviço social e pela perícia médica do INSS, por meio de instrumentos desenvolvidos especificamente para este fim, instituídos por ato conjunto do Ministro de Estado do Desenvolvimento Social e Agrário e do Presidente do INSS. (Redação dada pelo Decreto nº 8.805, de 2016)

§ 4º O Ministério do Desenvolvimento Social e Agrário e o INSS garantirão as condições necessárias para a realização da avaliação social e da avaliação médica necessárias ao Benefício de Prestação Continuada. (Redação dada pelo Decreto nº 8.805, de 2016)

§ 5º A avaliação da deficiência e do grau de impedimento tem por objetivo: (Incluído pelo Decreto nº 7.617, de 2011)

I – comprovar a existência de impedimentos de longo prazo de natureza física, mental, intelectual ou sensorial; e (Incluído pelo Decreto nº 7.617, de 2011)

II – aferir o grau de restrição para a participação plena e efetiva da pessoa com deficiência na sociedade, decorrente da interação dos impedimentos a que se refere o inciso I com barreiras diversas. (Incluído pelo Decreto nº 7.617, de 2011)

§ 6º O benefício poderá ser concedido nos casos em que não seja possível prever a duração dos impedimentos a que se refere o inciso I do § 5º, mas exista a possibilidade de que se estendam por longo prazo. (Incluído pelo Decreto nº 7.617, de 2011)

§ 7º Na hipótese prevista no § 6º, e desde que o impedimento não tenha sido considerado permanente, os beneficiários deverão ser prioritariamente submetidos a novas avaliações social e médica, com intervalo mínimo de dois anos, de acordo com o tipo de impedimento constatado, na forma estabelecida em ato conjunto dos Ministros de Estado do Desenvolvimento Social e Agrário, da Fazenda e do Planejamento, Desenvolvimento e Gestão. (Redação dada pelo Decreto nº 8.805, de 2016)

§ 8º A avaliação da deficiência e do grau de impedimento observará os instrumentos de que trata o § 2º do art. 2º da Lei nº 13.146, de 6 de julho de 2015, a partir de sua criação, permitindo inclusive que outras políticas para pessoas com deficiência se beneficiem das informações. (Incluído pelo Decreto nº 8.805, de 2016)

§ 9º Sem prejuízo do compartilhamento das informações de que trata o § 8º, o acesso à avaliação da deficiência e do grau de impedimento, com a finalidade de permitir que outras políticas para pessoas com deficiência dela se beneficiem, dependerá de prévio consentimento do titular da informação. (Incluído pelo Decreto nº 8.805, de 2016)

§ 10. O consentimento de acesso à avaliação poderá ser manifestado no momento da prestação das referidas informações ou quando do requerimento de acesso à política pública. (Incluído pelo Decreto nº 8.805, de 2016)

Art. 17. Na hipótese de não existirem serviços pertinentes para avaliação da deficiência e do grau de impedimento no município de residência do requerente ou beneficiário, fica assegurado o seu encaminhamento ao município mais próximo que contar com tal estrutura, devendo o INSS realizar o pagamento das despesas de transporte e diárias com recursos oriundos do Fundo Nacional de Assistência Social. (Redação dada pelo Decreto nº 7.617, de 2011)

§ 1º Caso o requerente ou beneficiário necessite de acompanhante, a viagem deste deverá ser autorizada pelo INSS, aplicando-se o disposto no *caput*.

§ 2º O valor da diária paga ao requerente ou beneficiário e seu acompanhante será igual ao valor da diária concedida aos beneficiários do Regime Geral de Previdência Social.

§ 3º Caso o requerente ou beneficiário esteja impossibilitado de se apresentar no local de realização da avaliação da deficiência e do grau de impedimento a que se refere o *caput*, os profissionais deverão deslocar-se até o interessado. (Redação dada pelo Decreto nº 7.617, de 2011)

Art. 18. A concessão do Benefício de Prestação Continuada independe da interdição judicial do idoso ou da pessoa com deficiência.

Art. 19. O Benefício de Prestação Continuada será devido a mais de um membro da mesma família enquanto atendidos os requisitos exigidos neste Regulamento.

Parágrafo único. O valor do Benefício de Prestação Continuada concedido a idoso não será computado no cálculo da renda mensal bruta familiar a que se refere o inciso VI do art. 4º, para fins de concessão do Benefício de Prestação Continuada a outro idoso da mesma família.

Art. 20. O Benefício de Prestação Continuada será devido com o cumprimento de todos os requisitos legais e regulamentares exigidos para a sua concessão, devendo o seu pagamento ser efetuado em até quarenta e cinco dias após cumpridas as exigências.

Parágrafo único. Para fins de atualização dos valores pagos em atraso, serão aplicados os mesmos critérios adotados pela legislação previdenciária. (Redação dada pelo Decreto nº 7.617, de 2011)

Art. 21. Fica o INSS obrigado a emitir e enviar ao requerente o aviso de concessão ou de indeferimento do benefício, e, neste caso, com indicação do motivo.

SEÇÃO II
DA MANUTENÇÃO E DA REPRESENTAÇÃO

Art. 22. O Benefício de Prestação Continuada não está sujeito a desconto de qualquer contribuição e não gera direito ao pagamento de abono anual.

Art. 23. O Benefício de Prestação Continuada é intransferível, não gerando direito à pensão por morte aos herdeiros ou sucessores.

Parágrafo único. O valor do resíduo não recebido em vida pelo beneficiário será pago aos seus herdeiros ou sucessores, na forma da lei civil.

Art. 24. O desenvolvimento das capacidades cognitivas, motoras ou educacionais e a realização de atividades não remuneradas de habilitação e reabilitação, dentre outras, não constituem motivo de suspensão ou cessação do benefício da pessoa com deficiência.

Art. 25. A cessação do Benefício de Prestação Continuada concedido à pessoa com deficiência, inclusive em razão do seu ingresso no mercado de trabalho, não impede nova concessão do benefício desde que atendidos os requisitos exigidos neste Decreto.

Art. 26. O benefício será pago pela rede bancária autorizada e, nas localidades onde não houver estabelecimento bancário, o pagamento será efetuado por órgãos autorizados pelo INSS.

Art. 27. O pagamento do Benefício de Prestação Continuada poderá ser antecipado excepcionalmente, na hipótese prevista no § 1º do art. 169 do Decreto nº 3.048, de 6 de maio de 1999. (Redação dada pelo Decreto nº 7.617, de 2011)

Art. 28. O benefício será pago diretamente ao beneficiário ou ao procurador, tutor ou curador.

§ 1º O instrumento de procuração poderá ser outorgado em formulário próprio do INSS, mediante comprovação do motivo da ausência do beneficiário, e sua validade deverá ser renovada a cada doze meses.

§ 2º O procurador, o tutor ou o curador do beneficiário deverá firmar, perante o INSS ou outros órgãos autorizados pelo Ministério do Desenvolvimento Social e Agrário, termo de responsabilidade mediante o qual se comprometa a comunicar qualquer evento que possa anular a procuração, a tutela ou a curatela, principalmente o óbito do outorgante, sob pena de incorrer nas sanções criminais e civis cabíveis. (Redação dada pelo Decreto nº 8.805, de 2016)

Art. 29. Na hipótese de haver indícios de inidoneidade acerca do instrumento de procuração apresentado para o recebimento do Benefício de Prestação Continuada ou do procurador, tanto o INSS quanto qualquer um dos órgãos autorizados pelo Ministério do Desenvolvimento Social e Agrário poderão recusá-los, sem prejuízo das providências que se fizerem necessárias para a apuração da responsabilidade e para a aplicação das sanções criminais e civis cabíveis. (Redação dada pelo Decreto nº 8.805, de 2016)

Art. 30. Para fins de recebimento do Benefício de Prestação Continuada, é aceita a constituição de procurador com mais de um instrumento de procuração, nos casos de beneficiários representados por parentes de primeiro grau e nos casos de beneficiários representados por dirigentes de instituições nas quais se encontrem acolhidos, sendo admitido também, neste último caso, o instrumento de procuração coletiva. (Redação dada pelo Decreto nº 7.617, de 2011)

Art. 31. Não poderão ser procuradores:

I – o servidor público civil e o militar em atividade, salvo se parentes do beneficiário até o segundo grau; e

II – o incapaz para os atos da vida civil, ressalvado o disposto no art. 666 do Código Civil.

Parágrafo único. Nas demais disposições relativas à procuração observar-se-á, subsidiariamente, o Código Civil.

Art. 32. No caso de transferência do beneficiário de uma localidade para outra, o procurador fica obrigado a apresentar novo instrumento de mandato na localidade de destino.

Art. 33. A procuração perderá a validade ou eficácia nos seguintes casos:

I – quando o outorgante passar a receber pessoalmente o benefício, declarando, por escrito que cancela a procuração existente;

II – quando for constituído novo procurador;

III – pela expiração do prazo fixado ou pelo cumprimento ou extinção da finalidade outorgada;

IV – por morte do outorgante ou do procurador;

V – por interdição de uma das partes; ou

VI – por renúncia do procurador, desde que por escrito.

Art. 34. Não podem outorgar procuração o menor de dezoito anos, exceto se assistido ou emancipado após os dezesseis anos, e o incapaz para os atos da vida civil que deverá ser representado por seu representante legal, tutor ou curador.

Art. 35. O benefício devido ao beneficiário incapaz será pago ao cônjuge, pai, mãe, tutor ou curador, admitindo-se, na sua falta, e por período não superior a seis meses, o pagamento a herdeiro necessário, mediante termo de compromisso firmado no ato do recebimento.

§ 1º O período a que se refere o *caput* poderá ser prorrogado por iguais períodos, desde que comprovado o andamento do processo legal de tutela ou curatela.

§ 2º O tutor ou curador poderá outorgar procuração a terceiro com poderes para receber o benefício e, nesta hipótese, obrigatoriamente, a procuração será outorgada mediante instrumento público.

§ 3º A procuração não isenta o tutor ou curador da condição original de mandatário titular da tutela ou curatela.

Art. 35-A. O beneficiário, ou seu representante legal, deve informar ao INSS alterações dos dados cadastrais correspondentes à mudança de nome, endereço e estado civil, a fruição de qualquer benefício no âmbito da Seguridade Social ou de outro regime, a sua admissão em emprego ou a percepção de renda de qualquer natureza elencada no inciso VI do *caput* do art. 4º. (Incluído pelo Decreto nº 7.617, de 2011)

SEÇÃO III

DO INDEFERIMENTO

Art. 36. O não atendimento das exigências contidas neste Regulamento pelo requerente ensejará o indeferimento do benefício.

§ 1º Do indeferimento do benefício caberá recurso à Junta de Recursos do Conselho de Recursos da Previdência Social, no prazo de trinta dias, a contar do recebimento da comunicação.

§ 2º A situação prevista no art. 24 também não constitui motivo para o indeferimento do benefício.

CAPÍTULO III
DA GESTÃO

Art. 37. Constituem garantias do SUAS o acompanhamento do beneficiário e de sua família, e a inserção destes à rede de serviços socioassistenciais e de outras políticas setoriais.

§ 1º O acompanhamento do beneficiário e de sua família visa a favorecer-lhes a obtenção de aquisições materiais, sociais, socieducativas, socioculturais para suprir as necessidades de subsistência, desenvolver capacidades e talentos para a convivência familiar e comunitária, o protagonismo e a autonomia.

§ 2º Para fins de cumprimento do disposto no *caput*, o acompanhamento deverá abranger as pessoas que vivem sob o mesmo teto com o beneficiário e que com este mantém vínculo parental, conjugal, genético ou de afinidade.

§ 3º Para o cumprimento do disposto no *caput* e para subsidiar os processos de concessão e de revisão bienal do benefício, os beneficiários e suas famílias deverão ser cadastrados no CadÚnico, observada a legislação aplicável. (Redação dada pelo Decreto nº 8.805, de 2016)

Art. 38. Compete ao Ministério do Desenvolvimento Social e Agrário, sem prejuízo do previsto no art. 2º: (Redação dada pelo Decreto nº 8.805, de 2016)

I – acompanhar os beneficiários do Benefício de Prestação Continuada no âmbito do SUAS, em articulação com o Distrito Federal, Municípios e, no que couber, com os Estados, visando a inseri-los nos programas e serviços da assistência social e demais políticas, em conformidade com o art. 11 da Lei nº 8.742, de 1993;

II – considerar a participação dos órgãos gestores de assistência social nas ações de monitoramento e avaliação do Benefício de Prestação Continuada, bem como de acompanhamento de seus beneficiários, como critério de habilitação dos municípios e Distrito Federal a um nível de gestão mais elevado no âmbito do SUAS;

III – manter e coordenar o Programa Nacional de Monitoramento e Avaliação do Benefício de Prestação Continuada, instituído na forma do art. 41, com produção de dados e análise de resultados do impacto do Benefício de Prestação Continuada na vida dos beneficiários, em conformidade com o disposto no art. 24 da Lei nº 8.742, de 1993;

IV – destinar recursos do Fundo Nacional de Assistência Social para pagamento, operacionalização, gestão, informatização, pesquisa, monitoramento e avaliação do Benefício de Prestação Continuada;

V – descentralizar recursos do orçamento do Fundo Nacional de Assistência Social ao INSS para as despesas de pagamento, operacionalização, sistemas de informação, monitoramento e avaliação do Benefício de Prestação Continuada;

VI – fornecer subsídios para a formação de profissionais envolvidos nos processos de concessão, manutenção e revisão dos benefícios, e no acompanhamento de seus beneficiários, visando à facilidade de acesso e bem-estar dos usuários desses serviços.

VII – articular políticas intersetoriais, intergovernamentais e interinstitucionais que afiancem a completude de atenção às pessoas com deficiência e aos idosos, atendendo ao disposto no § 2º do art. 24 da Lei nº 8.742, de 1993; (Redação dada pelo Decreto nº 8.805, de 2016)

VIII – atuar junto a outros órgãos, nas três esferas de governo, com vistas ao aperfeiçoamento da gestão do Benefício de Prestação Continuada; e (Redação dada pelo Decreto nº 8.805, de 2016)

IX – garantir as condições necessárias para inclusão e atualização dos dados do requerente e do beneficiário no CadÚnico. (Incluído pelo Decreto nº 8.805, de 2016)

Art. 39. Compete ao INSS, na operacionalização do Benefício de Prestação Continuada:

I – receber os requerimentos, conceder, manter, revisar, suspender ou fazer cessar o benefício, atuar nas contestações, desenvolver ações necessárias ao ressarcimento do benefício e participar de seu monitoramento e avaliação;

II – verificar o registro de benefícios previdenciários e de emprego e renda em nome do requerente ou beneficiário e dos integrantes do grupo familiar, em consonância com a definição estabelecida no inciso VI do art. 4º;

III – realizar a avaliação médica e social da pessoa com deficiência, de acordo com as normas a serem disciplinadas em atos específicos;

IV – realizar o pagamento de transporte e diária do requerente ou beneficiários e seu acompanhante, com recursos oriundos do FNAS, nos casos previstos no art. 17.

V – realizar comunicações sobre marcação de perícia médica, concessão, indeferimento, suspensão, cessação, ressarcimento e revisão do benefício;

VI – analisar defesas, receber recursos pelo indeferimento e suspensão do benefício, instruir e encaminhar os processos à Junta de Recursos;

VII – efetuar o repasse de recursos para pagamento do benefício junto à rede bancária autorizada ou entidade conveniada;

VIII- participar, em conjunto com o Ministério do Desenvolvimento Social e Agrário, da instituição de sistema de informação e de alimentação de bancos de dados sobre a concessão, o indeferimento, a manutenção, a suspensão, a cessação, o ressarcimento e a revisão do Benefício de Prestação Continuada, além de gerar relatórios gerenciais e subsidiar a atuação dos demais órgãos no acompanhamento do beneficiário e na defesa de seus direitos; (Redação dada pelo Decreto nº 8.805, de 2016)

IX – submeter à apreciação prévia do Ministério do Desenvolvimento Social e Agrário atos que disponham sobre matéria de regulação e de procedimentos técnicos e administrativos que repercutam no reconhecimento do direito ao acesso, à manutenção e ao pagamento do Benefício de Prestação Continuada; (Redação dada pelo Decreto nº 8.805, de 2016)

X – instituir, em conjunto com o Ministério do Desenvolvimento Social e Agrário, formulários e documentos necessários à operacionalização do Benefício de Prestação Continuada; e (Redação dada pelo Decreto nº 8.805, de 2016)

XI – apresentar ao Ministério do Desenvolvimento Social e Agrário relatórios periódicos das atividades desenvolvidas na operacionalização do Benefício de Prestação Continuada e na execução orçamentária e financeira dos recursos descentralizados. (Redação dada pelo Decreto nº 8.805, de 2016)

Art. 40. Compete aos órgãos gestores da assistência social dos Estados, do Distrito Federal e dos Municípios, de acordo com o disposto no § 2º do art. 24 da Lei nº 8.742, de 1993, promover ações que assegurem a articulação do Benefício de Prestação Continuada com os programas voltados ao idoso e à inclusão da pessoa com deficiência.

CAPÍTULO IV
DO MONITORAMENTO E DA AVALIAÇÃO

Art. 41. Fica instituído o Programa Nacional de Monitoramento e Avaliação do Benefício de Prestação Continuada da Assistência Social, que será mantido e coordenado pelo Ministério do Desenvolvimento Social e Agrário, em parceria com o INSS, os Estados, o Distrito Federal e os Municípios, como parte da dinâmica do SUAS. (Redação dada pelo Decreto nº 8.805, de 2016)

§ 1º O Programa Nacional de Monitoramento e Avaliação do Benefício de Prestação Continuada, baseado em um conjunto de indicadores e de seus respectivos índices, compreende:

I – o monitoramento da incidência dos beneficiários e dos requerentes por município brasileiro e no Distrito Federal;

II – o tratamento do conjunto dos beneficiários como uma população com graus de risco e vulnerabilidade social variados, estratificada a partir das características do ciclo de vida do requerente, sua família e da região onde vive;

III – o desenvolvimento de estudos intersetoriais que caracterizem comportamentos da população beneficiária por análises geo-demográficas, índices de mortalidade, morbidade, entre outros, nos quais se inclui a tipologia das famílias dos beneficiários e das instituições em que eventualmente viva ou conviva;

IV – a instituição e manutenção de banco de dados sobre os processos desenvolvidos pelos gestores dos estados, do Distrito Federal e dos municípios para inclusão do beneficiário ao SUAS e demais políticas setoriais;

V – a promoção de estudos e pesquisas sobre os critérios de acesso, implementação do Benefício de Prestação Continuada e impacto do benefício na redução da pobreza e das desigualdades sociais;

VI – a organização e manutenção de um sistema de informações sobre o Benefício de Prestação Continuada, com vistas ao planejamento, desenvolvimento e avaliação das ações; e

VII – a realização de estudos longitudinais dos beneficiários do Benefício de Prestação Continuada.

§ 2º As despesas decorrentes da implementação do Programa a que se refere o *caput* correrão com as dotações orçamentárias consignadas ao Ministério do Desenvolvimento Social e Agrário. (Redação dada pelo Decreto nº 8.805, de 2016)

§ 3º O Ministério do Desenvolvimento Social e Agrário e o INSS deverão integrar suas bases de dados quanto às informações que compõem a base de dados do CadÚnico e compartilhá-las com o Cadastro-Inclusão, instituído pelo art. 92 da Lei nº 13.146, de 6 de julho de 2015, quando se tratar de informação referente a pessoa com deficiência. (Incluído pelo Decreto nº 8.805, de 2016)

§ 4º Até que esteja concluída a integração das bases de dados de que trata o § 3º, o Ministério do Desenvolvimento Social e Agrário deverá fornecer ao INSS, mensalmente, as informações do CadÚnico necessárias à concessão e à manutenção do Benefício de Prestação Continuada, em especial aquelas relativas à composição do grupo familiar, à renda de todos os integrantes. (Incluído pelo Decreto nº 8.805, de 2016)

Art. 42. O Benefício de Prestação Continuada deverá ser revisto a cada dois anos, para avaliação da continuidade das condições que lhe deram origem, conforme dispõe o art. 21 da Lei nº 8.742, de 1993, passando o processo de reavaliação a integrar o Programa Nacional de Monitoramento e Avaliação do Benefício de Prestação Continuada.

§ 1º A revisão do benefício de que trata o **caput** será feita na forma estabelecida em ato conjunto dos Ministros de Estado do Desenvolvimento Social e Agrário, da Fazenda e do Planejamento, Desenvolvimento e Gestão, e incluirá: (Incluído pelo Decreto nº 8.805, de 2016)

I – o cadastramento ou a atualização cadastral, a ser realizado Ministério do Desenvolvimento Social e Agrário, dos beneficiários inscritos no CadÚnico, a cada dois anos; (Incluído pelo Decreto nº 8.805, de 2016)

II – a confrontação contínua pelo INSS de informações do CadÚnico com os cadastros de benefícios, emprego, renda ou outras bases de dados de órgãos da administração pública disponíveis, referentes à renda da família do requerente; (Incluído pelo Decreto nº 8.805, de 2016)

III – o cruzamento de dados para fins de verificação de acúmulo do benefício com outra renda no âmbito da Seguridade Social ou de outro regime, conforme vedação a que se refere o § 4º do art. 20 da Lei nº 8.742, de 1993; e (Incluído pelo Decreto nº 8.805, de 2016)

IV – a reavaliação médica e social da condição de deficiência constatada anteriormente, desde que o impedimento não tenha sido considerado permanente e que o beneficiário não tenha superado os requisitos de renda familiar mensal *per capita*. (Incluído pelo Decreto nº 8.805, de 2016)

§ 2º Identificada a superação de condição para manutenção do benefício, após a atualização das informações junto ao CadÚnico, o INSS deverá suspender ou cessar o benefício, conforme o caso, observado o disposto no art. 47. (Incluído pelo Decreto nº 8.805, de 2016)

§ 3º Serão definidos critérios de prioridade e de dispensa da reavaliação da deficiência prevista no inciso IV do § 1º, considerados o tipo e a gravidade do impedimento, a idade do beneficiário e a duração do benefício, nos termos do ato conjunto a que se refere o § 7º do art. 16. (Incluído pelo Decreto nº 8.805, de 2016)

CAPÍTULO V
DA DEFESA DOS DIREITOS E DO CONTROLE SOCIAL

Art. 43. O Ministério do Desenvolvimento Social e Agrário deverá articular-se com os Conselhos de Assistência Social, do Idoso, da Pessoa com Deficiência, da Criança e do Adolescente e da Saúde para desenvolver ações de controle e defesa dos direitos dos beneficiários do Benefício de Prestação Continuada. (Redação dada pelo Decreto nº 8.805, de 2016)

Art. 44. Qualquer pessoa física ou jurídica de direito público ou privado, especialmente os Conselhos de Direitos, os Conselhos de Assistência Social e as organizações representativas de pessoas com deficiência e de idosos, é parte legítima para provocar a iniciativa das autoridades do Ministério do Desenvolvimento Social e Agrário, do INSS, do Ministério Público e dos órgãos de controle social, e para lhes fornecer informações sobre irregularidades na aplicação deste Regulamento, quando for o caso. (Redação dada pelo Decreto nº 8.805, de 2016)

Art. 45. Qualquer cidadão que observar irregularidade ou falha na prestação de serviço referente ao Benefício de Prestação Continuada poderá comunicá-la às Ouvidorias do Ministério do Desenvolvimento Social e Agrário, observadas as atribuições de cada órgão e em conformidade com as disposições específicas de cada Pasta. (Redação dada pelo Decreto nº 8.805, de 2016)

Art. 45-A. As informações referentes às despesas com Benefício de Prestação Continuado deverão ser incluídas, de forma individualizada, no Portal da Transparência do Poder Executivo Federal, de que trata o Decreto nº 5.482, de 30 de junho de 2005, observado o disposto no art. 31 da Lei nº 12.527, de 18 de novembro de 2011. (Incluído pelo Decreto nº 8.805, de 2016)

Art. 46. Constatada a prática de infração penal decorrente da concessão ou da manutenção do Benefício de Prestação Continuada, o INSS aplicará os procedimentos cabíveis, independentemente de outras penalidades legais.

CAPÍTULO VI
DA SUSPENSÃO E DA CESSAÇÃO

Art. 47. O Benefício de Prestação Continuada será suspenso se identificada qualquer irregularidade na sua concessão ou manutenção, ou se verificada a não continuidade das condições que deram origem ao benefício. (Redação dada pelo Decreto nº 7.617, de 2011)

§ 1º Ocorrendo as situações previstas no *caput* será concedido ao interessado o prazo de dez dias, mediante notificação por via postal com aviso de recebimento, para oferecer defesa, provas ou documentos de que dispuser.

§ 2º Na impossibilidade de notificação do beneficiário por via postal com aviso de recebimento, deverá ser efetuada notificação por edital e concedido o prazo de quinze dias, contado a partir do primeiro dia útil seguinte ao dia da publicação, para apresentação de defesa, provas ou documentos pelo interessado. (Redação dada pelo Decreto nº 7.617, de 2011)

§ 3º O edital a que se refere o § 2º deverá ser publicado em jornal de grande circulação na localidade do domicílio do beneficiário. (Redação dada pelo Decreto nº 7.617, de 2011)

§ 4º Esgotados os prazos de que tratam os §§ 1º e 2º sem manifestação do interessado ou não sendo a defesa acolhida, será suspenso o pagamento do benefício e, notificado o beneficiário, será aberto o prazo de trinta dias para interposição de recurso à Junta de Recursos do Conselho de Recursos da Previdência Social. (Redação dada pelo Decreto nº 7.617, de 2011)

§ 5º Decorrido o prazo concedido para interposição de recurso sem manifestação do beneficiário, ou caso não seja o recurso provido, o benefício será cessado, comunicando-se a decisão ao interessado. (Incluído pelo Decreto nº 7.617, de 2011)

Art. 47-A. O Benefício de Prestação Continuada será suspenso em caráter especial quando a pessoa com deficiência exercer atividade remunerada, inclusive na condição de microempreendedor individual, mediante comprovação da relação trabalhista ou da atividade empreendedora. (Incluído pelo Decreto nº 7.617, de 2011)

§ 1º O pagamento do benefício suspenso na forma do *caput* será restabelecido mediante requerimento do interessado que comprove a extinção da relação trabalhista ou da atividade empreendedora, e, quando for o caso, o encerramento do prazo de pagamento do seguro-desemprego, sem que tenha o beneficiário adquirido direito a qualquer benefício no âmbito da Previdência Social. (Incluído pelo Decreto nº 7.617, de 2011)

§ 2º O benefício será restabelecido: (Incluído pelo Decreto nº 7.617, de 2011)

I – a partir do dia imediatamente posterior, conforme o caso, da cessação do contrato de trabalho, da última competência de contribuição previdenciária recolhida como contribuinte individual ou do encerramento do prazo de pagamento do seguro-desemprego; ou (Incluído pelo Decreto nº 7.617, de 2011)

II – a partir da data do protocolo do requerimento, quando requerido após noventa dias, conforme o caso, da cessação do contrato de trabalho, da última competência de contribuição previdenciária recolhida como contribuinte individual ou do encerramento do prazo de pagamento do seguro-desemprego. (Incluído pelo Decreto nº 7.617, de 2011)

§ 3º Na hipótese prevista no *caput*, o prazo para a reavaliação bienal do benefício prevista no art. 42 será suspenso, voltando a correr, se for o caso, a partir do restabelecimento do pagamento do benefício. (Incluído pelo Decreto nº 7.617, de 2011)

§ 4º O restabelecimento do pagamento do benefício prescinde de nova avaliação da deficiência e do grau de impedimento, respeitado o prazo para a reavaliação bienal. (Incluído pelo Decreto nº 7.617, de 2011)

§ 5º A pessoa com deficiência contratada na condição de aprendiz terá seu benefício suspenso somente após o período de dois anos de recebimento concomitante da remuneração e do benefício, nos termos do § 2º do art. 21-A da Lei nº 8.742, de 7 de dezembro de 1993. (Incluído pelo Decreto nº 7.617, de 2011)

Art. 48. O pagamento do benefício cessa:

I – no momento em que forem superadas as condições que lhe deram origem; (Redação dada pelo Decreto nº 7.617, de 2011)

II – em caso de morte do beneficiário; (Redação dada pelo Decreto nº 7.617, de 2011)

III – em caso de morte presumida ou de ausência do beneficiário, declarada em juízo; ou (Redação dada pelo Decreto nº 7.617, de 2011)

IV – em caso de constatação de irregularidade na sua concessão ou manutenção. (Incluído pelo Decreto nº 7.617, de 2011)

Parágrafo único. O beneficiário ou seus familiares são obrigados a informar ao INSS a ocorrência das situações descritas nos incisos I a III do *caput*. (Incluído pelo Decreto nº 7.617, de 2011)

Art. 48-A. Ato conjunto do Ministério do Desenvolvimento Social e Combate à Fome e do INSS disporá sobre a operacionalização da suspensão e cessação do Benefício de Prestação Continuada. (Incluído pelo Decreto nº 7.617, de 2011)

Art. 49. Cabe ao INSS, sem prejuízo da aplicação de outras medidas legais, adotar as providências necessárias à restituição do valor do benefício pago indevidamente, em caso de falta de comunicação dos fatos arrolados nos incisos I a III do *caput* do art. 48, ou em caso de prática, pelo beneficiário ou terceiros, de ato com dolo, fraude ou má-fé. (Redação dada pelo Decreto nº 7.617, de 2011)

§ 1º O montante indevidamente pago será corrigido pelo mesmo índice utilizado para a atualização mensal dos salários de contribuição utilizados para apuração dos benefícios do Regime Geral de Previdência Social, e deverá ser restituído, sob pena de inscrição em Dívida Ativa e cobrança judicial. (Redação dada pelo Decreto nº 7.617, de 2011)

§ 2º Na hipótese de o beneficiário permanecer com direito ao recebimento do Benefício de Prestação Continuada ou estar em usufruto de outro benefício previdenciário regularmente concedido pelo INSS, poderá devolver o valor indevido de forma parcelada, atualizado nos moldes do § 1º, em tantas parcelas quantas forem necessárias à liquidação do débito de valor equivalente a trinta por cento do valor do benefício em manutenção.

§ 3º A restituição do valor devido deverá ser feita em única parcela, no prazo de sessenta dias contados da data da notificação, ou mediante acordo de parcelamento, em até sessenta meses, na forma do art. 244 do Regulamento da Previdência Social, aprovado pelo Decreto nº 3.048, de 1999, ressalvado o pagamento em consignação previsto no § 2º. (Redação dada pelo Decreto nº 7.617, de 2011)

§ 4º Vencido o prazo a que se refere o § 3º, o INSS tomará providências para inclusão do débito em Dívida Ativa.

§ 5º O valor ressarcido será repassado pelo INSS ao Fundo Nacional de Assistência Social.

§ 6º Em nenhuma hipótese serão consignados débitos originários de benefícios previdenciários em Benefícios de Prestação Continuada. (Incluído pelo Decreto nº 7.617, de 2011)

CAPÍTULO VII
DAS DISPOSIÇÕES GERAIS E TRANSITÓRIAS

Art. 50. O Ministério do Desenvolvimento Social e Combate à Fome e o INSS terão prazo até 31 de maio de 2009 para implementar a avaliação da deficiência e do grau de incapacidade prevista no art. 16. (Redação dada pelo Decreto nº 6.564, de 2008)

Parágrafo único. A avaliação da deficiência e da incapacidade, até que se cumpra o disposto no § 4º do art. 16, ficará restrita ao exame médico pericial e laudo realizados pelos serviços de perícia médica do INS (Redação dada pelo Decreto nº 6.564, de 2008)

LEI Nº 11.788, DE 25 DE SETEMBRO DE 2008

Dispõe sobre o estágio de estudantes; altera a redação do art. 428 da Consolidação das Leis do Trabalho – CLT, aprovada pelo Decreto-Lei nº 5.452, de 1º de maio de 1943, e a Lei nº 9.394, de 20 de dezembro de 1996; revoga as Leis nºs 6.494, de 7 de dezembro de 1977, e 8.859, de 23 de março de 1994, o parágrafo único do art. 82 da Lei nº 9.394, de 20 de dezembro de 1996, e o art. 6º da Medida Provisória nº 2.164-41, de 24 de agosto de 2001; e dá outras providências.

O Presidente da República

Faço saber que o Congresso Nacional decreta e eu sanciono a seguinte Lei:

CAPÍTULO I
DA DEFINIÇÃO, CLASSIFICAÇÃO E RELAÇÕES DE ESTÁGIO

Art. 1º Estágio é ato educativo escolar supervisionado, desenvolvido no ambiente de trabalho, que visa à preparação para o trabalho produtivo de educandos que estejam freqüentando o ensino regular em instituições de educação superior, de educação profissional, de ensino médio, da educação especial e dos anos finais do ensino fundamental, na modalidade profissional da educação de jovens e adultos.

§ 1º O estágio faz parte do projeto pedagógico do curso, além de integrar o itinerário formativo do educando.

§ 2º O estágio visa ao aprendizado de competências próprias da atividade profissional e à contextualização curricular, objetivando o desenvolvimento do educando para a vida cidadã e para o trabalho.

Art. 2º O estágio poderá ser obrigatório ou não-obrigatório, conforme determinação das diretrizes curriculares da etapa, modalidade e área de ensino e do projeto pedagógico do curso.

§ 1º Estágio obrigatório é aquele definido como tal no projeto do curso, cuja carga horária é requisito para aprovação e obtenção de diploma.

§ 2º Estágio não-obrigatório é aquele desenvolvido como atividade opcional, acrescida à carga horária regular e obrigatória.

§ 3º As atividades de extensão, de monitorias e de iniciação científica na educação superior, desenvolvidas pelo estudante, somente poderão ser equiparadas ao estágio em caso de previsão no projeto pedagógico do curso.

Art. 3º O estágio, tanto na hipótese do § 1º do art. 2º desta Lei quanto na prevista no § 2º do mesmo dispositivo, não cria vínculo empregatício de qualquer natureza, observados os seguintes requisitos:

I – matrícula e freqüência regular do educando em curso de educação superior, de educação profissional, de ensino médio, da educação especial e nos anos finais do ensino fundamental, na modalidade profissional da educação de jovens e adultos e atestados pela instituição de ensino;

II – celebração de termo de compromisso entre o educando, a parte concedente do estágio e a instituição de ensino;

III – compatibilidade entre as atividades desenvolvidas no estágio e aquelas previstas no termo de compromisso.

§ 1º O estágio, como ato educativo escolar supervisionado, deverá ter acompanhamento efetivo pelo professor orientador da instituição de ensino e por supervisor da parte concedente, comprovado por vistos nos relatórios referidos no inciso IV do caput do art. 7º desta Lei e por menção de aprovação final.

§ 2º O descumprimento de qualquer dos incisos deste artigo ou de qualquer obrigação contida no termo de compromisso caracteriza vínculo de emprego do educando com a parte concedente do estágio para todos os fins da legislação trabalhista e previdenciária.

Art. 4º A realização de estágios, nos termos desta Lei, aplica-se aos estudantes estrangeiros regularmente matriculados em cursos superiores no País, autorizados ou reconhecidos, observado o prazo do visto temporário de estudante, na forma da legislação aplicável.

Art. 5º As instituições de ensino e as partes cedentes de estágio podem, a seu critério, recorrer a serviços de agentes de integração públicos e privados, mediante condições acordadas em instrumento jurídico apropriado, devendo ser observada, no caso de contratação com recursos públicos, a legislação que estabelece as normas gerais de licitação.

§ 1º Cabe aos agentes de integração, como auxiliares no processo de aperfeiçoamento do instituto do estágio:

I – identificar oportunidades de estágio;

II – ajustar suas condições de realização;

III – fazer o acompanhamento administrativo;

IV – encaminhar negociação de seguros contra acidentes pessoais;

V – cadastrar os estudantes.

§ 2º É vedada a cobrança de qualquer valor dos estudantes, a título de remuneração pelos serviços referidos nos incisos deste artigo.

§ 3º Os agentes de integração serão responsabilizados civilmente se indicarem estagiários para a realização de atividades não compatíveis com a programação curricular estabelecida para cada curso, assim como estagiários matriculados em cursos ou instituições para as quais não há previsão de estágio curricular.

Art. 6º O local de estágio pode ser selecionado a partir de cadastro de partes cedentes, organizado pelas instituições de ensino ou pelos agentes de integração.

(...)

CAPÍTULO IV

DO ESTAGIÁRIO

(...)

Art. 12. O estagiário poderá receber bolsa ou outra forma de contraprestação que venha a ser acordada, sendo compulsória a sua concessão, bem como a do auxílio-transporte, na hipótese de estágio não obrigatório.

§ 1º A eventual concessão de benefícios relacionados a transporte, alimentação e saúde, entre outros, não caracteriza vínculo empregatício.

§ 2º Poderá o educando inscrever-se e contribuir como segurado facultativo do Regime Geral de Previdência Social.

(...)

CAPÍTULO V

DA FISCALIZAÇÃO

Art. 15. A manutenção de estagiários em desconformidade com esta Lei caracteriza vínculo de emprego do educando com a parte concedente do estágio para todos os fins da legislação trabalhista e previdenciária.

§ 1º A instituição privada ou pública que reincidir na irregularidade de que trata este artigo ficará impedida de receber estagiários por 2 (dois) anos, contados da data da decisão definitiva do processo administrativo correspondente.

§ 2º A penalidade de que trata o § 1º deste artigo limita-se à filial ou agência em que for cometida a irregularidade.

CAPÍTULO VI

DAS DISPOSIÇÕES GERAIS

(...)

Art. 21. Esta Lei entra em vigor na data de sua publicação.

Art. 22. Revogam-se as Leis nºs 6.494, de 7 de dezembro de 1977, e 8.859, de 23 de março de 1994, o parágrafo único do art. 82 da Lei nº 9.394, de 20 de dezembro de 1996, e o art. 6º da Medida Provisória nº 2.164-41, de 24 de agosto de 2001.

Brasília, 25 de setembro de 2008; 187º da Independência e 120º da República.

LUIZ INÁCIO LULA DA SILVA

DOU de 26.9.2008

LEI Nº 13.301, DE 27 DE JUNHO DE 2016

Dispõe sobre a adoção de medidas de vigilância em saúde quando verificada situação de iminente perigo à saúde pública pela presença do mosquito transmissor do vírus da dengue, do vírus chikungunya e do vírus da zika; e altera a Lei nº 6.437, de 20 de agosto de 1977.

O VICE -PRESIDENTE DA REPÚBLICA, no exercício do cargo de PRESIDENTE DA REPÚBLICA

Faço saber que o Congresso Nacional decreta e eu sanciono a seguinte Lei:

Art. 1º Na situação de iminente perigo à saúde pública pela presença do mosquito transmissor do vírus da dengue, do vírus chikungunya e do vírus da zika, a autoridade máxima do Sistema Único de Saúde – SUS de âmbito federal, estadual, distrital e municipal fica autorizada a determinar e executar as medidas necessárias ao controle das doenças causadas pelos referidos vírus, nos termos da Lei nº 8.080, de 19 de setembro de 1990, e demais normas aplicáveis, enquanto perdurar a Emergência em Saúde Pública de Importância Nacional – ESPIN.

§ 1º Entre as medidas que podem ser determinadas e executadas para a contenção das doenças causadas pelos vírus de que trata o caput, destacam-se:

I – instituição, em âmbito nacional, do dia de sábado como destinado a atividades de limpeza nos imóveis, com identificação e eliminação de focos de mosquitos vetores, com ampla mobilização da comunidade;

II – realização de campanhas educativas e de orientação à população, em especial às mulheres em idade fértil e gestantes, divulgadas em todos os meios de comunicação, incluindo programas radiofônicos estatais;

III – realização de visitas ampla e antecipadamente comunicadas a todos os imóveis públicos e particulares, ainda que com posse precária, para eliminação do mosquito e de seus criadouros, em área identificada como potencial possuidora de focos de transmissão;

IV – ingresso forçado em imóveis públicos e particulares, no caso de situação de abandono, ausência ou recusa de pessoa que possa permitir o acesso de agente público, regularmente designado e identificado, quando se mostre essencial para a contenção das doenças.

§ 2º Para fins do disposto no inciso IV do § 1º, entende-se por:

I – imóvel em situação de abandono: aquele que demonstre flagrante ausência prolongada de utilização verificada por suas características físicas, por sinais de inexistência de conservação, pelo relato de moradores da área ou por outros indícios que evidenciem a sua não utilização;

II – ausência: a impossibilidade de localização de pessoa que possa permitir o acesso ao imóvel na hipótese de duas visitas devidamente comunicadas, em dias e períodos alternados, dentro do intervalo de dez dias;

III – recusa: negativa ou impedimento de acesso do agente público ao imóvel.

§ 3º São ainda medidas fundamentais para a contenção das doenças causadas pelos vírus de que trata o caput:

I – obediência aos critérios de diagnóstico estabelecidos pelas normas técnicas vigentes, aperfeiçoamento dos sistemas de informação, notificação, investigação e divulgação de dados e indicadores;

II – universalização do acesso à água potável e ao esgotamento sanitário;

III – incentivo ao desenvolvimento de pesquisas científicas e à incorporação de novas tecnologias de vigilância em saúde;

IV – permissão da incorporação de mecanismos de controle vetorial por meio de dispersão por aeronaves mediante aprovação das autoridades sanitárias e da comprovação científica da eficácia da medida.

(...)

Art. 18. Fará jus ao benefício de prestação continuada temporário, a que se refere o art. 20 da Lei nº 8.742, de 7 de dezembro de 1993, pelo prazo máximo de três anos, na condição de pessoa com deficiência, a criança vítima de microcefalia em decorrência de sequelas neurológicas decorrentes de doenças transmitidas pelo Aedes aegypti.

§ 1º (VETADO).

§ 2º O benefício será concedido após a cessação do gozo do salário-maternidade originado pelo nascimento da criança vítima de microcefalia.

§ 3º A licença-maternidade prevista no art. 392 da Consolidação das Leis do Trabalho – CLT, aprovada pelo Decreto-Lei nº 5.452, de 1º de maio de 1943, será de cento e oitenta dias no caso das mães de crianças acometidas por sequelas neurológicas decorrentes de doenças transmitidas pelo Aedes aegypti, assegurado, nesse período, o recebimento de salário-maternidade previsto no art. 71 da Lei nº 8.213, de 24 de julho de 1991.

§ 4º O disposto no § 3º aplica-se, no que couber, à segurada especial, contribuinte individual, facultativa e trabalhadora avulsa.

§ 5º O montante da multa prevista no art. 8º da Lei nº 13.254, de 13 de janeiro de 2016, destinado à União, poderá ser utilizado nas ações previstas neste artigo.

Art. 19. Esta Lei entra em vigor na data de sua publicação.

Brasília, 27 de junho de 2016; 195º da Independência e 128º da República.

MICHEL TEMER

DOU de 28.6.2016

LEI Nº 13.259, DE 16 DE MARÇO DE 2016

Altera as Leis nºs 8.981, de 20 de janeiro de 1995, para dispor acerca da incidência de imposto sobre a renda na hipótese de ganho de capital em decorrência da alienação de bens e direitos de qualquer natureza, e 12.973, de 13 de maio de 2014, para possibilitar opção de tributação de empresas coligadas no exterior na forma de empresas controladas; e regulamenta o inciso XI do art. 156 da Lei nº 5.172, de 25 de outubro de 1966 – Código Tributário Nacional.

A Presidenta da República

Faço saber que o Congresso Nacional decreta e eu sanciono a seguinte Lei:

Art. 1º O art. 21 da Lei nº 8.981, de 20 de janeiro de 1995, passa a vigorar com as seguintes alterações:

"Art. 21. O ganho de capital percebido por pessoa física em decorrência da alienação de bens e direitos de qualquer natureza sujeita-se à incidência do imposto sobre a renda, com as seguintes alíquotas:

I – 15% (quinze por cento) sobre a parcela dos ganhos que não ultrapassar R$ 5.000.000,00 (cinco milhões de reais);

II – 17,5% (dezessete inteiros e cinco décimos por cento) sobre a parcela dos ganhos que exceder R$ 5.000.000,00 (cinco milhões de reais) e não ultrapassar R$ 10.000.000,00 (dez milhões de reais);

III – 20% (vinte por cento) sobre a parcela dos ganhos que exceder R$ 10.000.000,00 (dez milhões de reais) e não ultrapassar R$ 30.000.000,00 (trinta milhões de reais); e

IV – 22,5% (vinte e dois inteiros e cinco décimos por cento) sobre a parcela dos ganhos que ultrapassar R$ 30.000.000,00 (trinta milhões de reais).

....

§ 3º Na hipótese de alienação em partes do mesmo bem ou direito, a partir da segunda operação, desde que realizada até o final do ano-calendário seguinte ao da primeira operação, o ganho de capital deve ser somado aos ganhos auferidos nas operações anteriores, para fins da apuração do imposto na forma do *caput*, deduzindo-se o montante do imposto pago nas operações anteriores.

§ 4º Para fins do disposto neste artigo, considera-se integrante do mesmo bem ou direito o conjunto de ações ou quotas de uma mesma pessoa jurídica.

§ 5º (VETADO)."

Art. 2º O ganho de capital percebido por pessoa jurídica em decorrência da alienação de bens e direitos do ativo não circulante sujeita-se à incidência do imposto sobre a renda, com a aplicação das alíquotas previstas no caput do art. 21 da Lei nº 8.981, de 20 de janeiro de 1995, e do disposto nos §§ 1º, 3º e 4º do referido artigo, exceto para as pessoas jurídicas tributadas com base no lucro real, presumido ou arbitrado.

Art. 3º A Lei nº 12.973, de 13 de maio de 2014, passa a vigorar acrescida do seguinte art. 82-A:

"Art. 82-A. Opcionalmente, a pessoa jurídica domiciliada no Brasil poderá oferecer à tributação os lucros auferidos por intermédio de suas coligadas no exterior na forma prevista no art. 82, independentemente do descumprimento das condições previstas no *caput* do art. 81.

§ 1º O disposto neste artigo não se aplica às hipóteses em que a pessoa jurídica coligada domiciliada no Brasil é equiparada à controladora, nos termos do art. 83.

§ 2º A Secretaria da Receita Federal do Brasil estabelecerá a forma e as condições para a opção de que trata o *caput*."

Art. 4º O crédito tributário inscrito em dívida ativa da União poderá ser extinto, nos termos do inciso XI do caput do art. 156 da Lei nº 5.172, de 25 de outubro de 1966 – Código Tributário Nacional, mediante dação em pagamento de bens imóveis, a critério do credor, na forma desta Lei, desde que atendidas as seguintes condições: (Redação dada pela Lei nº 13.313, de 2016)

I – a dação seja precedida de avaliação do bem ou dos bens ofertados, que devem estar livres e desembaraçados de quaisquer ônus, nos termos de ato do Ministério da Fazenda; e (Redação dada pela Lei nº 13.313, de 2016)

II – a dação abranja a totalidade do crédito ou créditos que se pretende liquidar com atualização, juros, multa e encargos legais, sem desconto de qualquer natureza, assegurando-se ao devedor a possibilidade de complementação em dinheiro de eventual diferença entre os valores da totalidade da dívida e o valor do bem ou dos bens ofertados em dação. (Redação dada pela Lei nº 13.313, de 2016)

§ 1º O disposto no caput não se aplica aos créditos tributários referentes ao Regime Especial Unificado de Arrecadação de Tributos e Contribuições devidos pelas Microempresas e Empresas de Pequeno Porte – Simples Nacional. (Redação dada pela Lei nº 13.313, de 2016)

§ 2º Caso o crédito que se pretenda extinguir seja objeto de discussão judicial, a dação em pagamento somente produzirá efeitos após a desistência da referida ação pelo devedor ou corresponsável e a renúncia do direito sobre o qual se funda a ação, devendo o devedor ou o corresponsável arcar com o pagamento das custas judiciais e honorários advocatícios. (Redação dada pela Lei nº 13.313, de 2016)

§ 3º A União observará a destinação específica dos créditos extintos por dação em pagamento, nos termos de ato do Ministério da Fazenda. (Redação dada pela Lei nº 13.313, de 2016)

Art. 5º Esta Lei entra em vigor na data de sua publicação, produzindo efeitos a partir de 1º de janeiro de 2016.

§ 1º (VETADO).

§ 2º (VETADO).

Brasília, 16 de março de 2016; 195º da Independência e 128º da República.

DILMA ROUSSEFF

DOU de 17.3.2016 – Edição extra.

DECRETO-LEI Nº 227, DE 28 DE FEVEREIRO DE 1967

Dá nova redação ao Decreto-lei nº 1.985, de 29 de janeiro de 1940. (Código de Minas)

O Presidente da República no uso da atribuição que lhe confere o artigo 9º, § 2º, do Ato Institucional nº 4, de 7 de dezembro de 1966 e (Redação dada pelo Decreto-lei nº 318, de 1967)

CONSIDERANDO, que da experiência de vinte e sete anos de aplicação do atual Código de Minas foram colhidos ensinamentos qual impende aproveitar; (Redação dada pelo Decreto-lei nº 318, de 1967)

CONSIDERANDO que a notória evolução da ciência e da tecnologia, nos anos após a 2ª Guerra Mundial, introduziram alterações profundas na utilização das substâncias minerais; (Redação dada pelo Decreto-lei nº 318, de 1967)

CONSIDERANDO que cumpre atualizar as disposições legais salvaguarda dos superiores interêsses nacionais, que evoluem com o tempo; (Redação dada pelo Decreto-lei nº 318, de 1967)

CONSIDERANDO que ao Estado incumbe adaptar as normas que regulam atividades especializadas à evolução da técnica, a fim de proteger a capacidade competitiva do País nos mercados internacionais; (Redação dada pelo Decreto-lei nº 318, de 1967)

CONSIDERANDO que, na colimação dêsses objetivos, é oportuno adaptar o direito de mineração à conjuntura; (Redação dada pelo Decreto-lei nº 318, de 1967)

CONSIDERANDO, mais, quanto consta da Exposição de Motivos número 6-67-GB, de 20 de fevereiro de 1967, dos Senhores Ministros das Minas e Energia, Fazenda e Planejamento e Coordenação Econômica, (Redação dada pelo Decreto-lei nº 318, de 1967)

DECRETA:

CÓDIGO DE MINERAÇÃO

CAPÍTULO I DAS DISPOSIÇÕES PRELIMINARES

Art. 1º Compete à União administrar os recursos minerais, a indústria de produção mineral e a distribuição, o comércio e o consumo de produtos minerais.

Art. 2º. Os regimes de aproveitamento das substâncias minerais, para efeito deste Código, são: (Redação dada pela Lei nº 9.314, de 1996)

I - regime de concessão, quando depender de portaria de concessão do Ministro de Estado de Minas e Energia; (Redação dada pela Lei nº 9.314, de 1996)

II – regime de autorização, quando depender de expedição de alvará de autorização do Diretor-Geral do Departamento Nacional de Produção Mineral - DNPM; (Redação dada pela Lei nº 9.314, de 1996)

III – regime de licenciamento, quando depender de licença expedida em obediência a regulamentos administrativos locais e de registro da licença no Departamento Nacional de Produção Mineral – DNPM; (Redação dada pela Lei nº 9.314, de 1996)

IV – regime de permissão de lavra garimpeira, quando depender de portaria de permissão do Diretor-Geral do Departamento Nacional de Produção Mineral – DNPM; (Redação dada pela Lei nº 9.314, de 1996)

V – regime de monopolização, quando, em virtude de lei especial, depender de execução direta ou indireta do Governo Federal. (Incluído pela Lei nº 9.314, de 1996)

Parágrafo único. O disposto neste artigo não se aplica aos órgãos da administração direta e autárquica da União, dos Estados, do Distrito Federal e dos Municípios, sendo-lhes permitida a extração de substâncias minerais de emprego imediato na construção civil, definidas em Portaria do Ministério de Minas e Energia, para uso exclusivo em obras públicas por eles executadas diretamente, respeitados os direitos minerários em vigor nas áreas onde devam ser executadas as obras e vedada a comercialização. (Redação dada pela Lei nº 9.827, de 1999)

Art 3º Êste Código regula:

I – os direitos sobre as massas indivídualizadas de substâncias minerais ou fósseis, encontradas na superfície ou no interior da terra formando os recursos minerais do País;

II – o regime de seu aproveitamento, e

III – a fiscalização pelo Govêrno Federal, da pesquisa, da lavra e de outros aspectos da industria mineral.

§ 1º. Não estão sujeitos aos preceitos deste Código os trabalhos de movimentação de terras e de desmonte de materiais *in natura*, que se fizerem necessários à abertura de vias de transporte, obras gerais de terraplenagem e de edificações, desde que não haja comercialização das terras e dos materiais resultantes dos referidos trabalhos e ficando o seu aproveitamento restrito à utilização na própria obra. (Incluído pela Lei nº 9.314, de 1996)

§ 2º. Compete ao Departamento Nacional de Produção Mineral – DNPM a execução deste Código e dos diplomas legais complementares. (Renumerado do Parágrafo único para § 2º pela Lei nº 9.314, de 1996)

Art. 4º Considera-se jazida toda massa individualizada de substância mineral ou fóssil, aflorando à superficie ou existente no interior da terra, e que tenha valor econômico; e mina, a jazida em lavra, ainda que suspensa.

Art 5º (Revogado pela Lei nº 9.314, de 1996)

Art. 6º. Classificam-se as minas, segundo a forma representativa do direito de lavra, em duas categorias: (Redação dada pela Lei nº 9.314, de 1996)

I – mina manifestada, a em lavra, ainda que transitoriamente suspensa a 16 de julho de 1934 e que tenha sido manifestada na conformidade do art. 10 do Decreto nº 24.642, de 10 de julho de 1934, e da Lei nº 94, de 10 de dezembro de 1935; (Incluído pela Lei nº 9.314, de 1996)

II – mina concedida, quando o direito de lavra é outorgado pelo Ministro de Estado de Minas e Energia. (Incluído pela Lei nº 9.314, de 1996)

Parágrafo único. Consideram-se partes integrantes da mina:

a) edifícios, construções, máquinas, aparelhos e instrumentos destinados à mineração e ao beneficiamento do produto da lavra, desde que este seja realizado na área de concessão da mina:

b) servidões indispensáveis ao exercício da lavra;

c) animais e veículos empregados no serviço;

d) materiais necessários aos trabalhos da lavra, quando dentro da área concedida; e,

e) provisões necessárias aos trabalhos da lavra, para um período de 120 (cento e vinte) dias.

Art. 7º O aproveitamento das jazidas depende de alvará de autorização de pesquisa, do Diretor-Geral do DNPM, e de concessão de lavra, outorgada pelo Ministro de Estado de Minas e Energia. (Redação dada pela Lei nº 9.314, de 1996)

Parágrafo único. Independe de concessão do Governo Federal o aproveitamento de minas manifestadas e registradas, as quais, no entanto, são sujeitas às condições que este Código estabelece para a lavra, tributação e fiscalização das minas concedidas. (Redação dada pela Lei nº 9.314, de 1996)

Art 8º (Revogado pela Lei nº 6.567, de 1978)

Art. 9º Far-se-á pelo regime de matrícula o aproveitamento definido e caracterizado como garimpagem, faiscação ou cata.

Art. 10. Reger-se-ão por Leis especiais:

I – as jazidas de substâncias minerais que constituem monopólio estatal;

II – as substâncias minerais ou fósseis de interesse arqueológico;

III – os espécimes minerais ou fósseis, destinados a Museus, Estabelecimentos de Ensino e outros fins científicos;

IV – as águas minerais em fase de lavra; e

V – as jazidas de águas subterrâneas.

Art. 11. Serão respeitados na aplicação dos regimes de Autorização, Licenciamento e Concessão: (Redação dada pela Lei nº 6.403, de 1976)

a) o direito de prioridade à obtenção da autorização de pesquisa ou de registro de licença, atribuído ao interessado cujo requerimento tenha por objeto área considerada livre, para a finalidade pretendida, à data da protocolização do pedido no Departamento Nacional da Produção Mineral (D.N.P.M), atendidos os demais requisitos cabíveis, estabelecidos neste Código; e (Redação dada pela Lei nº 6.403, de 1976)

b) o direito à participação do proprietário do solo nos resultados da lavra. (Redação dada pela Lei nº 8.901, de 1994)

§ 1º A participação de que trata a alínea b do caput deste artigo será de cinqüenta por cento do valor total devido aos Estados, Distrito Federal, Municípios e órgãos da administração direta da União, a título de compensação financeira pela exploração de recursos minerais, conforme previsto no caput do art. 6º da Lei nº 7.990, de 29/12/89 e no art. 2º da Lei nº 8.001, de 13/03/90. (Incluído pela Lei nº 8.901, de 1994)

§ 2º O pagamento da participação do proprietário do solo nos resultados da lavra de recursos minerais será efetuado mensalmente, até o último dia útil do mês subseqüente ao do fato gerador, devidamente corrigido pela taxa de juros de referência, ou outro parâmetro que venha a sustituí-la. (Incluído pela Lei nº 8.901, de 1994)

§ 3º O não cumprimento do prazo estabelecido no parágrafo anterior implicará correção do débito pela variação diária da taxa de juros de referência, ou outro parâmetro que venha a substituí-la, juros de mora de um por cento ao mês e multa de dez por cento aplicada sobre o montante apurado. (Incluído pela Lei nº 8.901, de 1994)

Art. 12 O direito de participação de que trata o artigo anterior não poderá ser objeto de transferência ou caução separadamente do imóvel a que corresponder, mas o proprietário deste poderá:

I – transferir ou caucionar o direito ao recebimento de determinadas prestações futuras;

II – renunciar ao direito.

Parágrafo único Os atos enumerados neste artigo somente valerão contra terceiros a partir da sua inscrição no Registro de Imóveis.

Art. 13 As pessoas naturais ou jurídicas que exerçam atividades de pesquisa, lavra, beneficiamento, distribuição, consumo ou industrialização de reservas minerais, são obrigadas a facilitar aos agentes do Departamento Nacional da Produção Mineral a inspeção de instalações, equipamentos e trabalhos, bem como a fornecer-lhes informações sobre:

I – volume da produção e características qualitativas dos produtos;

II – condições técnicas e econômicas da execução dos serviços ou da exploração das atividades mencionadas no "caput" deste artigo;

III – mercados e preços de venda;

IV – quantidade e condições técnicas e econômicas do consumo de produtos minerais.

CAPÍTULO II
DA PESQUISA MINERAL

Art. 14 Entende-se por pesquisa mineral a execução dos trabalhos necessários à definição da jazida, sua avaliação e a determinação da exeqüibilidade do seu aproveitamento econômico.

§ 1º A pesquisa mineral compreende, entre outros, os seguintes trabalhos de campo e de laboratório: levantamentos geológicos pormenorizados da área a pesquisar, em escala conveniente, estudos dos afloramentos e suas correlações, levantamentos geofísicos e geoquímicos; aberturas de escavações visitáveis e execução de sondagens no corpo mineral; amostragens sistemáticas; análises físicas e químicas das amostras e dos testemunhos de sondagens; e ensaios de beneficiamento dos minérios ou das substâncias minerais úteis, para obtenção de concentrados de acordo com as especificações do mercado ou aproveitamento industrial.

§ 2º A definição da jazida resultará da coordenação, correlação e interpretação dos dados colhidos nos trabalhos executados, e conduzirá a uma medida das reservas e dos teores.

§ 3º A exeqüibilidade do aproveitamento econômico resultará da análise preliminar dos custos da produção, dos fretes e do mercado.

Art. 15. A autorização de pesquisa será outorgada pelo DNPM a brasileiros, pessoa natural, firma individual ou empresas legalmente habilitadas, mediante requerimento do interessado. (Redação dada pela Lei nº 9.314, de 1996)

Parágrafo único. Os trabalhos necessários à pesquisa serão executados sob a responsabilidade profissional de engenheiro de minas, ou de geólogo, habilitado ao exercício da profissão. (Redação dada pela Lei nº 9.314, de 1996)

Art. 16. A autorização de pesquisa será pleiteada em requerimento dirigido ao Diretor-Geral do DNPM, entregue mediante recibo no protocolo do DNPM, onde será mecanicamente numerado e registrado, devendo ser apresentado em duas vias e conter os seguintes elementos de instrução: (Redação dada pela Lei nº 9.314, de 1996)

I – nome, indicação da nacionalidade, do estado civil, da profissão, do domicílio e do número de inscrição no Cadastro de Pessoas Físicas do Ministério da Fazenda, do requerente, pessoa natural. Em se tratando de pessoa jurídica, razão social, número do registro de seus atos constitutivos no Órgão de Registro de Comércio competente, endereço e número de inscrição no Cadastro Geral dos Contribuintes do Ministério da Fazenda; (Redação dada pela Lei nº 9.314, de 1996)

II – prova de recolhimento dos respectivos emolumentos; (Redação dada pela Lei nº 9.314, de 1996)

III – designação das substâncias a pesquisar; (Redação dada pela Lei nº 9.314, de 1996)

IV – indicação da extensão superficial da área objetivada, em hectares, e do Município e Estado em que se situa; (Redação dada pela Lei nº 9.314, de 1996)

V – memorial descritivo da área pretendida, nos termos a serem definidos em portaria do Diretor-Geral do DNPM; (Incluído pela Lei nº 9.314, de 1996)

VI – planta de situação, cuja configuração e elementos de informação serão estabelecidos em portaria do Diretor-Geral do DNPM; (Incluído pela Lei nº 9.314, de 1996)

VII – plano dos trabalhos de pesquisa, acompanhado do orçamento e cronograma previstos para sua execução. (Incluído pela Lei nº 9.314, de 1996)

§ 1º. O requerente e o profissional responsável poderão ser interpelados pelo DNPM para justificarem o plano de pesquisa e o orçamento correspondente referidos no inciso VII deste artigo, bem como a disponibilidade de recursos.(Incluído pela Lei nº 9.314, de 1996)

§ 2º. Os trabalhos descritos no plano de pesquisa servirão de base para a avaliação judicial da renda pela ocupação do solo e da indenização devida ao proprietário ou posseiro do solo, não guardando nenhuma relação com o valor do orçamento apresentado pelo interessado no referido plano de pesquisa. (Incluído pela Lei nº 9.314, de 1996)

§ 3º. Os documentos a que se referem os incisos V, VI e VII deste artigo deverão ser elaborados sob a responsabilidade técnica de profissional legalmente habilitado. (Incluído pela Lei nº 9.314, de 1996)

Art. 17. Será indeferido de plano pelo Diretor-Geral do DNPM o requerimento desacompanhado de qualquer dos elementos de instrução referidos nos incisos I a VII do artigo anterior. (Redação dada pela Lei nº 9.314, de 1996)

§ 1º. Será de sessenta dias, a contar da data da publicação da respectiva intimação no Diário Oficial da União, o prazo para cumprimento de exigências formuladas pelo DNPM sobre dados complementares ou elementos necessários à melhor instrução do processo. (Redação dada pela Lei nº 9.314, de 1996)

§ 2º. Esgotado o prazo de que trata o parágrafo anterior, sem que haja o requerente cumprido a exigência, o requerimento será indeferido pelo Diretor-Geral do DNPM. (Redação dada pela Lei nº 9.314, de 1996)

Art. 18. A área objetivada em requerimento de autorização e pesquisa ou de registro de licença será considerada livre, desde que não se enquadre em quaisquer das seguintes hipóteses: (Redação dada pela Lei nº 6.403, de 1976)

I - se a área estiver vinculada a autorização de pesquisa, registro de licença, concessão da lavra, manifesto de mina ou permissão de reconhecimento geológico; (Redação dada pela Lei nº 6.403, de 1976)

II - se a área for objeto de pedido anterior de autorização de pesquisa, salvo se este estiver sujeito a indeferimento, aos seguintes casos: (Redação dada pela Lei nº 6.403, de 1976)

III - se a área for objeto de requerimento anterior de registro de licença, ou estiver vinculada a licença, cujo registro venha a ser requerido dentro do prazo de 30 (trinta) dias de sua expedição; (Incluído pela Lei nº 6.403, de 1976)

IV - se a área estiver vinculada a requerimento de renovação de autorização de pesquisa, tempestivamente apresentado, e pendente de decisão; (Incluído pela Lei nº 6.403, de 1976)

V - se a área estiver vinculada a autorização de pesquisa, com relatório dos respectivos trabalhos tempestivamente apresentado, e pendente de decisão; (Incluído pela Lei nº 6.403, de 1976)

VI - se a área estiver vinculada a autorização de pesquisa, com relatório dos respectivos trabalhos aprovado, e na vigência do direito de requerer a concessão da lavra, atribuído nos termos do Art. 31 deste Código. (Incluído pela Lei nº 6.403, de 1976)

§ 1º Não estando livre a área pretendida, o requerimento será indeferido por despacho do Diretor-Geral do Departamento Nacional da Produção Mineral (D.N.P.M.), assegurada ao interessado a restituição de uma das vias das peças apresentadas em duplicata, bem como dos documentos públicos, integrantes da respectiva instrução. (Renumerado do Parágrafo único para § 1º com nova redação dada pela Lei nº 6.403, de 1976)

§ 2º Ocorrendo interferência parcial da área objetivada no requerimento, como área onerada nas circunstâncias referidas nos itens I a VI deste artigo, e desde que a realização da pesquisa, ou a execução do aproveitamento mineral por licenciamento, na parte remanescente, seja considerada técnica e economicamente viável, a juízo do Departamento Nacional da Produção Mineral - D.N.P.M. - será facultada ao requerente a modificação do pedido para retificação da área originalmente definida, procedendo-se, neste caso, de conformidade com o disposto nos §§ 1º e 2º do artigo anterior. (Incluído pela Lei nº 6.403, de 1976)

Art. 19. Do despacho que indeferir o pedido de autorização de pesquisa ou de sua renovação, caberá pedido de reconsideração, no prazo de 60 (sessenta) dias, contados da publicação do despacho no Diário Oficial da União. (Redação dada pela Lei nº 6.403, de 1976)

§ 1º Do despacho que indeferir o pedido de reconsideração, caberá recurso ao Ministério das Minas e Energia, no prazo de 30 (trinta) dias, contados da publicação do despacho no Diário Oficial da União. (Incluído pela Lei nº 6.403, de 1976)

§ 2º A interposição do pedido de reconsideração sustará a tramitação de requerimento de autorização de pesquisa que, objetivando área abrangida pelo requerimento concernente ao despacho recorrido, haja sido protocolizado após o indeferimento em causa, até que seja decidido o pedido de reconsideração ou o eventual recurso. (Incluído pela Lei nº 6.403, de 1976)

§ 3º Provido o pedido de reconsideração ou o recurso, caberá o indeferimento do requerimento de autorização de pesquisa superveniente, de que trata o parágrafo anterior. (Incluído pela Lei nº 6.403, de 1976)

Art. 20. A autorização de pesquisa importa nos seguintes pagamentos: (Redação dada pela Lei nº 9.314, de 1996)

I - pelo interessado, quando do requerimento de autorização de pesquisa, de emolumentos em quantia equivalente a duzentas e setenta vezes a expressão monetária UFIR, instituída pelo art. 1º da Lei nº 8.383, de 30 de dezembro de 1991; (Redação dada pela Lei nº 9.314, de 1996)

II - pelo titular de autorização de pesquisa, até a entrega do relatório final dos trabalhos ao DNPM, de taxa anual, por hectare, admitida a fixação em valores progressivos em função da substância mineral objetivada, extensão e localização da área e de outras condições, respeitado o valor máximo de duas vezes a expressão monetária UFIR, instituída pelo art. 1º da Lei nº 8.383, de 30 de dezembro de 1991. (Redação dada pela Lei nº 9.314, de 1996)

§ 1º. O Ministro de Estado de Minas e Energia, relativamente à taxa de que trata o inciso II do *caput* deste artigo, estabelecerá, mediante portaria, os valores, os prazos de recolhimento e demais critérios e condições de pagamento. (Redação dada pela Lei nº 9.314, de 1996)

§ 2º. Os emolumentos e a taxa referidos, respectivamente, nos incisos I e II do *caput* deste artigo, serão recolhidos ao Banco do Brasil S.A. e destinados ao DNPM, nos termos do inciso III do *caput* do art. 5º da Lei nº 8.876, de 2 de maio de 1994. (Redação dada pela Lei nº 9.314, de 1996)

§ 3º. O não pagamento dos emolumentos e da taxa de que tratam, respectivamente, os incisos I e II do *caput* deste artigo, ensejará, nas condições que vierem a ser estabelecidas em portaria do Ministro de Estado de Minas e Energia, a aplicação das seguintes sanções: (Redação dada pela Lei nº 9.314, de 1996)

I – tratando-se de emolumentos, indeferimento de plano e conseqüente arquivamento do requerimento de autorização de pesquisa; (Incluído pela Lei nº 9.314, de 1996)

II – tratando-se de taxa: (Incluído pela Lei nº 9.314, de 1996)

a) multa, no valor máximo previsto no art. 64; (Incluído pela Lei nº 9.314, de 1996)

b) nulidade *ex officio* do alvará de autorização de pesquisa, após imposição de multa. (Incluído pela Lei nº 9.314, de 1996)

Art 21. (Revogado pela Lei nº 9.314, de 1996)

Art. 22. A autorização de pesquisa será conferida nas seguintes condições, além das demais constantes deste Código: (Redação dada pela Lei nº 9.314, de 1996)

I – o título poderá ser objeto de cessão ou transferência, desde que o cessionário satisfaça os requisitos legais exigidos. Os atos de cessão e transferência só terão validade depois de devidamente averbados no DNPM; (Redação dada pela Lei nº 9.314, de 1996)

II – é admitida a renúncia à autorização, sem prejuízo do cumprimento, pelo titular, das obrigações decorrentes deste Código, observado o disposto no inciso V deste artigo, parte final, tornando-se operante o efeito da extinção do título autorizativo na data da protocolização do instrumento de renúncia, com a desoneração da área, na forma do art. 26 deste Código; (Redação dada pela Lei nº 9.314, de 1996)

III – o prazo de validade da autorização não será inferior a um ano, nem superior a três anos, a critério do DNPM, consideradas as características especiais da situação da área e da pesquisa mineral objetivada, admitida a sua prorrogação, sob as seguintes condições: (Redação dada pela Lei nº 9.314, de 1996)

a) a prorrogação poderá ser concedida, tendo por base a avaliação do desenvolvimento dos trabalhos, conforme critérios estabelecidos em portaria do Diretor-Geral do DNPM; (Incluído pela Lei nº 9.314, de 1996)

b) a prorrogação deverá ser requerida até sessenta dias antes de expirar-se o prazo da autorização vigente, devendo o competente requerimento ser instruído com um relatório dos trabalhos efetuados e justificativa do prosseguimento da pesquisa; (Incluído pela Lei nº 9.314, de 1996)

c) a prorrogação independe da expedição de novo alvará, contando-se o respectivo prazo a partir da data da publicação, no Diário Oficial da União, do despacho que a deferir; (Incluído pela Lei nº 9.314, de 1996)

IV – o titular da autorização responde, com exclusividade, pelos danos causados a terceiros, direta ou indiretamente decorrentes dos trabalhos de pesquisa; (Redação dada pela Lei nº 9.314, de 1996)

V – o titular da autorização fica obrigado a realizar os respectivos trabalhos de pesquisa, devendo submeter à aprovação do DNPM, dentro do prazo de vigência do alvará, ou de sua renovação, relatório circunstanciado dos trabalhos, contendo os estudos geológicos e tecnológicos quantificativos da jazida e demonstrativos da exeqüibilidade técnico-econômica da lavra, elaborado sob a responsabilidade técnica de profissional legalmente habilitado. Excepcionalmente, poderá ser dispensada a apresentação do relatório, na hipótese de renúncia à autorização de que trata o inciso II deste artigo, conforme critérios fixados em portaria do Diretor-Geral do DNPM, caso em que não se aplicará o disposto no § 1º deste artigo. (Redação dada pela Lei nº 9.314, de 1996)

§ 1º. A não apresentação do relatório referido no inciso V deste artigo sujeita o titular à sanção de multa, calculada à razão de uma UFIR por hectare da área outorgada para pesquisa. (Redação dada pela Lei nº 9.314, de 1996)

§ 2º. É admitida, em caráter excepcional, a extração de substâncias minerais em área titulada, antes da outorga da concessão de lavra, mediante prévia autorização do DNPM, observada a legislação ambiental pertinente. (Redação dada pela Lei nº 9.314, de 1996)

Art. 23. Os estudos referidos no inciso V do art. 22 concluirão pela: (Redação dada pela Lei nº 9.314, de 1996)

I – exeqüibilidade técnico-econômica da lavra; (Incluído pela Lei nº 9.314, de 1996)

II – inexistência de jazida; (Incluído pela Lei nº 9.314, de 1996)

III – inexeqüibilidade técnico-econômica da lavra em face da presença de fatores conjunturais adversos, tais como: (Incluído pela Lei nº 9.314, de 1996)

a) inexistência de tecnologia adequada ao aproveitamento econômico da substância mineral; (Incluído pela Lei nº 9.314, de 1996)

b) inexistência de mercado interno ou externo para a substância mineral. (Incluído pela Lei nº 9.314, de 1996)

Art. 24. A retificação de alvará de pesquisa, a ser efetivada mediante despacho publicado no Diário Oficial da União, não acarreta modificação no prazo original, salvo se, a juízo do DNPM, houver alteração significativa no polígono delimitador da área. (Redação dada pela Lei nº 9.314, de 1996)

Parágrafo único. Na hipótese de que trata a parte final do *caput* deste artigo, será expedido alvará retificador, contando-se o prazo de validade da autorização a partir da data da publicação, no Diário Oficial da União, do novo título. (Incluído pela Lei nº 9.314, de 1996)

Art. 25. As autorizações de pesquisa ficam adstritas às áreas máximas que forem fixadas em portaria do Diretor-Geral do DNPM. (Redação dada pela Lei nº 9.314, de 1996)

Art. 26. A área desonerada por publicação de despacho no Diário Oficial da União ficará disponível pelo prazo de sessenta dias, para fins de pesquisa ou lavra, conforme dispuser portaria do Ministro de Estado de Minas e Energia. (Redação dada pela Lei nº 9.314, de 1996)

§ 1º. Salvo quando dispuser diversamente o despacho respectivo, a área desonerada na forma deste artigo ficará disponível para pesquisa. (Redação dada pela Lei nº 9.314, de 1996)

§ 2º. O Diretor-Geral do DNPM poderá estabelecer critérios e condições específicos a serem atendidos pelos interessados no processo de habilitação às áreas disponíveis nos termos deste artigo. (Redação dada pela Lei nº 9.314, de 1996)

§ 3º. Decorrido o prazo fixado neste artigo, sem que tenha havido pretendentes, a área estará livre para fins de aplicação do direito de prioridade de que trata a alínea *a* do art. 11. (Redação dada pela Lei nº 9.314, de 1996)

§ 4º. As vistorias realizadas pelo DNPM, no exercício da fiscalização dos trabalhos de pesquisa e lavra de que trata este Código, serão custeadas pelos respectivos interessados, na forma do que dispuser portaria do Diretor-Geral da referida autarquia. (Redação dada pela Lei nº 9.314, de 1996)

Art. 27. O titular de autorização de pesquisa poderá realizar os trabalhos respectivos, e também as obras e serviços auxiliares necessários, em terrenos de domínio público ou particular, abrangidos pelas áreas a pesquisar, desde que pague aos respectivos proprietários ou posseiros uma renda pela ocupação dos terrenos e uma indenização pelos danos e prejuízos que possam ser causados pelos trabalhos de pesquisa, observadas as seguintes regras:

I – A renda não poderá exceder ao montante do rendimento líquido máximo da propriedade na extensão da área a ser realmente ocupada;

II – A indenização por danos causados não poderá exceder o valor venal da propriedade na extensão da área efetivamente ocupada pelos trabalhos de pesquisa, salvo no caso previsto no inciso seguinte;

III – Quando os danos forem de molde a inutilizar para fins agrícolas e pastoris toda a propriedade em que estiver encravada a área necessária aos trabalhos de pesquisa, a indenização correspondente a tais danos poderá atingir o valor venal máximo de toda a propriedade;

IV – Os valores venais a que se referem os incisos II e III serão obtidos por comparação com valores venais de propriedade da mesma espécie, na mesma região;

V – No caso de terrenos públicos, é dispensado o pagamento da renda, ficando o titular da pesquisa sujeito apenas ao pagamento relativo a danos e prejuízos;

VI – Se o titular do Alvará de Pesquisa, até a data da transcrição do título de autorização, não juntar ao respectivo processo prova de acordo com os proprietários ou posseiros do solo acerca da renda e indenização de que trata este artigo, o Diretor-Geral do D. N. P. M., dentro de 3 (três) dias dessa data, enviará ao Juiz de Direito da Comarca onde estiver situada a jazida, cópia do referido título;

VII – Dentro de 15 (quinze) dias, a partir da data do recebimento dessa comunicação, o Juiz mandará proceder à avaliação da renda e dos danos e prejuízos a que se refere este artigo, na forma prescrita no Código de Processo Civil;

VIII – O Promotor de Justiça da Comarca será citado para os termos da ação, como representante da União;

IX – A avaliação será julgada pelo Juiz no prazo máximo de 30 (trinta) dias, contados da data do despacho a que se refere o inciso VII, não tendo efeito suspensivo os recursos que forem apresentados;

X – As despesas judiciais com o processo de avaliação serão pagas pelo titular da autorização de pesquisa;

XI – Julgada a avaliação, o Juiz, dentro de 8 (oito) dias, intimará o titular a depositar quantia correspondente ao valor da renda de 2 (dois) anos e a caução para pagamento da indenização;

XII – Feitos esses depósitos, o Juiz, dentro de 8 (oito) dias, intimará os proprietários ou posseiros do solo a permitirem os trabalhos de pesquisa, e comunicará seu despacho ao Diretor-Geral do D. N. P. M. e, mediante requerimento do titular da pesquisa, às autoridades policiais locais, para garantirem a execução dos trabalhos;

XIII – Se o prazo da pesquisa for prorrogado, o Diretor-Geral do D. N. P. M. o comunicará ao Juiz, no prazo e condições indicadas no inciso VI deste artigo;

XIV – Dentro de 8 (oito) dias do recebimento da comunicação a que se refere o inciso anterior, o Juiz intimará o titular da pesquisa a depositar nova quantia correspondente ao valor da renda relativa ao prazo de prorrogação

XV – Feito esse depósito, o Juiz intimará os proprietários ou posseiros do solo, dentro de 8 (oito) dias, a permitirem a continuação dos trabalhos de pesquisa no prazo da prorrogação, e comunicará seu despacho ao Diretor-Geral do D. N. P. M. e às autoridades locais;

XVI – Concluídos os trabalhos de pesquisa, o titular da respectiva autorização e o Diretor-Geral do D. N. P. M. Comunicarão o fato ao Juiz, a fim de ser encerrada a ação judicial referente ao pagamento das indenizações e da renda.

Art. 28. Antes de encerrada a ação prevista no artigo anterior, as partes que se julgarem lesadas poderão requerer ao Juiz que se lhes faça justiça.

Art. 29 O titular da autorização de pesquisa é obrigado, sob pena de sanções:

I – A iniciar os trabalhos de pesquisa:

a) dentro de 60 (sessenta) dias da publicação do Alvará de Pesquisa no Diário Oficial da União, se o titular for o proprietário do sol ou tiver ajustado com este o valor e a forma de pagamento das indenizações a que se refere o Artigo 27 deste Código; ou,

b) dentro de 60 (sessenta) dias do ingresso judicial na área de pesquisa, quando a avaliação da indenização pela ocupação e danos causados processar-se em juízo.

II – A não interromper os trabalhos, sem justificativa, depois de iniciados, por mais de 3, (três) meses consecutivos, ou por 120 dias acumulados e não consecutivos. (Redação dada pelo Decreto-lei nº 318, de 1967)

Parágrafo único. O início ou reinício, bem como as interrupções de trabalho, deverão ser prontamente comunicados ao D. N. P. M., bem como a ocorrência de outra substância mineral útil, não constante do Alvará de Autorização.

Art. 30. Realizada a pesquisa e apresentado o relatório exigido nos termos do inciso V do art. 22, o DNPM verificará sua exatidão e, à vista de parecer conclusivo, proferirá despacho de: (Redação dada pela Lei nº 9.314, de 1996)

I – aprovação do relatório, quando ficar demonstrada a existência de jazida; (Redação dada pela Lei nº 9.314, de 1996)

II – não aprovação do relatório, quando ficar constatada insuficiência dos trabalhos de pesquisa ou deficiência técnica na sua elaboração; (Redação dada pela Lei nº 9.314, de 1996)

III – arquivamento do relatório, quando ficar demonstrada a inexistência de jazida, passando a área a ser livre para futuro requerimento, inclusive com acesso do interessado ao relatório que concluiu pela referida inexistência de jazida; (Redação dada pela Lei nº 9.314, de 1996)

IV – sobrestamento da decisão sobre o relatório, quando ficar caracterizada a impossibilidade temporária da exeqüibilidade técnico-econômica da lavra, conforme previsto no inciso III do art. 23. (Incluído dada pela Lei nº 9.314, de 1996)

§ 1° Na hipótese prevista no inciso IV deste artigo, o DNPM fixará prazo para o interessado apresentar novo estudo da exeqüibilidade técnico-econômica da lavra, sob pena de arquivamento do relatório. (Incluído dada pela Lei nº 9.314, de 1996)

§ 2° Se, no novo estudo apresentado, não ficar demonstrada a exeqüibilidade técnico-econômica da lavra, o DNPM poderá conceder ao interessado, sucessivamente, novos prazos, ou colocar a área em disponibilidade, na forma do art. 32, se entender que terceiro poderá viabilizar a eventual lavra. (Incluído dada pela Lei nº 9.314, de 1996)

§ 3° Comprovada a exeqüibilidade técnico-econômica da lavra, o DNPM proferirá, ex officio ou mediante provocação do interessado, despacho de aprovação do relatório. (Incluído dada pela Lei nº 9.314, de 1996)

Art. 31. O titular, uma vez aprovado o Relatório, terá 1 (hum) ano para requerer a concessão de lavra, e, dentro deste prazo, poderá negociar seu direito a essa concessão, na forma deste Código.

Parágrafo único. O DNPM poderá prorrogar o prazo referido no caput, por igual período, mediante solicitação justificada do titular, manifestada antes de findar-se o prazo inicial ou a prorrogação em curso. (Incluído dada pela Lei nº 9.314, de 1996)

Art. 32. Findo o prazo do artigo anterior, sem que o titular, ou seu sucessor, haja requerido concessão de lavra, caducará seu direito, caendo ao Diretor-Geral do Departamento Nacional da Produção Mineral – D. N. P. M. – mediante Edital publicado no Diário Oficial da União, declarar a disponibilidade da jazida pesquisada, para fins de requerimento da concessão de lavra. (Redação dada pela Lei nº 6.403, de 1976)

§ 1º O Edital estabelecerá os requisitos especiais a serem atendidos pelos requerentes da concessão de lavra, consoante as peculiaridades de cada caso. (Incluído pela Lei nº 6.403, de 1976)

§ 2º Para determinação da prioridade à outorga da concessão de lavra, serão, conjuntamente, apreciados os requerimentos protocolizados dentro do prazo que for convenientemente fixado no Edital, definindo-se, dentre estes, como prioritário, o pretendente que a juízo do Departamento Nacional da Produção Mineral – D. N. P. M. – melhor atender aos interesses específicos do setor minerário. (Incluído pela Lei nº 6.403, de 1976)

Art. 33 Para um conjunto de autorizações de pesquisa da mesma substância mineral em áreas contíguas, ou próximas, o titular ou titulares das autorizações, poderão, a critério do D.N.P.M., apresentar um plano único de pesquisa e também um só Relatório dos trabalhos executados, abrangendo todo o conjunto.

Art. 34 Sempre que o Governo cooperar com o titular da autorização nos trabalhos de pesquisa, será reembolsado das despesas, de acordo com as condições estipuladas no ajuste de cooperação técnica celebrado entre o D. N. P. M. e o titular.

Art. 35. A importância correspondente às despesas reembolsadas a que se refere o artigo anterior será recolhida ao Banco do Brasil S/A, pelo titular, à conta do "Fundo Nacional de Mineração – Parte Disponível.

CAPÍTULO III
DA LAVRA

Art. 36. Entende-se por lavra o conjunto de operações coordenadas objetivando o aproveitamento industrial da jazida, desde a extração das substâncias minerais úteis que contiver, até o beneficiamento das mesmas.

Art. 37. Na outorga da lavra, serão observadas as seguintes condições:

I – a jazida deverá estar pesquisada, com o Relatório aprovado pelo D.N.P.M.;

II – a área de lavra será a adequada à condução técnico-econômica dos trabalhos de extração e beneficiamento, respeitados os limites da área de pesquisa.

Parágrafo único. Não haverá restrições quanto ao número de concessões outorgadas a uma mesma empresa. Redação dada pela Lei nº 9.314, de 1996)

Art. 38. O requerimento de autorização de lavra será dirigido ao Ministro das Minas e Energia, pelo titular da autorização de pesquisa, ou seu sucessor, e deverá ser instruído com os seguintes elementos de informação e prova:

I – certidão de registro, no Departamento Nacional de Registro do Comércio, da entidade constituída; (Redação dada pela Lei nº 9.314, de 1996)

II – designação das substâncias minerais a lavrar, com indicação do Alvará de Pesquisa outorgado, e de aprovação do respectivo Relatório;

III – denominação e descrição da localização do campo pretendido para a lavra, relacionando-o, com precisão e clareza, aos vales dos rios ou córregos, constantes de mapas ou plantas de notória autenticidade e precisão, e estradas de ferro e rodovias, ou , ainda, a marcos naturais ou acidentes topográficos de inconfundível determinação; suas confrontações com autorização de pesquisa e concessões de lavra vizinhas, se as houver, e indicação do Distrito, Município, Comarca e Estado, e, ainda, nome e residência dos proprietários do solo ou posseiros;

IV – definição gráfica da área pretendida, delimitada por figura geométrica formada, obrigatoriamente, por segmentos de retas com orientação Norte-Sul e Leste-Oeste verdadeiros, com 2 (dois) de seus vértices, ou excepcionalmente 1 (um), amarrados a ponto fixo e inconfundível do terreno, sendo os vetores de amarração definidos por seus comprimentos e rumos verdadeiros, e configuradas, ainda, as propriedades territoriais por ela interessadas, com os nomes dos respectivos superficiários, além de planta de situação;

V – servidões de que deverá gozar a mina;

VI – plano de aproveitamento econômico da jazida, com descrição das instalações de beneficiamento;

VII – prova de disponibilidade de fundos ou da existência de compromissos de financiamento, necessários para execução do plano de paroveitamento econômico e operação da mina.

Parágrafo único. Quando tiver por objeto área situada na faixa de fronteira, a concessão de lavra fica ainda sujeita aos critérios e condições estabelecidas em lei. (Redação dada pela Lei nº 9.314, de 1996)

Art. 39. O plano de aproveitamento econômico da jazida será apresentado em duas vias e constará de:

I – Memorial explicativo;

II – Projetos ou anteprojetos referentes;

a) ao método de mineração a ser adotado, fazendo referência à escala de produção prevista inicialmente e à sua projeção;

b) à iluminação, ventilação, transporte, sinalização e segurança do trabalho, quando se tratar de lavra subterrânea;

c) ao transporte na superfície e ao beneficiamento e aglomeração do minério;

d) às instalações de energia, de abastecimento de água e condicionamento de ar;

e) à higiene da mina e dos respectivos trabalhos;

f) às moradias e suas condições de habitabilidade para todos os que residem no local da mineração;

g) às instalações de captação e proteção das fontes, adducão, distribuição e utilização da água, para as jazidas da Classe VIII.

Art.40. O dimensionamento das instalações e equipamentos previstos no plano de aproveitamento econômico da jazida, deverá ser condizente com a produção justificada no Memorial Explicativo, e apresentar previsão das ampliações futuras.

Art. 41. O requerimento será numerado e registrado cronologicamente, no D.N.P.M., por processo mecânico, sendo juntado ao processo que autorizou a respectiva pesquisa.

§ 1º Ao interessado será fornecido recibo com as indicações do protocolo e menção dos documentos apresentados.

§ 2º Quando necessário cumprimento de exigência para menor instrução do processo, terá o requerente o prazo de 60 (sessenta) dias para satisfazê-las.

§ 3º Poderá esse prazo ser prorrogado, até igual período, a juízo do Diretor-Geral do D.N.P.M., desde que requerido dentro do prazo concedido para cumprimento das exigências. (Redação dada pela Lei nº 9.314, de 1996)

§ 4º Se o requerente deixar de atender, no prazo próprio, as exigências formuladas para melhor instrução do processo, o pedido será indeferido, devendo o

D.N.P.M. declarar a disponibilidade da área, para fins de requerimento de concessão de lavra, na forma do art. 32. (Incluído dada pela Lei nº 9.314, de 1996)

Art. 42. A autorização será recusada, se a lavra for considerada prejudicial ao bem público ou comprometer interesses que superem a utilidade da exploração industrial, a juízo do Governo. Neste último caso, o pesquisador terá direito de receber do Governo a indenização das despesas feitas com os trabalhos de pesquisa, uma vez que haja sido aprovado o Relatório.

Art. 43. A concessão de lavra terá por título uma portaria assinada pelo Ministro de Estado de Minas e Energia. (Redação dada pela Lei nº 9.314, de 1996)

Art. 44. O titular da concessão de lavra requererá ao DNPM a Posse da Jazida, dentro de noventa dias a contar da data da publicação da respectiva portaria no Diário Oficial da União. (Redação dada pela Lei nº 9.314, de 1996)

Parágrafo único. O titular pagará uma taxa de emolumentos correspondente a quinhentas UFIR. (Incluído pela Lei nº 9.314, de 1996)

Art. 45. A imissão de Posse processar-se-á do modo sequinte:

I – serão intimados, por meio de ofício ou telegrama, os concessionários das minas limítrofes se as houver. Com 8 (oito) dias de antecedência, para que, por si ou seus representantes possam presenciar o ato, e, em especial, assistir à demarcação; e,

II – no dia e hora determinados, serão fixados, definitivamente, os marcos dos limites da jazida que o concessionário terá para esse fim preparado, colocados precisamente nos pontos indicados no Decreto de Concessão, dando-se, em seguida, ao concessionário, a Posse da jazida.

§ 1º Do qe ocorrer, o representante do D.N.P.M lavrará termo, que assinará com o titular da lavra, testemunhas e concessionários das minas limítrofes, presentes ao ato.

§ 2º Os marcos deverão ser conservados bem visíveis e só poderão ser mudados com autorização expressa do D.N.P.M.

Art. 46 Caberá recurso ao Ministro das Minas e Energia contra a Imissão de Posse, dentro d 15 (quinze) dias, contados da data do ato de imissão.

Parágrafo único. O recurso, se provido, anulará a Imissão de Posse.

Art. 47. Ficará obrigado o titular da concessão, além das condições gerais que constam deste Código, ainda, às seguintes, sob pena de sanções previstas no Capítulo V:

I – iniciar os trabalhos previstos no plano de lavra, dentro do prazo de 6 (seis) meses, contados da data da publicação do Decreto de Concessão no Diário Oficial da União, salvo motivo de força maior, a juízo do D.N.P.M.;

II – Lavrar a jazida de acordo com o plano de lavra aprovado pelo D.N.P.M., e cuja segunda via, devidamente autenticada, deverá ser mantida no local da mina;

III – Extrair somente as substâncias minerais indicadas no Decreto de Concessão;

IV – Comunicar imediatamente ao D.N.P.M. o descobrimento de qualquer outra substância mineral não incluída no Decreto de Concessão;

V – Executar os trabalhos de mineração com observância das normas regulamentares;

VI – Confiar, obrigatoriamente, a direção dos trabalhos de lavra a técnico legalmente habilitado ao exercício da profissão;

VII – Não dificultar ou impossibilitar, por lavra ambiciosa, o aproveitamento ulterior da jazida;

VIII – Responder pelos danos e prejuízos a terceiros, que resultarem, direta ou indiretamente, da lavra;

IX – Promover a segurança e a salubridade das habitações existentes no local;

X – Evitar o extravio das águas e drenar as que possam ocasionar danos e prejuízos aos vizinhos;

XI – Evitar poluição do Art., ou da água, que possa resultar dos trabalhos de mineração;

XII – Proteger e conservar as Fontes, bem como utilizar as águas segundo os preceitos técnicos quando se tratar de lavra de jazida da Classe VIII;

XIII – Tomar as providências indicadas pela Fiscalização dos órgãos Federais;

XIV – Não suspender os trabalhos de lavra, sem prévia comunicação ao D.N.P.M.;

XV – Mnater a mina em bom estado, no caso de suspensão tamporária dos trabalhos de lavra, de modo a permitir a retomada das operações;

XVI – Apresentar ao Departamento Nacional da Produção Mineral – D.N.P.M. – até o dia 15 (quinze) de março de cada ano, relatório das atividades realizadas no ano anterior. (Redação dada pela Lei nº 6.403, de 1976)

Parágrafo único. Para o aproveitamento, pelo concessionário de lavra, de substâncias referidas no item IV, deste artigo, será necessário aditamento ao seu título de lavra.

Art. 48 – Considera-se ambiciosa, a lavra conduzida sem observância do plano preestabelecido, ou efetuada de modo a impossibilitar o ulterior aproveitameto econômico da jazida.

Art. 49. Os trabalhos de lavra, uma vez iniciados, não poderão sr interrompidos por mais de 6 (seis) meses consecutivos, salvo motivo comprovado de força maior.

Art. 50 O Relatório Anual das atividades realizadas no ano anterior deverá conter, entre outros, dados sobre os seguintes tópicos:

I - Método de lavra, transporte e distribuição no mercado consumidor, das substâncias minerais extraídas;

II - Modificações verificadas nas reservas, características das substâncias minerais produzidas, inclusive o teor mínimo economicamente compensador e a relação observada entre a substância útil e o estéril;

III - Quadro mensal, em que figurem, pelo menos, os elementos de: produção, estoque, preço médio de venda, destino do produto bruto e do beneficiado, recolhimento do Imposto Único e o pagamento do Dízimo do proprietário;

IV - Número de trabalhadores da mina e do beneficiamento;

V - Investimentos feitos na mina e nos trabalhos de pesquisa;

VI - Balanço anual da Empresa.

Art. 51. Quando o melhor conhecimento da jazida obtido durante os trabalhos de lavra justificar mudanças no plano de aproveitamento econômico, ou as condições do mercado exigirem modificações na escala de produção, deverá o concessionário propor as necessárias alterações ao D.N.P.M., para exame e eventual aprovação do novo plano.

Art. 52. A lavra, praticada em desacordo com o plano aprovado pelo D.N.P.M., sujeita o concessionário a sanções que podem ir gradativamente da advertência à caducidade.

Art. 53. A critério do D.N.P.M., várias concessões de lavra de um mesmo titular e da mesma substância mineral, em áreas de um mesmo jazimento ou zona mineralizada, poderão ser reunidas em uma só unidade de mineração, sob a denominação de Grupamento Mineiro.

Parágrafo único. O concessionário de um Grupamento Mineiro, a juízo do D.N.P.M., poderá concentrar as atividades da lavra em uma ou algumas das concessões agrupadas contanto que a intensidade da lavra seja compatível com a importância da reserva total das jazidas agrupadas.

Art. 54. Em zona que tenha sido declarada Reserva Nacional de determinada substância mineral, o Governo poderá autorizar a pesquisa ou lavra de outra substância mineral, sempre que os trabalhos relativos à autorização solicitada forem compatíveis e independentes dos referentes à substância da Reserva e mediante condições especiais, de conformidade com os interesses da União e da economia nacional.

Parágrafo único. As disposições deste artigo aplicam-se também a áreas específicas que estiverem sendo objeto de pesquisa ou de lavra sob regime de monopólio.

Art. 55. Subsistirá a Concessão, quanto aos direitos, obrigações, limitações e efeitos dela decorrentes, quando o concessionário a alienar ou gravar, na forma da lei.

§ 1º. Os atos de alienação ou oneração só terão validade depois de averbados no DNPM. (Redação dada pela Lei nº 9.314, de 1996)

§ 2º - A concessão de lavra somente é transmissível a quem for capaz de exercê-la de acordo com as disposições deste Código. (Redação dada pela Lei nº 7.085, de 1982)

§ 3º - As dívidas e gravames constituídos sobre a concessão resolvem-se com extinção desta, ressalvada a ação pessoal contra o devedor. (Incluído pela Lei nº 7.085, de 1982)

§ 4º - Os credores não têm ação alguma contra o novo titular da concessão extinta, salvo se esta, por qualquer motivo, voltar ao domínio do primitivo concessionário devedor. (Incluído pela Lei nº 7.085, de 1982)

Art. 56. A concessão de lavra poderá ser desmembrada em duas ou mais concessões distintas, a juízo do Departamento Nacional da Produção Mineral - DNPM, se o fracionamento não comprometer o racional aproveitamento da jazida e desde que evidenciadas a viabilidade técnica, a economicidade do aproveitamento autônomo das unidades mineiras resultantes e o incremento da produção da jazida. (Redação dada pela Lei nº 7.085, de 1982)

Parágrafo único. O desmembramento será pleiteado pelo concessionário, conjuntamente com os pretendentes às novas concessões, se for o cso, em requerimento dirigido ao Ministro das Minas e Energia, entregue mediante recibo no Protocolo do DNPM, onde será mecanicamente numerado e registrado, devendo conter, além de memorial justificativo, os elementos de instrução referidos no artigo 38 deste Código, relativamente a cada uma das concessões propostas. (Redação dada pela Lei nº 7.085, de 1982)

Art. 57. No curso de qualquer medida judicial não poderá haver embargo ou seqüestro que resulte em interrupção dos trabalhos de lavra.

Art. 58. Poderá o titular da portaria de concessão de lavra, mediante requerimento justificado ao Ministro de Estado de Minas e Energia, obter a suspensão temporária da lavra, ou comunicar a renúncia ao seu título. (Redação dada pela Lei nº 9.314, de 1996)

§ 1º Em ambos os casos, o requerimento será acompanhados de um relatório dos trabalhos efetuados e do estado da mina, e suas possibilidades futuras.

§ 2º Somente após verificação "in loco" por um de seus técnicos, emitirá o D.N.P.M. parecer conclusivo para decisão do Ministro das Minas e Energia.

§ 3º Não aceitas as razões da suspensão dos trabalhos, ou efetivada a renúncia, caberá ao D.N.P.M. sugerir ao Ministro das Minas e Energia medidas que se fizerem necessárias à continuação dos trabalhos e a aplicação de sanções, se for o caso.

CAPÍTULO IV

DAS SERVIDÕES

Art. 59. Ficam sujeitas a servidões de solo e subsolo, para os fins de pesquisa ou lavra, não só a propriedade onde se localiza a jazida, como as limítrofes. (Renumerado do Art. 60 para Art. 59 pelo Decreto-lei nº 318, de 1967)

Parágrafo único. Instituem-se Servidões para:

a) construção de oficinas, instalações, obras acessórias e moradias;

b) abertura de vias de transporte e linhas de comunicações;

c) captação e adução de água necessária aos serviços de mineração e ao pessoal;

d) transmissão de energia elétrica;

e) escoamento das águas da mina e do engenho de beneficiamento;

f) abertura de passagem de pessoal e material, de conduto de ventilação e de energia elétrica;

g) utilização das aguadas sem prejuízo das atividades pre-existentes; e,

h) bota-fora do material desmontado e dos refugos do engenho.

Art. 60 Instituem-se as Servidões mediante indenização prévia do valor do terreno ocupado e dos prejuízos resultantes dessa ocupação. (Renumerado do Art. 61 para Art. 60 pelo Decreto-lei nº 318, de 1967)

§ 1º Não havendo acordo entre as partes, o pagemento será feito mediante depósito judicial da importância fixada para indenização, através de vistoria ou perícia com arbitramento, inclusive da renda pela ocupação, seguindo-se o competente mandado de imissão de posse na área, se necessário.

§ 2º O cálculo da indenização e dos danos a serem pagos pelo titular da autorização de pesquisas ou concessão de lavra, ao proprietário do solo ou ao dono das benfeitorias, obedecerá às prescrições contidas no Artigo 27 deste Código, e seguirá o rito estabelecido em Decreto do Governo Federal.

Art. 61. Se, por qualquer motivo independente da vontade do indenizado, a indenização tardar em lhe ser entregue, sofrerá, a mesma, a necessária correção monetária, cabendo ao titular da autorização de pesquisa ou concessão de lavra, a obrigação de completar a quantia arbitrada. (Renumerado do Art. 62 para Art. 61 pelo Decreto-lei nº 318, de 1967)

Art. 62. Não poderão ser iniciados os trabalhos de pesquisa ou lavra, antes de paga a importância à indenização e de fixada arenda pela ocupação do terreno. (Renumerado do Art. 63 para Art. 62 pelo Decreto-lei nº 318, de 1967)

CAPÍTULO V

DAS SANÇÕES E DAS NULIDADES

Art. 63. O não cumprimento das obrigações decorrentes das autorizações de pesquisa, das permissões de lavra garimpeira, das concessões de lavra e do licenciamento implica, dependendo da infração, em: (Redação dada pela Lei nº 9.314, de 1996)

I – advertência; (Redação dada pela Lei nº 9.314, de 1996)

II – multa; e (Redação dada pela Lei nº 9.314, de 1996)

III – caducidade do título. (Redação dada pela Lei nº 9.314, de 1996)

§ 1º. As penalidades de advertência, multa e de caducidade de autorização de pesquisa serão de competência do DNPM. (Redação dada pela Lei nº 9.314, de 1996)

§ 2º. A caducidade da concessão de lavra será objeto de portaria do Ministro de Estado de Minas e Energia. (Redação dada pela Lei nº 9.314, de 1996)

§ 3º A caducidade da concessão de lavra, será objeto de Decreto do Govêrno Federal.

Art. 64. A multa inicial variará de 100 (cem) a 1.000 (um mil) UFIR, segundo a gravidade das infrações. (Redação dada pela Lei nº 9.314, de 1996)

§ 1º Em caso de reincidência, a multa será cobrada em dôbro;

§ 2º O regulamento dêste Código definirá o critério de imposição de multas, segundo a gravidade das infrações.

§ 3º O valor das multas será recolhido ao Banco do Brasil S. A., em guia própria, à conta do Fundo Nacional de Mineração – Parte Disponível.

Art 65. Será declarada a caducidade da autorização de pesquisa, ou da concessão de lavra, desde que verificada quaisquer das seguintes infrações: (Renumerado do Art. 66 para Art. 65 pelo Decreto-lei nº 318, de 1967)

a) caracterização formal do abandono da jazida ou mina;

b) não cumprimento dos prazos de início ou reinício dos trabalhos de pesquisa ou lavra, apesar de advertência e multa;

c) prática deliberada dos trabalhos de pesquisa em desacôrdo com as condições constantes do título de autorização, apesar de advertência ou multa;

d) prosseguimento de lavra ambiciosa ou de extração de substância não compreendida no Decreto de Lavra, apesar de advertência e multa; e,

e) não atendimento de repetidas observações da fiscalização, caracterizado pela terceira reincidência, no intervalo de 1 (hum) ano, de infrações com multas.

§ 1º Extinta a concessão de lavra, caberá ao Diretor--Geral do Departamento Nacional da Produção Mineral – D.N.P.M. – mediante Edital publicado no Diário Oficial da União, declarar a disponibilidade da respectiva área, para fins de requerimento de autorização de pesquisa ou de concessão de lavra. (Incluído pela Lei nº 6.403, de 1976)

§ 2º O Edital estabelecerá os requisitos especiais a serem atendidos pelo requerente, consoante as pecularidades de cada caso. (Incluído pela Lei nº 6.403, de 1976)

§ 3º Para determinação da prioridade à outorga da autorização de pesquisa, ou da concessão de lavra, conforme o caso, serão, conjuntamente, apreciados os requerimentos protocolizados, dentro do prazo que for conveniente fixado no Edital, definindo-se, dentre estes, como prioritário, o pretendente que, a juízo do Departamento Nacional da Produção Mineral – D.N.P.M. – melhor atender aos interesses específicos do setor minerário. (Incluído pela Lei nº 6.403, de 1976)

Art 66. São anuláveis os Alvarás de Pesquisa ou Decretos de Lavra quando outorgados com infringência de dispositivos dêste Código. (Renumerado do Art. 67 para Art. 66 pelo Decreto-lei nº 318, de 1967)

§ 1º A anulação será promovia "ex-officio" nos casos de:

a) imprecisão intencional da definição das áreas de pesquisa ou lavra; e,

b) inobservância do disposto no item I do Art. 22.

§ 2º Nos demais casos, e sempre que possível, o D.N.P.M. procurara sanar a deficiência por via de atos de retificação.

§ 3º A nulidade poderá ser pleiteada judicialmente em ação proposta por qualquer interessado, no prazo de 1 (hum) ano, a contar da publicação do Decreto de Lavra no Diário Oficial da União.

Art 67. Verificada a causa de nulidade ou caducidade da autorização ou da concessão, salvo os casos de abandono, o titular não perde a propriedade dos bens que possam ser retirados sem prejudicar o conjunto da mina. (Renumerado do Art. 68 para Art. 67 pelo Decreto-lei nº 318, de 1967)

Art 68. O Processo Administrativo pela declaração de nulidade ou de caducidade, será instaurado "ex--officio" ou mediante denúncia comprovada. (Renumerado do Art. 69 para Art. 68 pelo Decreto-lei nº 318, de 1967)

§ 1º O Diretor-Geral do D.N.P.M. promoverá a intimação do titular, mediante ofício e por edital, quando se encontrar em lugar incerto e ignorado, para apresentação de defesa, dentro de 60 (sessenta) dias contra os motivos arguidos na denúncia ou que deram margem à instauração do processo administrativo.

§ 2º Findo o prazo, com a juntada da defesa ou informação sôbre a sua não apresentação pelo notificado, o processo será submetido à decisão do Ministro das Minas e Energia.

§ 3º Do despacho ministerial declaratório de nulidade ou caducidade da autorização de pesquisa, caberá:

a) pedido de reconsideração, no prazo de 15 (quinze) dias; ou

b) recurso voluntário ao Presidente da República, no prazo de 30 (trintas) dias, desde que o titular da autorização não tenha solicitado reconsideração do despacho, no prazo previsto na alínea anterior.

§ 4º O pedido de reconsideração não atendido, será encaminhado em gráu de recurso, "ex-officio", ao presidente da República, no prazo de 30 (trinta) dias, a contar de seu recebimento, dando-se ciência antecipada ao interessado, que poderá aduzir novos elementos de defesa, inclusive prova documental, as quais, se apresentadas no prazo legal, serão recebidas em caráter de recurso.

§ 5º O titular de autorização declarada Nula ou Caduca, que se valer da faculdade conferida pela alínea a do § 3º, dêste artigo, não poderá interpor recurso ao Presidente da República enquanto aguarda solução Ministerial para o seu pedida de reconsideração.

§ 6º Sómente será admitido 1 (hum) pedido de reconsideração e 1 (hum) recurso.

§ 7º Esgotada a instância administrativa, a execução das medidas determinadas em decisões superiores não será prejudicada por recursos extemporâneos pedidos de revisão e outros expedientes protelatórios.

Art 69. O processo administrativo para aplicação das sanções de anulação ou caducidade da concessão de lavra, obedecerá ao disposto no § 1º do artigo anterior. (Renumerado do Art. 70 para Art. 69 pelo Decreto-lei nº 318, de 1967)

§ 1º Concluídas tôdas as diligências necessárias à regular instrução do processo, inclusive juntada de defesa ou informação de não haver a mesma sido apresentada, cópia do expediente de notificação e prova da sua entrega à parte interessada, o Diretor--Geral do D.N.P.M. encaminhará os autos ao Ministro das Minas e Energia.

§ 2º Examinadas as peças dos autos, especialmente as razões de defesa oferecidas pela Emprêsa, o Ministro encaminhará o processo com relatório e parecer conclusivo, ao Presidente da República.

§ 3º Da decisão da autoridade superior, poderá a interessada solicitar reconsideração, no prazo improrrogável de 10 (dez) dias, a contar da sua publicação no Diário Oficial da União, desde que seja instruído com elementos novos que justifiquem reexame da matéria.

CAPÍTULO VI

DA GARIMPAGEM, FAISCAÇÃO E CATA

Art. 70 Considera-se: (Renumerado do Art. 71 para Art. 70 pelo Decreto-lei nº 318, de 1967)

I – garimpagem, o trabalho individual de quem utilize instrumentos rudimentares, aparelhos manuais ou máquinas simples e portáveis, na extração de pedras preciosas, semi-preciosas e minerais metálicos ou não metálicos, valiosos, em depósitos de eluvião ou aluvião, nos álveos de cursos d'água ou nas margens reservadas, bem como nos depósitos secundários ou chapadas (grupiaras), vertentes e altos de morros; depósitos esses genericamente denominados garimpos.

II – faiscação, o trabalho individual de quem utilize instrumentos rudimentares, aparelhos manuais ou máquinas simples e portáteis, na extração de metais nobres nativos em depósitos de eluvião ou aluvião, fluviais ou marinhos, depósitos esses genericamente denominados faisqueiras; e,

III – cata, o trabalho individual de quem faça, por processos equiparáveis aos de garimpagem e faiscação, na parte decomposta dos afloramentos dos filões e veeiros, a extração de substâncias minerais úteis, sem o emprego de explosivos, e as apure por processos rudimentares.

Art. 71. Ao trabalhador que extrai substâncias minerais úteis, por processo rudimentar e individual de mineração, garimpagem, faiscação ou cata, denomina-se genericamente, garimpeiro. (Renumerado do Art. 72 para Art. 71 pelo Decreto-lei nº 318, de 1967)

Art. 72. Caracteriza-se a garimpagem, a faiscação e a cata: (Renumerado do Art. 73 para Art. 72 pelo Decreto-lei nº 318, de 1967)

I – pela forma rudimentar de mineração;

II – pela natureza dos depósitos trabalhados; e,

III – pelo caráter individual do trabalho, sempre por conta própria.

Art. 73. Dependem de permissão do Governo Federal, a garimpagem, a faiscação ou a cata, não cabendo outro ônus ao garimpeiro, senão o pagamento da menor taxa remuneratória cobrada pelas Coletorias Federais a todo aquele que pretender executar esses trabalhos. (Renumerado do Art. 74 para Art. 73 pelo Decreto-lei nº 318, de 1967) (Vide Lei nº 7.805, de 1989)

§ 1º Essa permissão constará de matrícula do garimpeiro, renovada anualmente nas Coletorias Federais dos Municípios onde forem realiados esses trabalhos, e será válida somente para a região jurisdicionada pela respectiva exatoria que a concedeu.

§ 2º A matrícula, que é pessoal, será feita a requerimento verbal do interessado e registrada em livro próprio da Coletoria Federal, mediante a apresentação do comprovante de quitação do imposto sindical e o pagamento da mesma taxa remuneratória cobrada pela Coletoria. (Redação dada pelo Decreto-lei nº 318, de 1967)

§ 3º Ao garimpeiro matriculado será fornecido um Certificado de Matrícula, do qual constará seu retrato, nome, nacionalidade, endereço, e será o documento oficial para o exercício da atividade dentro da zona nele especificada.

§ 4º Será apreendido o material de garimpagem, faiscação ou cata quando o garimpeiro não possuir o necessário Certificado de Matrícula, sendo o produto vendido em hasta pública e recolhido ao Banco do Brasil S/A, à conta do "Fundo Nacional de Mineração – Parte Disponível".

Art. 74. Dependem de consentimento prévio do proprietário do solo as permissões para garimpagem, faiscação ou cta, em terras ou águas de domínio privado. (Renumerado do Art. 75 para Art. 74 pelo Decreto-lei nº 318, de 1967)

Parágrafo único. A contribuição do garimpeiro ajustada com o proprietário do solo para fazer garimpagem, faiscação, ou cata não poderá exceder adízimo do valor do imposto único que for arrecadado pela Coletoria Federal da Jurisdição local, referente à substância encontrada.

Art. 75. É vedada a realização de trabalhos de garimpagem, faiscação ou cata, em área objeto de autorização de pesquisa ou concessão de lavra. (Redação dada pela Lei nº 6.403, de 1976)

Art. 76. Atendendo aos interesses do setor minerário, poderão, a qualquer tempo, ser delimitadas determinadas áreas nas quais o aproveitamento de substâncias minerais farse-á exclusivamente por trabalhos de garimpagem, faiscação ou cata, consoante for estabelecido em Portaria do Ministro das Minas e Energia, mediante proposta do Diretor-Geral do Departamento Nacional da Produçào Mineral. (Redação dada pela Lei nº 6.403, de 1976)

Art. 77. O imposto único referente às substâncias minerais oriundas de atividades de garimpagem, faiscação ou cata, será pago pelos compradores ou beneficiadores autorizados por Decreto do Governo Federal, de acordo com os dispositivos da lei específica. (Renumerado do Art. 78 para Art. 77 pelo Decreto-lei nº 318, de 1967)

Art. 78. Por motivo de ordem pública, ou em se verificando malbaratamento de determinada riqueza mineral, poderá o Ministro das Minas e Energia, por proposta do Diretor-Geral do D.N.P.M., determinar o fechamento de certas áreas às atividades de garimpagem, faiscação ou cata, ou excluir destas a extração de determinados minerais. (Renumerado do Art. 79 para Art. 78 pelo Decreto-lei nº 318, de 1967)

CAPÍTULO VII

DA EMPRESA DE MINERAÇÃO

(SUPRIMIDO PELA LEI Nº 9.314, DE 14.11.1996)

Art. 79. (Revogado pela Lei nº 9.314, de 1996)

Art. 80 (Revogado pela Lei nº 9.314, de 1996)

CAPÍTULO VII

DAS DISPOSIÇÕES FINAIS

(RENUMERADO DO CAPÍTULO VIII PARA CAPÍTULO VII, COM NOVA REDAÇÃO PELA LEI Nº 9.314, DE 14.11.1996)

Art. 81. As empresas que pleitearem autorização para pesquisa ou lavra, ou que forem titulares de direitos minerários de pesquisa ou lavra, ficam obrigadas a arquivar no DNPM, mediante protocolo, os estatutos ou contratos sociais e acordos de acionistas em vigor, bem como as futuras alterações contratuais ou estatutárias, dispondo neste caso do prazo máximo de trinta dias após registro no Departamento Nacional de Registro de Comércio. (Redação dada pela Lei nº 9.314, de 1996)

Parágrafo único. O não cumprimento do prazo estabelecido neste artigo ensejará as seguintes sanções: (Redação dada pela Lei nº 9.314, de 1996)

I - advertência; (Incluído pela Lei nº 9.314, de 1996)

II - multa, a qual será aplicada em dobro no caso de não atendimento das exigências objeto deste artigo, no prazo de trinta dias da imposição da multa inicial, e assim sucessivamente, a cada trinta dias subseqüentes. (Incluído pela Lei nº 9.314, de 1996)

Art 82. (Revogado pela Lei nº 9.314, de 1996)

CAPÍTULO VIII

DAS DISPOSIÇÕES FINAIS

(RENUMERADO PARA CAPÍTULO VII PELA LEI Nº 9.314, DE 1996)

Art 83. Aplica-se à propriedade mineral o direito comum, salvo as restrições impostas neste Código. (Renumerado do Art. 84 para Art. 83 pelo Decreto-lei nº 318, de 1967)

Art 84. A Jazida é bem imóvel, distinto do solo onde se encontra, não abrangendo a propriedade dêste o minério ou a substância mineral útil que a constitui. (Renumerado do Art. 85 para Art. 84 pelo Decreto-lei nº 318, de 1967)

Art. 85. O limite subterrâneo da jazida ou mina é o plano vertical coincidente com o perímetro definidor da área titulada, admitida, em caráter excepcional, a fixação de limites em profundidade por superfície horizontal. (Redação dada pela Lei nº 9.314, de 1996)

§ 1º. A iniciativa de propor a fixação de limites no plano horizontal da concessão poderá ser do titular dos direitos minerários preexistentes ou do DNPM, *ex officio*, cabendo sempre ao titular a apresentação do plano dos trabalhos de pesquisa, no prazo de noventa dias, contado da data de publicação da intimação no Diário Oficial da União, para fins de prioridade na obtenção do novo título. (Incluído pela Lei nº 9.314, de 1996)

§ 2º. Em caso de inobservância pelo titular de direitos minerários preexistentes no prazo a que se refere o parágrafo anterior, o DNPM poderá colocar em disponibilidade o título representativo do direito minerário decorrente do desmembramento. (Incluído pela Lei nº 9.314, de 1996)

§ 3º. Em caráter excepcional, *ex officio* ou por requerimento de parte interessada, poderá o DNPM, no interesse do setor mineral, efetuar a limitação de jazida por superfície horizontal, inclusive em áreas já tituladas. (Incluído pela Lei nº 9.314, de 1996)

§ 4º. O DNPM estabelecerá, em portaria, as condições mediante as quais os depósitos especificados no *caput* poderão ser aproveitados, bem como os procedimentos inerentes à outorga da respectiva titulação, respeitados os direitos preexistentes e as demais condições estabelecidas neste artigo. (Incluído pela Lei nº 9.314, de 1996)

Art 86. Os titulares de concessões e minas próximas ou vizinhas, abertas situadas sôbre o mesmo jazimento ou zona mineralizada, poderão obter permissão para a formação de um Consórcio de Mineração, mediante Decreto do Govêrno Federal, objetivando incrementar a produtividade da extração ou a sua capacidade. (Renumerado do Art. 87 para Art. 86 pelo Decreto-lei nº 318, de 1967)

§ 1º Do requerimento pedindo a constituição do Consórcio de Mineração, deverá constar:

I - Memorial justificativo dos benefícios resultantes da formação do Consórcio, com indicação dos recursos econômicos e financeiros de que disporá a nova entidade;

II - Minuta dos Estatutos do Consórcio, plano de trabalhos a realizar, enumeração das providências e favôres que esperam merecer do Poder Público.

§ 2º A nova entidade, Consórcio de Mineração, ficará sujeita a condições fixadas em Caderno de Encargos, anexado ao ato institutivo da concessão e que será elaborado por Comissão especificamente nomeada.

Art 87. Não se impedirá por ação judicial de quem quer que seja, o prosseguimento da pesquisa ou lavra. (Renumerado do Art. 88 para Art. 87 pelo Decreto-lei nº 318, de 1967)

Parágrafo único. Após a decretação do litígio, será procedida a necessária vistoria " ad perpetuam rei memoriam " a fim de evitar-se solução de continuidade dos trabalhos.

Art 88. Ficam sujeitas à fiscalização direta do D.N.P.M. tôdas as atividades concernentes à mineração, comércio e à industrialização de matérias-primas minerais, nos limites estabelecidos em Lei. (Renumerado do Art. 89 para Art. 88 pelo Decreto-lei nº 318, de 1967)

Parágrafo único. Exercer-se-á fiscalização para o cumprimento integral das disposições legais, regulamentares ou contratuais.

Art 89. (Revogado pelo Decreto-lei nº 1.038, de 1969)

Art 90. Quando se verificar em jazida em lavra a concorrência de minerais radioativos ou apropriados ao aproveitamento dos misteres da produção de energia nuclear, a concessão, só será mantida caso o valor econômico da substância mineral, objeto do decreto de lavra, seja superior ao dos minerais nucleares que contiver. (Renumerado do Art. 91 para Art. 90 pelo Decreto-lei nº 318, de 1967)

§ 1º (Revogado pelo Decreto-lei nº 330, de 1967)

§ 2º Quando a inesperada ocorrência de minerais radioativos e nucleares associados suscetíveis de aproveitamento econômico predominar sôbre a substância mineral constante do título de lavra, a mina poderá ser desapropriada.

§ 3º Os titulares de autorizações de pesquisa, ou de concessões de lavra, são obrigados a comunicar, ao Ministério das Minas e Energia, qualquer descoberta que tenham feito de minerais radioativos ou nucleares associados à substância mineral mencionada respectivo título, sob pena de sanções.

§§ 4º e 5º (Revogados pelo Decreto-lei nº 330, de 1967)

Art 91. A Emprêsa de Mineração que, comprovadamente, dispuzer do recurso dos métodos de prospecção aérea, poderá pleitear permissão para realizar Reconhecimento Geológico por êstes métodos, visando obter informações preliminares regionais necessárias à formulação de requerimento de autorização de pesquisa, na forma do que dispuzer o Regulamento dêste Código. (Renumerado do Art. 92 para Art. 91 pelo Decreto-lei nº 318, de 1967)

§ 1º As regiões assim permissionadas não se subordinam aos previstas no Art. 25 dêste Código.

§ 2º A permissão será dada por autorização expressa do Diretor-Geral do D.N.P.M., com prévio assentimento do Conselho de Segurança Nacional.

§ 3º A permissão do Reconhecimento Geológico será outorga pelo prazo máximo e improrrogável de 90 (noventa) dias, a contar da data da publicação no Diário Oficial .

§ 4º A permissão do Reconhecimento Geológico terá caráter precário, e atribui à Emprêsa tão sòmente o direito de prioridade para obter a autorização de pesquisa dentro da região permissionada, desde que requerida no prazo estipulado no parágrafo anterior, obedecidos os limites de áreas previstas no Art. 25.

§ 5º A Emprêsa de Mineração fica obrigada a apresentar ao D.N.P.M. os resultados do Reconhecimento procedido, sob pena de sanções.

Art. 92. O DNPM manterá registros próprios dos títulos minerários. (Redação dada pela Lei nº 9.314, de 1996)

Art. 93. Serão publicados no Diário Oficial da União os alvarás de pesquisa, as portarias de lavra e os demais atos administrativos deles decorrentes. (Redação dada pela Lei nº 9.314, de 1996)

Parágrafo Único – A publicação de editais em jornais particulares, é também feita à custa dos requerentes e por êles próprios promovidos, devendo ser enviado prontamente um exemplar ao D.N.P.M. para anexação ao respectivo processo.

Art 94. Será sempre ouvido o D.N.P.M. quando o Govêrno Federal tratar de qualquer assunto referente à matéria-prima mineral ou ao seu produto. (Renumerado do Art. 95 para Art. 94 pelo Decreto-lei nº 318, de 1967)

Art 95. Continuam em vigor as autorizações de pesquisa e concessões de lavra outorgadas na vigência da legislação anterior, ficando, no entanto, sua execução sujeita a observância dêste Código. (Renumerado do Art. 96 para Art. 95 pelo Decreto-lei nº 318, de 1967)

Art. 96. A lavra de jazida ser organizada e conduzida na forma da Constituição. (Incluído pelo Decreto-lei nº 318, de 1967)

Art 97. O Govêrno Federal expedirá os Regulamentos necessários à execução dêste Código, inclusive fixando os prazos de tramitação dos processos.

Art 98. Esta Lei entrará em vigor no dia 15 de março de 1967, revogadas as disposições em contrário.

Brasília, 28 de fevereiro de 1967; 146º da Independência e 79º da República.

H. CASTELLO BRANCO

DOU de 28.2.1967

LEI Nº 6.803, DE 2 DE JULHO DE 1980

Dispõe sobre as diretrizes básicas para o zoneamento industrial nas áreas críticas de poluição, e dá outras providências.

O Presidente da República, faço saber que o Congresso Nacional decreta e eu sanciono a seguinte Lei:

Art. 1º Nas áreas críticas de poluição a que se refere o art. 4º do Decreto-lei nº 1.413, de 14 de agosto de 1975, as zonas destinadas à instalação de indústrias serão definidas em esquema de zoneamento urbano, aprovado por lei, que compatibilize as atividades industriais com a proteção ambiental.

§ 1º As zonas de que trata este artigo serão classificadas nas seguintes categorias:

a) zonas de uso estritamente industrial;

b) zonas de uso predominantemente industrial;

c) zonas de uso diversificado.

§ 2º As categorias de zonas referidas no parágrafo anterior poderão ser divididas em subcategorias, observadas as peculiaridades das áreas críticas a que pertençam e a natureza das indústrias nelas instaladas.

§ 3º As indústrias ou grupos de indústrias já existentes, que não resultarem confinadas nas zonas industriais definidas de acordo com esta Lei, serão submetidas à instalação de equipamentos especiais de controle e, nos casos mais graves, à relocalização.

Art. 2º As zonas de uso estritamente industrial destinam-se, preferencialmente, à localização de estabelecimentos industriais cujos resíduos sólidos, líquidos e gasosos, ruídos, vibrações, emanações e radiações possam causar perigo à saúde, ao bem-estar e à segurança das populações, mesmo depois da aplicação de métodos adequados de controle e tratamento de efluentes, nos termos da legislação vigente.

§ 1º As zonas a que se refere este artigo deverão:

I - situar-se em áreas que apresentem elevadas capacidade de assimilação de efluentes e proteção ambiental, respeitadas quaisquer restrições legais ao uso do solo;

II - localizar-se em áreas que favoreçam a instalação de infra-estrutura e serviços básicos necessários ao seu funcionamento e segurança;

III - manter, em seu contorno, anéis verdes de isolamento capazes de proteger as zonas circunvizinhas contra possíveis efeitos residuais e acidentes;

§ 2º É vedado, nas zonas de uso estritamente industrial, o estabelecimento de quaisquer atividades não essenciais às suas funções básicas, ou capazes de sofrer efeitos danosos em decorrência dessas funções.

Art. 3º As zonas de uso predominantemente industrial destinam-se, preferencialmente, à instalação de indústrias cujos processos, submetidos a métodos adequados de controle e tratamento de efluentes, não causem incômodos sensíveis às demais atividades urbanas e nem perturbem o repouso noturno das populações.

Parágrafo único. As zonas a que se refere este artigo deverão:

I - localizar-se em áreas cujas condições favoreçam a instalação adequada de infra-estrutura de serviços básicos necessária a seu funcionamento e segurança;

II - dispor, em seu interior, de áreas de proteção ambiental que minimizem os efeitos da poluição, em relação a outros usos.

Art. 4º As zonas de uso diversificado destinam-se à localização de estabelecimentos industriais, cujo processo produtivo seja complementar das atividades do meio urbano ou rural que se situem, e com elas se compatibilizem, independentemente do uso de métodos especiais de controle da poluição, não ocasionando, em qualquer caso, inconvenientes à saúde, ao bem-estar e à segurança das populações vizinhas.

Art. 5º As zonas de uso industrial, independentemente de sua categoria, serão classificadas em:

I - não saturadas;

II - em vias de saturação;

III - saturadas;

Art. 6º O grau de saturação será aferido e fixado em função da área disponível para uso industrial da infraestrutura, bem como dos padrões e normas ambientais fixadas pelo Instituto Brasileiro do Meio Ambiente e Recursos Naturais Renováveis - IBAMA. e pelo Estado e Município, no limite das respectivas competências.

§ 1º Os programas de controle da poluição e o licenciamento para a instalação, operação ou aplicação de indústrias, em áreas críticas de poluição, serão objeto de normas diferenciadas, segundo o nível de saturação, para cada categoria de zona industrial.

§ 2º Os critérios baseados em padrões ambientais, nos termos do disposto neste artigo, serão estabelecidos tendo em vista as zonas não saturadas, tornando-se mais restritivos, gradativamente, para as zonas em via de saturação e saturadas.

§ 3º Os critérios baseados em área disponível e infraestrutura existente, para aferição de grau de saturação, nos termos do disposto neste artigo, em zonas de uso predominantemente industrial e de uso diversificado, serão fixados pelo Governo do Estado, sem prejuízo da legislação municipal aplicável.

Art. 7º Ressalvada a competência da União e observado o disposto nesta Lei, o Governo do Estado, ouvidos os Municípios interessados, aprovará padrões de uso e ocupação do solo, bem como de zonas de reserva ambiental, nas quais, por suas características culturais, ecológicas, paisagísticas, ou pela necessidade de preservação de mananciais e proteção de áreas especiais, ficará vedada a localização de estabelecimentos industriais.

Art. 8º A implantação de indústrias que, por suas características, devam ter instalações próximas às fontes de matérias-primas situadas fora dos limites fixados para as zonas de uso industrial obedecerá a critérios a serem estabelecidos pelos Governos Estaduais, observadas as normas contidas nesta Lei e demais dispositivos legais pertinentes.

Art. 9º O licenciamento para implantação, operação e ampliação de estabelecimentos industriais, nas áreas críticas de poluição, dependerá da observância do disposto nesta Lei, bem como do atendimento das normas e padrões ambientais definidos pelo IBAMA, pelos organismos estaduais e municipais competentes, notadamente quanto às seguintes características dos processos de produção:

I – emissão de gases, vapores, ruídos, vibrações e radiações;

II – riscos de explosão, incêndios, vazamentos danosos e outras situações de emergência;

III – volume e qualidade de insumos básicos, de pessoal e de tráfego gerados;

IV – padrões de uso e ocupação do solo;

V – disponibilidade nas redes de energia elétrica, água, esgoto, comunicações e outros;

VI – horários de atividade.

Parágrafo único. O licenciamento previsto no caput deste artigo é da competência dos órgãos estaduais de controle da poluição e não exclui a exigência de licenças para outros fins.

Art. 10. Caberá aos Governos Estaduais, observado o disposto nesta Lei e em outras normas legais em vigor:

I – aprovar a delimitação, a classificação e a implantação de zonas de uso estritamente industrial e predominantemente industrial;

II – definir, com base nesta Lei e nas normas baixadas pelo IBAMA, os tipos de estabelecimentos industriais que poderão ser implantados em cada uma das categorias de zonas industriais a que se refere o § 1º do art. 1º desta Lei;

III – instalar e manter, nas zonas a que se refere o item anterior, serviços permanentes de segurança e prevenção de acidentes danosos ao meio ambiente;

IV – fiscalizar, nas zonas de uso estritamente industrial e predominantemente industrial, o cumprimento dos padrões e normas de proteção ambiental;

V – administrar as zonas industriais de sua responsabilidade direta ou quando esta responsabilidade decorrer de convênios com a União.

§ 1º Nas Regiões Metropolitanas, as atribuições dos Governos Estaduais previstas neste artigo serão exercidas através dos respectivos Conselhos Deliberativos.

§ 2º Caberá exclusivamente à União, ouvidos os Governos Estadual e Municipal interessados, aprovar a delimitação e autorizar a implantação de zonas de uso estritamente industrial que se destinem à localização de pólos petroquímicos, cloroquímicos, carboquímicos, bem como a instalações nucleares e outras definidas em lei.

§ 3º Além dos estudos normalmente exigíveis para o estabelecimento de zoneamento urbano, a aprovação das zonas a que se refere o parágrafo anterior, será precedida de estudos especiais de alternativas e de avaliações de impacto, que permitam estabelecer a confiabilidade da solução a ser adotada.

§ 4º Em casos excepcionais, em que se caracterize o interesse público, o Poder Estadual, mediante a exigência de condições convenientes de controle, e ouvidos o IBAMA, o Conselho Deliberativo da Região Metropolitana e, quando for o caso, o Município, poderá autorizar a instalação de unidades industriais fora das zonas de que trata o § 1º do artigo 1º desta Lei.

Art. 11. Observado o disposto na Lei Complementar nº 14, de 8 de junho de 1973, sobre a competência dos Órgãos Metropolitanos, compete aos Municípios:

I – instituir esquema de zoneamento urbano, sem prejuízo do disposto nesta Lei;

II – baixar, observados os limites da sua competência, normas locais de combate à poluição e controle ambiental.

Art. 12. Os órgãos e entidades gestores de incentivos governamentais e os bancos oficiais condicionarão a concessão de incentivos e financiamentos às indústrias, inclusive para participação societária, à apresentação da licença de que trata esta Lei.

Parágrafo único. Os projetos destinados à relocalização de indústrias e à redução da poluição ambiental, em especial aqueles em zonas saturadas, terão condições especiais de financiamento, a serem definidos pelos órgãos competentes.

Art. 13. Esta Lei entrará em vigor na data de sua publicação.

Art. 14. Revogam-se as disposições em contrário.

Brasília, em 2 de julho de 1980; 159º da Independência e 92º da República.

JOÃO FIGUEIREDO

DOU de 3.7.1980

RESOLUÇÃO CONAMA 9, DE 3 DE DEZEMBRO DE 1987

Dispõe sobre a realização de Audiências Públicas no processo de licenciamento ambiental.

O CONSELHO NACIONAL DO MEIO AMBIENTE – CONAMA, no uso das atribuições que lhe conferem o Inciso II, do artigo 7º, do Decreto nº 88.351, de 1º de junho de 1983, e tendo em vista o disposto na Resolução CONAMA nº 1, de 23 de janeiro de 1986, resolve:

Art. 1º A Audiência Pública referida na Resolução CONAMA nº 1/86, tem por finalidade expor aos interessados o conteúdo do produto em análise e do seu referido RIMA, dirimindo dúvidas e recolhendo dos presentes as críticas e sugestões a respeito.

Art. 2º Sempre que julgar necessário, ou quando for solicitado por entidade civil, pelo Ministério Público, ou por 50 (cinquenta) ou mais cidadãos, o Órgão de Meio Ambiente promoverá a realização de audiência pública.

§ 1° O Órgão de Meio Ambiente, a partir da data do recebimento do RIMA, fixará em edital e anunciará pela imprensa local a abertura do prazo que será no mínimo de 45 dias para solicitação de audiência pública.

§ 2° No caso de haver solicitação de audiência pública e na hipótese do Órgão Estadual não realizá-la, a licença concedida não terá validade.

§ 3° Após este prazo, a convocação será feita pelo Órgão licenciador, através de correspondência registrada aos solicitantes e da divulgação em órgãos da imprensa local.

§ 4° A audiência pública deverá ocorrer em local acessível aos interessados.

§ 5° Em função da localização geográfica dos solicitantes, e da complexidade do tema, poderá haver mais de uma audiência pública sobre o mesmo projeto de respectivo Relatório de Impacto Ambiental – RIMA.

Art. 3° A audiência pública será dirigida pelo representante do Órgão licenciador que, após a exposição objetiva do projeto e do seu respectivo RIMA, abrirá as discussões com os interessados presentes.

Art. 4° Ao final de cada audiência pública será lavrada uma ata sucinta.

Parágrafo único. Serão anexadas à ata, todos os documentos escritos e assinados que forem entregues ao presidente dos trabalhos durante a seção.

Art. 5° A ata da(s) audiência(s) pública(s) e seus anexos, servirão de base, juntamente com o RIMA, para a análise e parecer final do licenciador quanto à aprovação ou não do projeto.

Art. 6° Esta Resolução entra em vigor na data de sua publicação.

JOSÉ A. LUTZENBERGER

Presidente do Conselho

DOU de 5 de julho de 1990

LEI Nº 9.433, DE 8 DE JANEIRO DE 1997

Institui a Política Nacional de Recursos Hídricos, cria o Sistema Nacional de Gerenciamento de Recursos Hídricos, regulamenta o inciso XIX do art. 21 da Constituição Federal, e altera o art. 1º da Lei nº 8.001, de 13 de março de 1990, que modificou a Lei nº 7.990, de 28 de dezembro de 1989.

O Presidente da República

Faço saber que o Congresso Nacional decreta e eu sanciono a seguinte Lei:

TÍTULO I
DA POLÍTICA NACIONAL DE RECURSOS HÍDRICOS

CAPÍTULO I
DOS FUNDAMENTOS

Art. 1º A Política Nacional de Recursos Hídricos baseia-se nos seguintes fundamentos:

I – a água é um bem de domínio público;

II – a água é um recurso natural limitado, dotado de valor econômico;

III – em situações de escassez, o uso prioritário dos recursos hídricos é o consumo humano e a dessedentação de animais;

IV – a gestão dos recursos hídricos deve sempre proporcionar o uso múltiplo das águas;

V – a bacia hidrográfica é a unidade territorial para implementação da Política Nacional de Recursos Hídricos e atuação do Sistema Nacional de Gerenciamento de Recursos Hídricos;

VI – a gestão dos recursos hídricos deve ser descentralizada e contar com a participação do Poder Público, dos usuários e das comunidades.

CAPÍTULO II
DOS OBJETIVOS

Art. 2º São objetivos da Política Nacional de Recursos Hídricos:

I – assegurar à atual e às futuras gerações a necessária disponibilidade de água, em padrões de qualidade adequados aos respectivos usos;

II – a utilização racional e integrada dos recursos hídricos, incluindo o transporte aquaviário, com vistas ao desenvolvimento sustentável;

III – a prevenção e a defesa contra eventos hidrológicos críticos de origem natural ou decorrentes do uso inadequado dos recursos naturais.

IV – incentivar e promover a captação, a preservação e o aproveitamento de águas pluviais. (Incluído pela Lei nº 13.501, de 2017)

CAPÍTULO III
DAS DIRETRIZES GERAIS DE AÇÃO

Art. 3º Constituem diretrizes gerais de ação para implementação da Política Nacional de Recursos Hídricos:

I – a gestão sistemática dos recursos hídricos, sem dissociação dos aspectos de quantidade e qualidade;

II – a adequação da gestão de recursos hídricos às diversidades físicas, bióticas, demográficas, econômicas, sociais e culturais das diversas regiões do País;

III – a integração da gestão de recursos hídricos com a gestão ambiental;

IV – a articulação do planejamento de recursos hídricos com o dos setores usuários e com os planejamentos regional, estadual e nacional;

V – a articulação da gestão de recursos hídricos com a do uso do solo;

VI – a integração da gestão das bacias hidrográficas com a dos sistemas estuarinos e zonas costeiras.

Art. 4º A União articular-se-á com os Estados tendo em vista o gerenciamento dos recursos hídricos de interesse comum.

CAPÍTULO IV
DOS INSTRUMENTOS

Art. 5º São instrumentos da Política Nacional de Recursos Hídricos:

I – os Planos de Recursos Hídricos;

II – o enquadramento dos corpos de água em classes, segundo os usos preponderantes da água;

III – a outorga dos direitos de uso de recursos hídricos;

IV – a cobrança pelo uso de recursos hídricos;

V – a compensação a municípios;

VI – o Sistema de Informações sobre Recursos Hídricos.

SEÇÃO I
DOS PLANOS DE RECURSOS HÍDRICOS

Art. 6º Os Planos de Recursos Hídricos são planos diretores que visam a fundamentar e orientar a implementação da Política Nacional de Recursos Hídricos e o gerenciamento dos recursos hídricos.

Art. 7º Os Planos de Recursos Hídricos são planos de longo prazo, com horizonte de planejamento compatível com o período de implantação de seus programas e projetos e terão o seguinte conteúdo mínimo:

I – diagnóstico da situação atual dos recursos hídricos;

II – análise de alternativas de crescimento demográfico, de evolução de atividades produtivas e de modificações dos padrões de ocupação do solo;

III – balanço entre disponibilidades e demandas futuras dos recursos hídricos, em quantidade e qualidade, com identificação de conflitos potenciais;

IV – metas de racionalização de uso, aumento da quantidade e melhoria da qualidade dos recursos hídricos disponíveis;

V – medidas a serem tomadas, programas a serem desenvolvidos e projetos a serem implantados, para o atendimento das metas previstas;

VI – (VETADO)

VII – (VETADO)

VIII – prioridades para outorga de direitos de uso de recursos hídricos;

IX – diretrizes e critérios para a cobrança pelo uso dos recursos hídricos;

X – propostas para a criação de áreas sujeitas a restrição de uso, com vistas à proteção dos recursos hídricos.

Art. 8º Os Planos de Recursos Hídricos serão elaborados por bacia hidrográfica, por Estado e para o País.

SEÇÃO II
DO ENQUADRAMENTO DOS CORPOS DE ÁGUA EM CLASSES, SEGUNDO OS USOS PREPONDERANTES DA ÁGUA

Art. 9º O enquadramento dos corpos de água em classes, segundo os usos preponderantes da água, visa a:

I – assegurar às águas qualidade compatível com os usos mais exigentes a que forem destinadas;

II – diminuir os custos de combate à poluição das águas, mediante ações preventivas permanentes.

Art. 10. As classes de corpos de água serão estabelecidas pela legislação ambiental.

SEÇÃO III
DA OUTORGA DE DIREITOS DE USO DE RECURSOS HÍDRICOS

Art. 11. O regime de outorga de direitos de uso de recursos hídricos tem como objetivos assegurar o controle quantitativo e qualitativo dos usos da água e o efetivo exercício dos direitos de acesso à água.

Art. 12. Estão sujeitos a outorga pelo Poder Público os direitos dos seguintes usos de recursos hídricos:

I – derivação ou captação de parcela da água existente em um corpo de água para consumo final, inclusive abastecimento público, ou insumo de processo produtivo;

II – extração de água de aquífero subterrâneo para consumo final ou insumo de processo produtivo;

III – lançamento em corpo de água de esgotos e demais resíduos líquidos ou gasosos, tratados ou não, com o fim de sua diluição, transporte ou disposição final;

IV – aproveitamento dos potenciais hidrelétricos;

V – outros usos que alterem o regime, a quantidade ou a qualidade da água existente em um corpo de água.

§ 1º Independem de outorga pelo Poder Público, conforme definido em regulamento:

I – o uso de recursos hídricos para a satisfação das necessidades de pequenos núcleos populacionais, distribuídos no meio rural;

II – as derivações, captações e lançamentos considerados insignificantes;

III – as acumulações de volumes de água consideradas insignificantes.

§ 2º A outorga e a utilização de recursos hídricos para fins de geração de energia elétrica estará subordinada ao Plano Nacional de Recursos Hídricos, aprovado na forma do disposto no inciso VIII do art. 35 desta Lei, obedecida a disciplina da legislação setorial específica.

Art. 13. Toda outorga estará condicionada às prioridades de uso estabelecidas nos Planos de Recursos Hídricos e deverá respeitar a classe em que o corpo de água estiver enquadrado e a manutenção de condições adequadas ao transporte aquaviário, quando for o caso.

Parágrafo único. A outorga de uso dos recursos hídricos deverá preservar o uso múltiplo destes.

Art. 14. A outorga efetivar-se-á por ato da autoridade competente do Poder Executivo Federal, dos Estados ou do Distrito Federal.

§ 1º O Poder Executivo Federal poderá delegar aos Estados e ao Distrito Federal competência para conceder outorga de direito de uso de recurso hídrico de domínio da União.

§ 2º (VETADO)

Art. 15. A outorga de direito de uso de recursos hídricos poderá ser suspensa parcial ou totalmente, em definitivo ou por prazo determinado, nas seguintes circunstâncias:

I – não cumprimento pelo outorgado dos termos da outorga;

II – ausência de uso por três anos consecutivos;

III – necessidade premente de água para atender a situações de calamidade, inclusive as decorrentes de condições climáticas adversas;

IV – necessidade de se prevenir ou reverter grave degradação ambiental;

V – necessidade de se atender a usos prioritários, de interesse coletivo, para os quais não se disponha de fontes alternativas;

VI – necessidade de serem mantidas as características de navegabilidade do corpo de água.

Art. 16. Toda outorga de direitos de uso de recursos hídricos far-se-á por prazo não excedente a trinta e cinco anos, renovável.

Art. 17. (VETADO)

Art. 18. A outorga não implica a alienação parcial das águas, que são inalienáveis, mas o simples direito de seu uso.

SEÇÃO IV

DA COBRANÇA DO USO DE RECURSOS HÍDRICOS

Art. 19. A cobrança pelo uso de recursos hídricos objetiva:

I – reconhecer a água como bem econômico e dar ao usuário uma indicação de seu real valor;

II – incentivar a racionalização do uso da água;

III – obter recursos financeiros para o financiamento dos programas e intervenções contemplados nos planos de recursos hídricos.

Art. 20. Serão cobrados os usos de recursos hídricos sujeitos a outorga, nos termos do art. 12 desta Lei.

Parágrafo único. (VETADO)

Art. 21. Na fixação dos valores a serem cobrados pelo uso dos recursos hídricos devem ser observados, dentre outros:

I – nas derivações, captações e extrações de água, o volume retirado e seu regime de variação;

II – nos lançamentos de esgotos e demais resíduos líquidos ou gasosos, o volume lançado e seu regime de variação e as características físico-químicas, biológicas e de toxidade do afluente.

Art. 22. Os valores arrecadados com a cobrança pelo uso de recursos hídricos serão aplicados prioritariamente na bacia hidrográfica em que foram gerados e serão utilizados:

I – no financiamento de estudos, programas, projetos e obras incluídos nos Planos de Recursos Hídricos;

II – no pagamento de despesas de implantação e custeio administrativo dos órgãos e entidades integrantes do Sistema Nacional de Gerenciamento de Recursos Hídricos.

§ 1º A aplicação nas despesas previstas no inciso II deste artigo é limitada a sete e meio por cento do total arrecadado.

§ 2º Os valores previstos no *caput* deste artigo poderão ser aplicados a fundo perdido em projetos e obras que alterem, de modo considerado benéfico à coletividade, a qualidade, a quantidade e o regime de vazão de um corpo de água.

§ 3º (VETADO)

Art. 23. (VETADO)

SEÇÃO V

DA COMPENSAÇÃO A MUNICÍPIOS

Art. 24. (VETADO)

SEÇÃO VI

DO SISTEMA DE INFORMAÇÕES SOBRE RECURSOS HÍDRICOS

Art. 25. O Sistema de Informações sobre Recursos Hídricos é um sistema de coleta, tratamento, armazenamento e recuperação de informações sobre recursos hídricos e fatores intervenientes em sua gestão.

Parágrafo único. Os dados gerados pelos órgãos integrantes do Sistema Nacional de Gerenciamento de Recursos Hídricos serão incorporados ao Sistema Nacional de Informações sobre Recursos Hídricos.

Art. 26. São princípios básicos para o funcionamento do Sistema de Informações sobre Recursos Hídricos:

I – descentralização da obtenção e produção de dados e informações;

II – coordenação unificada do sistema;

III – acesso aos dados e informações garantido à toda a sociedade.

Art. 27. São objetivos do Sistema Nacional de Informações sobre Recursos Hídricos:

I – reunir, dar consistência e divulgar os dados e informações sobre a situação qualitativa e quantitativa dos recursos hídricos no Brasil;

II – atualizar permanentemente as informações sobre disponibilidade e demanda de recursos hídricos em todo o território nacional;

III – fornecer subsídios para a elaboração dos Planos de Recursos Hídricos.

CAPÍTULO V

DO RATEIO DE CUSTOS DAS OBRAS DE USO MÚLTIPLO, DE INTERESSE COMUM OU COLETIVO

Art. 28. (VETADO)

CAPÍTULO VI

DA AÇÃO DO PODER PÚBLICO

Art. 29. Na implementação da Política Nacional de Recursos Hídricos, compete ao Poder Executivo Federal:

I – tomar as providências necessárias à implementação e ao funcionamento do Sistema Nacional de Gerenciamento de Recursos Hídricos;

II – outorgar os direitos de uso de recursos hídricos, e regulamentar e fiscalizar os usos, na sua esfera de competência;

III – implantar e gerir o Sistema de Informações sobre Recursos Hídricos, em âmbito nacional;

IV – promover a integração da gestão de recursos hídricos com a gestão ambiental.

Parágrafo único. O Poder Executivo Federal indicará, por decreto, a autoridade responsável pela efetivação de outorgas de direito de uso dos recursos hídricos sob domínio da União.

Art. 30. Na implementação da Política Nacional de Recursos Hídricos, cabe aos Poderes Executivos Estaduais e do Distrito Federal, na sua esfera de competência:

I – outorgar os direitos de uso de recursos hídricos e regulamentar e fiscalizar os seus usos;

II – realizar o controle técnico das obras de oferta hídrica;

III – implantar e gerir o Sistema de Informações sobre Recursos Hídricos, em âmbito estadual e do Distrito Federal;

IV – promover a integração da gestão de recursos hídricos com a gestão ambiental.

Art. 31. Na implementação da Política Nacional de Recursos Hídricos, os Poderes Executivos do Distrito Federal e dos municípios promoverão a integração das políticas locais de saneamento básico, de uso, ocupação e conservação do solo e de meio ambiente com as políticas federal e estaduais de recursos hídricos.

TÍTULO II

DO SISTEMA NACIONAL DE GERENCIAMENTO DE RECURSOS HÍDRICOS

CAPÍTULO I

DOS OBJETIVOS E DA COMPOSIÇÃO

Art. 32. Fica criado o Sistema Nacional de Gerenciamento de Recursos Hídricos, com os seguintes objetivos:

I – coordenar a gestão integrada das águas;

II – arbitrar administrativamente os conflitos relacionados com os recursos hídricos;

III – implementar a Política Nacional de Recursos Hídricos;

IV – planejar, regular e controlar o uso, a preservação e a recuperação dos recursos hídricos;

V – promover a cobrança pelo uso de recursos hídricos.

Art. 33. Integram o Sistema Nacional de Gerenciamento de Recursos Hídricos: (Redação dada pela Lei 9.984, de 2000)

I – o Conselho Nacional de Recursos Hídricos; (Redação dada pela Lei 9.984, de 2000)

I-A. – a Agência Nacional de Águas; (Incluído pela Lei 9.984, de 2000)

II – os Conselhos de Recursos Hídricos dos Estados e do Distrito Federal; (Redação dada pela Lei 9.984, de 2000)

III – os Comitês de Bacia Hidrográfica; (Redação dada pela Lei 9.984, de 2000)

IV – os órgãos dos poderes públicos federal, estaduais, do Distrito Federal e municipais cujas competências se relacionem com a gestão de recursos hídricos; (Redação dada pela Lei 9.984, de 2000)

V – as Agências de Água. (Redação dada pela Lei 9.984, de 2000)

CAPÍTULO II

DO CONSELHO NACIONAL DE RECURSOS HÍDRICOS

Art. 34. O Conselho Nacional de Recursos Hídricos é composto por:

I – representantes dos Ministérios e Secretarias da Presidência da República com atuação no gerenciamento ou no uso de recursos hídricos;

II - representantes indicados pelos Conselhos Estaduais de Recursos Hídricos;

III - representantes dos usuários dos recursos hídricos;

IV - representantes das organizações civis de recursos hídricos.

Parágrafo único. O número de representantes do Poder Executivo Federal não poderá exceder à metade mais um do total dos membros do Conselho Nacional de Recursos Hídricos.

Art. 35. Compete ao Conselho Nacional de Recursos Hídricos:

I - promover a articulação do planejamento de recursos hídricos com os planejamentos nacional, regional, estaduais e dos setores usuários;

II - arbitrar, em última instância administrativa, os conflitos existentes entre Conselhos Estaduais de Recursos Hídricos;

III - deliberar sobre os projetos de aproveitamento de recursos hídricos cujas repercussões extrapolem o âmbito dos Estados em que serão implantados;

IV - deliberar sobre as questões que lhe tenham sido encaminhadas pelos Conselhos Estaduais de Recursos Hídricos ou pelos Comitês de Bacia Hidrográfica;

V - analisar propostas de alteração da legislação pertinente a recursos hídricos e à Política Nacional de Recursos Hídricos;

VI - estabelecer diretrizes complementares para implementação da Política Nacional de Recursos Hídricos, aplicação de seus instrumentos e atuação do Sistema Nacional de Gerenciamento de Recursos Hídricos;

VII - aprovar propostas de instituição dos Comitês de Bacia Hidrográfica e estabelecer critérios gerais para a elaboração de seus regimentos;

VIII - (VETADO)

IX - acompanhar a execução e aprovar o Plano Nacional de Recursos Hídricos e determinar as providências necessárias ao cumprimento de suas metas; (Redação dada pela Lei 9.984, de 2000)

X - estabelecer critérios gerais para a outorga de direitos de uso de recursos hídricos e para a cobrança por seu uso.

XI - zelar pela implementação da Política Nacional de Segurança de Barragens (PNSB); (Incluído pela Lei nº 12.334, de 2010)

XII - estabelecer diretrizes para implementação da PNSB, aplicação de seus instrumentos e atuação do Sistema Nacional de Informações sobre Segurança de Barragens (SNISB); (Incluído pela Lei nº 12.334, de 2010)

XIII - apreciar o Relatório de Segurança de Barragens, fazendo, se necessário, recomendações para melhoria da segurança das obras, bem como encaminhá-lo ao Congresso Nacional. (Incluído pela Lei nº 12.334, de 2010)

Art. 36. O Conselho Nacional de Recursos Hídricos será gerido por:

I - um Presidente, que será o Ministro titular do Ministério do Meio Ambiente, dos Recursos Hídricos e da Amazônia Legal;

II - um Secretário Executivo, que será o titular do órgão integrante da estrutura do Ministério do Meio Ambiente, dos Recursos Hídricos e da Amazônia Legal, responsável pela gestão dos recursos hídricos.

CAPÍTULO III

DOS COMITÊS DE BACIA HIDROGRÁFICA

Art. 37. Os Comitês de Bacia Hidrográfica terão como área de atuação:

I - a totalidade de uma bacia hidrográfica;

II - sub-bacia hidrográfica de tributário do curso de água principal da bacia, ou de tributário desse tributário; ou

III - grupo de bacias ou sub-bacias hidrográficas contíguas.

Parágrafo único. A instituição de Comitês de Bacia Hidrográfica em rios de domínio da União será efetivada por ato do Presidente da República.

Art. 38. Compete aos Comitês de Bacia Hidrográfica, no âmbito de sua área de atuação:

I - promover o debate das questões relacionadas a recursos hídricos e articular a atuação das entidades intervenientes;

II - arbitrar, em primeira instância administrativa, os conflitos relacionados aos recursos hídricos;

III - aprovar o Plano de Recursos Hídricos da bacia;

IV - acompanhar a execução do Plano de Recursos Hídricos da bacia e sugerir as providências necessárias ao cumprimento de suas metas;

V - propor ao Conselho Nacional e aos Conselhos Estaduais de Recursos Hídricos as acumulações, derivações, captações e lançamentos de pouca expressão, para efeito de isenção da obrigatoriedade de outorga de direitos de uso de recursos hídricos, de acordo com os domínios destes;

VI - estabelecer os mecanismos de cobrança pelo uso de recursos hídricos e sugerir os valores a serem cobrados;

VII - (VETADO)

VIII - (VETADO)

IX - estabelecer critérios e promover o rateio de custo das obras de uso múltiplo, de interesse comum ou coletivo.

Parágrafo único. Das decisões dos Comitês de Bacia Hidrográfica caberá recurso ao Conselho Nacional ou aos Conselhos Estaduais de Recursos Hídricos, de acordo com sua esfera de competência.

Art. 39. Os Comitês de Bacia Hidrográfica são compostos por representantes:

I – da União;

II – dos Estados e do Distrito Federal cujos territórios se situem, ainda que parcialmente, em suas respectivas áreas de atuação;

III – dos Municípios situados, no todo ou em parte, em sua área de atuação;

IV – dos usuários das águas de sua área de atuação;

V – das entidades civis de recursos hídricos com atuação comprovada na bacia.

§ 1º O número de representantes de cada setor mencionado neste artigo, bem como os critérios para sua indicação, serão estabelecidos nos regimentos dos comitês, limitada a representação dos poderes executivos da União, Estados, Distrito Federal e Municípios à metade do total de membros.

§ 2º Nos Comitês de Bacia Hidrográfica de bacias de rios fronteiriços e transfronteiriços de gestão compartilhada, a representação da União deverá incluir um representante do Ministério das Relações Exteriores.

§ 3º Nos Comitês de Bacia Hidrográfica de bacias cujos territórios abranjam terras indígenas devem ser incluídos representantes:

I – da Fundação Nacional do Índio – FUNAI, como parte da representação da União;

II – das comunidades indígenas ali residentes ou com interesses na bacia.

§ 4º A participação da União nos Comitês de Bacia Hidrográfica com área de atuação restrita a bacias de rios sob domínio estadual, dar-se-á na forma estabelecida nos respectivos regimentos.

Art. 40. Os Comitês de Bacia Hidrográfica serão dirigidos por um Presidente e um Secretário, eleitos dentre seus membros.

CAPÍTULO IV
DAS AGÊNCIAS DE ÁGUA

Art. 41. As Agências de Água exercerão a função de secretaria executiva do respectivo ou respectivos Comitês de Bacia Hidrográfica.

Art. 42. As Agências de Água terão a mesma área de atuação de um ou mais Comitês de Bacia Hidrográfica.

Parágrafo único. A criação das Agências de Água será autorizada pelo Conselho Nacional de Recursos Hídricos ou pelos Conselhos Estaduais de Recursos Hídricos mediante solicitação de um ou mais Comitês de Bacia Hidrográfica.

Art. 43. A criação de uma Agência de Água é condicionada ao atendimento dos seguintes requisitos:

I – prévia existência do respectivo ou respectivos Comitês de Bacia Hidrográfica;

II – viabilidade financeira assegurada pela cobrança do uso dos recursos hídricos em sua área de atuação.

Art. 44. Compete às Agências de Água, no âmbito de sua área de atuação:

I – manter balanço atualizado da disponibilidade de recursos hídricos em sua área de atuação;

II – manter o cadastro de usuários de recursos hídricos;

III – efetuar, mediante delegação do outorgante, a cobrança pelo uso de recursos hídricos;

IV – analisar e emitir pareceres sobre os projetos e obras a serem financiados com recursos gerados pela cobrança pelo uso de Recursos Hídricos e encaminhá-los à instituição financeira responsável pela administração desses recursos;

V – acompanhar a administração financeira dos recursos arrecadados com a cobrança pelo uso de recursos hídricos em sua área de atuação;

VI – gerir o Sistema de Informações sobre Recursos Hídricos em sua área de atuação;

VII – celebrar convênios e contratar financiamentos e serviços para a execução de suas competências;

VIII – elaborar a sua proposta orçamentária e submetê-la à apreciação do respectivo ou respectivos Comitês de Bacia Hidrográfica;

IX – promover os estudos necessários para a gestão dos recursos hídricos em sua área de atuação;

X – elaborar o Plano de Recursos Hídricos para apreciação do respectivo Comitê de Bacia Hidrográfica;

XI – propor ao respectivo ou respectivos Comitês de Bacia Hidrográfica:

a) o enquadramento dos corpos de água nas classes de uso, para encaminhamento ao respectivo Conselho Nacional ou Conselhos Estaduais de Recursos Hídricos, de acordo com o domínio destes;

b) os valores a serem cobrados pelo uso de recursos hídricos;

c) o plano de aplicação dos recursos arrecadados com a cobrança pelo uso de recursos hídricos;

d) o rateio de custo das obras de uso múltiplo, de interesse comum ou coletivo.

CAPÍTULO V
DA SECRETARIA EXECUTIVA DO CONSELHO NACIONAL DE RECURSOS HÍDRICOS

Art. 45. A Secretaria Executiva do Conselho Nacional de Recursos Hídricos será exercida pelo órgão integrante da estrutura do Ministério do Meio Ambiente, dos Recursos Hídricos e da Amazônia Legal, responsável pela gestão dos recursos hídricos.

Art. 46. Compete à Secretaria Executiva do Conselho Nacional de Recursos Hídricos: (Redação dada pela Lei 9.984, de 2000)

I – prestar apoio administrativo, técnico e financeiro ao Conselho Nacional de Recursos Hídricos; (Redação dada pela Lei 9.984, de 2000)

II – revogado; (Redação dada pela Lei 9.984, de 2000)

III – instruir os expedientes provenientes dos Conselhos Estaduais de Recursos Hídricos e dos Comitês de Bacia Hidrográfica;" (Redação dada pela Lei 9.984, de 2000)

IV – revogado;" (Redação dada pela Lei 9.984, de 2000)

V – elaborar seu programa de trabalho e respectiva proposta orçamentária anual e submetê-los à aprovação do Conselho Nacional de Recursos Hídricos. (Redação dada pela Lei 9.984, de 2000)

CAPÍTULO VI
DAS ORGANIZAÇÕES CIVIS DE RECURSOS HÍDRICOS

Art. 47. São consideradas, para os efeitos desta Lei, organizações civis de recursos hídricos:

I – consórcios e associações intermunicipais de bacias hidrográficas;

II – associações regionais, locais ou setoriais de usuários de recursos hídricos;

III – organizações técnicas e de ensino e pesquisa com interesse na área de recursos hídricos;

IV – organizações não-governamentais com objetivos de defesa de interesses difusos e coletivos da sociedade;

V – outras organizações reconhecidas pelo Conselho Nacional ou pelos Conselhos Estaduais de Recursos Hídricos.

Art. 48. Para integrar o Sistema Nacional de Recursos Hídricos, as organizações civis de recursos hídricos devem ser legalmente constituídas.

TÍTULO III
DAS INFRAÇÕES E PENALIDADES

Art. 49. Constitui infração das normas de utilização de recursos hídricos superficiais ou subterrâneos:

I – derivar ou utilizar recursos hídricos para qualquer finalidade, sem a respectiva outorga de direito de uso;

II – iniciar a implantação ou implantar empreendimento relacionado com a derivação ou a utilização de recursos hídricos, superficiais ou subterrâneos, que implique alterações no regime, quantidade ou qualidade dos mesmos, sem autorização dos órgãos ou entidades competentes;

III – (VETADO)

IV – utilizar-se dos recursos hídricos ou executar obras ou serviços relacionados com os mesmos em desacordo com as condições estabelecidas na outorga;

V – perfurar poços para extração de água subterrânea ou operá-los sem a devida autorização;

VI – fraudar as medições dos volumes de água utilizados ou declarar valores diferentes dos medidos;

VII – infringir normas estabelecidas no regulamento desta Lei e nos regulamentos administrativos, compreendendo instruções e procedimentos fixados pelos órgãos ou entidades competentes;

VIII – obstar ou dificultar a ação fiscalizadora das autoridades competentes no exercício de suas funções.

Art. 50. Por infração de qualquer disposição legal ou regulamentar referentes à execução de obras e serviços hidráulicos, derivação ou utilização de recursos hídricos de domínio ou administração da União, ou pelo não atendimento das solicitações feitas, o infrator, a critério da autoridade competente, ficará sujeito às seguintes penalidades, independentemente de sua ordem de enumeração:

I – advertência por escrito, na qual serão estabelecidos prazos para correção das irregularidades;

II – multa, simples ou diária, proporcional à gravidade da infração, de R$ 100,00 (cem reais) a R$ 10.000,00 (dez mil reais);

III – embargo provisório, por prazo determinado, para execução de serviços e obras necessárias ao efetivo cumprimento das condições de outorga ou para o cumprimento de normas referentes ao uso, controle, conservação e proteção dos recursos hídricos;

IV – embargo definitivo, com revogação da outorga, se for o caso, para repor incontinenti, no seu antigo estado, os recursos hídricos, leitos e margens, nos termos dos arts. 58 e 59 do Código de Águas ou tamponar os poços de extração de água subterrânea.

§ 1º Sempre que da infração cometida resultar prejuízo a serviço público de abastecimento de água, riscos à saúde ou à vida, perecimento de bens ou animais, ou prejuízos de qualquer natureza a terceiros, a multa a ser aplicada nunca será inferior à metade do valor máximo cominado em abstrato.

§ 2º No caso dos incisos III e IV, independentemente da pena de multa, serão cobradas do infrator as despesas em que incorrer a Administração para tornar efetivas as medidas previstas nos citados incisos, na forma dos arts. 36, 53, 56 e 58 do Código de Águas, sem prejuízo de responder pela indenização dos danos a que der causa.

§ 3º Da aplicação das sanções previstas neste título caberá recurso à autoridade administrativa competente, nos termos do regulamento.

§ 4º Em caso de reincidência, a multa será aplicada em dobro.

TÍTULO IV
DAS DISPOSIÇÕES GERAIS E TRANSITÓRIAS

Art. 51. O Conselho Nacional de Recursos Hídricos e os Conselhos Estaduais de Recursos Hídricos poderão delegar a organizações sem fins lucrativos relacionadas no art. 47 desta Lei, por prazo determinado, o exercício de funções de competência das Agências de Água, enquanto esses organismos não estiverem constituídos. (Redação dada pela Lei nº 10.881, de 2004)

Art. 52. Enquanto não estiver aprovado e regulamentado o Plano Nacional de Recursos Hídricos, a utilização dos potenciais hidráulicos para fins de geração de energia elétrica continuará subordinada à disciplina da legislação setorial específica.

Art. 53. O Poder Executivo, no prazo de cento e vinte dias a partir da publicação desta Lei, encaminhará ao Congresso Nacional projeto de lei dispondo sobre a criação das Agências de Água.

Art. 54. O art. 1º da Lei nº 8.001, de 13 de março de 1990, passa a vigorar com a seguinte redação:

"Art. 1º ....

....

III – quatro inteiros e quatro décimos por cento à Secretaria de Recursos Hídricos do Ministério do Meio Ambiente, dos Recursos Hídricos e da Amazônia Legal;

IV – três inteiros e seis décimos por cento ao Departamento Nacional de Águas e Energia Elétrica – DNAEE, do Ministério de Minas e Energia;

V – dois por cento ao Ministério da Ciência e Tecnologia.

....

§ 4º A cota destinada à Secretaria de Recursos Hídricos do Ministério do Meio Ambiente, dos Recursos Hídricos e da Amazônia Legal será empregada na implementação da Política Nacional de Recursos Hídricos e do Sistema Nacional de Gerenciamento de Recursos Hídricos e na gestão da rede hidrometeorológica nacional.

§ 5º A cota destinada ao DNAEE será empregada na operação e expansão de sua rede hidrometeorológica, no estudo dos recursos hídricos e em serviços relacionados ao aproveitamento da energia hidráulica."

Parágrafo único. Os novos percentuais definidos no *caput* deste artigo entrarão em vigor no prazo de cento e oitenta dias contados a partir da data de publicação desta Lei.

Art. 55. O Poder Executivo Federal regulamentará esta Lei no prazo de cento e oitenta dias, contados da data de sua publicação.

Art. 56. Esta Lei entra em vigor na data de sua publicação.

Art. 57. Revogam-se as disposições em contrário.

Brasília, 8 de janeiro de 1997; 176º da Independência e 109º da República.

FERNANDO HENRIQUE CARDOSO

DOU de 9.1.1997

LEI Nº 12.187, DE 29 DE DEZEMBRO DE 2009

Institui a Política Nacional sobre Mudança do Clima – PNMC e dá outras providências.

O Presidente da República

Faço saber que o Congresso Nacional decreta e eu sanciono a seguinte Lei:

Art. 1º Esta Lei institui a Política Nacional sobre Mudança do Clima – PNMC e estabelece seus princípios, objetivos, diretrizes e instrumentos.

Art 2º Para os fins previstos nesta Lei, entende-se por:

I – adaptação: iniciativas e medidas para reduzir a vulnerabilidade dos sistemas naturais e humanos frente aos efeitos atuais e esperados da mudança do clima;

II – efeitos adversos da mudança do clima: mudanças no meio físico ou biota resultantes da mudança do clima que tenham efeitos deletérios significativos sobre a composição, resiliência ou produtividade de ecossistemas naturais e manejados, sobre o funcionamento de sistemas socioeconômicos ou sobre a saúde e o bem-estar humanos;

III – emissões: liberação de gases de efeito estufa ou seus precursores na atmosfera numa área específica e num período determinado;

IV – fonte: processo ou atividade que libere na atmosfera gás de efeito estufa, aerossol ou precursor de gás de efeito estufa;

V – gases de efeito estufa: constituintes gasosos, naturais ou antrópicos, que, na atmosfera, absorvem e reemitem radiação infravermelha;

VI – impacto: os efeitos da mudança do clima nos sistemas humanos e naturais;

VII – mitigação: mudanças e substituições tecnológicas que reduzam o uso de recursos e as emissões por unidade de produção, bem como a implementação de medidas que reduzam as emissões de gases de efeito estufa e aumentem os sumidouros;

VIII – mudança do clima: mudança de clima que possa ser direta ou indiretamente atribuída à atividade humana que altere a composição da atmosfera mundial e que se some àquela provocada pela variabilidade climática natural observada ao longo de períodos comparáveis;

IX – sumidouro: processo, atividade ou mecanismo que remova da atmosfera gás de efeito estufa, aerossol ou precursor de gás de efeito estufa; e

X – vulnerabilidade: grau de suscetibilidade e incapacidade de um sistema, em função de sua sensibilidade, capacidade de adaptação, e do caráter, magnitude e taxa de mudança e variação do clima a que está exposto, de lidar com os efeitos adversos da mudança do clima, entre os quais a variabilidade climática e os eventos extremos.

Art. 3º A PNMC e as ações dela decorrentes, executadas sob a responsabilidade dos entes políticos e dos órgãos da administração pública, observarão os princípios da precaução, da prevenção, da participação cidadã, do desenvolvimento sustentável e o das responsabilidades comuns, porém diferenciadas, este último no âmbito internacional, e, quanto às medidas a serem adotadas na sua execução, será considerado o seguinte:

I – todos têm o dever de atuar, em benefício das presentes e futuras gerações, para a redução dos impactos decorrentes das interferências antrópicas sobre o sistema climático;

II – serão tomadas medidas para prever, evitar ou minimizar as causas identificadas da mudança climática com origem antrópica no território nacional, sobre as quais haja razoável consenso por parte dos meios científicos e técnicos ocupados no estudo dos fenômenos envolvidos;

III – as medidas tomadas devem levar em consideração os diferentes contextos socioeconomicos de sua aplicação, distribuir os ônus e encargos decorrentes entre os setores econômicos e as populações e comunidades interessadas de modo equitativo e equilibrado e sopesar as responsabilidades individuais quanto à origem das fontes emissoras e dos efeitos ocasionados sobre o clima;

IV – o desenvolvimento sustentável é a condição para enfrentar as alterações climáticas e conciliar o atendimento às necessidades comuns e particulares das populações e comunidades que vivem no território nacional;

V – as ações de âmbito nacional para o enfrentamento das alterações climáticas, atuais, presentes e futuras, devem considerar e integrar as ações promovidas no âmbito estadual e municipal por entidades públicas e privadas;

VI – (VETADO)

Art. 4º A Política Nacional sobre Mudança do Clima – PNMC visará:

I – à compatibilização do desenvolvimento econômico-social com a proteção do sistema climático;

II – à redução das emissões antrópicas de gases de efeito estufa em relação às suas diferentes fontes;

III – (VETADO);

IV – ao fortalecimento das remoções antrópicas por sumidouros de gases de efeito estufa no território nacional;

V – à implementação de medidas para promover a adaptação à mudança do clima pelas 3 (três) esferas da Federação, com a participação e a colaboração dos agentes econômicos e sociais interessados ou beneficiários, em particular aqueles especialmente vulneráveis aos seus efeitos adversos;

VI – à preservação, à conservação e à recuperação dos recursos ambientais, com particular atenção aos grandes biomas naturais tidos como Patrimônio Nacional;

VII – à consolidação e à expansão das áreas legalmente protegidas e ao incentivo aos reflorestamentos e à recomposição da cobertura vegetal em áreas degradadas;

VIII – ao estímulo ao desenvolvimento do Mercado Brasileiro de Redução de Emissões – MBRE.

Parágrafo único. Os objetivos da Política Nacional sobre Mudança do Clima deverão estar em consonância com o desenvolvimento sustentável a fim de buscar o crescimento econômico, a erradicação da pobreza e a redução das desigualdades sociais.

Art. 5º São diretrizes da Política Nacional sobre Mudança do Clima:

I – os compromissos assumidos pelo Brasil na Convenção-Quadro das Nações Unidas sobre Mudança do Clima, no Protocolo de Quioto e nos demais documentos sobre mudança do clima dos quais vier a ser signatário;

II – as ações de mitigação da mudança do clima em consonância com o desenvolvimento sustentável, que sejam, sempre que possível, mensuráveis para sua adequada quantificação e verificação a posteriori;

III – as medidas de adaptação para reduzir os efeitos adversos da mudança do clima e a vulnerabilidade dos sistemas ambiental, social e econômico;

IV – as estratégias integradas de mitigação e adaptação à mudança do clima nos âmbitos local, regional e nacional;

V – o estímulo e o apoio à participação dos governos federal, estadual, distrital e municipal, assim como do setor produtivo, do meio acadêmico e da sociedade civil organizada, no desenvolvimento e na execução de políticas, planos, programas e ações relacionados à mudança do clima;

VI – a promoção e o desenvolvimento de pesquisas científico-tecnológicas, e a difusão de tecnologias, processos e práticas orientados a:

a) mitigar a mudança do clima por meio da redução de emissões antrópicas por fontes e do fortalecimento das remoções antrópicas por sumidouros de gases de efeito estufa;

b) reduzir as incertezas nas projeções nacionais e regionais futuras da mudança do clima;

c) identificar vulnerabilidades e adotar medidas de adaptação adequadas;

VII – a utilização de instrumentos financeiros e econômicos para promover ações de mitigação e adaptação à mudança do clima, observado o disposto no art. 6º;

VIII – a identificação, e sua articulação com a Política prevista nesta Lei, de instrumentos de ação governamental já estabelecidos aptos a contribuir para proteger o sistema climático;

IX – o apoio e o fomento às atividades que efetivamente reduzam as emissões ou promovam as remoções por sumidouros de gases de efeito estufa;

X – a promoção da cooperação internacional no âmbito bilateral, regional e multilateral para o financiamento, a capacitação, o desenvolvimento, a transferência e a difusão de tecnologias e processos para a implementação de ações de mitigação e adaptação, incluindo a pesquisa científica, a observação sistemática e o intercâmbio de informações;

XI – o aperfeiçoamento da observação sistemática e precisa do clima e suas manifestações no território nacional e nas áreas oceânicas contíguas;

XII – a promoção da disseminação de informações, a educação, a capacitação e a conscientização pública sobre mudança do clima;

XIII – o estímulo e o apoio à manutenção e à promoção:

a) de práticas, atividades e tecnologias de baixas emissões de gases de efeito estufa;

b) de padrões sustentáveis de produção e consumo.

Art. 6º São instrumentos da Política Nacional sobre Mudança do Clima:

I – o Plano Nacional sobre Mudança do Clima;

II – o Fundo Nacional sobre Mudança do Clima;

III – os Planos de Ação para a Prevenção e Controle do Desmatamento nos biomas;

IV – a Comunicação Nacional do Brasil à Convenção-Quadro das Nações Unidas sobre Mudança do Clima, de acordo com os critérios estabelecidos por essa Convenção e por suas Conferências das Partes;

V – as resoluções da Comissão Interministerial de Mudança Global do Clima;

VI – as medidas fiscais e tributárias destinadas a estimular a redução das emissões e remoção de gases de efeito estufa, incluindo alíquotas diferenciadas, isenções, compensações e incentivos, a serem estabelecidos em lei específica;

VII – as linhas de crédito e financiamento específicas de agentes financeiros públicos e privados;

VIII – o desenvolvimento de linhas de pesquisa por agências de fomento;

IX – as dotações específicas para ações em mudança do clima no orçamento da União;

X – os mecanismos financeiros e econômicos referentes à mitigação da mudança do clima e à adaptação aos efeitos da mudança do clima que existam no âmbito da Convenção-Quadro das Nações Unidas sobre Mudança do Clima e do Protocolo de Quioto;

XI – os mecanismos financeiros e econômicos, no âmbito nacional, referentes à mitigação e à adaptação à mudança do clima;

XII – as medidas existentes, ou a serem criadas, que estimulem o desenvolvimento de processos e tecnologias, que contribuam para a redução de emissões e remoções de gases de efeito estufa, bem como para a adaptação, dentre as quais o estabelecimento de critérios de preferência nas licitações e concorrências públicas, compreendidas aí as parcerias público-privadas e a autorização, permissão, outorga e concessão para exploração de serviços públicos e recursos naturais, para as propostas que propiciem maior economia de energia, água e outros recursos naturais e redução da emissão de gases de efeito estufa e de resíduos;

XIII – os registros, inventários, estimativas, avaliações e quaisquer outros estudos de emissões de gases de efeito estufa e de suas fontes, elaborados com base em informações e dados fornecidos por entidades públicas e privadas;

XIV – as medidas de divulgação, educação e conscientização;

XV – o monitoramento climático nacional;

XVI – os indicadores de sustentabilidade;

XVII – o estabelecimento de padrões ambientais e de metas, quantificáveis e verificáveis, para a redução de emissões antrópicas por fontes e para as remoções antrópicas por sumidouros de gases de efeito estufa;

XVIII – a avaliação de impactos ambientais sobre o microclima e o macroclima.

Art. 7º Os instrumentos institucionais para a atuação da Política Nacional de Mudança do Clima incluem:

I – o Comitê Interministerial sobre Mudança do Clima;

II – a Comissão Interministerial de Mudança Global do Clima;

III – o Fórum Brasileiro de Mudança do Clima;

IV – a Rede Brasileira de Pesquisas sobre Mudanças Climáticas Globais – Rede Clima;

V – a Comissão de Coordenação das Atividades de Meteorologia, Climatologia e Hidrologia.

Art. 8º As instituições financeiras oficiais disponibilizarão linhas de crédito e financiamento específicas para desenvolver ações e atividades que atendam aos objetivos desta Lei e voltadas para induzir a conduta dos agentes privados à observância e execução da PNMC, no âmbito de suas ações e responsabilidades sociais.

Art. 9º O Mercado Brasileiro de Redução de Emissões – MBRE será operacionalizado em bolsas de mercadorias e futuros, bolsas de valores e entidades de balcão organizado, autorizadas pela Comissão de Valores Mobiliários – CVM, onde se dará a negociação de títulos mobiliários representativos de emissões de gases de efeito estufa evitadas certificadas.

Art. 10. (VETADO)

Art. 11. Os princípios, objetivos, diretrizes e instrumentos das políticas públicas e programas governamentais deverão compatibilizar-se com os princípios, objetivos, diretrizes e instrumentos desta Política Nacional sobre Mudança do Clima.

Parágrafo único. Decreto do Poder Executivo estabelecerá, em consonância com a Política Nacional sobre Mudança do Clima, os Planos setoriais de mitigação e de adaptação às mudanças climáticas visando à consolidação de uma economia de baixo consumo de carbono, na geração e distribuição de energia elétrica, no transporte público urbano e nos sistemas modais de transporte interestadual de cargas e passageiros, na indústria de transformação e na de bens de consumo duráveis, nas indústrias químicas fina e de base, na indústria de papel e celulose, na mineração, na indústria da construção civil, nos serviços de saúde e na agropecuária, com vistas em atender metas gradativas de redução de emissões antrópicas quantificáveis e verificáveis, considerando as especificidades de cada setor, inclusive por meio do Mecanismo de Desenvolvimento Limpo – MDL e das Ações de Mitigação Nacionalmente Apropriadas – NAMAs.

Art. 12. Para alcançar os objetivos da PNMC, o País adotará, como compromisso nacional voluntário, ações de mitigação das emissões de gases de efeito estufa, com vistas em reduzir entre 36,1% (trinta e seis inteiros e um décimo por cento) e 38,9% (trinta e oito inteiros e nove décimos por cento) suas emissões projetadas até 2020.

Parágrafo único. A projeção das emissões para 2020 assim como o detalhamento das ações para alcançar o objetivo expresso no caput serão dispostos por decreto, tendo por base o segundo Inventário Brasileiro de Emissões e Remoções Antrópicas de Gases de Efeito Estufa não Controlados pelo Protocolo de Montreal, a ser concluído em 2010.

Art. 13. Esta Lei entra em vigor na data de sua publicação.

Brasília, 29 de dezembro de 2009; 188º da Independência e 121º da República.

LUIZ INÁCIO LULA DA SILVA

DOU de 30.12.2009 – Edição extra

LEI Nº 12.305, DE 2 DE AGOSTO DE 2010

Institui a Política Nacional de Resíduos Sólidos; altera a Lei nº 9.605, de 12 de fevereiro de 1998; e dá outras providências.

O Presidente da República

Faço saber que o Congresso Nacional decreta e eu sanciono a seguinte Lei:

TÍTULO I
DISPOSIÇÕES GERAIS

CAPÍTULO I
DO OBJETO E DO CAMPO DE APLICAÇÃO

Art. 1º Esta Lei institui a Política Nacional de Resíduos Sólidos, dispondo sobre seus princípios, objetivos e instrumentos, bem como sobre as diretrizes relativas à gestão integrada e ao gerenciamento de resíduos sólidos, incluídos os perigosos, às responsabilidades dos geradores e do poder público e aos instrumentos econômicos aplicáveis.

§ 1º Estão sujeitas à observância desta Lei as pessoas físicas ou jurídicas, de direito público ou privado, responsáveis, direta ou indiretamente, pela geração de resíduos sólidos e as que desenvolvam ações relacionadas à gestão integrada ou ao gerenciamento de resíduos sólidos.

§ 2º Esta Lei não se aplica aos rejeitos radioativos, que são regulados por legislação específica.

Art. 2º Aplicam-se aos resíduos sólidos, além do disposto nesta Lei, nas Leis nºs 11.445, de 5 de janeiro de 2007, 9.974, de 6 de junho de 2000, e 9.966, de 28 de abril de 2000, as normas estabelecidas pelos órgãos do Sistema Nacional do Meio Ambiente (Sisnama), do Sistema Nacional de Vigilância Sanitária (SNVS), do Sistema Unificado de Atenção à Sanidade Agropecuária (Suasa) e do Sistema Nacional de Metrologia, Normalização e Qualidade Industrial (Sinmetro).

CAPÍTULO II
DEFINIÇÕES

Art. 3º Para os efeitos desta Lei, entende-se por:

I – acordo setorial: ato de natureza contratual firmado entre o poder público e fabricantes, importadores, distribuidores ou comerciantes, tendo em vista a implantação da responsabilidade compartilhada pelo ciclo de vida do produto;

II – área contaminada: local onde há contaminação causada pela disposição, regular ou irregular, de quaisquer substâncias ou resíduos;

III – área órfã contaminada: área contaminada cujos responsáveis pela disposição não sejam identificáveis ou individualizáveis;

IV – ciclo de vida do produto: série de etapas que envolvem o desenvolvimento do produto, a obtenção de matérias-primas e insumos, o processo produtivo, o consumo e a disposição final;

V – coleta seletiva: coleta de resíduos sólidos previamente segregados conforme sua constituição ou composição;

VI – controle social: conjunto de mecanismos e procedimentos que garantam à sociedade informações e participação nos processos de formulação, implementação e avaliação das políticas públicas relacionadas aos resíduos sólidos;

VII – destinação final ambientalmente adequada: destinação de resíduos que inclui a reutilização, a reciclagem, a compostagem, a recuperação e o aproveitamento energético ou outras destinações admitidas pelos órgãos competentes do Sisnama, do SNVS e do Suasa, entre elas a disposição final, observando normas operacionais específicas de modo a evitar danos ou riscos à saúde pública e à segurança e a minimizar os impactos ambientais adversos;

VIII – disposição final ambientalmente adequada: distribuição ordenada de rejeitos em aterros, observando normas operacionais específicas de modo a evitar danos ou riscos à saúde pública e à segurança e a minimizar os impactos ambientais adversos;

IX – geradores de resíduos sólidos: pessoas físicas ou jurídicas, de direito público ou privado, que geram resíduos sólidos por meio de suas atividades, nelas incluído o consumo;

X – gerenciamento de resíduos sólidos: conjunto de ações exercidas, direta ou indiretamente, nas etapas de coleta, transporte, transbordo, tratamento e destinação final ambientalmente adequada dos resíduos sólidos e disposição final ambientalmente adequada dos rejeitos, de acordo com plano municipal de gestão integrada de resíduos sólidos ou com plano de gerenciamento de resíduos sólidos, exigidos na forma desta Lei;

XI – gestão integrada de resíduos sólidos: conjunto de ações voltadas para a busca de soluções para os resíduos sólidos, de forma a considerar as dimensões política, econômica, ambiental, cultural e social, com controle social e sob a premissa do desenvolvimento sustentável;

XII – logística reversa: instrumento de desenvolvimento econômico e social caracterizado por um conjunto de ações, procedimentos e meios destinados a viabilizar a coleta e a restituição dos resíduos sólidos ao setor empresarial, para reaproveitamento, em seu ciclo ou em outros ciclos produtivos, ou outra destinação final ambientalmente adequada;

XIII – padrões sustentáveis de produção e consumo: produção e consumo de bens e serviços de forma a atender as necessidades das atuais gerações e permitir melhores condições de vida, sem comprometer a qualidade ambiental e o atendimento das necessidades das gerações futuras;

XIV – reciclagem: processo de transformação dos resíduos sólidos que envolve a alteração de suas propriedades físicas, físico-químicas ou biológicas, com vistas à transformação em insumos ou novos produtos, observadas as condições e os padrões estabelecidos pelos órgãos competentes do Sisnama e, se couber, do SNVS e do Suasa;

XV – rejeitos: resíduos sólidos que, depois de esgotadas todas as possibilidades de tratamento e recuperação por processos tecnológicos disponíveis e economicamente viáveis, não apresentem outra possibilidade que não a disposição final ambientalmente adequada;

XVI – resíduos sólidos: material, substância, objeto ou bem descartado resultante de atividades humanas em sociedade, a cuja destinação final se procede, se propõe proceder ou se está obrigado a proceder, nos estados sólido ou semissólido, bem como gases contidos em recipientes e líquidos cujas particularidades tornem inviável o seu lançamento na rede pública de esgotos ou em corpos d'água, ou exijam para isso soluções técnica ou economicamente inviáveis em face da melhor tecnologia disponível;

XVII – responsabilidade compartilhada pelo ciclo de vida dos produtos: conjunto de atribuições individualizadas e encadeadas dos fabricantes, importadores, distribuidores e comerciantes, dos consumidores e dos titulares dos serviços públicos de limpeza urbana e de manejo dos resíduos sólidos, para minimizar o volume de resíduos sólidos e rejeitos gerados, bem como para reduzir os impactos causados à saúde humana e à qualidade ambiental decorrentes do ciclo de vida dos produtos, nos termos desta Lei;

XVIII – reutilização: processo de aproveitamento dos resíduos sólidos sem sua transformação biológica, física ou físico-química, observadas as condições e os padrões estabelecidos pelos órgãos competentes do Sisnama e, se couber, do SNVS e do Suasa;

XIX – serviço público de limpeza urbana e de manejo de resíduos sólidos: conjunto de atividades previstas no art. 7º da Lei nº 11.445, de 2007.

TÍTULO II

DA POLÍTICA NACIONAL DE RESÍDUOS SÓLIDOS

CAPÍTULO I

DISPOSIÇÕES GERAIS

Art. 4º A Política Nacional de Resíduos Sólidos reúne o conjunto de princípios, objetivos, instrumentos, diretrizes, metas e ações adotados pelo Governo Federal, isoladamente ou em regime de cooperação com Estados, Distrito Federal, Municípios ou particulares, com vistas à gestão integrada e ao gerenciamento ambientalmente adequado dos resíduos sólidos.

Art. 5º A Política Nacional de Resíduos Sólidos integra a Política Nacional do Meio Ambiente e articula-se com a Política Nacional de Educação Ambiental, regulada pela Lei nº 9.795, de 27 de abril de 1999, com a Política Federal de Saneamento Básico, regulada pela Lei nº 11.445, de 2007, e com a Lei nº 11.107, de 6 de abril de 2005.

CAPÍTULO II
DOS PRINCÍPIOS E OBJETIVOS

Art. 6º São princípios da Política Nacional de Resíduos Sólidos:

I – a prevenção e a precaução;

II – o poluidor-pagador e o protetor-recebedor;

III – a visão sistêmica, na gestão dos resíduos sólidos, que considere as variáveis ambiental, social, cultural, econômica, tecnológica e de saúde pública;

IV – o desenvolvimento sustentável;

V – a ecoeficiência, mediante a compatibilização entre o fornecimento, a preços competitivos, de bens e serviços qualificados que satisfaçam as necessidades humanas e tragam qualidade de vida e a redução do impacto ambiental e do consumo de recursos naturais a um nível, no mínimo, equivalente à capacidade de sustentação estimada do planeta;

VI – a cooperação entre as diferentes esferas do poder público, o setor empresarial e demais segmentos da sociedade;

VII – a responsabilidade compartilhada pelo ciclo de vida dos produtos;

VIII – o reconhecimento do resíduo sólido reutilizável e reciclável como um bem econômico e de valor social, gerador de trabalho e renda e promotor de cidadania;

IX – o respeito às diversidades locais e regionais;

X – o direito da sociedade à informação e ao controle social;

XI – a razoabilidade e a proporcionalidade.

Art. 7º São objetivos da Política Nacional de Resíduos Sólidos:

I – proteção da saúde pública e da qualidade ambiental;

II – não geração, redução, reutilização, reciclagem e tratamento dos resíduos sólidos, bem como disposição final ambientalmente adequada dos rejeitos;

III – estímulo à adoção de padrões sustentáveis de produção e consumo de bens e serviços;

IV – adoção, desenvolvimento e aprimoramento de tecnologias limpas como forma de minimizar impactos ambientais;

V – redução do volume e da periculosidade dos resíduos perigosos;

VI – incentivo à indústria da reciclagem, tendo em vista fomentar o uso de matérias-primas e insumos derivados de materiais recicláveis e reciclados;

VII – gestão integrada de resíduos sólidos;

VIII – articulação entre as diferentes esferas do poder público, e destas com o setor empresarial, com vistas à cooperação técnica e financeira para a gestão integrada de resíduos sólidos;

IX – capacitação técnica continuada na área de resíduos sólidos;

X – regularidade, continuidade, funcionalidade e universalização da prestação dos serviços públicos de limpeza urbana e de manejo de resíduos sólidos, com adoção de mecanismos gerenciais e econômicos que assegurem a recuperação dos custos dos serviços prestados, como forma de garantir sua sustentabilidade operacional e financeira, observada a Lei nº 11.445, de 2007;

XI – prioridade, nas aquisições e contratações governamentais, para:

a) produtos reciclados e recicláveis;

b) bens, serviços e obras que considerem critérios compatíveis com padrões de consumo social e ambientalmente sustentáveis;

XII – integração dos catadores de materiais reutilizáveis e recicláveis nas ações que envolvam a responsabilidade compartilhada pelo ciclo de vida dos produtos;

XIII – estímulo à implementação da avaliação do ciclo de vida do produto;

XIV – incentivo ao desenvolvimento de sistemas de gestão ambiental e empresarial voltados para a melhoria dos processos produtivos e ao reaproveitamento dos resíduos sólidos, incluídos a recuperação e o aproveitamento energético;

XV – estímulo à rotulagem ambiental e ao consumo sustentável.

CAPÍTULO III
DOS INSTRUMENTOS

Art. 8º São instrumentos da Política Nacional de Resíduos Sólidos, entre outros:

I – os planos de resíduos sólidos;

II – os inventários e o sistema declaratório anual de resíduos sólidos;

III – a coleta seletiva, os sistemas de logística reversa e outras ferramentas relacionadas à implementação da responsabilidade compartilhada pelo ciclo de vida dos produtos;

IV – o incentivo à criação e ao desenvolvimento de cooperativas ou de outras formas de associação de catadores de materiais reutilizáveis e recicláveis;

V – o monitoramento e a fiscalização ambiental, sanitária e agropecuária;

VI – a cooperação técnica e financeira entre os setores público e privado para o desenvolvimento de pesquisas de novos produtos, métodos, processos e tecnologias de gestão, reciclagem, reutilização, tratamento de resíduos e disposição final ambientalmente adequada de rejeitos;

VII – a pesquisa científica e tecnológica;

VIII – a educação ambiental;

IX – os incentivos fiscais, financeiros e creditícios;

X – o Fundo Nacional do Meio Ambiente e o Fundo Nacional de Desenvolvimento Científico e Tecnológico;

XI – o Sistema Nacional de Informações sobre a Gestão dos Resíduos Sólidos (Sinir);

XII – o Sistema Nacional de Informações em Saneamento Básico (Sinisa);

XIII – os conselhos de meio ambiente e, no que couber, os de saúde;

XIV – os órgãos colegiados municipais destinados ao controle social dos serviços de resíduos sólidos urbanos;

XV – o Cadastro Nacional de Operadores de Resíduos Perigosos;

XVI – os acordos setoriais;

XVII – no que couber, os instrumentos da Política Nacional de Meio Ambiente, entre eles: a) os padrões de qualidade ambiental;

b) o Cadastro Técnico Federal de Atividades Potencialmente Poluidoras ou Utilizadoras de Recursos Ambientais;

c) o Cadastro Técnico Federal de Atividades e Instrumentos de Defesa Ambiental;

d) a avaliação de impactos ambientais;

e) o Sistema Nacional de Informação sobre Meio Ambiente (Sinima);

f) o licenciamento e a revisão de atividades efetiva ou potencialmente poluidoras;

XVIII – os termos de compromisso e os termos de ajustamento de conduta; XIX – o incentivo à adoção de consórcios ou de outras formas de cooperação entre os entes federados, com vistas à elevação das escalas de aproveitamento e à redução dos custos envolvidos.

TÍTULO III
DAS DIRETRIZES APLICÁVEIS AOS RESÍDUOS SÓLIDOS

CAPÍTULO I
DISPOSIÇÕES PRELIMINARES

Art. 9º Na gestão e gerenciamento de resíduos sólidos, deve ser observada a seguinte ordem de prioridade: não geração, redução, reutilização, reciclagem, tratamento dos resíduos sólidos e disposição final ambientalmente adequada dos rejeitos.

§ 1º Poderão ser utilizadas tecnologias visando à recuperação energética dos resíduos sólidos urbanos, desde que tenha sido comprovada sua viabilidade técnica e ambiental e com a implantação de programa de monitoramento de emissão de gases tóxicos aprovado pelo órgão ambiental.

§ 2º A Política Nacional de Resíduos Sólidos e as Políticas de Resíduos Sólidos dos Estados, do Distrito Federal e dos Municípios serão compatíveis com o disposto no *caput* e no § 1º deste artigo e com as demais diretrizes estabelecidas nesta Lei.

Art. 10. Incumbe ao Distrito Federal e aos Municípios a gestão integrada dos resíduos sólidos gerados nos respectivos territórios, sem prejuízo das competências de controle e fiscalização dos órgãos federais e estaduais do Sisnama, do SNVS e do Suasa, bem como da responsabilidade do gerador pelo gerenciamento de resíduos, consoante o estabelecido nesta Lei.

Art. 11. Observadas as diretrizes e demais determinações estabelecidas nesta Lei e em seu regulamento, incumbe aos Estados:

I – promover a integração da organização, do planejamento e da execução das funções públicas de interesse comum relacionadas à gestão dos resíduos sólidos nas regiões metropolitanas, aglomerações urbanas e microrregiões, nos termos da lei complementar estadual prevista no § 3º do art. 25 da Constituição Federal;

II – controlar e fiscalizar as atividades dos geradores sujeitas a licenciamento ambiental pelo órgão estadual do Sisnama.

Parágrafo único. A atuação do Estado na forma do *caput* deve apoiar e priorizar as iniciativas do Município de soluções consorciadas ou compartilhadas entre 2 (dois) ou mais Municípios.

Art. 12. A União, os Estados, o Distrito Federal e os Municípios organizarão e manterão, de forma conjunta, o Sistema Nacional de Informações sobre a Gestão dos Resíduos Sólidos (Sinir), articulado com o Sinisa e o Sinima.

Parágrafo único. Incumbe aos Estados, ao Distrito Federal e aos Municípios fornecer ao órgão federal responsável pela coordenação do Sinir todas as informações necessárias sobre os resíduos sob sua esfera de competência, na forma e na periodicidade estabelecidas em regulamento.

Art. 13. Para os efeitos desta Lei, os resíduos sólidos têm a seguinte classificação:

I - quanto à origem:

a) resíduos domiciliares: os originários de atividades domésticas em residências urbanas;

b) resíduos de limpeza urbana: os originários da varrição, limpeza de logradouros e vias públicas e outros serviços de limpeza urbana;

c) resíduos sólidos urbanos: os englobados nas alíneas "a" e "b";

d) resíduos de estabelecimentos comerciais e prestadores de serviços: os gerados nessas atividades, excetuados os referidos nas alíneas "b", "e", "g", "h" e "j";

e) resíduos dos serviços públicos de saneamento básico: os gerados nessas atividades, excetuados os referidos na alínea "c";

f) resíduos industriais: os gerados nos processos produtivos e instalações industriais;

g) resíduos de serviços de saúde: os gerados nos serviços de saúde, conforme definido em regulamento ou em normas estabelecidas pelos órgãos do Sisnama e do SNVS;

h) resíduos da construção civil: os gerados nas construções, reformas, reparos e demolições de obras de construção civil, incluídos os resultantes da preparação e escavação de terrenos para obras civis;

i) resíduos agrossilvopastoris: os gerados nas atividades agropecuárias e silviculturais, incluídos os relacionados a insumos utilizados nessas atividades;

j) resíduos de serviços de transportes: os originários de portos, aeroportos, terminais alfandegários, rodoviários e ferroviários e passagens de fronteira;

k) resíduos de mineração: os gerados na atividade de pesquisa, extração ou beneficiamento de minérios;

II - quanto à periculosidade:

a) resíduos perigosos: aqueles que, em razão de suas características de inflamabilidade, corrosividade, reatividade, toxicidade, patogenicidade, carcinogenicidade, teratogenicidade e mutagenicidade, apresentam significativo risco à saúde pública ou à qualidade ambiental, de acordo com lei, regulamento ou norma técnica;

b) resíduos não perigosos: aqueles não enquadrados na alínea "a".

Parágrafo único. Respeitado o disposto no art. 20, os resíduos referidos na alínea "d" do inciso I do *caput*, se caracterizados como não perigosos, podem, em razão de sua natureza, composição ou volume, ser equiparados aos resíduos domiciliares pelo poder público municipal.

CAPÍTULO II
DOS PLANOS DE RESÍDUOS SÓLIDOS

SEÇÃO I
DISPOSIÇÕES GERAIS

Art. 14. São planos de resíduos sólidos:

I - o Plano Nacional de Resíduos Sólidos;

II - os planos estaduais de resíduos sólidos;

III - os planos microrregionais de resíduos sólidos e os planos de resíduos sólidos de regiões metropolitanas ou aglomerações urbanas;

IV - os planos intermunicipais de resíduos sólidos;

V - os planos municipais de gestão integrada de resíduos sólidos;

VI - os planos de gerenciamento de resíduos sólidos.

Parágrafo único. É assegurada ampla publicidade ao conteúdo dos planos de resíduos sólidos, bem como controle social em sua formulação, implementação e operacionalização, observado o disposto na Lei nº 10.650, de 16 de abril de 2003, e no art. 47 da Lei nº 11.445, de 2007.

SEÇÃO II
DO PLANO NACIONAL DE RESÍDUOS SÓLIDOS

Art. 15. A União elaborará, sob a coordenação do Ministério do Meio Ambiente, o Plano Nacional de Resíduos Sólidos, com vigência por prazo indeterminado e horizonte de 20 (vinte) anos, a ser atualizado a cada 4 (quatro) anos, tendo como conteúdo mínimo:

I - diagnóstico da situação atual dos resíduos sólidos;

II - proposição de cenários, incluindo tendências internacionais e macroeconômicas;

III - metas de redução, reutilização, reciclagem, entre outras, com vistas a reduzir a quantidade de resíduos e rejeitos encaminhados para disposição final ambientalmente adequada;

IV - metas para o aproveitamento energético dos gases gerados nas unidades de disposição final de resíduos sólidos;

V - metas para a eliminação e recuperação de lixões, associadas à inclusão social e à emancipação econômica de catadores de materiais reutilizáveis e recicláveis;

VI - programas, projetos e ações para o atendimento das metas previstas;

VII - normas e condicionantes técnicas para o acesso a recursos da União, para a obtenção de seu aval ou para o acesso a recursos administrados, direta ou indiretamente, por entidade federal, quando destinados a ações e programas de interesse dos resíduos sólidos;

VIII - medidas para incentivar e viabilizar a gestão regionalizada dos resíduos sólidos;

IX – diretrizes para o planejamento e demais atividades de gestão de resíduos sólidos das regiões integradas de desenvolvimento instituídas por lei complementar, bem como para as áreas de especial interesse turístico;

X – normas e diretrizes para a disposição final de rejeitos e, quando couber, de resíduos;

XI – meios a serem utilizados para o controle e a fiscalização, no âmbito nacional, de sua implementação e operacionalização, assegurado o controle social.

Parágrafo único. O Plano Nacional de Resíduos Sólidos será elaborado mediante processo de mobilização e participação social, incluindo a realização de audiências e consultas públicas.

SEÇÃO III

DOS PLANOS ESTADUAIS DE RESÍDUOS SÓLIDOS

Art. 16. A elaboração de plano estadual de resíduos sólidos, nos termos previstos por esta Lei, é condição para os Estados terem acesso a recursos da União, ou por ela controlados, destinados a empreendimentos e serviços relacionados à gestão de resíduos sólidos, ou para serem beneficiados por incentivos ou financiamentos de entidades federais de crédito ou fomento para tal finalidade.

§ 1º Serão priorizados no acesso aos recursos da União referidos no *caput* os Estados que instituírem microrregiões, consoante o § 3º do art. 25 da Constituição Federal, para integrar a organização, o planejamento e a execução das ações a cargo de Municípios limítrofes na gestão dos resíduos sólidos.

§ 2º Serão estabelecidas em regulamento normas complementares sobre o acesso aos recursos da União na forma deste artigo.

§ 3º Respeitada a responsabilidade dos geradores nos termos desta Lei, as microrregiões instituídas conforme previsto no § 1º abrangem atividades de coleta seletiva, recuperação e reciclagem, tratamento e destinação final dos resíduos sólidos urbanos, a gestão de resíduos de construção civil, de serviços de transporte, de serviços de saúde, agrossilvopastoris ou outros resíduos, de acordo com as peculiaridades microrregionais.

Art. 17. O plano estadual de resíduos sólidos será elaborado para vigência por prazo indeterminado, abrangendo todo o território do Estado, com horizonte de atuação de 20 (vinte) anos e revisões a cada 4 (quatro) anos, e tendo como conteúdo mínimo:

I – diagnóstico, incluída a identificação dos principais fluxos de resíduos no Estado e seus impactos socioeconômicos e ambientais;

II – proposição de cenários;

III – metas de redução, reutilização, reciclagem, entre outras, com vistas a reduzir a quantidade de resíduos e rejeitos encaminhados para disposição final ambientalmente adequada;

IV – metas para o aproveitamento energético dos gases gerados nas unidades de disposição final de resíduos sólidos;

V – metas para a eliminação e recuperação de lixões, associadas à inclusão social e à emancipação econômica de catadores de materiais reutilizáveis e recicláveis;

VI – programas, projetos e ações para o atendimento das metas previstas;

VII – normas e condicionantes técnicas para o acesso a recursos do Estado, para a obtenção de seu aval ou para o acesso de recursos administrados, direta ou indiretamente, por entidade estadual, quando destinados às ações e programas de interesse dos resíduos sólidos;

VIII – medidas para incentivar e viabilizar a gestão consorciada ou compartilhada dos resíduos sólidos;

IX – diretrizes para o planejamento e demais atividades de gestão de resíduos sólidos de regiões metropolitanas, aglomerações urbanas e microrregiões;

X – normas e diretrizes para a disposição final de rejeitos e, quando couber, de resíduos, respeitadas as disposições estabelecidas em âmbito nacional;

XI – previsão, em conformidade com os demais instrumentos de planejamento territorial, especialmente o zoneamento ecológico-econômico e o zoneamento costeiro, de:

a) zonas favoráveis para a localização de unidades de tratamento de resíduos sólidos ou de disposição final de rejeitos;

b) áreas degradadas em razão de disposição inadequada de resíduos sólidos ou rejeitos a serem objeto de recuperação ambiental;

XII – meios a serem utilizados para o controle e a fiscalização, no âmbito estadual, de sua implementação e operacionalização, assegurado o controle social.

§ 1º Além do plano estadual de resíduos sólidos, os Estados poderão elaborar planos microrregionais de resíduos sólidos, bem como planos específicos direcionados às regiões metropolitanas ou às aglomerações urbanas.

§ 2º A elaboração e a implementação pelos Estados de planos microrregionais de resíduos sólidos, ou de planos de regiões metropolitanas ou aglomerações urbanas, em consonância com o previsto no § 1º, dar-se-ão obrigatoriamente com a participação dos Municípios envolvidos e não excluem nem substituem qualquer das prerrogativas a cargo dos Municípios previstas por esta Lei.

§ 3º Respeitada a responsabilidade dos geradores nos termos desta Lei, o plano microrregional de resíduos sólidos deve atender ao previsto para o plano estadual e estabelecer soluções integradas para a coleta seletiva, a recuperação e a reciclagem, o tratamento e a destinação final dos resíduos sólidos urbanos e, consideradas as peculiaridades microrregionais, outros tipos de resíduos.

SEÇÃO IV

DOS PLANOS MUNICIPAIS DE GESTÃO INTEGRADA DE RESÍDUOS SÓLIDOS

Art. 18. A elaboração de plano municipal de gestão integrada de resíduos sólidos, nos termos previstos por esta Lei, é condição para o Distrito Federal e os Municípios terem acesso a recursos da União, ou por ela controlados, destinados a empreendimentos e serviços relacionados à limpeza urbana e ao manejo de resíduos sólidos, ou para serem beneficiados por incentivos ou financiamentos de entidades federais de crédito ou fomento para tal finalidade.

§ 1º Serão priorizados no acesso aos recursos da União referidos no *caput* os Municípios que:

I – optarem por soluções consorciadas intermunicipais para a gestão dos resíduos sólidos, incluída a elaboração e implementação de plano intermunicipal, ou que se inserirem de forma voluntária nos planos microrregionais de resíduos sólidos referidos no § 1º do art. 16;

II – implantarem a coleta seletiva com a participação de cooperativas ou outras formas de associação de catadores de materiais reutilizáveis e recicláveis formadas por pessoas físicas de baixa renda.

§ 2º Serão estabelecidas em regulamento normas complementares sobre o acesso aos recursos da União na forma deste artigo.

Art. 19. O plano municipal de gestão integrada de resíduos sólidos tem o seguinte conteúdo mínimo:

I – diagnóstico da situação dos resíduos sólidos gerados no respectivo território, contendo a origem, o volume, a caracterização dos resíduos e as formas de destinação e disposição final adotadas;

II – identificação de áreas favoráveis para disposição final ambientalmente adequada de rejeitos, observado o plano diretor de que trata o § 1º do art. 182 da Constituição Federal e o zoneamento ambiental, se houver;

III – identificação das possibilidades de implantação de soluções consorciadas ou compartilhadas com outros Municípios, considerando, nos critérios de economia de escala, a proximidade dos locais estabelecidos e as formas de prevenção dos riscos ambientais;

IV – identificação dos resíduos sólidos e dos geradores sujeitos a plano de gerenciamento específico nos termos do art. 20 ou a sistema de logística reversa na forma do art. 33, observadas as disposições desta Lei e de seu regulamento, bem como as normas estabelecidas pelos órgãos do Sisnama e do SNVS;

V – procedimentos operacionais e especificações mínimas a serem adotados nos serviços públicos de limpeza urbana e de manejo de resíduos sólidos, incluída a disposição final ambientalmente adequada dos rejeitos e observada a Lei nº 11.445, de 2007;

VI – indicadores de desempenho operacional e ambiental dos serviços públicos de limpeza urbana e de manejo de resíduos sólidos;

VII – regras para o transporte e outras etapas do gerenciamento de resíduos sólidos de que trata o art. 20, observadas as normas estabelecidas pelos órgãos do Sisnama e do SNVS e demais disposições pertinentes da legislação federal e estadual;

VIII – definição das responsabilidades quanto à sua implementação e operacionalização, incluídas as etapas do plano de gerenciamento de resíduos sólidos a que se refere o art. 20 a cargo do poder público;

IX – programas e ações de capacitação técnica voltados para sua implementação e operacionalização;

X – programas e ações de educação ambiental que promovam a não geração, a redução, a reutilização e a reciclagem de resíduos sólidos;

XI – programas e ações para a participação dos grupos interessados, em especial das cooperativas ou outras formas de associação de catadores de materiais reutilizáveis e recicláveis formadas por pessoas físicas de baixa renda, se houver;

XII – mecanismos para a criação de fontes de negócios, emprego e renda, mediante a valorização dos resíduos sólidos;

XIII – sistema de cálculo dos custos da prestação dos serviços públicos de limpeza urbana e de manejo de resíduos sólidos, bem como a forma de cobrança desses serviços, observada a Lei nº 11.445, de 2007;

XIV – metas de redução, reutilização, coleta seletiva e reciclagem, entre outras, com vistas a reduzir a quantidade de rejeitos encaminhados para disposição final ambientalmente adequada;

XV – descrição das formas e dos limites da participação do poder público local na coleta seletiva e na logística reversa, respeitado o disposto no art. 33, e de outras ações relativas à responsabilidade compartilhada pelo ciclo de vida dos produtos;

XVI – meios a serem utilizados para o controle e a fiscalização, no âmbito local, da implementação e operacionalização dos planos de gerenciamento de resíduos sólidos de que trata o art. 20 e dos sistemas de logística reversa previstos no art. 33;

XVII – ações preventivas e corretivas a serem praticadas, incluindo programa de monitoramento;

XVIII – identificação dos passivos ambientais relacionados aos resíduos sólidos, incluindo áreas contaminadas, e respectivas medidas saneadoras;

XIX – periodicidade de sua revisão, observado prioritariamente o período de vigência do plano plurianual municipal.

§ 1º O plano municipal de gestão integrada de resíduos sólidos pode estar inserido no plano de saneamento básico previsto no art. 19 da Lei nº 11.445, de 2007, respeitado o conteúdo mínimo previsto nos incisos do *caput* e observado o disposto no § 2º, todos deste artigo.

§ 2º Para Municípios com menos de 20.000 (vinte mil) habitantes, o plano municipal de gestão integrada de resíduos sólidos terá conteúdo simplificado, na forma do regulamento.

§ 3º O disposto no § 2º não se aplica a Municípios:

I – integrantes de áreas de especial interesse turístico;

II – inseridos na área de influência de empreendimentos ou atividades com significativo impacto ambiental de âmbito regional ou nacional;

III – cujo território abranja, total ou parcialmente, Unidades de Conservação.

§ 4º A existência de plano municipal de gestão integrada de resíduos sólidos não exime o Município ou o Distrito Federal do licenciamento ambiental de aterros sanitários e de outras infraestruturas e instalações operacionais integrantes do serviço público de limpeza urbana e de manejo de resíduos sólidos pelo órgão competente do Sisnama.

§ 5º Na definição de responsabilidades na forma do inciso VIII do *caput* deste artigo, é vedado atribuir ao serviço público de limpeza urbana e de manejo de resíduos sólidos a realização de etapas do gerenciamento dos resíduos a que se refere o art. 20 em desacordo com a respectiva licença ambiental ou com normas estabelecidas pelos órgãos do Sisnama e, se couber, do SNVS.

§ 6º Além do disposto nos incisos I a XIX do *caput* deste artigo, o plano municipal de gestão integrada de resíduos sólidos contemplará ações específicas a serem desenvolvidas no âmbito dos órgãos da administração pública, com vistas à utilização racional dos recursos ambientais, ao combate a todas as formas de desperdício e à minimização da geração de resíduos sólidos.

§ 7º O conteúdo do plano municipal de gestão integrada de resíduos sólidos será disponibilizado para o Sinir, na forma do regulamento.

§ 8º A inexistência do plano municipal de gestão integrada de resíduos sólidos não pode ser utilizada para impedir a instalação ou a operação de empreendimentos ou atividades devidamente licenciados pelos órgãos competentes.

§ 9º Nos termos do regulamento, o Município que optar por soluções consorciadas intermunicipais para a gestão dos resíduos sólidos, assegurado que o plano intermunicipal preencha os requisitos estabelecidos nos incisos I a XIX do *caput* deste artigo, pode ser dispensado da elaboração de plano municipal de gestão integrada de resíduos sólidos.

SEÇÃO V

DO PLANO DE GERENCIAMENTO DE RESÍDUOS SÓLIDOS

Art. 20. Estão sujeitos à elaboração de plano de gerenciamento de resíduos sólidos:

I – os geradores de resíduos sólidos previstos nas alíneas "e", "f", "g" e "k" do inciso I do art. 13;

II – os estabelecimentos comerciais e de prestação de serviços que:

a) gerem resíduos perigosos;

b) gerem resíduos que, mesmo caracterizados como não perigosos, por sua natureza, composição ou volume, não sejam equiparados aos resíduos domiciliares pelo poder público municipal;

III – as empresas de construção civil, nos termos do regulamento ou de normas estabelecidas pelos órgãos do Sisnama;

IV – os responsáveis pelos terminais e outras instalações referidas na alínea "j" do inciso I do art. 13 e, nos termos do regulamento ou de normas estabelecidas pelos órgãos do Sisnama e, se couber, do SNVS, as empresas de transporte;

V – os responsáveis por atividades agrossilvopastoris, se exigido pelo órgão competente do Sisnama, do SNVS ou do Suasa.

Parágrafo único. Observado o disposto no Capítulo IV deste Título, serão estabelecidas por regulamento exigências específicas relativas ao plano de gerenciamento de resíduos perigosos.

Art. 21. O plano de gerenciamento de resíduos sólidos tem o seguinte conteúdo mínimo:

I – descrição do empreendimento ou atividade;

II – diagnóstico dos resíduos sólidos gerados ou administrados, contendo a origem, o volume e a caracterização dos resíduos, incluindo os passivos ambientais a eles relacionados;

III – observadas as normas estabelecidas pelos órgãos do Sisnama, do SNVS e do Suasa e, se houver, o plano municipal de gestão integrada de resíduos sólidos:

a) explicitação dos responsáveis por cada etapa do gerenciamento de resíduos sólidos;

b) definição dos procedimentos operacionais relativos às etapas do gerenciamento de resíduos sólidos sob responsabilidade do gerador;

IV – identificação das soluções consorciadas ou compartilhadas com outros geradores;

V – ações preventivas e corretivas a serem executadas em situações de gerenciamento incorreto ou acidentes;

VI - metas e procedimentos relacionados à minimização da geração de resíduos sólidos e, observadas as normas estabelecidas pelos órgãos do Sisnama, do SNVS e do Suasa, à reutilização e reciclagem;

VII - se couber, ações relativas à responsabilidade compartilhada pelo ciclo de vida dos produtos, na forma do art. 31;

VIII - medidas saneadoras dos passivos ambientais relacionados aos resíduos sólidos;

IX - periodicidade de sua revisão, observado, se couber, o prazo de vigência da respectiva licença de operação a cargo dos órgãos do Sisnama.

§ 1º O plano de gerenciamento de resíduos sólidos atenderá ao disposto no plano municipal de gestão integrada de resíduos sólidos do respectivo Município, sem prejuízo das normas estabelecidas pelos órgãos do Sisnama, do SNVS e do Suasa.

§ 2º A inexistência do plano municipal de gestão integrada de resíduos sólidos não obsta a elaboração, a implementação ou a operacionalização do plano de gerenciamento de resíduos sólidos.

§ 3º Serão estabelecidos em regulamento:

I - normas sobre a exigibilidade e o conteúdo do plano de gerenciamento de resíduos sólidos relativo à atuação de cooperativas ou de outras formas de associação de catadores de materiais reutilizáveis e recicláveis;

II - critérios e procedimentos simplificados para apresentação dos planos de gerenciamento de resíduos sólidos para microempresas e empresas de pequeno porte, assim consideradas as definidas nos incisos I e II do art. 3º da Lei Complementar nº 123, de 14 de dezembro de 2006, desde que as atividades por elas desenvolvidas não gerem resíduos perigosos.

Art. 22. Para a elaboração, implementação, operacionalização e monitoramento de todas as etapas do plano de gerenciamento de resíduos sólidos, nelas incluído o controle da disposição final ambientalmente adequada dos rejeitos, será designado responsável técnico devidamente habilitado.

Art. 23. Os responsáveis por plano de gerenciamento de resíduos sólidos manterão atualizadas e disponíveis ao órgão municipal competente, ao órgão licenciador do Sisnama e a outras autoridades, informações completas sobre a implementação e a operacionalização do plano sob sua responsabilidade.

§ 1º Para a consecução do disposto no *caput*, sem prejuízo de outras exigências cabíveis por parte das autoridades, será implementado sistema declaratório com periodicidade, no mínimo, anual, na forma do regulamento.

§ 2º As informações referidas no *caput* serão repassadas pelos órgãos públicos ao Sinir, na forma do regulamento.

Art. 24. O plano de gerenciamento de resíduos sólidos é parte integrante do processo de licenciamento ambiental do empreendimento ou atividade pelo órgão competente do Sisnama.

§ 1º Nos empreendimentos e atividades não sujeitos a licenciamento ambiental, a aprovação do plano de gerenciamento de resíduos sólidos cabe à autoridade municipal competente.

§ 2º No processo de licenciamento ambiental referido no § 1º a cargo de órgão federal ou estadual do Sisnama, será assegurada oitiva do órgão municipal competente, em especial quanto à disposição final ambientalmente adequada de rejeitos.

CAPÍTULO III
DAS RESPONSABILIDADES DOS GERADORES E DO PODER PÚBLICO

SEÇÃO I
DISPOSIÇÕES GERAIS

Art. 25. O poder público, o setor empresarial e a coletividade são responsáveis pela efetividade das ações voltadas para assegurar a observância da Política Nacional de Resíduos Sólidos e das diretrizes e demais determinações estabelecidas nesta Lei e em seu regulamento.

Art. 26. O titular dos serviços públicos de limpeza urbana e de manejo de resíduos sólidos é responsável pela organização e prestação direta ou indireta desses serviços, observados o respectivo plano municipal de gestão integrada de resíduos sólidos, a Lei nº 11.445, de 2007, e as disposições desta Lei e seu regulamento.

Art. 27. As pessoas físicas ou jurídicas referidas no art. 20 são responsáveis pela implementação e operacionalização integral do plano de gerenciamento de resíduos sólidos aprovado pelo órgão competente na forma do art. 24.

§ 1º A contratação de serviços de coleta, armazenamento, transporte, transbordo, tratamento ou destinação final de resíduos sólidos, ou de disposição final de rejeitos, não isenta as pessoas físicas ou jurídicas referidas no art. 20 da responsabilidade por danos que vierem a ser provocados pelo gerenciamento inadequado dos respectivos resíduos ou rejeitos.

§ 2º Nos casos abrangidos pelo art. 20, as etapas sob responsabilidade do gerador que forem realizadas pelo poder público serão devidamente remuneradas pelas pessoas físicas ou jurídicas responsáveis, observado o disposto no § 5º do art. 19.

Art. 28. O gerador de resíduos sólidos domiciliares tem cessada sua responsabilidade pelos resíduos com a disponibilização adequada para a coleta ou, nos casos abrangidos pelo art. 33, com a devolução.

Art. 29. Cabe ao poder público atuar, subsidiariamente, com vistas a minimizar ou cessar o dano, logo que tome conhecimento de evento lesivo ao meio ambiente ou à saúde pública relacionado ao gerenciamento de resíduos sólidos.

Parágrafo único. Os responsáveis pelo dano ressarcirão integralmente o poder público pelos gastos decorrentes das ações empreendidas na forma do *caput*.

SEÇÃO II
DA RESPONSABILIDADE COMPARTILHADA

Art. 30. É instituída a responsabilidade compartilhada pelo ciclo de vida dos produtos, a ser implementada de forma individualizada e encadeada, abrangendo os fabricantes, importadores, distribuidores e comerciantes, os consumidores e os titulares dos serviços públicos de limpeza urbana e de manejo de resíduos sólidos, consoante as atribuições e procedimentos previstos nesta Seção.

Parágrafo único. A responsabilidade compartilhada pelo ciclo de vida dos produtos tem por objetivo:

I – compatibilizar interesses entre os agentes econômicos e sociais e os processos de gestão empresarial e mercadológica com os de gestão ambiental, desenvolvendo estratégias sustentáveis;

II – promover o aproveitamento de resíduos sólidos, direcionando-os para a sua cadeia produtiva ou para outras cadeias produtivas;

III – reduzir a geração de resíduos sólidos, o desperdício de materiais, a poluição e os danos ambientais;

IV – incentivar a utilização de insumos de menor agressividade ao meio ambiente e de maior sustentabilidade;

V – estimular o desenvolvimento de mercado, a produção e o consumo de produtos derivados de materiais reciclados e recicláveis;

VI – propiciar que as atividades produtivas alcancem eficiência e sustentabilidade;

VII – incentivar as boas práticas de responsabilidade socioambiental.

Art. 31. Sem prejuízo das obrigações estabelecidas no plano de gerenciamento de resíduos sólidos e com vistas a fortalecer a responsabilidade compartilhada e seus objetivos, os fabricantes, importadores, distribuidores e comerciantes têm responsabilidade que abrange:

I – investimento no desenvolvimento, na fabricação e na colocação no mercado de produtos:

a) que sejam aptos, após o uso pelo consumidor, à reutilização, à reciclagem ou a outra forma de destinação ambientalmente adequada;

b) cuja fabricação e uso gerem a menor quantidade de resíduos sólidos possível;

II – divulgação de informações relativas às formas de evitar, reciclar e eliminar os resíduos sólidos associados a seus respectivos produtos;

III – recolhimento dos produtos e dos resíduos remanescentes após o uso, assim como sua subsequente destinação final ambientalmente adequada, no caso de produtos objeto de sistema de logística reversa na forma do art. 33;

IV – compromisso de, quando firmados acordos ou termos de compromisso com o Município, participar das ações previstas no plano municipal de gestão integrada de resíduos sólidos, no caso de produtos ainda não inclusos no sistema de logística reversa.

Art. 32. As embalagens devem ser fabricadas com materiais que propiciem a reutilização ou a reciclagem.

§ 1º Cabe aos respectivos responsáveis assegurar que as embalagens sejam:

I – restritas em volume e peso às dimensões requeridas à proteção do conteúdo e à comercialização do produto;

II – projetadas de forma a serem reutilizadas de maneira tecnicamente viável e compatível com as exigências aplicáveis ao produto que contêm;

III – recicladas, se a reutilização não for possível.

§ 2º O regulamento disporá sobre os casos em que, por razões de ordem técnica ou econômica, não seja viável a aplicação do disposto no *caput*.

§ 3º É responsável pelo atendimento do disposto neste artigo todo aquele que:

I – manufatura embalagens ou fornece materiais para a fabricação de embalagens;

II – coloca em circulação embalagens, materiais para a fabricação de embalagens ou produtos embalados, em qualquer fase da cadeia de comércio.

Art. 33. São obrigados a estruturar e implementar sistemas de logística reversa, mediante retorno dos produtos após o uso pelo consumidor, de forma independente do serviço público de limpeza urbana e de manejo dos resíduos sólidos, os fabricantes, importadores, distribuidores e comerciantes de:

I – agrotóxicos, seus resíduos e embalagens, assim como outros produtos cuja embalagem, após o uso, constitua resíduo perigoso, observadas as regras de gerenciamento de resíduos perigosos previstas em lei ou regulamento, em normas estabelecidas pelos órgãos do Sisnama, do SNVS e do Suasa, ou em normas técnicas;

II – pilhas e baterias;

III – pneus;

IV – óleos lubrificantes, seus resíduos e embalagens;

V – lâmpadas fluorescentes, de vapor de sódio e mercúrio e de luz mista;

VI – produtos eletroeletrônicos e seus componentes.

§ 1º Na forma do disposto em regulamento ou em acordos setoriais e termos de compromisso firmados entre o poder público e o setor empresarial, os sistemas previstos no *caput* serão estendidos a produtos comercializados em embalagens plásticas, metálicas ou de vidro, e aos demais produtos e embalagens, considerando, prioritariamente, o grau e a extensão do impacto à saúde pública e ao meio ambiente dos resíduos gerados.

§ 2º A definição dos produtos e embalagens a que se refere o § 1º considerará a viabilidade técnica e econômica da logística reversa, bem como o grau e a extensão do impacto à saúde pública e ao meio ambiente dos resíduos gerados.

§ 3º Sem prejuízo de exigências específicas fixadas em lei ou regulamento, em normas estabelecidas pelos órgãos do Sisnama e do SNVS, ou em acordos setoriais e termos de compromisso firmados entre o poder público e o setor empresarial, cabe aos fabricantes, importadores, distribuidores e comerciantes dos produtos a que se referem os incisos II, III, V e VI ou dos produtos e embalagens a que se referem os incisos I e IV do *caput* e o § 1º tomar todas as medidas necessárias para assegurar a implementação e operacionalização do sistema de logística reversa sob seu encargo, consoante o estabelecido neste artigo, podendo, entre outras medidas:

I – implantar procedimentos de compra de produtos ou embalagens usados;

II – disponibilizar postos de entrega de resíduos reutilizáveis e recicláveis;

III – atuar em parceria com cooperativas ou outras formas de associação de catadores de materiais reutilizáveis e recicláveis, nos casos de que trata o § 1º.

§ 4º Os consumidores deverão efetuar a devolução após o uso, aos comerciantes ou distribuidores, dos produtos e das embalagens a que se referem os incisos I a VI do **caput**, e de outros produtos ou embalagens objeto de logística reversa, na forma do § 1º.

§ 5º Os comerciantes e distribuidores deverão efetuar a devolução aos fabricantes ou aos importadores dos produtos e embalagens reunidos ou devolvidos na forma dos §§ 3º e 4º.

§ 6º Os fabricantes e os importadores darão destinação ambientalmente adequada aos produtos e às embalagens reunidos ou devolvidos, sendo o rejeito encaminhado para a disposição final ambientalmente adequada, na forma estabelecida pelo órgão competente do Sisnama e, se houver, pelo plano municipal de gestão integrada de resíduos sólidos.

§ 7º Se o titular do serviço público de limpeza urbana e de manejo de resíduos sólidos, por acordo setorial ou termo de compromisso firmado com o setor empresarial, encarregar-se de atividades de responsabilidade dos fabricantes, importadores, distribuidores e comerciantes nos sistemas de logística reversa dos produtos e embalagens a que se refere este artigo, as ações do poder público serão devidamente remuneradas, na forma previamente acordada entre as partes.

§ 8º Com exceção dos consumidores, todos os participantes dos sistemas de logística reversa manterão atualizadas e disponíveis ao órgão municipal competente e a outras autoridades informações completas sobre a realização das ações sob sua responsabilidade.

Art. 34. Os acordos setoriais ou termos de compromisso referidos no inciso IV do *caput* do art. 31 e no § 1º do art. 33 podem ter abrangência nacional, regional, estadual ou municipal.

§ 1º Os acordos setoriais e termos de compromisso firmados em âmbito nacional têm prevalência sobre os firmados em âmbito regional ou estadual, e estes sobre os firmados em âmbito municipal.

§ 2º Na aplicação de regras concorrentes consoante o § 1º, os acordos firmados com menor abrangência geográfica podem ampliar, mas não abrandar, as medidas de proteção ambiental constantes nos acordos setoriais e termos de compromisso firmados com maior abrangência geográfica.

Art. 35. Sempre que estabelecido sistema de coleta seletiva pelo plano municipal de gestão integrada de resíduos sólidos e na aplicação do art. 33, os consumidores são obrigados a:

I – acondicionar adequadamente e de forma diferenciada os resíduos sólidos gerados;

II – disponibilizar adequadamente os resíduos sólidos reutilizáveis e recicláveis para coleta ou devolução.

Parágrafo único. O poder público municipal pode instituir incentivos econômicos aos consumidores que participam do sistema de coleta seletiva referido no *caput*, na forma de lei municipal.

Art. 36. No âmbito da responsabilidade compartilhada pelo ciclo de vida dos produtos, cabe ao titular dos serviços públicos de limpeza urbana e de manejo de resíduos sólidos, observado, se houver, o plano municipal de gestão integrada de resíduos sólidos:

I – adotar procedimentos para reaproveitar os resíduos sólidos reutilizáveis e recicláveis oriundos dos serviços públicos de limpeza urbana e de manejo de resíduos sólidos;

II – estabelecer sistema de coleta seletiva;

III – articular com os agentes econômicos e sociais medidas para viabilizar o retorno ao ciclo produtivo dos resíduos sólidos reutilizáveis e recicláveis oriundos dos serviços de limpeza urbana e de manejo de resíduos sólidos;

IV – realizar as atividades definidas por acordo setorial ou termo de compromisso na forma do § 7º do art. 33, mediante a devida remuneração pelo setor empresarial;

V – implantar sistema de compostagem para resíduos sólidos orgânicos e articular com os agentes econômicos e sociais formas de utilização do composto produzido;

VI – dar disposição final ambientalmente adequada aos resíduos e rejeitos oriundos dos serviços públicos de limpeza urbana e de manejo de resíduos sólidos.

§ 1º Para o cumprimento do disposto nos incisos I a IV do **caput**, o titular dos serviços públicos de limpeza urbana e de manejo de resíduos sólidos priorizará a organização e o funcionamento de cooperativas ou de outras formas de associação de catadores de materiais reutilizáveis e recicláveis formadas por pessoas físicas de baixa renda, bem como sua contratação.

§ 2º A contratação prevista no § 1º é dispensável de licitação, nos termos do inciso XXVII do art. 24 da Lei nº 8.666, de 21 de junho de 1993.

CAPÍTULO IV
DOS RESÍDUOS PERIGOSOS

Art. 37. A instalação e o funcionamento de empreendimento ou atividade que gere ou opere com resíduos perigosos somente podem ser autorizados ou licenciados pelas autoridades competentes se o responsável comprovar, no mínimo, capacidade técnica e econômica, além de condições para prover os cuidados necessários ao gerenciamento desses resíduos.

Art. 38. As pessoas jurídicas que operam com resíduos perigosos, em qualquer fase do seu gerenciamento, são obrigadas a se cadastrar no Cadastro Nacional de Operadores de Resíduos Perigosos.

§ 1º O cadastro previsto no *caput* será coordenado pelo órgão federal competente do Sisnama e implantado de forma conjunta pelas autoridades federais, estaduais e municipais.

§ 2º Para o cadastramento, as pessoas jurídicas referidas no *caput* necessitam contar com responsável técnico pelo gerenciamento dos resíduos perigosos, de seu próprio quadro de funcionários ou contratado, devidamente habilitado, cujos dados serão mantidos atualizados no cadastro.

§ 3º O cadastro a que se refere o *caput* é parte integrante do Cadastro Técnico Federal de Atividades Potencialmente Poluidoras ou Utilizadoras de Recursos Ambientais e do Sistema de Informações previsto no art. 12.

Art. 39. As pessoas jurídicas referidas no art. 38 são obrigadas a elaborar plano de gerenciamento de resíduos perigosos e submetê-lo ao órgão competente do Sisnama e, se couber, do SNVS, observado o conteúdo mínimo estabelecido no art. 21 e demais exigências previstas em regulamento ou em normas técnicas.

§ 1º O plano de gerenciamento de resíduos perigosos a que se refere o *caput* poderá estar inserido no plano de gerenciamento de resíduos a que se refere o art. 20.

§ 2º Cabe às pessoas jurídicas referidas no art. 38:

I – manter registro atualizado e facilmente acessível de todos os procedimentos relacionados à implementação e à operacionalização do plano previsto no *caput;*

II – informar anualmente ao órgão competente do Sisnama e, se couber, do SNVS, sobre a quantidade, a natureza e a destinação temporária ou final dos resíduos sob sua responsabilidade;

III – adotar medidas destinadas a reduzir o volume e a periculosidade dos resíduos sob sua responsabilidade, bem como a aperfeiçoar seu gerenciamento;

IV – informar imediatamente aos órgãos competentes sobre a ocorrência de acidentes ou outros sinistros relacionados aos resíduos perigosos.

§ 3º Sempre que solicitado pelos órgãos competentes do Sisnama e do SNVS, será assegurado acesso para inspeção das instalações e dos procedimentos relacionados à implementação e à operacionalização do plano de gerenciamento de resíduos perigosos.

§ 4º No caso de controle a cargo de órgão federal ou estadual do Sisnama e do SNVS, as informações sobre o conteúdo, a implementação e a operacionalização do plano previsto no *caput* serão repassadas ao poder público municipal, na forma do regulamento.

Art. 40. No licenciamento ambiental de empreendimentos ou atividades que operem com resíduos perigosos, o órgão licenciador do Sisnama pode exigir a contratação de seguro de responsabilidade civil por danos causados ao meio ambiente ou à saúde pública, observadas as regras sobre cobertura e os limites máximos de contratação fixados em regulamento.

Parágrafo único. O disposto no *caput* considerará o porte da empresa, conforme regulamento.

Art. 41. Sem prejuízo das iniciativas de outras esferas governamentais, o Governo Federal deve estruturar e manter instrumentos e atividades voltados para promover a descontaminação de áreas órfãs.

Parágrafo único. Se, após descontaminação de sítio órfão realizada com recursos do Governo Federal ou de outro ente da Federação, forem identificados os responsáveis pela contaminação, estes ressarcirão integralmente o valor empregado ao poder público.

CAPÍTULO V
DOS INSTRUMENTOS ECONÔMICOS

Art. 42. O poder público poderá instituir medidas indutoras e linhas de financiamento para atender, prioritariamente, às iniciativas de:

I – prevenção e redução da geração de resíduos sólidos no processo produtivo;

II – desenvolvimento de produtos com menores impactos à saúde humana e à qualidade ambiental em seu ciclo de vida;

III – implantação de infraestrutura física e aquisição de equipamentos para cooperativas ou outras formas de associação de catadores de materiais reutilizáveis e recicláveis formadas por pessoas físicas de baixa renda;

IV – desenvolvimento de projetos de gestão dos resíduos sólidos de caráter intermunicipal ou, nos termos do inciso I do *caput* do art. 11, regional;

V – estruturação de sistemas de coleta seletiva e de logística reversa;

VI – descontaminação de áreas contaminadas, incluindo as áreas órfãs;

VII – desenvolvimento de pesquisas voltadas para tecnologias limpas aplicáveis aos resíduos sólidos;

VIII – desenvolvimento de sistemas de gestão ambiental e empresarial voltados para a melhoria dos processos produtivos e ao reaproveitamento dos resíduos.

Art. 43. No fomento ou na concessão de incentivos creditícios destinados a atender diretrizes desta Lei, as instituições oficiais de crédito podem estabelecer critérios diferenciados de acesso dos beneficiários aos créditos do Sistema Financeiro Nacional para investimentos produtivos.

Art. 44. A União, os Estados, o Distrito Federal e os Municípios, no âmbito de suas competências, poderão instituir normas com o objetivo de conceder incentivos fiscais, financeiros ou creditícios, respeitadas as limitações da Lei Complementar nº 101, de 4 de maio de 2000 (Lei de Responsabilidade Fiscal), a:

I – indústrias e entidades dedicadas à reutilização, ao tratamento e à reciclagem de resíduos sólidos produzidos no território nacional;

II – projetos relacionados à responsabilidade pelo ciclo de vida dos produtos, prioritariamente em parceria com cooperativas ou outras formas de associação de catadores de materiais reutilizáveis e recicláveis formadas por pessoas físicas de baixa renda;

III – empresas dedicadas à limpeza urbana e a atividades a ela relacionadas.

Art. 45. Os consórcios públicos constituídos, nos termos da Lei nº 11.107, de 2005, com o objetivo de viabilizar a descentralização e a prestação de serviços públicos que envolvam resíduos sólidos, têm prioridade na obtenção dos incentivos instituídos pelo Governo Federal.

Art. 46. O atendimento ao disposto neste Capítulo será efetivado em consonância com a Lei Complementar nº 101, de 2000 (Lei de Responsabilidade Fiscal), bem como com as diretrizes e objetivos do respectivo plano plurianual, as metas e as prioridades fixadas pelas leis de diretrizes orçamentárias e no limite das disponibilidades propiciadas pelas leis orçamentárias anuais.

CAPÍTULO VI
DAS PROIBIÇÕES

Art. 47. São proibidas as seguintes formas de destinação ou disposição final de resíduos sólidos ou rejeitos:

I – lançamento em praias, no mar ou em quaisquer corpos hídricos;

II – lançamento *in natura* a céu aberto, excetuados os resíduos de mineração;

III – queima a céu aberto ou em recipientes, instalações e equipamentos não licenciados para essa finalidade;

IV – outras formas vedadas pelo poder público.

§ 1º Quando decretada emergência sanitária, a queima de resíduos a céu aberto pode ser realizada, desde que autorizada e acompanhada pelos órgãos competentes do Sisnama, do SNVS e, quando couber, do Suasa.

§ 2º Assegurada a devida impermeabilização, as bacias de decantação de resíduos ou rejeitos industriais ou de mineração, devidamente licenciadas pelo órgão competente do Sisnama, não são consideradas corpos hídricos para efeitos do disposto no inciso I do *caput*.

Art. 48. São proibidas, nas áreas de disposição final de resíduos ou rejeitos, as seguintes atividades:

I – utilização dos rejeitos dispostos como alimentação;

II – catação, observado o disposto no inciso V do art. 17;

III – criação de animais domésticos;

IV – fixação de habitações temporárias ou permanentes;

V – outras atividades vedadas pelo poder público.

Art. 49. É proibida a importação de resíduos sólidos perigosos e rejeitos, bem como de resíduos sólidos cujas características causem dano ao meio ambiente, à saúde pública e animal e à sanidade vegetal, ainda que para tratamento, reforma, reúso, reutilização ou recuperação.

TÍTULO IV
DISPOSIÇÕES TRANSITÓRIAS E FINAIS

Art. 50. A inexistência do regulamento previsto no § 3º do art. 21 não obsta a atuação, nos termos desta Lei, das cooperativas ou outras formas de associação de catadores de materiais reutilizáveis e recicláveis.

Art. 51. Sem prejuízo da obrigação de, independentemente da existência de culpa, reparar os danos causados, a ação ou omissão das pessoas físicas ou jurídicas que importe inobservância aos preceitos desta Lei ou de seu regulamento sujeita os infratores às sanções previstas em lei, em especial às fixadas na Lei nº 9.605, de 12 de fevereiro de 1998, que "dispõe sobre as sanções penais e administrativas derivadas de condutas e atividades lesivas ao meio ambiente, e dá outras providências", e em seu regulamento.

Art. 52. A observância do disposto no *caput* do art. 23 e no § 2º do art. 39 desta Lei é considerada obrigação de relevante interesse ambiental para efeitos do art. 68 da Lei nº 9.605, de 1998, sem prejuízo da aplicação de outras sanções cabíveis nas esferas penal e administrativa.

Art. 53. O § 1º do art. 56 da Lei nº 9.605, de 12 de fevereiro de 1998, passa a vigorar com a seguinte redação:

"Art. 56. ....

§ 1º Nas mesmas penas incorre quem:

I – abandona os produtos ou substâncias referidos no *caput* ou os utiliza em desacordo com as normas ambientais ou de segurança;

II – manipula, acondiciona, armazena, coleta, transporta, reutiliza, recicla ou dá destinação final a resíduos perigosos de forma diversa da estabelecida em lei ou regulamento.

...."

Art. 54. A disposição final ambientalmente adequada dos rejeitos, observado o disposto no § 1º do art. 9º, deverá ser implantada em até 4 (quatro) anos após a data de publicação desta Lei.

Art. 55. O disposto nos arts. 16 e 18 entra em vigor 2 (dois) anos após a data de publicação desta Lei.

Art. 56. A logística reversa relativa aos produtos de que tratam os incisos V e VI do *caput* do art. 33 será implementada progressivamente segundo cronograma estabelecido em regulamento.

Art. 57. Esta Lei entra em vigor na data de sua publicação.

Brasília, 2 de agosto de 2010; 189º da Independência e 122º da República.

LUIZ INÁCIO LULA DA SILVA

DOU de 3.8.2010

RESOLUÇÃO Nº 428, DE 17 DE DEZEMBRO DE 2010

Dispõe, no âmbito do licenciamento ambiental sobre a autorização do órgão responsável pela administração da Unidade de Conservação (UC), de que trata o § 3º do artigo 36 da Lei nº 9.985 de 18 de julho de 2000, bem como sobre a ciência do órgão responsável pela administração da UC no caso de licenciamento ambiental de empreendimentos não sujeitos a EIA-RIMA e dá outras providências.

O CONSELHO NACIONAL DO MEIO AMBIENTE-CONAMA, no uso das atribuições e competências que lhe são conferidas pelo art. 8º da Lei nº 6.938, de 31 de agosto de 1981, regulamentado pelo Decreto nº 99.274, de 06 de julho de 1990 e tendo em vista o disposto em seu Regimento Interno, Anexo à Portaria MMA nº 168, de 13 de junho de 2005, e:

Considerando a necessidade de regulamentar os procedimentos de licenciamento ambiental de empreendimentos de significativo impacto ambiental que afetem as Unidades de Conservação específicas ou suas zonas de amortecimento, resolve:

Art. 1º O licenciamento de empreendimentos de significativo impacto ambiental que possam

afetar Unidade de Conservação (UC) específica ou sua Zona de Amortecimento (ZA), assim

considerados pelo órgão ambiental licenciador, com fundamento em Estudo de Impacto Ambiental e respectivo Relatório de Impacto Ambiental (EIA/RIMA), só poderá ser concedido após autorização do órgão responsável pela administração da UC ou, no caso das Reservas Particulares de Patrimônio Natural (RPPN), pelo órgão responsável pela sua criação.

§1º Para efeitos desta Resolução, entende-se por órgão responsável pela administração da UC, os órgãos executores do Sistema Nacional de Unidade de Conservação (SNUC), conforme definido no inciso III, art. 6º da Lei nº 9.985 de 18 de julho de 2000. §2º Durante o prazo de 5 anos, contados a partir da publicação da Resolução nº 473, de 11 de dezembro de 2015, o licenciamento de empreendimento de significativo impacto ambiental, localizados numa faixa de 3 mil metros a partir do limite da UC, cuja ZA não esteja estabelecida, sujeitar-se-á ao procedimento previsto no caput, com exceção de RPPNs, Áreas de Proteção Ambiental (APAs) e Áreas Urbanas Consolidadas. (Redação dada pela Resolução nº 473/2015).

Art. 2º A autorização de que trata esta Resolução deverá ser solicitada pelo órgão ambiental licenciador, antes da emissão da primeira licença prevista, ao órgão responsável pela administração da UC que se manifestará conclusivamente após avaliação dos estudos ambientais exigidos dentro do procedimento de licenciamento ambiental, no prazo de até 60 dias, a partir do recebimento da solicitação.

§1º A autorização deverá ser solicitada pelo órgão ambiental licenciador, no prazo máximo de 15 dias, contados a partir do aceite do EIA/RIMA.

§2º O órgão ambiental licenciador deverá, antes de emitir os termos de referência do EIA/RIMA, consultar formalmente o órgão responsável pela administração da UC quanto à necessidade e ao conteúdo exigido de estudos específicos relativos a impactos do empreendimento na UC e na respectiva ZA, o qual se manifestará no prazo máximo de 15 dias úteis, contados do recebimento da consulta.

§3º Os estudos específicos a serem solicitados deverão ser restritos à avaliação dos impactos do empreendimento na UC ou sua ZA e aos objetivos de sua criação.

§ 4º O órgão responsável pela administração da UC facilitará o acesso às informações pelo interessado.

§ 5º Na existência de Plano de Manejo da UC, devidamente publicado, este deverá ser observado para orientar a avaliação dos impactos na UC específica ou sua ZA.

§ 6º Na hipótese de inobservância do prazo previsto no caput, o órgão responsável pela administração da UC deverá encaminhar, ao órgão licenciador e ao órgão central do SNUC, a justificativa para o descumprimento.

Art. 3º O órgão responsável pela administração da UC decidirá, de forma motivada:

I - pela emissão da autorização;

II - pela exigência de estudos complementares, desde que previstos no termo de referência;

III - pela incompatibilidade da alternativa apresentada para o empreendimento com a UC;

IV - pelo indeferimento da solicitação.

§ 1º A autorização integra o processo de licenciamento ambiental e especificará, caso necessário, as condições técnicas que deverão ser consideradas nas licenças.

§ 2º Os estudos complementares deverão ter todo seu escopo definido uma única vez, sendo

vedada, após essa oportunidade, a solicitação de novas demandas, salvo quando decorrerem das complementações solicitadas.

§ 3º A não apresentação dos estudos complementares específicos, no prazo acordado com o

empreendedor para resposta, desde que não justificada, ensejará o arquivamento da solicitação de autorização.

§ 4º A contagem do prazo para manifestação do órgão responsável pela administração da UC será interrompida durante a elaboração dos estudos complementares específicos ou preparação de esclarecimentos, sendo retomada, acrescido de mais 30 dias, em relação ao prazo original, se necessário.

§ 5º Em caso de indeferimento da autorização, o empreendedor será comunicado pelo órgão

ambiental licenciador e poderá requerer a revisão da decisão.

§ 6º Na hipótese do inciso III poderão ser apresentadas, pelo empreendedor, alternativas ao projeto em análise que busquem compatibilizar o empreendimento com a UC e sua ZA.

Art. 4º Caso o empreendimento de significativo impacto ambiental afete duas ou mais UCs de

domínios distintos, caberá ao órgão licenciador consolidar as manifestações dos órgãos

responsáveis pela administração das respectivas UCs.

Art. 5º Nos processos de licenciamento ambiental de empreendimentos não sujeitos a EIA/RIMA o órgão ambiental licenciador deverá dar ciência ao órgão responsável pela administração da UC, quando o empreendimento:

I - puder causar impacto direto em UC;

II - estiver localizado na sua ZA;

III - estiver localizado no limite de até 2 mil metros da UC, cuja ZA não tenha sido estabelecida

no prazo de até 5 anos a partir da data da publicação desta Resolução.

III - estiver localizado no limite de até 2 mil metros da UC, cuja ZA não tenha sido estabelecida

no prazo de até 5 anos a partir da data da publicação da Resolução nº 473, de 11 de dezembro de 2015. (Redação dada pela Resolução nº 473/2015).

§ 1º Os órgãos licenciadores deverão disponibilizar na rede mundial de computadores as

informações sobre os processos de licenciamento em curso.

§ 2º Nos casos das Áreas Urbanas Consolidadas, das APAs e RPPNs, não se aplicará o disposto

no inciso III.

§ 3º Nos casos de RPPN, o órgão licenciador deverá dar ciência ao órgão responsável pela sua

criação e ao proprietário.

Art. 6º Os órgãos ambientais licenciadores estaduais e municipais poderão adotar normas

complementares, observadas as regras gerais desta Resolução.

Art. 7º Esta Resolução se aplica às UCs criadas até a data de requerimento da licença ambiental.

Art. 8º Ficam revogadas as Resoluções Conama nº 10, de 14 de dezembro de 1988, Conama nº

11, de 3 de dezembro de 1987, Conama nº 12, de 14 de dezembro de 1988, Conama nº 13, de 6 de dezembro de 1990; bem como o inciso II, do art. 2º e §1º do art. 4º da Resolução Conama nº 347, de 10 de setembro de 2004, e o parágrafo único do art. 3º da Resolução Conama nº 378, de 19 de outubro de 2006.

Art. 9º Esta Resolução entra em vigor na data de sua publicação.

IZABELLA TEIXEIRA

Presidente do Conselho

DOU 20/12/2010

LEI Nº 13.123, DE 20 DE MAIO DE 2015

Regulamenta o inciso II do § 1º e o § 4º do art. 225 da Constituição Federal, o Artigo 1, a alínea j do Artigo 8, a alínea c do Artigo 10, o Artigo 15 e os §§ 3º e 4º do Artigo 16 da Convenção sobre Diversidade Biológica, promulgada pelo Decreto no 2.519, de 16 de março de 1998; dispõe sobre o acesso ao patrimônio genético, sobre a proteção e o acesso ao conhecimento tradicional associado e sobre a repartição de benefícios para conservação e uso sustentável da biodiversidade; revoga a Medida Provisória no 2.186-16, de 23 de agosto de 2001; e dá outras providências.

A Presidenta da República

Faço saber que o Congresso Nacional decreta e eu sanciono a seguinte Lei:

CAPÍTULO I
DISPOSIÇÕES GERAIS

Art. 1º Esta Lei dispõe sobre bens, direitos e obrigações relativos:

I – ao acesso ao patrimônio genético do País, bem de uso comum do povo encontrado em condições in situ, inclusive as espécies domesticadas e populações espontâneas, ou mantido em condições ex situ, desde que encontrado em condições in situ no território nacional, na plataforma continental, no mar territorial e na zona econômica exclusiva;

II – ao conhecimento tradicional associado ao patrimônio genético, relevante à conservação da diversidade biológica, à integridade do patrimônio genético do País e à utilização de seus componentes;

III – ao acesso à tecnologia e à transferência de tecnologia para a conservação e a utilização da diversidade biológica;

IV – à exploração econômica de produto acabado ou material reprodutivo oriundo de acesso ao patrimônio genético ou ao conhecimento tradicional associado;

V – à repartição justa e equitativa dos benefícios derivados da exploração econômica de produto acabado ou material reprodutivo oriundo de acesso ao patrimônio genético ou ao conhecimento tradicional associado, para conservação e uso sustentável da biodiversidade;

VI – à remessa para o exterior de parte ou do todo de organismos, vivos ou mortos, de espécies animais, vegetais, microbianas ou de outra natureza, que se destine ao acesso ao patrimônio genético; e

VII – à implementação de tratados internacionais sobre o patrimônio genético ou o conhecimento tradicional associado aprovados pelo Congresso Nacional e promulgados.

§ 1º O acesso ao patrimônio genético ou ao conhecimento tradicional associado será efetuado sem prejuízo dos direitos de propriedade material ou imaterial que incidam sobre o patrimônio genético ou sobre o conhecimento tradicional associado acessado ou sobre o local de sua ocorrência.

§ 2º O acesso ao patrimônio genético existente na plataforma continental observará o disposto na Lei nº 8.617, de 4 de janeiro de 1993.

Art. 2º Além dos conceitos e das definições constantes da Convenção sobre Diversidade Biológica – CDB, promulgada pelo Decreto nº 2.519, de 16 de março de 1998, consideram-se para os fins desta Lei:

I – patrimônio genético – informação de origem genética de espécies vegetais, animais, microbianas ou espécies de outra natureza, incluindo substâncias oriundas do metabolismo destes seres vivos;

II – conhecimento tradicional associado – informação ou prática de população indígena, comunidade tradicional ou agricultor tradicional sobre as propriedades ou usos diretos ou indiretos associada ao patrimônio genético;

III – conhecimento tradicional associado de origem não identificável – conhecimento tradicional associado em que não há a possibilidade de vincular a sua origem a, pelo menos, uma população indígena, comunidade tradicional ou agricultor tradicional;

IV – comunidade tradicional – grupo culturalmente diferenciado que se reconhece como tal, possui forma própria de organização social e ocupa e usa territórios e recursos naturais como condição para a sua reprodução cultural, social, religiosa, ancestral e econômica, utilizando conhecimentos, inovações e práticas geradas e transmitidas pela tradição;

V – provedor de conhecimento tradicional associado – população indígena, comunidade tradicional ou agricultor tradicional que detém e fornece a informação sobre conhecimento tradicional associado para o acesso;

VI – consentimento prévio informado – consentimento formal, previamente concedido por população indígena ou comunidade tradicional segundo os seus usos, costumes e tradições ou protocolos comunitários;

VII – protocolo comunitário – norma procedimental das populações indígenas, comunidades tradicionais ou agricultores tradicionais que estabelece, segundo seus usos, costumes e tradições, os mecanismos para o acesso ao conhecimento tradicional associado e a repartição de benefícios de que trata esta Lei;

VIII – acesso ao patrimônio genético – pesquisa ou desenvolvimento tecnológico realizado sobre amostra de patrimônio genético;

IX – acesso ao conhecimento tradicional associado – pesquisa ou desenvolvimento tecnológico realizado sobre conhecimento tradicional associado ao patrimônio genético que possibilite ou facilite o acesso ao patrimônio genético, ainda que obtido de fontes secundárias tais como feiras, publicações, inventários, filmes, artigos científicos, cadastros e outras formas de sistematização e registro de conhecimentos tradicionais associados;

X – pesquisa – atividade, experimental ou teórica, realizada sobre o patrimônio genético ou conhecimento tradicional associado, com o objetivo de produzir novos conhecimentos, por meio de um processo sistemático de construção do conhecimento que gera e testa hipóteses e teorias, descreve e interpreta os fundamentos de fenômenos e fatos observáveis;

XI – desenvolvimento tecnológico – trabalho sistemático sobre o patrimônio genético ou sobre o conhecimento tradicional associado, baseado nos procedimentos existentes, obtidos pela pesquisa ou pela experiência prática, realizado com o objetivo de desenvolver novos materiais, produtos ou dispositivos, aperfeiçoar ou desenvolver novos processos para exploração econômica;

XII – cadastro de acesso ou remessa de patrimônio genético ou de conhecimento tradicional associado – instrumento declaratório obrigatório das atividades de acesso ou remessa de patrimônio genético ou de conhecimento tradicional associado;

XIII – remessa – transferência de amostra de patrimônio genético para instituição localizada fora do País com a finalidade de acesso, na qual a responsabilidade sobre a amostra é transferida para a destinatária;

XIV – autorização de acesso ou remessa – ato administrativo que permite, sob condições específicas, o acesso ao patrimônio genético ou ao conhecimento tradicional associado e a remessa de patrimônio genético;

XV – usuário – pessoa natural ou jurídica que realiza acesso a patrimônio genético ou conhecimento tradicional associado ou explora economicamente produto acabado ou material reprodutivo oriundo de acesso ao patrimônio genético ou ao conhecimento tradicional associado;

XVI – produto acabado – produto cuja natureza não requer nenhum tipo de processo produtivo adicional, oriundo de acesso ao patrimônio genético ou ao conhecimento tradicional associado, no qual o componente do patrimônio genético ou do conhecimento tradicional associado seja um dos elementos principais de agregação de valor ao produto, estando apto à utilização pelo consumidor final, seja este pessoa natural ou jurídica;

XVII – produto intermediário – produto cuja natureza é a utilização em cadeia produtiva, que o agregará em seu processo produtivo, na condição de insumo, excipiente e matéria-prima, para o desenvolvimento de outro produto intermediário ou de produto acabado;

XVIII – elementos principais de agregação de valor ao produto – elementos cuja presença no produto acabado é determinante para a existência das características funcionais ou para a formação do apelo mercadológico;

XIX – notificação de produto – instrumento declaratório que antecede o início da atividade de exploração econômica de produto acabado ou material reprodutivo oriundo de acesso ao patrimônio genético ou ao conhecimento tradicional associado, no qual o usuário declara o cumprimento dos requisitos desta Lei e indica a modalidade de repartição de benefícios, quando aplicável, a ser estabelecida no acordo de repartição de benefícios;

XX – acordo de repartição de benefícios – instrumento jurídico que qualifica as partes, o objeto e as condições para repartição de benefícios;

XXI – acordo setorial – ato de natureza contratual firmado entre o poder público e usuários, tendo em vista a repartição justa e equitativa dos benefícios decorrentes da exploração econômica oriunda de acesso ao patrimônio genético ou ao conhecimento tradicional associado de origem não identificável;

XXII – atestado de regularidade de acesso – ato administrativo pelo qual o órgão competente declara que o acesso ao patrimônio genético ou ao conhecimento tradicional associado cumpriu os requisitos desta Lei;

XXIII – termo de transferência de material – instrumento firmado entre remetente e destinatário para remessa ao exterior de uma ou mais amostras contendo patrimônio genético acessado ou disponível para acesso, que indica, quando for o caso, se houve acesso a conhecimento tradicional associado e que estabelece o compromisso de repartição de benefícios de acordo com as regras previstas nesta Lei;

XXIV – atividades agrícolas – atividades de produção, processamento e comercialização de alimentos, bebidas, fibras, energia e florestas plantadas;

XXV – condições in situ – condições em que o patrimônio genético existe em ecossistemas e habitats naturais e, no caso de espécies domesticadas ou cultivadas, nos meios onde naturalmente tenham desenvolvido suas características distintivas próprias, incluindo as que formem populações espontâneas;

XXVI – espécie domesticada ou cultivada – espécie em cujo processo de evolução influiu o ser humano para atender suas necessidades;

XXVII – condições ex situ – condições em que o patrimônio genético é mantido fora de seu habitat natural;

XXVIII – população espontânea – população de espécies introduzidas no território nacional, ainda que domesticadas, capazes de se autoperpetuarem naturalmente nos ecossistemas e habitats brasileiros;

XXIX – material reprodutivo – material de propagação vegetal ou de reprodução animal de qualquer gênero, espécie ou cultivo proveniente de reprodução sexuada ou assexuada;

XXX – envio de amostra – envio de amostra que contenha patrimônio genético para a prestação de serviços no exterior como parte de pesquisa ou desenvolvimento tecnológico na qual a responsabilidade sobre a amostra é de quem realiza o acesso no Brasil;

XXXI – agricultor tradicional – pessoa natural que utiliza variedades tradicionais locais ou crioulas ou raças localmente adaptadas ou crioulas e mantém e conserva a diversidade genética, incluído o agricultor familiar;

XXXII – variedade tradicional local ou crioula – variedade proveniente de espécie que ocorre em condição in situ ou mantida em condição *ex situ*, composta por grupo de plantas dentro de um táxon no nível mais baixo conhecido, com diversidade genética desenvolvida ou adaptada por população indígena, comunidade tradicional ou agricultor tradicional, incluindo seleção natural combinada com seleção humana no ambiente local, que não seja substancialmente semelhante a cultivares comerciais; e

XXXIII – raça localmente adaptada ou crioula – raça proveniente de espécie que ocorre em condição in situ ou mantida em condição ex situ, representada por grupo de animais com diversidade genética desenvolvida ou adaptada a um determinado nicho ecológico e formada a partir de seleção natural ou seleção realizada adaptada por população indígena, comunidade tradicional ou agricultor tradicional.

Parágrafo único. Considera-se parte do patrimônio genético existente no território nacional, para os efeitos desta Lei, o microrganismo que tenha sido isolado a partir de substratos do território nacional, do mar territorial, da zona econômica exclusiva ou da plataforma continental.

Art. 3° O acesso ao patrimônio genético existente no País ou ao conhecimento tradicional associado para fins de pesquisa ou desenvolvimento tecnológico e a exploração econômica de produto acabado ou material reprodutivo oriundo desse acesso somente serão realizados mediante cadastro, autorização ou notificação, e serão submetidos a fiscalização, restrições e repartição de benefícios nos termos e nas condições estabelecidos nesta Lei e no seu regulamento.

Parágrafo único. São de competência da União a gestão, o controle e a fiscalização das atividades descritas no caput, nos termos do disposto no inciso XXIII do caput do art. 7° da Lei Complementar n° 140, de 8 de dezembro de 2011.

Art. 4° Esta Lei não se aplica ao patrimônio genético humano.

Art. 5° É vedado o acesso ao patrimônio genético e ao conhecimento tradicional associado para práticas nocivas ao meio ambiente, à reprodução cultural e à saúde humana e para o desenvolvimento de armas biológicas e químicas.

CAPÍTULO II
DAS COMPETÊNCIAS E ATRIBUIÇÕES INSTITUCIONAIS

Art. 6° Fica criado no âmbito do Ministério do Meio Ambiente o Conselho de Gestão do Patrimônio Genético – CGen, órgão colegiado de caráter deliberativo, normativo, consultivo e recursal, responsável por coordenar a elaboração e a implementação de políticas para a gestão do acesso ao patrimônio genético e ao conhecimento tradicional associado e da repartição de benefícios, formado por representação de órgãos e entidades da administração pública federal que detêm competência sobre as diversas ações de que trata esta Lei com participação máxima de 60% (sessenta por cento) e a representação da sociedade civil em no mínimo 40% (quarenta por cento) dos membros, assegurada a paridade entre:

I – setor empresarial;

II – setor acadêmico; e

III – populações indígenas, comunidades tradicionais e agricultores tradicionais.

§ 1° Compete também ao CGen:

I – estabelecer:

a) normas técnicas;

b) diretrizes e critérios para elaboração e cumprimento do acordo de repartição de benefícios;

c) critérios para a criação de banco de dados para o registro de informação sobre patrimônio genético e conhecimento tradicional associado;

II – acompanhar, em articulação com órgãos federais, ou mediante convênio com outras instituições, as atividades de:

a) acesso e remessa de amostra que contenha o patrimônio genético; e

b) acesso a conhecimento tradicional associado;

III – deliberar sobre:

a) as autorizações de que trata o inciso II do § 3° do art. 13;

b) o credenciamento de instituição nacional que mantém coleção ex situ de amostras que contenham o patrimônio genético; e

c) o credenciamento de instituição nacional para ser responsável pela criação e manutenção da base de dados de que trata o inciso IX;

IV – atestar a regularidade do acesso ao patrimônio genético ou ao conhecimento tradicional associado de que trata o Capítulo IV desta Lei;

V – registrar o recebimento da notificação do produto acabado ou material reprodutivo e a apresentação do acordo de repartição de benefícios, nos termos do art. 16;

VI – promover debates e consultas públicas sobre os temas de que trata esta Lei;

VII – funcionar como instância superior de recurso em relação à decisão de instituição credenciada e aos atos decorrentes da aplicação desta Lei, na forma do regulamento;

VIII – estabelecer diretrizes para aplicação dos recursos destinados ao Fundo Nacional para a Repartição de Benefícios – FNRB, previsto no art. 30, a título de repartição de benefícios;

IX – criar e manter base de dados relativos:

a) aos cadastros de acesso ao patrimônio genético ou ao conhecimento tradicional associado e de remessa;

b) às autorizações de acesso ao patrimônio genético ou ao conhecimento tradicional associado e de remessa;

c) aos instrumentos e termos de transferência de material;

d) às coleções ex situ das instituições credenciadas que contenham amostras de patrimônio genético;

e) às notificações de produto acabado ou material reprodutivo;

f) aos acordos de repartição de benefícios;

g) aos atestados de regularidade de acesso;

X – cientificar órgãos federais de proteção dos direitos de populações indígenas e comunidades tradicionais sobre o registro em cadastro de acesso a conhecimentos tradicionais associados;

XI – (VETADO); e

XII – aprovar seu regimento interno.

§ 2° Regulamento disporá sobre a composição e o funcionamento do CGen.

§ 3° O CGen criará Câmaras Temáticas e Setoriais, com a participação paritária do Governo e da sociedade civil, sendo esta representada pelos setores empresarial, acadêmico e representantes das populações indígenas, comunidades tradicionais e agricultores tradicionais, para subsidiar as decisões do plenário.

Art. 7° A administração pública federal disponibilizará ao CGen, na forma do regulamento, as informações necessárias para a rastreabilidade das atividades decorrentes de acesso ao patrimônio genético ou ao conhecimento tradicional associado, inclusive as relativas à exploração econômica oriunda desse acesso.

CAPÍTULO III
DO CONHECIMENTO TRADICIONAL ASSOCIADO

Art. 8° Ficam protegidos por esta Lei os conhecimentos tradicionais associados ao patrimônio genético de populações indígenas, de comunidade tradicional ou de agricultor tradicional contra a utilização e exploração ilícita.

§ 1° O Estado reconhece o direito de populações indígenas, de comunidades tradicionais e de agricultores tradicionais de participar da tomada de decisões, no âmbito nacional, sobre assuntos relacionados à conservação e ao uso sustentável de seus conhecimentos tradicionais associados ao patrimônio genético do País, nos termos desta Lei e do seu regulamento.

§ 2° O conhecimento tradicional associado ao patrimônio genético de que trata esta Lei integra o patrimônio cultural brasileiro e poderá ser depositado em banco de dados, conforme dispuser o CGen ou legislação específica.

§ 3° São formas de reconhecimento dos conhecimentos tradicionais associados, entre outras:

I – publicações científicas;

II – registros em cadastros ou bancos de dados; ou

III – inventários culturais.

§ 4° O intercâmbio e a difusão de patrimônio genético e de conhecimento tradicional associado praticados entre si por populações indígenas, comunidade tradicional ou agricultor tradicional para seu próprio benefício e baseados em seus usos, costumes e tradições são isentos das obrigações desta Lei.

Art. 9° O acesso ao conhecimento tradicional associado de origem identificável está condicionado à obtenção do consentimento prévio informado.

§ 1° A comprovação do consentimento prévio informado poderá ocorrer, a critério da população indígena, da comunidade tradicional ou do agricultor tradicional, pelos seguintes instrumentos, na forma do regulamento:

I – assinatura de termo de consentimento prévio;

II – registro audiovisual do consentimento;

III – parecer do órgão oficial competente; ou

IV – adesão na forma prevista em protocolo comunitário.

§ 2° O acesso a conhecimento tradicional associado de origem não identificável independe de consentimento prévio informado.

§ 3° O acesso ao patrimônio genético de variedade tradicional local ou crioula ou à raça localmente adaptada ou crioula para atividades agrícolas compreende o acesso ao conhecimento tradicional associado não identificável que deu origem à variedade ou à raça e não depende do consentimento prévio da população indígena, da comunidade tradicional ou do agricultor tradicional que cria, desenvolve, detém ou conserva a variedade ou a raça.

Art. 10. Às populações indígenas, às comunidades tradicionais e aos agricultores tradicionais que criam, desenvolvem, detêm ou conservam conhecimento tradicional associado são garantidos os direitos de:

I – ter reconhecida sua contribuição para o desenvolvimento e conservação de patrimônio genético, em qualquer forma de publicação, utilização, exploração e divulgação;

II – ter indicada a origem do acesso ao conhecimento tradicional associado em todas as publicações, utilizações, explorações e divulgações;

III – perceber benefícios pela exploração econômica por terceiros, direta ou indiretamente, de conhecimento tradicional associado, nos termos desta Lei;

IV – participar do processo de tomada de decisão sobre assuntos relacionados ao acesso a conhecimento tradicional associado e à repartição de benefícios decorrente desse acesso, na forma do regulamento;

V – usar ou vender livremente produtos que contenham patrimônio genético ou conhecimento tradicional associado, observados os dispositivos das Leis 9.456, de 25 de abril de 1997, e 10.711, de 5 de agosto de 2003; e

VI – conservar, manejar, guardar, produzir, trocar, desenvolver, melhorar material reprodutivo que contenha patrimônio genético ou conhecimento tradicional associado.

§ 1° Para os fins desta Lei, qualquer conhecimento tradicional associado ao patrimônio genético será considerado de natureza coletiva, ainda que apenas um indivíduo de população indígena ou de comunidade tradicional o detenha.

§ 2° O patrimônio genético mantido em coleções ex situ em instituições nacionais geridas com recursos públicos e as informações a ele associadas poderão ser acessados pelas populações indígenas, pelas comunidades tradicionais e pelos agricultores tradicionais, na forma do regulamento.

CAPÍTULO IV

DO ACESSO, DA REMESSA E DA EXPLORAÇÃO ECONÔMICA

Art. 11. Ficam sujeitas às exigências desta Lei as seguintes atividades:

I – acesso ao patrimônio genético ou ao conhecimento tradicional associado;

II – remessa para o exterior de amostras de patrimônio genético; e

III – exploração econômica de produto acabado ou material reprodutivo oriundo de acesso ao patrimônio genético ou ao conhecimento tradicional associado realizado após a vigência desta Lei.

§ 1° É vedado o acesso ao patrimônio genético ou ao conhecimento tradicional associado por pessoa natural estrangeira.

§ 2° A remessa para o exterior de amostra de patrimônio genético depende de assinatura do termo de transferência de material, na forma prevista pelo CGen.

Art. 12. Deverão ser cadastradas as seguintes atividades:

I – acesso ao patrimônio genético ou ao conhecimento tradicional associado dentro do País realizado por pessoa natural ou jurídica nacional, pública ou privada;

II – acesso ao patrimônio genético ou conhecimento tradicional associado por pessoa jurídica sediada no exterior associada a instituição nacional de pesquisa científica e tecnológica, pública ou privada;

III – acesso ao patrimônio genético ou ao conhecimento tradicional associado realizado no exterior por pessoa natural ou jurídica nacional, pública ou privada;

IV – remessa de amostra de patrimônio genético para o exterior com a finalidade de acesso, nas hipóteses dos incisos II e III deste caput; e

V – envio de amostra que contenha patrimônio genético por pessoa jurídica nacional, pública ou privada, para prestação de serviços no exterior como parte de pesquisa ou desenvolvimento tecnológico.

§ 1° O cadastro de que trata este artigo terá seu funcionamento definido em regulamento.

§ 2° O cadastramento deverá ser realizado previamente à remessa, ou ao requerimento de qualquer direito de propriedade intelectual, ou à comercialização do produto intermediário, ou à divulgação dos resultados, finais ou parciais, em meios científicos ou de comunicação, ou à notificação de produto acabado ou material reprodutivo desenvolvido em decorrência do acesso.

§ 3° São públicas as informações constantes do banco de dados de que trata o inciso IX do § 1° do art. 6°, ressalvadas aquelas que possam prejudicar as atividades de pesquisa ou desenvolvimento científico ou tecnológico ou as atividades comerciais de terceiros, podendo ser estas informações disponibilizadas mediante autorização do usuário.

Art. 13. As seguintes atividades poderão, a critério da União, ser realizadas mediante autorização prévia, na forma do regulamento:

I – acesso ao patrimônio genético ou ao conhecimento tradicional associado em área indispensável à segurança nacional, que se dará após anuência do Conselho de Defesa Nacional;

II – acesso ao patrimônio genético ou ao conhecimento tradicional associado em águas jurisdicionais brasileiras, na plataforma continental e na zona econômica exclusiva, que se dará após anuência da autoridade marítima.

§ 1° As autorizações de acesso e de remessa podem ser requeridas em conjunto ou isoladamente.

§ 2° A autorização de remessa de amostra de patrimônio genético para o exterior transfere a responsabilidade da amostra ou do material remetido para a destinatária.

§ 3° (VETADO).

§ 4° (VETADO).

Art. 14. A conservação ex situ de amostra do patrimônio genético encontrado na condição in situ deverá ser preferencialmente realizada no território nacional.

Art. 15. A autorização ou o cadastro para remessa de amostra do patrimônio genético para o exterior depende da informação do uso pretendido, observados os requisitos do regulamento.

Art. 16. Para a exploração econômica de produto acabado ou material reprodutivo oriundo de acesso ao patrimônio genético ou ao conhecimento tradicional associado serão exigidas:

I – a notificação do produto acabado ou do material reprodutivo ao CGen; e

II – a apresentação do acordo de repartição de benefícios, ressalvado o disposto no § 5° do art. 17 e no § 4° do art. 25.

§ 1° A modalidade de repartição de benefícios, monetária ou não monetária, deverá ser indicada no momento da notificação do produto acabado ou material reprodutivo oriundo do acesso ao patrimônio genético ou ao conhecimento tradicional associado.

§ 2° O acordo de repartição de benefícios deve ser apresentado em até 365 (trezentos e sessenta e cinco) dias a partir do momento da notificação do produto acabado ou do material reprodutivo, na forma prevista no Capítulo V desta Lei, ressalvados os casos que envolverem conhecimentos tradicionais associados de origem identificável.

CAPÍTULO V
DA REPARTIÇÃO DE BENEFÍCIOS

Art. 17. Os benefícios resultantes da exploração econômica de produto acabado ou de material reprodutivo oriundo de acesso ao patrimônio genético de espécies encontradas em condições in situ ou ao conhecimento tradicional associado, ainda que produzido fora do País, serão repartidos, de forma justa e equitativa, sendo que no caso do produto acabado o componente do patrimônio genético ou do conhecimento tradicional associado deve ser um dos elementos principais de agregação de valor, em conformidade ao que estabelece esta Lei.

§ 1° Estará sujeito à repartição de benefícios exclusivamente o fabricante do produto acabado ou o produtor do material reprodutivo, independentemente de quem tenha realizado o acesso anteriormente.

§ 2° Os fabricantes de produtos intermediários e desenvolvedores de processos oriundos de acesso ao patrimônio genético ou ao conhecimento tradicional associado ao longo da cadeia produtiva estarão isentos da obrigação de repartição de benefícios.

§ 3° Quando um único produto acabado ou material reprodutivo for o resultado de acessos distintos, estes não serão considerados cumulativamente para o cálculo da repartição de benefícios.

§ 4°As operações de licenciamento, transferência ou permissão de utilização de qualquer forma de direito de propriedade intelectual sobre produto acabado, processo ou material reprodutivo oriundo do acesso ao patrimônio genético ou ao conhecimento tradicional associado por terceiros são caracterizadas como exploração econômica isenta da obrigação de repartição de benefícios.

§ 5° Ficam isentos da obrigação de repartição de benefícios, nos termos do regulamento:

I – as microempresas, as empresas de pequeno porte, os microempreendedores individuais, conforme disposto na Lei Complementar n° 123, de 14 de dezembro de 2006; e

II – os agricultores tradicionais e suas cooperativas, com receita bruta anual igual ou inferior ao limite máximo estabelecido no inciso II do art. 3º da Lei Complementar nº 123, de 14 de dezembro de 2006.

§ 6° No caso de acesso ao conhecimento tradicional associado pelas pessoas previstas no § 5°, os detentores desse conhecimento serão beneficiados nos termos do art. 33.

§ 7° Caso o produto acabado ou o material reprodutivo não tenha sido produzido no Brasil, o importador, subsidiária, controlada, coligada, vinculada ou representante comercial do produtor estrangeiro em território nacional ou em território de países com os quais o Brasil mantiver acordo com este fim responde solidariamente com o fabricante do produto acabado ou do material reprodutivo pela repartição de benefícios.

§ 8° Na ausência de acesso a informações essenciais à determinação da base de cálculo de repartição de benefícios em tempo adequado, nos casos a que se refere o § 7°, a União arbitrará o valor da base de cálculo de acordo com a melhor informação disponível, considerando o percentual previsto nesta Lei ou em acordo setorial, garantido o contraditório.

§ 9° A União estabelecerá por decreto a Lista de Classificação de Repartição de Benefícios, com base na Nomenclatura Comum do Mercosul – NCM.

§ 10. (VETADO).

Art. 18. Os benefícios resultantes da exploração econômica de produto oriundo de acesso ao patrimônio genético ou ao conhecimento tradicional associado para atividades agrícolas serão repartidos sobre a comercialização do material reprodutivo, ainda que o acesso ou a exploração econômica dê-se por meio de pessoa física ou jurídica subsidiária, controlada, coligada, contratada, terceirizada ou vinculada, respeitado o disposto no § 7° do art. 17.

§ 1° A repartição de benefícios, prevista no caput, deverá ser aplicada ao último elo da cadeia produtiva de material reprodutivo, ficando isentos os demais elos.

§ 2° No caso de exploração econômica de material reprodutivo oriundo de acesso a patrimônio genético ou a conhecimento tradicional associado para fins de atividades agrícolas e destinado exclusivamente à geração de produtos acabados nas cadeias produtivas que não envolvam atividade agrícola, a repartição de benefícios ocorrerá somente sobre a exploração econômica do produto acabado.

§ 3° Fica isenta da repartição de benefícios a exploração econômica de produto acabado ou de material reprodutivo oriundo do acesso ao patrimônio genético de espécies introduzidas no território nacional pela ação humana, ainda que domesticadas, exceto:

I – as que formem populações espontâneas que tenham adquirido características distintivas próprias no País; e

II – variedade tradicional local ou crioula ou a raça localmente adaptada ou crioula.

Art. 19. A repartição de benefícios decorrente da exploração econômica de produto acabado ou material reprodutivo oriundo de acesso ao patrimônio genético ou ao conhecimento tradicional associado poderá constituir-se nas seguintes modalidades:

I – monetária; ou

II – não monetária, incluindo, entre outras:

a) projetos para conservação ou uso sustentável de biodiversidade ou para proteção e manutenção de conhecimentos, inovações ou práticas de populações indígenas, de comunidades tradicionais ou de agricultores tradicionais, preferencialmente no local de ocorrência da espécie em condição in situ ou de obtenção da amostra quando não se puder especificar o local original;

b) transferência de tecnologias;

c) disponibilização em domínio público de produto, sem proteção por direito de propriedade intelectual ou restrição tecnológica;

d) licenciamento de produtos livre de ônus;

e) capacitação de recursos humanos em temas relacionados à conservação e uso sustentável do patrimônio genético ou do conhecimento tradicional associado; e

f) distribuição gratuita de produtos em programas de interesse social.

§ 1° No caso de acesso a patrimônio genético fica a critério do usuário a opção por uma das modalidades de repartição de benefícios previstas no caput.

§ 2° Ato do Poder Executivo disciplinará a forma de repartição de benefícios da modalidade não monetária nos casos de acesso a patrimônio genético.

§ 3° A repartição de benefícios não monetária correspondente a transferência de tecnologia poderá realizar-se, dentre outras formas, mediante:

I – participação na pesquisa e desenvolvimento tecnológico;

II – intercâmbio de informações;

III – intercâmbio de recursos humanos, materiais ou tecnologia entre instituição nacional de pesquisa científica e tecnológica, pública ou privada, e instituição de pesquisa sediada no exterior;

IV – consolidação de infraestrutura de pesquisa e de desenvolvimento tecnológico; e

V – estabelecimento de empreendimento conjunto de base tecnológica.

§ 4° (VETADO).

Art. 20. Quando a modalidade escolhida for a repartição de benefícios monetária decorrente da exploração econômica de produto acabado ou de material reprodutivo oriundo de acesso ao patrimônio genético, será devida uma parcela de 1% (um por cento) da receita líquida anual obtida com a exploração econômica, ressalvada a hipótese de redução para até 0,1 (um décimo) por acordo setorial previsto no art. 21.

Art. 21. Com o fim de garantir a competitividade do setor contemplado, a União poderá, a pedido do interessado, conforme o regulamento, celebrar acordo setorial que permita reduzir o valor da repartição de benefícios monetária para até 0,1% (um décimo por cento) da receita líquida anual obtida com a exploração econômica do produto acabado ou do material reprodutivo oriundo de acesso ao patrimônio genético ou ao conhecimento tradicional associado de origem não identificável.

Parágrafo único. Para subsidiar a celebração de acordo setorial, os órgãos oficiais de defesa dos direitos de populações indígenas e de comunidades tradicionais poderão ser ouvidos, nos termos do regulamento.

Art. 22. Nas modalidades de repartição de benefícios não monetárias correspondentes às alíneas a, e e f do inciso II do caput do art. 19, a repartição de benefícios deverá ser equivalente a 75% (setenta e cinco por cento) do previsto para a modalidade monetária, conforme os critérios definidos pelo CGen.

Parágrafo único. O CGen poderá delimitar critérios ou parâmetros de resultado ou efetividade que os usuários deverão atender, em substituição ao parâmetro de custo previsto no caput para a repartição de benefícios não monetária.

Art. 23. Quando o produto acabado ou o material reprodutivo for oriundo de acesso ao conhecimento tradicional associado de origem não identificável, a repartição decorrente do uso desse conhecimento deverá ser feita na modalidade prevista no inciso I do caput do art. 19 e em montante correspondente ao estabelecido nos arts. 20 e 21 desta Lei.

Art. 24. Quando o produto acabado ou o material reprodutivo for oriundo de acesso ao conhecimento tradicional associado que seja de origem identificável, o provedor de conhecimento tradicional associado terá direito de receber benefícios mediante acordo de repartição de benefícios.

§ 1° A repartição entre usuário e provedor será negociada de forma justa e equitativa entre as partes, atendendo a parâmetros de clareza, lealdade e transparência nas cláusulas pactuadas, que deverão indicar condições, obrigações, tipos e duração dos benefícios de curto, médio e longo prazo.

§ 2° A repartição com os demais detentores do mesmo conhecimento tradicional associado dar-se-á na modalidade monetária, realizada por meio do Fundo Nacional para a Repartição de Benefícios - FNRB.

§ 3° A parcela devida pelo usuário para a repartição de benefícios prevista no § 2°, a ser depositada no Fundo Nacional para a Repartição de Benefícios - FNRB, corresponderá à metade daquela prevista no art. 20 desta Lei ou definida em acordo setorial.

§ 4° A repartição de benefícios de que trata o § 3° independe da quantidade de demais detentores do conhecimento tradicional associado acessado.

§ 5° Em qualquer caso, presume-se, de modo absoluto, a existência de demais detentores do mesmo conhecimento tradicional associado.

Art. 25. O acordo de repartição de benefícios deverá indicar e qualificar com clareza as partes, que serão:

I - no caso de exploração econômica de produto acabado ou de material reprodutivo oriundo de acesso a patrimônio genético ou conhecimento tradicional associado de origem não identificável:

a) a União, representada pelo Ministério do Meio Ambiente; e

b) aquele que explora economicamente produto acabado ou material reprodutivo oriundo de acesso ao patrimônio genético ou ao conhecimento tradicional associado de origem não identificável; e

II - no caso de exploração econômica de produto acabado ou de material reprodutivo oriundo de acesso a conhecimento tradicional associado de origem identificável:

a) o provedor de conhecimento tradicional associado; e

b) aquele que explora economicamente produto acabado ou material reprodutivo oriundo de acesso ao conhecimento tradicional associado.

§ 1° Adicionalmente ao Acordo de Repartição de Benefícios, o usuário deverá depositar o valor estipulado no § 3° do art. 24 no Fundo Nacional para a Repartição de Benefícios - FNRB quando explorar economicamente produto acabado ou material reprodutivo oriundo de acesso a conhecimento tradicional associado de origem identificável.

§ 2° No caso de exploração econômica de produto acabado ou de material reprodutivo oriundo de acesso ao patrimônio genético ou ao conhecimento tradicional associado de origem não identificável, poderão ser assinados acordos setoriais com a União com objetivo de repartição de benefícios, conforme regulamento.

§ 3° A repartição de benefícios decorrente da exploração econômica de produto acabado ou de material reprodutivo oriundo de acesso ao conhecimento tradicional associado dispensa o usuário de repartir benefícios referentes ao patrimônio genético.

§ 4° A repartição de benefícios monetária de que trata o inciso I do caput poderá, a critério do usuário, ser depositada diretamente no Fundo Nacional para a Repartição de Benefícios - FNRB, sem necessidade de celebração de acordo de repartição de benefícios, na forma do regulamento.

Art. 26. São cláusulas essenciais do acordo de repartição de benefícios, sem prejuízo de outras que venham a ser estabelecidas em regulamento, as que dispõem sobre:

I - produtos objeto de exploração econômica;

II - prazo de duração;

III - modalidade de repartição de benefícios;

IV - direitos e responsabilidades das partes;

V - direito de propriedade intelectual;

VI - rescisão;

VII - penalidades; e

VIII - foro no Brasil.

CAPÍTULO VI

DAS SANÇÕES ADMINISTRATIVAS

Art. 27. Considera-se infração administrativa contra o patrimônio genético ou contra o conhecimento tradicional associado toda ação ou omissão que viole as normas desta Lei, na forma do regulamento.

§ 1° Sem prejuízo das sanções penais e cíveis cabíveis, as infrações administrativas serão punidas com as seguintes sanções:

I - advertência;

II - multa;

III - apreensão:

a) das amostras que contêm o patrimônio genético acessado;

b) dos instrumentos utilizados na obtenção ou no processamento do patrimônio genético ou do conhecimento tradicional associado acessado;

c) dos produtos derivados de acesso ao patrimônio genético ou ao conhecimento tradicional associado; ou

d) dos produtos obtidos a partir de informação sobre conhecimento tradicional associado;

IV – suspensão temporária da fabricação e venda do produto acabado ou do material reprodutivo derivado de acesso ao patrimônio genético ou ao conhecimento tradicional associado até a regularização;

V – embargo da atividade específica relacionada à infração;

VI – interdição parcial ou total do estabelecimento, atividade ou empreendimento;

VII – suspensão de atestado ou autorização de que trata esta Lei; ou

VIII – cancelamento de atestado ou autorização de que trata esta Lei.

§ 2° Para imposição e gradação das sanções administrativas, a autoridade competente observará:

I – a gravidade do fato;

II – os antecedentes do infrator, quanto ao cumprimento da legislação referente ao patrimônio genético e ao conhecimento tradicional associado;

III – a reincidência; e

IV – a situação econômica do infrator, no caso de multa.

§ 3° As sanções previstas no § 1° poderão ser aplicadas cumulativamente.

§ 4° As amostras, os produtos e os instrumentos de que trata o inciso III do § 1° terão sua destinação definida pelo CGen.

§ 5° A multa de que trata o inciso II do § 1° será arbitrada pela autoridade competente, por infração, e pode variar:

I – de R$ 1.000,00 (mil reais) a R$ 100.000,00 (cem mil reais), quando a infração for cometida por pessoa natural; ou

II – de R$ 10.000,00 (dez mil reais) a R$ 10.000.000,00 (dez milhões de reais), quando a infração for cometida por pessoa jurídica, ou com seu concurso.

§ 6° Verifica-se a reincidência quando o agente comete nova infração no prazo de até 5 (cinco) anos contados do trânsito em julgado da decisão administrativa que o tenha condenado por infração anterior.

§ 7° O regulamento disporá sobre o processo administrativo próprio para aplicação das sanções de que trata esta Lei, assegurado o direito a ampla defesa e a contraditório.

Art. 28. Os órgãos federais competentes exercerão a fiscalização, a interceptação e a apreensão de amostras que contêm o patrimônio genético acessado, de produtos ou de material reprodutivo oriundos de acesso ao patrimônio genético ou ao conhecimento tradicional associado, quando o acesso ou a exploração econômica tiver sido em desacordo com as disposições desta Lei e seu regulamento.

Art. 29. (VETADO).

CAPÍTULO VII

DO FUNDO NACIONAL PARA A REPARTIÇÃO DE BENEFÍCIOS E DO PROGRAMA NACIONAL DE REPARTIÇÃO DE BENEFÍCIOS

Art. 30. Fica instituído o Fundo Nacional para a Repartição de Benefícios – FNRB, de natureza financeira, vinculado ao Ministério do Meio Ambiente, com o objetivo de valorizar o patrimônio genético e os conhecimentos tradicionais associados e promover o seu uso de forma sustentável.

Art. 31. O Poder Executivo disporá em regulamento sobre a composição, organização e funcionamento do Comitê Gestor do FNRB.

Parágrafo único. A gestão de recursos monetários depositados no FNRB destinados a populações indígenas, a comunidades tradicionais e a agricultores tradicionais dar-se-á com a sua participação, na forma do regulamento.

Art. 32. Constituem receitas do FNRB:

I – dotações consignadas na lei orçamentária anual e seus créditos adicionais;

II – doações;

III – valores arrecadados com o pagamento de multas administrativas aplicadas em virtude do descumprimento desta Lei;

IV – recursos financeiros de origem externa decorrentes de contratos, acordos ou convênios, especialmente reservados para as finalidades do Fundo;

V – contribuições feitas por usuários de patrimônio genético ou de conhecimento tradicional associado para o Programa Nacional de Repartição de Benefícios;

VI – valores provenientes da repartição de benefícios; e

VII – outras receitas que lhe vierem a ser destinadas.

§ 1° Os recursos monetários depositados no FNRB decorrentes da exploração econômica de produto acabado ou de material reprodutivo oriundo de acesso a conhecimento tradicional associado serão destinados exclusivamente em benefício dos detentores de conhecimentos tradicionais associados.

§ 2° Os recursos monetários depositados no FNRB decorrentes da exploração econômica de produto acabado ou de material reprodutivo oriundo de acesso a patrimônio genético proveniente de coleções ex situ serão parcialmente destinados em benefício dessas coleções, na forma do regulamento.

§ 3° O FNRB poderá estabelecer instrumentos de cooperação, inclusive com Estados, Municípios e o Distrito Federal.

Art. 33. Fica instituído o Programa Nacional de Repartição de Benefícios – PNRB, com a finalidade de promover:

I – conservação da diversidade biológica;

II – recuperação, criação e manutenção de coleções ex situ de amostra do patrimônio genético;

III – prospecção e capacitação de recursos humanos associados ao uso e à conservação do patrimônio genético ou do conhecimento tradicional associado;

IV – proteção, promoção do uso e valorização dos conhecimentos tradicionais associados;

V – implantação e desenvolvimento de atividades relacionadas ao uso sustentável da diversidade biológica, sua conservação e repartição de benefícios;

VI – fomento a pesquisa e desenvolvimento tecnológico associado ao patrimônio genético e ao conhecimento tradicional associado;

VII – levantamento e inventário do patrimônio genético, considerando a situação e o grau de variação das populações existentes, incluindo aquelas de uso potencial e, quando viável, avaliando qualquer ameaça a elas;

VIII – apoio aos esforços das populações indígenas, das comunidades tradicionais e dos agricultores tradicionais no manejo sustentável e na conservação de patrimônio genético;

IX – conservação das plantas silvestres;

X – desenvolvimento de um sistema eficiente e sustentável de conservação ex situ e in situ e desenvolvimento e transferência de tecnologias apropriadas para essa finalidade com vistas a melhorar o uso sustentável do patrimônio genético;

XI – monitoramento e manutenção da viabilidade, do grau de variação e da integridade genética das coleções de patrimônio genético;

XII – adoção de medidas para minimizar ou, se possível, eliminar as ameaças ao patrimônio genético;

XIII – desenvolvimento e manutenção dos diversos sistemas de cultivo que favoreçam o uso sustentável do patrimônio genético;

XIV – elaboração e execução dos Planos de Desenvolvimento Sustentável de Populações ou Comunidades Tradicionais; e

XV – outras ações relacionadas ao acesso ao patrimônio genético e aos conhecimentos tradicionais associados, conforme o regulamento.

Art. 34. O PNRB será implementado por meio do FNRB.

CAPÍTULO VIII

DAS DISPOSIÇÕES TRANSITÓRIAS SOBRE A ADEQUAÇÃO E A REGULARIZAÇÃO DE ATIVIDADES

Art. 35. O pedido de autorização ou regularização de acesso e de remessa de patrimônio genético ou de conhecimento tradicional associado ainda em tramitação na data de entrada em vigor desta Lei deverá ser reformulado pelo usuário como pedido de cadastro ou de autorização de acesso ou remessa, conforme o caso.

Art. 36. O prazo para o usuário reformular o pedido de autorização ou regularização de que trata o art. 35 será de 1 (um) ano, contado da data da disponibilização do cadastro pelo CGen.

Art. 37. Deverá adequar-se aos termos desta Lei, no prazo de 1 (um) ano, contado da data da disponibilização do cadastro pelo CGen, o usuário que realizou, a partir de 30 de junho de 2000, as seguintes atividades de acordo com a Medida Provisória nº 2.186-16, de 23 de agosto de 2001:

I – acesso a patrimônio genético ou conhecimento tradicional associado;

II – exploração econômica de produto acabado ou de material reprodutivo oriundo de acesso a patrimônio genético ou ao conhecimento tradicional associado.

Parágrafo único. Para fins do disposto no caput, o usuário, observado o art. 44, deverá adotar uma ou mais das seguintes providências, conforme o caso:

I – cadastrar o acesso ao patrimônio genético ou ao conhecimento tradicional associado;

II – notificar o produto acabado ou o material reprodutivo objeto da exploração econômica, nos termos desta Lei; e

III – repartir os benefícios referentes à exploração econômica realizada a partir da data de entrada em vigor desta Lei, nos termos do Capítulo V, exceto quando o tenha feito na forma da Medida Provisória nº 2.186-16, de 23 de agosto de 2001.

Art. 38. Deverá regularizar-se nos termos desta Lei, no prazo de 1 (um) ano, contado da data da disponibilização do Cadastro pelo CGen, o usuário que, entre 30 de junho de 2000 e a data de entrada em vigor desta Lei, realizou as seguintes atividades em desacordo com a legislação em vigor à época:

I – acesso a patrimônio genético ou a conhecimento tradicional associado;

II – acesso e exploração econômica de produto ou processo oriundo do acesso a patrimônio genético ou a conhecimento tradicional associado, de que trata a Medida Provisória nº 2.186-16, de 23 de agosto de 2001;

III – remessa ao exterior de amostra de patrimônio genético; ou

IV – divulgação, transmissão ou retransmissão de dados ou informações que integram ou constituem conhecimento tradicional associado.

§ 1° A regularização de que trata o caput está condicionada a assinatura de Termo de Compromisso.

§ 2° Na hipótese de acesso ao patrimônio genético ou ao conhecimento tradicional associado unicamente para fins de pesquisa científica, o usuário estará dispensado de firmar o Termo de Compromisso, regularizando-se por meio de cadastro ou autorização da atividade, conforme o caso.

§ 3° O cadastro e a autorização de que trata o § 2º extinguem a exigibilidade das sanções administrativas previstas na Medida Provisória nº 2.186-16, de 23 de agosto de 2001, e especificadas nos arts. 15 e 20 do Decreto nº 5.459, de 7 de junho de 2005, desde que a infração tenha sido cometida até o dia anterior à data de entrada em vigor desta Lei.

§ 4° Para fins de regularização no Instituto Nacional de Propriedade Industrial – INPI dos pedidos de patentes depositados durante a vigência da Medida Provisória nº 2.186-16, de 23 de agosto de 2001, o requerente deverá apresentar o comprovante de cadastro ou de autorização de que trata este artigo.

Art. 39. O Termo de Compromisso será firmado entre o usuário e a União, representada pelo Ministro de Estado do Meio Ambiente.

Parágrafo único. O Ministro de Estado do Meio Ambiente poderá delegar a competência prevista no caput.

Art. 40. O Termo de Compromisso deverá prever, conforme o caso:

I – o cadastro ou a autorização de acesso ou remessa de patrimônio genético ou de conhecimento tradicional associado;

II – a notificação de produto ou processo oriundo do acesso a patrimônio genético ou a conhecimento tradicional associado, de que trata a Medida Provisória nº 2.186-16, de 23 de agosto de 2001; e

III – a repartição de benefícios obtidos, na forma do Capítulo V desta Lei, referente ao tempo em que o produto desenvolvido após 30 de junho de 2000 oriundo de acesso a patrimônio genético ou a conhecimento tradicional associado tiver sido disponibilizado no mercado, no limite de até 5 (cinco) anos anteriores à celebração do Termo de Compromisso, subtraído o tempo de sobrestamento do processo em tramitação no CGen.

Art. 41. A assinatura do Termo de Compromisso suspenderá, em todos os casos:

I – a aplicação das sanções administrativas previstas na Medida Provisória nº 2.186-16, de 23 de agosto de 2001, e especificadas nos arts. 16 a 19 e 21 a 24 do Decreto nº 5.459, de 7 de junho de 2005, desde que a infração tenha sido cometida até o dia anterior à data da entrada em vigor desta Lei; e

II – a exigibilidade das sanções aplicadas com base na Medida Provisória nº 2.186-16, de 23 de agosto de 2001, e nos arts. 16 a 19 e 21 a 24 do Decreto nº 5.459, de 7 de junho de 2005.

§ 1° O Termo de Compromisso de que trata este artigo constitui título executivo extrajudicial.

§ 2° Suspende-se a prescrição durante o período de vigência do Termo de Compromisso.

§ 3° Cumpridas integralmente as obrigações assumidas no Termo de Compromisso, desde que comprovado em parecer técnico emitido pelo Ministério do Meio Ambiente:

I – não se aplicarão as sanções administrativas de que tratam os arts. 16, 17, 18, 21, 22, 23 e 24 do Decreto nº 5.459, de 7 de junho de 2005;

II – as sanções administrativas aplicadas com base nos arts. 16 a 18 do Decreto nº 5.459, de 7 de junho de 2005, terão sua exigibilidade extinta; e

III – os valores das multas aplicadas com base nos arts. 19, 21, 22, 23 e 24 do Decreto n° 5.459, de 7 de junho de 2005, atualizadas monetariamente, serão reduzidos em 90% (noventa por cento) do seu valor.

§ 4° O usuário que tiver iniciado o processo de regularização antes da data de entrada em vigor desta Lei poderá, a seu critério, repartir os benefícios de acordo com os termos da Medida Provisória nº 2.186-16, de 23 de agosto de 2001.

§ 5° O saldo remanescente dos valores de que trata o inciso III do § 3° será convertido, a pedido do usuário, pela autoridade fiscalizadora, em obrigação de executar uma das modalidades de repartição de benefícios não monetária, previstas no inciso II do caput do art. 19 desta Lei.

§ 6° As sanções previstas no caput terão exigibilidade imediata nas hipóteses de:

I – descumprimento das obrigações previstas no Termo de Compromisso por fato do infrator; ou

II – prática de nova infração administrativa prevista nesta Lei durante o prazo de vigência do Termo de Compromisso.

§ 7° A extinção da exigibilidade da multa não descaracteriza a infração já cometida para fins de reincidência.

Art. 42. Havendo interesse das partes, com o intuito de findar questões controversas e eventuais litígios administrativos ou judiciais, poderão ser aplicadas as regras de regularização ou adequação, conforme a hipótese observada, ainda que para casos anteriores à Medida Provisória n° 2.052, de 29 de junho de 2000.

Parágrafo único. No caso de litígio judicial, respeitadas as regras de regularização ou adequação previstas nesta Lei, a União fica autorizada a:

I – firmar acordo ou transação judicial; ou

II – desistir da ação.

Art. 43. Permanecem válidos os atos e decisões do CGen referentes a atividades de acesso ou de remessa de patrimônio genético ou de conhecimento tradicional associado que geraram produtos ou processos em comercialização no mercado e que já foram objeto de regularização antes da entrada em vigor desta Lei.

§ 1° Caberá ao CGen cadastrar no sistema as autorizações já emitidas.

§ 2° Os acordos de repartição de benefícios celebrados antes da entrada em vigor desta Lei serão válidos pelo prazo neles previstos.

Art. 44. Ficam remitidas as indenizações civis relacionadas a patrimônio genético ou a conhecimento tradicional associado das quais a União seja credora.

Art. 45. O pedido de regularização previsto neste Capítulo autoriza a continuidade da análise de requerimento de direito de propriedade industrial em andamento no órgão competente.

CAPÍTULO IX

DISPOSIÇÕES FINAIS

Art. 46. As atividades realizadas sobre patrimônio genético ou sobre conhecimento tradicional associado que constarem em acordos internacionais aprovados pelo Congresso Nacional e promulgados, quando utilizadas para os fins dos referidos acordos internacionais, deverão ser efetuadas em conformidade com as condições neles definidas, mantidas as exigências deles constantes.

Parágrafo único. A repartição de benefícios prevista no Protocolo de Nagoia não se aplica à exploração econômica, para fins de atividade agrícola, de material reprodutivo de espécies introduzidas no País pela ação humana até a entrada em vigor desse Tratado.

Art. 47. A concessão de direito de propriedade intelectual pelo órgão competente sobre produto acabado ou sobre material reprodutivo obtido a partir de acesso a patrimônio genético ou a conhecimento tradicional associado fica condicionada ao cadastramento ou autorização, nos termos desta Lei.

Art. 48. Ficam extintas, no âmbito do Poder Executivo, Funções Comissionadas Técnicas, criadas pelo art. 58 da Medida Provisória n° 2.229-43, de 6 de setembro de 2001, nos seguintes quantitativos por nível:

I – 33 (trinta e três) FCT-12; e

II – 53 (cinquenta e três) FCT-11.

Parágrafo único. Ficam criados os seguintes cargos em comissão Grupo-Direção e Assessoramento Superiores – DAS, destinados à unidade que exercerá a função de Secretaria Executiva do CGen:

I – 1 (um) DAS-5;

II – 3 (três) DAS-4; e

III – 6 (seis) DAS-3.

Art. 49. Esta Lei entra em vigor após decorridos 180 (cento e oitenta) dias da data de sua publicação oficial.

Art. 50. Fica revogada a Medida Provisória n° 2.186-16, de 23 de agosto de 2001.

Brasília, 20 de maio de 2015; 194° da Independência e 127° da República.

DILMA ROUSSEFF

DOU de 14.5.2015

LEI Nº 13.575, DE 26 DE DEZEMBRO DE 2017

Cria a Agência Nacional de Mineração (ANM); extingue o Departamento Nacional de Produção Mineral (DNPM); altera as Leis nºs 11.046, de 27 de dezembro de 2004, e 10.826, de 22 de dezembro de 2003; e revoga a Lei nº 8.876, de 2 de maio de 1994, e dispositivos do Decreto-Lei nº 227, de 28 de fevereiro de 1967 (Código de Mineração).

O Presidente da República

Faço saber que o Congresso Nacional decreta e eu sanciono a seguinte Lei:

CAPÍTULO I

DA INSTITUIÇÃO E DAS COMPETÊNCIAS

Art. 1º Fica criada a Agência Nacional de Mineração (ANM), integrante da Administração Pública federal indireta, submetida ao regime autárquico especial e vinculada ao Ministério de Minas e Energia.

Parágrafo único. (VETADO).

Art. 2º A ANM, no exercício de suas competências, observará e implementará as orientações e diretrizes fixadas no Decreto-Lei nº 227, de 28 de fevereiro de 1967 (Código de Mineração), em legislação correlata e nas políticas estabelecidas pelo Ministério de Minas e Energia, e terá como finalidade promover a gestão dos recursos minerais da União, bem como a regulação e a fiscalização das atividades para o aproveitamento dos recursos minerais no País, competindo-lhe:

I – implementar a política nacional para as atividades de mineração;

II – estabelecer normas e padrões para o aproveitamento dos recursos minerais, observadas as políticas de planejamento setorial definidas pelo Ministério de Minas e Energia e as melhores práticas da indústria de mineração;

III – prestar apoio técnico ao Ministério de Minas e Energia;

IV – requisitar, guardar e administrar os dados e as informações sobre as atividades de pesquisa e lavra produzidos por titulares de direitos minerários;

V – gerir os direitos e os títulos minerários para fins de aproveitamento de recursos minerais;

VI – estabelecer os requisitos técnicos, jurídicos, financeiros e econômicos a serem atendidos pelos interessados na obtenção de títulos minerários;

VII – estabelecer os requisitos e os critérios de julgamento dos procedimentos de disponibilidade de área, conforme diretrizes fixadas em atos da ANM;

VIII – regulamentar os processos administrativos sob sua competência, notadamente os relacionados com a outorga de títulos minerários, com a fiscalização de atividades de mineração e aplicação de sanções;

IX – consolidar as informações do setor mineral fornecidas pelos titulares de direitos minerários, cabendo-lhe a sua divulgação periódica, em prazo não superior a um ano;

X – emitir o Certificado do Processo de Kimberley, de que trata a Lei nº 10.743, de 9 de outubro de 2003, ressalvada a competência prevista no § 2º do art. 6º da referida Lei;

XI – fiscalizar a atividade de mineração, podendo realizar vistorias, notificar, autuar infratores, adotar medidas acautelatórias como de interdição e paralisação, impor as sanções cabíveis, firmar termo de ajustamento de conduta, constituir e cobrar os créditos delas decorrentes, bem como comunicar aos órgãos competentes a eventual ocorrência de infração, quando for o caso;

XII – regular, fiscalizar, arrecadar, constituir e cobrar os créditos decorrentes:

a) da Compensação Financeira pela Exploração de Recursos Minerais (CFEM), de que trata a Lei nº 7.990, de 28 de dezembro de 1989;

b) da taxa anual, por hectare, a que se refere o inciso II do caput do art. 20 do Decreto-Lei nº 227, de 28 de fevereiro de 1967 (Código de Mineração); e

c) das multas aplicadas pela ANM;

XIII – normatizar, orientar e fiscalizar a extração e coleta de espécimes fósseis a que se refere o inciso III do caput do art. 10 do Decreto-Lei nº 227, de 28 de fevereiro de 1967 (Código de Mineração), e o Decreto-Lei nº 4.146, de 4 de março de 1942, e adotar medidas para promoção de sua preservação;

XIV – mediar, conciliar e decidir os conflitos entre os agentes da atividade de mineração;

XV – decidir sobre direitos minerários e outros requerimentos em procedimentos administrativos de outorga ou de fiscalização da atividade de mineração, observado o disposto no art. 3º desta Lei;

XVI – julgar o processo administrativo instaurado em função de suas decisões;

XVII – expedir os títulos minerários e os demais atos referentes à execução da legislação minerária, observado o disposto no art. 3º desta Lei;

XVIII – decidir requerimentos de lavra e outorgar concessões de lavra das substâncias minerais de que trata o art. 1º da Lei nº 6.567, de 24 de setembro de 1978;

XIX – declarar a caducidade dos direitos minerários, cuja outorga de concessões de lavra seja de sua competência;

XX – estabelecer as condições para o aproveitamento das substâncias minerais destinadas à realização de obras de responsabilidade do poder público;

XXI – aprovar a delimitação de áreas e declarar a utilidade pública para fins de desapropriação ou constituição de servidão mineral;

XXII – estabelecer normas e exercer fiscalização, em caráter complementar, sobre controle ambiental, higiene e segurança das atividades de mineração, atuando em articulação com os demais órgãos responsáveis pelo meio ambiente e pela higiene, segurança e saúde ocupacional dos trabalhadores;

XXIII – definir e disciplinar os conceitos técnicos aplicáveis ao setor de mineração;

XXIV – fomentar a concorrência entre os agentes econômicos, monitorar e acompanhar as práticas de mercado do setor de mineração brasileiro e cooperar com os órgãos de defesa da concorrência, observado o disposto na Lei nº 12.529, de 30 de novembro de 2011, e na legislação pertinente;

XXV – regular e autorizar a execução de serviços de geologia e geofísica aplicados à atividade de mineração, visando ao levantamento de dados técnicos destinados à comercialização, em bases não exclusivas;

XXVI – estabelecer os requisitos e procedimentos para a aprovação e decidir sobre o relatório final de pesquisa;

XXVII – apreender, destruir, doar a instituição pública substâncias minerais e equipamentos encontrados ou provenientes de atividades ilegais ou promover leilão deles, conforme dispuser resolução da ANM, com acompanhamento de força policial sempre que necessário, ficando autorizado o leilão antecipado de substâncias minerais e equipamentos, no caso de risco de depreciação, mantido o valor apurado em depósito até o término do procedimento administrativo de perdimento pertinente;

XXVIII – normatizar, fiscalizar e arrecadar os encargos financeiros do titular do direito minerário e os demais valores devidos ao poder público nos termos desta Lei, bem como constituir e cobrar os créditos deles decorrentes e efetuar as restituições devidas;

XXIX – normatizar e reprimir as infrações à legislação e aplicar as sanções cabíveis, observado o disposto nesta Lei;

XXX – instituir o contencioso administrativo para julgar os créditos devidos à ANM em 1ª instância administrativa e os recursos voluntários, assim como os pedidos de restituição do indébito, assegurados o contraditório e a ampla defesa;

XXXI – manter o registro mineral e as averbações referentes aos títulos e aos direitos minerários;

XXXII – expedir certidões e autorizações;

XXXIII – conceder anuência prévia aos atos de cessão ou transferência de concessão de lavra cuja outorga seja de sua competência, conforme estabelecido pelo § 3º do art. 176 da Constituição Federal;

XXXIV – regulamentar o compartilhamento de informações sobre a atividade de mineração entre órgãos e entidades da União, dos Estados, do Distrito Federal e dos Municípios;

XXXV – normatizar o sistema brasileiro de certificação de reservas e recursos minerais, no prazo de até um ano, contado da publicação desta Lei;

XXXVI – aprovar seu regimento interno;

XXXVII – regulamentar a aplicação de recursos de pesquisa, desenvolvimento tecnológico e inovação, do setor mineral.

§ 1º A ANM deverá, ao tomar conhecimento de fato que possa configurar indício de infração da ordem econômica, comunicá-lo imediatamente ao Conselho Administrativo de Defesa Econômica (Cade).

§ 2º Se a comunicação prevista no § 1º deste artigo decorrer de cessão de direitos minerários que não atenda aos critérios previstos na legislação de defesa da concorrência brasileira, a anuência da cessão estará vinculada à decisão terminativa proferida pelo Cade publicada em meio oficial.

§ 3º A ANM deverá, ao tomar conhecimento de fato que possa configurar indício de infração penal, comunicá-lo imediatamente à autoridade competente.

§ 4º As competências de fiscalização das atividades de mineração e da arrecadação da Compensação Financeira pela Exploração de Recursos Minerais (CFEM) poderão ser exercidas por meio de convênio com os Estados, o Distrito Federal e os Municípios, desde que os entes possuam serviços técnicos e administrativos organizados e aparelhados para execução das atividades, conforme condições estabelecidas em ato da ANM.

§ 5º (VETADO).

§ 6º Para o desempenho das competências previstas no *caput* deste artigo, os órgãos e entidades federais, estaduais, distritais e municipais deverão disponibilizar as informações necessárias ao exercício da competência da ANM.

Art. 3º Compete ao Ministro de Estado de Minas e Energia:

I – decidir requerimento de lavra e outorgar concessões de lavra, ressalvado o disposto no inciso XXXIII do *caput* do art. 2º desta Lei;

II – declarar a caducidade e a nulidade de concessões de lavra e manifestos de mina, ressalvado o disposto no inciso XIX do *caput* do art. 2º desta Lei; e

III – conceder anuência prévia aos atos de cessão ou transferência de concessões de lavra e manifestos de mina, conforme estabelecido no § 3º do art. 176 da Constituição Federal, ressalvado o disposto no inciso XXXIII do *caput* do art. 2º desta Lei.

Parágrafo único. Nos procedimentos definidos no *caput* deste artigo, a fim de agilizar o andamento processual, todas as análises técnicas necessárias deverão ser realizadas pela ANM, conforme dispõe o inciso III do *caput* do art. 2º desta Lei.

Art. 4º No exercício das competências de fiscalização da ANM, poderão ser requisitados e examinados livros, mercadorias, arquivos ou documentos que repercutam no objeto da fiscalização, e poderão ser realizadas vistorias ou inspeções nas instalações dos titulares de direitos minerários.

§ 1º A ANM disciplinará os prazos e as condições para apresentação de documentos requisitados, salvo na hipótese de vistoria e inspeção, quando a apresentação dos documentos deverá ser imediata.

§ 2º Os livros, os arquivos ou os documentos referidos no *caput* deste artigo deverão ser conservados até o termo final do prazo de prescrição dos créditos decorrentes das operações a que se refiram.

CAPÍTULO II
DA ESTRUTURA ORGANIZACIONAL E DO FUNCIONAMENTO

Art. 5º A ANM será dirigida por Diretoria Colegiada, composta por um Diretor-Geral e quatro Diretores.

§ 1º O Diretor-Geral da ANM exercerá a representação da ANM, a presidência da Diretoria Colegiada e o comando hierárquico sobre o pessoal e os serviços, e caber-lhe-á desempenhar as competências administrativas correspondentes e a presidência das sessões da Diretoria Colegiada, sem prejuízo das deliberações colegiadas para matérias definidas no regimento interno.

§ 2º A estrutura organizacional da ANM será definida em decreto e contará com Procuradoria, Ouvidoria, Corregedoria, Auditoria e unidades administrativas.

Art. 6º (VETADO).

Art. 7º Os membros da Diretoria exercerão mandatos de quatro anos, não coincidentes, permitida única recondução.

Art. 8º Os membros da Diretoria Colegiada ficam impedidos de exercer atividade ou de prestar qualquer serviço no setor regulado pela ANM, pelo período de seis meses, contado da data de exoneração ou do término de seus mandatos, assegurada a remuneração compensatória.

Art. 9º É vedada a indicação para a Diretoria Colegiada:

I – de Ministro de Estado, Secretário de Estado, Secretário Municipal, dirigente estatutário de partido político e titular de mandato no Poder Legislativo de qualquer ente federativo, ainda que licenciados dos cargos;

II – de pessoa que tenha atuado, nos últimos seis meses, como participante de estrutura decisória de partido político;

III – de pessoa que tenha participação, direta ou indireta, em empresa ou entidade que atue no setor sujeito à regulação exercida pela ANM;

IV – de pessoa que se enquadre nas hipóteses de inelegibilidade previstas no inciso I do caput do art. 1º da Lei Complementar nº 64, de 18 de maio de 1990; e

V – de membro de conselho ou de diretoria de associação, regional ou nacional, representativa de interesses patronais ou trabalhistas ligados às atividades reguladas pela ANM.

Parágrafo único. A vedação prevista no inciso I do *caput* deste artigo estende-se também aos parentes consanguíneos ou afins até o terceiro grau das pessoas nele mencionadas.

Art. 10. Ao membro da Diretoria Colegiada é vedado:

I – receber, a qualquer título e sob qualquer pretexto, honorários, percentagens ou custas;

II – exercer outra atividade profissional, ressalvado o exercício do magistério, se houver compatibilidade de horários;

III – participar de sociedade simples ou empresária ou de empresa de qualquer espécie, na forma de controlador, diretor, administrador, gerente, membro de conselho de administração ou conselho fiscal, preposto ou mandatário;

IV – emitir parecer sobre matéria de sua especialização, ainda que em tese, ou atuar como consultor de qualquer tipo de empresa;

V – exercer atividade sindical;

VI – exercer atividade político-partidária; e

VII – estar em situação de conflito de interesse, nos termos da Lei nº 12.813, de 16 de maio de 2013.

Art. 11. A organização e o funcionamento da Diretoria Colegiada serão estabelecidos na estrutura regimental da ANM.

§ 1º Compete à Diretoria Colegiada:

I – exercer a administração da ANM;

II – editar as normas sobre matérias de competência da ANM; e

III – decidir, em última instância, na esfera da ANM, sobre as matérias de sua competência, exceto nas hipóteses em que o regulamento ou resolução da ANM estabelecer o Diretor-Geral como última instância recursal.

§ 2º A Diretoria Colegiada deliberará por maioria absoluta de seus membros, e caberá ao Diretor-Geral, além do voto ordinário, o voto de qualidade.

§ 3º O regimento interno da ANM estabelecerá a competência da Diretoria Colegiada, do Diretor-Geral, dos Diretores e de outras autoridades da ANM para a prática dos atos atribuídos ao Departamento Nacional de Produção Mineral (DNPM) pelo Decreto-Lei nº 227, de 28 de fevereiro de 1967 (Código de Mineração), pelo Decreto-Lei nº 7.841, de 8 de agosto de 1945 (Código de Águas Minerais), por regulamentos e legislação minerária correlatos, inclusive quanto ao processamento e à decisão de recursos administrativos.

Art. 12. Os atos normativos da ANM que afetarem, de forma substancial e direta, direitos de agentes econômicos do setor de mineração deverão ser acompanhados da exposição formal dos motivos que os justifiquem e ser submetidos a consulta ou a audiência pública.

Art. 13. A ANM, por meio de resolução, disporá sobre os processos administrativos em seu âmbito de atuação, notadamente sobre:

I – requisitos e procedimentos de outorga de títulos minerários, de fiscalização da atividade de mineração e sobre outros requerimentos relacionados a direitos minerários;

II – regras e procedimentos de aplicação de medidas acautelatórias e sanções administrativas;

III – hipóteses e critérios para a apresentação de garantias financeiras ou a contratação de seguros para cobertura dos riscos de atividades minerárias;

IV – hipóteses e critérios para realização de consulta pública e audiência pública para os atos normativos da agência; e

V – apreensão e leilão de substâncias minerais e de equipamentos encontrados ou provenientes de lavra ilegal.

Parágrafo único. Resolução sobre a apreensão e o leilão a que se refere o inciso V do *caput* deste artigo incluirá, para hipóteses excepcionais devidamente justificadas:

I – as regras para designação de fiel depositário, para dispensa de realização de apreensão ou de leilão, para doação de bem mineral ou equipamento apreendido com o objetivo de atender a interesse público relevante; e

II – a possibilidade de celebração de termo de ajustamento de conduta com vistas a autorizar que o próprio infrator promova a venda do bem apreendido, situação em que o valor de venda deverá ser integralmente revertido à ANM.

Art. 14. As sessões deliberativas da Diretoria Colegiada afetas às atividades de mineração serão públicas e terão suas datas, pautas e atas divulgadas.

Parágrafo único. Nas sessões da Diretoria Colegiada de que trata o *caput* deste artigo, é assegurada a manifestação da Procuradoria da ANM, das partes envolvidas no processo e de terceiros interessados, na forma estabelecida no regulamento da ANM.

Art. 15. A adoção das propostas de alterações de atos normativos de interesse geral dos agentes econômicos será, nos termos do regulamento, precedida da realização de Análise de Impacto Regulatório (AIR), que conterá informações e dados sobre os possíveis efeitos do ato normativo.

§ 1º Regulamento disporá sobre o conteúdo e a metodologia da análise de impacto regulatório, os quesitos mínimos a serem objeto de exame, os casos em que será obrigatória sua realização e aqueles em que poderá ser dispensada.

§ 2º A Diretoria Colegiada da ANM manifestar-se-á, em relação ao relatório de análise de impacto regulatório, sobre a adequação da proposta de ato normativo aos objetivos pretendidos, e indicará se os impactos estimados recomendam a sua adoção e, quando for o caso, os complementos necessários.

§ 3º A manifestação de que trata o § 2º deste artigo integrará, juntamente ao relatório de análise de impacto regulatório, a documentação a ser disponibilizada aos interessados para a realização de consulta ou de audiência pública, quando a Diretoria Colegiada decidir pela continuidade do procedimento administrativo.

§ 4º O regimento interno da ANM disporá sobre a operacionalização da análise de impacto regulatório.

§ 5º Nos casos em que não for realizada a análise de impacto regulatório, deverá ser disponibilizada, no mínimo, nota técnica ou documento equivalente que fundamente a proposta de decisão.

Art. 16. (VETADO).

Art. 17. A ANM disporá sobre os procedimentos a serem adotados para a solução de conflitos entre agentes da atividade de mineração, com ênfase na conciliação e na mediação.

Art. 18. (VETADO).

CAPÍTULO III
DAS RECEITAS

Art. 19. Constituem receitas da ANM:

I – o produto de operações de crédito efetuadas no País e no exterior;

II – a venda de publicações, os recursos oriundos dos serviços de inspeção e fiscalização ou provenientes de palestras e cursos ministrados e as receitas diversas estabelecidas em lei, regulamento ou contrato;

III – o produto do pagamento da taxa anual por hectare a que se refere o inciso II do caput do art. 20 do Decreto-Lei nº 227, de 28 de fevereiro de 1967 (Código de Mineração), dos emolumentos devidos como condição necessária para o conhecimento e o processamento de requerimentos e pedidos formulados à ANM, e o das multas de sua competência;

IV – os recursos provenientes de convênios, acordos ou contratos celebrados com entidades, organismos ou empresas, públicos ou privados, nacionais ou internacionais;

V – as doações, os legados, as subvenções e outros recursos que lhe forem destinados, incluídas as doações de bens e equipamentos destinados à ANM, conforme previsto em acordos firmados pela União para fins de ressarcimento de danos causados por usurpação de recursos minerais por lavra ilegal;

VI – as dotações consignadas no orçamento geral da União, os créditos especiais, as transferências e os repasses que lhe forem conferidos;

VII – os valores apurados na venda ou na locação dos bens móveis e imóveis de sua propriedade;

VIII – o produto do leilão de bens e equipamentos encontrados ou apreendidos decorrentes de atividade de mineração ilegal;

IX – as receitas provenientes das áreas colocadas em disponibilidade, de qualquer natureza; e

X – o valor recolhido a título de CFEM, a ser repassado à ANM, por intermédio do Ministério de Minas e Energia, na forma estabelecida no inciso III do § 2º do art. 2º da Lei nº 8.001, de 13 de março de 1990.

§ 1º As receitas de que trata o *caput* deste artigo serão consignadas no orçamento geral da União.

§ 2º O regulamento estabelecerá as hipóteses e os valores dos emolumentos a que se refere o inciso III do *caput* deste artigo.

Art. 20. A ANM atuará como autoridade administrativa independente, a qual ficam asseguradas, nos termos desta Lei, as prerrogativas necessárias ao exercício adequado de sua competência.

CAPÍTULO IV

DISPOSIÇÕES FINAIS E TRANSITÓRIAS

(...)

Art. 38. Esta Lei entra em vigor:

I – (VETADO);

II – quanto aos demais dispositivos, na data de sua publicação.

Art. 39. Ficam revogados:

I – na data de publicação desta Lei:

a) a Lei nº 8.876, de 2 de maio de 1994; e

b) (VETADO);

II – (VETADO).

Brasília, 26 de dezembro de 2017; 196º da Independência e 129º da República.

MICHEL TEMER

DOU de 27.12.2017

DECRETO Nº 2.067, DE 12 DE NOVEMBRO DE 1996

Promulga o Protocolo de Cooperação e Assistência Jurisdicional em Matéria Civil, Comercial, Trabalhista e Administrativa.

O Presidente da República , no uso das atribuições que lhe confere o art. 84, inciso VIII, da Constituição, e

Considerando que o Protocolo de Cooperação e Assistência Jurisdicional em Matéria Civil, Comercial, Trabalhista e Administrativa foi assinado pelo Brasil em 27 de junho de 1992, no âmbito do MERCOSUL;

Considerando que o Protocolo de Cooperação e Assistência Jurisdicional em Matéria Civil, Comercial, Trabalhista e Administrativa foi oportunamente submetido ao Congresso Nacional, que o aprovou por meio do Decreto Legislativo número 55, de 19 de abril de 1995;

Considerando que o ato em tela entrou em vigor internacional em 17 de março de 1996;

Considerando que o Governo brasileiro depositou a Carta de Ratificação do instrumento em epígrafe em 16 de fevereiro de 1996, passando o mesmo a vigorar, para o Brasil, em 17 de março de 1996, na forma de seu artigo 33,

DECRETA:

Art. 1º O Protocolo de Cooperação e Assistência Jurisdicional em Matéria Civil, Comercial, Trabalhista e Administrativa, assinado em Las Lenãs, em 27 de junho de 1992, apenso por cópia ao presente Decreto, deverá ser executado e cumprido tão inteiramente como nele se contém.

Art. 2º O presente Decreto entra em vigor na data de sua publicação.

Brasília, 12 de novembro de 1996; 175º da Independência e 108º da República.

FERNANDO HENRIQUE CARDOSO

DOU de 13.11.1996

Anexo ao Decreto que Promulga o Protocolo de Cooperação e Assistência Jurisdicional em Matéria Civil, Comercial, Trabalhista e Administrativa

Protocolo de Cooperação e Assistência Jurisdicional em matéria Civil, Comercial, Trabalhista e Administrativa

Os governos da República Argentina, da República Federativa do Brasil, da República do Paraguai e da República Original do Uruguai,

Considerando que o Mercado Comum do Sul (MERCOSUL), previsto no Tratado de Assunção, assinado em 26 de março de 1991, implica o compromisso dos Estados Partes de harmonizar suas legislações nas matérias pertinentes para obter o fortalecimento do processo de integração;

Desejosos de promover e intensificar a cooperação jurisdicional em matéria civil, comercial, trabalhista e administrativa, a fim de assim contribuir para o desenvolvimento de suas relações de integração com base nos princípios do respeito à soberania nacional e à igualdade de direitos e interesses recíprocos;

Convencidos de que este Protocolo contribuirá para o tratamento eqüitativo dos cidadãos e resistentes permanentes dos Estados Partes do Tratado de Assunção e lhes facilitará o livre acesso à jurisdição nos referidos Estados para a defesa de seus direitos e interesses;

Conscientes da importância de que se reveste, para o processo de integração dos Estados Partes, a adoção de instrumentos comuns que consolidem a segurança jurídica e tenham como finalidade atingir os objetos do Tratado de Assunção,

Acordam:

CAPÍTULO I
COOPERAÇÃO E ASSISTÊNCIA JURISDICIONAL

ARTIGO I

Os Estados Partes comprometem-se a prestar assistência mútua e ampla cooperação jurisdicional em matéria civil, comercial, trabalhista e administrativa. A assistência jurisdicional se estenderá aos procedimentos administrativos em que se admitam recursos perante os tribunais.

CAPÍTULO II
AUTORIDADES CENTRAIS

ARTIGO 2

Para os efeitos do presente protocolo, cada Estado Parte indicará uma Autoridade Central encarregada de receber e dar andamento às petições de assistência jurisdicional em matéria civil, comercial, trabalhista e administrativa. Para tanto, as Autoridades Centrais se comunicarão diretamente entre si, permitindo a intervenção de outras autoridades respectivamente competentes, sempre que seja necessário.

Os Estados Partes, ao depositarem os instrumentos de ratificação do presente Protocolo, comunicar o fato, no mais breve prazo possível, ao Governo depositário do presente Protocolo, para que dê conhecimento aos demais Estados Partes da substituição efetuada.

CAPÍTULO III

IGUALDADE NO TRATAMENTO PROCESSUAL

ARTIGO 3

Os cidadãos e os resistentes permanentes de um Estado Partes gozarão, nas mesmas condições dos cidadãos e residentes permanentes do outro Estado Parte, do livre acesso à jurisdição desse Estado para a defesa de seus direitos e interesses.

O Parágrafo anterior aplicar-se-á às pessoas jurídicas constituídas, autorizadas ou registradas conforme as leis de qualquer dos Estados Partes.

ARTIGO 4

Nenhuma caução ou depósito, qualquer que seja sua denominação, poderá ser imposto em razão da qualidade de cidadão ou residente permanente de outro Estado Parte.

O parágrafo anterior aplicar-se-á às pessoas jurídicas constituídas, autorizadas ou registradas conforme as leis de qualquer dos Estados Partes.

CAPÍTULO IV

Cooperação em Atividades de Simples Trâmite e Probatórias

ARTIGO 5

Cada Estado parte deverá enviar às autoridades jurisdicionais do outro Estado, segundo o previsto no artigo 2, cara rogatória em matéria civil, comercial trabalhista ou administrativa, quando tenha por objeto:

a) diligências de simples trâmite, tais como citações, intimações, citações como prazo definido, notificações ou outras semelhantes;

b) recebimento ou obtenção de provas.

ARTIGO 6

As cartas rogatórias deverão conter;

a) denominação e domicílio do órgão jurisdicional requerente;

b) individualização do expediente, com especificação do objeto e natureza do juízo e do nome e domicílio das partes;

c) cópia da petição inicial e transcrição da decisão que ordena a expedição da carta rogatória;

d) nome e domicílio do procurador da parte solicitante no Estado requerido, se houver;

e) indicação do objeto da carta rogatória, com o nome e o domicílio do destinatário9 da medida;

f) informação sobre o prazo de que dispõe a pessoa afetada pela medida para cumprir-se a cooperação solicitada;

g) descrição das formas ou procedimentos especiais com que haverá de cumprir-se a cooperação solicitada;

h) qualquer outra informação que facilite o cumprimento da carta rogatória.

ARTIGO 7

No caso de ser solicitado o recebimento de provas, a cartas rogatória deverá também conter:

a) descrição do assunto que facilite a diligência probatória;

b) nome e domicílio de testemunhas ou outras pessoas ou instruções que devam intervir;

c) texto dos interrogatórios e documentos necessários.

ARTIGO 8

A Carta rogatória deverá ser cumprida de ofício pela autoridade jurisdicional competente do Estado requerido, e somente poderá denegar-se quando a medida solicitada, por sua natureza, atende contra os princípios de ordem pública do Estado requerido.

O referido cumprimento não implicará o reconhecimento da jurisdição internacional do juiz do qual emana.

ARTIGO 9

A autoridade jurisdicional requerida terá competência para conhecer das questões que sejam sustadas do cumprimento da diligência solicitada.

Caso a autoridade jurisdicional requerida se declare incompetente para proceder à tramitação da carta rogatória, remeterá de ofício os documentos e os antecedentes do caso à autoridade jurisdicional competente do seu Estado.

ARTIGO 10

As cartas rogatórias e os documentos que as acompanham deverão redigir-se no idioma da autoridade requerente e são acompanhadas de uma tradução para o idioma da autoridade requerida.

ARTIGO 11

A autoridade requerida poderá, atendendo a solicitação da autoridade requerente, informar o lugar e a data em que a medida solicitada será cumprida, a fim de permitir que a autoridade requerente, as partes interessadas ou seus respectivos representantes possam comparecer e exercer as faculdades autorizadas pela legislação da Parte requerida.

A requerida comunicação deverá efetuar-se, com a devida antecedência, por intermédio das Autoridades Centrais dos Estados Partes.

ARTIGO 12

A autoridade jurisdicional encarregada do cumprimento de uma carta rogatória aplicará sua lei interna no que se refere aos procedimentos.

Não obstante, a carta rogatória poderá ter, mediante pedido da autoridade requerente, tramitação especial, admitindo-se o cumprimento de formalidade adicionais na diligência da carta rogatória, sempre que isso não seja incompatível com a ordem pública do Estado requerido.

O cumprimento de carta rogatória deverá efetuar-se sem demora.

ARTIGO 13

Ao diligenciar a carta rogatória, a autoridade requerida aplicará os meios processuais coercitivos previstos na sua legislação interna, nos casos e na medida em que deva fazê-lo para cumprir uma carta precatória das autoridades de seu próprio Estado, ou um pedido apresentado com o mesmo fim por uma parte interessada.

ARTIGO 14

Os documentos que comprovem o cumprimento da carta rogatória serão transmitidos por intermédios das Autoridades Centrais.

Quando a carta rogatória não tiver sido cumprida integralmente ou em parte, este fato e as razões do não cumprimento deverão ser comunicados de imediato à autoridade requerente, utilizando-se o meio assinalado no parágrafo anterior.

ARTIGO 15

O cumprimento da carta rogatória acarretar reembolso de nenhum tipo de despesa, exceto quando sejam solicitados meios probatórios que ocasionem custos especiais, ou sejam designados peritos para intervir na diligências. Em tais casos, deverão ser registrados no texto da carta rogatória os dados da pessoa que, no Estado requerido, procederá ao pagamento ao pagamento das despesas e honorários devidos.

ARTIGO 16

Quando os dados relativos ao domicílio da ação ou da pessoa citada forem incompletos ou inexatos, autoridade requerida deverá esgotar todos os meios para atender ao pedido. Para tanto, poderá também solicitar ao Estado requerente os dados complementares que permitam a identificação e a localização da referida pessoa.

ARTIGO 17

Os trâmites pertinentes para o cumprimento da carta rogatória não existirão necessariamente a intervenção da parte solicitante, devendo ser praticados de oficio pela autoridade jurisdicional competente do Estado requerido.

CAPÍTULO V

RECONHECIMENTO E EXECUÇÃO DE SENTENÇAS E DE LAUDOS ARBITRAIS

ARTIGO 18

As disposições do presente Capítulo serão aplicáveis ao reconhecimento e à execução das sentenças e dos laudos arbitrais pronunciados nas jurisdições dos Estados partes em matéria civil, comercial, trabalhista e administrativa, e serão igualmente aplicáveis às sentenças em matéria de reparação de danos e restituição de bens pronunciadas na esfera penal.

ARTIGO 19

O pedido de reconhecido e execução de sentença e de laudos arbitrais por parte das autoridades jurisdicional será tramitado por via de cartas rogatórias e por intermédios da Autoridade Central.

ARTIGO 20

As sentenças e os laudos arbitrais a que se refere o artigo anterior terão eficácia extraterritorial nos Estados Partes quando reunirem as seguintes condições:

a) que venham revestidos das formalidades externas necessárias que sejam considerados autênticos nos Estados de origem;

b) que estejam, assim como os documentos anexos necessários, devidamente traduzidos para o idioma oficial do Estado em que se solicita seu reconhecimento e execução;

c) que emanem de um órgão jurisdicional ou arbitral competente, segundo as normas do Estado requerido sobre jurisdição internacional;

d) que a parte contra a qual se pretende executar a decisão tenha sido devidamente citada e tenha garantido o exercício de seu direito de defesa;

e) que a decisão tenha força de coisa julgada e / ou executória no Estado em que foi ditada;

f) que claramente não contrariem os princípios de ordem pública do Estado em que se solicita seu reconhecimento e / ou execução.

Os requisitos das alíneas (a), (c), (d), (e) e (f) devem estar contidos na cópia autêntica da sentença ou do laudo arbitral.

ARTIGO 21

A parte que, em juízo, invoque uma sentença ou um laudo arbitral de um dos Estados Partes deverá apresentar cópia autêntica da sentença ou do laudo arbitral com os requisitos do artigo precedente.

ARTIGO 22

Quando se tratar de uma sentença ou de um laudo arbitral entre as mesmas partes, fundamentado nos mesmos fatos, e que tenha o mesmo objeto de outro processo judicial ou arbitral no Estado requerido, seu reconhecimento e sua executoriedade dependerão de que a decisão não seja incompatível com outro pronunciamento anterior ou simultâneo proferido no Estado Parte requerido.

Do mesmo modo não se reconhecerá nem se procederá à execução, quando se houver iniciado um procedimento entre as mesmas partes, fundamentado nos mesmos fatos e sobre o mesmo objeto, perante a autoridade jurisdicional que teria pronunciado a decisão da qual haja solicitação de reconhecimento.

ARTIGO 23

Se uma sentença ou um laudo arbitral não puder ter eficácia em sua totalidade, a autoridade jurisdicional compete do Estado requerido poderá emitir sua eficácia parcial mediante pedido da parte interessada.

ARTIGO 24

Os procedimento, inclusive a competência dos respectivos órgãos jurisdicionais, para fins de reconhecimento e execução das sentenças ou dos laudos arbitrais, serão regidos pela lei do Estado requerido.

CAPÍTULO VI

DOS INSTRUMENTOS PÚBLICOS E OUTROS DOCUMENTOS

ARTIGO 25

Os instrumentos públicos emanados de uma Estado Parte terão no outro a mesma força probatória que seus próprios instrumentos públicos.

ARTIGO 26

Os documentos emanados de autoridades jurisdicionais ou outras autoridades de um dos Estados Partes, assim como as escrituras públicas e os documentos que certifiquem a validade, a data e a veracidade da assinatura ou a conformidade com o original, e que sejam tramitados por intermédio da Autoridade Central, ficam isentos de toda legalização análoga quando devam ser apresentados no território do outro Estado Parte.

ARTIGO 27

Cada Estado Parte remeterá, por intermédio da Autoridade Central, a pedido de outro Estado Parte e para fins exclusivamente públicos, os traslados ou certidões dos assentos dos registros de estado civil, sem nenhum custo.

CAPÍTULO VII

INFORMAÇÕES DO DIREITO ESTRANGEIRO

ARTIGO 28

As Autoridades Centrais dos Estados Partes fornecer-se-ão mutuamente, a título de cooperação judicial, e desde que não se oponham às disposições em matéria civil, comercial, trabalhista, administrativa e de direito internacional privado, sem despesa alguma.

ARTIGO 29

A informação a que se refere o artigo anterior poderá também ser prestada perante a jurisdição do outro Estado, por meio de documentos fornecidos pelas autoridades diplomáticas ou consulares do Estado Parte de cujo direito se trata.

ARTIGO 30

O Estado que fornecer as informações sobre o sentido do alcance legal de seu direito não será responsável pela opinião emitida, nem estará obrigado a aplicar seu direito, segundo a resposta fornecida.

O Estado que receber as citadas informações não estará obrigado a aplicar, ou fazer aplicar, o direito estrangeiro segundo o conteúdo da resposta recebida.

CAPÍTULO VIII

CONSULTAS E SOLUÇÕES DE CONTROVÉRSIAS

ARTIGO 31

As Autoridades Centrais dos Estados Partes realizarão consultas nas oportunidades que lhes sejam mutuamente convenientes com a finalidade de facilitar a aplicação do presente Protocolo.

ARTIGO 32

Os Estados Partes numa controvérsia sobre a interpretação, a aplicação ou i não cumprimento das disposições deste Protocolo, procurarão resolvê-la mediante negociações diplomáticas diretas.

Se, mediante tais negociações, não se chegar a um acordo ou se tal controvérsia for solucionada apenas parcialmente, aplicar-se-ão os procedimentos previstos no Protocolo de Brasília para a solução de Controvérsias para o Mercado Comum do Sul.

CAPÍTULO IX

DISPOSIÇÕES FINAIS

ARTIGO 33

O presente protocolo, parte integrante do Tratado de Assunção, entrará em vigor trinta (30) dias após a data de depósito do segundo instrumento de ratificação, e será aplicado provisoriamente a partir da data de sua assinatura.

ARTIGO 34

A adesão por parte de um Estado ao Tratado de Assunção implicará, a adesão ao presente Protocolo.

ARTIGO 35

O presente protocolo não restringirá as disposições das convenções que anteriormente tiverem sido assinada sobre a mesma matéria entre os Estados partes, desde que não o contradigam.

ARTIGO 36

O Governo da República do Paraguai será o depositário do presente Protocolo e dos instrumentos de ratificação, e enviará cópias devidamente autenticadas dos mesmos aos Governos dos demais Estados partes.

Da mesma maneira, o Governo da República do Paraguai notificará aos Governos dos outros Estados Partes a data da entrada em vigor deste protocolo e a data de depósito dos instrumentos de ratificações.

Feito no Vale de Las Leñas, Departamento de Malargue, Provincia de Mendozo, República Argentina, aos 27 dias do mês de junho de 1992, em um original, nos diomas espanhol e português, sendo ambos os textos igualmente autênticos.

Pelo Governo da República

Argentina

Pelo Governo da República

Do Paraguai

Pelo Governo da República

Federativa do Brasil

Pelo Governo da República

Oriental do Uruguai

DECRETO Nº 2.740, DE 20 DE AGOSTO DE 1998

Promulga a Convenção Interamericana sobre Tráfico Internacional de Menores, assinada na Cidade do México em 18 de março de 1994.

O Presidente da República , no uso das atribuições que lhe confere o art. 84, inciso VIII, da Constituição Federal,

CONSIDERANDO que a Convenção Interamericana sobre Tráfico Internacional de Menores, foi assinada na Cidade do México, em 18 de março de 1994;

CONSIDERANDO que o ato multilateral em epígrafe foi oportunamente submetido ao Congresso Nacional, que o aprovou por meio do Decreto Legislativo nº 105, de 30 de outubro de 1996;

CONSIDERANDO que a Convenção em tela entrou em vigor internacional em 15 de agosto de 1997;

CONSIDERANDO que o Governo brasileiro depositou o Instrumento de Ratificação da Convenção, em 8 de julho de 1997, passando a mesma a vigorar, para o Brasil, em 15 de agosto de 1997, na forma de seu artigo 33.

DECRETA:

Art 1º – A Convenção Interamericana sobre Tráfico Internacional de Menores, assinada na Cidade do México, em 18 de março de 1994, apensa por cópia ao presente Decreto, deverá ser executada e cumprida tão inteiramente como nela se contém.

Art 2º O presente Decreto entra em vigor na data de sua publicação.

Brasília, em 20 de agosto de 1998; 177º da Independência e 110º da República.

FERNANDO HENRIQUE CARDOSO

CONVENÇÃO INTERAMERICANA SOBRE TRÁFICO INTERNACIONAL DE MENORES

Os Estados Partes nesta Convenção,

Considerando a importância de assegurar proteção integral e efetiva ao menor, mediante a implementação de mecanismos adequados que garantam o respeito aos seus direitos;

Conscientes de que o tráfico internacional de menores constitui uma preocupação universal;

Levando em conta o direito convencional em matéria de proteção internacional do menor e, em especial, o disposto nos Artigos 11 e 35 da Convenção sobre os Direitos do Menor, adotada pela Assembléia Geral da Nações Unidas em 20 de novembro de 1989;

Convencidos da necessidade de regular os aspectos civis e penais do tráfico internacional de menores; e

Reafirmando a importância da cooperação internacional no sentido de proteger eficazmente os interesses superiores do menor,

Convêm no seguinte:

CAPÍTULO PRIMEIRO

DISPOSIÇÕES GERAIS

ARTIGO 1

O objeto desta Convenção, com vistas à proteção dos direitos fundamentais e dos interesses superiores do menor, é a prevenção e sanção do tráfico internacional de menores, bem como a regulamentação de seus aspectos civis e penais.

Neste sentido, os Estados Partes obrigam-se a:

a) garantir a proteção do menor, levando em consideração os seus interesses superiores;

b) instituir entre os Estados Partes um sistema de cooperação jurídica que consagre a prevenção e a sanção do tráfico internacional de menores, bem como a adoção das disposições jurídicas e administrativas sobre a referida matéria com essa finalidade;

c) assegurar a pronta restituição do menor vítima do tráfico internacional ao Estado onde tem residência habitual, levando em conta os interesses superiores do menor.

ARTIGO 2

Esta Convenção aplicar-se-á a qualquer menor que resida habitualmente em um Estado Parte ou nele se encontre no momento em que ocorra um ato de tráfico internacional de menores que o afete.

Para os efeitos desta Convenção, entende-se:

a) por "menor", todo ser humano menor de 18 anos de idade;

b) por "tráfico internacional de menores", a subtração, a transferência ou retenção, ou a tentativa de subtração, transferência ou retenção de um menor, com propósitos ou por meios ilícitos;

c) por "propósitos ilícitos", entre outros, prostituição, exploração sexual, servidão ou qualquer outro propósito ilícito, seja no Estado em que o menor resida habitualmente, ou no Estado Parte em que este se encontre; e

d) por "meios ilícitos", entre outros, o seqüestro, o consentimento mediante coação ou fraude, a entrega ou o recebimento de pagamentos ou benefícios ilícitos com vistas a obter o consentimento dos pais, das pessoas ou da instituição responsáveis pelo menor, ou qualquer outro meio ilícito utilizado seja no Estado de residência habitual do menor ou no Estado Parte em que este se encontre.

ARTIGO 3

Esta Convenção também abrangerá os aspectos civis não previstos da subtração, transferência e retenção ilícitas de menores no âmbito internacional, não previstos em outras convenções internacionais sobre a matéria.

ARTIGO 4

Os Estados Partes cooperarão com os Estados não Partes, na medida do possível, na prevenção e sanção do tráfico internacional de menores e na proteção e cuidado dos menores vítimas do fato ilícito.

Nesse sentido, as autoridades competentes dos Estados Partes deverão notificar as autoridades competentes de um Estado não Parte, nos casos em que se encontrar em seu território um menor que tenha sido vítima do tráfico internacional de menores.

ARTIGO 5

Para os efeitos desta Convenção, cada Estado Parte designará uma Autoridade Central e comunicará essa designação à Secretaria-Geral da Organização dos Estados Americanos.

Um Estado federal, um Estado em que vigorem diferentes sistemas jurídicos ou um Estado com unidades territoriais autônomas pode designar mais de uma Autoridade Central e especificar a extensão jurídica ou territorial de suas funções. O Estado que fizer uso dessa faculdade designará a Autoridade Central a que possam ser dirigidas todas as comunicações.

O Estado Parte que designar mais de uma Autoridade Central enviará a pertinente comunicação à Secretaria-Geral da organização dos Estados Americanos.

ARTIGO 6

Os Estados Partes cuidarão do interesse do menor, mantendo os procedimentos de aplicação desta Convenção sempre confidenciais.

CAPÍTULO II

ASPECTOS PENAIS

ARTIGO 7

Os Estados Partes comprometem-se a adotar, em conformidade com seu direito interno, medidas eficazes para prevenir e sancionar severamente a ocorrência de tráfico internacional de menores definido nesta Convenção.

ARTIGO 8

Os Estados Partes comprometem-se a:

a) prestar, por meio de suas autoridades centrais e observados os limites da lei interna de cada Estado Parte e os tratados internacionais aplicáveis, pronta e expedita assistência mútua para as diligências judiciais e administrativas, obtenção de provas e demais atos processuais necessários ao cumprimento dos objetivos desta Convenção;

b) estabelecer, por meio de suas autoridades centrais, mecanismos de intercâmbio de informação sobre legislação nacional, jurisprudência, práticas administrativas, estatísticas e modalidades que tenha assumido o tráfico internacional de menores em seus territórios; e

c) dispor sobre as medidas necessárias para a remoção dos obstáculos capazes de afetar a aplicação desta Convenção em seus respectivos Estados.

ARTIGO 9

Serão competentes para conhecer de delitos relativos ao tráfico internacional de menores:

a) o Estado Parte em que tenha ocorrido a conduta ilícita;

b) o Estado Parte em que o menor resida habitualmente;

c) o Estado Parte em que se encontre o suposto delinqüente, no caso de não ter sido extraditado; e

d) o Estado Parte em que se encontre o menor vítima de tráfico.

Para os efeitos do parágrafo anterior, ficará prevento o Estado Parte que haja sido o primeiro a conhecer do fato ilícito.

ARTIGO 10

O Estado Parte que, ao condicionar a extradição à existência de tratado, receber pedido de extradição de outro Estado Parte com a qual não mantenha tratado de extradição ou, se o mantiver, este não inclua o tráfico internacional de menores como delito que possibilite a extradição, poderá considerar esta Convenção como a base jurídica necessária para concedê-la no caso de tráfico internacional de menores.

Além disso, os Estados Partes que não condicionam a extradição à existência de tratado reconhecerão, entre si, o tráfico internacional de menores como causa de extradição.

Na inexistência de tratado de extradição, esta ficará sujeita às demais condições exigíveis pelo direito interno do Estado requerido.

ARTIGO 11

As ações instauradas em conformidade com o disposto neste Capítulo não impedem que as autoridades competentes do Estado Parte em que encontre o menor determinem, a qualquer momento, em consideração aos seus interesses superiores, sua imediata restituição ao Estado em que resida habitualmente.

CAPÍTULO III

ASPECTOS CIVIS

ARTIGO 12

A solicitação de localização e restituição do menor decorrente desta Convenção será promovida pelos titulares determinados pelo direito do Estado de residência habitual do mesmo.

ARTIGO 13

São competentes para conhecer da solicitação de localização e de restituição, por opção dos reclamantes, as autoridades judiciais ou administrativas do Estado Parte de residência habitual do menor ou as do Estado Parte onde se encontrar ou se presuma encontrar-se retido.

Quando, a juízo dos reclamantes, existirem motivos de urgência, a solicitação também poderá ser submetida às autoridades judiciais ou administrativos do local onde tenha ocorrido o ato ilícito.

ARTIGO 14

A solicitação de localização e de restituição será tramitada por intermédio das Autoridades Centrais ou diretamente perante as autoridades competentes indicadas no Artigo 13 desta Convenção. As autoridades requeridas estabelecerão os procedimentos mais expedidos para torná-la efetiva.

Recebida a respectiva solicitação, a autoridade requerida estipulará as medidas que, de acordo com seu direito interno, sejam necessárias para iniciar, facilitar e coadjuvar os procedimentos judiciais e administrativos referentes à localização e restituição do menor. Adotar-se-ão, ademais, as medidas para providenciar a imediata restituição do menor e, conforme o caso, assegurar sua proteção, custódia ou guarda provisória, de acordo com as circunstâncias, bem como as medidas preventivas para impedir que o menor seja indevidamente transferido para outro Estado.

As solicitações de localização e de restituição, devidamente fundamentadas, será formulada dentro dos 120 dias de conhecida a subtração, transferência ou retenção ilícitas do menor. Quando a solicitação de localização e de restituição partir de um Estado Parte, este disporá do prazo de 180 dias para sua apresentação.

Havendo necessidade prévia de localizar o menor, o prazo anterior será contado a partir do dia em que o titular da ação tiver tomado conhecimento da respectiva localização.

Não obstante o disposto nos parágrafos anteriores, as autoridades do Estado Parte em que o menor tenha sido retido poderão, a qualquer momento, determinar sua restituição, atendendo aos interesses superiores do mesmo.

ARTIGO 15

Os pedidos de cooperação previstos nesta Convenção, formulados por via consular ou diplomática ou por intermédio das Autoridades Centrais, dispensarão o requisito de legalização ou outras formalidades semelhantes. Os pedidos de cooperação formulados diretamente entre tribunais das áreas fronteiriças dos Estados Partes também dispensarão legalização. Ademais, estarão isentos de legalização, para efeitos de validade jurídica no Estado solicitante, os documentos pertinentes que sejam devolvidos por essas mesmas vias.

Os pedidos deverão estar traduzidos, em cada caso, para o idioma oficial ou idiomas oficiais do Estado Parte ao qual esteja dirigido. Com relação aos anexos, é suficiente a tradução de um sumário, contendo os dados essenciais.

ARTIGO 16

As autoridades competentes de um Estado Parte que constatem, no território sujeito à sua jurisdição, a presença de um menor vítima de tráfico internacional deverão adotar as medidas imediatas necessárias para sua proteção, inclusive as que tenham caráter preventivo e impeçam a transferência indevida do menor para outro Estado.

Estas medidas serão comunicadas por intermédio das Autoridades Centrais às autoridades competentes do Estado onde o menor tenha tido, anteriormente, sua residência habitual. As autoridades intervenientes adotarão todas as providências necessárias para comunicar as medidas adotadas aos titulares das ações de localização e restituição do menor.

ARTIGO 17

Em conformidade com os objetivos desta Convenção, as Autoridades Centrais dos Estados Partes intercambiarão informação e colaborarão com suas competentes autoridades judiciais e administrativas em tudo o que se refira ao controle de saída de menores de seu território e de sua entrada no mesmo.

ARTIGO 18

As adoções internacionais e outros institutos afins, constituídos em um Estado Parte, serão passíveis de anulação quando tiveram como origem ou objetivo o tráfico internacional de menores.

Na respectiva ação de anulação, levar-se-ão sempre em conta os interesses superiores do menor.

A anulação será submetida à lei e às autoridades do Estado de constituição da adoção ou do instituto de que se trate.

ARTIGO 19

A guarda ou custódia será passível de revogação quando sua origem ou objetivo for o tráfico internacional de menores, nas mesmas condições previstas no artigo anterior.

ARTIGO 20

A solicitação de localização e de restituição do menor poderá ser apresentada sem prejuízo da ação de anulação e revogação previstas nos Artigos 18 e 19.

ARTIGO 21

Em qualquer procedimento previsto neste Capítulo, a autoridade competente poderá determinar que a pessoa física ou jurídica responsável pelo tráfico internacional de menores pague os gastos e as despesas de localização e restituição, contanto que essa pessoa física ou jurídica tenha sido parte desse procedimento.

Os titulares da ação ou, se for o caso, qualquer autoridade competente, poderão propor ação civil para ressarcir-se das despesas, nestas incluídas os honorários advocatícios e os gastos de localização e restituição do menor, a não ser que estas tenham sido fixadas em ação penal ou em processo de restituição, nos termos desta Convenção.

A autoridade competente ou qualquer parte prejudicada poderá propor ação civil objetivando perdas e danos contra as pessoas físicas ou jurídicas responsáveis pelo tráfico internacional do menor.

ARTIGO 22

Os Estados Partes adotarão as medidas necessárias para possibilitar gratuidade aos procedimentos de restituição do menor, nos termos de seu direito interno, e informarão aos legítimos interessados na respectiva restituição os benefícios decorrentes de pobreza e quando possam ter direito à assistência gratuita, em conformidade com as suas leis e regulamentos.

CAPÍTULO IV

DISPOSIÇÕES FINAIS

ARTIGO 23

Os Estados Partes poderão declarar, seja no momento da assinatura e da ratificação desta Convenção ou da adesão à mesma, ou posteriormente, que reconhecerão e executarão as sentenças penais proferidas em outro Estado Parte no que se refere à indenização por perdas e danos decorrentes do tráfico internacional de menores.

ARTIGO 24

Com relação a um Estado que, relativamente a questões tratadas nesta Convenção, tenha dois ou mais sistemas jurídicos aplicáveis em unidades territoriais diferentes:

a) toda referência à lei do Estado será interpretada com referência à lei correspondente à respectiva unidade territorial;

b) toda referência à residência habitual no referido Estado será interpretada como à residência habitual em uma unidade territorial do estado mencionado;

c) toda referência às autoridades competentes do referido Estado será entendida em relação às autoridades competentes para agir na respectiva unidade territorial.

ARTIGO 25

Os Estados que tenham duas ou mais unidades territoriais onde se apliquem sistemas jurídicos diferentes a questões tratadas nesta Convenção poderão declarar, no momento da assinatura, ratificação ou adesão, que a Convenção se aplicará a todas as suas unidades territoriais ou somente a uma ou mais.

Tais declarações podem ser modificadas mediante declarações posteriores, que especificarão expressamente a unidade territorial ou as unidades territoriais a que se aplicará esta Convenção. Essas declarações posteriores serão encaminhadas à Secretaria-Geral da Organização dos Estados Americanos e produzirão efeito noventa dias a partir da data do recebimento.

ARTIGO 26

Os Estados Partes poderão declarar, no momento da assinatura e ratificação desta Convenção ou de adesão à mesma, ou posteriormente, que não se poderá opor em juízo civil deste Estado Parte exceção ou defesa alguma que tenda a demonstrar a inexistência do delito ou eximir de responsabilidade uma pessoa quando houver sentença condenatória proferida por outro Estado Parte em conexão com este delito e já transitada em julgado.

ARTIGO 27

As autoridades competentes das zonas fronteiriças dos Estados Partes poderão acordar, diretamente e a qualquer momento, com relação a procedimentos de localização e restituição mais expeditos que os previstos nesta Convenção e sem prejuízo desta.

O disposto nesta Convenção não será interpretado no sentido de restringir as práticas mais favoráveis que as autoridades competentes dos Estados Partes puderem observar entre si, para os propósitos desta Convenção.

ARTIGO 28

Esta Convenção está aberta à assinatura de todos os Estados membros da Organização dos Estados Americanos.

ARTIGO 29

Esta Convenção está sujeita à ratificação. Os instrumentos de ratificação serão depositados na Secretaria-Geral da Organização dos Estados Americanos.

ARTIGO 30

Esta Convenção ficará aberta à adesão de qualquer outro Estado, uma vez que entre em vigor. Os instrumentos de adesão serão depositados na Secretaria-Geral da Organização dos Estados Americanos.

ARTIGO 31

Cada Estado poderá formular reservas a esta Convenção, no momento de assiná-la, ratificá-la ou de a ela aderir, desde que a reserva se refira a uma ou mais disposições específicas e que não seja incompatível com o objetivo e fins desta Convenção.

ARTIGO 32

Nenhuma cláusula desta Convenção será interpretada de modo a restringir outros tratados bilaterais ou multilaterais ou outros acordos subscritos pelas partes.

ARTIGO 33

Para os Estados ratificantes, esta Convenção entrará em vigor no trigésimo dia a partir da data em que haja sido depositado o segundo instrumento de ratificação.

Para cada Estado que ratificar esta Convenção ou a ela aderir depois de haver sido depositado o segundo instrumento de ratificação, a Convenção entrará em vigor no trigésimo dia a partir da data em que tal Estado haja depositado seu instrumento de ratificação ou de adesão.

ARTIGO 34

Esta Convenção vigorará por prazo indeterminado, mas qualquer dos Estados Partes poderá denunciá-la. O instrumento de denúncia será depositado na Secretaria-Geral da Organização dos Estados Americanos. Transcorrido um ano da data do depósito do instrumento de denúncia, os efeitos da Convenção cessarão para o Estado denunciante.

ARTIGO 35

O instrumento original desta Convenção, cujos textos em português, espanhol, francês e inglês são igualmente autênticos, será depositado na Secretaria-Geral da Organização dos Estados Americanos, que enviará cópia autenticada do seu texto à Secretaria das Nações Unidas para seu registro e publicação, de conformidade com o Artigo 102 da sua Carta constitutiva. A Secretaria-Geral da Organização dos Estados Americanos notificará aos Estados membros da referida Organização e aos Estados que houverem aderido à Convenção, as assinaturas e os depósitos de instrumentos de ratificação, adesão e denúncia, bem como as reservas existentes e a retirada destas.

Em fé do que os plenipotenciários infra-assinados, devidamente autorizados por seus respectivos Governos, assinam esta Convenção.

Expedida na Cidade do México, D.F., México, no dia dezoito de março de mil novecentos e noventa e quatro.

DECRETO Nº 3.087, DE 21 DE JUNHO DE 1999

Promulga a Convenção Relativa à Proteção das Crianças e à Cooperação em Matéria de Adoção Internacional, concluída na Haia, em 29 de maio de 1993.

O Presidente da República, no uso da atribuição que lhe confere o art. 84, inciso VIII, da Constituição,

Considerando que Convenção Relativa à Proteção das Crianças e à Cooperação em Matéria de Adoção Internacional foi concluída na Haia, em 29 de maio de 1993;

Considerando que o Congresso Nacional aprovou o Ato multilateral em epígrafe por meio do Decreto Legislativo nº 1, de 14 de janeiro de 1999;

Considerando que a Convenção em tela entrou em vigor internacional de 1º de maio de 1995;

Considerando que o Governo brasileiro depositou o Instrumento de Ratificação da referida Convenção em 10 de março de 1999, passará a mesma a vigorar para o Brasil em 1º julho de 1999, nos termos do parágrafo 2 de seu Artigo 46;

DECRETA :

Art. 1º A Convenção Relativa à Proteção das Crianças e à Cooperação em Matéria de Adoção Internacional, concluída na Haia, em 29 de maio de 1993, apensa por cópia a este Decreto, deverá ser executada e cumprida tão inteiramente como nela se contém.

Art. 2º Este Decreto entra em vigor na data de sua publicação.

Brasília, 21 de junho de 1999; 178º da Independência e 111º da República

FERNANDO HENRIQUE CARDOSO

DOU de 22.6.1999

CONVENÇÃO RELATIVA À PROTEÇÃO DAS CRIANÇAS E À COOPERAÇÃO EM MATÉRIA DE ADOÇÃO INTERNACIONAL

Os Estados signatários da presente Convenção,

Reconhecendo que, para o desenvolvimento harmonioso de sua personalidade, a criança deve crescer em meio familiar, em clima de felicidade, de amor e de compreensão;

Recordando que cada país deveria tomar, com caráter prioritário, medidas adequadas para permitir a manutenção da criança em sua família de origem;

Reconhecendo que a adoção internacional pode apresentar a vantagem de dar uma família permanente à criança para quem não se possa encontrar uma família adequada em seu país de origem;

Convencidos da necessidade de prever medidas para garantir que as adoções internacionais sejam feitas no interesse superior da criança e com respeito a seus direitos fundamentais, assim como para prevenir o seqüestro, a venda ou o tráfico de crianças; e

Desejando estabelecer para esse fim disposições comuns que levem em consideração os princípios reconhecidos por instrumentos internacionais, em particular a Convenção das Nações Unidas sobre os Direitos da Criança, de 20 de novembro de 1989, e pela Declaração das Nações Unidas sobre os Princípios Sociais e Jurídicos Aplicáveis à Proteção e ao Bem-estar das Crianças, com Especial Referência às Práticas em Matéria de Adoção e de Colocação Familiar nos Planos Nacional e Internacional (Resolução da Assembléia Geral 41/85, de 3 de dezembro de 1986),

Acordam nas seguintes disposições:

CAPÍTULO I
ÂMBITO DE APLICAÇÃO DA CONVENÇÃO

ARTIGO 1
A PRESENTE CONVENÇÃO TEM POR OBJETIVO:

a) estabelecer garantias para que as adoções internacionais sejam feitas segundo o interesse superior da criança e com respeito aos direitos fundamentais que lhe reconhece o direito internacional;

b) instaurar um sistema de cooperação entre os Estados Contratantes que assegure o respeito às mencionadas garantias e, em conseqüência, previna o seqüestro, a venda ou o tráfico de crianças;

c) assegurar o reconhecimento nos Estados Contratantes das adoções realizadas segundo a Convenção.

ARTIGO 2

1. A Convenção será aplicada quando uma criança com residência habitual em um Estado Contratante ("o Estado de origem") tiver sido, for, ou deva ser deslocada para outro Estado Contratante ("o Estado de acolhida"), quer após sua adoção no Estado de origem por cônjuges ou por uma pessoa residente habitualmente no Estado de acolhida, quer para que essa adoção seja realizada, no Estado de acolhida ou no Estado de origem.

2. A Convenção somente abrange as Adoções que estabeleçam um vínculo de filiação.

ARTIGO 3

A Convenção deixará de ser aplicável se as aprovações previstas no artigo 17, alínea "c", não forem concedidas antes que a criança atinja a idade de 18 (dezoito) anos.

CAPÍTULO II

REQUISITOS PARA AS ADOÇÕES INTERNACIONAIS

ARTIGO 4

As adoções abrangidas por esta Convenção só poderão ocorrer quando as autoridades competentes do Estado de origem:

a) tiverem determinado que a criança é adotável;

b) tiverem verificado, depois de haver examinado adequadamente as possibilidades de colocação da criança em seu Estado de origem, que uma adoção internacional atende ao interesse superior da criança;

c) tiverem-se assegurado de:

1) que as pessoas, instituições e autoridades cujo consentimento se requeira para a adoção hajam sido convenientemente orientadas e devidamente informadas das conseqüências de seu consentimento, em particular em relação à manutenção ou à ruptura, em virtude da adoção, dos vínculos jurídicos entre a criança e sua família de origem;

2) que estas pessoas, instituições e autoridades tenham manifestado seu consentimento livremente, na forma legal prevista, e que este consentimento se tenha manifestado ou constatado por escrito;

3) que os consentimentos não tenham sido obtidos mediante pagamento ou compensação de qualquer espécie nem tenham sido revogados, e

4) que o consentimento da mãe, quando exigido, tenha sido manifestado após o nascimento da criança; e

d) tiverem-se assegurado, observada a idade e o grau de maturidade da criança, de:

1) que tenha sido a mesma convenientemente orientada e devidamente informada sobre as conseqüências de seu consentimento à adoção, quando este for exigido;

2) que tenham sido levadas em consideração a vontade e as opiniões da criança;

3) que o consentimento da criança à adoção, quando exigido, tenha sido dado livremente, na forma legal prevista, e que este consentimento tenha sido manifestado ou constatado por escrito;

4) que o consentimento não tenha sido induzido mediante pagamento ou compensação de qualquer espécie.

ARTIGO 5

As adoções abrangidas por esta Convenção só poderão ocorrer quando as autoridades competentes do Estado de acolhida:

a) tiverem verificado que os futuros pais adotivos encontram-se habilitados e aptos para adotar;

b) tiverem-se assegurado de que os futuros pais adotivos foram convenientemente orientados;

c) tiverem verificado que a criança foi ou será autorizada a entrar e a residir permanentemente no Estado de acolhida.

CAPÍTULO III

AUTORIDADES CENTRAIS E ORGANISMOS CREDENCIADOS

ARTIGO 6

1. Cada Estado Contratante designará uma Autoridade Central encarregada de dar cumprimento às obrigações impostas pela presente Convenção.

2. Um Estado federal, um Estado no qual vigoram diversos sistemas jurídicos ou um Estado com unidades territoriais autônomas poderá designar mais de uma Autoridade Central e especificar o âmbito territorial ou pessoal de suas funções. O Estado que fizer uso dessa faculdade designará a Autoridade Central à qual poderá ser dirigida toda a comunicação para sua transmissão à Autoridade Central competente dentro desse Estado.

ARTIGO 7

1. As Autoridades Centrais deverão cooperar entre si e promover a colaboração entre as autoridades competentes de seus respectivos Estados a fim de assegurar a proteção das crianças e alcançar os demais objetivos da Convenção.

2. As Autoridades Centrais tomarão, diretamente, todas as medidas adequadas para:

a) fornecer informações sobre a legislação de seus Estados em matéria de adoção e outras informações gerais, tais como estatísticas e formulários padronizados;

b) informar-se mutuamente sobre o funcionamento da Convenção e, na medida do possível, remover os obstáculos para sua aplicação.

ARTIGO 8

As Autoridades Centrais tomarão, diretamente ou com a cooperação de autoridades públicas, todas as medidas apropriadas para prevenir benefícios materiais induzidos por ocasião de uma adoção e para impedir qualquer prática contrária aos objetivos da Convenção.

ARTIGO 9

As Autoridades Centrais tomarão todas as medidas apropriadas, seja diretamente ou com a cooperação de autoridades públicas ou outros organismos devidamente credenciados em seu Estado, em especial para:

a) reunir, conservar e permutar informações relativas à situação da criança e dos futuros pais adotivos, na medida necessária à realização da adoção;

b) facilitar, acompanhar e acelerar o procedimento de adoção;

c) promover o desenvolvimento de serviços de orientação em matéria de adoção e de acompanhamento das adoções em seus respectivos Estados;

d) permutar relatórios gerais de avaliação sobre as experiências em matéria de adoção internacional;

e) responder, nos limites da lei do seu Estado, às solicitações justificadas de informações a respeito de uma situação particular de adoção formuladas por outras Autoridades Centrais ou por autoridades públicas.

ARTIGO 10

Somente poderão obter e conservar o credenciamento os organismos que demonstrarem sua aptidão para cumprir corretamente as tarefas que lhe possam ser confiadas.

ARTIGO 11

Um organismo credenciado deverá:

a) perseguir unicamente fins não lucrativos, nas condições e dentro dos limites fixados pelas autoridades competentes do Estado que o tiver credenciado;

b) ser dirigido e administrado por pessoas qualificadas por sua integridade moral e por sua formação ou experiência para atuar na área de adoção internacional;

c) estar submetido à supervisão das autoridades competentes do referido Estado, no que tange à sua composição, funcionamento e situação financeira.

ARTIGO 12

Um organismo credenciado em um Estado Contratante somente poderá atuar em outro Estado Contratante se tiver sido autorizado pelas autoridades competentes de ambos os Estados.

ARTIGO 13

A designação das Autoridades Centrais e, quando for o caso, o âmbito de suas funções, assim como os nomes e endereços dos organismos credenciados devem ser comunicados por cada Estado Contratante ao Bureau Permanente da Conferência da Haia de Direito Internacional Privado.

CAPÍTULO IV
REQUISITOS PROCESSUAIS PARA A ADOÇÃO INTERNACIONAL

ARTIGO 14

As pessoas com residência habitual em um Estado Contratante, que desejem adotar uma criança cuja residência habitual seja em outro Estado Contratante, deverão dirigir-se à Autoridade Central do Estado de sua residência habitual.

ARTIGO 15

1. Se a Autoridade Central do Estado de acolhida considerar que os solicitantes estão habilitados e aptos para adotar, a mesma preparará um relatório que contenha informações sobre a identidade, a capacidade jurídica e adequação dos solicitantes para adotar, sua situação pessoal, familiar e médica, seu meio social, os motivos que os animam, sua aptidão para assumir uma adoção internacional, assim como sobre as crianças de que eles estariam em condições de tomar a seu cargo.

2. A Autoridade Central do Estado de acolhida transmitirá o relatório à Autoridade Central do Estado de origem.

ARTIGO 16

1. Se a Autoridade Central do Estado de origem considerar que a criança é adotável, deverá:

a) preparar um relatório que contenha informações sobre a identidade da criança, sua adotabilidade, seu meio social, sua evolução pessoal e familiar, seu histórico médico pessoal e familiar, assim como quaisquer necessidades particulares da criança;

b) levar em conta as condições de educação da criança, assim como sua origem étnica, religiosa e cultural;

c) assegurar-se de que os consentimentos tenham sido obtidos de acordo com o artigo 4; e

d) verificar, baseando-se especialmente nos relatórios relativos à criança e aos futuros pais adotivos, se a colocação prevista atende ao interesse superior da criança.

2. A Autoridade Central do Estado de origem transmitirá à Autoridade Central do Estado de acolhida seu relatório sobre a criança, a prova dos consentimentos requeridos e as razões que justificam a colocação, cuidando para não revelar a identidade da mãe e do pai, caso a divulgação dessas informações não seja permitida no Estado de origem.

ARTIGO 17

Toda decisão de confiar uma criança aos futuros pais adotivos somente poderá ser tomada no Estado de origem se:

a) a Autoridade Central do Estado de origem tiver-se assegurado de que os futuros pais adotivos manifestaram sua concordância;

b) a Autoridade Central do Estado de acolhida tiver aprovado tal decisão, quando esta aprovação for requerida pela lei do Estado de acolhida ou pela Autoridade Central do Estado de origem;

c) as Autoridades Centrais de ambos os Estados estiverem de acordo em que se prossiga com a adoção; e

d) tiver sido verificado, de conformidade com o artigo 5, que os futuros pais adotivos estão habilitados e aptos a adotar e que a criança está ou será autorizada a entrar e residir permanentemente no Estado de acolhida.

ARTIGO 18

As Autoridades Centrais de ambos os Estados tomarão todas as medidas necessárias para que a criança receba a autorização de saída do Estado de origem, assim como aquela de entrada e de residência permanente no Estado de acolhida.

ARTIGO 19

1. O deslocamento da criança para o Estado de acolhida só poderá ocorrer quando tiverem sido satisfeitos os requisitos do artigo 17.

2. As Autoridades Centrais dos dois Estados deverão providenciar para que o deslocamento se realize com toda a segurança, em condições adequadas e, quando possível, em companhia dos pais adotivos ou futuros pais adotivos.

3. Se o deslocamento da criança não se efetivar, os relatórios a que se referem os artigos 15 e 16 serão restituídos às autoridades que os tiverem expedido.

ARTIGO 20

As Autoridades Centrais manter-se-ão informadas sobre o procedimento de adoção, sobre as medidas adotadas para levá-la a efeito, assim como sobre o desenvolvimento do período probatório, se este for requerido.

ARTIGO 21

1. Quando a adoção deva ocorrer, após o deslocamento da criança, para o Estado de acolhida e a Autoridade Central desse Estado considerar que a manutenção da criança na família de acolhida já não responde ao seu interesse superior, essa Autoridade Central tomará as medidas necessárias à proteção da criança, especialmente de modo a:

a) retirá-la das pessoas que pretendem adotá-la e assegurar provisoriamente seu cuidado;

b) em consulta com a Autoridade Central do Estado de origem, assegurar, sem demora, uma nova colocação da criança com vistas à sua adoção ou, em sua falta, uma colocação alternativa de caráter duradouro. Somente poderá ocorrer uma adoção se a Autoridade Central do Estado de origem tiver sido devidamente informada sobre os novos pais adotivos;

c) como último recurso, assegurar o retorno da criança ao Estado de origem, se assim o exigir o interesse da mesma.

2. Tendo em vista especialmente a idade e o grau de maturidade da criança, esta deverá ser consultada e, neste caso, deve-se obter seu consentimento em relação às medidas a serem tomadas, em conformidade com o presente Artigo.

ARTIGO 22

1. As funções conferidas à Autoridade Central pelo presente capítulo poderão ser exercidas por autoridades públicas ou por organismos credenciados de conformidade com o capítulo III, e sempre na forma prevista pela lei de seu Estado.

2. Um Estado Contratante poderá declarar ante o depositário da Convenção que as Funções conferidas à Autoridade Central pelos artigos 15 a 21 poderão também ser exercidas nesse Estado, dentro dos limites permitidos pela lei e sob o controle das autoridades competentes desse Estado, por organismos e pessoas que:

a) satisfizerem as condições de integridade moral, de competência profissional, experiência e responsabilidade exigidas pelo mencionado Estado;

b) forem qualificados por seus padrões éticos e sua formação e experiência para atuar na área de adoção internacional.

3. O Estado Contratante que efetuar a declaração prevista no parágrafo 2 informará com regularidade ao Bureau Permanente da Conferência da Haia de Direito Internacional Privado os nomes e endereços desses organismos e pessoas.

4. Um Estado Contratante poderá declarar ante o depositário da Convenção que as adoções de crianças cuja residência habitual estiver situada em seu território somente poderão ocorrer se as funções conferidas às Autoridades Centrais forem exercidas de acordo com o parágrafo 1.

5. Não obstante qualquer declaração efetuada de conformidade com o parágrafo 2, os relatórios previstos nos artigos 15 e 16 serão, em todos os casos, elaborados sob a responsabilidade da Autoridade Central ou de outras autoridades ou organismos, de conformidade com o parágrafo 1.

CAPÍTULO V
RECONHECIMENTO E EFEITOS DA ADOÇÃO

ARTIGO 23

1. Uma adoção certificada em conformidade com a Convenção, pela autoridade competente do Estado onde ocorreu, será reconhecida de pleno direito pelos demais Estados Contratantes. O certificado deverá especificar quando e quem outorgou os assentimentos previstos no artigo 17, alínea "c".

2. Cada Estado Contratante, no momento da assinatura, ratificação, aceitação, aprovação ou adesão, notificará ao depositário da Convenção a identidade e as Funções da autoridade ou das autoridades que, nesse Estado, são competentes para expedir esse certificado, bem como lhe notificará, igualmente, qualquer modificação na designação dessas autoridades.

ARTIGO 24

O reconhecimento de uma adoção só poderá ser recusado em um Estado Contratante se a adoção for manifestamente contrária à sua ordem pública, levando em consideração o interesse superior da criança.

ARTIGO 25

Qualquer Estado Contratante poderá declarar ao depositário da Convenção que não se considera obrigado, em virtude desta, a reconhecer as adoções feitas de conformidade com um acordo concluído com base no artigo 39, parágrafo 2.

ARTIGO 26

1. O reconhecimento da adoção implicará o reconhecimento:

a) do vínculo de filiação entre a criança e seus pais adotivos;

b) da responsabilidade paterna dos pais adotivos a respeito da criança;

c) da ruptura do vínculo de filiação preexistente entre a criança e sua mãe e seu pai, se a adoção produzir este efeito no Estado Contratante em que ocorreu.

2. Se a adoção tiver por efeito a ruptura do vínculo preexistente de filiação, a criança gozará, no Estado de acolhida e em qualquer outro Estado Contratante no qual se reconheça a adoção, de direitos equivalentes aos que resultem de uma adoção que produza tal efeito em cada um desses Estados.

3. Os parágrafos precedentes não impedirão a aplicação de quaisquer disposições mais favoráveis à criança, em vigor no Estado Contratante que reconheça a adoção.

ARTIGO 27

1. Se uma adoção realizada no Estado de origem não tiver como efeito a ruptura do vínculo preexistente de filiação, o Estado de acolhida que reconhecer a adoção de conformidade com a Convenção poderá convertê-la em uma adoção que produza tal efeito, se:

a) a lei do Estado de acolhida o permitir; e

b) os consentimentos previstos no Artigo 4, alíneas "c" e "d", tiverem sido ou forem outorgados para tal adoção.

2. O artigo 23 aplica-se à decisão sobre a conversão.

CAPÍTULO VI
DISPOSIÇÕES GERAIS

ARTIGO 28

A Convenção não afetará nenhuma lei do Estado de origem que requeira que a adoção de uma criança residente habitualmente nesse Estado ocorra nesse Estado, ou que proíba a colocação da criança no Estado de acolhida ou seu deslocamento ao Estado de acolhida antes da adoção.

ARTIGO 29

Não deverá haver nenhum contato entre os futuros pais adotivos e os pais da criança ou qualquer outra pessoa que detenha a sua guarda até que se tenham cumprido as disposições do artigo 4, alíneas "a" a "c" e do artigo 5, alínea "a", salvo os casos em que a adoção for efetuada entre membros de uma mesma família ou em que as condições fixadas pela autoridade competente do Estado de origem forem cumpridas.

ARTIGO 30

1. As autoridades competentes de um Estado Contratante tomarão providências para a conservação das informações de que dispuserem relativamente à origem da criança e, em particular, a respeito da identidade de seus pais, assim como sobre o histórico médico da criança e de sua família.

2. Essas autoridades assegurarão o acesso, com a devida orientação da criança ou de seu representante legal, a estas informações, na medida em que o permita a lei do referido Estado.

ARTIGO 31

Sem prejuízo do estabelecido no artigo 30, os dados pessoais que forem obtidos ou transmitidos de conformidade com a Convenção, em particular aqueles a que se referem os artigos 15 e 16, não poderão ser utilizados para fins distintos daqueles para os quais foram colhidos ou transmitidos.

ARTIGO 32

1. Ninguém poderá obter vantagens materiais indevidas em razão de intervenção em uma adoção internacional.

2. Só poderão ser cobrados e pagos os custos e as despesas, inclusive os honorários profissionais razoáveis de pessoas que tenham intervindo na adoção.

3. Os dirigentes, administradores e empregados dos organismos intervenientes em uma adoção não poderão receber remuneração desproporcional em relação aos serviços prestados.

ARTIGO 33

Qualquer autoridade competente, ao verificar que uma disposição da Convenção foi desrespeitada ou que existe risco manifesto de que venha a sê-lo, informará imediatamente a Autoridade Central de seu Estado, a qual terá a responsabilidade de assegurar que sejam tomadas as medidas adequadas.

ARTIGO 34

Se a autoridade competente do Estado destinatário de um documento requerer que se faça deste uma tradução certificada, esta deverá ser fornecida. Salvo dispensa, os custos de tal tradução estarão a cargo dos futuros pais adotivos.

ARTIGO 35

As autoridades competentes dos Estados Contratantes atuarão com celeridade nos procedimentos de adoção.

ARTIGO 36

Em relação a um Estado que possua, em matéria de adoção, dois ou mais sistemas jurídicos aplicáveis em diferentes unidades territoriais:

a) qualquer referência à residência habitual nesse Estado será entendida como relativa à residência habitual em uma unidade territorial do dito Estado;

b) qualquer referência à lei desse Estado será entendida como relativa à lei vigente na correspondente unidade territorial;

c) qualquer referência às autoridades competentes ou às autoridades públicas desse Estado será entendida como relativa às autoridades autorizadas para atuar na correspondente unidade territorial;

d) qualquer referência aos organismos credenciados do dito Estado será entendida como relativa aos organismos credenciados na correspondente unidade territorial.

ARTIGO 37

No tocante a um Estado que possua, em matéria de adoção, dois ou mais sistemas jurídicos aplicáveis a categorias diferentes de pessoas, qualquer referência à lei desse Estado será entendida como ao sistema jurídico indicado pela lei do dito Estado.

ARTIGO 38

Um Estado em que distintas unidades territoriais possuam suas próprias regras de direito em matéria de adoção não estará obrigado a aplicar a Convenção nos casos em que um Estado de sistema jurídico único não estiver obrigado a fazê-lo.

ARTIGO 39

1. A Convenção não afeta os instrumentos internacionais em que os Estados Contratantes sejam Partes e que contenham disposições sobre as matérias reguladas pela presente Convenção, salvo declaração em contrário dos Estados vinculados pelos referidos instrumentos internacionais.

2. Qualquer Estado Contratante poderá concluir com um ou mais Estados Contratantes acordos para favorecer a aplicação da Convenção em suas relações recíprocas. Esses acordos somente poderão derrogar as disposições contidas nos artigos 14 a 16 e 18 a 21. Os Estados que concluírem tais acordos transmitirão uma cópia dos mesmos ao depositário da presente Convenção.

ARTIGO 40

Nenhuma reserva à Convenção será admitida.

ARTIGO 41

A Convenção será aplicada às Solicitações formuladas em conformidade com o artigo 14 e recebidas depois da entrada em vigor da Convenção no Estado de acolhida e no Estado de origem.

ARTIGO 42

O Secretário-Geral da Conferência da Haia de Direito Internacional Privado convocará periodicamente uma Comissão Especial para examinar o funcionamento prático da Convenção.

CAPÍTULO VII

CLÁUSULAS FINAIS

ARTIGO 43

1. A Convenção estará aberta à assinatura dos Estados que eram membros da Conferência da Haia de Direito Internacional Privado quando da Décima-Sétima Sessão, e aos demais Estados participantes da referida Sessão.

2. Ela será ratificada, aceita ou aprovada e os instrumentos de ratificação, aceitação ou aprovação serão depositados no Ministério dos Negócios Estrangeiros do Reino dos Países Baixos, depositário da Convenção.

ARTIGO 44

1. Qualquer outro Estado poderá aderir à Convenção depois de sua entrada em vigor, conforme o disposto no artigo 46, parágrafo 1.

2. O instrumento de adesão deverá ser depositado junto ao depositário da Convenção.

3. A adesão somente surtirá efeitos nas relações entre o Estado aderente e os Estados Contratantes que não tiverem formulado objeção à sua adesão nos seis meses seguintes ao recebimento da notificação a que se refere o artigo 48, alínea "b". Tal objeção poderá igualmente ser formulada por qualquer Estado no momento da ratificação, aceitação ou aprovação da Convenção, posterior à adesão. As referidas objeções deverão ser notificadas ao depositário.

ARTIGO 45

1. Quando um Estado compreender duas ou mais unidades territoriais nas quais se apliquem sistemas jurídicos diferentes em relação às questões reguladas pela presente Convenção, poderá declarar, no momento da assinatura, da ratificação, da aceitação, da aprovação ou da adesão, que a presente Convenção será aplicada a todas as suas unidades territoriais ou somente a uma ou várias delas. Essa declaração poderá ser modificada por meio de nova declaração a qualquer tempo.

2. Tais declarações serão notificadas ao depositário, indicando-se expressamente as unidades territoriais às quais a Convenção será aplicável.

3. Caso um Estado não formule nenhuma declaração na forma do presente artigo, a Convenção será aplicada à totalidade do território do referido Estado.

ARTIGO 46

1. A Convenção entrará em vigor no primeiro dia do mês seguinte à expiração de um período de três meses contados da data do depósito do terceiro instrumento de ratificação, de aceitação ou de aprovação previsto no artigo 43.

2. Posteriormente, a Convenção entrará em vigor:

a) para cada Estado que a ratificar, aceitar ou aprovar posteriormente, ou apresentar adesão à mesma, no primeiro dia do mês seguinte à expiração de um período de três meses depois do depósito de seu instrumento de ratificação, aceitação, aprovação ou adesão;

b) para as unidades territoriais às quais se tenha estendido a aplicação da Convenção conforme o disposto no artigo 45, no primeiro dia do mês seguinte à expiração de um período de três meses depois da notificação prevista no referido artigo.

ARTIGO 47

1. Qualquer Estado-Parte na presente Convenção poderá denunciá-la mediante notificação por escrito, dirigida ao depositário.

2. A denúncia surtirá efeito no primeiro dia do mês subseqüente à expiração de um período de doze meses da data de recebimento da notificação pelo depositário. Caso a notificação fixe um período maior para que a denúncia surta efeito, esta surtirá efeito ao término do referido período a contar da data do recebimento da notificação.

ARTIGO 48

O depositário notificará aos Estados-Membros da Conferência da Haia de Direito Internacional Privado, assim como aos demais Estados participantes da Décima-Sétima Sessão e aos Estados que tiverem aderido à Convenção de conformidade com o disposto no artigo 44:

a) as assinaturas, ratificações, aceitações e aprovações a que se refere o artigo 43;

b) as adesões e as objeções às adesões a que se refere o artigo 44;

c) a data em que a Convenção entrará em vigor de conformidade com as disposições do artigo 46;

d) as declarações e designações a que se referem os artigos 22, 23, 25 e 45;

e) os Acordos a que se refere o artigo 39;

f) as denúncias a que se refere o artigo 47.

Em testemunho do que, os abaixo-assinados, devidamente autorizados, firmaram a presente Convenção. Feita na Haia, em 29 de maio de 1993, nos idiomas francês e inglês, sendo ambos os textos igualmente autênticos, em um único exemplar, o qual será depositado nos arquivos do Governo do Reino dos Países Baixos e do qual uma cópia certificada será enviada, por via diplomática, a cada um dos Estados-Membros da Conferência da Haia de Direito Internacional Privado por ocasião da Décima-Sétima Sessão, assim como a cada um dos demais Estados que participaram desta Sessão.

DECRETO Nº 4.311, DE 23 DE JULHO DE 2002

Promulga a Convenção sobre o Reconhecimento e a Execução de Sentenças Arbitrais Estrangeiras.

O Presidente da República, no uso da atribuição que lhe confere o art. 84, inciso VIII, da Constituição,

Considerando que o Congresso Nacional aprovou o texto da Convenção sobre o Reconhecimento e a Execução de Sentenças Arbitrais Estrangeiras, por meio do Decreto Legislativo nº 52, de 25 de abril de 2002;

Considerando que a Convenção entrou em vigor internacional em 7 de junho de 1959, nos termos de seu artigo 12;

DECRETA:

Art. 1º A Convenção sobre o Reconhecimento e a Execução de Sentenças Arbitrais Estrangeiras, apensa por cópia ao presente Decreto, será executada e cumprida tão inteiramente como nela se contém.

Art. 2º São sujeitos à aprovação do Congresso Nacional quaisquer atos que possam resultar em revisão da referida Convenção, assim como quaisquer ajustes complementares que, nos termos do art. 49, inciso I, da Constituição, acarretem encargos ou compromissos gravosos ao patrimônio nacional.

Art. 3º Este Decreto entra em vigor na data de sua publicação.

Brasília, 23 de julho de 2002; 181º da Independência e 114º da República.

FERNANDO HENRIQUE CARDOSO

DOU de 24.7.2002

CONVENÇÃO SOBRE O RECONHECIMENTO E A EXECUÇÃO DE SENTENÇAS ARBITRAIS ESTRANGEIRAS FEITA EM NOVA YORK, EM 10 DE JUNHO DE 1958.

ARTIGO I

1. A presente Convenção aplicar-se-á ao reconhecimento e à execução de sentenças arbitrais estrangeiras proferidas no território de um Estado que não o Estado em que se tencione o reconhecimento e a execução de tais sentenças, oriundas de divergências entre pessoas, sejam elas físicas ou jurídicas. A Convenção aplicar-se-á igualmente a sentenças arbitrais não consideradas como sentenças domésticas no Estado onde se tencione o seu reconhecimento e a sua execução.

2. Entender-se-á por "sentenças arbitrais" não só as sentenças proferidas por árbitros nomeados para cada caso mas também aquelas emitidas por órgãos arbitrais permanentes aos quais as partes se submetam.

3. Quando da assinatura, ratificação ou adesão à presente Convenção, ou da notificação de extensão nos termos do Artigo X, qualquer Estado poderá, com base em reciprocidade, declarar que aplicará a Convenção ao reconhecimento e à execução de sentenças proferidas unicamente no território de outro Estado signatário. Poderá igualmente declarar que aplicará a Convenção somente a divergências oriundas de relacionamentos jurídicos, sejam eles contratuais ou não, que sejam considerados como comerciais nos termos da lei nacional do Estado que fizer tal declaração.

ARTIGO II

1. Cada Estado signatário deverá reconhecer o acordo escrito pelo qual as partes se comprometem a submeter à arbitragem todas as divergências que tenham surgido ou que possam vir a surgir entre si no que diz respeito a um relacionamento jurídico definido, seja ele contratual ou não, com relação a uma matéria passível de solução mediante arbitragem.

2. Entender-se-á por "acordo escrito" uma cláusula arbitral inserida em contrato ou acordo de arbitragem, firmado pelas partes ou contido em troca de cartas ou telegramas.

3. O tribunal de um Estado signatário, quando de posse de ação sobre matéria com relação à qual as partes tenham estabelecido acordo nos termos do presente artigo, a pedido de uma delas, encaminhará as partes à arbitragem, a menos que constate que tal acordo é nulo e sem efeitos, inoperante ou inexeqüível.

ARTIGO III

Cada Estado signatário reconhecerá as sentenças como obrigatórias e as executará em conformidade com as regras de procedimento do território no qual a sentença é invocada, de acordo com as condições estabelecidas nos artigos que se seguem. Para fins de reconhecimento ou de execução das sentenças arbitrais às quais a presente Convenção se aplica, não serão impostas condições substancialmente mais onerosas ou taxas ou cobranças mais altas do que as impostas para o reconhecimento ou a execução de sentenças arbitrais domésticas.

ARTIGO IV

1. A fim de obter o reconhecimento e a execução mencionados no artigo precedente, a parte que solicitar o reconhecimento e a execução fornecerá, quando da solicitação:

a) a sentença original devidamente autenticada ou uma cópia da mesma devidamente certificada;

b) o acordo original a que se refere o Artigo II ou uma cópia do mesmo devidamente autenticada.

2. Caso tal sentença ou tal acordo não for feito em um idioma oficial do país no qual a sentença é invocada, a parte que solicitar o reconhecimento e a execução da sentença produzirá uma tradução desses documentos para tal idioma. A tradução será certificada por um tradutor oficial ou juramentado ou por um agente diplomático ou consular.

ARTIGO V

1. O reconhecimento e a execução de uma sentença poderão ser indeferidos, a pedido da parte contra a

qual ela é invocada, unicamente se esta parte fornecer, à autoridade competente onde se tenciona o reconhecimento e a execução, prova de que:

a) as partes do acordo a que se refere o Artigo II estavam, em conformidade com a lei a elas aplicável, de algum modo incapacitadas, ou que tal acordo não é válido nos termos da lei à qual as partes o submeteram, ou, na ausência de indicação sobre a matéria, nos termos da lei do país onde a sentença foi proferida; ou

b) a parte contra a qual a sentença é invocada não recebeu notificação apropriada acerca da designação do árbitro ou do processo de arbitragem, ou lhe foi impossível, por outras razões, apresentar seus argumentos; ou

c) a sentença se refere a uma divergência que não está prevista ou que não se enquadra nos termos da cláusula de submissão à arbitragem, ou contém decisões acerca de matérias que transcendem o alcance da cláusula de submissão, contanto que, se as decisões sobre as matérias suscetíveis de arbitragem puderem ser separadas daquelas não suscetíveis, a parte da sentença que contém decisões sobre matérias suscetíveis de arbitragem possa ser reconhecida e executada; ou

d) a composição da autoridade arbitral ou o procedimento arbitral não se deu em conformidade com o acordado pelas partes, ou, na ausência de tal acordo, não se deu em conformidade com a lei do país em que a arbitragem ocorreu; ou

e) a sentença ainda não se tornou obrigatória para as partes ou foi anulada ou suspensa por autoridade competente do país em que, ou conforme a lei do qual, a sentença tenha sido proferida.

2. O reconhecimento e a execução de uma sentença arbitral também poderão ser recusados caso a autoridade competente do país em que se tenciona o reconhecimento e a execução constatar que:

a) segundo a lei daquele país, o objeto da divergência não é passível de solução mediante arbitragem; ou

b) o reconhecimento ou a execução da sentença seria contrário à ordem pública daquele país.

ARTIGO VI

Caso a anulação ou a suspensão da sentença tenha sido solicitada à autoridade competente mencionada no Artigo V, 1. (e), a autoridade perante a qual a sentença está sendo invocada poderá, se assim julgar cabível, adiar a decisão quanto a execução da sentença e poderá, igualmente, a pedido da parte que reivindica a execução da sentença, ordenar que a outra parte forneça garantias apropriadas.

ARTIGO VII

1. As disposições da presente Convenção não afetarão a validade de acordos multilaterais ou bilaterais relativos ao reconhecimento e à execução de sentenças arbitrais celebrados pelos Estados signatários nem privarão qualquer parte interessada de qualquer direito que ela possa ter de valer-se de uma sentença arbitral da maneira e na medida permitidas pela lei ou pelos tratados do país em que a sentença é invocada.

2. O Protocolo de Genebra sobre Cláusulas de Arbitragem de 1923 e a Convenção de Genebra sobre a Execução de Sentenças Arbitrais Estrangeiras de 1927 deixarão de ter efeito entre os Estados signatários quando, e na medida em que, eles se tornem obrigados pela presente Convenção.

ARTIGO VIII

1. A presente Convenção estará aberta, até 31 de dezembro de 1958, à assinatura de qualquer Membro das Nações Unidas e também de qualquer outro Estado que seja ou que doravante se torne membro de qualquer órgão especializado das Nações Unidas, ou que seja ou que doravante se torne parte do Estatuto da Corte Internacional de Justiça, ou qualquer outro Estado convidado pela Assembléia Geral das Nações Unidas.

2. A presente Convenção deverá ser ratificada e o instrumento de ratificação será depositado junto ao Secretário-Geral das Nações Unidas.

ARTIGO IX

1. A presente Convenção estará aberta para adesão a todos os Estados mencionados no Artigo VIII.

2. A adesão será efetuada mediante o depósito de instrumento de adesão junto ao Secretário-Geral das Nações Unidas.

ARTIGO X

1. Qualquer Estado poderá, quando da assinatura, ratificação ou adesão, declarar que a presente Convenção se estenderá a todos ou a qualquer dos territórios por cujas relações internacionais ele é responsável. Tal declaração passará a ter efeito quando a Convenção entrar em vigor para tal Estado.

2. A qualquer tempo a partir dessa data, qualquer extensão será feita mediante notificação dirigida ao Secretário-Geral das Nações Unidas e terá efeito a partir do nonagésimo dia a contar do recebimento pelo Secretário-Geral das Nações Unidas de tal notificação, ou a partir da data de entrada em vigor da Convenção para tal Estado, considerada sempre a última data.

3. Com respeito àqueles territórios aos quais a presente Convenção não for estendida quando da assinatura, ratificação ou adesão, cada Estado interessado examinará a possibilidade de tomar as medidas necessárias a

fim de estender a aplicação da presente Convenção a tais territórios, respeitando-se a necessidade, quando assim exigido por razões constitucionais, do consentimento dos Governos de tais territórios.

ARTIGO XI

No caso de um Estado federativo ou não-unitário, aplicar-se-ão as seguintes disposições:

a) com relação aos artigos da presente Convenção que se enquadrem na jurisdição legislativa da autoridade federal, as obrigações do Governo federal serão as mesmas que aquelas dos Estados signatários que não são Estados federativos;

b) com relação àqueles artigos da presente Convenção que se enquadrem na jurisdição legislativa dos estados e das províncias constituintes que, em virtude do sistema constitucional da confederação, não são obrigados a adotar medidas legislativas, o Governo federal, o mais cedo possível, levará tais artigos, com recomendação favorável, ao conhecimento das autoridades competentes dos estados e das províncias constituintes;

c) um Estado federativo Parte da presente Convenção fornecerá, atendendo a pedido de qualquer outro Estado signatário que lhe tenha sido transmitido por meio do Secretário-Geral das Nações Unidas, uma declaração da lei e da prática na confederação e em suas unidades constituintes com relação a qualquer disposição em particular da presente Convenção, indicando até que ponto se tornou efetiva aquela disposição mediante ação legislativa ou outra.

ARTIGO XII

1. A presente Convenção entrará em vigor no nonagésimo dia após a data de depósito do terceiro instrumento de ratificação ou adesão.

2. Para cada Estado que ratificar ou aderir à presente Convenção após o depósito do terceiro instrumento de ratificação ou adesão, a presente Convenção entrará em vigor no nonagésimo dia após o depósito por tal Estado de seu instrumento de ratificação ou adesão.

ARTIGO XIII

1. Qualquer Estado signatário poderá denunciar a presente Convenção mediante notificação por escrito dirigida ao Secretário-Geral das Nações Unidas. A denúncia terá efeito um ano após a data de recebimento da notificação pelo Secretário-Geral.

2. Qualquer Estado que tenha feito uma declaração ou notificação nos termos do Artigo X poderá, a qualquer tempo a partir dessa data, mediante notificação ao Secretário-Geral das Nações Unidas, declarar que a presente Convenção deixará de aplicar-se ao território em questão um ano após a data de recebimento da notificação pelo Secretário-Geral.

3. A presente Convenção continuará sendo aplicável a sentenças arbitrais com relação às quais tenham sido instituídos processos de reconhecimento ou de execução antes de a denúncia surtir efeito.

ARTIGO XIV

Um Estado signatário não poderá valer-se da presente Convenção contra outros Estados signatários, salvo na medida em que ele mesmo esteja obrigado a aplicar a Convenção.

ARTIGO XV

O Secretário-Geral das Nações Unidas notificará os Estados previstos no Artigo VIII acerca de:

a) assinaturas e ratificações em conformidade com o Artigo VIII;

b) adesões em conformidade com o Artigo IX;

c) declarações e notificações nos termos dos Artigos I, X e XI;

d) data em que a presente Convenção entrar em vigor em conformidade com o Artigo XII;

e) denúncias e notificações em conformidade com o Artigo XIII.

ARTIGO XVI

1. A presente Convenção, da qual os textos em chinês, inglês, francês, russo e espanhol são igualmente autênticos, será depositada nos arquivos das Nações Unidas.

2. O Secretário-Geral das Nações Unidas transmitirá uma cópia autenticada da presente Convenção aos Estados contemplados no Artigo VIII.

DECRETO Nº 5.007, DE 8 DE MARÇO DE 2004

Promulga o Protocolo Facultativo à Convenção sobre os Direitos da Criança referente à venda de crianças, à prostitução infantil e à pornografia infantil.

O Presidente da República, no uso da atribuição que lhe confere o art. 84, inciso IV, da Constituição, e

Considerando que o Congresso Nacional aprovou, por meio do Decreto Legislativo nº 230, de 29 de maio de 2003, o texto do Protocolo Facultativo à Convenção sobre os Direitos da Criança referente à venda de crianças, à prostituição infantil e à pornografia infantil, adotado em Nova York em 25 de maio de 2000;

Considerando que o Governo brasileiro depositou o instrumento de ratificação junto à Secretaria-Geral da ONU em 27 de janeiro de 2004;

Considerando que o Protocolo entrou em vigor internacional em 18 de janeiro de 2002, e entrou em vigor para o Brasil em 27 de fevereiro de 2004;

DECRETA:

Art. 1º O Protocolo Facultativo à Convenção sobre os Direitos da Criança referente à venda de crianças, à prostituição infantil e à pornografia infantil, adotado em Nova York em 25 de maio de 2000, apenso por cópia ao presente Decreto, será executado e cumprido tão inteiramente como nele se contém.

Art. 2º São sujeitos à aprovação do Congresso Nacional quaisquer atos que possam resultar em revisão do referido Protocolo ou que acarretem encargos ou compromissos gravosos ao patrimônio nacional, nos termos do art. 49, inciso I, da Constituição.

Art. 3º Este Decreto entra em vigor na data de sua publicação.

Brasília, 8 de março de 2004; 183º da Independência e 116º da República.

LUIZ INÁCIO LULA DA SILVA
D.O.U. de 9.3.2004

PROTOCOLO FACULTATIVO À CONVENÇÃO SOBRE OS DIREITOS DA CRIANÇA REFERENTE À VENDA DE CRIANÇAS, À PROSTITUIÇÃO INFANTIL E À PORNOGRAFIA INFANTIL

Os Estados Partes do presente Protocolo,

Considerando que, a fim de alcançar os propósitos da Convenção sobre os Direitos da Criança e a implementação de suas disposições, especialmente dos Artigos 1, 11, 21, 32, 33, 34, 35 e 36, seria apropriado ampliar as medidas a serem adotadas pelos Estados Partes, a fim de garantir a proteção da criança contra a venda de crianças, a prostituição infantil e a pornografia infantil,

Considerando também que a Convenção sobre os Direitos da Criança reconhece o direito da criança de estar protegida contra a exploração econômica e contra o desempenho de qualquer trabalho que possa ser perigoso para a criança ou interferir em sua educação, ou ser prejudicial à saúde da criança ou ao seu desenvolvimento físico, mental, espiritual, moral ou social,

Seriamente preocupados com o significativo e crescente tráfico internacional de crianças para fins de venda de crianças, prostituição infantil e pornografia infantil,

Profundamente preocupados com a prática disseminada e continuada do turismo sexual, ao qual as crianças são particularmente vulneráveis, uma vez que promove diretamente a venda de crianças, a prostituição infantil e a pornografia infantil,

Reconhecendo que uma série de grupos particularmente vulneráveis, inclusive meninas, estão mais expostos ao risco de exploração sexual, e que as meninas estão representadas de forma desproporcional entre os sexualmente explorados,

Preocupados com a crescente disponibilidade de pornografia infantil na Internet e em outras tecnologias modernas, e relembrando a Conferência Internacional sobre o Combate à Pornografia Infantil na Internet (Viena, 1999) e, em particular, sua conclusão, que demanda a criminalização em todo o mundo da produção, distribuição, exportação, transmissão, importação, posse intencional e propaganda de pornografia infantil, e enfatizando a importância de cooperação e parceria mais estreita entre governos e a indústria da Internet,

Acreditando que a eliminação da venda de crianças, da prostituição infantil e da pornografia será facilitada pela adoção de uma abordagem holística que leve em conta os fatores que contribuem para a sua ocorrência, inclusive o subdesenvolvimento, a pobreza, as disparidades econômicas, a estrutura sócio-econômica desigual, as famílias com disfunções, a ausência de educação, a migração do campo para a cidade, a discriminação sexual, o comportamento sexual adulto irresponsável, as práticas tradicionais prejudiciais, os conflitos armados e o tráfico de crianças,

Acreditando na necessidade de esforços de conscientização pública para reduzir a demanda de consumo relativa à venda de crianças, prostituição infantil e pornografia infantil, e acreditando, também, na importância do fortalecimento da parceria global entre todos os atores, bem como da melhoria do cumprimento da lei no nível nacional,

Tomando nota das disposições de instrumentos jurídicos internacionais relevantes para a proteção de crianças, inclusive a Convenção da Haia sobre a Proteção de Crianças e Cooperação no que se Refere à Adoção Internacional; a Convenção da Haia sobre os Aspectos Civis do Seqüestro Internacional de Crianças; a Convenção da Haia sobre Jurisdição, Direito Aplicável, Reconhecimento, Execução e Cooperação Referente à Responsabilidade dos Pais; e a Convenção nº 182 da Organização Internacional do Trabalho sobre a Proibição das Piores Formas de Trabalho Infantil e a Ação Imediata para sua Eliminação,

Encorajados pelo imenso apoio à Convenção sobre os Direitos da Criança, que demonstra o amplo compromisso existente com a promoção e proteção dos direitos da criança,

Reconhecendo a importância da implementação das disposições do Programa de Ação para a Prevenção da Venda de Crianças, da Prostituição Infantil e da Pornografia Infantil e a Declaração e Agenda de Ação adotada no Congresso Mundial contra a Exploração Comercial Sexual de Crianças, realizada em Estocolmo, de 27 a 31 de agosto de 1996, bem como outras decisões e recomendações relevantes emanadas de órgãos internacionais pertinentes,

Tendo na devida conta a importância das tradições e dos valores culturais de cada povo para a proteção e o desenvolvimento harmonioso da criança,

Acordaram o que segue:

ARTIGO 1º

Os Estados Partes proibirão a venda de crianças, a prostituição infantil e a pornografia infantil, conforme disposto no presente Protocolo.

ARTIGO 2º

Para os propósitos do presente Protocolo:

a) Venda de crianças significa qualquer ato ou transação pela qual uma criança é transferida por qualquer pessoa ou grupo de pessoas a outra pessoa ou grupo de pessoas, em troca de remuneração ou qualquer outra forma de compensação;

b) Prostituição infantil significa o uso de uma criança em atividades sexuais em troca de remuneração ou qualquer outra forma de compensação;

c) Pornografia infantil significa qualquer representação, por qualquer meio, de uma criança envolvida em atividades sexuais explícitas reais ou simuladas, ou qualquer representação dos órgãos sexuais de uma criança para fins primordialmente sexuais.

ARTIGO 3º

1. Os Estados Partes assegurarão que, no mínimo, os seguintes atos e atividades sejam integralmente cobertos por suas legislações criminal ou penal, quer os delitos sejam cometidos dentro ou fora de suas fronteiras, de forma individual ou organizada:

a) No contexto da venda de crianças, conforme definido no Artigo 2º;

(i) A oferta, entrega ou aceitação, por qualquer meio, de uma criança para fins de:

a. Exploração sexual de crianças;

b. Transplante de orgãos da criança com fins lucrativos;

c. Envolvimento da criança em trabalho forçado.

(ii). A indução indevida ao consentimento, na qualidade de intermediário, para adoção de uma criança em violação dos instrumentos jurídicos internacionais aplicáveis sobre adoção;

b) A oferta, obtenção, aquisição, aliciamento ou o fornecimento de uma criança para fins de prostituição infantil, conforme definido no Artigo 2º;

c) A produção, distribuição, disseminação, importação, exportação, oferta, venda ou posse, para os fins acima mencionados, de pornografia infantil, conforme definido no Artigo 2º.

2. Em conformidade com as disposições da legislação nacional de um Estado Parte, o mesmo aplicar-se-á a qualquer tentativa de perpetrar qualquer desses atos e à cumplicidade ou participação em qualquer desses atos.

3. Os Estados Partes punirão esses delitos com penas apropriadas que levem em consideração a sua gravidade.

4. Em conformidade com as disposições de sua legislação nacional, os Estados Partes adotarão medidas, quando apropriado, para determinar a responsabilidade legal de pessoas jurídicas pelos delitos definidos no parágrafo 1 do presente Artigo. Em conformidade com os princípios jurídicos do Estado Parte, essa responsabilidade de pessoas jurídicas poderá ser de natureza criminal, civil ou administrativa.

5. Os Estados Partes adotarão todas as medidas legais e administrativas apropriadas para assegurar que todas as pessoas envolvidas na adoção de uma criança ajam em conformidade com os instrumentos jurídicos internacionais aplicáveis.

ARTIGO 4º

1. Cada Estado Parte adotará as medidas necessárias para estabelecer sua jurisdição sobre os delitos a que se refere o Artigo 3º, parágrafo 1, quando os delitos forem cometidos em seu território ou a bordo de embarcação ou aeronave registrada naquele Estado.

2. Cada Estado Parte poderá adotar as medidas necessárias para estabelecer sua jurisdição sobre os delitos a que se refere o Artigo 3º, parágrafo 1, nos seguintes casos:

a) Quando o criminoso presumido for um cidadão daquele Estado ou uma pessoa que mantém residência habitual em seu território;

b) Quando a vítima for um cidadão daquele Estado.

3. Cada Estado Parte adotará, também, as medidas necessárias para estabelecer sua jurisdição sobre os delitos acima mencionados quando o criminoso presumido estiver presente em seu território e não for extraditado para outro Estado Parte pelo fato de o delito haver sido cometido por um de seus cidadãos.

4. O presente Protocolo não exclui qualquer jurisdição criminal exercida em conformidade com a legislação interna.

ARTIGO 5º

1. Os delitos a que se refere o Artigo 3º, parágrafo 1, serão considerados delitos passíveis de extradição em qualquer tratado de extradição existentes entre Estados Partes, e incluídos como delitos passíveis de extradição em todo tratado de extradição subseqüentemente celebrado entre os mesmos, em conformidade com as condições estabelecidas nos referidos tratados.

2. Se um Estado Parte que condiciona a extradição à existência de um tratado receber solicitação de extradição de outro Estado Parte com o qual não

mantém tratado de extradição, poderá adotar o presente Protocolo como base jurídica para a extradição no que se refere a tais delitos. A extradição estará sujeita às condições previstas na legislação do Estado demandado.

3. Os Estados Partes que não condicionam a extradição à existência de um tratado reconhecerão os referidos delitos como delitos passíveis de extradição entre si, em conformidade com as condições estabelecidas na legislação do Estado demandado.

4. Para fins de extradição entre Estados Partes, os referidos delitos serão considerados como se cometidos não apenas no local onde ocorreram, mas também nos territórios dos Estados obrigados a estabelecer sua jurisdição em conformidade com o Artigo 4º.

5. Se um pedido de extradição for feito com referência a um dos delitos descritos no Artigo 3º, parágrafo 1, e se o Estado Parte demandado não conceder a extradição ou recusar-se a conceder a extradição com base na nacionalidade do autor do delito, este Estado adotará as medidas apropriadas para submeter o caso às suas autoridades competentes, com vistas à instauração de processo penal.

ARTIGO 6º

1. Os Estados Partes prestar-se-ão mutuamente toda a assistência possível no que se refere a investigações ou processos criminais ou de extradição instaurados com relação aos delitos descritos no Artigo 3º, parágrafo 1. Inclusive assistência na obtenção de provas à sua disposição e necessárias para a condução dos processos.

2. Os Estados Partes cumprirão as obrigações assumidas em função do parágrafo 1 do presente Artigo, em conformidade com quaisquer tratados ou outros acordos sobre assistência jurídica mútua que porventura existam entre os mesmos. Na ausência de tais tratados ou acordos, os Estados Partes prestar-se-ão assistência mútua em conformidade com sua legislação nacional.

ARTIGO 7º

Os Estados Partes, em conformidade com as disposições de sua legislação nacional:

a) adotarão medidas para permitir o seqüestro e confisco, conforme o caso, de:

(i) bens tais como materiais, ativos e outros meios utilizados para cometer ou facilitar o cometimento dos delitos definidos no presente Protocolo;

(ii) rendas decorrentes do cometimento desses delitos.

b) atenderão às solicitações de outro Estado Parte referentes ao seqüestro ou confisco de bens ou rendas a que se referem os incisos i) e ii) do parágrafo a);

c) adotarão medidas para fechar, temporária ou definitivamente, os locais utilizados para cometer esses delitos.

ARTIGO 8º

1. Os Estados Partes adotarão as medidas apropriadas para proteger os direitos e interesses de crianças vítimas das práticas proibidas pelo presente Protocolo em todos os estágios do processo judicial criminal, em particular:

a) reconhecendo a vulnerabilidade de crianças vitimadas e adaptando procedimentos para reconhecer suas necessidades especiais, inclusive suas necessidades especiais como testemunhas;

b) informando as crianças vitimadas sobre seus direitos, seu papel, bem como o alcance, as datas e o andamento dos processos e a condução de seus casos;

c) permitindo que as opiniões, necessidades e preocupações das crianças vitimadas sejam apresentadas e consideradas nos processos em que seus interesses pessoais forem afetados, de forma coerente com as normas processuais da legislação nacional;

d) prestando serviços adequados de apoio às crianças vitimadas no transcorrer do processo judicial;

e) protegendo, conforme apropriado, a privacidade e a identidade das crianças vitimadas e adotando medidas, em conformidade com a legislação nacional, para evitar a disseminação inadequada de informações que possam levar à identificação das crianças vitimadas;

f) assegurando, nos casos apropriados, a segurança das crianças vitimadas, bem como de suas famílias e testemunhas, contra intimidação e retaliação;

g) evitando demora desnecessária na condução de causas e no cumprimento de ordens ou decretos concedendo reparação a crianças vitimadas.

2. Os Estados Partes assegurarão que quaisquer dúvidas sobre a idade real da vítima não impedirão que se dê início a investigações criminais, inclusive investigações para determinar a idade da vítima.

3. Os Estados Partes assegurarão que, no tratamento dispensado pelo sistema judicial penal às crianças vítimas dos delitos descritos no presente Protocolo, a consideração primordial seja o interesse superior da criança.

4. Os Estados Partes adotarão medidas para assegurar treinamento apropriado, em particular treinamento jurídico e psicológico, às pessoas que trabalham com vítimas dos delitos proibidos pelo presente Protocolo.

5. Nos casos apropriados, os Estados Partes adotarão medidas para proteger a segurança e integridade daquelas pessoas e/ou organizações envolvidas na prevenção e/ou proteção e reabilitação de vítimas desses delitos.

6. Nenhuma disposição do presente Artigo será interpretada como prejudicial aos direitos do acusado a um julgamento justo e imparcial, ou como incompatível com esses direitos.

ARTIGO 9º

1. Os Estados Partes adotarão ou reforçarão, implementarão e disseminarão leis, medidas administrativas, políticas e programas sociais para evitar os delitos a que se refere o presente Protocolo. Especial atenção será dada á proteção de crianças especialmente vulneráveis a essas práticas.

2. Os Estados Partes promoverão a conscientização do público em geral, inclusive das crianças, por meio de informações disseminadas por todos os meios apropriados, educação e treinamento, sobre as medidas preventivas e os efeitos prejudiciais dos delitos a que se refere o presente Protocolo. No cumprimento das obrigações assumidas em conformidade com o presente Artigo, os Estados Partes incentivarão a participação da comunidade e, em particular, de crianças vitimadas, nas referidas informações e em programas educativos e de treinamento, inclusive no nível internacional.

3. Os Estados Partes adotarão todas as medidas possíveis com o objetivo de assegurar assistência apropriada às vítimas desses delitos, inclusive sua completa reintegração social e sua total recuperação física e psicológica.

4. Os Estados Partes assegurarão que todas as crianças vítimas dos delitos descritos no presente Protocolo tenham acesso a procedimentos adequados que lhe permitam obter, sem discriminação, das pessoas legalmente responsáveis, reparação pelos danos sofridos.

5. Os Estados Partes adotarão as medidas apropriadas para proibir efetivamente a produção e disseminação de material em que se faça propaganda dos delitos descritos no presente Protocolo.

ARTIGO 10º

1. Os Estados Partes adotarão todas as medidas necessárias para intensificar a cooperação internacional por meio de acordos multilaterais, regionais e bilaterais para prevenir, detectar, investigar, julgar e punir os responsáveis por atos envolvendo a venda de crianças, a prostituição infantil, a pornografia infantil e o turismo sexual infantil. Os Estados Partes promoverão, também, a cooperação e coordenação internacionais entre suas autoridades, organizações não-governamentais nacionais e internacionais e organizações internacionais.

2. Os Estados Partes promoverão a cooperação internacional com vistas a prestar assistência às crianças vitimadas em sua recuperação física e psicológica, sua reintegração social e repatriação.

3. Os Estados Partes promoverão o fortalecimento da cooperação internacional, a fim de lutar contra as causas básicas, tais como pobreza e subdesenvolvimento, que contribuem para a vulnerabilidade das crianças à venda de crianças, à prostituição infantil, à pornografia infantil e ao turismo sexual infantil.

4. Os Estados Partes que estejam em condições de fazê-lo, prestarão assistência financeira, técnica ou de outra natureza por meio de programas multilaterais, regionais, bilaterais ou outros programas existentes.

ARTIGO 11

Nenhuma disposição do presente Protocolo afetará quaisquer outras disposições mais propícias à fruição dos direitos da criança e que possam estar contidas:

a) na legislação de um Estado Parte;

b) na legislação internacional em vigor para aquele Estado.

ARTIGO 12

1. Cada Estado Parte submeterá ao Comitê sobre os Direitos da Criança, no prazo de dois anos a contar da data da entrada em vigor do Protocolo para aquele Estado Parte, um relatório contendo informações abrangentes sobre as medidas adotadas para implementar as disposições do Protocolo.

2. Após a apresentação do relatório abrangente, cada Estado Parte incluirá nos relatórios que submeter ao Comitê sobre os Direitos da Criança quaisquer informações adicionais sobre a implementação do Protocolo, em conformidade com o Artigo 44 da Convenção. Os demais Estados Partes do Protocolo submeterão um relatório a cada cinco anos.

3. O Comitê sobre os Direitos da Criança poderá solicitar aos Estados Partes informações adicionais relevantes para a implementação do presente Protocolo.

ARTIGO 13

1. O presente Protocolo está aberto para assinatura de qualquer Estado que seja parte ou signatário da Convenção.

2. O presente Protocolo está sujeito a ratificação e aberto a adesão de qualquer Estado que seja parte ou signatário da Convenção. Os instrumentos de ratificação ou adesão serão depositados com o Secretário Geral das Nações Unidas.

ARTIGO 14

1. O presente Protocolo entrará em vigor três meses após o depósito do décimo instrumento de ratificação ou adesão.

2. Para cada Estado que ratificar o presente Protocolo ou a ele aderir após sua entrada em vigor, o presente Protocolo passará a viger um mês após a data do depósito de seu próprio instrumento de ratificação ou adesão.

ARTIGO 15

1. Qualquer Estado Parte poderá denunciar o presente Protocolo a qualquer tempo por meio de notificação escrita ao Secretário Geral das Nações Unidas, o qual subseqüentemente informará os demais Estados Partes da Convenção e todos os Estados signatários da Convenção. A denúncia produzirá efeitos um ano após a data de recebimento da notificação pelo Secretário Geral das Nações Unidas.

2. A referida denúncia não isentará o Estado Parte das obrigações assumidas por força do presente Protocolo no que se refere a qualquer delito ocorrido anteriormente à data na qual a denúncia passar a produzir efeitos. A denúncia tampouco impedirá, de qualquer forma, que se dê continuidade ao exame de qualquer matéria que já esteja sendo examinada pelo Comitê antes da data na qual a denúncia se tornar efetiva.

ARTIGO 16

1. Qualquer Estado Parte poderá propor uma emenda e depositá-la junto ao Secretário Geral das Nações Unidas. O Secretário Geral comunicará a emenda proposta aos Estados Partes, solicitando-lhes que indiquem se são favoráveis à realização de uma conferência de Estados Partes para análise e votação das propostas. Caso, no prazo de quatro meses a contar da data da referida comunicação, pelo menos um terço dos Estados Partes se houver manifestado a favor da referida conferência, o Secretário Geral convocará a conferência sob os auspícios das Nações Unidas. Qualquer emenda adotada por uma maioria de Estados Partes presentes e votantes na conferência será submetida à Assembléia Geral para aprovação.

2. Uma emenda adotada em conformidade com o parágrafo 1 do presente Artigo entrará em vigor quando aprovada pela Assembléia Geral das Nações Unidas e aceita por maioria de dois terços dos Estados Partes.

3. Quando uma emenda entrar em vigor, tornar-se-á obrigatória para aqueles Estados Partes que a aceitaram; os demais Estados Partes continuarão obrigados pelas disposições do presente Protocolo e por quaisquer emendas anteriores que tenham aceitado.

ARTIGO 17

1. O presente Protocolo, com textos em árabe, chinês, espanhol, francês, inglês e russo igualmente autênticos, será depositado nos arquivos das Nações Unidas.

2. O Secretário Geral das Nações Unidas enviará cópias autenticadas do presente Protocolo a todos os Estados Partes da Convenção e a todos os Estados signatários da Convenção.

DECRETO Nº 9.360, DE 7 DE MAIO DE 2018

Aprova as Estruturas Regimentais e os Quadros Demonstrativos dos Cargos em Comissão e das Funções de Confiança do Ministério da Justiça e do Ministério Extraordinário da Segurança Pública, remaneja cargos em comissão e funções de confiança e transforma cargos em comissão do Grupo-Direção e Assessoramento Superiores – DAS e altera o Decreto nº 6.018, de 22 de janeiro de 2007, para reduzir a alocação de cargos em comissão na inventariança na Rede Ferroviária Federal S.A. – RFFSA.

O Presidente da República, no uso da atribuição que lhe confere o art. 84, caput, inciso VI, alínea "a", da Constituição,

DECRETA:

(...)

CAPÍTULO III
DAS COMPETÊNCIAS DOS ÓRGÃOS

(...)

SEÇÃO II
DOS ÓRGÃOS ESPECÍFICOS SINGULARES

(...)

Art. 12. Ao Departamento de Recuperação de Ativos e Cooperação Jurídica Internacional compete:

I – articular, integrar e propor ações entre os órgãos dos Poderes Executivo e Judiciário e o Ministério Público para o enfrentamento da corrupção, da lavagem de dinheiro e do crime organizado transnacional, inclusive no âmbito da Enccla;

II – coordenar a Rede Nacional de Laboratórios de Tecnologia Contra Lavagem de Dinheiro – Rede-Lab;

III – estruturar, implementar e monitorar ações de governo, além de promover a articulação dos órgãos dos Poderes Executivo e Judiciário e do Ministério Público nas seguintes áreas:

a) cooperação jurídica internacional em matéria civil e penal, inclusive em assuntos de prestação internacional de alimentos, subtração internacional de crianças, adoção internacional, extradição, transferência de pessoas condenadas e transferência da execução da pena; e

b) recuperação de ativos;

IV – exercer a função de autoridade central, por meio da coordenação e da instrução de pedidos ativos e passivos de cooperação jurídica internacional nas áreas a que se refere o inciso III, por delegação do

Ministro de Estado, exceto se houver designação específica que disponha de maneira diversa;

V – exercer a função de autoridade central federal em matéria de adoção internacional de crianças, nos termos da Lei nº 8.069, de 13 de julho de 1990;

VI – negociar acordos de cooperação jurídica internacional nas áreas a que se refere o inciso III e aqueles relacionados com os demais temas de sua competência, além de exercer as funções de ponto de contato, enlace e similares nas redes de cooperação internacional e de recuperação de ativos; e

VII – atuar nos procedimentos relacionados com a ação de indisponibilidade de bens, de direitos ou de valores em decorrência de resolução do Conselho de Segurança das Nações Unidas, nos termos da Lei nº 13.170, de 16 de outubro de 2015.

(...)

Art. 23. Fica revogado o Decreto nº 9.150, de 4 de setembro de 2017.

Art. 24. Este Decreto entra em vigor em 22 de maio de 2018.

Brasília, 7 de maio de 2018; 197º da Independência e 130º da República.

MICHEL TEMER

(...)

DECRETO Nº 21.713, DE 27 DE AGOSTO DE 1946

Promulga a Convenção sôbre Aviação Civil Internacional, concluída em Chicago a 7 de dezembro de 1944 e firmado pelo Brasil, em Washington, a 29 de maio de 1945.

O Presidente da República,

CONSIDERANDO que foi aprovada a 11 de setembro de 1945 e ratificada a 26 de março de 1946, pelo Govêrno brasileiro a Convenção sôbre Aviação Civil Internacional, concluída em Chicago a 7 de dezembro de 1944, por ocasião da Conferência Internacional de Aviação Civil, e firmada pelo Brasil, em Washington, a 29 de maio de 1945;

CONSIDERANDO que o referido instrumento de ratificação foi depositado nos arquivos do Govêrno dos Estados Unidos da América a 8 de junho de 1946;

Usando da atribuição que lhe confere o artigo 74, letra *a*, da Constituição,

DECRETA:

Art. 1º Fica promulgada a Conversão sôbre Aviação Civil Internacional, apensa por cópia ao presente decreto, firmada pelo Brasil em Washington, em 29 de maio de 1945.

Art. 2º Êste decreto entrará em vigor na data de sua publicação.

Rio de Janeiro, em 27 de agôsto de 1946; 125º da Independência e 58º da República.

Eurico G. Dutra

D.O.U. de 12.9.1946

CONVENÇÃO DE AVIAÇÃO CIVIL INTERNACIONAL

PREÂMBULO

CONSIDERANDO que o desenvolvimento futuro da aviação civil Internacional pode contribuir poderosamente para criar e conservar a amizade e a compreensão entre as nações e os povos do mundo, mas que seu abuso pode transformar-se em ameaça ou perigo para segurança geral, e

CONSIDERANDO que é aconselhável evitar todo atrito ou desinteligência e estimular entre as nações e povos a cooperação da qual depende a paz do mundo;

Os Governos abaixo assinados, e tendo concordado em certos princípios e entendimentos para que a aviação civil internacional se desenvolva de maneira segura e sistemática, e que os serviços de transporte aéreo internacional se estabeleçam numa base de igualdade de oportunidades, e funcionem eficaz e economicamente, concluem a presente Convenção com êste objetivo.

PARTE I
NAVEGAÇÃO AÉREA

CAPÍTULO I
PRINCÍPIOS GERAIS E APLICAÇÃO DA CONVENÇÃO

ARTIGO 1º
SOBERANIA

Os Estados contratantes reconhecem ter cada Estado a soberania exclusiva e absoluta sôbre o espaço aéreo sôbre seu território.

ARTIGO 2º
TERRITÓRIOS

Para os fins da presente Convenção, considera-se como território de um Estado, a extensão terrestre e as águas territoriais adjacentes, sob a soberania, jurisdição, proteção ou mandato do citado Estado.

ARTIGO 3º
AERONAVES CIVIS E DO ESTADO

a) Esta Convenção será aplicável unicamente a aeronaves civis, e não a aeronaves de propriedades do Govêrno.

b) São considerados aeronaves de propriedade do Govêrno aquelas usadas para serviços militares, alfandegários ou policiais.

c) Nenhuma aeronave governamental pertencente a um estado contratante poderá voar sôbre o território de outro Estado, ou aterrisar no mesmo sem autorização outorgada por acôrdo especial ou de outro modo e de conformidade com as condições nele estipuladas.

d) Os Estados contratantes, quando estabelecerem regulamentos para aeronaves governamentais se comprometem a tomar em devida consideração a segurança da navegação das aeronaves civis.

ARTIGO 4º

ABUSO DA AVIAÇÃO CIVIL

Cada estado contratante concorda em não utilizar a aviação civil para fins incompatíveis com os propósitos desta Convenção.

CAPÍTULO II

VÔOS SÔBRE TERRITÓRIOS DE ESTADOS CONTRATANTES

ARTIGO 5º

DIREITO DE VÔOS NÃO REGULARES

Os Estados contratantes concordam em que, tôdas as aeronaves de outros Estados contratantes que não se dediquem a serviços aéreos internacionais regulares, tenham direito nos têrmos desta Convenção a voar e transitar sem fazer escala sôbre seu território, e a fazer escalas para fins não comerciais sem necessidades de obter licença prévia, sujeitos porém ao direito do Estado sôbre o qual o vôo de exigir aterrissagem. Os Estados contratantes se reservam no entanto o direito, por razões de segurança da navegação aérea, de exigir que as aeronaves que desejam voar sôbre regiões inacessíveis ou que não contém com as facilidades adequadas para a navegação aérea, de seguir rotas determinadas ou de obter licenças especiais para êsses vôos.

Tais aeronaves, quando dedicadas ao transporte de passageiros, carga ou correio, remunerada ou fretada, em serviços internacionais não regulamentarão também o privilégio, sujeito ao disposto no Artigo 7º, de tomar ou descarregar passageiros carga ou correio, tendo o Estado onde se faça o embarque ou desembarque, o direito de impor os regulamentos, condições e restrições que considerar necessários.

ARTIGO 6º

SERVIÇOS AÉREOS REGULARES

Serviços aéreos internacionais regulares não poderão funcionar no território ou sôbre o território de um estado contratante, a não ser com a permissão especial ou outra autorização do mesmo Estado e de conformidade com as condições de tal permissão ou autorização.

ARTIGO 7º

CABOTAGEM

Cada um dos Estados contratantes dos demais Estados contratantes permissão para tomar em seu território, contra remuneração ou frete, passageiros, correio ou carga destinados a outro ponto do seu território. Cada um dos Estado contratantes se compromete a não estabelecer acôrdos que especificamente conceda tal privilégio a título de exclusividade a qualquer outro Estado ou a uma emprêsa aérea de qualquer outro Estado, e se comprometer a não obter de qualquer outro Estado privilégio exclusivo dessa natureza.

ARTIGO 8º

AERONAVES SEM PILÔTO

Nenhuma aeronave, capaz de navegar sem pilôto, poderá sobrevoar sem pilôto o território de um Estado contratante sem autorização especial do citado Estado e de conformidade com os têrmos da mesma autorização. Cada Estado contratante se compromete a tomar as disposições necessárias para que o vôo sem piloto de tal aeronave nas regiões acessíveis de aeronaves civis seja controlada de modo a evitar todo perigo para as aeronaves civis.

ARTIGO 9º

ZONAS PROIBIDAS

a) Por razões militares ou de segurança pública, os Estados contratantes poderão limitar ou proibir de maneira uniforme que as aeronaves de outros Estados vôem sôbre certas zonas do seu território, sempre que não façam distinção entre suas próprias aeronaves fazendo serviços internacionais regulares de transporte aéreo, e as aeronaves dos outros Estados contratantes que se dediquem a serviços idênticos. Estas zonas proibidas terão uma extensão razoável e serão situadas de modo a não prejudicar inútilmente a navegação aérea. Os limites das zonas proibidas situadas no território de um Estado contratante e tôda modificação a êles feita posteriormente deverão ser comunicados coma maior brevidade possível aos demais Estados contratantes e a Organização internacional de Aviação Civil.

b) Os Estados contratantes se reservam também o direito, em circunstância excepcionais ou durante um período de emergência, ou ainda no interêsse da segurança pública, e para que tenha efeito imediato, de limitar ou proibir temporariamente os vôos sôbre a totalidade ou parte do seu território contanto que estas restrições se apliquem às aeronaves de todos os demais Estados sem distinção de nacionalidade.

c) Cada estado contratante, de conformidade com os regulamentos que venham a estabelecer, pode exigir de tôda aeronave que penetre nas zonas referidas nos parágrafos acima (a)ou (b) de aterrissar logo que seja possível em alguma aeroporto que designar no seu próprio território.

ARTIGO 10

POUSO EM AEROPORTO ADUANEIRO

Exceto nos casos em que, de conformidade com as disposições desta Convenção ou com uma autorização especial, aeronaves podem atravessar o território de um Estado contratante sem aterrissar, tôda aeronave que penetre em território de um estado contratante os regulamentos do mesmo estado assim o exigirem, deverá descer ao aeroporto designado por êste Estado para inspeção alfandegária e outros exames. Ao partir do território de um Estado contratante, estas aeronaves deverão fazê-lo de um aeroporto alfandegário, igualmente designado. O Estado publicará os detalhes a respeito dos aeroportos aduaneiros e os comunicará a Organização Internacional de Aviação Civil, instituída na parte II desta convenção para os demais estados contratantes.

ARTIGO 11
APLICAÇÃO DOS REGULAMENTOS DE TRÁFEGO

De acôrdo com o disposto nesta Convenção, as leis e regulamentos de um Estado contratante, relativos à entrada no ou saída do seu território, de aeronaves empregadas na navegação aérea internacional, ou relativos a operação e navegação de tais aeronaves enquanto estejam em seu território, se aplicarão às aeronaves de todos os estados contratantes sem distinção de nacionalidade, estas aeronaves as observarão ao entrar e ao sair do território dêste Estado ou enquanto nele se encontrem.

ARTIGO 12
REGRAS DE TRÁFEGO

Cada um dos Estados contratantes se comprometer a tomar as medidas necessárias para assegurar que tôdas aeronaves que vôem sôbre seu território, ou manobrem dentro dele e todas as aeronaves que levem o distintivo de sua nacionalidade, onde quer que se encontrem, observem as regras e regulamentos que regem vôos e manobras de aeronaves. Cada um dos Estados contratantes se comprometem a manter seus próprios regulamentos tanto quanto possível, semelhantes aos que venham a ser estabelecidos em virtude desta Convenção. Cada um dos Estados contratantes se compromete a processar todos os infratores dos regulamentos em vigor.

ARTIGO 13
REGULAMENTOS PARA ENTRADAS E SAÍDAS

As leis e regulamentos de um Estado contratante, sôbre a entrada ou a saída de seu território de passageiros, tripulação, ou carga de aeronaves (tais como regulamentos de entrada, despacho, imigração, passaportes, alfândegas e quarentena) deverão ser cumpridas ou observadas pelos passageiros, tripulação ou carga, ou por seu representante, tanto por ocasião de entrada como de saída ou enquanto permanecer no território dêsse Estado.

ARTIGO 14
MEDIDAS CONTRA DISSEMINAÇÃO DE DOENÇAS

Cada um dos Estados concorda em tomar medidas eficazes para impedir que, por meio da navegação, se promulguem o cólera, tifo (epidêmico), a varíola, a febre amarela, a peste bubônica e qualquer outra enfermidade contagiosa que os Estados contratantes, oportunamente designem; para êsse fim, os Estados contratantes farão consultas freqüentes às organizações que tratam de regulamentos internacionais relativos a medidas sanitárias aplicáveis a aeronaves. Estas consultas não deverão prejudicar a aplicação de qualquer Convenção internacional existente sôbre esta matéria de que façam parte os Estados contratantes.

ARTIGO 15
TAXAS DE AEROPORTO E OUTROS IMPOSTOS

Todo aeroporto de um Estado contratante que esteja aberto ao uso público de suas aeronaves nacionais, estará também aberto, sujeito ao disposto no artigo 68, em condições uniformes de igualdade às aeronaves de todos os Estados contratantes. Essas condições uniformes aplicar-se-ão ao uso pelas aeronaves de todos os Estados contratantes de tôdas as facilidades de navegação aérea, incluindo os serviços de rádio e meteorologia, que estejam à disposição do público para a segurança e rapidez da navegação aérea.

As taxas exigidas ou permitidas por um Estado contratante para o uso de aeroportos ou facilidades para a navegação aérea por parte das aeronaves de qualquer outro Estado contratante se ajustarão às seguintes normas:

a) No tocante às aeronaves que não se dediquem a serviços aéreos internacionais regulares, as taxas não serão mais altas que as pagas por aeronaves nacionais da mesma classe dedicadas a operações similares; e

b) No tocante às aeronaves empregadas nos serviços aéreos internacionais regulares, as taxas não serão mais altas que as pagas por aeronaves nacionais empregadas em serviços aéreos internacionais similares.

Estas taxas serão divulgadas e comunicadas à Organização Internacional de Aviação Civil, ficando entendido que, se um Estado contratante interessado solicitar as taxas exigidas para o uso de aeroportos e outras instalações estarão sujeitos à exame pelo Conselho, que opinará a respeito e fará recomendações ao Estado ou aos Estados interessados. nenhum Estado contratante imporá direitos ou outros impostos simplesmente pelo privilégio de trânsito sôbre seu território, ou de entrada ou de saída no mesmo às aeronaves de outro Estado contratante ou sôbre as pessoas ou bens que estejam a bordo das mesmas.

ARTIGO 16

BUSCA EM AERONAVES

As autoridades competentes de cada um dos Estados contratantes, terão direito de busca nas aeronaves dos demais Estados contratantes, por ocasião de sua entrada e saída, sem causar demora desnecessária, e de examinar os certificados e outros documentos prescritos por esta Convenção.

CAPÍTULO III

NACIONALIDADE DAS AERONAVES

ARTIGO 17

NACIONALIDADE DAS AERONAVES

As aeronaves terão a nacionalidade do Estado em que estejam registradas.

ARTIGO 18

REGISTRO DUPLO

Nenhuma aeronave poderá registra-se legalmente em mais de um Estado para outro.

ARTIGO 19

LEGISLAÇÃO NACIONAL SÔBRE O REGISTRO

O registro ou transferência de registro de uma aeronave de um Estado Contratante se fará de conformidade com as suas leis e regulamentos.

ARTIGO 20

DISTINTIVOS

Tôda aeronave empregada para a navegação aérea internacional levará distintivos apropriados de sua nacionalidade e registro.

ARTIGO 21

INFORMAÇÕES SÔBRE REGISTROS

A pedido de qualquer outro Estado contratante ou da Organização Internacional de Aviação Civil, cada um dos Estados Contratantes se compromete a fornecer informações relativas ao registros e propriedade de qualquer aeronave particular registrada no Estado. Além disso cada um dos Estados contratantes transmitirá informações à organização Internacional de Aviação Civil, de conformidade com os regulamentos por êste prescritos, fornecendo os dados pertinentes à propriedade e ao contrôle de aeronaves registradas no Estado e que os dediquem regularmente à navegação aérea internacional. A Organização Internacional de Aviação Civil manterá a disposição dos outros Estados Contratantes, os dados assim obtidos.

CAPÍTULO IV

MEDIDAS PARA FACILITAR A NAVEGAÇÃO AÉREA

ARTIGO 22

SIMPLIFICAÇÃO DE FORMALIDADES

Cada um dos Estados contratantes concorda em adotar tôdas as medidas possíveis, mediante regulamentos especiais ou de qualquer outro modo, para facilitar e fomentar a navegação de aeronaves entre os territórios dos Estados Contratantes e evitar todo atraso desnecessário às aeronaves, tripulações, passageiros e carga especialmente no que se refere à aplicação das leis de imigração, quarentena, alfândega e despacho.

ARTIGO 23

NORMAS ALFANDEGÁRIAS E DE IMIGRAÇÃO

Cada um dos Estados Contratantes se compromete, na medida do possível, em adotar regulamentos de alfândega e de imigração que se apliquem à navegação aérea internacional conformes com as normas que venham a ser estabelecidas ou recomendadas oportunamente em virtude desta Contravenção. Nada na presente Convenção deverá ser estabelecimento de aeroportos francos.

ARTIGO 24

DIREITOS DE ALFÂNDEGA

a) As aeronaves em vôo para o território de um Estado contratante, saindo dêste ou atravessando seu território, serão admitidas temporariamente com isenção de direitos, ficando no entanto sujeitas aos regulamentos alfandegários do Estado. O combustível, óleos lubrificantes, peças sobressalentes, equipamentos regular ou provisões normais a bordo das aeronaves de um Estado Contratante quando chegar no território de outro Estado Contratante, e que continuem a bordo por ocasião de saída da aeronave do território dêste Estado, estarão isentas de direitos alfandegários, taxas de inspeção ou outros direitos ou impostos semelhantes nacionais ou locais. Esta isenção não será aplicável às quantidades ou artigos descarregados da aeronave senão em conformidade com os direitos de alfândega do Estado, que poderá exigir que permaneçam debaixo de vigilância da alfândega.

b) As peças sobressalentes e equipamentos importados no território de um Estado Contratante para serem montadas ou utilizadas na aeronave de um outro Estado Contratante servindo a navegação aérea internacional, serão admitidos com isenção de direitos aduaneiros, sujeitos aos regulamentos do Estado interessado, que poderá exigir que permaneçam debaixo da vigilância e contrôle da Alfândega.

ARTIGO 25

AERONAVES EM PERIGO

Os Estados Contratantes se comprometem a proporcionar todo auxílio possível às aeronaves que se achem em perigo em seu território e a permitir, sujeito ao contrôle de suas próprias autoridades, que os donos das aeronaves, ou as autoridades do Estado Contratante onde estejam registradas prestem o auxílio que as circunstâncias exigirem. Todos os Estados Contratantes, ao empreenderem a busca de aeronaves perdidas, colaborarão de conformidade com as medidas coordenadas que tenham sido recomendados por ocasião oportuna em virtude desta Convenção.

ARTIGO 26

INVESTIGAÇÃO DE ACIDENTES

No caso em que uma aeronave de um Estado contratante, acarretando morte ou ferimentos graves, ou indicando sérios defeitos técnicos na aeronave ou nas facilidades de navegação aérea, os Estados onde tiver ocorrido o acidente procederá a um inquérito sôbre as circunstâncias que provocarão o acidente, de conformidade, dentro do permissível por suas próprias leis com o procedimento que possa ser recomendado nas circunstâncias pela Organização Internacional de Aviação Civil. Será oferecido ao Estado de registro da aeronave a oportunidade de designar observadores para assistirem as investigações, e o Estado onde se esteja processando o inquérito transmitirá ao outro Estado as informações e conclusões apuradas.

ARTIGO 27

ISENÇÃO DE EMBARGO, POR RECLAMAÇÃO DE PATENTES

a) Enquanto empregada na navegação aérea internacional uma aeronave de um Estado Contratante, que entrar devidamente autorizada dentro do território de outro Estado Contratante, ou trânsito com licença através de outro território, aterrissando ou não, não estará sujeita ao embargo ou detenção nem a qualquer reclamação contra o proprietário da emprêsa que a utilize, nem a interferência de tal Estado ou de pessoa nele domiciliada, sob a alegação de que a construção, o mecanismo, as peças sobressalentes, os acessórios ou a própria da aeronave infrinjam alguma patente, desenho, modêlo devidamente patenteado ou registrado ao Estado onde haja penetrado a aeronave; ficando estabelecido que em caso algum se exigirá, ao Estado em que penetre a aeronave, a prestação de algum depósito ligado à citada isenção de embargo ou detenção.

b) As disposição do parágrafo a, dêste artigo serão aplicadas também à armazenagem de peças sobressalentes e equipamento sobressalente para aeronaves, e ao direito de usá – los e instalá – los no concêrto de aeronaves de um Estado Contratante, no território de outro Estado Contratante, uma vez que qualquer peça ou equipamento patenteado, assim armazenado não seja vendido ou distribuído internamente ou exportado comercialmente do Estado Contratante onde penetrou e aeronave.

c) Os benefícios dêste Artigo se aplicarão sòmente aos Estados partes desta Convenção, que (1) façam parte da Convenção Internacional para a Proteção da Propriedade Industrial e das emendas da mesma; ou (2) tenham promulgado legislação de patentes que reconheça e proteja adequadamente as invenções feitas por nacionais de outros Estados que façam parte desta Convenção.

ARTIGO 28

AUXÍLIO À NAVEGAÇÃO AÉREA E SISTEMAS UNIFORMES

Na medida do possível, cada um dos Estados contratantes se compromete

a) estabelecer em seu território aeroportos, serviços de rádio – comunicação, serviços de meteorologia e outras facilidades para a navegação aérea internacional, de conformidade com as normas e processos que forem recomendados ou estabelecidos oportunamente em virtude desta Convenção.

b) A adotar e pôr em vigor os sistemas uniformes apropriados de comunicações, processo, código, distintivos, sinais, luzes e outras normas ou regulamentos que se recomendem ou se estabeleçam oportunamente de conformidade com esta Convenção.

c) A colaborar, a fim de garantir a publicação de mapas e cartas aeronáuticas conforme com as normas que se recomendem e se estabeleçam em virtude desta Convenção.

CAPÍTULO V

CONDIÇÕES A SEREM CUMPRIDAS RELATIVAS E AERONAVES

ARTIGO 29

DOCUMENTOS QUE AS AERONAVES DEVEM LEVAR

Tôda aeronave de um Estado contratante que se dedique a navegação internacional, deverá levar os seguintes documentos de conformidade com as condições presentes nesta Conenção:

a) Certificado de registro;

b) Certificado de navegabilidade;

c) Licença aproriada para cada membro da tripulação;

d) Diário de bordo;

e) Se a aeronave estiver equipada com aparelhos de rádio, a licença da estação de rádio da aeronave;

f) Se levar passageiros, uma lista dos nomes e dos lugares de embarque e pontos de destino;

g) Se levar carga, um manifesto e declarações detalhadas da mesma.

ARTIGO 30

APARELHOS DE RÁDIO DA AERONAVE

a) As aeronaves de cada Estado contratante, quando em vôo sôbre ou no território de outro Estado Contratante, poderão Ter a bordo aparelho de rádio transmissão somente se as autoridade apropriadas do Estado de registro da aeronave tiverem concedido uma licença para a instalação e operação de tal aparelho. O uso de rádio – transmissores no território do Estado Contratante sôbre o qual vôe a aeronave será de acôrdo com os regulamentos estabelecidos por êste Estado.

b) Os aparelhos rádio – transmissoras poderão ser utilizados apenas ser utilizados apenas pelos membros da tripulação de vôo que tenham licença especial para êste fim, expedida pela autoridade apropriada do Estado de registro da aeronave.

ARTIGO 31

CERTIFICADO DE NAVEGABILIDADE

Tôda aeronave que se dedique à navegação internacional será munida de um certificado de navegabilidade expedido ou declarado válido pelo Estado em que esteja registrada.

ARTIGO 32

LICENÇA DO PESSOAL

a) O pilôto e os tripulantes de tôda aeronave empregada na navegação internacional, serão munidos de certificado de competência e de licenças expedidas ou declaradas válidas pelo Estado onde esteja registrada a aeronave.

b) Cada Estado contratante se reserva o direito de recusar de reconhecer, em se tratando de vôos sôbre o seu próprio território, certificados de competência e licenças outorgadas a seus nacionais por outro Estado contratante.

ARTIGO 33

ACEITAÇÃO DE CERTIFICADOS E DE LICENÇAS

Os Estados contratantes aceitarão a validade de certificados de navegabilidade, de certificados de competência de licenças expedidas ou declaradas válidas pelo Estado contratante onde esteja registrada a aeronave, sempre que os requisitos conforme os quais foram expedidos ou declarados válidos êstes certificados ou licenças sejam iguais ou superiores às normas mínimas que, periodicamente, se estabeleçam em virtude desta Convenção.

ARTIGO 34

DIÁRIO DE BORDO

Tôda aeronave que se dedique a navegação internacional, terá um diário de bordo onde serão assentados os detalhes ac6erca aeronave, de sua tripulação e de cada viagem na forma que oportunamente se prescreva em virtude desta Convenção.

ARTIGO 35

RESTRIÇÕES SÔBRE A CARGA

a) As aeronaves que se dediquem à navegação aérea internacional, não levarão munições nem apetrechos de guerra, ao entrar no território de um Estado ou ao voar sôbre êste, exceto com o consentimento dêste Estado Cada Estado determinará, mediante regulamentos o que se deve entender por munições e apetrechos de guerra para os fins dêste artigo, dando a devida consideração às recomendações que com o objetivo de uniformidade venham a ser feitas oportunamente pela Organização Internacional de Aviação Civil.

b) Por razões de ordem pública e de segurança, cada Estado de reserva o direito de regulamentar ou proibir o transporte em seu território ou sôbre êle, de artigos adicionais aos enumerados no parágrafo (a), ficando entendido que não se estabelecerão neste sentido distinção entre aeronaves nacionais dedicadas à navegação aérea e às aeronaves de outros Estados utilizadas para fins análogos não serão impostas restrições que interfiram com o transporte e uso nas aeronaves de aparelhos necessários parta a operação e navegação da mesma ou para segurança da tripulação ou dos passageiros.

ARTIGO 36

APARELHOS DE FOTOGRAFIA

Cada Estado Contratante poderá proibir ou regulamentar o uso de aparelhos de fotografia em aeronaves voando sôbre seu território.

CAPÍTULO VI
NORMAS INTERNACIONAIS E PROGRAMAS RECOMENDADOS

ARTIGO 37
ADOÇÃO DE NORMAS E PROCESSOS INTERNACIONAIS

Os Estados Contratantes se comprometem a colaborar a fim de lograr a maior uniformidade possível em regulamentos, padrões, normas e organização relacionadas com as aeronaves, pessoal, aerovias e serviços auxiliares, em todos os casos em que a uniformidade facilite e melhore a navegação aérea.

Para êste fim, a Organização Internacional de Aviação Civil adotará e emenderá, oportunamente, segundo a necessidade, as normas internacionais e as prática e processos relativos aos pontos seguintes:

(a) Sistema de comunicação e auxílio à navegação aérea, inclusive as marcações terrestres;

(b) Características de aeroportos e áreas de pouso;

(c) Regras de tráfego e métodos de contrôle de tráfego aéreo;

(d) Licenças para o pessoal de vôo e mecânicos;

(e) Navegabilidade das aeronaves;

(f) Registro e matrícula de aeronaves;

(g) Coleta e troca de dados meteorológicos

(h) Livros de bordo;

(i) Mapas e cartas

(j) Formalidades de alfândega e de imigração;

(k) Aeronaves em perigo e investigação de acidentes;

Assim como tôdas as sugestões relacionadas com a segurança, regularidade e eficiência de navegação aérea que oportunamente forem necessárias.

ARTIGO 38
DIFERENÇAS ENTRE AS NORMAS E PROCESSOS INTERNACIONAIS

Se um Estado se vê impossibilitado de cumprir em todos os seus detalhes certas normas ou processos internacionais, ou de fazer que seus próprios regulamentos e práticas concordem por completo com as normas e processos internacionais que tenham sido objeto de emendas, ou se o Estado considerar necessário adotar regulamentos e práticas diferentes em algum ponto dos estabelecidos por normas internacionais, informará imediatamente a Organização Internacional de Aviação Civil das diferenças existentes entre suas próprias práticas e as internacionais. Em caso de emendas estas últimas o Estado que não fizer estas alterações nos seus regulamentos ou práticas deverá informar o Conselho dentro do período de 60 dias a contar da data em que fôr adotada a emenda às normas internacionais, ou indicará o que fará a êsse respeito. Em tal caso o Conselho notificará imediatamente a todos os demais Estados a diferença existente entre as normas internacionais e as normas correspondentes no Estado em aprêço.

ARTIGO 39
ANOTAÇÕES EM CERTIFICADOS E LICENÇAS

a) Qualquer aeronave, ou parte desta a respeito da qual exista uma norma internacional de navegabilidade ou de suas características, que deixe de algum modo de satisfazer esta norma quando fôr expedido o certificado levará escrito no dorso do seu certificado de navegabilidade, ou junta a êste, a enumeração completa dos detalhes em que difere a citada norma;

b) Qualquer pessoa que tiver uma licença que não satisfaz plenamente as condições presentes pelas normas internacionais respectivas terá sua licença endossada de uma enumeração completa dos pontos em que não satisfaz estas condições.

ARTIGO 40
VALIDADE DE CERTIFICADOS E LICENÇAS ANOTADAS

Aeronaves, ou pessoal com certificados ou licenças assim endossadas, não poderão tomar parte na navegação internacional exceto com licença do Estado ou Estados em cujo território entrem o registro ou o uso de tais aeronaves, ou de qualquer parte de aeronave certificada, em qualquer Estado que não seja o que outorgou o certificado original, ficará a critério do Estado para o qual a aeronave ou a peça em aprêço fôr importada.

ARTIGO 41
ACEITAÇÃO DE NORMAS DE NAVEGABILIDADE

O disposto neste Capítulo não se aplicará às aeronaves e ao equipamento das aeronaves dos tipos cujo protótipo é submetido às autoridades nacionais competentes para homologação nos três anos que seguirão à data em que se adote uma norma internacional de navegabilidade para tal equipamento.

ARTIGO 42
ACEITAÇÃO DE NORMAS DE COMPETÊNCIA DO PESSOAL

O disposto neste capítulo não se aplicará ao pessoal cuja licença original se haja expedido antes de decorrido um ano depois da data em que se adote inicialmente uma norma internacional de qualificação para tal pessoal; elas se aplicarão, entretanto, de qualquer modo ao pessoal cujas licenças são ainda válidas cinco anos depois da adoção desta norma.

PARTE II

ORGANIZAÇÃO INTERNACIONAL DE AVIAÇÃO CIVIL

CAPÍTULO VII

A ORGANIZAÇÃO

ARTIGO 43

NOME E COMPOSIÇÃO

Esta Convenção estabelece uma organização que se denominará Organização Internacional de Aviação Civil, e será composta de uma Assembléia, de um Conselho e dos demais órgãos julgados necessários.

ARTIGO 44

OBJETIVOS

Os fins e objetivos da Organização serão desenvolver os princípios e a técnica da navegação aérea internacional e de favorecer o estabelecimento e estimulante o desenvolvimento de transportes aéreos internacionais a fim de poder:

a) Assegurar o desenvolvimento seguro o ordeiro da aviação civil internacional no mundo;

b) Incentivar a técnica de desenhar aeronaves e sua operação para fins pacíficos;

c) Estimular o desenvolvimento de aerovias, aeroportos e facilidades à navegação aérea na aviação civil internacional;

d) Satisfazer às necessidades dos povos do mundo no tocante e transporte aéreo seguro, regular, eficiente e econômico;

e) Evitar o desperdício de recursos econômicos causados por competição desrazoável;

f) Assegurar que os direitos dos Estados contratantes sejam plenamente respeitados, e que todo o Estado contratante tenha uma oportunidade equitativa de operar emprêsas aéreas internacionais;

g) Evitar a discriminação entre os Estados contratantes;

h) Contribuir para a segurança dos vôos na navegação aérea internacional;

i) Fomentar, de modo geral, o desenvolvimento de todos os aspectos de todos os aspectos da aeronáutica civil internacional.

ARTIGO 45

SEDE PERMANENTE

A sede permanente da organização será determinada na sessão final da Assembléia Preliminar da Organização Provisória Internacional de Aviação Civil estabelecida por acôrdo preliminar sôbre a Aviação Civil Internacional, assinado em Chicago, em 7 de dezembro de 1944.

Por decisão do Conselho a sede poderá ser transferida temporariamente para outro lugar.

ARTIGO 46

PRIMEIRA REUNIÃO DE ASSEMBLÉIA

A primeira reunião da Assembléia será convocada pelo Conselho Interino, constituído pelo acôrdo para estabelecer a Organização Provisória Internacional de Aviação Civil Internacional, assinado em Chicago em 7de dezembro de 1944, logo após a entrada em vigor da Convenção, para reunir – se na data e no lugar que êsse Conselho Interino designar.

ARTIGO 47

PERSONALIDADE JURÍDICA

A Organização gozará, no território de cada um dos Estados contratantes, da capacidade jurídica necessária para o desempenho de suas funções. Ser – lhe à concedida plena personalidade jurídica sempre que o permitam a constituição e as leis do Estado interessado.

CAPÍTULO VIII

A ASSEMBLÉIA

ARTIGO 48

SESSÕES DA ASSEMBLÉIA E VOTAÇÃO

a) A Assembléia se reunirá anualmente e será convocada pelo Conselho em data e lugar apropriados. Reuniões extraordinárias da Assembléia poderão ser feitas em qualquer data, por convocação do Conselho ou a pedido de quaisquer dos Estados contratantes dirigido ao Secretário Geral.

b) Todos os Estados contratantes terão direito igual a serem representados nas reuniões da Assembléia, e cada Estado contratante terá direito a um voto. Os delegados que representem os Estados contratantes poderão ter o auxílio de assessores técnicos, que terão direito a participar das reuniões, porém sem direito a voto.

c) Nas reuniões da Assembléia, será requerida a maioria dos Estados contratantes para constituir quorum. A menos que esta Convenção disponha de modo contrário, as decisões da Assembléia serão tomadas por maioria dos votos consiganados.

ARTIGO 49
PODERES E DEVERES DA ASSEMBLÉIA

Serão faculdades e funções da Assembléia:

a) Eleger em cada reunião seu Presidente e outros funcionários;

b) Eleger os Estados contratantes que estarão representados no Conselho, de acôrdo com as disposições do Capítulo IX;

c) Examinar e tomar as medidas pertinentes no que se refere aos relatórios do Conselho e decidir qualquer assunto a que êste se refira.

d) Determinar o seu próprio regulamento e estabelecer as comissões subsidiárias que julgue necessárias ou aconselháveis.

e) Votar um orçamento anual e fazer os arranjos financeiros da Organização, de conformidade com as disposições do Capítulo XII;

f) Examinar os gastos e aprovar as contas da Organização;

g) A seu critério, entregar ao Conselho, às comissões auxiliares, ou a qualquer outro órgão, qualquer assunto que esteja dentro da sua esfera de ação;

h) Delegar ao Conselho as faculdades e autoridades necessárias ou aconselháveis para o desempenho das funções da Organização, e revogar ou modificar a qualquer momento tal delegação;

i) Executar as disposições do Capítulo XIII que sejam oportunas.

j) Considerar propostas para a modificação ou emenda das disposições desta Convenção e, se as aprovar recomendá-las aos Estados contratantes de acôrdo com as disposições do Capítulo XXI;

k) Tratar de qualquer assunto, dentro da esfera de ação da Organização, que não tenha sido atribuído especificamente ao Conselho.

CAPÍTULO IX
O CONSELHO

ARTIGO 50
COMPOSIÇÃO E ELEIÇÃO DO CONSELHO

a) O conselho será um órgão permanente, responsável perante a Assembléia. Será composto de 21 Estados contratantes eleitos pela Assembléia. Uma eleição será feita na primeira reunião da Assembléia, e depois de três em três anos. Os membros do Conselho assim eleitos desempenharão seus cargos até a próxima eleição.

b) Ao eleger os membros do Conselho, a Assembléia dará a devida representação (1) aos Estados de maior importância em matéria de transporte aéreo (2) aos Estados que não sejam representados de outro modo e que mais contribuam a prover facilidade para a navegação aérea civil internacional; e (3) aos Estados que são representados de outro modo, e cuja nomeação a segurar a representação no Conselho de tôdas as principais regiões geográficas do mundo. Tôda vaga no Conselho será preenchida pela Assembléia o mais depressa possível; o Estado contratante assim eleito para o Conselho exercera suas funções durante o resto do período que corresponda a seu precedessor.

c) Nenhum dos representantes dos Estados contratantes no Conselho poderá estar associado ativamente da operação de algum serviço aéreo internacional, nem interessado financeiramente em tal serviço.

ARTIGO 51
PRESIDENTE DO CONSELHO

O Conselho elegerá seu Presidente por um período de três anos. O Presidente poderá ser reeleito. O Presidente não terá direito a voto. O Conselho elegerá entre os seus membros um ou mais Vice-Presidente, que conservarão seu direito de voto quando na função de Presidente Interino. O Presidente interino. O Presidente não será escolhido entre os representantes dos membros do Conselho; se um dêles, entretanto, fôr eleito, o seu lugar, considerado vago, será preenchido pelo Estado que representava. As funções do Presidente serão:

a) Convocar as reuniões do Conselho, do Comité de Transporte Aéreo, e da Comissão de Navegação Aérea;

b) Servir como representante do Conselho; e

c) Desempenhar em nome do Conselho, as funções que lhe atribuir.

ARTIGO 52
VOTAÇÃO NO CONSELHO

Para as decisões do Conselho será necessária a aprovação da maioria de seus membros. O Conselho poderá delegar a um comité composto de seus membros, plena autoridade relativa a qualquer assunto especial. Qualquer Estado contratante interessado poderá apelar perante o Conselho relativamente às decisões de qualquer comité do Conselho.

ARTIGO 53
PARTICIPAÇÃO SEM DIREITO AO VOTO

Qualquer Estado contratante poderá tomar parte, sem direito a voto, nas deliberações do Conselho e dos seus comités e comissões sôbre qualquer assunto que afete especialmente seus interêsses. Nenhum dos membros do Conselho poderá votar no exame pelo Conselho de uma controvérsia da qual seja parte.

ARTIGO 54

O Conselho deverá:

a) Apresentar à Assembléia relatórios anuais;

b) Executar as instruções da Assembléia, e desempenhar as funções e assumir as obrigações que lhe sejam atribuídas por esta Convenção;

c) Determinar a sua própria organização e regulamento;

d) Nomear um Comité de Transporte Aéreo e definir as suas funções. Êste comité será escolhido entre os representantes dos membros do Conselho e, será responsável perante êle;

e) Estabelecer uma Comissão de Navegação Aérea de acôrdo com as disposições do Capítulo X;

f) Administrar as finanças da Organização de acôrdo com as disposições dos Capítulos XII e XV;

g) Fixar os vencimentos do Presidente do Conselho;

h) Nomear um funcionário executivo, Chefe que será denominado Secretário Geral; e providenciar para a nomeação do pessoal necessário, de acôrdo com as disposições do Capítulo XI;

i) Solicitar, compilar, examinar e publicar informações relativas ao progresso da navegação aérea e à operação de serviços aéreos internacionais, incluindo informações acêrca do custo de operação e detalhes sôbre os subsídios pagos às emprêsas aéreas;

j) Informar os Estados contratantes a respeito de qualquer infração desta Convenção e qualquer omissão ocorrida por deixar de executar as recomendações ou determinações do Conselho;

k) Avisar a Assembléia de tôda infração desta Convenção no caso em que algum Estado membro deixe de tomar as medidas necessárias num prazo razoável, depois de ter sido notificado de infração;

l) Adotar de acôrdo com as disposições do Capítulo VI desta Convenção, as normas internacionais e os processos recomendados; para a maior conveniência designá-los como Anexos a esta Convenção e notificar todos os Estados contratantes da ação tomada;

m) Estudar as recomendações da Comissão de Navegação Aérea relativas às emendas dos Anexos, e agir de acôrdo com as disposições do Capítulo XX.

n) Examinar qualquer assunto relativo à Convenção que lhe seja submetido por qualquer Estado contratante.

ARTIGO 55

FUNÇÕES FACULTATIVAS DO CONSELHO

O Conselho poderá:

a) Quando apropriado e quando a experiência indicar sua conveniência, criar comissões de transportes aéreo, subordinadas, sôbre base regional ou de outra natureza, e definir os grupos de estados ou emprêsas aéreas com as quais ou por meio das quais possa tratar para facilitar o êxito dos objetivos desta Convenção;

b) Delegar à Comissão de Navegação Aérea funções adicionais às estabelecidas na Convenção e revogar ou modificar a qualquer momento tal delegação de autoridade;

c) Fazer pesquisas em todos os setores de transporte e de navegação aérea de importância internacional; transmitir o resultado das pesquisas aos Estados contratantes, e facilitar entre êstes o intercâmbio de informações sôbre assuntos relativos ao transporte e à navegação aérea;

d) Estudar qualquer questão que afete a organização e operação do transporte aéreo internacional, inclusive a propriedade e a exploração internacional em rotas troncos, e submeter à Assembléia planos relacionados com êstes assuntos;

e) Investigar, a pedido de qualquer Estado contratante, tôda a situação da qual possam surgir obstáculos evitáveis ao desenvolvimento da navegação aérea internacional e apresentar, depois de tal investigação, o parecer que julgar aconselhável.

CAPÍTULO X

COMISSÃO DE NAVEGAÇÃO AÉREA

ARTIGO 56

DESIGNAÇÃO E NOMEAÇÃO DE COMISSÃO

A Comissão de Navegação Aérea será composta de doze membros nomeados pelo Conselho entre pessoas designadas pelos Estados contratantes. Estas pessoas deverão ter qualificação e experiência adequadas na ciência e na prática da aeronáutica. O Conselho solicitará de todos os Estados contratantes que apresentem candidatos. O Conselho nomeará o Presidente da Comissão de Navegação Aérea.

ARTIGO 57

FUNÇÕES DA COMISSÃO

Serão funções da Comissão de Navegação Aérea:

a) Considerar modificações aos Anexos desta Convenção e recomendá-las ao Conselho para que sejam adotadas;

b) Estabelecer subcomissões técnicas, nas quais qualquer Estado contratante poderá estar representado, se assim o desejar;

c) Assessorar o Conselho a respeito de coleta, e transmissão aos Estados contratantes, de quaisquer informações que considerar necessárias ou úteis ao progresso da navegação aérea.

CAPÍTULO XI
O PESSOAL

ARTIGO 58
NOMEAÇÃO DO PESSOAL

Sujeito aos regulamentos ditados pela Assembléia e às disposições desta Convenção o Conselho determinará, quanto ao Secretário Geral o pessoal da Organização. O método de proceder e terminar as nomeações, o licenciamento, os salários, gratificações e condições de serviço, podendo empregar e utilizar os serviços de nacionais de qualquer Estado contratante.

ARTIGO 59
CARÁTER INTERNACIONAL DO PESSOAL

O Presidente do Conselho, o Secretário Geral e o resto do pessoal não solicitarão nem receberão instruções de autoridade alguma não pertencente à Organização relativamente ao desempenho de sua funções. Os Estados contratantes se comprometem a respeitar plenamente o caráter internacional das funções de pessoal e de não procurar exerce influência alguma sôbre seus nacionais no desempenho de suas funções.

ARTIGO 60
IMUNIDADE E PRERROGATIVAS DO PESSOAL

Os Estados contratantes se comprometem, tanto quanto o permitam seus processos constitucionais, a outorgar ao Presidente do Conselho, ao Secretário Geral e demais pessoal da Organização, as imunidades e as prerrogativas que são outorgadas ao pessoal da mesma categoria de outras organizações públicas internacionais. Na eventualidade de celebrar sôbre imunidades e privilégio

De servidores civis internacionais, as imunidades e prerrogativas concedidas ao Presidente ao Secretário Geral, e ao demais pessoal da Organização, serão idênticas às concedidas em virtude de tal acôrdo geral internacional.

CAPÍTULO XII
FINANÇAS

ARTIGO 61
ORÇAMENTO E REPARTIÇÃO DE GASTOS

O Conselho submeterá à Assembléia um orçamento anual, prestação de contas anual e estimativas de tôdas as receitas e despesas. A Assembléia aprovará o orçamento com as modificações que achar oportunas, e com exceção das participações contidas pelos Estados, em virtude do Capítulo XV, repartirá as despesas da Organização entre os Estados contratantes, em proporções determinadas periodicamente

ARTIGO 62
SUSPENSÃO DO DIREITO DE VOTO

A Assembléia poderá suspender o direito de voto na Assembléia e no Conselho de qualquer Estado contratante que, dentro de um período de tempo razoável, deixa de cumprir suas obrigações financeiras para com a Organização.

ARTIGO 63
GASTOS DE DELEGAÇÃO E OUTROS REPRESENTANTES

Cada Estado contratante tomará a seu cargo os gastos de sua própria delegação na Assembléia e a remuneração, gastos de viagem e outras despesas de qualquer pessoa que nomeia para servir no Conselho, e de seus representantes em quaisquer comités ou comissões subsidiárias da Organização.

CAPÍTULO XIII
OUTROS ENTENDIMENTOS INTERNACIONAIS

ARTIGO 64
ACORDOS DE SEGURANÇA

Em relação a questões de aviação, de sua jurisdição, que afetem diretamente a segurança mundial, a Organização, por voto da Assembléia, poderá proceder a entendimentos convenientes com qualquer organização geral estabelecida pelas nações do mundo para a manutenção da paz.

ARTIGO 65
ENTENDIMENTOS COM OUTRAS ENTIDADES INTERNACIONAIS

O Conselho, em nome da Organização, poderá entrar em acôrdos com outras entidade internacionais para a manutenção de serviços comuns e relativamente a entendimentos conjuntos concernentes ao pessoal, e, com a aprovação da Assembléia, poderá ainda entrar em convênios destinados a facilitar o trabalho da Organização.

ARTIGO 66
FUNÇÕES RELATIVAS A OUTROS ACORDOS

a) A Organização deverá desempenhar as funções que lhe forem atribuídas pela Convenção Relativa ao Trânsito dos Serviços Aéreos Internacionais e a Convenção sôbre Transporte Aéreo Internacional, elaborados em Chicago a 7 de dezembro de 1944, de acôrdo com os têrmos e condições neles estabelecidas.

b) Os membros da Assembléia e do Conselho que não aceitarem o Acôrdo e Trânsito do Servico Internacional Aéreo ou o Acôrdo de Transporte Internacional Aéreo, feitos em Chicago em 6 de dezembro de 1944, não terão o direito de voto em qualquer questão referida à Assembléia ou ao Conselho de conformidade com as disposições do acôrdo respectivo.

PARTE III

TRANSPORTE AÉREO INTERNACIONAL

CAPÍTULO XIV

INFORMACÕES E RELATÓRIOS

ARTIGO 67

RELATÓRIOS DE ARQUIVO COM O CONSELHO

Cada Estado Contratante se compromete a que suas emprêsas aéreas internacionais, de conformidade com as disposições estabelecidas pelo Conselho, transmitam a êste informações sôbre o tráfego, estatísticas de custo, e contabilidade, expondo, entre outras coisas, tôdas as receitas e a sua fonte.

CAPÍTULO XV

AEROPORTOS E OUTRAS FACILIDADES PARA NAVEGAÇÃO AÉREA

ARTIGO 68

DETERMINAÇÃO DE ROTAS E DE AEROPORTOS

Cada Estado Contratante poderá, sujeito às disposições desta Convenção, designar a rota a ser seguida dentro do seu território por qualquer serviço aéreo internacional e os aeroportos utilizados por tais serviços.

ARTIGO 69

MELHORIA DE FACILIDADES PARA A NAVEGAÇÃO AÉREA

Se o Conselho fôr de opinião que os aeroportos ou outras facilidades para navegação aérea, incluindo os serviços de rádio e de meteorologia de um Estado Contratante, não são razoavelmente adequados para assegurar a segurança, regularidade, eficiência e operacão econômica de serviços aéreos internacionais, existentes ou projetados, o Conselho deverá consultar o Estado diretamente interessado, e os demais Estados afetados, com o objetivo de encontrar meios para remediar a situação e poderá fazer recomendações para tal fim. Nenhum Estado Contratante será culpado de infração desta Convenção no deixar de executar tais recomendações.

ARTIGO 70

FINANCIAMENTO DE FACILIDADES PARA NAVEGAÇÃO AÉREA

Um Estado Contratante, nas circunstâncias indicadas no artigo 69, poderá concluir um acôrdo com o Conselho para dar efeito a tais recomendações. O Estado poderá tomar a seu cargo tôdas as despesas decorrentes de tal acôrdo. No caso contrário, o Conselho poderá concordar, a pedido do Estado, em fornecer a totalidade ou parte dos fundos necessários.

ARTIGO 71

FORNECIMENTO E MANUTENÇÃO DE FACILIDADES PELO CONSELHO

Se um estado Contratante o solicitar, o Conselho poderá fornecer, dotar, manter, e administrar um ou todos os aeroportos e demais instalações para facilitar a navegação aérea, inclusive serviços meteorológicos e de rádio, necessários no seu território para o funcionamento seguro, regular eficiente e econômico dos serviços aéreos internacionais dos outros Estados Contratantes, e poderá fixar taxas justas e razoáveis pelo uso dessas facilidades.

ARTIGO 72

AQUISIÇÃO OU USO DE TERRENOS

No caso em que se necessitem terrenos para instalações custeadas totalmente ou em parte pelo Conselho a pedido de um Estado contratante, aquêle Estado fornecerá êle próprio o terreno, conservando o título de propriedade se assim o desejar ou permitirá que o Conselho o use em condições justas e razoáveis e de acôrdo com as leis do estado interessado.

ARTIGO 73

DESPESAS E REPARTIÇÃO DE FUNDOS

Dentro do limite dos fundos, que, de acôrdo com o Capítulo XII, a Assembléia ponha à disposição do Conselho, êste poderá proceder a despesas correntes para os objetivos dêste artigo por conta dos fundos gerais da Organização. O Conselho deverá repartir os fundos necessários para os fins dêste Artigo em proporções previamente concordadas, através de um período de tempo razoável, entre os Estados contratantes, que deram seu consentimento, cujas emprêsas aéreas se utilizem destas facilidades. O Conselho poderá também atribuir a Estados que concordarem, quaisquer fundos correntes que sejam necessários.

ARTIGO 74

ASSISTÊNCIA TÉCNICA E UTILIZAÇÃO DAS RENDAS

Quando o Conselho, a pedido de um Estado Contratante, adiantar fundos ou fornecer aeroportos ou outras facilidades. Total ou parcialmente o entendimento poderá incluir, com o consentimento do Estado interessado assistência técnica na fiscalização e operação dos aeroportos e outras facilidades, e providenciar para o pagamento, por conta da renda procedente da operacão dos aeroportos e outras facilidades, das despesas de operacão, dos aeroportos e de outras facilidades e dos juros e amortização.

ARTIGO 75

POSSE DAS INSTALAÇÕES

Um Estado Contratante poderá a qualquer momento liquidar qualquer compromisso que tenha assumido em virtude do Artigo 70, e tomar a seus aeroportos e outras facilidades que o Conselho tenha fornecido, em seu diretório, de conformidade com as disposições dos Artigos 71 e 72, pagando ao Conselho a soma que na opinião do Conselho seja razoável nas circunstâncias. Se o Estado julgar que a importância fixada pelo Conselho não é razoável, poderá apelar da decisão do Conselho perante a Assembléia que poderá confirmar ou emendar a decisão do Conselho.

ARTIGO 76

REEMBOLSOS

Os fundos obtidos pelo Conselho por reembolso em virtude do Artigo 75 ou provimentos de pagamentos de juros e amortização, em virtude do artigo 74, no caso de adiantamento financiados originalmente por Estados, de conformidade com o artigo 73, serão devolvidos aos Estados entre os quais foram repartidos proporcionalmente de acôrdo com a sua parte inicial, segundo determinação do Conselho.

CAPÍTULO XVI

ORGANIZAÇÕES CONJUNTAS E SERVIÇOS MÚTUOS

ARTIGO 77

PERMISSÃO DE CONSTITUIÇÃO DE ORGANIZAÇÕES CONJUNTAS

Nada nesta Convenção proibirá dois ou mais Estados Contratantes constituírem organizações conjuntas de operações de transporte aéreos ou agência de operações internacionais e que fundem os seus serviços aéreos em quaisquer rotas ou regiões. Tais organizações ou agências e tais serviços conjuntos estarão sujeitos a tôdas as disposições desta Convenção, inclusive as relativas ao registro de acôrdo com o Conselho.

O Conselho determinará como as cláusulas desta Convenção relativas à nacionalidade de aeronaves se aplicaram às aeronaves que trafegam sob a direção de agências internacionais de operações.

ARTIGO 78

FUNÇÃO DO CONSELHO

O Conselho poderá propor a Estados Contratantes interessados que formem organizações conjuntas para operar serviços aéreos em quaisquer rotas ou regiões.

ARTIGO 79

PARTICIPAÇÕES EM ORGANIZAÇÕES DE OPERAÇÃO

Um Estado poderá participar em organizações conjuntas, operações ou entendimentos de serviços mútuos, seja por intermédio do Govêrno ou por intermédio de uma emprêsa ou emprêsas de navegação aérea designadas pelo seu Govêrno.
As emprêsas segundo o critério exclusivo do Estado interessado, poderão ser inteira ou parcialmente de propriedade do Estado ou de propriedade particular.

PARTE IV

DISPOSIÇÕES FINAIS

CAPÍTULO XXVII

OUTROS ACÔRDO E ENTENDIMENTOS AERONÁUTICOS

ARTIGO 80

CONVENÇÕES DE PARIS E DE HAVANA

As partes contratantes se comprometem, assim que a presente Convenção entrar em vigor, a denunciar a Convenção relativa à Regulamentação de Navegação Aérea, firmada em Paris, a 13 de outubro de 1919, ou a Convenção sôbre Aviação Comercial, assinada em Havana, a 20 de fevereiro de 1928, quando fizerem parte de qualquer uma das duas. Entre os Estados Contratantes, esta Convenção substitui as referidas Convenções de Paris e de Havana.

ARTIGO 81

REGISTRO DE ACORDOS EXISTENTES

Todos os acôrdos aeronáuticos existentes por ocasião da entrada em vigor desta, entre um Estado Contratante e qualquer outro Estado ou entre uma emprêsa de navegação aérea de um Estado Contratante e outro Estado qualquer ou emprêsa de navegação aérea de qualquer outro Estado, serão imediatamente registrados no Conselho.

ARTIGO 82

ABROGAÇÃO DE AJUSTES INCOMPATÍVEIS

As partes Contratantes aceitam esta Convenção como abrogando tôdas as obrigações e entendimentos entre êles incompatíveis com os seus têrmos, e se comprometem a não assumir obrigações ou entendimentos desta natureza. Um Estado Contratante que, antes de tornar-se membro da Organização, tenha assumido com um Estado não Contratante ou com um nacional de Estado Contratante ou de Estado não contratante compromisso incompatível com as cláusulas desta Convenção, tomará medidas imediatas para desobrigar do referido compromisso. Se uma emprêsa aérea de qualquer Estado Contratante houver assumido semelhantes obrigações incompatíveis, o Estado de sua nacionalidade se esforçará na medida do possível para assegurar sua imediata terminação e de qualquer modo, providenciará para a sua terminação logo que fôr possível fazê-lo depois da entrada m vigor desta Convenção.

ARTIGO 83

REGISTRO DE NOVOS ENTENDIMENTOS

Sujeito às disposições do artigo anterior qualquer Estado Contratante poderá realizar entendimentos compatíveis com as cláusulas desta Convenção. Qualquer entendimento desta natureza deverá ser imediatamente registrado no Conselho que dará publicidade ao mesmo assim que fôr possível.

CAPÍTULO XVIII

DISPUTAS E FALTAS DE CUMPRIMENTO

ARTIGO 84

SOLUÇÃO DE DISPUTAS

Qualquer desacôrdo entre dois ou mais Estados Contratantes sôbre a interpretação ou a aplicação desta Convenção e seus anexos que não puder ser resolvido por meio de negociações será, mediante pedido de qualquer dos Estados, envolvido no desacôrdo, decidido pelo Conselho terá direito a voto na solução pelo Conselho de qualquer disputa na qual seja parte interessada. Qualquer Estado contratante poderá, observando o disposto no artigo 85, pedir revisão da decisão do Conselho a um tribunal arbitral ad hoc, aceito pelos demais interessados, ou à Côrte Permanente de Justiça Internacional. Qualquer recurso desta ordem será levado ao conhecimento do Conselho dentro do prazo de 60 dias, constados a partir da data do recebimento de notificação da decisão do Conselho.

ARTIGO 85

PROCESSO ARBITRAL

Se qualquer Estado Contratante envolvido em disputa na qual a decisão do Conselho estiver sendo apelada não tiver aceito o Estatuto da Côrte Permanente de Justiça Internacional e os Estados Contratantes interessados não chegarem a um acôrdo no tocante à escolha do tribunal arbitral, cada um dos Estados Contratantes, parte na disputa nomeará um árbitro e êstes indicarão um juiz. Se algum Estado Contratante envolvido na disputa deixar de nomear um árbitro dentro de um período de três meses, contados a partir da data do apêlo, o Presidente do Conselho escolherá, de uma lista de indivíduos qualificados e disponíveis, mantida pelo Conselho, um árbitro para êste Estado. Se, dentro de trinta (30) dias, os árbitros não chegarem a um acôrdo sôbre o juiz, o Presidente do Conselho escolherá um juiz da referida lista. Os árbitros e o juiz constituirão então conjuntamente, um tribunal arbitral. Qualquer tribunal arbitral constituído nos têrmos dêste ou do procedente artigo adotará seu próprio processo e decidirá por maioria de votos, podendo entretanto o Conselho determinar o processo a ser adotado na hipótese de dar-se-á um atraso excessivo na sua opinião.

ARTIGO 86

DOS RECURSOS

Salvo decisão contrária do Conselho, qualquer decisão do Conselho sôbre se uma emprêsa de navegação aérea internacional opera em conformidade com as cláusulas desta Convenção será válida exceto se fôr modificada, em conseqüência de apêlo. Sôbre qualquer outro assunto, as decisões do Conselho, se impugnadas, serão suspensas até que o recurso seja julgado. As decisões da Côrte Permanente de Justiça Internacional e de um tribunal arbitral serão finais e obrigarão as partes.

ARTIGO 87

PENAS POR FALTA DE CUMPRIMENTO POR PARTE DE EMPRÊSAS DE NAVEGAÇÃO AÉREA

Cada Estado Contratante se compromete a não permitir que uma emprêsa de navegação opere no espaço aéreo sôbre o seu território se o Conselho tiver resolvido que a emprêsa em questão não está acatando uma decisão final pronunciada de acôrdo com o artigo procedente.

ARTIGO 88

PENALIDADES POR NÃO CUMPRIMENTO POR PARTE DO ESTADO

A Assembléia suspenderá o direito de voto na Assembléia e no Conselho de qualquer Estado Contratante em falta no tocante às disposições dêste capítulo.

CAPÍTULO XIX

GUERRA

ARTIGO 89

GUERRA E CONDIÇÕES DE EMERGÊNCIA

Em caso de guerra, as disposições desta Convenção não afetarão a liberdade de ação de qualquer dos Estados contratantes atingidos, seja como beligerante ou neutro. O mesmo princípio será aplicado no caso de qualquer Estado contratante que declarar um estado nacional de emergência e que comunique o fato ao Conselho.

CAPÍTULO XX

ANEXOS

ARTIGO 90

ADOÇÃO E EMENDAS DE ANEXOS

a) A adoção pelo Conselho dos Anexos descritos no artigo 54, sub-parágrafo (1.°), necessitará dois terços de votos do Conselho em reunião convocada com tal finalidade e será em seguida, submetida pelo Conselho a cada Estado contratante. Qualquer anexo ou emenda de um anexo, tornar-se-á efetiva dentro de três (3) meses, contados a partir da data em que forem, submetidos à apreciação dos Estados contratantes, ou findo um período mais extenso que o Conselho possa adotar, salvo se neste ínterim, uma maioria dos estados contratantes se manifestar sua desaprovação do Conselho.

b) O Conselho comunicará, imediatamente, aos estados contratantes a entrada em vigor de qualquer anexo ou emenda de anexo.

CAPÍTULO XXI

RATIFICAÇÕES, ADESÕES, EMENDAS E DENÚNCIAS

ARTIGO 91

RATIFICAÇÃO DA CONVENÇÃO

a) Esta Convenção deverá ser ratificada pelos Estados signatários. O instrumento de ratificação será depositado nos arquivos do Govêrno dos Estados Unidos da América, que comunicará a data de depósito a cada Estado que tenha assinado ou aderido à Convenção.

b) assim que esta convenção tenha sido ratificada por, ou a ela tenham aderido, vinte e seis (26) estados, ela entrará em vigor entre êles no trigésimo dia após o depósito do trigésimo sexto instrumento. Entrará em vigor para os estados que o ratificarem posteriormente ao trigésimo dia depois do depósito do respectivo instrumento de ratificação.

c) Caberá ao Govêrno dos Estados Unidos da América levar ao conhecimento do Govêrno de cada Estado ratificante ou aderente a data em que esta Convenção entrar em vigor.

ARTIGO 92

ADESÕES À CONVENÇÃO

a) esta Convenção, após a data de encerramento das assinaturas, estará aberta à adesão por parte dos membros das Nações Unidas e dos Estados a êles associados e de Estados que permaneceram neutros durante atual conflagração mundial.

b) As adesões serão efetuadas por meio da comunicação dirigida ao Govêrno dos estados Unidos da América e entrarão em vigor no trigésimo dia após o recebimento da comunicação, pelo Govêrno dos Estados Unidos da América que o comunicará a todos os estados contratantes.

ARTIGO 93

ADMISSÃO DE OUTROS ESTADOS

Os Estados, além dos mencionados nos artigos 91 e 92 (a), poderão ser admitidos para participar desta Convenção, mediante quatro outros de votos de Assembléia e sujeitos às condições que a Assembléia prescrever com a aprovação da organização geral internacional constituída pelas Nações do Mundo para a preservação da Paz, sendo que em cada caso é necessário o assentimento de qualquer Estado invadido ou agredido durante a presente guerra pelo Estado que solicitar admissão.

ARTIGO 94

EMENDA DA CONVENÇÃO

a) Qualquer proposta de emenda desta Convenção deverá ser aprovada por dois terços de votos da Assembléia e entrará em vigor no tocante aos Estados que ratificarem a Emenda quando ratificada pelo número de Estados contratantes especificado pela Assembléia. O número assim especificado não será inferior a dois terços do número total de Estados contratantes.

b) Se na sua opinião a Emenda é de natureza a justificar a medida, a Assembléia, em sua resolução recomendado a adoção, poderá estipular que qualquer estado que não tiver ratificado dentro de um determinado período como resultado, de ser membro de Organização e parte da Convenção.

ARTIGO 95

DENÚNCIA DA CONVENÇÃO

a) Qualquer Estado contratante poderá denunciar esta Convenção três anos depois de sua entrada em vigor mediante comunicação dirigida ao Govêrno dos Estados Unidos da América, que informará imediatamente os demais Estados contratantes.

b) A.denúncia terá efeito um ano depois da data de recepção da comunicação e só será operante com relação ao Estado que efetuou a denúncia.

CAPITULO XXII

DEFINIÇÕES

ARTIGO 96

PARA EFEITO DESTA CONVENÇÃO A EXPRESSÃO:

a) "Serviço aéreo" (Air service) significa qualquer serviço aéreo regular por aeronaves para o transporte público de passageiros, correio ou carga.

b) "Serviço aéreo internacional" (Internacional Air Service) significa o serviço aéreo que passa pelo espaço aéreo sôbre o território de mais de um Estado.

c) "Empresa de navegação aérea (Airline significa qualquer organização de transporte aéro operando um serviço aéreo internacional.

d) "Escala sem fins comerciais (stoper non-traffic purposes) significa um pouso qualquer fim que não seja para tomar ou desembarcar passageiros, correio ou carga.

ASSINATURA DA CONVENÇÃO

Em testemunho de que, os Plenipotenciários abaixo assinados, tendo sido devidamente autorizados, assinam esta Convenção em nome dos seus respectivos Governos nas datas que aparecem ao lado das suas assinaturas.

Feito em Chicago dia 7 de dezembro de 1944, em inglês. Textos em inglês, francês e espanhol, sendo cada um de igual autenticidade, serão abertos para assinatura em Washington, D.C. . Ambos os textos serão depositados nos arquivos do Govêrno dos Estados Unidos da América, e cópias autênticas serão enviadas por êste Govêrno aos Governos de todos os Estados que devam assinar ou aderir a esta Convenção.

DECRETO Nº 154, DE 26 DE JUNHO DE 1991

Promulga a Convenção Contra o Tráfico Ilícito de Entorpecentes e Substâncias Psicotrópicas.

O Presidente da República, usando da atribuição que lhe confere o art. 84, inciso IV da Constituição, e

Considerando que a Convenção Contra o Tráfico Ilícito de Entorpecentes e Substâncias Psicotrópicas, foi concluída em Viena, a 20 de dezembro de 1988;

Considerando que a referida Convenção foi aprovada pelo Congresso Nacional, pelo Decreto Legislativo n° 162, de 14 de junho de 1991;

Considerando que a Convenção ora promulgada entrou em vigor internacional em 11 de novembro de 1990,

DECRETA:

Art. 1° A Convenção Contra o Tráfico Ilícito de Entorpecentes e Substâncias Psicotrópicas, apensa por cópia a este Decreto, será executada e cumprida tão inteiramente como nela se contém.

Art. 2° Este Decreto entra em vigor na data prevista no parágrafo 2° do artigo 29 da Convenção.

Brasília, 26 de junho de 1991; 170° da Independência e 103° da República.

FERNANDO COLLOR

DOU de 27.6.1991

CONVENÇÃO CONTRA O TRÁFICO ILÍCITO DE ENTORPECENTES E DE SUBSTÂNCIAS PSICOTRÓPICAS

As Partes nesta Convenção,

Profundamente preocupadas com a magnitude e a crescente tendência da produção, da demanda e do tráfico ilícitos de entorpecentes e de substâncias psicotrópicas, que representam uma grave ameaça à saúde e ao bem-estar dos seres humanos e que têm efeitos nefastos sobre as bases econômicas, culturais e políticas da sociedade,

Profundamente preocupadas também com a sustentada e crescente expansão do tráfico ilícito de entorpecentes e de substâncias psicotrópicas nos diversos grupos sociais e, em particular, pela exploração de crianças em muitas partes do mundo, tanto na qualidade de consumidores como na condição de instrumentos utilizados na produção, na distribuição e no comércio ilícitos de entorpecentes e de substâncias psicotrópicas, o que constitui um perigo de gravidade incalculável.

Reconhecendo os vínculos que existem entre o tráfico ilícito e outras atividades criminosas organizadas, a ele relacionadas, que minam as economias lícitas de ameaçam a estabilidade, a segurança e a soberania dos Estados,

Reconhecendo também que o tráfico ilícito é uma atividade criminosa internacional, cuja supressão exige atenção urgente e a mais alta prioridade,

Conscientes de que o tráfico ilícito gera consideráveis rendimentos financeiros e grandes fortunas que permitem às organizações criminosas transnacionais invadir, contaminar e corromper as estruturas da administração pública, as atividades comerciais e financeiras lícitas e a sociedade em todos os seus níveis.

Decididas a privar as pessoas dedicadas ao tráfico ilícito do produto de suas atividades criminosas e eliminar, assim, o principal incentivo a essa atividade,

Interessadas em eliminar as causas profundas do problema do uso indevido de entorpecentes e de substâncias psicotrópicas, compreendendo a demanda ilícita de tais drogas e substâncias e os enormes ganhos derivados do tráfico ilícito,

Considerando que são necessárias medidas para o controle de determinadas substâncias, tais como precursores, produtos químicos e solventes que são utilizados na fabricação de entorpecentes e substâncias psicotrópicas e que, pela facilidade com que são obtidas, têm provocado um aumento da fabricação clandestina dessas drogas e substâncias,

Decididas a melhorar a cooperação internacional para a supressão do tráfico ilícito pelo mar,

Reconhecendo que a erradicação de tráfico ilícito é responsabilidade coletiva de todos os Estados e que, para esse fim, é necessária uma ação coordenada no nível da cooperação internacional,

Reconhecendo a competência das Nações Unidas em matéria de fiscalização de entorpecentes e de substâncias psicotrópicas e desejando que os organismos internacionais interessados nessa fiscalização atuem dentro do quadro das Nações Unidas,

Reafirmando os princípios que regem os tratados vigentes sobre a fiscalização de entorpecentes e de substâncias psicotrópicas e o sistema de fiscalização estabelecido por esses tratados,

Reconhecendo a necessidade de fortalecer e complementar as medidas previstas na Convenção Única de 1961 sobre Entorpecentes, emendada pelo Protocolo de 1972 de Modificação da Convenção Única sobre Entorpecentes, de 1961, e na Convenção sobre Substâncias Psicotrópicas de 1971, a fim de enfrentar a magnitude e a expansão do tráfico ilícito e suas graves conseqüências,

Reconhecendo também a importância de fortalecer e intensificar os meios jurídicos efetivos para a cooperação internacional em matéria penal para suprimir as atividades criminosas internacionais do tráfico ilícito,

Interessadas em concluir uma convenção internacional, que seja um instrumento completo, eficaz e operativo, especificamente dirigido contra o tráfico ilícito, levando em conta os diversos aspectos nos tratados vigentes, no âmbito dos entorpecentes e das substâncias psicotrópicas.

Convêm o que segue:

ARTIGO 1
DEFINIÇÕES

Salvo indicação expressa em contrário, ou onde o contexto exigir outra interpretação, as seguintes definições se aplicarão em todo o texto desta Convenção:

a) Por "apreensão preventiva" ou "apreensão" se entende a proibição temporária de transferir, converter, alienar ou mover bens, ou manter bens em custódia ou sob controle temporário, por ordem expedida por um tribunal ou por autoridade competente;

b) Por "arbusto de coca" se entende a planta de qualquer espécie do gênero Erythroxylon;

c) Por "bens" se entendem os ativos de qualquer tipo, corpóreos ou incorpóreos, móveis e imóveis, tangíveis ou intangíveis, e os documentos ou instrumentos legais que confirmam a propriedade ou outros direitos sobre os ativos em questão;

d) Por "Comissão" se entende a Comissão de Entorpecentes do Conselho Econômico e Social das Nações Unidas;

e) Por "confisco" se entende a privação em caráter definitivo, de algum bem, por decisão de um tribunal ou de outra autoridade competente;

f) Por "Conselho" se entende o Conselho Econômico social das Nações Unidas;

g) Por "Convenção de 1961" se entende a Convenção Única de 1961 sobre Entorpecentes;

h) Por "Convenção de 1961 em sua forma emendada" se entende a Convenção Única de 1961 sobre Entorpecentes, emendada pelo Protocolo de 1972 que modifica a Convenção Única de 1961 sobre Entorpecentes;

i) Por "Convenção de 1971" se entende a Convenção sobre Substâncias Psicotrópicas de 1971;

j) Por "entorpecente" se entende qualquer substância, natural ou sintética, que figura na Lista I ou na Lista II da Convenção Única de 1961 sobre Entorpecentes, emendada pelo Protocolo de 1972 que modifica a Convenção Única de 1961 sobre Entorpecentes;

l) Por "entrega vigiada" se entenda a técnica de deixar que remessas ilícitas ou suspeitas de entorpecentes, substâncias psicotrópicas, substâncias que figuram no Quadro I e no Quadro II anexos nesta Convenção, ou substâncias que tenham substituído as anteriormente mencionadas, saiam do território de um ou mais países, que o atravessem ou que nele ingressem, com o conhecimento e sob a supervisão de suas autoridades competentes, com o fim de identificar as pessoas envolvidas em praticar delitos especificados no parágrafo 1 do Artigo 2 desta Convenção;

m) Por "Estado de trânsito" se entende o Estado, através de cujo território passam de maneira ilícita entorpecentes, substâncias psicotrópicas e substâncias que figuram no Quadro I e no Quadro II, e que não seja nem o ponto de procedência nem o ponto de destino final dessas substâncias;

n) Por "Junta" se entende a Junta Internacional de Fiscalização de Entorpecentes, estabelecida pela Convenção Única de 1961 sobre Entorpecentes, emendada pelo Protocolo de 1972 que modifica a Convenção Única de 1961 sobre Entorpecentes;

o) Por "semente de ópio" se entende a planta da espécie papaver Somniferum L;

p) Por "planta de cannabis" se entende toda planta do gênero cannabis;

q) Por "produto" se entendem os bens obtidos ou derivados, direta ou indiretamente, da prática de delitos estabelecidos de acordo com o parágrafo 1 do Artigo 3;

r) Por "Quadro I e Quadro II" se entende a lista de substâncias que, com essa numeração, se anexa a esta Convenção, emendada oportunamente em conformidade com o Artigo 12;

s) Por "Secretário Geral" se entende o Secretário Geral das Nações Unidas;

t) Por "substâncias psicotrópicas" se entende qualquer substância, natural que sintética, ou qualquer material natural, que figure nas listas I, II, III, IV da Convenção sobre Substâncias Psicotrópicas de 1971;

u) Por "tráfico ilícito" se entendem os delitos estabelecidos de acordo com os parágrafos 1 e 2 do Artigo 3 desta Convenção.

ARTIGO 2
ALCANCE DA PRESENTE CONVENÇÃO

1 – O propósito desta Convenção é promover a cooperação entre as Partes a fim de que se possa fazer frente, com maior eficiência, aos diversos aspectos do tráfico ilícito de entorpecentes e de substâncias psicotrópicas que tenham dimensão internacional. No cumprimento das obrigações que tenham sido contraídas em virtude desta Convenção, as Partes adotarão as medidas necessárias, compreendidas as de ordem legislativa e administrativa, de acordo com as disposições fundamentais de seus respectivos ordenamentos jurídicos internos.

2 – As Partes cumprirão suas obrigações oriundas desta Convenção de maneira a se coadunar com os princípios da igualdade soberana e da integridade territorial dos Estado e da não-ingerência em assuntos internos de outros Estados.

3 – Uma Parte não terá, no território de outra Parte, nem jurisdição nem funções que tenham sido reservadas exclusivamente às autoridades dessa outra Parte, por seu direito interno.

ARTIGO 3
DELITOS E SANÇÕES

1 – Cada uma das Partes adotará as medidas necessárias para caracterizar como delitos penais em seu direito interno, quando cometidos internacionalmente:

a) i) a produção, a fabricação, a extração, a preparação, a oferta para venda, a distribuição, a venda, a entrega em quaisquer condições, a corretagem, o envio, o envio em trânsito, o transporte, a importação ou a exportação de qualquer entorpecente ou substância psicotrópica, contra o disposto na Convenção de 1961 em sua forma emendada, ou na Convenção de 1971;

ii) o cultivo de sementes de ópio, do arbusto da coca ou da planta de cannabis, com o objetivo de produzir entorpecentes, contra o disposto na Convenção de 1961 em sua forma emendada;

iii) a posse ou aquisição de qualquer entorpecente ou substância psicotrópica com o objetivo de realizar qualquer uma das atividades enumeradas no item i) acima;

iv) a fabricação, o transporte ou a distribuição de equipamento, material ou das substâncias enumeradas no Quadro I e no Quadro II, sabendo que serão utilizados para o cultivo, a produção ou a fabricação ilícita de entorpecentes ou substâncias psicotrópicas;

v) a organização, a gestão ou o financiamento de um dos delitos enumerados nos itens i), ii), iii) ou iv);

b) i) a conversão ou a transferência de bens, com conhecimento de que tais bens são procedentes de algum ou alguns dos delitos estabelecidos no inciso a) deste parágrafo, ou da prática do delito ou delitos em questão, com o objetivo de ocultar ou encobrir a origem ilícita dos bens, ou de ajudar a qualquer pessoa que participe na prática do delito ou delitos em questão, para fugir das conseqüências jurídicas de seus atos;

ii) a ocultação ou o encobrimento, da natureza, origem, localização, destino, movimentação ou propriedade verdadeira dos bens, sabendo que procedem de algum ou alguns dos delitos mencionados no inciso a) deste parágrafo ou de participação no delito ou delitos em questão;

c) de acordo com seus princípios constitucionais e com os conceitos fundamentais de seu ordenamento jurídico;

i) a aquisição, posse ou utilização de bens, tendo conhecimento, no momento em que os recebe, de que tais bens procedem de algum ou alguns delitos mencionados no inciso a) deste parágrafo ou de ato de participação no delito ou delitos em questão;

ii) a posse de equipamentos ou materiais ou substâncias, enumeradas no Quadro I e no Quadro II, tendo conhecimento prévio de que são utilizados, ou serão utilizados, no cultivo, produção ou fabricação ilícitos de entorpecentes ou de substâncias psicotrópicas;

iii) instigar ou induzir publicamente outrem, por qualquer meio, a cometer alguns dos delitos mencionados neste Artigo ou a utilizar ilicitamente entorpecentes ou de substâncias psicotrópicas;

iv) a participação em qualquer dos delitos mencionados neste Artigo, a associação e a confabulação para cometê-los, a tentativa de cometê-los e a assistência, a incitação, a facilitação ou o assessoramento para a prática do delito.

2 – Reservados os princípios constitucionais e os conceitos fundamentais de seu ordenamento jurídico, cada Parte adotará as medidas necessárias para caracterizar como delito penal, de acordo com seu direito interno, quando configurar a posse, à aquisição ou o cultivo intencionais de entorpecentes ou de substâncias psicotrópicas para consumo pessoal, contra o disposto na Convenção de 1961, na Convenção de 1961 em sua forma emendada, ou na Convenção de 1971.

3 – O conhecimento, a intenção ou o propósito como elementos necessários de qualquer delito estabelecido no parágrafo 1 deste Artigo poderão ser inferidos das circunstâncias objetivas de cada caso.

4 – a) Cada uma das Partes disporá que, pela prática dos delitos estabelecidos no parágrafo I deste Artigo, se apliquem sanções proporcionais à gravidade dos delitos, tais como a pena de prisão, ou outras formas de privação de liberdade, sanções pecuniárias e o confisco.

b) As Partes poderão dispor, nos casos de delitos estabelecidos no parágrafo 1 deste Artigo, que, como complemento da condenação ou da sanção penal, o delinqüente seja submetido a tratamento, educação, acompanhamento posterior, reabilitação ou reintegração social.

c) Não obstante o disposto nos incisos anteriores, nos casos apropriados de infrações de caráter menor, as Partes poderão substituir a condenação ou a sanção penal pela aplicação de outras medidas tais como educação, reabilitação ou reintegração social, bem como, quando o delinqüente é toxicômano, de tratamento e de acompanhamento posterior.

d) As Partes poderão, seja a título substitutivo de condenação ou de sanção penal por um delito estabelecido no parágrafo 2 deste Artigo, seja como complemento dessa condenação ou dessa sanção penal, propor medidas de tratamento, educação, acompanhamento posterior, reabilitação ou reintegração social do delinqüente.

5 – As Partes assegurarão que seus tribunais, ou outras autoridades jurisdicionais competentes possam levar em consideração circunstâncias efetivas que tornem especialmente grave a prática dos delitos estabelecidos no parágrafo 1 deste Artigo, tais como:

a) o envolvimento, no delito, de grupo criminoso organizado do qual o delinqüente faça parte;

b) o envolvimento do delinqüente em outras atividades de organizações criminosas internacionais;

c) o envolvimento do delinqüente em outras atividades ilegais facilitadas pela prática de delito;

d) o uso de violência ou de armas pelo delinqüente;

e) o fato de o delinqüente ocupar cargo público com o qual o delito tenha conexão;

f) vitimar ou usar menores;

g) o fato de o delito ser cometido em instituição penal, educacional ou assistencial, ou em sua vizinhança imediata ou em outros locais aos quais crianças ou estudantes se dirijam para fins educacionais, esportivos ou sociais;

h) condenação prévia, particularmente se por ofensas similares, seja no exterior seja no país, com a pena máxima permitida pelas leis internas da Parte.

6 – As Partes se esforçarão para assegurar que qualquer poder legal discricionário, com base em seu direito interno, no que se refere ao julgamento de pessoas pelos delitos mencionados neste Artigo, seja exercido para dotar de eficiência máxima as medidas de detecção e repressão desses delitos, levando devidamente em conta a necessidade de se exercer um efeito dissuasivo à prática desses delitos.

7 – As Partes velarão para que seus tribunais ou demais autoridades competentes levem em conta a gravidade dos delitos estabelecidos no parágrafo 1 deste Artigo, e as circunstâncias especificadas no parágrafo 5 deste Artigo, ao considerar a possibilidade de conceder liberdade antecipada ou liberdade condicional a pessoas que tenham sido condenadas por alguns desses delitos.

8 – Cada Parte estabelecerá, quando for procedente em seu direito interno, um prazo de prescrição prolongado dentro do qual se possa iniciar o julgamento de qualquer dos delitos estabelecidos no parágrafo 1 deste Artigo. Tal prazo será maior quando o suposto delinqüente houver eludido a administração da justiça.

9 – Cada Parte adotará medidas adequadas, conforme o previsto em seu próprio ordenamento jurídico, para que a pessoa que tenha sido acusada ou declarada culpada de algum dos delitos estabelecidos no parágrafo 1 deste Artigo, e que se encontre no território da Parte em questão, compareça ao processo penal correspondente.

10 – Para os fins de cooperação entre as Partes, previstas nesta Convenção, em particular da cooperação

prevista nos Artigos 5, 6, 7 e 9, os delitos estabelecidos no presente Artigo não serão considerados como delitos politicamente motivados, sem prejuízo das limitações constitucionais e dos princípios fundamentais do direito interno das Partes.

11 – Nenhuma disposição do presente Artigo afetará o princípio de que a caracterização dos delitos a que se refere ou as exceções alegáveis com relação a estes fica reservada ao direito interno das Partes e que esses delitos deverão ser julgados e punidos de conformidade com esse direito.

ARTIGO 4

JURISDIÇÃO

1 – Cada parte:

a) adotará as medidas que forem necessárias para declarar-se competente no que se refere aos delitos estabelecidos no parágrafo 1 do Artigo 3:

i) quando o delito é cometido em seu território;

ii) quando o delito é cometido a bordo de navio que traz seu pavilhão ou de aeronave matriculada de acordo com sua legislação quando o delito foi cometido;

b) poderá adotar as medidas que sejam necessárias para se declarar foro competente quanto aos delitos estabelecidos no parágrafo 1 do Artigo 3:

i) quando o delito for cometido por nacional do país ou por pessoa que tenha residência habitual em seu território;

ii) quando o delito for cometido a bordo de nave sobre a qual a Parte tenha sido autorizada a tomar as medidas necessárias de acordo com o Artigo 17, uma vez que tal jurisdição fundamenta-se nos acordos ou ajustes referidos nos parágrafos 4 e 9 daquele Artigo;

iii) quando o delito for um dos referidos no subtítulo iv, do inciso c) do parágrafo 1 do Artigo 3 e seja cometido fora de seu território com o intuito de perpetuar nele um dos delitos estabelecidos no parágrafo 1 do Artigo 3.

2 – Cada Parte:

a) adotará também as medidas que forem necessárias para se declarar foro competente com respeito a delitos, estabelecidos no parágrafo 1 do Artigo 3, quando o suposto delinqüente se encontre em seu território e a Parte em questão não extradita à outra, baseando-se em que:

i) o delito tenha sido cometido em seu território ou a bordo de um navio que traz seu pavilhão ou de aeronave matriculada de acordo com suas leis, no momento em que o delito é cometido; ou

ii) o delito tenha sido cometido por nacionais do país em questão;

b) poderá adotar, também, as medidas que sejam necessárias para se declarar foro competente com relação aos delitos estabelecidos no parágrafo 1 do Artigo 3, quando o suposto delinqüente se encontre em seu território e a Parte em questão não o extradite à outra.

3 – Esta Convenção não exclui o exercício do foro penal, estabelecido por uma Parte, de acordo com seu direito interno.

ARTIGO 5

CONFISCO

1 – Cada parte adotará as medidas necessárias para autorizar o confisco:

a) do produto derivado de delitos estabelecidos no parágrafo 1 do Artigo 3, ou de bens cujo valor seja equivalente ao desse produto;

b) de entorpecentes e de substâncias psicotrópicas, das matérias e instrumentos utilizados ou destinados à utilização, em qualquer forma, na prática dos delitos estabelecidos no parágrafo 1 do Artigo 3.

2 – Cada Parte adotará também as medidas necessárias para permitir que suas autoridades competentes identifiquem, detectem e decretem a apreensão preventiva ou confisco do produto, dos bens, dos instrumentos ou de quaisquer outros elementos a que se refere o parágrafo 1 deste Artigo, com o objetivo de seu eventual confisco;

3 – A fim de aplicar as medidas mencionadas neste Artigo, cada Parte facultará seus tribunais ou outras autoridades competentes a ordenar a apresentação ou o confisco de documentos bancários, financeiros ou comerciais. As partes não poderão negar-se a aplicar os dispositivos do presente parágrafo, alegando sigilo bancário.

4 – a) Ao receber solicitações amparadas neste Artigo, por outra Parte que seja foro competente para julgar um dos delitos estabelecidos no parágrafo 1 do Artigo 3, a Parte em cujo território se encontra o produto, os bens, os instrumentos ou quaisquer outros elementos a que se refere o parágrafo 1 deste Artigo;

i) apresentará solicitação, às autoridades competentes, com a finalidade de obter uma ordem de confisco à qual, caso concedida, se dará cumprimento;

ii) apresentará, perante as autoridades competentes, para que se dê cumprimento à medida solicitada, a ordem de confisco expedida pela Parte requerente de acordo como parágrafo 1 deste Artigo, no que se diz respeito ao produto, os bens, os instrumentos ou quaisquer outros elementos a que se refere o parágrafo 1, e que se encontram no território da Parte requerida.

b) Ao receber a solicitação amparada neste Artigo, por outra Parte que seja foro competente para julgar o delito estabelecido no parágrafo 1 do Artigo 3, a Parte requerida adotará medidas para a identificação, detecção e a apreensão preventiva ou o confisco do produto, dos bens ou dos instrumentos, ou de quaisquer outros elementos a que se refere o parágrafo 1 deste Artigo, com o objetivo do eventual confisco que seja ordenado, seja pela Parte requerente, seja quando houver sido formulada solicitação, com amparo no inciso a) deste parágrafo, pela Parte requerida.

c) As decisões ou medidas previstas nos incisos a) e b) do presente parágrafo serão adotadas pela Parte requerente, de acordo com seu direito interno e sujeitas, as suas disposições e de acordo com a regras dos ajustes, tratados ou acordos bilatérias ou multilaterais que tenham sido negociados com a Parte requerente.

d) Será aplicável, mutatis mutandis, o disposto nos parágrafos 6 a 19 do Artigo 7. Além da informação mencionada o parágrafo 10 do Artigo 7, as solicitações formuladas, de acordo com este Artigo, conterão o seguinte:

i) no caso de solicitação correspondente ao sub-item i) do inciso a) deste parágrafo, uma descrição dos bens a serem confiscados e uma exposição de motivos, em que se fundamente a Parte requerente, que seja suficiente para que a Parte requerida possa tramitar a ordem, de acordo com seu direito interno;

ii) no caso de solicitação, correspondente ao sub-item ii) do inciso a), uma cópia legalmente admissível de uma ordem de confisco, expedida pela Parte requerente, que sirva de fundamento à solicitação, uma exposição de motivos e informação sobre o alcance da solicitação de execução do mandato;

iii) no caso de solicitação correspondente ao inciso b), uma exposição de motivos na qual a Parte requerente se fundamenta e uma descrição das medidas solicitadas.

e) Cada parte proporcionará, ao Secretário Geral, o texto de quaisquer leis ou regulamentos que tenham dado origem à aplicação do disposto neste parágrafo, assim como o texto de qualquer alteração posterior que se efetue nas leis e regulamentos em questão.

f) Se uma das Partes optar por atrelar as medidas mencionadas nos incisos a) e b) deste parágrafo à existência de um tratado pertinente, a Parte em questão considerará esta Convenção como a base convencional necessária e suficiente.

g) As Partes procurarão negociar tratados, acordos ou entendimentos bilaterais ou multilaterais para reforçar a eficiência da cooperação internacional prevista neste Artigo.

5 – a) As Partes que tenha confiscado o produto ou os bens de vendas de acordo com seu direito interno e seus procedimentos administrativos.

b) Atendendo à solicitação de outra Parte, de acordo com o previsto no presente Artigo, a Parte poderá prestar particular atenção à possibilidade de negociar acordos sobre a:

i) contribuição com a totalidade, ou com uma parte considerável do valor do produto e dos bens em questão, ou dos fundos derivados da venda dos produtos ou bens em questão, para organismos intergovernamentais especializados na luta contra o tráfico ilícito e o uso indevido de entorpecentes e de substâncias psicotrópicas.

ii) dividir com outras Partes, conforme critério preestabelecido e definido para cada caso, o produto ou bens em questão, ou os fundo derivados da venda do produto ou bens em questão, de acordo com as determinações do direito interno, seus procedimentos administrativos ou os acordos bilaterais ou multilaterais acertados para esse fim.

6 – a) Quando o produto houver sido transformado ou convertido em outros bens, estes poderão ser objeto das medidas, mencionadas no presente Artigo, aplicáveis ao produto.

b) Quando o produto houver sido misturado com bens adquiridos de fontes lícitas, sem prejuízo de qualquer outra medida de apreensão ou confisco preventivo aplicável, esses bens poderão ser confiscados até o valor estimativo do produto misturado.

c) Tais medidas se aplicarão também à renda ou a outros benefícios derivados:

i) do produto;

ii) dos bens, nos quais o produto tenha sido transformado ou convertido; ou

iii) dos bens com os quais o produto tenha sido misturado, do mesmo modo e na mesma medida (em) que o produto (o foi).

7 – cada Parte considerará a possibilidade de inverter o ônus da prova com respeito à origem lícita do suposto produto ou outros bens sujeitos a confisco, na medida em que isto seja compatível com os princípios de direito interno e com a natureza de seus procedimentos jurídicos e de outros procedimentos.

8 – O disposto neste Artigo não poderá ser interpretado em prejuízo dos direitos de terceiros de boa fé.

9 – Nada do disposto neste Artigo afetará o princípio de que as medidas aqui previstas serão definidas e implementadas de acordo como direito interno de cada uma das Partes.

ARTIGO 6

EXTRADIÇÃO

1 – O presente artigo se aplicará aos delitos estabelecidos pelas Partes, de acordo com o parágrafo I do Artigo 3.

2 – Cada um dos delitos aos quais se aplica ao presente Artigo se considerará incluído entre os delitos passíveis de extradição em todo tratado de extradição vigente entre as Partes. As Partes se comprometem a incluir

tais delitos, como casos passíveis de extradição, em todo tratado de extradição que celebrem entre si.

3 – Se uma Parte, que condiciona a extradição à exigência de tratado, receber de outra Parte, com a qual não tem nenhum tratado de extradição, um pedido de extradição, poderá considerar a presente Convenção como base jurídica para a extradição por delitos aos quais se aplica este Artigo. As Partes que requeiram uma legislação detalhada para fazer valer esta Convenção com base jurídica da extradição, considerarão a possibilidade de promulgar a legislação necessária.

4 – As Partes, que não condicionam a extradição à existência de um tratado, reconhecerão os delitos aos quais se aplica este Artigo como casos de extradição entre elas.

5 – A extradição estará sujeita às condições previstas pela legislação da Parte requerida ou pelos tratados de extradição aplicáveis, incluindo os motivos pelos quais a Parte requerida pode denegar a extradição.

6 – Ao examinar as solicitações recebidas em conformidade com este Artigo, o Estado requerido poderá negar-se a dar-lhes cumprimento, quando existam motivos justificados que induzam as autoridades judiciárias ou outras autoridades competentes a presumir que o cumprimento facilitaria o julgamento ou castigo de uma pessoa, por causa de sua raça, religião, nacionalidade ou convicções políticas, ou que o indivíduo, afetado pela solicitação, fosse prejudicado por uma dessas razões.

7 – As Partes se esforçarão em agilizar os procedimentos de extradição e em simplificar as necessidades de apresentação de provas no que diz respeito a qualquer um dos delitos aos quais se aplica o presente Artigo.

8 – Sujeito ao disposto em seu direito interno e em seus Tratados de Extradição, a Parte requerida, depois de haver-se certificado de que as circunstâncias assim o justificam, de seu caráter de urgência e, por solicitação da Parte requerente, poderá proceder à detenção do indivíduo, cuja extradição foi solicitada e que se encontre em seu território, ou adotar outras medidas adequadas para assegurar seu comparecimento aos trâmites de extradição.

9 – Sem prejuízo do exercício de qualquer jurisdição estabelecida em conformidade com seu direito interino, a Parte em cujo território se encontre um suposto delinqüente deverá:

a) se não extraditar por um delito estabelecido de acordo com o parágrafo 1 do Artigo 3 pelos motivos mencionados no inciso a) do parágrafo 2 do Artigo 4, poderá apresentar o caso perante suas autoridades competentes para julgá-lo, salvo se houver ajustado outra ação com a Parte requerente;

b) se não o extraditar por um delito desse tipo para o qual se tenha declarado foro competente para julgar o delito baseado no inciso b) do parágrafo 2 do Artigo 4, apresentará o caso perante suas autoridades competentes para julgá-lo, salvo quando a Parte requerente solicitar outra ação para salvaguardar sua competência legítima.

10 – Se a extradição solicitada com o propósito de fazer cumprir uma condenação, for denegada, porque o indivíduo objeto da solicitação é nacional da Parte requerida, esta, se sua legislação assim o permitir, e de acordo com as determinações da legislação em questão, e a pedido da parte requerente, considerará a possibilidade de fazer cumprir a pena imposta, ou o que resta da pena ainda a cumprir, de acordo com a legislação da Parte requerente.

11 – As Partes procurarão negociar acordos bilaterais e multilaterais seja para cumprir a extradição seja para aumentar sua eficácia.

12 – As Partes poderão considerar a possibilidade de celebrar acordos bilaterais ou multilaterais, especiais ou gerais, que visem à transferência de pessoas condenadas a prisão ou a outra forma de privação de liberdade pelos delitos cometidos, aos quais se aplica este Artigo, a fim de que possam terminar de cumprir sua pena em seu país.

ARTIGO 7
ASSISTÊNCIA JURÍDICA RECÍPROCA

1 – As Partes se prestarão, de acordo com o disposto no presente Artigo, a mais ampla assistência jurídica recíproca nas investigações, julgamentos e processos jurídicos referentes a delitos estabelecidos no parágrafo 1 do Artigo 3.

2 – A assistência jurídica recíproca que deverá ser prestada, de acordo com este Artigo, poderá ser solicitada para qualquer um dos seguintes fins:

a) receber testemunhas ou declarações de pessoas;

b) apresentar documentos jurídicos;

c) efetuar buscas e apreensões;

d) examinar objetos e locais;

e) facilitar acesso de informações e evidência;

f) entregar originais ou cópias autenticadas de documentos e expedientes relacionadas ao caso, inclusive documentação bancária, financeira, social ou comercial;

g) identificar ou detectar o produto, os bens, os instrumentos ou outros elementos comprobatórios.

3 – As Partes poderão prestar qualquer outra forma de assistência judicial recíproca autorizada pelo direito interno da Parte requerida.

4 – As Partes, se assim lhes for solicitado e na medida compatível, com seu direito e prática interna, facilitarão ou encorajarão a apresentação ou disponibilidade das pessoas, incluindo a dos detentos, que consintam

em colocar com as investigações ou em intervir nos procedimentos.

5 – As Partes não declinarão a assistência jurídica recíproca prevista neste Artigo sob alegação de sigilo bancário.

6 – O disposto neste Artigo não afetará as obrigações derivadas de outros tratados bilaterais ou multilaterais, vigentes ou futuros, que regem, total ou parcialmente, a assistência jurídica recíproca em assuntos penais.

7 – Os parágrafos 8 e 19 deste Artigo se aplicarão às solicitações formuladas de acordo com o mesmo, sempre que não exista entre as Partes interessadas um Tratado de Assistência Jurídica Recíproca. Quando as Partes estejam vinculadas por um tratado desta natureza, as disposições correspondentes ao tratado em questão se aplicarão, salvo se as Partes convenham em aplicar, em seu lugar, os parágrafos 8 e 19 do presente Artigo.

8 – As Partes designarão uma autoridade ou, quando necessário, várias autoridades, com o poder de dar cumprimento às solicitações de assistência jurídica recíproca ou transmiti-las às autoridades competentes para sua execução. O Secretário Geral será notificado da autoridade ou autoridades que tenham sido designadas para este fim. As autoridades designadas pelas Partes serão encarregadas de transmitir as solicitações de assistência jurídica recíproca e qualquer outra comunicação pertinente; a presente disposição não afetará o direito de qualquer uma das Partes de exigir que estas solicitações e comunicações lhes sejam enviadas por via diplomática e, em circunstâncias urgentes, quando as Partes assim o convierem, por meio da Organização Internacional de Polícia Criminal, caso seja possível.

9 – As solicitações deverão ser apresentadas por escrito em um idioma aceitável pela Parte requerida. O Secretário Geral será notificado sobre o idioma ou idiomas que sejam aceitáveis a cada Parte. Em situações de urgência, ou quando as Partes assim o convierem, poderão ser feitas solicitações verbais, devendo ser imediatamente depois confirmadas por escrito.

10 – Nas solicitações de assistência jurídica recíproca, deverá figurar o seguinte:

a) a identidade da autoridade que efetua a solicitação;

b) o objetivo e a natureza da investigação, do processo ou dos procedimentos a que se refere a solicitação, o nome e as funções da autoridade quem está efetuando a investigação, o processo ou os procedimentos em questão;

c) um resumo dos dados pertinentes, salvo quando se trate de solicitações para apresentação de documentos jurídicos;

d) uma descrição da assistência solicitada e pormenores sobre qualquer procedimento particular que a Parte requerente deseja aplicada;

e) quando possível, a identidade e a nacionalidade de toda pessoa envolvida e o local em que se encontra;

f) a finalidade para qual se solicita a prova, informação ou procedimento.

11 – A Parte requerida poderá pedir informação adicional, quando lhe pareça necessário, para dar cumprimento à solicitação, de acordo com seu direito interno ou para facilitar o cumprimento da solicitação.

12 – Toda solicitação será executada, de acordo com o estabelecido no direito interno da Parte requerida e, na medida em que isso não contravenha a legislação da Parte em questão e, sempre que possível, de acordo com os procedimentos especificados na solicitação.

13 – A Parte requerente não comunicará nem utilizará, sem prévia anuência da Parte requerida, a informação ou as provas coligidas pela Parte requerida para outras investigações, processos ou procedimentos diferentes dos indicados na solicitação.

14 – A Parte requerente poderá exigir que a Parte requerida mantenha reserva sobre a existência e o conteúdo da solicitação, salvo no que for necessário para dar-lhe cumprimento. Se a Parte requerida não puder manter sigilo, a Parte requerente será imediatamente informada.

15 – A assistência jurídica recíproca solicitada poderá ser denegada:

a) quando a solicitação não se ajuste ao disposto no presente Artigo;

b) quando a Parte requerida considerar que o cumprimento da solicitação possa prejudicar sua soberania, sua segurança, sua ordem pública ou outros interesses fundamentais;

c) quando o direito interno da Parte requerida proibir suas autoridades de atender à solicitação formulada com respeito a delito análogo, se este tiver sido objeto de investigação, processo ou procedimento no exercício da própria competência;

d) no caso de a assistência jurídica recíproca de atender à solicitação contratar a ordem jurídica da Parte requerida.

17 – A assistência jurídica recíproca poderá ser deferida, pela Parte requerida, caso perturbe o andamento de uma investigação, de um processo ou de um procedimento. Nesse caso, a Parte requerida deverá consultar a Parte requerente para determinar se ainda é possível prestar assistência na forma e condições que a primeira estimaria necessário receber.

18 – A testemunha, perito ou outra pessoa que consinta em depor em juízo ou colaborar em uma investigação, processo ou procedimento judicial no território da Parte requerente não será objeto de processo, detenção ou punição, nem de nenhum tipo de restrição de sua liberdade pessoal no território em questão, por atos, omissões ou declarações de culpa anteriores à data em que partiu o território da

parte requerida. Contudo, este salvo-conduto cessará quando a testemunha, o perito ou outra pessoa tenha tido, por 15 dias consecutivos, ou durante qualquer outro período acertado pelas Partes, a oportunidade de sair do país, a partir da data em que tenha sido oficialmente informado de que as autoridades judiciais já não requeriam sua presença e não obstante, tenha permanecido voluntariamente no território ou a ele tenha regressada espontaneamente depois de ter partido.

19 – Os gastos ordinários oriundos da execução da solicitação serão cobertos pela Parte requerida, salvo se as Partes interessadas tenham acordado de outro modo. Quando for o caso de gastos vultosos ou de caráter extraordinário, as Partes consultar-se-ão para determinar os termos e as condições sob as quais se cumprirá a solicitação, assim como a maneira como se arrecadarão com os gastos.

20 – Quando for necessário, as Partes considerarão a possibilidade de entrar em acordos ou ajustes bilaterais ou multilaterais que sirvam para os fins deste Artigo e que, na prática, dêem efeito às suas disposições ou os reforcem.

ARTIGO 8
TRANSFERÊNCIA DOS PROCEDIMENTOS PENAIS

As Partes considerarão a possibilidade de remeterem-se processos penais que dizem respeito aos delitos estabelecidos de acordo com o parágrafo 1 do Artigo 3, quando se estime que essa remissão será no interesse da correta administração da justiça.

ARTIGO 9
OUTRAS FORMAS DE COOPERAÇÃO E CAPACITAÇÃO

1 – As Partes Colaborarão estreitamente entre si, em harmonia com seus respectivos ordenamentos jurídicos e sua administração, com o objetivo de aumentar a eficácia das medidas de detecção e repressão, visando à supressão da prática de delitos estabelecidos no parágrafo 1 do Artigo 3. Deverão fazê-lo, em particular, com base nos acordos ou ajustes bilaterais ou multilaterais:

a) estabelecer e manter canais de comunicação entre seis órgãos e serviços competentes, a fim de facilitar o intercâmbio rápido e seguro de informação sobre todos os aspectos dos delitos estabelecidos de acordo com o parágrafo 1 do Artigo 3, inclusive, sempre que as Partes interessadas estimarem oportuno sobre seus vínculos com outras atividades criminosas;

b) cooperar entre si na condução de inquéritos referentes aos delitos estabelecidos de acordo com o parágrafo 1 do Artigo 3, que tenham caráter internacional e digam respeito:

i) à identidade, paradeiro e atividades de pessoas supostamente implicadas em delitos estabelecidos de acordo com o parágrafo 1 do Artigo 3;

ii) à movimentação do produto ou dos bens derivados da prática desses delitos;

iii) no movimento de entorpecentes, de substâncias psicotrópicas, substâncias que figuram no Quadro I e no Quadro II desta Convenção e instrumentos utilizados ou destinados a serem utilizados na prática desses delitos;

c) quando for oportuno, e sempre que não contravenha o disposto no direito interno, criar equipes conjuntas, levando em consideração a necessidade de proteger a segurança das pessoas e das operações, para dar cumprimento ao disposto neste parágrafo. Os funcionários de qualquer umas das Partes, que integrem as equipes, atuarão de acordo com a autorização das autoridades competentes da Parte em cujo território se realizará a operação. Em todos os casos, as Partes em questão velarão para que seja plenamente respeitada a soberania da parte em cujo território se realizará a operação;

d) proporcionar, quando corresponda, quantidades necessárias de substâncias para análise ou procedimentos de investigação;

e) facilitar uma coordenação eficaz entre seus organismos e serviços competentes e promover intercâmbio de pessoal e de outros técnicos, inclusive destacando funcionários de interligação.

2 – Cada Parte, quando necessário, iniciará, desenvolverá ou aperfeiçoará programas específicos de treinamento destinados ao seu pessoal de detecção e repressão, inclusive ao pessoal aduaneiro, encarregado de suprimir os delitos estabelecidos de acordo com o parágrafo 1 do Artigo 3. Em particular, os programas se referirão a:

a) métodos utilizados para detecção e supressão dos delitos estabelecidos de acordo com o parágrafo 1 do Artigo 3;

b) rotas e técnicas utilizadas por pessoas supostamente implicadas em delitos estabelecidos de acordo com o parágrafo 1 do Artigo 3, especialmente nos Estados de trânsito, e medidas adequadas para controlar sua utilização;

c) o monitoramento da exportação e importação de entorpecentes, substâncias psicotrópicas e substâncias que figuram no Quadro I e no Quadro II;

d) detecção e monitoramento da movimentação do produto e dos bens derivados de delitos estabelecidos de acordo com o parágrafo 1 do Artigo 3, dos entorpecentes, substâncias psicotrópicas e substâncias que figuram no Quadro I e no Quadro II, e dos instrumentos utilizados ou que se pretende utilizar para praticar os delitos;

e) os métodos utilizados para a transferência, a ocultação e o encobrimento do produto, dos bens e dos instrumentos em questão;

f) a coleta de evidência;

g) as técnicas de fiscalização em zonas e portos livres;

h) as técnicas modernas de detecção e repressão;

3 – As Partes assistir-se-ão mutuamente no planejamento e na execução de programas de pesquisa e treinamento usados para fazer o intercâmbio de conhecimentos nas áreas a que faz referência o parágrafo 2 deste Artigo e, para esse fim, deverão também, quando necessário, recorrer a conferências e seminários regionais e internacionais, a fim de promover a cooperação e estimular o exame dos problemas de interesse comum, incluídos, especialmente, os problemas e necessidades especiais do Estado de trânsito.

ARTIGO 10
COOPERAÇÃO INTERNACIONAL DE ASSISTÊNCIA AOS ESTADOS DE TRÂNSITO

1 – As Partes cooperação diretamente ou por meio das organizações internacionais ou regionais competentes, para prestar assistência e apoio aos Estados de trânsito e, em particular, aos países em desenvolvimento que necessitem da assistência e do apoio em questão, na medida do possível, mediante programas de cooperação técnica para impedir a entrada e o trânsito ilícito, assim como para outras atividades conexas.

2 – As Partes poderão convir, diretamente ou por meio das organizações internacionais ou regionais competentes, em proporcionar assistência financeira aos Estados de trânsito em questão, com a finalidade de aumentar e fortalecer a infra-estrutura de que necessitam para a fiscalização e a prevenção eficaz do tráfico ilícito.

3 – As Partes poderão celebrar acordos ou ajustes bilaterais ou multilaterais para aumentar a eficácia da cooperação internacional prevista neste Artigo e poderão levar em consideração a possibilidade de concluir acordos financeiros a esse respeito.

ARTIGO 11
ENTREGA VIGIADA

1 – Se os princípios fundamentais dos respectivos ordenamentos jurídicos internos o permitirem, as Partes adotarão as medidas necessárias, dentro de suas possibilidades, para que se possa recorrer, de forma adequada, no plano internacional, à entrega vigiada, com base nos acordos e ajustes mutuamente negociados, com a finalidade de descobrir as pessoas implicadas em delitos estabelecidos de acordo com o parágrafo 1 do Artigo 3 e de encetar ações legais contra estes.

2 – As decisões de recorrer à entrega vigiada serão adotadas, caso a caso, e poderão, quando necessário, levar em conta ajustes financeiros e entendimentos relativos ao exercício de sua competência pelas Partes interessadas.

3 – As remessas ilícitas, cuja entrega vigiada tenha sido negociada poderão, com o consentimento das Partes interessadas, ser interceptadas e autorizadas a prosseguir intactas ou tendo sido retirado ou subtraído, total ou parcialmente, os entorpecentes ou substâncias psicotrópicas que continham.

ARTIGO 12
SUBSTÂNCIAS UTILIZADAS COM FREQÜÊNCIA NA FABRICAÇÃO ILÍCITA DE ENTORPECENTES E DE SUBSTÂNCIAS PSICOTRÓPICAS

1 – As Partes adotarão as medidas que julguem adequadas para evitar o desvio das substâncias que figuram no Quadro I e no Quadro II, utilizadas na fabricação ilícita de entorpecentes e de substâncias psicotrópicas e cooperar entre si para este fim.

2 – Se uma Parte, ou a Junta, possuir dados que, a seu juízo, possam requerer a inclusão de uma substância no Quadro I ou no Quadro II, esta notificará o Secretário Geral e lhe dará acesso aos dados em que foi fundamentada a notificação. O procedimento descrito no parágrafo 2 a 7 deste Artigo, também se aplicará quando uma das Partes, ou a Junta, possuir informações que justifiquem suprimir uma substância do Quadro I ou do Quadro II ou transferir uma substância de um Quadro para outro.

3 – O Secretário Geral comunicará essa notificação e os dados que considerar pertinentes às Partes, à Comissão e, quando a notificação procede de uma das Partes, à Junta. As Partes comunicarão, aos Secretário Geral, suas observações sobre a notificação e toda informação complementar que possa auxiliar à Junta na elaboração de um julgamento e, à Comissão na adoção de uma decisão.

4 – Se a Junta, levando em consideração a magnitude, importância e diversidade do uso ilícito dessa substância, e a possibilidade e a facilidade do uso de substância substitutiva tanto para o uso ilícito quanto para a fabricação ilícita de entorpecentes ou de substâncias psicotrópicas, comprovar:

a) que a substância se emprega com freqüência na fabricação ilícita de um entorpecente ou de uma substância psicotrópica;

b) que o volume e a magnitude da fabricação ilícita de um entorpecente ou de uma substância psicotrópica crie grandes problemas sanitários ou sociais, que justifique a adoção de medidas no plano internacional, comunicará à Comissão um parecer sobre a substância, no qual se assinala o efeito que sua incorporação ao Quadro I ou ao Quadro II teria, tanto sobre seu uso lícito quanto sobre sua fabricação ilícita, junto com recomendações sobre as medidas de vigilância que, nesse caso, sejam adequadas à luz daquele parecer.

5 – A Comissão, levando em conta as observações apresentadas pelas Partes e as observações e recomendações da Junta, cujo parecer será determinante no plano científico e levando também em devida consideração quaisquer outros fatores pertinentes, poderá decidir, por maioria de dois terços de seus membros, incorporar uma substância ao Quadro I ou ao Quadro II.

6 – Toda decisão que a Comissão tomar, de acordo com este Artigo, será comunicada pelo Secretário Geral a todos os Estados e outras Entidades que sejam Parte desta Convenção ou, que possam vir a sê-lo, bem como à Junta. Assim, uma decisão surtirá pleno efeito, para cada uma das Partes, 180 dias após a data da comunicação.

7 – a) As decisões da Comissão, adotadas de acordo com o presente Artigo, estarão sujeitas a revisão pelo Conselho, quando solicitado por qualquer uma das Partes, dentro de um prazo de 180 dias, contados a partir da data da notificação da decisão. A solicitação de revisão será apresentada ao Secretário Geral, junto com toda informação pertinente que a instrue.

b) O Secretário Geral transmitirá cópias da solicitação de revisão e da informação pertinente à Comissão, à Junta e a todas as Partes, convidando-as a apresentar suas observações recebidas serão comunicadas ao Conselho para que sejam por ele examinadas.

c) O Conselho poderá confirmar ou revogar a decisão da Comissão. A notificação da decisão do Conselho será transmitida não só a todos os Estados e outras entidades que sejam Partes desta Convenção ou que possam vir a sê-lo, mas também, à Comissão e à Junta.

8 – a) Sem prejuízo das disposições de caráter geral contidas no parágrafo 1 do presente Artigo e do disposto na Convenção de 1961 em sua forma emendada, e na Convenção de 1971, as Partes tomarão as medidas que julgarem oportunas para controlar a fabricação e a distribuição das substâncias, que figuram no Quadro I e II, realizadas em seu território.

b) com esse propósito, as Partes poderão:

i) exercer vigilância sobre todas as pessoas e empresas que se dediquem à fabricação ou à distribuição das substâncias em questão;

ii) controlar, mediante licenças, o estabelecimento, e os locais em que se fabrica ou se fazem as distribuições em questão;

iii) exigir que os licenciados obtenham autorização para efetuar as operações necessárias;

iv) impedir os fabricantes e distribuidores de acumularem quantidades dessas substâncias em excesso do que foi solicitado para o desempenho normal das atividades comerciais e das condições prevalecentes no mercado.

9 – Cada Parte adotará, com respeito às substâncias psicotrópicas inscritas no Quadro I e no Quadro II, as seguintes medidas:

a) estabelecer e manter um sistema para controlar o comércio internacional de substâncias que figuram no Quadro I e no Quadro II a fim de facilitar o descobrimento de operações suspeitas. Aqueles sistemas de controle deverão ser aplicados em estreita cooperação com os fabricantes, importadores e exportadores, atacadistas e varejistas, que deverão informar as autoridades competentes sobre pessoa e operações suspeitas;

b) dispor sobre o confisco de qualquer substância que figure no Quadro I ou no Quadro II, se existirem provas suficientes de que será utilizada para a fabricação ilícita de entorpecente ou de substâncias psicotrópicas;

c) notificar, a quanto antes, as autoridades e serviços competentes das Partes interessadas se existem razões para se presumir que a importação ou a exportação ou o trânsito de uma substância que figure no Quadro I ou no Quadro II se destina à fabricação ilícita de entorpecentes ou de substâncias psicotrópicas, facilitando, em particular, acesso à informação sobre os meios de pagamento ou quaisquer outros elementos essenciais em que se fundamenta aquela presunção;

d) exigir que as importações e as exportações estejam corretamente etiquetadas e documentadas. Os documentos comerciais, tais como faturas, manifestos de carga, documentos aduaneiros e de transporte e outros documentos relativos aos despachos, deverão conter nomes, tal como figuram no Quadro I ou no Quadro II, das substâncias importadas ou exportadas, a quantidade que se importa ou exporta, o nome e o endereço do exportador, importador e, quando possível, do consignatário;

e) velar para que os documentos mencionados no inciso d) sejam conservados por, pelo menos, dois anos e posto à disposição das autoridades competentes para inspeção.

10 – a) Além do disposto no parágrafo 9 e da petição de Parte interessada, dirigida ao Secretário Geral, cada Parte, de cujo território se exportará uma das substâncias que figuram no Quadro I velará para que, antes da exportação, suas autoridades competentes comuniquem a seguinte informação às autoridades competentes do país importador:

i) o nome e endereço do exportador, do importador e, quando possível, do consignatário;

ii) o nome da substância que figura no Quadro I;

iii) a quantidade da substância a ser exportada;

iv) o ponto de entrada e data prevista do envio;

v) qualquer outra informação acordada mutuamente pelas Partes.

b) As Partes poderão adotar medidas de fiscalização mais estritas ou rigorosas que as previstas no presente parágrafo se, a seu juízo, tais medidas são convenientes ou necessárias.

11 – Quando uma parte fornecer informação à outra, de acordo com o disposto nos parágrafos 9 e 10 deste Artigo, poderá exigir que a Parte que a recebe respeite o caráter confidencial dos segredos industriais, empresariais, comerciais ou profissionais ou dos processos industriais que contenham.

12 – Cada parte apresentará anualmente à Junta, na forma e modo que esta estabelecer e nos formulários que esta distribuir, informações sobre:

a) as quantidades confiscadas das substâncias inscritas no Quadro I e no Quadro II e, quando conhecida, sua origem;

b) qualquer substância não inscrita no Quadro I ou no Quadro II, mas cuja utilização na fabricação ilícita de entorpecentes ou de substâncias psicotrópicas é conhecida e que, a juízo dessa Parte, seja considerada bastante importante para que seja trazida à atenção da Junta;

c) os métodos de desvio e fabricação ilícita.

13 – A Junta informará anualmente à Comissão sobre a aplicação deste Artigo, e a Comissão examinará periodicamente a idoneidade e a pertinência do Quadro I e do Quadro II.

14 – As disposições deste Artigo não se aplicarão nem aos preparados farmacêuticos, nem aos preparados que contenham substâncias que figuram no Quadro I ou no Quadro II e que estejam compostas de forma tal que essas substâncias não possam ser empregadas ou facilmente recuperadas pelos meios de fácil aplicação.

ARTIGO 13
MATERIAIS E EQUIPAMENTOS

As partes adotarão as medidas que julguem adequadas e cooperarão entre si para impedir o comércio e o desvio de materiais e equipamentos destinados à produção ou fabricação ilícita de entorpecentes e de substâncias psicotrópicas.

ARTIGO 14
MEDIDAS PARA ERRADICAR O CULTIVO ILÍCITO DE PLANTAS DAS QUAIS SE EXTRAEM ENTORPECENTES E PARA ELIMINAR A DEMANDA ILÍCITA DE ENTORPECENTES E DE SUBSTÂNCIAS PSICOTRÓPICAS

1 – Qualquer medida adotada pelas Partes em virtude da aplicação desta Convenção não será menos estrita que as normas aplicáveis à erradicação do cultivo ilícito de plantas que contenham entorpecentes e substâncias psicotrópicas e a eliminação da demanda ilícita de entorpecentes e de substâncias psicotrópicas conforme o disposto na Convenção de 1961, na Convenção de 1961 em sua forma emendada, e no Convênio de 1971.

2 – Cada uma das Partes adotará medidas adequadas para evitar o cultivo ilícito das plantas que contenham entorpecentes ou substâncias psicotrópicas, tais como as sementes ópio; os arbustos de coca e as plantas de cannabis, assim como para erradicar aquelas que são ilicitamente cultivadas em seu território. As medidas adotadas deverão respeitar os direitos humanos fundamentais e levarão em devida consideração, não só os usos tradicionais, onde exista evidência histórica sobre o assunto, senão também a proteção do meio ambiente.

3 – a) As Partes poderão cooperar para aumentar a eficiência dos esforços de erradicação. Essa cooperação poderá compreender, inter alia, apoio, quando proceder, ao desenvolvimento rural integrado que tende a oferecer soluções substitutivas e economicamente viáveis ao cultivo ilícito. Fatores como acesso ao mercado, disponibilidade de recursos e condições sócio-econômicas urgentes deverão ser ponderados antes de implementar aqueles programas. As Partes poderão chegar a acordos sobre quaisquer outras medidas adequadas de cooperação.

4 – A Partes adotarão medidas adequadas que tenderão a suprimir ou reduzir a demanda ilícita de entorpecentes e de substâncias psicotrópicas com vistas a diminuir o sofrimento humano e eliminar is incentivos financeiros do tráfico ilícito. Aquelas medidas poderão fundamentar-se, inter alia, em recomendações das Nações Unidas, tais como a Organização Mundial da Saúde e outras organizações internacionais competentes e, no Plano Amplo e Multidisciplinário aprovado pela Conferência Internacional sobre o Uso Indevido e o Tráfico Ilícito de Drogas, celebrado em 1987, na medida em que se relacione com os esforços das organizações governamentais e não governamentais e de entidades privadas no âmbito da prevenção, tratamento e reabilitação. As Partes poderão negociar Acordos ou Ajustes bilaterais ou multilaterais que tendam a eliminar ou reduzir a demanda ilícita de entorpecentes e substâncias psicotrópicas.

5 – As Partes poderão também adotar as medidas necessárias para que os entorpecentes, as substâncias psicotrópicas e outras substâncias inscritas no Quadro I e no Quadro II, que tenham sido retidas ou confiscadas, sejam prontamente destruídas ou utilizadas de acordo com a lei e para que as quantidades necessárias e devidamente certificadas dessas substâncias sejam admissíveis como evidência.

ARTIGO 15
TRANSPORTADORES COMERCIAIS

1 – As Partes adotarão medidas adequadas a fim de garantir que, os meios de transporte utilizados por

transportadores comerciais, não o sejam para cometer delitos estabelecidos de acordo com o parágrafo 1 do Artigo 3; entre essas medidas poderão figurar arranjos especiais com os transportadores comerciais.

2 – Cada Parte exigirá dos transportadores comerciais precauções razoáveis a fim de impedir que seus meios de transporte sejam utilizados para cometer delitos estabelecidos de acordo com o parágrafo 1 do Artigo 3. Entre essas precauções poderão figurar as seguintes:

a) quando a sede do transportador comercial encontrar-se no território da Parte em questão:

i) treinamento de pessoal para identificar pessoas ou remessas suspeitas;

ii) estímulo à integridade moral do pessoal.

b) quando o transportador comercial desenvolve atividades no território da Parte em questão:

i) apresentação adiantada, quando possível, dos manifestos de carga;

ii) utilização de containers com selos invioláveis, e individualmente verificáveis;

iii) informar sem demora denúncia, às autoridades competentes, de qualquer circunstância supeita que possa estar relacionada com a prática de delitos estabelecidos de acordo com o parágrafo 1 do Artigo 3.

3 – Cada Parte procurará garantir nos pontos de entrada e saída e em outras áreas de controle, a cooperação entre transportadores e autoridades competentes a fim de impedir o acesso não autorizado aos meios de transportes e à carga, e que apliquem as medidas de segurança adequadas.

ARTIGO 16
DOCUMENTOS COMERCIAS E ETIQUETAS DE EXPORTAÇÃO

1 – Cada Parte exigirá que as exportações lícitas de entorpecentes e de substâncias psicotrópicas estejam devidamente documentadas. Além dos requisitos de documentação, previstos no Artigo 31 da Convenção de 1961, no Artigo 31 da Convenção de 1961 em sua forma emendada, e no Artigo 12 do Convênio de 1971, os documentos comerciais, tais como faturas, manifestos de carga, documentos aduaneiros e de transporte e outros documentos relativos ao envio, deverão indicar o nome dos entorpecentes e das substâncias psicotrópicas que são exportados, tal como figuram nas listas correspondentes da Convenção de 1961, da Convenção de 1961 em sua forma emendada, e do Convenio de 1971, assim como a quantidade exportada e o nome e endereço do exportados, importador e, quando possível do consignatário.

2 – Cada Parte exigirá que as remessas de entorpecentes e de substâncias psicotrópicas não estejam incorretamente etiquetadas.

ARTIGO 17
TRÁFICO ILÍCITO POR MAR

1 – As Partes cooperação, de todas as maneiras possíveis, para eliminar o tráfico ilícito por mar, de acordo com o estabelecido no direito internacional do mar.

2 – Toda Parte que tenha motivos razoáveis para suspeitar que um navio com seu pavilhão, ou que não traga nenhum, ou que não tenha registro, esteja sendo utilizada para o tráfico ilícito poderá solicitar a assistência de outras Partes, para por fim a essa utilização. As Partes das quais se solicita assistência a prestarão dentre os meios de que dispõem.

3 – Toda Parte que tenha motivos razoáveis para suspeitar que um navio esteja exercendo liberdade de navegação, conforme o direito internacional, e que traga o pavilhão ou tenha registro em outra Parte, e que esteja sendo utilizado para o tráfico ilícito, poderá notificá-lo ao Estado-pavilhão e solicitar que confirme o registro; se confirmado, poderá solicitar-lhe autorização para adotar medidas adequadas quanto ao navio.

4 – De acordo com o parágrafo 3 ou com os tratados vigentes entre as Partes, ou com qualquer outro acordo ou ajuste que tenha sido concluído entre elas, o Estado-pavilhão poderá autorizar o Estado requerente, entre outras coisas, a:

a) abordar o navio;

b) inspecionar o navio;

c) se provas que impliquem em tráfico ilícito forem descobertas, adotar medidas adequadas com respeito ao navio, às pessoas e à carga que se encontrem a bordo.

5 – Quando se adota uma medida em conformidade com este Artigo, as Partes interessadas levarão devidamente em conta a necessidade de não colocar em perigo a segurança da vida no mar e a da carga e de não prejudicar os interesses comerciais e jurídicos do Estado-pavilhão ou de qualquer outro Estado interessado.

6 – O Estado-Pavilhão poderá, em consonância com suas obrigações, previstas no parágrafo 1 do presente Artigo submeter sua autorização a condições que serão acordadas entre o Estado em questão e a Parte requerente, incluindo as condições referentes à responsabilidade.

7 – Para o efeito dos parágrafos 3 e 4 deste Artigo, as Partes responderão com presteza às solicitações de outras Partes de que se averigúe se um navio, que traz seu pavilhão, está autorizado a fazê-lo, assim como às solicitações de autorização que forem feitas de acordo como parágrafo 3. Cada Estado, no momento em que fizer Parte desta Convenção, indicará uma ou, caso necessário, várias autoridades que se encarregarão de receber as solicitações em questão e de responder

a elas. Essa indicação será divulgada, por intermédio do Secretário Geral, a todas as demais Partes, dentro do mês que se seguir à designação.

8 – A Parte que tiver adotado qualquer uma das medidas previstas no presente Artigo, informará prontamente o Estado-pavilhão sobre os resultados dessa medida.

9 – As Partes considerarão a possibilidade de celebrar acordos e ajustes bilaterais e regionais para levar a cabo as disposições deste Artigo ou torná-las mais eficazes.

10 – As medias, que se adotam em cumprimento do parágrafo 4 deste Artigo, somente serão aplicadas por navios de guerra ou aviões militares, ou por outros navios ou aviões que tenham sinais claros e que sejam identificáveis como navios ou aviões a serviço de um Governo e que estejam autorizados a cumprir aquela finalidade.

11 – Toda medida adotada de acordo com este Artigo levará em devida consideração a necessidade de não intervir no exercício da jurisdição dos Estados ribeirinhos ou afetar seus direitos ou obrigações, em consonância com o Direito Internacional do Mar.

ARTIGO 18
ZONAS E PORTOS LIVRES

1 – As Partes, a fim de eliminar, nas zonas e portos livres, o tráfico ilícito de entorpecentes, substâncias psicotrópicas inscritas nos Quadros I e II, adotarão medidas não menos estritas que as aplicadas em outras partes de seu território.

2 – As Partes procurarão:

a) controlar o movimento de bens e pessoas nas zonas e portos livre, para o que facultarão as autoridades a inspecionar as cargas e os navios na chegada e na partida, incluídos as embarcações de recreio e barcos pesqueiros, assim como aviões e veículos e, quando proceder, a revistar os membros da tripulação, os passageiros e as respectivos bagagens;

b) estabelecer e manter um sistema para descobrir as remessas suspeitas de conter entorpecentes, substâncias psicotrópicas e substâncias inscritas nos Quadros I e II, que entrem ou saiam das zonas em questão;

c) estabelecer e manter sistemas de vigilância nas zonas do porto, nas docas, nos aeroportos de controle de fronteiras das zonas e portos livres.

ARTIGO 19
UTILIZAÇÃO DOS SERVIÇOS POSTAIS

1 – As Partes, de acordo com suas obrigações oriundas das Convenções da União Postal Universal, e de acordo com os princípios fundamentais de seus respectivos ordenamentos jurídicos internos, adotarão medidas e cooperação entre si a fim de suprimir a utilização dos sérvios postais para o tráfico ilícito.

2 – As medidas a que se refere o parágrafo 1 do presente Artigo incluirão, em particular:

a) medidas coordenadas e orientadas para prevenir e reprimir a utilização dos serviços postais para o tráfico ilícito;

b) a introdução e a manutenção, por pessoal de detecção e repressão competente, de técnicas de pesquisa e controle direcionados para detectar as remessas postais com conteúdo ilícito de entorpecentes, de substâncias psicotrópicas e substâsncias incluídas nos Quadros I e II;

c) medidas legislativas que permitam recorrer a meios adequados a fim de assegurar as provas necessárias para iniciar procedimentos jurídicos.

ARTIGO 20
INFORMAÇÃO A SER FORNECIDA PELAS PARTES

1 – As Partes fornecerão, por intermédio do Secretário Geral, informação à comissão sobre funcionamento desta Convenção em seus territórios e, em particular:

a) textos das leis e regulamentos promulgados para dar efeito à Convenção;

b) pormenores dos casos de tráfico ilícito dentro de sua jurisdição, que julguem importantes, pelas novas tendências que revelam, as quantidades em questão, a procedência das substâncias ou os métodos utilizados por pessoas que se dedicam ao tráfico ilícito.

2 – As Partes facilitarão o acesso à informação do modo e na data em que a comissão o solicitar.

ARTIGO 21
FUNÇÕES DA COMISSÃO

1 – A Comissão está autorizada a considerar quaisquer questões relacionadas com os objetivos desta Convenção e, em particular:

a) a Comissão examinará o andamento da presente Convenção, com base nas informações apresentadas pelas Partes, de acordo com o Artigo 20;

b) a Comissão poderá fazer sugestões e recomendações de caráter geral com base no exame das informações recebidas das Partes;

c) a Comissão poderá levar á atenção da Junta qualquer questão que tenha relação a mesma;

d) a Comissão tomará as medidas que julgar adequadas sobre qualquer questão que lhe tenha sido remetida pela Junta, de acordo com o inciso b) do parágrafo 1 do Artigo 23;

e) A Comissão, de acordo com o procedimento estabelecido no Artigo 12, poderá emendar o Quadro I e o II;

f) a Comissão poderá levar à atenção dos Estados não-Partes as decisões e recomendações que adote em cumprimento à presente Convenção, a fim de que examinem a possibilidade de tomar medidas cabíveis.

ARTIGO 22
FUNÇÕES DA JUNTA

1 – Sem prejuízo das funções da Comissão prevista no Artigo 21 e sem prejuízo das funções da Junta e da Comissão, previstas na Convenção de 1961, na Convenção de 1961 em sua forma emendada, e no Convênio de 1971;

a) Se, com base no exame da informação à disposição dela, do Secretário Geral, ou da Comissão, ou da informação comunicada pelos órgãos das Nações Unidas, a Junta tiver motivos para crer que os objetivos desta Convenção não são cumpridos em assuntos de sua competência, a Junta poderá convidar uma ou mais Partes a fornecer toda informação pertinente;

b) com respeito aos Artigos 12, 13 e 16:

i) uma vez cumprido o trâmite assinalado no inciso a) deste Artigo, a Junta poderá, se julgar necessário, pedir à Parte interessada que adote medidas corretivas que as circunstâncias aconselham para o cumprimento do disposto nos Artigos 12, 13 e 16;

ii) antes de tomar qualquer medida, conforme o sub-item iii) infra, a Junta tratará confidencialmente suas comunicações com a Parte interessada de acordo com os subs-itens anteriores;

iii) se a Junta considerar que a Parte interessada não tenha adotado as medidas corretivas conforme solicitação, de acordo com este sub-item, poderá levar o assunto à atenção das Partes, do Conselho e da Comissão. Qualquer relatório publicado pela Junta, de acordo com este sub-item, incluirá também as opiniões da Parte interessada se esta assim o solicitar da Parte interessada se esta assim o solicitar.

2 – Toda Parte interessada será convidada para ser representada nas reuniões da Junta, na qual se examinará, de acordo com este Artigo, uma questão que afete diretamente.

3 – No caso de uma decisão da Junta, adota em virtude deste Artigo, não ser unânime, deixar-se-á constância das opiniões da minoria.

4 – As decisões da Junta, de acordo com este Artigo, tomar-se-ão pela maioria de dois terços do número total de membros da Junta.

5 – No desempenho de suas funções, de acordo com o inciso a) do parágrafo 1 deste Artigo, a Junta protegerá o caráter confidencial de toda informação que lhe seja dada.

6 – A responsabilidade da Junta, em virtude deste Artigo, não se aplicará para o cumprimento de tratados ou acordos celebrados entre as Partes, de acordo com o disposto na presente Convenção.

7 – O disposto neste Artigo não se aplicará às controvérsias entre as Partes, mencionadas nas disposições do Artigo 32.

ARTIGO 23
INFORMAÇÕES DE JUNTA

1 – A Junta preparará um relatório anual sobre seus trabalhos, contendo uma análise da informação a seu dispor e, nos casos adequados, uma relação das explicações, se existirem, fornecidas pelas Partes ou por elas solicitadas, junto com quaisquer observações e recomendações que a Junta deseje formular. A Junta poderá preparar os relatórios adicionais que considerar necessários. A Junta poderá preparar os relatórios adicionais que considerar necessários. Os relatórios serão apresentados ao Conselho, por intermédio da comissão, que poderá fazer as observações que julgar convenientes.

2 – Os relatórios da Junta serão transmitidos às Partes e posteriormente publicadas pelo Secretário Geral. As Partes permitirão sua distribuição, sem restrições.

ARTIGO 24
APLICAÇÃO DE MEDIDAS MAIS ESTRITAS QUE AS ESTABELECIDAS PELA PRESENTE CONVENÇÃO

As Partes poderão, adotar medidas mais estritas ou rigorosas que as previstas na presente Convenção se, a seu juízo, tais medidas são convenientes ou necessárias para impedir ou eliminar o tráfico ilícito.

ARTIGO 25
EFEITO NÃO-DERROGATÓRIO COM RESPEITO A DIREITOS E OBRIGAÇÕES CONVENCIONAIS ANTERIORES

As disposições desta Convenção não derrogam os direitos e obrigações que incumbem às Partes desta Convenção, em virtude da Convenção de 1961, a Convenção de 1961 em sua forma emendada, e o Convênio de 1971.

ARTIGO 26
ASSINATURA

Esta Convenção estará aberta a partir do dia 20 de dezembro de 1988 até o dia 28 de fevereiro de 1989, no Escritório das Nações Unidas em Viena, e depois até o dia 20 de dezembro de 1989, na Sede das Nações Unidas em Nova Iorque:

a) de todos os Estados;

b) da Namíbia, representada pelo Conselho das Nações Unidas para Namíbia;

c) das organizações regionais de integração econômica que seja, competentes para negociar, concluir e aplicar Acordos Internacionais sobre questões regulada por esta Convenção, sendo aplicáveis às organizações em questão, dentro dos limites de sua competência, as referências que são feitas às Partes, aos Estados e aos serviços nacionais desta Convenção.

ARTIGO 27

RETIFICAÇÃO, ACEITAÇÃO, APROVAÇÃO OU ATO DE CONFIRMAÇÃO FORMAL

1 – Esta Convenção estará sujeita a ratificação, aceitação ou aprovação pelos Estados e pela Namíbia, representada pelo Conselho das Nações Unidas para a Namíbia, e aos atos de confirmação formal pelas organizações regionais de integração econômica, mencionadas no inciso c) do Artigo 26. Os instrumentos da ratificação, aceitação ou aprovação e os instrumentos relativos aos atos de confirmação formal serão depositados junto ao Secretário Geral.

2 – Em seus instrumentos de confirmação legal, as organizações regionais de integração econômica declaração o alcance de sua competência com respeito às questões regidas pela presente Convenção. Aquelas organizações comunicarão, também, ao Secretário Geral, qualquer modificação do alcance de sua competência no que diz respeito às questões regidas pela presente Convenção.

ARTIGO 28

ADESÃO

1 – Esta Convenção ficará aberta a adesões de todos os Estados, da Namíbia, representada pelo Conselho das Nações Unidas para a Namíbia e das organizações regionais de integração econômica, mencionadas no inciso c) do Artigo 26. A adesão se efetivará mediante o depósito de um instrumento de adesão junto ao Secretário Geral.

2 – Em seus instrumentos de adesão, as organizações regionais de integração econômica declaração o alcance de sua competência no que diz respeito a questões regidas por esta Convenção.

ARTIGO 29

ENTRADA EM VIGOR

1 – A presente Convenção entrará em vigor no nonagésimo dia seguinte à data em que tenha sido depositado junto ao Secretário Geral, o vigésimo instrumento de ratificação, aceitação, aprovação ou adesão pelos Estados ou pela Namíbia, representada pelo Conselho das Nações Unidas para a Namíbia.

2 – Para cada Estado ou para a Namíbia, representada pelo Conselho das Nações Unidas para a Namíbia, que ratifique, aceite ou aprove a presente Convenção, ou a ela adira, depois de ter-se depositado o vigésimo instrumento de ratificação, de aceitação, de aprovação ou de adesão, esta Convenção entrará em vigor no nonagésimo dia seguinte à data em que aquele Estado ou a Namíbia tiver depositado o instrumento de ratificação, aceitação, aprovação ou adesão.

3 – Para cada organização regional de integração econômica, mencionada no inciso c) do Artigo 26, que depositar um instrumento relativo a um ato de Confirmação formal ou um instrumento de adesão, a presente Convenção entrará em vigor no nonagésimo dia seguinte à data em que tiver sido efetuado o depósito, ou na data em que esta convenção entrar em vigor, conforme o parágrafo 1 do presente Artigo, se esta última for posterior.

ARTIGO 30

DENÚNCIA

1 – Cada Parte poderá, a qualquer momento, denunciar esta Convenção mediante notificação escrita, dirigida ao Secretário Geral.

2 – A denúncia surtirá efeito para a Parte interessada um ano após a data em que a notificação tenha sido recebida pelo Secretário Geral.

ARTIGO 31

EMENDAS

1 – Qualquer Parte poderá propor uma emenda à presente Convenção. A Parte em questão comunicará o texto de qualquer emenda assim proposta, e os motivos da mesma, ao Secretário Geral que, por sua vez, comunicará a emenda proposta à demais Partes, às quais perguntará se a aceitam. Caso a proposta de emenda, assim distribuída, não tenha sido recusada por nenhuma das Partes dentro dos vinte e quatro meses seguintes a sua notificação, a emenda será considerada aceita, e entrará em vigor, com respeito a cada Parte, noventa dias depois que essa Parte tenha depositado, junto ao Secretário Geral, um instrumento no qual expresse seu consentimento em ficar obrigada a essa emenda.

2 – Quando uma proposta de emenda for recusada por uma das Partes, o Secretário Geral consultará as Partes e, se a maioria delas assim solicitar, submeterá a questão, junto com qualquer observação que tenha sido formulada pelas Partes, à consideração do Conselho, que poderá decidir pela convocação de uma conferência, de acordo com o parágrafo 4 do Artigo 62 da Carta da Nações Unidas. As emendas que resultarem dessa Conferência serão incorporadas a um Protocolo de Modificação. O consentimento de as tornar vinculadas a um Protocolo deverá ser expressamente notificado ao Secretário Geral.

ARTIGO 32
SOLUÇÃO DAS CONTROVÉRSIAS

1 – Em caso de controvérsias sobre a interpretação ou a aplicação desta Convenção entre uma ou mais Partes, estas se consultarão, com o fim de resolvê-la por vias de negociação, pesquisa, mediação, conciliação, arbitragem, recurso a organismos regionais, procedimento jurídico ou outros meios pacíficos que elegerem.

2 – Toda controvérsia dessa índole, que não tenha sido resolvida na forma prescrita no parágrafo 1 do presente Artigo, será submetida por petição de qualquer um dos Estados Partes na controvérsia, à decisão da Corte Internacional de Justiça.

3 – Se uma das organizações regionais de integração econômica, mencionadas no inciso c) do Artigo 26, é parte em uma controvérsia que não tenha sido resolvida na forma prevista no parágrafo 1 do presente Artigo, poderá, por intermédio de um Estado Membro das Nações Unidas, pedir ao Conselho que solicite uma opinião consultiva à Corte Internacional de Justiça, de acordo com o Artigo 654 do Estatuto da Corte, opinião esta que será considerada decisiva.

4 – Todo Estado, no momento da assinatura ou ratificação, aceitação ou aprovação da presente Convenção ou de sua adesão à mesma, ou toda organização regional de integração econômica, no momento da assinatura ou do depósito de um ato de confirmação formal ou de adesão, poderá declarar que não se considera obrigado pelos parágrafos 2 e 3 deste Artigo. As demais Partes não estarão obrigadas pelos parágrafos 2 e 3 deste Artigo perante nenhuma das Partes que tenha feito a declaração em questão.

5 – Toda Parte que tenha feito a declaração prevista no parágrafo 4 do presente Artigo, poderá retirá-la a qualquer momento, mediante notificação ao Secretário Geral.

ARTIGO 33
TEXTOS AUTÊNTICOS

Os Textos em árabe, chinês, espanhol, francês, inglês e russo da presente Convenção são igualmente autênticos.

ARTIGO 34
DEPOSITÁRIO

O Secretário Geral será depositário da presente Convenção.

Em testemunho do que os abaixo-assinados, devidamente autorizados para tanto, firmaram a presente Convenção.

Feito em Viena, em um único original, no dia vinte de dezembro de mil novecentos e oitenta e oito.

ANEXO

QUADRO I	QUADRO II
Efedrina	Anidrido acético
Ergometrina	Acetona
Ergotamina	Ácido Antranílico
Ácido Lisérgico	Éter etílico
1 – fenil – 2 – propanona	Ácido Fenilacético
Pseudoefedrina	Piperidina
Os sais das substâncias listados no presente quadro, desde que a existência dos sais em questão seja possível.	Os sais das substâncias listados no presente quadro, desde que a existência dos sais em questão seja possível.

DECRETO Nº 350, DE 21 DE NOVEMBRO DE 1991

Promulga o Tratado para a Constituição de um Mercado Comum entre a República Argentina, a República Federativa do Brasil, a República do Paraguai e a República Oriental do Uruguai (TRATADO MERCOSUL).

O Presidente da República, usando da atribuição que lhe confere o artigo 84, inciso VIII, da Constituição e

Considerando que o Tratado para a Constituição de um Mercado Comum entre a República da Argentina, a República Federativa do Brasil, a República do Paraguai e a República Oriental do Uruguai foi concluído em Assunção, em 26 de março de 1991;

Considerando que o Congresso Nacional aprovou o referido tratado por meio do Decreto Legislativo nº 197, de 25 de setembro de 1991;

Considerando que a Carta de Ratificação do Tratado, ora promulgado, foi depositada pelo Brasil em 30 de outubro de 1991;

Considerando que o Tratado para a Constituição de um Mercado Comum entre a República Argentina, a República Federativa do Brasil, a República do Paraguai e a República Oriental do Uruguai (TRATADO MERCOSUL) entrará em vigor internacional, e para o Brasil, em 29 de novembro de 1991, na forma de seu artigo 19,

DECRETA:

Art. 1º O Tratado para a Constituição de um Mercado Comum entre a República da Argentina, a República Federativa do Brasil, a República do Paraguai e a República Oriental do Uruguai (TRATADO MERCOSUL), apenso por cópia ao presente decreto, será executado e cumprido tão inteiramente como nele se contém.

Art. 2° Este Decreto entra em vigor na data de sua publicação.

Brasília, 21 de novembro de 1991; 170° da Independência e 103° da República.

FERNANDO COLLOR

D.O.U. de 22.11.1991

TRATADO PARA A CONSTITUIÇÃO DE UM MERCADO COMUM ENTRE A REPÚBLICA ARGENTINA, A REPÚBLICA FEDERATIVA DO BRASIL, A REPÚBLICA DO PARAGUAI E A REPÚBLICA ORIENTAL DO URUGUAI

A República Argentina, a República Federativa do Brasil, a República do Paraguai e a República Oriental do Uruguai, doravante denominados "Estados Partes";

Considerando que a ampliação das atuais dimensões de seus mercados nacionais, através da integração, constitui condição fundamental para acelerar seus processos de desenvolvimento econômico com justiça social;

Entendendo que esse objetivo deve ser alcançado mediante o aproveitamento mais eficaz dos recursos disponíveis, a preservação do meio ambiente, o melhoramento da interconexões físicas, a coordenação de políticas macroeconômicas e a complementação dos diferentes setores da economia, com base nos princípios de gradualidade, flexibilidade e equilíbrio;

Tendo em conta a evolução dos acontecimentos internacionais, em especial a consolidação de grandes espaços econômicos, e a importância de lograr uma adequada inserção internacional para seus países;

Expressando que este processo de integração constitui uma resposta adequada a tais acontecimentos;

Conscientes de que o presente Tratado deve ser considerado como um novo avanço no esforço tendente ao desenvolvimento progressivo da integração da América Latina, conforme o objetivo do Tratado de Montevidéu de 1980;

Convencidos da necessidade de promover o desenvolvimento científico e tecnológico dos Estados Partes e de modernizar suas economias para ampliar a oferta e a qualidade dos bens de serviço disponíveis, a fim de melhorar as condições de vida de seus habitantes;

Reafirmando sua vontade política de deixar estabelecidas as bases para uma união cada vez mais estreita entre seus povos, com a finalidade de alcançar os objetivos supramencionados;

Acordam:

CAPÍTULO I
PROPÓSITOS, PRINCÍPIOS E INSTRUMENTOS

ARTIGO 1

Os Estados Partes decidem constituir um Mercado Comum, que deverá esta estabelecido a 31 de dezembro de 1994, e que se denominará "Mercado Comum do Sul" (MERCOSUL).

Este Mercado Comum implica:

A livre circulação de bens, serviços e fatores produtivos entre os países, através, entre outros, da eliminação dos direitos alfandegários e restrições não tarifárias à circulação de mercadorias e de qualquer outra medida de efeito equivalente;

O estabelecimento de uma tarifa externa comum e a adoção de uma política comercial comum em relação a terceiros Estados ou agrupamentos de Estados e a coordenação de posições em foros econômico-comerciais regionais e internacionais;

A coordenação de políticas macroeconômicas e setoriais entre os Estados Partes de comércio exterior, agrícola, industrial, fiscal, monetária, cambial e de capitais, de serviços, alfandegárias, de transporte e comunicações e outras que se acordem, a fim de assegurar condições adequadas de concorrência entre os Estados Partes, e

O compromisso dos Estados Partes de harmonizar suas legislações, nas áreas pertinentes, para lograr o fortalecimento do processo de integração.

ARTIGO 2

O Mercado Comum estará fundado na reciprocidade de direitos e obrigações entre os Estados Partes.

ARTIGO 3

Durante o período de transição, que se estenderá desde a entrada em vigor do presente Tratado até 31 de dezembro de 1994, e a fim de facilitar a constituição do Mercado Comum, os Estados Partes adotam um Regime Geral de Origem, um Sistema de Solução de Controvérsias e Cláusulas de Salvaguarda, que constam como Anexos II, III e IV ao presente Tratado.

ARTIGO 4

Nas relações com terceiros países, os Estados Partes assegurarão condições eqüitativas de comércio. Para tal fim, aplicarão suas legislações nacionais para inibir importações cujos preços estejam influenciados por subsídios, dumping ou qualquer outra prática desleal.

Paralelamente, os Estados Partes coordenação suas respectivas políticas nacionais com o objetivo de elaborar normas comuns sobre concorrência comercial.

ARTIGO 5

Durante o período de transição, os principais instrumentos para a constituição do Mercado Comum são:

a) Um Programa de Liberação Comercial, que consistirá em reduções tarifárias progressivas, lineares e automáticas, acompanhadas da eliminação de restrições não tarifárias ou medidas de efeito equivalente, assim como de outras restrições ao comércio entre os Estados Partes, para chegar a 31 de dezembro de 1994 com tarifa zero, sem barreiras não tarifárias sobre a totalidade do universo tarifário (Anexo I);

b) A coordenação de políticas macroeconômicas que se realizará gradualmente e de forma convergente com os programas de desgravação tarifária e eliminação de restrições não tarifárias, indicados na letra anterior;

c) Uma tarifa externa comum, que incentive a competitividade externa dos Estados Partes;

d) A adoção de acordos setoriais, com o fim de otimizar a utilização e mobilidade dos fatores de produção e alcançar escalas operativas eficientes.

ARTIGO 6

Os Estados Partes reconhecem diferenças pontuais de ritmo para a República do Paraguai e para a República Oriental do Uruguai, que constam no Programa de Liberação Comercial (ANEXO I).

ARTIGO 7

Em matéria de impostos, taxas e outros gravames internos, os produtos originários do território de um Estado Parte gozarão, nos outros Estados Partes, do mesmo tratamento que se aplique ao produto nacional.

ARTIGO 8

Os Estados Partes se comprometem a preservar os compromissos assumidos até a data de celebração do presente Tratado, inclusive os Acordos firmados no âmbito da Associação Latino-Americana de Integração, e a coordenar suas posições nas negociações comerciais externas que empreendam durante o período de transição. Para tanto:

a) Evitarão afetar os interesses dos Estados Partes nas negociações comerciais que realizem entre si até 31 de dezembro de 1994;

b) Evitarão afetar os interesses dos demais Estados Partes ou objetivos do Mercado Comum nos Acordos que celebrarem com outros países membros da Associação Latino-Americana de Integração durante o período de transição;

c) Realizarão consultas entre si sempre que negociem esquemas amplos de desgravação tarifária, tendentes à formação de zonas de livre comércio com os demais países membros da Associação Latino-Americana de Integração;

d) Estenderão automaticamente aos demais Estados Partes qualquer vantagem, favor, franquia, imunidade ou privilégio que concedam a um produto originário de ou destinado a terceiros países não membros da Associação Latino-Americana de Integração.

CAPÍTULO II

ESTRUTURA ORGÂNICA

ARTIGO 9

A administração e execução do presente Tratado e dos Acordos específicos e decisões que se adotem no quadro jurídico que o mesmo estabelece durante o período de transição estarão a cargo dos seguintes órgãos:

a) Conselho do Mercado Comum:

b) Grupo Mercado Comum.

ARTIGO 10

O Conselho é o órgão superior do Mercado Comum, correspondendo-lhe a condução política do mesmo e a tomada de decisões para assegurar o cumprimento dos objetivos e prazos estabelecidos para a constituição definitiva do Mercado Comum.

ARTIGO 11

O Conselho estará integrado pelos Ministros de Relações Exteriores e os Ministros de Economia dos Estados Partes.

Reunir-se-á quantas vezes estime oportuno, e, pelo menos uma vez ao ano, o fará com a participação dos Presidentes dos Estados Partes.

ARTIGO 12

A Presidência do Conselho se exercerá por rotação dos Estados Partes e em ordem alfabética, por períodos de seis meses.

As reuniões do Conselho serão coordenadas pelos Ministros de Relações Exteriores e poderão ser convidados a delas participar outros Ministros ou autoridades de nível ministerial.

ARTIGO 13

O Grupo Mercado Comum é órgão executivo do Mercado Comum e será coordenado pelos Ministérios das Relações Exteriores.

O Grupo Mercado Comum terá faculdade de iniciativa. Suas funções serão as seguintes:

– velar pelo cumprimento do Tratado;

– tomar as providências necessárias ao cumprimento das decisões adotadas pelo Conselho;

– propor medidas concretas tendentes à aplicação do Programa de Liberação Comercial, à coordenação de políticas macroeconômicas e à negociação de Acordos frente a terceiros;

– fixar programas de trabalho que assegurem avanços para o estabelecimento do Mercado Comum.

O Grupo Mercado Comum poderá constituir os Subgrupos de Trabalho que forem necessários para o cumprimento de seus objetivos.

Contará inicialmente com os Subgrupos mencionados no Anexo V.

O Grupo Mercado Comum estabelecerá seu regime interno no prazo de 60 dias a partir de sua instalação.

ARTIGO 14

O Grupo Mercado Comum estará integrado por quatro membros titulares e quatro membros alternos por país, que representem os seguintes órgãos públicos.

– Ministérios das Relações Exteriores;

– Ministério da Economia ou seus equivalentes (área de indústria, comércio exterior e/ou coordenação econômica);

– Banco Central.

Ao elaborar e propor medidas concretas no desenvolvimento de seus trabalhos, até 31 de dezembro de 1994, o Grupo Mercado Comum poderá convocar, quando julgar conveniente, representantes de outros órgãos da Administração Pública e do setor privado.

ARTIGO 15

O Grupo Mercado Comum contará com uma Secretaria Administrativa cujas principais funções consistirão na guarda de documentos e comunicações de atividades do mesmo. Terá sua sede na cidade de Montevidéu.

ARTIGO 16

Durante o período de transição, as decisões do Conselho do Mercado e do Grupo Mercado Comum serão tomadas por consenso e com a presença de todos os Estados Partes.

ARTIGO 17

Os idiomas oficiais do Mercado Comum serão o português e o espanhol e a versão oficial dos documentos de trabalho será a do idioma do país sede cada reunião.

ARTIGO 18

Antes do estabelecimento do Mercado Comum, a 31 de dezembro de 1994, OS Estados Partes convocarão uma reunião extraordinária com o objetivo de determinar a estrutura institucional definitiva dos órgãos de administração do Mercado Comum, assim como as atribuições específicas de cada um deles e seu sistema de tomada de decisões.

CAPÍTULO III
VIGÊNCIA

ARTIGO 19

O presente Tratado terá duração indefinida e entrará em vigor 30 dias após a data do depósito do terceiro instrumento de ratificação. Os instrumentos de ratificação serão depositados ante o Governo da República do Paraguai, que comunicará a data do depósito aos Governos dos demais Estados Partes.

O Governo da República do Paraguai notificará ao Governo de cada um dos demais Estados Partes a data de entrada em vigor do presente Tratado.

CAPÍTULO IV
ADESÃO

ARTIGO 20

O presente Tratado estará aberto à adesão, mediante negociação, dos demais países membros da Associação Latino-Americana de Integração, cujas solicitações poderão ser examinadas pelos Estados Partes depois de cinco anos de vigência deste Tratado.

Não obstante, poderão ser consideradas antes do referido prazo as solicitações apresentadas por países membros da Associação Latino-Americana de Integração que não façam parte de esquemas de integração subregional ou de uma associação extra-regional.

A aprovação das solicitações será objeto, de decisão unânime dos Estados Partes.

CAPÍTULO V
DENÚNCIA

ARTIGO 21

O Estado Parte que desejar desvincular-se do presente Tratado deverá comunicar essa intenção aos demais Estados Partes de maneira expressa e formal, efetuando no prazo de sessenta (60) dias a entrega do documento de denúncia ao Ministério das Relações Exteriores da República do Paraguai, que o distribuirá aos demais Estados Partes.

ARTIGO 22

Formalizada a denúncia, cessarão para o Estado denunciante os direitos e obrigações que correspondam a sua condição de Estado Parte, mantendo-se os referentes ao programa de liberação do presente Tratado e outros aspectos que os Estados Partes, juntos com o Estado denunciante, acordem no prazo de sessenta (60) dias após a formalização da denúncia. Esses direitos e obrigações do Estado denunciante continuarão em vigor por um período de dois (2) anos a partir da data da mencionada formalização.

CAPÍTULO VI
DISPOSIÇÕES GERAIS

ARTIGO 23

O presente Tratado se chamará "Tratado de Assunção"

ARTIGO 24

Com o objetivo de facilitar a implementação do Mercado Comum, estabelecer-se-á uma Comissão Parlamentar Conjunta do MERCOSUL. Os Poderes Executivos dos Estados Partes manterão seus respectivos Poderes Legislativos informados sobre a evolução do Mercado Comum objeto do presente Tratado.

Feito na cidade de Assunção, aos 26 dias do mês março de mil novecentos e noventa e um, em um original, nos idiomas português e espanhol, sendo ambos os textos igualmente autênticos. O Governo da República do Paraguai será o depositário do presente Tratado e enviará cópia devidamente autenticada do mesmo aos Governos dos demais Estados, Partes signatários e aderentes.

PELO GOVERNO DA REPÚBLICA ARGENTINA

CARLOS SAUL MENEM GUIDO DI TELLA

PELO GOVERNO DA REPÚBLICA FEDERATIVA DO BRASIL

FERNANDO COLLOR FRANCISCO REZEK

PELO GOVERNO DA REPÚBLICA DO PARAGUAI

ANDRES RODRIGUES ALEXIS FRUTOS VAESKEN

PELO GOVERNO DA REPÚBLICA ORIENTAL DO URUGUAI

LUIS ALBERTO LACALLE HERRERA HECTOR GROS ESPIELL

CÓPIA FIEL DO ORIGINAL QUE ESTÁ NO DEPARTAMENTO DE TRATADOS DO MINISTÉRIO DE RELAÇÕES EXTERIORES DA REPÚBLICA DO PARAGUAI.

Dr. BERNARDINO HUGO SAGUIER CABALLERO

Sub-Secretário de Estado das Relações Exteriores

ANEXO I
PROGRAMA DE LIBERAÇÃO COMERCIAL

ARTIGO PRIMEIRO

Os Estados Partes acordam eliminar, o mais tardar a 31 de dezembro de 1994, os gravames e demais restrições aplicadas ao seu comércio recíproco.

No que se refere ás Listas de Exceções apresentadas pela República do Paraguai e pela República Oriental do Uruguai, o prazo para sua eliminação se estenderá até 31 de dezembro de 1995, nos termos do Artigo Sétimo do presente Anexo.

ARTIGO SEGUNDO

Para efeito do disposto no Artigo anterior, se estenderá:

a) por "gravames", os direitos aduaneiros e quaisquer outras medidas de efeito equivalente, sejam de caráter fiscal, monetário, cambial ou de qualquer natureza, que incidam sobre o comércio exterior. Não estão compreendidas neste conceito taxas e medidas análogas quando respondam ao custo aproximado dos serviços prestados; e

b) por "restrições", qualquer medida de caráter administrativo, financeiro, cambial ou de qualquer natureza, mediante a qual um Estado Parte impeça ou dificulte, por decisão unilateral, o comércio recíproco. Não estão compreendidas no mencionado conceito as medidas adotadas em virtude das situações previstas no Artigo 50 do Tratado de Montevidéu de 1980.

ARTIGO TERCEIRO

A partir da data de entrada em vigor do Tratado, os Estados Partes iniciarão um programa de desgravação progressivo, linear e automático, que beneficiará os produtos compreendidos no universo tarifário, classificados em conformidade com a nomenclatura tarifária utilizada pela Associação Latino-Americana de Integração, de acordo com DATA/PERCENUAL DE DESGRAVAÇÃO

30/VI/91 31/XII/91 30/VI/92 31/XII/92

47 54 61 68

30/VI/93 31/XII/93 30/VI/94 31/XII/94

75 82 89 100

As preferências serão aplicadas sobre a tarifa vigente no momento de sua aplicação e consistem em uma redução percentual dos gravames mais favoráveis aplicados à importação dos produtos procedentes de terceiros países não membros da Associação Latino-Americana de Integração.

No caso de algum dos Estados Partes elevar essa tarifa para a importação de terceiros países, o cronograma estabelecido continuará a ser aplicado sobre o nível tarifário vigente a 1 de janeiro de 1991.

Se se reduzirem as tarifas, a preferência correspondente será aplicada automaticamente sobre a nova tarifa na data de entrada em vigência da mesma.

Para tal efeito, os Estados Partes intercambiarão entre si e remeterão à Associação Latino-Americana de Integração, dentro de trinta dias a partir da entrada em vigor do Tratado, cópias atualizadas de suas tarifas aduaneiras, assim como das vigentes em 1 de janeiro de 1991.

ARTIGO QUARTO

As preferências negociadas nos Acordos de Alcance Parcial, celebrados no marco da Associação Latino-

-Americana de Integração pelos Estados Partes entre si, serão aprofundadas dentro do presente Programa de Desgravação de acordo com o seguinte cronograma:

TABELAS

Estas desgravações se aplicarão exclusivamente no âmbito dos respectivos Acordos de Alcance Parcial, não beneficiando os demais integrantes do Mercado Comum, e não alcançarão os produtos incluídos nas respectivas Listas de Exceções.

ARTIGO QUINTO

Sem prejuízo do mecanismo descrito nos Artigos Terceiros e Quarto, os Estados Partes poderão aprofundar adicionalmente as preferências, mediante negociações e efetuarem-se no âmbito dos Acordos previstos no Tratado de Montevidéu 1980.

ARTIGO SEXTO

Estarão excluídos do cronograma de desgravação a que se referem os Artigos Terceiro e Quarto do presente Anexo os produtos compreendidos nas Listas de Exceções apresentadas por cada um dos Estados Partes com as seguintes quantidades de itens NALADI:

República Argentina 394

República Federativa do Brasil 324

República do Paraguai 439

República Oriental do Uruguai 960

ARTIGO SÉTIMO

As Listas de Exceções serão reduzidas no vencimento de cada ano calendário de acordo com o cronograma que se detalha a seguir:

a) Para a República Argentina e a República Federativa do Brasil na razão de vinte por cento (20%) anuais dos itens que a compõem, redução que se aplica desde 31 de dezembro de 1990;

b) Para a República do Paraguai e para a República Oriental do Uruguai, a redução se fará na razão de:

10% na data de entrada em vigor do Tratado,

10% na data de entrada em vigor do Tratado,

10% em 31 de dezembro de 1991,

20% em 31 dezembro de 1992,

20% em 31 dezembro de 1994,

20% em 31 de dezembro de 1995.

ARTIGO OITAVO

As Listas de Exceções incorporadas nos Apêndices I, II, III e IV incluem a primeira redução comtemplada no Artigo anterior.

ARTIGO NONO

Os produtos que forem retirados das Listas de Exceções nos termos previstos no Artigo Sétimo se beneficiarão automaticamente das preferências que resultem no Programa de Desgravação estabelecido no Artigo Terceiro do presente Anexo com, pelo menos, o percentual de desgravação mínimo previsto na data em que se opere sua retirada dessas Listas.

ARTIGO DÉCIMO

Os Estados Partes somente poderão aplicar até 31 de dezembro de 1994, aos produtos compreendidos no Programa de desgravação, as restrições não tarifárias expressamente declaradas nas Notas Complementares no Acordo de Complementação que os Estados Partes celebrem no marco do Tratado de Montevidéu 1980.

A 31 de dezembro de 1994 e no âmbito do Mercado Comum, ficarão eliminadas todas as restrições não tarifárias.

ARTIGO DÉCIMO PRIMEIRO

A fim de assegurar o cumprimento do cronograma de desgravação estabelecido nos Artigos Terceiros e Quarto, assim como o Estabelecimento do Mercado Comum, os Estados Partes coordenarão as políticas macroeconômicas e as setoriais que se acordem, a que se refere o Tratado par a Constituição do Mercado Comum, começando por aquelas relacionadas aos fluxos de comércio e à configuração dos setores produtivos dos Estados Partes.

As normas contidas no presente Anexo não se aplicarão aos Acordos de Alcance Parcial, de Complementação Econômica Números 1, 2, 13 e 14, nem aos comerciais e agropecuários, subscritos no âmbito do Tratado de Montevidéu 1980, os quais se regerão exclusivamente pelas disposições neles estabelecidas.

BRASIL

LISTA DE EXCEÇÕES

TABELAS

ANEXO II

REGIME GERAL DE ORIGEM

CAPÍTULO I

REGIME GERAL DE QUALIFICAÇÃO DE ORIGEM

ARTIGO PRIMEIRO

Serão considerados originários dos Estados Partes:

a) Os produtos elaborados integralmente no território de qualquer um deles, quando em sua elaboração forem utilizados exclusivamente materiais originários dos Estados Partes:

b) Os produtos compreendidos nos capítulos ou posições da Nomenclatura Tarifária da Associação Latino-Americana de Integração que se identifiquem no Anexo 1 da Resolução 78 do Comitê de Representantes da Citada Associação, pelo simples fato de serem produzidos em seus respectivos territórios.

Considerar-se-ão produzidos no território de um Estado Parte:

i) Os produtos dos reinos mineral, vegetal ou animal, incluindo os da caça e da pesca, extraídos, colhidos ou apanhados, nascidos e criados em seu território ou em suas Águas Territoriais ou Zona Econômica Exclusiva;

ii) Os produtos do mar extraídos fora de suas Águas Territoriais e Zona Econômica Exclusiva por barcos de sua bandeira ou arrendados por empresas estabelecidas em seu território; e

iii) Os produtos que resultem de operações ou processos efetuados em seu território pelos quais adquiram a forma final e que são comercializados, exceto quando esses processos ou operações consistam somente em simples montagens ou ensamblagens, embalagem, fracionamento em lotes ou volumes, seleção e classificação, marcação, composição de sortimentos de mercadorias ou outras operações ou processos equivalentes;

c) Os produtos em cuja elaboração se utilizem materiais não originários dos Estados Partes, quando resultem de um processo de transformação, realizado no território de algum deles, que lhes confira uma nova individualidade, caracterizada pelo fato de estarem classificados na Nomenclatura Aduaneira da Associação Latino-Americana de Integração em posição diferente à dos mencionados materiais, exceto nos casos em que os Estados Partes determinem que, ademais, se cumpra com o requisito previsto no Artigo Segundo do presente Anexo.

Não obstante, não serão considerados originários os produtos resultantes de operações ou processos efetuados no território de um Estado Parte pelo quais adquiram a forma final em que serão comercializados, quando nessas operações ou processos forem utilizados exclusivamente materiais ou insumos não originários de seus respectivos países e consistam apenas em montagens ou emsamblagens, fracionamento em lotes ou volumes, seleção, classificação, marcação, composição de sortimentos de mercadorias ou outras operações ou processos semelhantes;

d) Até 31 de dezembro de 1994, os produtos resultantes de operações de ensamblagem e montagem realizadas no território de um Estado Parte utilizando materiais originários dos Estados Partes e de terceiros países, quando o valor dos materiais originários não for inferior a 40% do valor FOB de exportação do produto final, e

e) Os produtos que, além de serem produzidos em seu território, cumpram com os requisitos específicos estabelecidos no Anexo 2 da Resolução 78 do Comitê de Representantes da Associação Latino-Americana de Integração.

ARTIGO SEGUNDO

Nos casos em que o requisito estabelecido na letra c) do Artigo Primeiro não possa ser cumprido porque o processo de transformação operado não implica mudança de posição na nomenclatura, bastará que o valor CIF porto de destino ou CIF porto marítimo dos materiais de terceiros países não exceda a 50 (cinqüenta) por cento do valor FOB de exportação das mercadorias de que se trata.

Na ponderação dos materiais originários de terceiros países para os Estados Partes sem litoral marítimo, ter-se-ão em conta, como porto de destino, os depósitos e zonas francas concedidos pelos demais Estados Partes, quando os materiais chegarem por via marítima.

ARTIGO TERCEIRO

Os Estados Partes poderão estabelecer, de comum acordo, requisitos específicos de origem, que prevalecerão sobre os critérios gerais de qualificação.

ARTIGO QUARTO

Na determinação dos requisitos específicos de origem a que se refere o Artigo Terceiro, assim como na revisão dos que tiverem sido estabelecidos, os Estados Partes tomarão como base, individual ou conjuntamente, os seguintes elementos:

I – Materiais e outros insumos empregados na produção:

a) Matérias primas:

i) Matéria prima preponderante ou que confira ao produto sua característica essencial; e

ii) Matérias primas principais.

b) Partes ou peças:

i) Parte ou peça que confira ao produto sua característica essencial

ii) Partes ou peças principais; e

iii) Percentual das partes ou peças em relação ao peso total.

c) Outros insumos.

II. Processo de transformação ou elaboração utilizado.

II. Processo de transformação ou elaboração utilizado.

I. Proporção máxima do valor dos materiais importados de terceiros países em relação ao valor total do produto, que resulte do procedimento de valorização acordado em cada caso.

ARTIGO QUINTO

Em casos excepcionais, quando os requisitos específicos não puderem ser cumpridos porque ocorrem problemas circunstanciais de abastecimento: disponibilidade, especificações técnicas, prazo de entrega e preço, tendo em conta o disposto no Artigo 4 do Tratado, poderão ser utilizados materiais não originários dos Estados Partes.

Dada a situação prevista no parágrafo anterior, o país exportador emitirá o certificado correspondente informando ao Estado Parte importador e ao Grupo Mercado Comum, acompanhando os antecedentes e constâncias que justifiquem a expedição do referido documento.

Caso se produza uma contínua reiteração desses casos, o Estado Parte exportador ou Estado Parte importador comunicará esta situação ao Grupo Mercado Comum, para fins de revisão do requisito específico.

Este Artigo não compreende os produtos que resultem de operações de ensamblagem ou montagem, e será aplicável até a entrada em vigor da Tarifa Externa Comum para os produtos objeto de requisitos específicos de origem e seus materiais ou insumos.

ARTIGO SEXTO

Qualquer dos Estados Partes poderá solicitar a revisão dos requisitos de origem estabelecidos de conformidade com o Artigo Primeiro. Em sua solicitação, deverá propor e fundamentar os requisitos aplicáveis ao produto de que se trate.

ARTIGO SÉTIMO

Para fins do cumprimento dos requisitos de origem, os materiais e outros insumos, originários do território de qualquer dos Estados Partes, incorporados por um Estado Parte na elaboração de determinado produto, serão considerados originários do território deste último.

ARTIGO OITAVO

O critério de máxima utilização de materiais ou outros insumos originários dos Estados Partes não poderá ser considerado para fixar requisitos que impliquem a imposição de materiais ou outros insumos dos referidos Estados Partes, quando, a juízo dos mesmos, estes não cumpram condições adequadas de abastecimento, qualidade e preço, ou que não se adaptem aos processos industriais ou tecnologias aplicadas.

ARTIGO NONO

Para que as mercadorias originárias se beneficiem dos tratamentos preferenciais, as mesmas deverão ter sido expedidas diretamente do país exportador ao país importador. Para tal fim, se considera expedição direita:

a) As mercadorias transportadas sem passar pelo territórios de algum país não participante do Tratado.

b) As mercadorias transportadas em trânsito por um ou mais países não participante, com ou sem transbordo ou armazenamento temporário, sob a vigilância de autoridade alfandegária competente em tais, sempre que:

i) o trânsito estiver justificado por razões geográficas ou por considerações relativas a requerimentos do transporte:

ii) não estiverem destinadas ao comércio, uso ou emprego no país de trânsito, e

iii) não sofram, durante o transporte e depósito, nenhuma operação distinta às de carga e descarga ou manuseio para mantê-las em boas condições ou assegurar sua conservação.

ARTIGO DÉCIMO

Para os efeitos do presente Regime Geral se estenderá:

a) que os produtos procedentes das zonas francas situadas nos limites geográficas de qualquer dos Estados Partes deverão cumprir os requisitos previstos no presente Regime Geral;

b) que a expressão "materiais" compreende as matérias primas, os produtos intermediários e as partes e peças utilizadas na elaboração das mercadorias.

CAPÍTULO II
DECLARAÇÃO, CERTIFICAÇÃO E COMPROVAÇÃO

ARTIGO DÉCIMO PRIMEIRO

Para que a importação dos produtos originários dos Estados Partes possa beneficiar-se das reduções de gravames e restrições outorgadas entre si, na documentação correspondente às exportações de tais produtos deverá constar uma declaração que certifique o cumprimento dos requisitos de origem estabelecidos de acordo com o disposto no Capítulo anterior.

ARTIGO DÉCIMO SEGUNDO

A declaração a que se refere o Artigo precedente será expedida pelo produtor final ou pelo exportador da mercadoria, e certificada por uma repartição oficial ou entidade de classe com personalidade jurídica, credenciada pelo Governo do Estado Parte exportador.

Ao credenciar entidades de classe, os Estados Partes velarão para que se trate de organizações que atuem com jurisdição nacional, podendo delegar atribuições a entidades regionais ou locais, conservando sempre a responsabilidade direta pela veracidade das certificações que forem expedidas.

Os Estados Partes se comprometem, no prazo de 90 dias a partir da entrada em vigor do Tratado, a estabelecer um regime harmonizado de sanções administrativas para casos de falsidade nos certificados, sem prejuízo das ações penais correspondentes.

ARTIGO DÉCIMO TERCEIRO

Os certificados de origem emitidos para os fins do presente Tratado terão prazo de validade de 180 dias, a contar da data de sua expedição.

ARTIGO DÉCIMO QUARTO

Em todos os casos, se utilizará o formulários-padrão que figura anexo ao Acordo 25 do Comitê de Representantes da Associação Latino-Americana de Integração, enquanto não entrar em vigor outro formulário aprovado pelos Estados Partes.

ARTIGO DÉCIMO QUINTO

Os Estados Partes comunicarão à Associação Latino-Americana de Integração a relação das repartições oficiais e entidades de classe credenciadas a expedir a certificação a que se refere o Artigo anterior, com o registro e fac-simile das assinaturas autorizadas.

ARTIGO DÉCIMO SEXTO

Sempre que um Estado Parte considerar que os certificados emitidos por uma repartição oficial ou entidades de classe credenciada de outro Estado Parte não se ajustam às disposições contidas no presente Regime Geral, comunicará o fato ao outro Estado Parte para que este adote as medidas que estime necessárias para solucionar os problemas apresentados.

Em nenhum caso o país importador deterá o trâmite de importação dos produtos amparados nos certificados a que se refere o parágrafo anterior, mas poderá, além de solicitar as informações adicionais que correspondam às autoridades governamentais do país exportador, adotar as medidas que considere necessárias para resguardar o interesse fiscal.

ARTIGO DÉCIMO SÉTIMO

Para fins de um controle posterior, as cópias dos certificados e os documentos respectivos deverão ser conservados durante dois anos a partir de sua emissão.

ARTIGO DÉCIMO OITAVO

As disposições do presente Regime Geral e as modificações que forem introduzidas não afetarão as mercadorias embarcadas na data de sua adoção.

ARTIGO DÉCIMO NONO

As normas contidas no presente Anexo não se aolicam aos Acordos de Alcance Parcial, de Complementação Econômica nr. 1, 2, 13 e 14 nem Montevidéu 1980, os quais se regerão exclusivamente pelas disposições neles estabelecidas.

ANEXO III

1. As controvérsias que possam surgir entre os Estados Partes como conseqüência da aplicação do Tratado serão resolvidas mediante negociações diretas.

No caso de não lograrem uma solução, os Estados Partes submeterão a controvérsia à consideração do Grupo Mercado Comum que, após avaliar a situação, formulará no lapso de sessenta (60) dias as recomendações pertinentes às Partes para a solução do diferendo. Para tal fim, o Grupo Mercado Comum poderá estabelecer ou convocar painéis de especialistas ou grupos de peritos com objetivo de contar com assessoramento técnico.

Se no âmbito do Grupo Mercado Comum tampouco for alcançada uma solução, a controvérsia será elevada ao Conselho do Mercado Comum para que este adote as recomendações pertinentes.

2. Dentro de cento e vinte (120) dias a partir da entrada em vigor do Tratado, o Grupo Mercado Comum elevará aos Governos dos Estados Partes uma proposta de Sistema de Solução de Controvérsias, que vigerá durante o período de transição.

3. Até 31 de dezembro de 1994, os Estados Partes adotarão um Sistema Permanente de Solução de Controvérsias para o Mercado Comum.

ANEXO IV

Cláusulas de Salvaguarda

Cada Estado Parte poderá aplicar, até 31 de dezembro de 1994, clausulas de salvaguarda à importação dos produtos que se beneficiem do Programa de Liberação Comercial estabelecido no âmbito do Tratado.

Os Estados Partes acordam que somente deverão recorrer ao presente Regime em casos excepcionais.

ARTIGO 2

Se as importações de determinado produto causarem dano, ou ameaça de dano grave a seu mercado, como conseqüência de um sensível aumento, em um curto período, das importações desse produto provenientes dos outros Estados Partes, o país importador solicitará ao Grupo Mercado Comum a realização de consultas com vistas a eliminar essa situação.

O pedido do país importador estará acompanhado de uma declaração pormenorizada dos fatos, razões e justificativas do mesmo.

O Grupo Mercado Comum deverá iniciar as consultas no prazo máximo de dez (10) dias corridos a partir da apresentação do pedido do país importador e deverá concluí-las, havendo tomado uma decisão a respeito, dentro de vinte (20) dias corridos após seu início.

ARTIGO 3

A determinação do dano ou ameaça de dano grave no sentido do presente Regime será analisada por cada país, levando em conta a evolução, entre outros, dos seguintes aspectos relacionados com o produto em questão:

a) Nível de produção e capacidade utilizada;

b) Nível de emprego;

c) Participação no mercado;

d) Nível de comércio entre as Partes envolvidas ou participantes de consulta;

e) Desempenho das importações e exportações com relação a terceiros países.

Nenhum dos fatores acima mencionados constitui, por si só, um critério decisivo para a determinação do dano ou ameaça de dano grave.

Não serão considerados, na determinação do dano ou ameaça de dano grave, fatores tais como as mudanças tecnológicas ou mudanças nas preferências dos consumidores em favor de produtos similares e/ou diretamente competitivos dentro do mesmo setor.

A aplicação da cláusula de salvaguarda dependerá, em cada país, da aprovação final da seção nacional do Grupo Mercado Comum.

ARTIGO 4

Com o objetivo de não interromper as correntes de comércio que tiverem sido geradas, o país importador negociará uma quota para a importação do produto objeto de salvaguarda, que se regerá pelas mesmas preferências e demais condições estabelecidas no Programa de Liberação Comercial.

A mencionada quota será negociada com o Estado Parte de onde se originam as importações, durante o período de consulta a que se refere o Artigo 2. Vencido o prazo da consulta e não havendo acordo, o país importador que se considerar afetado poderá fixar uma quota, que será mantida pelo prazo de um ano.

Em nenhum caso a quota fixada unilateralmente pelo país importador será menor que a média dos volumes físicos importados nos últimos três anos calendário.

ARTIGO 5

As cláusulas de salvaguarda terão um ano de duração e poderão ser prorrogadas por um novo período anual e consecutivo, aplicando-lhes os termos e condições estabelecidas no presente Anexo. Estas medidas apenas poderão ser adotadas uma vez para cada produto.

Em nenhum caso a aplicação de cláusulas de salvaguarda poderá estender-se além de 31 de dezembro de 1994.

ARTIGO 6

A aplicação das cláusulas de salvaguarda não afetará as mercadorias embarcadas na data de sua adoção, as quais serão computadas na quota prevista no Artigo 4.

ARTIGO 7

Durante o período de transição, no caso de algum Estado Parte se considerar afetado por graves dificuldades em suas atividades econômicas, solicitará ao Grupo Mercado Comum a realização de consultas, a fim de que se tomem as medidas corretivas que forem necessárias.

O Grupo Mercado Comum, dentro dos prazos estabelecidos no Artigo 2 do presente Anexo, avaliará a situação e se pronunciará sobre as medidas a serem adotadas, em função das circunstâncias.

ANEXO V

Subgrupos de Trabalho do Grupo Mercado Comum

O Grupo Mercado Comum, para fins de coordenação das políticas macroeconômicas e setoriais, constituirá, no prazo d e30 dias após sua instalação de Trabalho;

Subgrupo 1: Assuntos Comerciais

Subgrupo 2: Assuntos Aduaneiros

Subgrupo 3: Normas Técnicas

Subgrupo 4: Política Fiscal e Monetária Relacionadas com o Comércio

Subgrupo 5: Transporte Terrestre

Subgrupo 7: Política Industrial e Tecnológica

Subgrupo 8: Política Agrícola

Subgrupo 9: Política Energética

Subgrupo 10: Coordenação de Políticas Macroeconômicas

DECRETO Nº 1.530, DE 22 DE JUNHO DE 1995

Declara a entrada em vigor da Convenção das Nações Unidas sobre o Direito do Mar, concluída em Montego Bay, Jamaica, em 10 de dezembro de 1982.

O Presidente da República , no uso da atribuição que lhe confere o art. 84, inciso VIII, da Constituição, e

Considerando que o Congresso Nacional aprovou, por meio do Decreto Legislativo nº 5, de 9 de novembro de 1987 , a Convenção das Nações Unidas sobre o Direito do Mar, concluída em Montego Bay, Jamaica, em 10 de dezembro de 1982;

Considerando que o Governo brasileiro ratificou a referida Convenção em 22 de dezembro de 1988;

DECRETA:

Art. 1º Fica declarado que a Convenção das Nações Unidas sobre o Direito do Mar, concluída em Montego Bay, Jamaica, em 10 de dezembro de 1982, entrou em vigor internacional e para o Brasil em 16 de novembro de 1994, de conformidade com o seu art. 308, parágrafo 1.

Art. 2º Este Decreto entra em vigor na data de sua publicação.

Brasília, 22 de junho de 1995; 174º da Independência e 107º da República.

FERNANDO HENRIQUE CARDOSO

D.O.U. de 23.6.199

CONVENÇÃO DAS NAÇÕES UNIDAS SOBRE O DIREITO DO MAR

Os Estados Partes nesta Convenção,

Animados do desejo de solucionar, num espírito de compreensão e cooperação mútuas, todas as questões relativas ao direito do mar e conscientes do significado histórico desta Convenção como importante contribuição para a manutenção da paz, da justiça e do progresso de todos os povos do mundo,

Verificando que os fatos ocorridos desde as Conferências das Nações Unidas sobre o Direito do Mar, realizadas em Genebra em 1958 e 1960, acentuaram a necessidade de uma nova Convenção sobre o direito do mar de aceitação geral,

Conscientes de que os problemas do espaço oceânico estão estreitamente inter-relacionados e devem ser considerados como um todo,

Reconhecendo a conveniência de estabelecer por meio desta Convenção, com a devida consideração pela soberania de todos os Estados, uma ordem jurídica para os mares e oceanos que facilite as comunicações internacionais e promova os usos pacíficos dos mares e oceanos, a utilização equitativa e eficiente dos seus recursos, a conservação dos recursos vivos e o estudo, a proteção e a preservação do meio marinho,

Tendo presente que a consecução destes objetivos contribuirá para o estabelecimento de uma ordem econômica internacional justa e equitativa que tenha em conta os interesses e as necessidades da humanidade em geral e, em particular, os interesses e as necessidades especiais dos países em desenvolvimento, quer costeiros quer sem litoral,

Desejando desenvolver pela presente Convenção os princípios consagrados na resolução 2749 (XXV) de 17 de dezembro de 1970, na qual a Assembléia Geral das Nações Unidas declarou solenemente, interalia, que os fundos marinhos e oceânicos e o seu subsolo para além dos limites de jurisdição nacional, bem como os respectivos recursos são patrimônio comum da humanidade e que a exploração e o aproveitamento dos mesmos fundos serão feitos em beneficio da humanidade em geral, independentemente da situação geográfica dos Estados,

Convencidos de que a codificação e o desenvolvimento progressivo do direito do mar alcançados na presente Convenção contribuirão para o fortalecimento da paz, da segurança, da cooperação e das relações de amizade entre todas as nações, de conformidade com os princípios de justiça e igualdade de direitos e promoverão o progresso econômico e social de todos os povos do mundo, de acordo com os Propósitos e Princípios das Nações Unidas, tais como enunciados na Carta,

Afirmando que as matérias não reguladas pela presente Convenção continuarão a ser regidas pelas normas e princípios do direito internacional geral,

Acordaram o seguinte:

PARTE I
INTRODUÇÃO

ARTIGO 1
TERMOS UTILIZADOS E ÂMBITO DE APLICAÇÃO

1. Para efeitos da presente Convenção:

1) "Área" significa o leito do mar, os fundos marinhos, e o seu subsolo além dos limites da jurisdição nacional;

2) "Autoridade" significa a Autoridade Internacional dos Fundos Marinhos;

3) "atividades na Área" significa todas as atividades de exploração e aproveitamento dos recursos na Área;

4) "poluição do meio marinho" significa a introdução pelo homem, direta ou indiretamente, de substâncias ou de energia no meio marinho, incluindo os estuários, sempre que a mesma provoque ou possa vir provocar efeitos nocivos, tais como danos aos recursos vivos e à vida marinha, riscos à saúde do homem, entrave às atividades marítimas, incluindo a pesca e as outras utilizações legítimas do mar, alteração da qualidade da água do mar, no que se refere à sua utilização, e deterioração dos locais de recreio;

5) a) "alijamento" significa:

i) qualquer lançamento deliberado no mar de detritos e outras matérias, a partir de embarcações, aeronaves, plataformas ou outras construções;

ii) qualquer afundamento deliberado no mar de embarcações, aeronaves, plataformas ou outras construções;

b) O termo "alijamento" não incluirá:

i) o lançamento de detritos ou outras matérias resultantes ou derivadas da exploração normal de embarcações, aeronaves, plataformas e outras construções, bem como o seu equipamento, com exceção dos detritos ou de outras matérias transportados em embarcações, aeronaves, plataformas ou outras construções no mar ou para eles transferidos que sejam utilizadas para o lançamento destas matérias ou que provenham do tratamento desses detritos ou de outras matérias a bordo das referidas embarcações, aeronaves, plataformas ou construções;

ii) o depósito de matérias para outros fins que não os do seu simples lançamento desde que tal depósito não seja contrário aos objetivos da presente Convenção.

2. 1) "Estados Partes" significa os Estados que tenham consentido em ficar obrigados pela Convenção e em relação aos quais a Convenção esteja em vigor.

2) A Convenção aplica-se mutatis mutandis às entidades mencionadas nas alíneas b), c), d), e), e f) do parágrafo 1º do artigo 305, que se tenham tornado Partes na presente Convenção de conformidade com as condições relativas a cada uma delas e, nessa medida, a expressão "Estados Partes" compreende essas entidades.

PARTE II

MAR TERRITORIAL E ZONA CONTÍGUA

SEÇÃO 1. DISPOSIÇÕES GERAIS

ARTIGO 2

REGIME JURÍDICO DO MAR TERRITORIAL, SEU ESPAÇO AÉREO SOBREJACENTE, LEITO E SUBSOLO

1. A soberania do Estado costeiro estende-se além do seu território e das suas águas interiores e, no caso de Estado arquipélago, das suas águas arquipelágicas, a uma zona de mar adjacente designada pelo nome de mar territorial.

2. Esta soberania estende-se ao espaço aéreo sobrejacente ao mar territorial, bem como ao leito e ao subsolo deste mar.

3. A soberania sobre o mar territorial é exercida de conformidade com a presente Convenção e as demais normas de direito internacional.

SEÇÃO 2. LIMITES DO MAR TERRITORIAL

ARTIGO 3

LARGURA DO MAR TERRITORIAL

Todo Estado tem o direito de fixar a largura do seu mar territorial até um limite que não ultrapasse 12 milhas marítimas, medidas a partir de linhas de base determinadas de conformidade com a presente Convenção.

ARTIGO 4

LIMITE EXTERIOR DO MAR TERRITORIAL

Limite exterior do mar territorial é definido por uma linha em que cada um dos pontos fica a uma distância do ponto mais próximo da linha de base igual à largura do mar territorial.

ARTIGO 5

LINHA DE BASE NORMAL

Salvo disposição em contrário da presente Convenção, a linha de base normal para medir a largura do mar territorial é a linha de baixa-mar ao longo da costa, tal como indicada nas cartas marítimas de grande escala, reconhecidas oficialmente pelo Estado costeiro.

ARTIGO 6

RECIFES

No caso de ilhas situadas em atóis ou de ilhas que têm cadeias de recifes, a linha de base para medir a largura do mar territorial é a linha de baixa-mar do recife que se encontra do lado do mar, tal como indicada por símbolo apropriado nas cartas reconhecidas oficialmente pelo Estado costeiro.

ARTIGO 7

LINHA DE BASE RETAS

1. Nos locais em que a costa apresente recortes profundos e reentrâncias ou em que exista uma franja de ilhas ao longo da costa na sua proximidade imediata, pode ser adotado o método das linhas de base retas que unam os pontos apropriados para traçar a linha de base a partir da qual se mede a largura do mar territorial.

2. Nos locais em que, devido à existência de um delta e de outros acidentes naturais, a linha da costa seja muito instável, os pontos apropriados podem ser escolhidos ao longo da linha de baixa-mar mais avançada em direção ao mar e, mesmo que a linha de baixa-mar retroceda posteriormente, essas linhas de base reta continuarão em vigor até que o Estado costeiro as modifique de conformidade com a presente Convenção.

3. O traçado dessas linhas de base retas não deve afastar-se consideravelmente da direção geral da costa e as zonas de mar situadas dentro dessas linhas devem estar suficientemente vinculadas ao domínio terrestre para ficarem submetidas ao regime das águas interiores.

4. As linhas de base retas não serão traçadas em direção aos baixios que emergem na baixa-mar, nem a partir deles, a não ser que sobre os mesmos se tenham construído faróis ou instalações análogas que estejam permanentemente acima do nível do mar, ou

a não ser que o traçado de tais linha de base retas até àqueles baixios ou a partir destes tenha sido objeto de reconhecimento internacional geral.

5. Nos casos em que o método das linhas de base retas for aplicável, nos termos do parágrafo 1º, poder-se-á ter em conta, ao traçar determinadas linhas de base, os interesses econômicos próprios da região de que se trate, cuja realidade e importância estejam claramente demonstradas por uso prolongado.

6. O sistema de linhas de base retas não poderá ser aplicado por um Estado de modo a separar o mar territorial de outro Estado do alto mar ou de uma zona econômica exclusiva.

ARTIGO 8
ÁGUAS INTERIORES

1. Excetuando o disposto na Parte IV, as águas situadas no interior da linha de base do mar territorial fazem parte das águas interiores do Estado.

2. Quando o traçado de uma linha de base reta, de conformidade com o método estabelecido no artigo 7, encerrar, como águas interiores, águas que anteriormente não eram consideradas como tais, aplicar-se-á a essas águas o direito de passagem inocente*, de acordo com o estabelecido na presente Convenção.

ARTIGO 9
FOZ DE UM RIO

Se um rio deságua diretamente no mar, a linha de base é uma reta traçada através da foz do rio entre os pontos limites da linha de baixa-mar das suas margens.

ARTIGO 10
BAÍAS

1. Este artigo refere-se apenas a baías cujas costas pertencem a um único Estado.

2. Para efeitos da presente Convenção, uma baía é uma reentrância bem marcada, cuja penetração em terra, em relação á largura da usa entrada, é tal que contém águas cercadas pela costa e constitui mais do que uma simples inflexão da costa. Contudo, uma reentrância não será considerada como uma baía, se a sua superfície não for igual ou superior à de um semicírculo que tenha por diâmetro a linha traçada através da entrada da referida reentrância.

3. Para efeitos de medição, a superfície de uma reentrância é compreendida entre a linha de baixa-mar ao longo da costa da reentrância e uma linha que una as linhas de baixa-mar dos seus pontos naturais de entrada. Quando, devido à existência de ilhas, uma reentrância tiver mais do que uma entrada, o semicírculo será traçado tomando como diâmetro a soma dos comprimentos das linhas que fechem as diferentes entradas. A superfície das ilhas existentes dentro de uma reentrância será considerada como fazendo parte da superfície total da água da reentrância, como se essas ilhas fossem parte da mesma.

4. Se a distância entre as linhas de baixa-mar dos pontos naturais de entrada de uma baía não exceder 24 milhas marítimas, poderá ser traçada uma linha de demarcação entre estas duas linhas de baixa-mar e as águas assim encerradas serão consideradas águas interiores.

5. Quando a distância entre as linhas de baixa-mar dos pontos naturais de entrada de uma baía exceder 24 milhas marítimas, será traçada, no interior da baía uma linha de base reta de 24 milhas marítimas de modo a encerrar a maior superfície de água que for possível abranger por uma linha de tal extensão.

6. As disposições precedentes não se aplicam às baías chamadas "históricas", nem nos casos em que se aplique o sistema de linhas de base retas estabelecido no artigo 7.

ARTIGO 11
PORTOS

Para efeitos de delimitação do mar territorial, as instalações portuárias permanentes mais ao largo da costa que façam parte integrante do sistema portuário são consideradas como fazendo parte da costa. As instalações marítimas situadas ao largo da costa e as ilhas artificiais não são consideradas instalações portuárias permanentes.

ARTIGO 12
ANCORADOUROS

Os ancoradouros utilizados habitualmente para carga, descarga e fundeio de navios, os quais estariam normalmente situados, inteira ou parcialmente, fora do traçado geral do limite exterior do mar territorial, são considerados como fazendo parte do mar territorial.

ARTIGO 13
BAIXIOS A DESCOBERTO

1. Um "baixio a descoberto" é uma extensão natural de terra rodeada de água, que, na baixa-mar, fica acima do nível do mar, mas que submerge na preia-mar. Quando um "baixio a descoberto" se encontre, total ou parcialmente, a uma distância do continente ou de uma ilha que não exceda a largura do mar territorial, a linha de baixa-mar desse baixio pode ser utilizada como linha de base para medir a largura do mar territorial.

2. Quando um "baixio a descoberto" estiver, na totalidade, situado a uma distância do continente ou

de uma ilha superior à largura do mar territorial, não possui mar territorial próprio.

ARTIGO 14
COMBINAÇÃO DE MÉTODOS PARA DETERMINAR AS LINHAS DE BASE

O Estado costeiro poderá, segundo as circunstâncias, determinar as linhas de base por meio de qualquer dos métodos estabelecidos nos artigos precedentes.

ARTIGO 15
DELIMITAÇÃO DO MAR TERRITORIAL ENTRE ESTADOS COM COSTAS ADJACENTES OU SITUADAS FRENTE A FRENTE

Quando as costas de dois Estados são adjacentes ou se encontram situadas frente a frente, nenhum desses Estados tem o direito, salvo acordo de ambos em contrário, de estender o seu mar territorial além da linha mediana cujos pontos são eqüidistantes dos pontos mais próximos das linhas de base, a partir das quais se mede a largura do mar territorial de cada um desses Estados. Contudo, este artigo não se aplica quando, por motivo da existência de títulos históricos ou de outras circunstâncias especiais, for necessário delimitar o mar territorial dos dois Estados de forma diferente.

ARTIGO 16
CARTAS MARÍTIMAS E LISTAS DE COORDENADAS GEOGRÁFICAS

1. As linhas de base para medir a largura do mar territorial, determinadas de conformidade com os artigos 7, 9 e 10, ou os limites delas decorrentes, e as linhas de delimitação traçadas de conformidade com os artigos 12 e 15 figurarão em cartas de escala ou escalas adequadas para a determinação da sua posição. Essas cartas poderão ser substituídas por listas de coordenadas geográficas de pontos em que conste especificamente a sua origem geodésica.

2. O Estado costeiro dará a devida publicidade a tais cartas ou listas de coordenadas geográficas e depositará um exemplar de cada carta ou lista junto do Secretário Geral das Nações Unidas.

SEÇÃO 3. PASSAGEM INOCENTE* PELO MAR TERRITORIAL

SUBSEÇÃO A. NORMAS APLICÁVEIS A TODOS OS NAVIOS

ARTIGO 17
DIREITO DE PASSAGEM INOCENTE

Salvo disposição em contrário da presente Convenção, os navios de qualquer Estado, costeiro ou sem litoral, gozarão do direito de passagem inocente pelo mar territorial.

ARTIGO 18
SIGNIFICADO DE PASSAGEM

1. "Passagem" significa a navegação pelo mar territorial com o fim de:

a) atravessar esse mar sem penetrar nas águas interiores nem fazer escala num ancoradouro ou instalação portuária situada fora das águas interiores;

b) dirigir-se para as águas interiores ou delas sair ou fazer escala num desses ancoradouros ou instalações portuárias.

2. A passagem deverá ser contínua e rápida. No entanto, a passagem compreende o parar e o fundear, mas apenas na medida em que os mesmos constituam incidentes comuns de navegação ou sejam impostos por motivos de força maior ou por dificuldade grave ou tenham por fim prestar, auxílio a pessoas, navios ou aeronaves em perigo ou em dificuldade grave.

ARTIGO 19
SIGNIFICADO DE PASSAGEM INOCENTE

1. A passagem é inocente desde que não seja prejudicial à paz, à boa ordem ou à segurança do Estado costeiro. A passagem deve efetuar-se de conformidade com a presente Convenção e demais normas de direito internacional.

2. A passagem de um navio estrangeiro será considerada prejudicial à paz, à boa ordem ou à segurança do Estado costeiro, se esse navio realizar, no mar territorial, alguma das seguintes atividades:

a) qualquer ameaça ou uso da força contra a soberania, a integridade territorial ou a independência política do Estado costeiro ou qualquer outra ação em violação dos princípios de direito internacional enunciados na Carta das Nações Unidas;

b) qualquer exercício ou manobra com armas de qualquer tipo;

c) qualquer ato destinado a obter informações em prejuízo da defesa ou da segurança do Estado costeiro;

d) qualquer ato de propaganda destinado a atentar contra a defesa ou a segurança do Estado costeiro;

e) o lançamento, pouso ou recebimento a bordo de qualquer aeronave;

f) o lançamento, pouso ou recebimento a bordo de qualquer dispositivo militar;

g) o embarque ou desembarque de qualquer produto, moeda ou pessoa com violação das leis e regulamentos aduaneiros, fiscais, de imigração ou sanitários do Estado costeiro;

h) qualquer ato intencional e grave de poluição contrário à presente Convenção;

i) qualquer atividade de pesca;

j) a realização de atividades de investigação ou de levantamentos hidrográficos;

k) qualquer ato destinado a perturbar quaisquer sistemas de comunicação ou quaisquer outros serviços ou instalações do Estado costeiro;

l) qualquer outra atividade que não esteja diretamente relacionada com a passagem.

ARTIGO 20
SUBMARINOS E OUTROS VEÍCULOS SUBMERSÍVEIS

No mar territorial, os submarinos e quaisquer outros veículos submersíveis devem navegar à superfície e arvorar a sua bandeira.

ARTIGO 21
LEIS E REGULAMENTOS DO ESTADO COSTEIRO RELATIVOS À PASSAGEM INOCENTE

1. O Estado costeiro pode adotar leis e regulamentos, de conformidade com as disposições da presente Convenção e demais normas de direito internacional, relativos à passagem inocente* pelo mar territorial sobre todas ou alguma das seguintes matérias:

a) segurança da navegação e regulamentação do tráfego marítimo;

b) proteção das instalações e dos sistemas de auxílio à navegação e de outros serviços ou instalações;

c) proteção de cabos e dutos;

d) conservação dos recursos vivos do mar;

e) prevenção de infrações às leis e regulamentos sobre pesca do Estado costeiro;

f) preservação do meio ambiente do Estado costeiro e prevenção, redução e controle da sua poluição;

g) investigação científica marinha e levantamentos hidrográficos;

h) prevenção das infrações às leis e regulamentos aduaneiros, fiscais, de imigração ou sanitários do Estado costeiro.

2. Tais leis e regulamentos não serão aplicados ao projeto, construção, tripulação ou equipamento de navios estrangeiros, a não ser que se destinem à aplicação de regras ou normas internacionais geralmente aceitas.

3. O Estado costeiro dará a devida publicidade a todas estas leis e regulamentos.

4. Os navios estrangeiros que exerçam o direito de passagem inocente pelo mar territorial deverão observar todas essas leis e regulamentos, bem como todas as normas internacionais geralmente aceitas relacionadas com a prevenção de abalroamentos no mar.

ARTIGO 22
ROTAS MARÍTIMAS E SISTEMAS DE SEPARAÇÃO DE TRÁFEGO NO MAR TERRITORIAL

1. O Estado costeiro pode, quando for necessário à segurança da navegação, exigir que os navios estrangeiros que exerçam o direito de passagem inocente* pelo seu mar territorial utilizem as rotas marítimas e os sistemas de separação de tráfego que esse Estado tenha designado ou prescrito para a regulação da passagem de navios.

2. Em particular, pode ser exigido que os navios tanques, os navios de propulsão nuclear e outros navios que transportem substâncias ou materiais radioativos ou outros produtos intrinsecamente perigosos ou nocivos utilizem unicamente essas rotas marítimas.

3. Ao designar as rotas marítimas e ao prescrever sistemas de separação de tráfego, nos termos do presente artigo, o Estado costeiro terá em conta:

a) as recomendações da organização internacional competente;

b) quaisquer canais que se utilizem habitualmente para a navegação internacional;

c) as características especiais de determinados navios e canais; e

d) a densidade de tráfego.

4. O Estado costeiro indicará claramente tais rotas marítimas e sistemas de separação de tráfego em cartas marítimas a que dará a devida publicidade.

ARTIGO 23
NAVIOS ESTRANGEIROS DE PROPULSÃO NUCLEAR E NAVIOS TRANSPORTANDO SUBSTÂNCIAS RADIOATIVAS OU OUTRAS SUBSTÂNCIAS INTRINSECAMENTE PERIGOSAS OU NOCIVAS

Ao exercer o direito de passagem inocente pelo mar territorial, os navios estrangeiros de propulsão nuclear e os navios transportando substâncias radioativas ou outras substâncias intrinsecamente perigosas ou nocivas devem ter a bordo os documentos e observar as medidas especiais de precaução estabelecidas para esses navios nos acordos internacionais.

ARTIGO 24

DEVERES DO ESTADO COSTEIRO

1. O Estado costeiro não deve pôr dificuldades à passagem inocente de navios estrangeiros pelo mar territorial, a não ser de conformidade com a presente Convenção. Em especial, na aplicação da presente Convenção ou de quaisquer leis e regulamentos adotados de conformidade com a presente Convenção, o Estado costeiro não deve:

a) impôr aos navios estrangeiros obrigações que tenham na prática o efeito de negar ou dificultar o direito de passagem inocente; ou

b) fazer discriminação de direito ou de fato contra navios de determinado Estado ou contra navios que transportem cargas provenientes de determinado Estado ou a ele destinadas ou por conta de determinado Estado.

2. O Estado costeiro dará a devida publicidade a qualquer perigo de que tenha conhecimento e que ameace a navegação no seu mar territorial.

ARTIGO 25

DIREITOS DE PROTEÇÃO DO ESTADO COSTEIRO

1. O Estado costeiro pode tomar, no seu mar territorial, as medidas necessárias para impedir toda a passagem que não seja inocente*.

2. No caso de navios que se dirijam a águas interiores ou a escala numa instalação portuária situada fora das águas interiores, o Estado costeiro tem igualmente o direito de adotar as medidas necessárias para impedir qualquer violação das condições a que está sujeita a admissão desses navios nessas águas interiores ou nessa instalação portuária.

3. O Estado costeiro pode, sem fazer discriminação de direito ou de fato entre navios estrangeiros, suspender temporariamente em determinadas áreas do seu mar territorial o exercício do direito de passagem inocente* dos navios estrangeiros, se esta medida for indispensável para proteger a sua segurança, entre outras para lhe permitir proceder a exercícios com armas. Tal suspensão só produzirá efeito depois de ter sido devidamente tornada pública.

ARTIGO 26

TAXAS QUE PODEM SER IMPOSTAS A NAVIOS ESTRANGEIROS

1. Não podem ser impostas taxas a navios estrangeiros só com fundamento na sua passagem pelo mar territorial.

2. Não podem ser impostas taxas a um navio estrangeiro que passe pelo mar territorial a não ser como remuneração de determinados serviços prestados a esse navio. Estas taxas devem ser impostas sem discriminação.

SUBSEÇÃO B. NORMAS APLICÁVEIS A NAVIOS MERCANTES E NAVIOS DE ESTADO UTILIZADOS PARA FINS COMERCIAIS

ARTIGO 27

JURISDIÇÃO PENAL A BORDO DE NAVIO ESTRANGEIRO

1. A jurisdição penal do Estado costeiro não será exercida a bordo de navio estrangeiro que passe pelo mar territorial com o fim de deter qualquer pessoa ou de realizar qualquer investigação, com relação à infração criminal cometida a bordo desse navio durante a sua passagem, salvo nos seguintes casos:

a) se a infração criminal tiver conseqüências para o Estado costeiro;

b) se a infração criminal for de tal natureza que possa perturbar a paz do país ou a ordem no mar territorial;

c) se a assistência das autoridades locais tiver sido solicitada pelo capitão do navio ou pelo representante diplomático ou funcionário consular do Estado de bandeira;

ou

d) se essas medidas forem necessárias para a repressão do tráfico ilícito de estupefacientes ou de substâncias psicotrópicas.

2. As disposições precedentes não afetam o direito do Estado costeiro de tomar as medidas autorizadas pelo seu direito interno, a fim de proceder a apresamento e investigações a bordo de navio estrangeiro que passe pelo seu mar territorial procedente de águas interiores.

3. Nos casos previstos nos parágrafos 1º e 2º, o Estado costeiro deverá, a pedido do capitão, notificar o representante diplomático ou o funcionário consular do Estado de Bandeira antes de tomar quaisquer medidas, e facilitar o contato entre esse representante ou funcionário e a tripulação do navio. Em caso de urgência, esta notificação poderá ser feita enquanto as medidas estiverem sendo tomadas.

4. Ao considerar se devem ou não proceder a um apresamento e à forma de o executar, as autoridades locais devem ter em devida conta os interesses da navegação.

5. Salvo em caso de aplicação das disposições da Parte XII ou de infração às leis e regulamentos adotados de conformidade com a Parte V o Estado costeiro não poderá tomar qualquer medida a bordo de um navio estrangeiro que passe pelo seu mar territorial, para a detenção de uma pessoa ou para proceder a

investigações relacionadas com qualquer infração de caráter penal que tenha sido cometida antes do navio ter entrado no seu mar territorial, se esse navio, procedente de um porto estrangeiro, se encontrar só de passagem pelo mar territorial sem entrar nas águas interiores.

ARTIGO 28

JURISDIÇÃO CIVIL EM RELAÇÃO A NAVIOS ESTRANGEIROS

1. O Estado costeiro não deve parar nem desviar da sua rota um navio estrangeiro que passe pelo mar territorial, a fim de exercer a sua jurisdição civil em relação a uma pessoa que se encontre a bordo.

2. O Estado costeiro não pode tomar contra esse navio medidas executórias ou medidas cautelares em matéria civil, a não ser que essas medidas sejam tomadas por força de obrigações assumidas pelo navio ou de responsabilidades em que o mesmo haja incorrido, durante a navegação ou devido a esta quando da sua passagem pelas águas do Estado costeiro.

3. O parágrafo precedente não prejudica o direito do Estado costeiro de tomar, em relação a navio estrangeiro que se detenha no mar territorial ou por ele passe procedente das águas interiores, medidas executórias ou medidas cautelares em matéria civil conforme o seu direito interno.

SUBSEÇÃO C. NORMAS APLICÁVEIS A NAVIOS DE GUERRA E A OUTROS NAVIOS DE ESTADO UTILIZADOS PARA FINS NÃO COMERCIAIS

ARTIGO 29

DEFINIÇÃO DE NAVIOS DE GUERRA

Para efeitos da presente Convenção, "navio de guerra" significa qualquer navio pertencente às forças armadas de um Estado, que ostente sinais exteriores próprios de navios de guerra da sua nacionalidade, sob o comando de um oficial devidamente designado pelo Estado cujo nome figure na correspondente lista de oficiais ou seu equivalente e cuja tripulação esteja submetida às regras da disciplina militar.

ARTIGO 30

NÃO-CUMPRIMENTO DAS LEIS E REGULAMENTOS DO ESTADO COSTEIRO PELOS NAVIOS DE GUERRA

Se um navio de guerra não cumprir as leis e regulamentos do Estado costeiro relativos à passagem pelo mar territorial e não acatar o pedido que lhe for feito para o seu cumprimento, o Estado costeiro pode exigir-lhe que saia imediatamente do mar territorial.

ARTIGO 31

RESPONSABILIDADE DO ESTADO DE BANDEIRA POR DANOS CAUSADOS POR NAVIO DE GUERRA OU OUTRO NAVIO DE ESTADO UTILIZADO PARA FINS NÃO COMERCIAIS

Caberá ao Estado de bandeira a responsabilidade internacional por qualquer perda ou dano causado ao Estado costeiro resultante do não-cumprimento, por navio de guerra ou outro navio de Estado utilizado para fins não comerciais, das leis e regulamentos do Estado costeiro relativos à passagem pelo mar territorial ou das disposições da presente Convenção ou demais normas de direito internacional.

ARTIGO 32

IMUNIDADES DOS NAVIOS DE GUERRA E OUTROS NAVIOS DE ESTADO UTILIZADOS PARA FINS NÃO COMERCIAIS

Com as exceções previstas na subseção A e nos artigos 30 e 31, nenhuma disposição da presente Convenção afetará as imunidades dos navios de guerra e outros navios de Estado utilizados para fins não comerciais.

SEÇÃO 4. ZONA CONTÍGUA

ARTIGO 33

ZONA CONTÍGUA

1. Numa zona contígua ao seu mar territorial, denominada zona contígua, o Estado costeiro pode tomar as medidas de fiscalização necessárias a:

a) evitar as infrações às leis e regulamentos aduaneiros, fiscais, de imigração ou sanitários no seu território ou no seu mar territorial;

b) reprimir as infrações às leis e regulamentos no seu território ou no seu mar territorial.

2. A zona contígua não pode estender-se além de 24 milhas marítimas, contadas a partir das linhas de base que servem para medir a largura do mar territorial.

PARTE III

ESTREITOS UTILIZADOS PARA A NAVEGAÇÃO INTERNACIONAL

SEÇÃO 1. DISPOSIÇÕES GERAIS

ARTIGO 34

REGIME JURÍDICO DAS ÁGUAS QUE FORMAM OS ESTREITOS UTILIZADOS PARA A NAVEGAÇÃO INTERNACIONAL

1. O regime de passagem pelos estreitos utilizados para a navegação internacional estabelecido na presente Parte não afetará, noutros aspectos, o regime jurídico

das águas que formam esses estreitos, nem o exercício, pelos Estados ribeirinhos do estreito, da sua soberania ou da sua jurisdição sobre essas águas, seu espaço aéreo sobrejacente, leito e subsolo.

2. A soberania ou a jurisdição dos Estados ribeirinhos do estreito é exercida de conformidade com a presente Parte e as demais normas de direito internacional.

ARTIGO 35

ÂMBITO DE APLICAÇÃO DA PRESENTE PARTE

Nenhuma das disposições da presente Parte afeta:

a) qualquer área das águas interiores situadas num estreito, exceto quando o traçado de uma linha da base reta, de conformidade com o método estabelecido no artigo 7, tiver o efeito de englobar nas águas interiores áreas que anteriormente não eram consideradas como tais;

b) o regime jurídico das águas situadas além do mar territorial dos Estados ribeirinhos de um estreito como zonas econômicas exclusivas ou alto mar; ou

c) o regime jurídico dos estreitos em que a passagem esteja regulamentada, total ou parcialmente, por convenções internacionais de longa data em vigor que a eles se refiram especificamente.

ARTIGO 36

ROTAS DE ALTO MAR OU ROTAS QUE ATRAVESSEM UMA ZONA ECONÔMICA EXCLUSIVA ATRAVÉS DE ESTREITOS UTILIZADOS PARA A NAVEGAÇÃO INTERNACIONAL

A presente Parte não se aplica a um estreito utilizado para a navegação internacional se por esse estreito passar uma rota de alto mar ou uma rota que atravesse uma zona econômica exclusiva, igualmente convenientes pelas suas características hidrográficas e de navegação; em tais rotas aplicam-se as outras Partes pertinentes da Convenção, incluindo as disposições relativas à liberdade de navegação e sobrevôo.

SEÇÃO 2. PASSAGEM EM TRÂNSITO

ARTIGO 37

ÂMBITO DE APLICAÇÃO DA PRESENTE SEÇÃO

A presente seção aplica-se a estreitos utilizados para a navegação internacional entre uma parte do alto mar ou uma zona econômica exclusiva e uma outra parte do alto mar ou uma zona econômica exclusiva.

ARTIGO 38

DIREITO DE PASSAGEM EM TRÂNSITO

1. Nos estreitos a que se refere o artigo 37, todos os navios e aeronaves gozam do direito de passagem em trânsito, que não será impedido a não ser que o estreito seja formado por uma ilha de um estado ribeirinho desse estreito e o seu território continental e do outro lado da ilha exista uma rota de alto mar ou uma rota que passe por uma zona econômica exclusiva, igualmente convenientes pelas suas características hidrográficas e de navegação.

2. "Passagem em trânsito" significa o exercício, de conformidade com a presente Parte, da liberdade de navegação e sobrevôo exclusivamente para fins de trânsito contínuo e rápido pelo estreito entre uma parte do alto mar ou de uma zona econômica exclusiva. Contudo a exigência de trânsito contínuo e rápido não impede a passagem pelo estreito para entrar no território do Estado ribeirinho ou dele sair ou a ele regressar sujeito às condições que regem a entrada no território desse Estado.

3. Qualquer atividade que não constitua um exercício do direito de passagem em trânsito por um estreito fica sujeita às demais disposições aplicáveis da presente Convenção.

ARTIGO 39

DEVERES DOS NAVIOS E AERONAVES DURANTE A PASSAGEM EM TRÂNSITO

1. Ao exercer o direito de passagem em trânsito, os navios e aeronaves devem:

a) atravessar ou sobrevoar o estreito sem demora;

b) abster-se de qualquer ameaça ou uso da força contra a soberania, a integridade territorial ou a independência política dos Estados ribeirinhos do estreito ou de qualquer outra ação contrária aos princípios de direito internacional enunciados na Carta das Nações Unidas:

c) abster-se de qualquer atividade que não esteja relacionada com as modalidades normais de trânsito contínuo e rápido, salvo em caso de força maior ou de dificuldade grave;

d) cumprir as demais disposições pertinentes da presente Parte.

2. Os navios de passagem em trânsito devem:

a) cumprir os regulamentos, procedimentos e práticas internacionais de segurança no mar geralmente aceitos, inclusive as Regras Internacionais para a Prevenção de Abalroamentos no Mar;

b) cumprir os regulamentos, procedimentos e práticas internacionais geralmente aceitos para a prevenção, a redução e o controle de poluição proveniente de navios.

3. As aeronaves de passagem em trânsito devem:

a) observar as Normas de Trânsito Aéreo estabelecidas pela Organização da Aviação civil Internacional aplicáveis às aeronaves Civis; as aeronaves do Estado cumprirão normalmente essas medidas de segurança e agirão sempre tendo em conta a segurança da navegação;

b) manter sempre sintonizada a radiofreqüência atribuída pela autoridade competente de controle de tráfego aéreo designada internacionalmente ou a correspondente radiofreqüência internacional de socorro.

ARTIGO 40

ATIVIDADES DE INVESTIGAÇÃO E LEVANTAMENTOS HIDROGRÁFICOS

Durante a passagem em trânsito pelos estreitos, os navios estrangeiros, incluindo navios de investigação científica marinha e navios hidrográficos, não podem efetuar quaisquer atividades de investigação ou de levantamentos hidrográficos sem autorização prévia dos Estados ribeirinhos dos estreitos.

ARTIGO 41

ROTAS MARÍTIMAS E SISTEMAS DE SEPARAÇÃO DE TRÁFEGO EM ESTREITOS UTILIZADOS PARA A NAVEGAÇÃO INTERNACIONAL

1. Os Estados ribeirinhos de estreitos podem, de conformidade com as disposições da presente Parte, designar rotas marítimas e estabelecer sistemas de separação de tráfego para a navegação pelos estreitos, sempre que a segurança da passagem dos navios o exija.

2. Tais Estados podem, quando as circunstâncias o exijam e após terem dado a devida publicidade a esta medida, substituir por outras rotas marítimas ou sistemas de separação de tráfego quaisquer rotas marítimas ou sistemas de separação de tráfego por eles anteriormente designados ou prescritos.

3. Tais rotas marítimas e sistemas de separação de tráfego devem ajustar-se à regulamentação internacional geralmente aceita.

4. Antes de designar ou substituir rotas marítimas ou de estabelecer ou substituir sistemas de separação de tráfego, os Estados ribeirinhos de estreitos devem submeter as suas propostas à organização internacional competente para a sua adoção. A organização só pode adotar as rotas marítimas e os sistemas de separação de tráfego que tenham sido acordados com os Estados ribeirinhos dos estreitos, após o que estes Estados poderão designar, estabelecer ou substituir as rotas marítimas ou os sistemas de separação de tráfego.

5. No caso de um estreito, em que se proponham a criação de rotas marítimas ou sistemas de separação de tráfego que atravessem as águas de dois ou mais Estados ribeirinhos do estreito, os Estados interessados cooperarão na formulação de propostas em consulta com a organização internacional competente.

6. Os Estados ribeirinhos de estreitos indicarão claramente todas as rotas marítimas e sistemas de separação de tráfego por eles designados ou prescritos em cartas de navegação às quais darão a devida publicidade.

7. Os navios de passagem em trânsito respeitarão as rotas marítimas e sistemas de separação de tráfego aplicáveis, estabelecidos de conformidade com as disposições do presente artigo.

ARTIGO 42

LEIS E REGULAMENTOS DOS ESTADOS RIBEIRINHOS DE ESTREITOS RELATIVOS À PASSAGEM EM TRÂNSITO

1. Nos termos das disposições da presente seção, os Estados ribeirinhos de estreitos podem adotar leis e regulamentos relativos à passagem em trânsito pelos estreitos no que respeita a todos ou a alguns dos seguintes pontos:

a) a segurança da navegação e a regulamentação do tráfego marítimo, de conformidade com as disposições do artigo 41;

b) a prevenção, redução e controle da poluição em cumprimento das regulamentações internacionais aplicáveis relativas a descarga no estreito de hidrocarbonetos, de resíduos de petróleo e de outras substancias nocivas;

c) no caso de embarcações de pesca a proibição de pesca, incluindo o acondicionamento dos aparelhos de pesca;

d) o embarque ou desembarque de produto, moeda ou pessoa em contravenção das leis e regulamentos aduaneiros, fiscais, de imigração ou sanitários dos Estados ribeirinhos de estreitos.

2. Tais leis e regulamentos não farão discriminação de direito ou de fato entre os navios estrangeiros, nem a sua aplicação terá, na prática, o efeito de negar, dificultar ou impedir o direito de passagem em trânsito tal como definido na presente seção.

3. Os Estados ribeirinhos de estreitos darão a devida publicidade a todas essas leis e regulamentos.

4. Os navios estrangeiros que exerçam o direito de passagem em trânsito cumprirão essas leis e regulamentos.

5. O estado de bandeira de um navio ou o Estado de registro de uma aeronave que goze de imunidade soberana e atue de forma contrária a essas leis e regulamentos ou a outras disposições da presente Parte incorrerá em responsabilidade internacional por qualquer perda ou dano causado aos Estados ribeirinhos de estreitos.

ARTIGO 43

INSTALAÇÕES DE SEGURANÇA E DE AUXILIO À NAVEGAÇÃO E OUTROS DISPOSITIVOS. PREVENÇÃO, REDUÇÃO E CONTROLE DE POLUIÇÃO

Os Estados usuários e os Estados ribeirinhos de um estreito deveriam cooperar mediante acordos para:

a) o estabelecimento e manutenção, no estreito, das instalações de segurança e auxílio necessárias à navegação ou de outros dispositivos destinados a facilitar a navegação internacional; e

b) a prevenção, redução e controle da poluição proveniente de navios.

ARTIGO 44

DEVERES DOS ESTADOS RIBEIRINHOS DE ESTREITOS

Os Estados ribeirinhos de um estreito não impedirão a passagem em trânsito e darão a devida publicidade a qualquer perigo de que tenham conhecimento e que ameace a navegação no estreito ou o sobrevôo do mesmo. Não haverá nenhuma suspensão da passagem em trânsito.

SEÇÃO 3. PASSAGEM INOCENTE*

ARTIGO 45

PASSAGEM INOCENTE

1. O regime de passagem inocente, de conformidade com a seção 3 da Parte II, aplicar-se-á a estreitos utilizados para a navegação internacional:

a) excluídos da aplicação do regime de passagem em trânsito, em virtude do parágrafo 1º do artigo 38; ou

b) situados entre uma parte de alto mar ou uma zona econômica exclusiva e o mar territorial de um Estado estrangeiro.

2. Não haverá nenhuma suspensão da passagem inocente por tais estreitos.

PARTE IV

ESTADOS ARQUIPÉLAGOS

ARTIGO 46

EXPRESSÕES UTILIZADAS

Para efeitos da presente Convenção:

a) "Estado arquipélago" significa em Estado constituído totalmente por um ou vários arquipélagos, podendo incluir outras ilhas;

b) "arquipélago" significa um grupo de ilhas, incluindo partes de ilhas, as águas circunjacentes e outros elementos naturais, que estejam tão estreitamente relacionados entre si que essas ilhas, águas e outros elementos naturais formem intrinsecamente uma entidade geográfica, econômica e política ou que historicamente tenham sido considerados como tal.

ARTIGO 47

LINHAS DE BASE ARQUIPELÁGICAS

1. O Estado arquipélago pode traçar linhas de base arquipelágicas retas que unam os pontos extremos das ilhas mais exteriores e dos recifes emergentes do arquipélago, com a condição de que dentro dessas linhas de base estejam compreendidas as principais ilhas e uma zona em que a razão entre a superfície marítima e a superfície terrestre, incluindo os atóis, se situe entre um para um e nove para um.

2. O comprimento destas linhas de base não deve exceder 100 milhas marítimas, admitindo-se, no entanto, que até 3% do número total das linhas de base que encerram qualquer arquipélago possam exceder esse comprimento, até um máximo de 125 milhas marítimas.

3. O traçado de tais linhas de base não se deve desviar consideravelmente da configuração geral do arquipélago.

4. Tais linhas de base não serão traçadas em direção aos baixios a descoberto, nem a partir deles, a não ser que sobre os mesmos se tenham construído faróis ou instalações análogas, que estejam permanentemente acima do nível do mar ou quando um baixio a descoberto esteja total ou parcialmente situado a uma distância da ilha mais próxima que não exceda a largura do mar territorial.

5. O sistema de tais linhas de base não pode ser aplicado por um Estado arquipélago de modo a separar do alto mar ou de uma zona econômica exclusiva o mar territorial de outro Estado.

6. Se uma parte das águas arquipelágicas de um Estado arquipélago estiver situada entre duas partes de um Estado vizinho imediatamente adjacente, os direitos existentes e quaisquer outros interesses legítimos que este Estado tenha exercido tradicionalmente em tais águas e todos os direitos estipulados em acordos concluídos entre os dois Estados continuarão em vigor e serão respeitados.

7. Para fins de cálculo da razão entre a superfície marítima e a superfície terrestre, a que se refere o parágrafo 1º, as superfícies podem incluir águas situadas no interior das cadeias de recifes de ilhas e atóis, incluindo a parte de uma plataforma oceânica com face lateral abrupta que se encontre encerrada, ou quase, por uma cadeia de ilhas calcárias e de recifes emergentes situados no perímetro da plataforma.

8. As linhas de base traçadas de conformidade com o presente artigo devem ser apresentadas em cartas de escala ou escalas adequadas para a determinação da sua posição. Tais cartas podem ser substituídas por

listas de coordenadas geográficas de pontos, em que conste especificamente a origem geodésica.

9. O Estado arquipélago deve dar a devida publicidade a tais cartas ou listas de coordenadas geográficas e deve depositar um exemplar de cada carta ou lista junto do Secretário Geral das Nações Unidas.

ARTIGO 48

MEDIÇÃO DA LARGURA DO MAR TERRITORIAL, DA ZONA CONTÍGUA, DA ZONA ECONÔMICA EXCLUSIVA E DA PLATAFORMA CONTINENTAL

A largura do mar territorial, da zona contígua, da zona econômica exclusiva e da plataforma continental é medida a partir das linhas de base arquipelágicas traçadas de conformidade com o artigo 47.

ARTIGO 49

REGIME JURÍDICO DAS ÁGUAS ARQUIPÉLAGICAS, DO ESPAÇO AÉREO SOBRE ÁGUAS ARQUIPÉLAGICAS E DO LEITO E SUBSOLO DESSAS ÁGUAS ARQUIPÉLAGICAS

1. A soberania de um Estado arquipélago estende-se às águas encerradas pelas linhas de base arquipélagicas, traçadas de conformidade com o artigo 47, denominadas águas arquipélagicas, independentemente da sua profundidade ou da sua distância da costa.

2. Esta soberania estende-se ao espaço aéreo situado sobre as águas arquipélagicas e ao seu leito e subsolo, bem como aos recursos neles existentes.

3. Esta soberania é exercida de conformidade com as disposições da presente Parte.

4. O regime de passagem pelas rotas marítimas arquipélagicas, estabelecido na presente Parte, não afeta em outros aspectos o regime jurídico das águas arquipélagicas, inclusive o das rotas marítimas, nem o exercício pelo Estado arquipélago de sua soberania sobre essas águas, seu espaço aéreo sobrejacente e seu leito e subsolo, bem como sobre os recursos neles existentes.

ARTIGO 50

DELIMITAÇÃO DAS ÁGUAS INTERIORES

Dentro das suas águas arquipélagicas, o Estado arquipélago pode traçar linhas de fecho para a delimitação das águas interiores, de conformidade com os artigos 9, 10 e 11.

ARTIGO 51

ACORDOS EXISTENTES, DIREITOS DE PESCA TRADICIONAIS E CABOS SUBMARINOS EXISTENTES

1. Sem prejuízo das disposições do artigo 49, os Estados arquipélagos respeitarão os acordos existentes com outros Estados e reconhecerão os direitos de pesca tradicionais e outras atividades legítimas dos Estados vizinhos imediatamente adjacentes em certas áreas situadas nas águas arquipélagicas. As modalidades e condições para o exercício de tais direitos e atividades, incluindo a natureza, o alcance e as áreas em que se aplicam, serão, a pedido de qualquer dos Estados interessados, reguladas por acordos bilaterais entre eles. Tais direitos não poderão ser transferidos a terceiros Estados ou a seus nacionais, nem por eles compartilhados.

2. Os Estados arquipélagos respeitarão os cabos submarinos existentes que tenham sido colocados por outros Estados e que passem por suas águas sem tocar terra. Os Estados arquipélagos permitirão a conservação e a substituição de tais cabos, uma vez recebida a devida notificação da sua localização e da intenção de os reparar ou substituir.

ARTIGO 52

DIREITO DE PASSAGEM INOCENTE

1. Nos termos do artigo 53 e sem prejuízo do disposto no Artigo 50, os navios de todos os Estados gozam do direito de passagem inocente* pelas águas arquipélagicas, de conformidade com a seção 3 da Parte II.

2. O Estado arquipélago pode, sem discriminar de direito ou de fato entre navios estrangeiros, suspender temporariamente, e em determinadas áreas das suas águas arquipélagicas, a passagem inocente* de navios estrangeiros, se tal suspensão for indispensável para a proteção da sua segurança. A suspensão só produzirá efeito depois de ter sido devidamente publicada.

ARTIGO 53

DIREITO DE PASSAGEM PELAS ROTAS MARÍTIMAS ARQUIPÉLAGICAS

1. O Estado arquipélago pode designar rotas marítimas e rotas aéreas a elas sobrejacentes adequadas à passagem contínua e rápida de navios e aeronaves estrangeiros por ou sobre suas águas arquipélagicas e o mar territorial adjacente.

2. Todos os navios e aeronaves gozam do direito de passagem pelas rotas marítimas arquipélagicas, em tais rotas marítimas e aéreas.

3. A passagem pelas rotas marítimas arquipélagicas significa o exercício, de conformidade com a presente Convenção, dos direitos de navegação e sobrevôo de modo normal, exclusivamente para fins de trânsito contínuo, rápido e sem entraves entre uma parte do alto mar ou de uma zona econômica exclusiva e uma outra parte do alto mar ou de uma zona econômica exclusiva.

4. Tais rotas marítimas e aéreas atravessarão as águas arquipélagicas e o mar territorial adjacente e incluirão

todas as rotas normais de passagem utilizadas como tais na navegação internacional através das águas arquipélagicas ou da navegação aérea internacional no espaço aéreo sobrejacente e, dentro de tais rotas, no que se refere a navios, todos os canais normais de navegação, desde que não seja necessário uma duplicação de rotas com conveniência similar entre os mesmos pontos de entrada e de saída.

5. Tais rotas marítimas e aéreas devem ser definidas por uma série de linhas axiais contínuas desde os pontos de entrada das rotas de passagem até aos pontos de saída. Os navios e aeronaves, na sua passagem pelas rotas marítimas arquipélagicas, não podem afastar-se mais de 25 milhas marítimas para cada lado dessas linhas axiais, ficando estabelecido que não podem navegar a uma distância da costa inferior a 10% da distância entre os pontos mais próximos situados em ilhas que circundam as rotas marítimas.

6. O Estado arquipélago que designe rotas marítimas de conformidade com o presente artigo pode também estabelecer sistemas de separação de tráfego para a passagem segura dos navios através de canais estreitos em tais rotas marítimas.

7. O Estado arquipélago pode, quando as circunstâncias o exijam, e após ter dado a devida publicidade a esta medida, substituir por outras rotas marítimas ou sistemas de separação de tráfego quaisquer rotas marítimas ou sistemas de separação de tráfego por ele anteriormente designados ou prescritos.

8. Tais rotas marítimas e sistemas de separação de tráfego devem ajustar-se à regulamentação internacional geralmente aceita.

9. Ao designar ou substituir rotas marítimas ou estabelecer ou substituir sistemas de separação de tráfego, o Estado arquipélago deve submeter propostas à organização internacional competente para a sua adoção. A organização só pode adotar as rotas marítimas e os sistemas de separação de tráfego acordados com o Estado arquipélago, após o que o Estado arquipélago pode designar, estabelecer ou substituir as rotas marítimas ou os sistemas de separação de tráfego.

10. O estado arquipélago indicará claramente os eixos das rotas marítimas e os sistemas de separação de tráfego por ele designados ou prescritos em cartas de navegação, às quais dará a devida publicidade.

11. Os navios, durante a passagem pelas rotas marítimas arquipélagicas, devem respeitar as rotas marítimas e os sistemas de separação de tráfego aplicáveis, estabelecidos de conformidade com o presente artigo.

12. Se um Estado arquipélago não designar rotas marítimas ou aéreas, o direito de passagem por rotas marítimas arquipelágicas pode ser exercido através das rotas utilizadas normalmente para a navegação internacional.

ARTIGO 54

DEVERES DOS NAVIOS E AERONAVES DURANTE A PASSAGEM, ATIVIDADES DE INVESTIGAÇÃO E LEVANTAMENTOS HIDROGRÁFICOS, DEVERES DO ESTADO ARQUIPÉLAGO E LEIS E REGULAMENTOS DO ESTADO ARQUIPÉLAGO RELATIVOS À PASSAGEM PELAS ROTAS MARÍTIMAS ARQUIPÉLAGICAS

Os artigos 39, 40, 42, e 44 aplicam-se, mutatis mutandis, à passagem pelas rotas marítimas arquipélagicas.

PARTE V

ZONA ECONÔMICA EXCLUSIVA

ARTIGO 55

REGIME JURÍDICO ESPECÍFICO DA ZONA ECONÔMICA EXCLUSIVA

A zona econômica exclusiva é uma zona situada além do mar territorial e a este adjacente, sujeita ao regime jurídico específico estabelecido na presente Parte, segundo o qual os direitos e a jurisdição do Estado costeiro e os direitos e liberdades dos demais Estados são regidos pelas disposições pertinentes da presente Convenção.

ARTIGO 56

DIREITOS, JURISDIÇÃO E DEVERES DO ESTADO COSTEIRO NA ZONA ECONÔMICA EXCLUSIVA

1. Na zona econômica exclusiva, o Estado costeiro tem:

a) direitos de soberania para fins de exploração e aproveitamento, conservação e gestão dos recursos naturais, vivos ou não vivos das águas sobrejacentes ao leito do mar, do leito do mar e seu subsolo, e no que se refere a outras atividades com vista à exploração e aproveitamento da zona para fins econômicos, como a produção de energia a partir da água, das correntes e dos ventos;

c) jurisdição, de conformidade com as disposições pertinentes da presente Convenção, no que se refere a:

i) colocação e utilização de ilhas artificiais, instalações e estruturas;

ii) investigação cientifica marinha;

iii) proteção e preservação do meio marinho;

2. No exercício dos seus direitos e no cumprimento dos seus deveres na zona econômica exclusiva nos termos da presente Convenção, o Estado costeiro terá em devida conta os direitos e deveres dos outros Estados e agirá de forma compatível com as disposições da presente Convenção.

3. Os direitos enunciados no presente artigo referentes ao leito do mar e ao seu subsolo devem ser exercidos de conformidade com a Parte VI da presente Convenção.

ARTIGO 57

LARGURA DA ZONA ECONÔMICA EXCLUSIVA

A zona econômica exclusiva não se estenderá além de 200 milhas marítimas das linhas de base a partir das quais se mede a largura do mar territorial.

ARTIGO 58

DIREITOS E DEVERES DE OUTROS ESTADOS NA ZONA ECONÔMICA EXCLUSIVA

1. Na zona econômica exclusiva, todos os Estados, quer costeiros quer sem litoral, gozam, nos termos das disposições da presente Convenção, das liberdades de navegação e sobrevôo e de colocação de cabos e dutos submarinos, a que se refere o artigo 87, bem como de outros usos do mar internacionalmente lícitos, relacionados com as referidas liberdades, tais como os ligados à operação de navios, aeronaves, cabos e dutos submarinos e compatíveis com as demais disposições da presente Convenção.

2. Os artigos 88 a 115 e demais normas pertinentes de direito internacional aplicam-se à zona econômica exclusiva na medida em que não sejam incompatíveis com a presente Parte.

3. No exercício dos seus direitos e no cumprimento dos seus deveres na zona econômica exclusiva, nos termos da presente Convenção, os Estados terão em devida conta os direitos e deveres do Estado costeiro e cumprirão as leis e regulamentos por ele adotados de conformidade com as disposições da presente Convenção e demais normas de direito internacional, na medida em que não sejam incompatíveis com a presente Parte.

ARTIGO 59

BASE PARA A SOLUÇÃO DE CONFLITOS RELATIVOS À ATRIBUIÇÃO DE DIREITOS E JURISDIÇÃO NA ZONA ECONÔMICA EXCLUSIVA

Nos casos em que a presente Convenção não atribua direitos ou jurisdição ao Estado costeiro ou a outros Estados na zona econômica exclusiva, E surja um conflito entre os interesses do Estado costeiro e os de qualquer outro Estado ou Estados, o conflito deveria ser solucionado numa base de equidade e à luz de todas as circunstâncias pertinentes, tendo em conta a importância respectiva dos interesses em causa para as partes e para o conjunto da comunidade internacional.

ARTIGO 60

ILHAS ARTIFICIAIS, INSTALAÇÕES E ESTRUTURAS NA ZONA ECONÔMICA EXCLUSIVA

1. Na zona econômica exclusiva, o Estado costeiro tem o direito exclusivo de construir e de autorizar e regulamentar a construção, operação e utilização de:

a) ilhas artificiais;

b) instalações e estruturas para os fins previstos no artigo 56 e para outras finalidades econômicas;

c) instalações e estruturas que possam interferir com o exercício dos direitos do Estado costeiro na zona.

2. O Estado costeiro tem jurisdição exclusiva sobre essas ilhas artificiais, instalações e estruturas, incluindo jurisdição em matéria de leis e regulamentos aduaneiros, fiscais, de imigração, sanitários e de segurança.

3. A construção dessas ilhas artificiais, instalações ou estruturas deve ser devidamente notificada e devem ser mantidos meios permanentes para assinalar a sua presença. As instalações ou estruturas abandonadas ou inutilizadas devem ser retiradas, a fim de garantir a segurança da navegação, tendo em conta as normas internacionais geralmente aceitas que tenham sido estabelecidas sobre o assunto pela organização internacional competente. Para efeitos de remoção deve ter-se em conta a pesca, a proteção do meio marinho e os direitos e obrigações de outros Estados. Deve dar-se a devida publicidade da localização, dimensão e profundidade das instalações ou estruturas que não tenham sido completamente removidas.

4. O Estado costeiro pode, se necessário, criar em volta dessas ilhas artificiais, instalações e estruturas, zonas de segurança de largura razoável, nas quais pode tomar medidas adequadas para garantir tanto a segurança da navegação como a das ilhas artificiais, instalações ou estruturas.

5. O Estado costeiro determinará a largura das zonas de segurança, tendo em conta as normas internacionais aplicáveis. Essas zonas de segurança devem ser concebidas de modo a responderem razoavelmente à natureza e às funções das ilhas artificiais, instalações ou estruturas, e não excederão uma distância de 500 metros em volta destas ilhas artificiais, instalações ou estruturas, distância essa medida a partir de cada ponto do seu bordo exterior, a menos que o autorizem as normas internacionais geralmente aceitas ou o recomende a organização internacional competente. A extensão das zonas de segurança será devidamente notificada.

6. Todos os navios devem respeitar essas zonas de segurança e cumprir as normas internacionais geralmente aceitas relativas à navegação nas proximidades das ilhas artificiais, instalações, estruturas e zonas de segurança.

7. Não podem ser estabelecidas ilhas artificiais, instalações e estruturas nem zonas de segurança em sua volta, quando interfiram na utilização das rotas marítimas reconhecidas essenciais para a navegação internacional.

8. As ilhas artificiais, instalações e estruturas não têm o estatuto jurídico de ilhas. Não têm mar territorial próprio e a sua presença não afeta a delimitação do

mar territorial, da zona econômica exclusiva ou da plataforma continental.

ARTIGO 61
CONSERVAÇÃO DOS RECURSOS VIVOS

1. O Estado costeiro fixará as capturas permissíveis dos recursos vivos na sua zona econômica exclusiva.

2. O Estado costeiro, tendo em conta os melhores dados científicos de que disponha, assegurará, por meio de medidas apropriadas de conservação e gestão, que a preservação dos recursos vivos da sua zona econômica exclusiva não seja ameaçada por um excesso de captura. O Estado costeiro e as organizações competentes sub-regionais, regionais ou mundiais, cooperarão, conforme o caso, para tal fim.

3. Tais medidas devem ter também a finalidade de preservar ou restabelecer as populações das espécies capturadas a níveis que possam produzir o máximo rendimento constante, determinado a partir de fatores ecológicos e econômicos pertinentes, incluindo as necessidades econômicas das comunidades costeiras que vivem da pesca e as necessidades especiais dos Estados em desenvolvimento, e tendo em conta os métodos de pesca, a interdependência das populações e quaisquer outras normas mínimas internacionais geralmente recomendadas, sejam elas sub-regionais, regionais ou mundiais.

4. Ao tomar tais medidas, o Estado costeiro deve ter em conta os seus efeitos sobre espécies associadas às espécies capturadas, ou delas dependentes, a fim de preservar ou restabelecer as populações de tais espécies associadas ou dependentes acima de níveis em que a sua reprodução possa ficar seriamente ameaçada.

5. Periodicamente devem ser comunicadas ou trocadas informações científicas disponíveis, estatísticas de captura e de esforço de pesca e outros dados pertinentes para a conservação das populações de peixes, por intermédio das organizações internacionais competentes, sejam elas sub-regionais, regionais ou mundiais, quando apropriado, e com a participação de todos os Estados interessados, incluindo aqueles cujos nacionais estejam autorizados a pescar na zona econômica exclusiva.

ARTIGO 62
UTILIZAÇÃO DOS RECURSOS VIVOS

1. O Estado costeiro deve ter por objetivo promover a utilização ótima dos recursos vivos na zona econômica exclusiva, sem prejuízo do artigo 61.

2. O Estado costeiro deve determinar a sua capacidade de capturar os recursos vivos da zona econômica exclusiva. Quando o Estado costeiro não tiver capacidade para efetuar a totalidade da captura permissível deve dar a outros Estados acesso ao excedente desta captura, mediante acordos ou outros ajustes e de conformidade com as modalidades, condições e leis e regulamentos mencionados no parágrafo 4º, tendo particularmente em conta as disposições dos artigos 69 e 70, principalmente no que se refere aos Estados em desenvolvimento neles mencionados.

3. Ao dar a outros Estados acesso à sua zona econômica exclusiva nos termos do presente artigo, o Estado costeiro deve ter em conta todos os fatores pertinentes, incluindo, inter alia, a importância dos recursos vivos da zona para a economia do Estado costeiro correspondente e para os seus outros interesses nacionais, as disposições dos artigos 69 e 70, as necessidades dos países em desenvolvimento da sub-região ou região no que se refere à captura de parte dos excedentes, e a necessidade de reduzir ao mínimo a perturbação da economia dos Estados, cujos nacionais venham habitualmente pescando na zona ou venham fazendo esforços substanciais na investigação e identificação de populações.

4. Os nacionais de outros Estados que pesquem na zona econômica exclusiva devem cumprir as medidas de conservação e as outras modalidades e condições estabelecidas nas leis e regulamentos do Estado costeiro. Tais leis e regulamentos devem estar de conformidade com a presente Convenção e podem referir-se, inter alia, às seguintes questões:

a) concessão de licenças a pescadores, embarcações e equipamento de pesca, incluindo o pagamento de taxas e outros encargos que, no caso dos Estados costeiros em desenvolvimento, podem consistir numa compensação adequada em matéria de financiamento, equipamento e tecnologia da indústria da pesca;

b) determinação das espécies que podem ser capturadas e fixação das quotas de captura, que podem referir-se seja a determinadas populações ou a grupos de populações, seja à captura por embarcação durante um período de tempo, seja à captura por nacionais de um Estado durante um período determinado;

c) regulamentação das épocas e zonas de pesca, do tipo, tamanho e número de aparelhos, bem como do tipo, tamanho e número de embarcações de pesca que podem ser utilizados;

d) fixação da idade e do tamanho dos peixes e de outras espécies que podem ser capturados;

e) indicação das informações que devem ser fornecidas pelas embarcações de pesca, incluindo estatísticas das capturas e do esforço de pesca e informações sobre a posição das embarcações;

f) execução, sob a autorização e controle do Estado costeiro, de determinados programas de investigação no âmbito das pescas e regulamentação da realização de tal investigação, incluindo a amostragem de capturas, destino das amostras e comunicação dos dados científicos conexos;

g) embarque, pelo Estado costeiro, de observadores ou de estagiários a bordo de tais embarcações;

h) descarga por tais embarcações da totalidade das capturas ou de parte delas nos portos do Estado costeiro;

i) termos e condições relativos às empresas conjuntas ou a outros ajustes de cooperação;

j) requisitos em matéria de formação de pessoal e de transferência de tecnologia de pesca, incluindo o reforço da capacidade do Estado costeiro para empreender investigação de pesca;

k) medidas de execução.

5. Os Estados costeiros devem dar o devido conhecimento das leis e regulamentos em matéria de conservação e gestão.

ARTIGO 63
POPULAÇÕES EXISTENTES DENTRO DAS ZONAS ECONÔMICAS EXCLUSIVAS DE DOIS OU MAIS ESTADOS COSTEIROS OU DENTRO DA ZONA ECONÔMICA EXCLUSIVA E NUMA ZONA EXTERIOR E ADJACENTE À MESMA

1. No caso de uma mesma população ou populações de espécies associadas se encontrarem nas zonas econômicas exclusivas de dois ou mais Estados costeiros, estes Estados devem procurar, quer diretamente quer por intermédio das organizações sub-regionais ou regionais apropriadas, concertar as medidas necessárias para coordenar e assegurar a conservação e o desenvolvimento de tais populações, sem prejuízo das demais disposições da presente Parte.

2. No caso de uma mesma população ou populações de espécies associadas se encontrarem tanto na zona econômica exclusiva como numa área exterior e adjacente à mesma, o Estado costeiro e os Estados que pesquem essas populações na área adjacente devem procurar, quer diretamente quer por intermédio das organizações sub-regionais ou regionais apropriadas, concertar as medidas necessárias para a conservação dessas populações na área adjacente.

ARTIGO 64
ESPÉCIES ALTAMENTE MIGRATÓRIAS

1. O Estado costeiro e os demais Estados cujos nacionais pesquem, na região, as espécies altamente migratórias enumeradas no Anexo I devem cooperar quer diretamente quer por intermédio das organizações internacionais apropriadas, com vista a assegurar a conservação e promover o objetivo da utilização ótima de tais espécies em toda a região, tanto dentro como fora da zona econômica exclusiva. Nas regiões em que não exista organização internacional apropriada, o Estado costeiro e os demais Estados cujos nacionais capturem essas espécies na região devem cooperar para criar uma organização deste tipo e devem participar nos seus trabalhos.

2. As disposições do parágrafo 1º aplicam-se conjuntamente com as demais disposições da presente Parte.

ARTIGO 65
MAMÍFEROS MARINHOS

Nenhuma das disposições da presente Parte restringe quer o direito de um Estado costeiro quer eventualmente a competência de uma organização internacional, conforme o caso, para proibir, limitar ou regulamentar o aproveitamento dos mamíferos marinhos de maneira mais estrita que a prevista na presente Parte. Os Estados devem cooperar com vistas a assegurar a conservação dos mamíferos marinhos e, no caso dos cetáceos, devem trabalhar em particular, por intermédio de organizações internacionais apropriadas, para a sua conservação, gestão e estudo.

ARTIGO 66
POPULAÇÕES DE PEIXES ANÁDROMOS

1. Os Estados em cujos rios se originem as populações de peixes anádromos devem ter por tais populações o interesse e a responsabilidade primordiais.

2. O Estado de origem das populações de peixes anádromos devem assegurar a sua conservação mediante a adoção de medidas apropriadas de regulamentação da pesca em todas as águas situadas dentro dos limites exteriores da sua zona econômica exclusiva, bem como da pesca a que se refere à alínea b) do parágrafo 3º. O Estado de origem pode, Após consulta com os outros Estados mencionados nos parágrafos 3º e 4º que pesquem essas populações, fixar as capturas totais permissíveis das populações originárias dos seus rios.

3. a) A pesca das populações de peixes anádromos só pode ser efetuada nas águas situadas dentro dos limites exteriores da zona econômica exclusiva, exceto nos casos em que esta disposição possa acarretar perturbações econômicas para um outro Estado que não o Estado de origem. No que se refere a tal pesca além dos limites exteriores da zona econômica exclusiva, os Estados interessados procederão a consultas com vista a chegarem a acordo sobre modalidades e condições de tal pesca, tendo em devida consideração as exigências da conservação e as necessidades do Estado de origem no que se refere a tais populações;

b) o Estado de origem deve cooperar para reduzir ao mínimo as perturbações econômicas causadas a outros Estados que pesquem essas populações, tendo em conta a captura normal e o modo de operação utilizado por esses Estados, bem como todas as zonas em que tal pesca tenha sido efetuada;

c) os Estados mencionados na alínea b) que, por meio de acordos com o Estado de origem, participem em medidas para renovar as populações de peixes anádromos, particularmente com despesas feitas para esse fim, devem receber especial consideração do Estado de origem no que se refere à captura de populações originárias dos seus rios;

d) a aplicação dos regulamentos relativos às populações de peixes anádromos além da zona econômica exclusiva deve ser feita por acordo entre o Estado de origem e os outros Estados interessados.

4. Quando as populações de peixes anádromos migrem para ou através de águas situadas dentro dos limites exteriores da zona econômica exclusiva de um outro Estado que não seja o Estado de origem, esse Estado cooperará com o Estado de origem no que se refere à conservação e gestão de tais populações.

5. O Estado de origem das populações de peixes anádromos e os outros Estados que pesquem estas populações devem concluir ajustes para a aplicação das disposições do presente Artigo, quando apropriado, por intermédio de organizações regionais.

ARTIGO 67
ESPÉCIES CATÁDROMAS

1. O Estado costeiro em cujas águas espécies catádromas passem a maior parte do seu ciclo vital deve ser responsável pela gestão dessas espécies e deve assegurar a entrada e a saída dos peixes migratórios.

2. A captura das espécies catádromas deve ser efetuada unicamente nas águas situadas dentro dos limites exteriores das zonas econômicas exclusivas. Quando efetuada nas zonas econômicas exclusivas, a captura deve estar sujeita às disposições do presente artigo e demais disposições da presente Convenção relativas à pesca nessas zonas.

3. Quando os peixes catádromos migrem, antes do estado adulto ou no início desse estado através da zona econômica exclusiva de outro Estado ou Estados, a gestão dessa espécie, incluindo a sua captura, é regulamentada por acordo entre o Estado mencionado no parágrafo 1º e o outro Estado interessado. Tal acordo deve assegurar a gestão racional das espécies e deve ter em conta as responsabilidades do Estado mencionado no parágrafo 1º, no que se refere à conservação destas espécies.

ARTIGO 68
ESPÉCIES SEDENTÁRIAS

A presente Parte não se aplica às espécies sedentárias definidas no parágrafo 4º do artigo 77.

ARTIGO 69
DIREITOS DOS ESTADOS SEM LITORAL

1. Os Estados sem litoral terão o direito a participar, numa base equitativa, no aproveitamento de uma parte apropriada dos excedentes dos recursos vivos das zonas econômicas exclusivas dos Estado costeiros da mesma sub-região ou região, tendo em conta os fatores econômicos e geográficos pertinentes de todos os Estados interessados e de conformidade com as disposições do presente artigo e dos artigos 61 e 62.

2. Os termos e condições desta participação devem ser estabelecidos pelos Estados interessados por meio de acordos bilaterais, sub-regionais ou regionais, tendo em conta inter alia:

a) a necessidade de evitar efeitos prejudiciais às comunidades de pescadores ou às indústrias de pesca do Estado costeiro;

b) a medida em que o Estado sem litoral, de conformidade com as disposições do presente artigo, participe ou tenha o direito de participar, no aproveitamento dos recursos vivos das zonas econômicas exclusivas de outros Estados costeiros, nos termos de acordos bilaterais, sub-regionais ou regionais existentes;

c) a medida em que outros Estados sem litoral e Estados geograficamente desfavorecidos, participem no aproveitamento dos recursos vivos da zona econômica exclusiva do Estado costeiro e a conseqüente necessidade de evitar uma carga excessiva para qualquer Estado costeiro ou para uma parte deste;

d) as necessidades nutricionais das populações dos respectivos Estados.

3. Quando a capacidade de captura de um Estado costeiro se aproximar de um nível em que lhe seja possível efetuar a totalidade da captura permissível dos recursos vivos da sua zona econômica exclusiva, o Estado costeiro e os demais Estados interessados cooperarão no estabelecimento de ajustes equitativos numa base bilateral, sub-regional ou regional para permitir aos Estados em desenvolvimento sem litoral da mesma sub-região ou região participarem no aproveitamento dos recursos vivos das zonas econômicas exclusivas dos Estados costeiros da sub-região ou região de acordo com as circunstâncias e em condições satisfatórias para todas as partes. Na aplicação da presente disposição devem ser também tomados em conta os fatores mencionados no parágrafo 2º.

4. Os Estados desenvolvidos sem litoral terão, nos termos do presente artigo, direito a participar no aproveitamento dos recursos vivos só nas zonas econômicas exclusivas dos Estados costeiros desenvolvidos da mesma sub-região ou região, tendo na devida conta a medida em que o Estado costeiro, ao dar acesso aos recursos vivos da sua zona econômica exclusiva a outros Estados, tomou em consideração a necessidade de reduzir ao mínimo os efeitos pre-

judiciais para as comunidades de pescadores e as perturbações econômicas nos Estados cujos nacionais tenham pescado habitualmente na zona.

5. As disposições precedentes são aplicadas sem prejuízo dos ajustes concluídos nas sub-regiões ou regiões onde os Estados costeiros possam conceder a Estados sem litoral, da mesma sub-região ou região, direitos iguais ou preferenciais para o aproveitamento dos recursos vivos nas zonas econômicas exclusivas.

ARTIGO 70

DIREITOS DOS ESTADOS GEOGRAFICAMENTE DESFAVORECIDOS

1. Os Estados geograficamente desfavorecidos terão direito a participar, numa base Equitativa, no aproveitamento de uma parte apropriada dos excedentes dos recursos vivos das zonas econômicas exclusivas dos Estados costeiros da mesma sub-região ou região, tendo em conta os fatores econômicos e geográficos pertinentes de todos os Estados interessados e de conformidade com as disposições do presente artigo e dos artigos 61 e 62. 2. Para os fins da presente Convenção, "Estados geograficamente desfavorecidos" significa os Estados costeiros, incluindo Estados ribeirinhos de mares fechados ou semi-fechados, cuja situação geográfica os torne dependentes do aproveitamento dos recursos vivos das zonas econômicas exclusivas de outros Estados da sub-região ou região para permitir um adequado abastecimento de peixe para fins nutricionais da sua população ou de parte dela, e Estados costeiros que não possam reivindicar zonas econômicas exclusivas próprias.

3. Os termos e condições desta participação devem ser estabelecidos pelos Estados interessados por meio de acordos bilaterais, sub-regionais ou regionais, tendo em conta inter alia:

a) a necessidade de evitar efeitos prejudiciais às comunidades de pescadores ou às indústrias de pesca do Estado costeiro;

b) a medida em que o Estado geograficamente desfavorecido, de conformidade com as disposições do presente artigo, participe ou tenha o direito de participar no aproveitamento dos recursos vivos das zonas econômicas exclusivas de outros estados costeiros nos termos de acordos bilaterais, sub-regionais ou regionais existentes;

c) a medida em que outros Estados geograficamente desfavorecidos e Estados sem litoral participem no aproveitamento dos recursos vivos da zona econômica exclusiva do Estado costeiro e a conseqüente necessidade de evitar uma carga excessiva para qualquer Estado costeiro ou para uma parte deste;

d) as necessidades nutricionais das populações dos respectivos Estados.

4. Quando a capacidade de captura de um Estado costeiro se aproximar de um nível em que lhe seja possível efetuar a totalidade da captura permissível dos recursos vivos da sua zona econômica exclusiva, o Estado costeiro e os demais Estados interessados cooperarão no estabelecimento de ajustes equitativos numa base bilateral, sub-regional ou regional, para permitir aos Estados em desenvolvimento geograficamente desfavorecidos da mesma sub-região ou região participarem no aproveitamento dos recursos vivos das zonas econômicas exclusivas dos Estados costeiros da sub-região ou região de acordo com as circunstâncias e em condições satisfatórias para todas as partes. Na aplicação da presente disposição devem ser também tomados em conta os fatores mencionados no parágrafo 3º.

5. Os Estados geograficamente desfavorecidos terão, nos termos do presente artigo, direito a participar no aproveitamento dos recursos vivos só nas zonas econômicas exclusivas dos Estados costeiros desenvolvidos da mesma sub-região ou região tendo na devida conta a medida em que o Estado costeiro, ao dar acesso aos recursos vivos da sua zona econômica exclusiva a outros Estados, tomou em consideração a necessidade de reduzir ao mínimo os efeitos prejudiciais para as comunidades de pescadores e as perturbações econômicas nos Estados cujos nacionais tenham pescado habitualmente na zona.

6. As disposições precedentes serão aplicadas sem prejuízo dos ajustes concluídos nas sub-regiões ou regiões onde os Estados costeiros possam conceder a Estados geograficamente desfavorecidos da mesma sub-região ou região direitos iguais ou preferenciais para o aproveitamento dos recursos vivos nas zonas econômicas exclusivas.

ARTIGO 71

NÃO-APLICAÇÃO DOS ARTIGOS 69 E70

As disposições dos artigos 69 e 70 não se aplicam a um Estado costeiro cuja economia dependa preponderantemente do aproveitamento dos recursos vivos da sua zona econômica exclusiva.

ARTIGO 72

RESTRIÇÕES NA TRANSFERÊNCIA DE DIREITOS

1. Os direitos conferidos nos termos dos artigos 69 e 70 para o aproveitamento dos recursos vivos não serão transferidos direta ou indiretamente a terceiros Estados ou a seus nacionais por concessão ou licença, nem pela constituição de empresas conjuntas, nem por qualquer outro meio que tenha por efeito tal transferência, a não ser que os Estados interessados acordem de outro modo.

2. A disposição anterior não impede que os Estados interessados obtenham assistência técnica ou

financeira de terceiros Estados ou de organizações internacionais, a fim de facilitar o exercício dos direitos de acordo com os artigos 69 e 70, sempre que isso não tenha o efeito a que se fez referência no parágrafo 1º.

ARTIGO 73

EXECUÇÃO DE LEIS E REGULAMENTOS DO ESTADO COSTEIRO

1. O Estado costeiro pode, no exercício dos seus direitos de soberania de exploração, aproveitamento, conservação e gestão dos recursos vivos da zona econômica exclusiva, tomar as medidas que sejam necessárias, incluindo visita, inspeção, apresamento e medidas judiciais, para garantir o cumprimento das leis e regulamentos por ele adotados de conformidade com a presente Convenção.

2. As embarcações apresadas e as suas tripulações devem ser libertadas sem demora logo que prestada uma fiança idônea ou outra garantia.

3. As sanções estabelecidas pelo Estado costeiro por violações das leis e regulamentos de pesca na zona econômica exclusiva não podem incluir penas privativas de liberdade, salvo acordo em contrário dos Estados interessados, nem qualquer outra forma de pena corporal.

4. Nos casos de apresamento ou retenção de embarcações estrangeiras, o Estado costeiro deve, pelos canais apropriados, notificar sem demora o Estado de bandeira das medidas tomadas e das sanções ulteriormente impostas.

ARTIGO 74

DELIMITAÇÃO DA ZONA ECONÔMICA EXCLUSIVA ENTRE ESTADOS COM COSTAS ADJACENTES OU SITUADAS FRENTE A FRENTE

1. A delimitação da zona econômica exclusiva entre Estados com costas adjacentes ou situadas frente a frente deve ser feita por acordo, de conformidade com o direito internacional, a que se faz referência no artigo 38 do Estatuto da Corte Internacional de Justiça, a fim de se chegar a uma solução equitativa.

2. Se não se chegar a acordo dentro de um prazo razoável, os Estados interessados devem recorrer aos procedimentos previstos na parte XV.

3. Enquanto não se chegar a um acordo conforme ao previsto no parágrafo 1º, os Estados interessados, num espírito de compreensão e cooperação, devem fazer todos os esforços para chegar a ajustes provisórios de caráter prático e, durante este período de transição, nada devem fazer que possa comprometer ou entravar a conclusão do acordo definitivo. Tais ajustes não devem prejudicar a delimitação definitiva.

4. Quando existir um acordo em vigor entre os Estados interessados, as questões relativas à delimitação da zona econômica exclusiva devem ser resolvidas de conformidade com as disposições desse acordo.

ARTIGO 75

CARTAS E LISTAS DE COORDENADAS GEOGRÁFICAS

1. Nos termos da presente Parte, as linhas de limite exterior da zona econômica exclusiva e as linhas de delimitação traçadas de conformidade com o artigo 74 devem ser indicadas em cartas de escala ou escalas adequadas para a determinação da sua posição. Quando apropriado, as linhas de limite exterior ou as linhas de delimitação podem ser substituídas por listas de coordenadas geográficas de pontos em que conste especificamente a sua origem geodésica.

2. O Estado costeiro deve dar a devida publicidade a tais cartas ou listas de coordenadas geográficas e deve depositar um exemplar de cada carta ou lista junto do Secretário Geral das Nações Unidas.

PARTE VI

PLATAFORMA CONTINENTAL

ARTIGO 76

DEFINIÇÃO DA PLATAFORMA CONTINENTAL

1. A plataforma continental de um Estado costeiro compreende o leito e o subsolo das áreas submarinas que se estendem além do seu mar territorial, em toda a extensão do prolongamento natural do seu território terrestre, até ao bordo exterior da margem continental, ou até uma distância de 200 milhas marítimas das linhas de base a partir das quais se mede a largura do mar territorial, nos casos em que o bordo exterior da margem continental não atinja essa distância.

2. A plataforma continental de um Estado costeiro não se deve estender além dos limites previstos nos parágrafos 4º e 6º.

3. A margem continental compreende o prolongamento submerso da massa terrestre do Estado costeiro e é constituída pelo leito e subsolo da plataforma continental, pelo talude e pela elevação continental. Não compreende nem os grandes fundos oceânicos, com as suas cristas oceânicas, nem o seu subsolo.

4. a) para os fins da presente Convenção, o Estado costeiro deve estabelecer o bordo exterior da margem continental, quando essa margem se estender além das 200 milhas marítimas das linhas de base, a partir das quais se mede a largura do mar territorial, por meio de:

i) uma linha traçada de conformidade com o parágrafo 7º, com referência aos pontos fixos mais exteriores em cada um dos quais a espessura das rochas sedimentares seja pelo menos 1% da distância mais curta entre esse ponto e o pé do talude continental; ou

ii) uma linha traçada de conformidade com o parágrafo 7º, com referência a pontos fixos situados a não mais de 60 milhas marítimas do pé do talude continental.

b) Salvo prova em contrário, o pé do talude continental deve ser determinado como ponto de variação máxima do gradiente na sua base.

5. Os pontos fixos que constituem a linha dos limites exteriores da plataforma continental no leito do mar, traçada de conformidade com as sub-alíneas i) e ii) da alínea a) do parágrafo 4º, devem estar situadas a uma distância que não exceda 350 milhas marítimas da linha de base a partir da qual se mede a largura do mar territorial ou a uma distância que não exceda 100 milhas marítimas da isóbata de 2500 metros, que é uma linha que une profundidades de 2500 metros.

6. Não obstante as disposições do parágrafo 5º, no caso das cristas submarinas, o limite exterior da plataforma continental não deve exceder 350 milhas marítimas das linhas de base a partir das quais se mede a largura do mar territorial. O presente parágrafo não se aplica a elevações submarinas que sejam componentes naturais da margem continental, tais como os seus planaltos, elevações continentais, topes, bancos e esporões.

7. O Estado costeiro deve traçar o limite exterior da sua plataforma continental, quando esta se estender além de 200 milhas marítimas das linhas de base a partir das quais se mede a largura do mar territorial, unindo, mediante linhas retas, que não excedam 60 milhas marítimas, pontos fixos definidos por coordenadas de latitude e longitude.

8. Informações sobre os limites da plataforma continental, além das 200 milhas marítimas das linhas de base a partir das quais se mede a largura do mar territorial, devem ser submetidas pelo Estado costeiro à Comissão de Limites da Plataforma Continental, estabelecida de conformidade com o Anexo II, com base numa representação geográfica equitativa. A Comissão fará recomendações aos Estados costeiros sobre questões relacionadas com o estabelecimento dos limites exteriores da sua plataforma continental. Os limites da plataforma continental estabelecidas pelo Estado costeiro com base nessas recomendações serão definitivos e obrigatórios.

9. O Estado costeiro deve depositar junto do Secretário Geral das Nações Unidas mapas e informações pertinentes, incluindo dados geodésicos, que descrevam permanentemente os limites exteriores da sua plataforma continental. O Secretário Geral das Nações Unidas deve dar a esses documentos a devida publicidade.

10. As disposições do presente artigo não prejudicam a questão da delimitação da plataforma continental entre Estados com costas adjacentes ou situadas frente a frente.

ARTIGO 77

DIREITOS DO ESTADO COSTEIRO SOBRE A PLATAFORMA CONTINENTAL

1. O Estado costeiro exerce direitos de soberania sobre a plataforma continental para efeitos de exploração e aproveitamento dos seus recursos naturais.

2. Os direitos a que se refere o parágrafo 1º, são exclusivos no sentido de que, se o Estado costeiro não explora a plataforma continental ou não aproveita os recursos naturais da mesma, ninguém pode empreender estas atividades sem o expresso consentimento desse Estado.

3. Os direitos do Estado costeiro sobre a plataforma continental são independentes da sua ocupação, real ou fictícia, ou de qualquer declaração expressa.

4. Os recursos naturais a que se referem as disposições da presente Parte, são os recursos minerais e outros recursos não vivos do leito do mar e subsolo bem como os organismos vivos pertencentes a espécies sedentárias, isto é, aquelas que no período de captura estão imóveis no leito do mar ou no seu subsolo ou só podem mover-se em constante contato físico com esse leito ou subsolo.

ARTIGO 78

REGIME JURÍDICO DAS ÁGUAS E DO ESPAÇO AÉREO SOBREJACENTES E DIREITOS E LIBERDADES DE OUTROS ESTADOS

1. Os direitos do Estado costeiro sobre a plataforma continental não afetam o regime jurídico das águas sobrejacentes ou do espaço aéreo acima dessas águas.

2. O exercício dos direitos do Estado costeiro sobre a plataforma continental não deve afetar a navegação ou outros direitos e liberdades dos demais Estados previstos na presente Convenção, nem ter como resultado uma ingerência injustificada neles.

ARTIGO 79

CABOS E DUTOS SUBMARINOS NA PLATAFORMA CONTINENTAL

1. Todos os Estados têm o direito de colocar cabos e dutos submarinos na plataforma continental de conformidade com as disposições do presente Artigo.

2. Sobre reserva do seu direito de tomar medidas razoáveis para a exploração da plataforma continental o aproveitamento dos seus recursos naturais e a prevenção, redução e controle da poluição causada por dutos, o Estado costeiro não pode impedir a colocação ou manutenção dos referidos cabos ou dutos.

3. O traçado da linha para a colocação de tais dutos na plataforma continental fica sujeito ao consentimento do Estado costeiro.

4. Nenhuma das disposições da presente Parte afeta o direito do Estado costeiro de estabelecer condições para os cabos e dutos que penetrem no seu território ou no seu mar territorial, nem a sua jurisdição sobre os cabos e dutos construídos ou utilizados em relação com a exploração da sua plataforma continental ou com o aproveitamento dos seus recursos, ou com o funcionamento de ilhas artificiais, instalações e estruturas sob sua jurisdição.

5. Quando colocarem cabos ou dutos submarinos, os Estados devem ter em devida conta os cabos ou dutos já instalados. Em Particular, não devem dificultar a possibilidade de reparar os cabos ou dutos existentes.

ARTIGO 80

ILHAS ARTIFICIAIS, INSTALAÇÕES E ESTRUTURAS NA PLATAFORMA CONTINENTAL

O artigo 60 aplica-se, mutatis mutandis, às ilhas artificiais, instalações e estruturas sobre a plataforma continental.

ARTIGO 81

PERFURAÇÕES NA PLATAFORMA CONTINENTAL

O Estado costeiro terá o direito exclusivo de autorizar e regulamentar as perfurações na plataforma continental, quaisquer que sejam os fins.

ARTIGO 82

PAGAMENTOS E CONTRIBUIÇÕES RELATIVOS AO APROVEITAMENTO DA PLATAFORMA CONTINENTAL ALÉM DE 200 MILHAS MARÍTIMAS

1. O Estado costeiro deve efetuar pagamentos ou contribuições em espécie relativos ao aproveitamento dos recursos não vivos da plataforma continental além de 200 milhas marítimas das linhas de base, a partir das quais se mede a largura do mar territorial.

2. Os pagamentos e contribuições devem ser efetuados anualmente em relação a toda a produção de um sítio após os primeiros cinco anos de produção nesse sítio. No sexto ano, a taxa de pagamento ou contribuição será de 1% do valor ou volume da produção no sítio. A taxa deve aumentar 1% em cada ano seguinte até o décimo segundo ano, e daí por diante deve ser mantida em 7%. A produção não deve incluir os recursos utilizados em relação com o aproveitamento.

3. Um Estado em desenvolvimento que seja importador substancial de um recurso mineral extraído da sua plataforma continental fica isento desses pagamentos ou contribuições em relação a esse recurso mineral.

4. Os pagamentos ou contribuições devem ser efetuados por intermédio da Autoridade, que os distribuirá entre os Estados Partes na presente Convenção na base de critérios de repartição equitativa, tendo em conta os interesses e necessidades dos Estados em desenvolvimento, particularmente entre eles, os menos desenvolvidos e os sem litoral.

ARTIGO 83

DELIMITAÇÃO DA PLATAFORMA CONTINENTAL ENTRE ESTADOS COM COSTAS ADJACENTES OU SITUADAS FRENTE A FRENTE

1. A delimitação da plataforma continental entre Estados com costas adjacentes ou situadas frente a frente deve ser feita por acordo, de conformidade com o direito internacional a que se faz referência no artigo 38 do Estatuto da Corte Internacional de Justiça, a fim de se chegar a uma solução equitativa.

2. Se não se chegar a acordo dentro de um prazo razoável, os Estados interessados devem recorrer aos procedimentos previstos na Parte XV.

3. Enquanto não se chegar a um acordo conforme ao previsto no parágrafo 1º, os Estados interessados, num espírito de compreensão e cooperação, devem fazer todos os esforços para chegar a ajustes provisórios de caráter prático e, durante este período de transição, nada devem fazer que possa comprometer ou entravar a conclusão do acordo definitivo. Tais ajustes não devem prejudicar a delimitação definitiva.

4. Quando existir um acordo em vigor entre os Estados interessados, as questões relativas à delimitação da plataforma continental devem se resolvidas de conformidade com as disposições desse acordo.

ARTIGO 84

CARTAS E LISTAS DE COORDENADAS GEOGRÁFICAS

1. Nos termos da presente Parte, as linhas de limite exterior da plataforma continental e as linhas de delimitação traçadas de conformidade com o artigo 83 devem ser indicadas em cartas de escala ou escalas adequadas para a determinação da sua posição. Quando apropriado, as linhas de limite exterior ou as linhas de delimitação podem ser substituídas por listas de coordenadas geográficas de pontos, em que conste especificamente a sua origem geodésica.

2. O Estado costeiro deve dar a devida publicidade a tais cartas ou listas de coordenadas geográficas e deve depositar um exemplar de cada carta ou lista junto do Secretário Geral das Nações Unidas e, no caso daquelas que indicam as linhas de limite exterior da plataforma continental, junto do Secretário Geral da Autoridade.

ARTIGO 85

ESCAVAÇÃO DE TÚNEIS

A presente Parte não prejudica o direito do Estado costeiro de aproveitar o subsolo por meio de escavação de túneis, independentemente da profundidade das águas no local considerado.

PARTE VII

ALTO MAR

SEÇÃO 1. DISPOSIÇÕES GERAIS

ARTIGO 86

ÂMBITO DE APLICAÇÃO DA PRESENTE PARTE

As disposições da presente Parte aplicam-se a todas as partes do mar não incluídas na zona econômica exclusiva, no mar territorial ou nas águas interiores de um Estado, nem nas águas arquipélagicas de um Estado arquipélago. O presente artigo não implica limitação alguma das liberdades de que gozam todos os Estados na zona econômica exclusiva de conformidade com o artigo 58.

ARTIGO 87

LIBERDADE DO ALTO MAR

1. O alto mar está aberto a todos os Estados, quer costeiros quer sem litoral. A liberdade do alto mar é exercida nas condições estabelecidas na presente Convenção e nas demais normas de direito internacional. Compreende, inter alia, para os Estados quer costeiros quer sem litoral:

a) liberdade de navegação;

b) liberdade de sobrevôo;

c) liberdade de colocar cabos e dutos submarinos nos termos da PARTE VI;

d) liberdade de construir ilhas artificiais e outras instalações permitidas pelo direito internacional, nos termos da parte VI;

e) Liberdade de pesca nos termos das condições enunciadas na seção 2;

f) liberdade de investigação científica, nos termos das Partes VI e XIII.

2. Tais liberdades devem ser exercidas por todos os Estados, tendo em devida conta os interesses de outros Estados no seu exercício da liberdade do alto mar, bem como os direitos relativos às atividades na Área previstos na presente Convenção.

ARTIGO 88

UTILIZAÇÃO DO ALTO MAR PARA FINS PACÍFICOS

O alto mar será utilizado para fins pacíficos.

ARTIGO 89

ILEGITIMIDADE DAS REIVINDICAÇÕES DE SOBERANIA SOBRE O ALTO MAR

Nenhum Estado pode legitimamente pretender submeter qualquer parte do alto mar à sua soberania.

ARTIGO 90

DIREITO DE NAVEGAÇÃO

Todos os Estados, que costeiros quer sem litoral, têm o direito de fazer navegar no alto mar navios que arvorem a sua bandeira.

ARTIGO 91

NACIONALIDADE DOS NAVIOS

1. Todo estado deve estabelecer os requisitos necessários para a atribuição da sua nacionalidade a navios, para o registro de navios no seu território e para o direito de arvorar a sua bandeira. Os navios possuem a nacionalidade do Estado cuja bandeira estejam autorizados a arvorar. Deve existir um vínculo substancial entre o Estado e o navio.

2. Todo estado deve fornecer aos navios a que tenha concedido o direito de arvorar a sua bandeira os documentos pertinentes.

ARTIGO 92

ESTATUTO DOS NAVIOS

1. Os navios devem navegar sob a bandeira de um só Estado e, salvo nos casos excepcionais previstos expressamente em tratados internacionais ou na presente Convenção, devem submeter-se, no alto mar, à jurisdição exclusiva desse Estado. Durante uma viagem ou em porto de escala, um navio não pode mudar de bandeira, a não ser no caso de transferência efetiva da propriedade ou de mudança de registro.

2. Um navio que navegue sob a bandeira de dois ou mais Estados, utilizando-as segundo as suas conveniências, não pode reivindicar qualquer dessas nacionalidades perante um terceiro Estado e pode ser considerado como um navio sem nacionalidade.

ARTIGO 93

NAVIOS ARVORANDO A BANDEIRA DAS NAÇÕES UNIDAS, DAS AGÊNCIAS ESPECIALIZADAS DAS NAÇÕES UNIDAS E DA AGÊNCIA INTERNACIONAL DE ENERGIA ATÔMICA

Os artigos precedentes não prejudicam a questão dos navios que estejam ao serviço oficial das Nações Unidas, das agências especializadas das Nações Unidas e da Agência Internacional de Energia Atômica, arvorando a bandeira da Organização.

ARTIGO 94

DEVERES DO ESTADO DE BANDEIRA

1. Todo Estado deve exercer, de modo efetivo, a sua jurisdição e seu controle em questões administrativas, técnicas e sociais sobre navios que arvorem a sua bandeira.

2. Em particular, todo Estado deve:

a) manter um registro de navios no qual figurem os nomes e as características dos navios que arvorem a sua bandeira, com exceção daqueles que, pelo seu reduzido tamanho, estejam excluídos dos regulamentos internacionais geralmente aceitos; e

b) exercer a sua jurisdição de conformidade com o seu direito interno sobre todo o navio que arvore a sua bandeira e sobre o capitão, os oficiais e a tripulação, em questões administrativas, técnicas e sociais que se relacionem com o navio.

3. Todo Estado deve tomar, para os navios que arvorem a sua bandeira, as medidas necessárias para garantir a segurança no mar, no que se refere, inter alia, a:

a) construção, equipamento e condições de navegabilidade do navio;

b) composição, condições de trabalho e formação das tripulações, tendo em conta os instrumentos internacionais aplicáveis;

c) utilização de sinais, manutenção de comunicações e prevenção de abalroamentos.

4. Tais medidas devem incluir as que sejam necessárias para assegurar que:

a) cada navio, antes do seu registro e posteriormente, a intervalos apropriados, seja examinado por um inspetor de navios devidamente qualificado e leve a bordo as cartas, as publicações marítimas e o equipamento e os instrumentos de navegação apropriados à segurança da navegação do navio;

b) cada navio esteja confiado a um capitão e a oficiais devidamente qualificados, em particular no que se refere à manobra, à navegação, às comunicações e à condução de máquinas, e a competência e o número dos tripulantes sejam os apropriados para o tipo, tamanho, máquinas e equipamento do navio;

c) o capitão, os oficiais e, na medida do necessário, a tripulação conheçam perfeitamente e observem os regulamentos internacionais aplicáveis, que se refiram à segurança da vida no mar, à prevenção de abalroamentos, à prevenção, redução e controle da poluição marinha e à manutenção de rádio comunicações.

5. Ao tomar as medidas a que se referem os parágrafos 3º e 4º, todo Estado deve agir de conformidade com os regulamentos, procedimentos e práticas internacionais geralmente aceitos, e fazer o necessário para garantir a sua observância.

6. Todo Estado que tenha motivos sérios para acreditar que a jurisdição e o controle apropriados sobre um navio não foram exercidos pode comunicar os fatos ao Estado de bandeira. Ao receber tal comunicação, o Estado de bandeira investigará o assunto e, se for o caso, deve tomar todas as medidas necessárias para corrigir a situação.

7. Todo Estado deve ordenar a abertura de um inquérito, efetuado por ou perante uma pessoa ou pessoas devidamente qualificadas, em relação a qualquer acidente marítimo ou incidente de navegação no alto mar, que envolva um navio arvorando a sua bandeira e no qual tenham perdido a vida ou sofrido ferimentos graves nacionais de outro Estado, ou se tenham provocado danos graves a navios ou a instalações de outro Estado, ou se tenham provocado danos graves a navios ou a instalações de outro Estado ou ao meio marinho. O Estado de bandeira e o outro Estado devem cooperar na realização de qualquer investigação que este último efetue em relação a esse acidente marítimo ou incidente de navegação.

ARTIGO 95

IMUNIDADE DOS NAVIOS DE GUERRA NO ALTO MAR

Os navios de guerra no alto mar gozam de completa imunidade de jurisdição relativamente a qualquer outro Estado que não seja o da sua bandeira.

ARTIGO 96

IMUNIDADE DOS NAVIOS UTILIZADOS UNICAMENTE EM SERVIÇO OFICIAL NÃO COMERCIAL

Os navios pertencentes a um Estado ou por ele operados e utilizados unicamente em serviço oficial não comercial gozam, no alto mar, de completa imunidade de jurisdição relativamente a qualquer Estado que não seja o da sua bandeira.

ARTIGO 97

JURISDIÇÃO PENAL EM CASO DE ABALROAMENTO OU QUALQUER OUTRO INCIDENTE DE NAVEGAÇÃO

1. Em caso de abalroamento ou de qualquer outro incidente de navegação ocorrido a um navio no alto mar que possa acarretar uma responsabilidade penal ou disciplinar para o capitão ou para qualquer outra pessoa ao serviço do navio, os procedimentos penais e disciplinares contra essas pessoas só podem ser iniciados perante as autoridades judiciais ou administrativas do Estado de bandeira ou perante as do Estado do qual essas pessoas sejam nacionais.

2. Em matéria disciplinar, só o Estado que tenha emitido um certificado de comando ou um certificado de competência ou licença é competente para, após o processo legal correspondente, decretar a retirada

desses títulos, ainda que o titular não seja nacional deste Estado.

3. Nenhum apresamento ou retenção do navio pode ser ordenado, nem mesmo como medida de investigação, por outras autoridades que não as do Estado de bandeira.

ARTIGO 98

DEVER DE PRESTAR ASSISTÊNCIA

1. Todo Estado deverá exigir do capitão de um navio que arvore a sua bandeira, desde que o possa fazer sem acarretar perigo grave para o navio, para a tripulação ou para os passageiros, que:

a) preste assistência a qualquer pessoa encontrada no mar em perigo de desaparecer;

b) se dirija, tão depressa quanto possível, em socorro de pessoas em perigo, desde que esteja informado de que necessitam de assistência e sempre que tenha uma possibilidade razoável de fazê-lo;

c) preste, em caso de abalroamento, assistência ao outro navio, à sua tripulação, e aos passageiros e, quando possível, comunique ao outro navio o nome do seu próprio navio, o porto de registro e o porto mais próximo em que fará escala.

2. Todo Estado costeiro deve promover o estabelecimento, o funcionamento e a manutenção de um adequado e eficaz serviço de busca e salvamento para garantir a segurança marítima e aérea, e, quando as circunstâncias o exigirem, cooperar para esse fim com os Estados vizinhos por meio de ajustes regionais de cooperação mútua.

ARTIGO 99

PROIBIÇÃO DO TRANSPORTE DE ESCRAVOS

Todo Estado deve tomar medidas eficazes para impedir e punir o transporte de escravos em navios autorizados e arvorar a sua bandeira e para impedir que, com esse fim, se use ilegalmente a sua bandeira. Todo escravo que se refugie num navio, qualquer que seja a sua bandeira, ficará, ipso facto, livre.

ARTIGO 100

DEVER DE COOPERAR NA REPRESSÃO DA PIRATARIA

Todos os Estados devem cooperar em toda a medida do possível na repressão da pirataria no alto mar ou em qualquer outro lugar que não se encontre sob a jurisdição de algum Estado.

ARTIGO 101

DEFINIÇÃO DE PIRATARIA

Constituem pirataria quaisquer dos seguintes atos:

a) odo ato ilícito de violência ou de detenção ou todo ato de depredação cometidos, para fins privados, pela tripulação ou pelos passageiros de um navio ou de uma aeronave privados, e dirigidos contra:

i) um navio ou uma aeronave em alto mar ou pessoas ou bens a bordo dos mesmos;

ii) um navio ou uma aeronave, pessoas ou bens em lugar não submetido à jurisdição de algum Estado;

b) todo ato de participação voluntária na utilização de um navio ou de uma aeronave, quando aquele que o pratica tenha conhecimento de fatos que dêem a esse navio ou a essa aeronave o caráter de navio ou aeronave pirata;

c) toda a ação que tenha por fim incitar ou ajudar intencionalmente a cometer um dos atos enunciados nas alíneas a) ou b).

ARTIGO 102

PIRATARIA COMETIDA POR UM NAVIO DE GUERRA, UM NAVIO DE ESTADO OU UMA AERONAVE DE ESTADO CUJA TRIPULAÇÃO SE TENHA AMOTINADO

Os atos de pirataria definidos no Artigo 101, perpetrados por um navio de guerra, um navio de Estado ou uma aeronave de Estado, cuja tripulação se tenha amotinado e apoderado do navio ou aeronave, são equiparados a atos cometidos por um navio ou aeronave privados.

ARTIGO 103

DEFINIÇÃO DE NAVIO OU AERONAVE PIRATARIA

São considerados navios ou aeronaves piratas os navios ou aeronaves que as pessoas, sob cujo controle efetivo se encontrem, pretendem utilizar para cometer qualquer dos atos mencionados no artigo 101. Também são considerados piratas os navios ou aeronaves que tenham servido para cometer qualquer de tais atos, enquanto se encontrem sob o controle das pessoas culpadas desses atos.

ARTIGO 104

CONSERVAÇÃO OU PERDA DA NACIONALIDADE DE UM NAVIO OU AERONAVE PIRATA

Um navio ou uma aeronave pode conservar a sua nacionalidade, mesmo que se tenha transformado em navio ou aeronave pirata. A conservação ou a perda da nacionalidade deve ser determinada de acordo com a lei do Estado que tenha atribuído a nacionalidade.

ARTIGO 105

APRESAMENTO DE UM NAVIO OU AERONAVE PIRATA

Todo Estado pode apresar, no alto mar ou em qualquer outro lugar não submetido à jurisdição de qualquer Estado, um navio ou aeronave pirata, ou um navio ou aeronave capturados por atos de pirataria e em poder dos piratas e prender as pessoas e apreender os bens que se encontrem a bordo desse navio ou dessa aeronave. Os tribunais do Estado que efetuou o apresamento podem decidir as penas a aplicar e as medidas a tomar no que se refere aos navios, às aeronaves ou aos bens sem prejuízo dos direitos de terceiros de boa fé.

ARTIGO 106

RESPONSABILIDADE EM CASO DE APRESAMENTO SEM MOTIVO SUFICIENTE

Quando um navio ou uma aeronave for apresado por suspeita de pirataria, sem motivo suficiente, o Estado que o apresou será responsável, perante o Estado de nacionalidade do navio ou da aeronave, por qualquer perda ou dano causados por esse apresamento.

ARTIGO 107

NAVIOS E AERONAVES AUTORIZADOS A EFETUAR APRESAMENTO POR MOTIVO DE PIRATARIA

Só podem efetuar apresamento por motivo de pirataria os navios de guerra ou aeronaves militares, ou outros navios ou aeronaves que tragam sinais claros e sejam identificáveis como navios ou aeronaves ao serviço de um governo e estejam para tanto autorizados.

ARTIGO 108

TRÁFICO ILÍCITO DE ESTUPEFACIENTES E SUBSTÂNCIAS PSICOTRÓPICAS

1. Todos os Estados devem cooperar para a repressão do tráfico ilícito de estupefacientes e substâncias psicotrópicas praticado por navios no alto mar com violação das convenções internacionais.

2. Todo Estado que tenha motivos sérios para acreditar que um navio arvorando a sua bandeira se dedica ao trafico ilícito de estupefacientes ou substâncias psicotrópicas poderá solicitar a cooperação de outros Estados para pôr fim a tal tráfico.

ARTIGO 109

TRANSMISSÕES NÃO AUTORIZADAS A PARTIR DO ALTO MAR

1. Todos os Estados devem cooperar para a repressão das transmissões não autorizadas efetuadas a partir do alto mar.

2. Para efeitos da presente Convenção, "transmissões não autorizadas" significa as transmissões de rádio ou televisão difundidas a partir de um navio ou instalação no alto mar e dirigidas ao público em geral com violação dos regulamentos internacionais, excluídas as transmissões de chamadas de socorro.

3. Qualquer pessoa que efetue transmissões não autorizadas pode ser processada perante os tribunais:

a) do Estado de bandeira do navio;

b) do Estado de registro da instalação;

c) do Estado do qual a pessoa é nacional;

d) de qualquer Estado em que possam receber-se as transmissões; ou

e) de qualquer Estado cujos serviços autorizados de radiocomunicação sofram interferências.

4. No alto mar, o Estado que tenha jurisdição de conformidade com o parágrafo 3º poderá, nos termos do artigo 110, deter qualquer pessoa ou apresar qualquer navio que efetue transmissões não autorizadas e apreender o equipamento emissor.

ARTIGO 110

DIREITO DE VISITA

1. Salvo nos casos em que os atos de ingerência são baseados em poderes conferidos por tratados, um navio de guerra que encontre no alto mar um navio estrangeiro que não goze de completa imunidade de conformidade com os artigos 95 e 96 não terá o direito de visita, a menos que exista motivo razoável para suspeitar que:

a) o navio se dedica à pirataria;

b) o navio se dedica ao tráfico de escravos;

c) o navio é utilizado para efetuar transmissões não autorizadas e o Estado de bandeira do navio de guerra tem jurisdição nos termos do artigo 109;

d) o navio não tem nacionalidade; ou

e) o navio tem, na realidade, a mesma nacionalidade que o navio de guerra, embora arvore uma bandeira estrangeira ou se recuse a içar a sua bandeira.

2. Nos casos previstos no parágrafo 1º, o navio de guerra pode proceder à verificação dos documentos que autorizem o uso da bandeira. Para isso, pode enviar uma embarcação ao navio suspeito, sob o comando de um oficial. Se, após a verificação dos documentos, as suspeitas persistem, pode preceder a bordo do navio a um exame ulterior, que deverá ser efetuado com toda a consideração possível.

3. Se as suspeitas se revelarem infundadas e o navio visitado não tiver cometido qualquer ato que as justifique, esse navio deve ser indenizado por qualquer perda ou dano que possa ter sofrido.

4. Estas disposições aplicam-se, mutatis mutandis, às aeronaves militares.

5. Estas disposições aplicam-se também a quaisquer outros navios ou aeronaves devidamente autorizados que tragam sinais claros e sejam identificáveis como navios e aeronaves ao serviço de um governo.

ARTIGO 111
DIREITO DE PERSEGUIÇÃO

1. A perseguição de um navio estrangeiro pode ser empreendida quando as autoridades competentes do Estado costeiro tiverem motivos fundados para acreditar que o navio infringiu as suas leis e regulamentos. A perseguição deve iniciar-se quando o navio estrangeiro ou uma das suas embarcações se encontrar nas águas interiores, nas águas arquipelágicas, no mar territorial ou na zona contígua do Estado perseguidor, e só pode continuar fora do mar territorial ou da zona contígua se a perseguição não tiver sido interrompida. Não é necessário que o navio que dá a ordem de parar a um navio estrangeiro que navega pelo mar territorial ou pela zona contígua se encontre também no mar territorial ou na zona contígua no momento em que o navio estrangeiro recebe a referida ordem. Se o navio estrangeiro se encontrar na zona contígua, como definida no artigo 33, a perseguição só pode ser iniciada se tiver havido violação dos direitos para cuja proteção a referida zona foi criada.

2. O direito de perseguição aplica-se, mutatis mutandis, às infrações às leis e regulamentos do Estado costeiro aplicáveis, de conformidade com a presente Convenção, na zona econômica exclusiva ou na plataforma continental, incluindo as zonas de segurança em volta das instalações situadas na plataforma continental, quando tais infrações tiverem sido cometidas nas zonas mencionadas.

3. O direito de perseguição cessa no momento em que o navio perseguido entre no mar territorial do seu próprio Estado ou no mar territorial de um terceiro Estado.

4 A perseguição não se considera iniciada até que o navio perseguidor se tenha certificado, pelos meios práticos de que disponha, de que o navio perseguido ou uma das suas lanchas ou outras embarcações que trabalhem em equipe e utilizando o navio perseguido como navio mãe, se encontram dentro dos limites do mar territorial ou, se for o caso, na zona contígua, na zona econômica exclusiva ou na plataforma continental. Só pode dar-se início à perseguição depois de ter sido emitido sinal de parar, visual ou auditivo, a uma distância que permita ao navio estrangeiro vê-lo ou ouvi-lo.

5. O direito de perseguição só pode ser exercido por navios de guerra ou aeronaves militares, ou por outros navios ou aeronaves que possuam sinais claros e sejam identificáveis como navios e aeronaves ao serviço de um governo e estejam para tanto autorizados.

6. Quando a perseguição for efetuada por uma aeronave:

a) aplicam-se, mutatis mutandis, as disposições dos parágrafos 1º e 4º;

b) a aeronave que tenha dado a ordem de parar deve continuar ativamente a perseguição do navio até que um navio ou uma outra aeronave do Estado costeiro, alertado pela primeira aeronave, chegue ao local e continue a perseguição, a não ser que a aeronave possa por si só apresar o navio. Para justificar o apresamento de um navio fora do mar territorial, não basta que a aeronave o tenha descoberto a cometer uma infração, ou que seja suspeito de a ter cometido, é também necessário que lhe tenha sido dada ordem para parar e que tenha sido empreendida a perseguição sem interrupção pela própria aeronave ou por outras aeronaves ou navios.

7. Quando um navio for apresado num lugar submetido à jurisdição de um Estado escoltado até um porto desse Estado para investigação pelas autoridades competentes, não se pode pretender que seja posto em liberdade pelo simples fato de o navio e a sua escolta terem atravessado parte de uma zona econômica exclusiva ou do alto mar, se as circunstâncias a isso obrigarem.

8. Quando um navio for parado ou apresado fora do mar territorial em circunstâncias que não justifiquem o exercício do direito de perseguição, deve ser indenizado por qualquer perda ou dano que possa ter sofrido em conseqüência disso.

ARTIGO 112
DIREITO DE COLOCAÇÃO DE CABOS E DUTOS SUBMARINOS

1. Todos os Estados têm o direito de colocar cabos e dutos submarinos no leito do alto mar além da plataforma continental.

2. O parágrafo 5º do Artigo 79 aplica-se a tais cabos e dutos.

ARTIGO 113
RUPTURA OU DANIFICAÇÃO DE CABOS OU DUTOS SUBMARINOS

Todo Estado deve adotar as leis e regulamentos necessários para que constituam infrações passíveis de sanções a ruptura ou danificação, por um navio arvorando a sua bandeira ou por uma pessoa submetida à sua jurisdição, de um cabo submarino no alto mar, causadas intencionalmente ou por negligência culposa, de modo que possam interromper ou dificultar as comunicações telegráficas ou telefônicas, bem como a ruptura ou danificação, nas mesmas condições, de um cabo de alta tensão ou de um duto submarino. Esta disposição aplica-se também aos atos que tenham por objeto causar essas rupturas ou danificações ou que possa ter esse efeito. Contudo, esta disposição não se aplica às rupturas ou às danificações cujos autores apenas atuaram com o propósito legítimo de proteger a própria vida ou a segurança dos seus navios, depois de terem tomado todas as precauções necessárias para evitar tal ruptura ou danificação.

ARTIGO 114
RUPTURA OU DANIFICAÇÃO DE CABOS OU DE DUTOS SUBMARINOS PROVOCADOS POR PROPRIETÁRIOS DE OUTROS CABOS OU DUTOS SUBMARINOS

Todo Estado deve adotar as leis e regulamentos necessários para que pessoas sob sua jurisdição que sejam proprietárias de um cabo ou de um duto submarinos no alto mar e que, ao colocar ou reparar o cabo ou o duto submarinos, provoquem a ruptura ou a danificação de outro cabo ou de outro duto submarinos, respondam pelo custo da respectiva reparação.

ARTIGO 115
INDENIZAÇÃO POR PERDAS OCORRIDAS PARA EVITAR DANIFICAÇÕES A UM CABO OU DUTO SUBMARINOS

Todo Estado deve adotar as leis e regulamentos necessários para que os proprietários de navios que possam provar ter perdido uma âncora, uma rede ou qualquer outro aparelho de pesca para evitar danificações a um cabo ou um duto submarino sejam indenizados pelo proprietário do cabo ou do duto submarino, desde que o proprietário do navio tenha tomado previamente todas as medidas de precaução razoáveis.

SEÇÃO 2. CONSERVAÇÃO E GESTÃO DOS RECURSOS VIVOS DO ALTO MAR

ARTIGO 116
DIREITO DE PESCA NO ALTO MAR

Todos os Estados tem direito a que os seus nacionais se dediquem à pesca no alto mar, nos termos:

a) das suas obrigações convencionais;

b) dos direitos e deveres bem como dos interesses dos Estados costeiros previstos, inter alia, no parágrafo 2º do artigo 63 e nos artigos 64 a 67; e

c) das disposições da presente seção.

ARTIGO 117
DEVER DOS ESTADOS DE TOMAR EM RELAÇÃO AOS SEUS NACIONAIS MEDIDAS PARA A CONSERVAÇÃO DOS RECURSOS VIVOS DO ALTO MAR

Todos os Estados têm o dever de tomar ou de cooperar com outros Estados para tomar as medidas que, em relação ao seus respectivos nacionais, possam ser necessárias para a conservação dos recursos vivos do alto mar.

ARTIGO 118
COOPERAÇÃO ENTRE ESTADOS NA CONSERVAÇÃO E GESTÃO DOS RECURSOS VIVOS

Os Estados devem cooperar entre si na conservação e gestão dos recursos vivos nas zonas do alto mar. Os Estados cujos nacionais aproveitem recursos vivos idênticos, ou recursos vivos diferentes situados na mesma zona, efetuarão negociações para tomar as medidas necessárias à conservação de tais recursos vivos. Devem cooperar, quando apropriado, para estabelecer organizações sub-regionais ou regionais de pesca para tal fim.

ARTIGO 119
CONSERVAÇÃO DOS RECURSOS VIVOS DO ALTO MAR

1. Ao fixar a captura permissível e ao estabelecer outras medidas de conservação para os recursos vivos no alto mar, os Estados devem:

a) tomar medidas, com base nos melhores dados científicos de que disponham os Estados interessados, para preservar ou restabelecer as populações das espécies capturadas a níveis que possam produzir o máximo rendimento constante, determinado a partir de fatores ecológicos e econômicos pertinentes, incluindo as necessidades especiais dos Estados em desenvolvimento e tendo em conta os métodos de pesca, a interdependência das populações e quaisquer normas mínimas internacionais geralmente recomendadas, sejam elas sub-regionais, regionais ou mundiais;

b) ter em conta os efeitos sobre as espécies associadas às espécies capturadas, ou delas dependentes, a fim de preservar ou restabelecer as populações de tais espécies associadas ou dependentes acima dos níveis em que a sua reprodução possa ficar seriamente ameaçada.

2. Periodicamente devem ser comunicadas ou trocadas informações científicas disponíveis, estatísticas de captura e de esforço de pesca e outros dados pertinentes para a conservação das populações de peixe, por intermédio das organizações internacionais competentes, sejam elas sub-regionais, regionais ou mundiais, quando apropriado, e com a participação de todos os Estados interessados.

3. Os Estados interessados devem assegurar que as medidas de conservação e a aplicação das mesmas não sejam discriminatórias, nem de direito nem de fato, para os pescadores de nenhum Estado.

ARTIGO 120
MAMÍFEROS MARINHOS

O Artigo 65 aplica-se também à conservação e gestão dos mamíferos marinhos no alto mar.

PARTE VIII
REGIME DAS ILHAS

ARTIGO 121
REGIME DAS ILHAS

1. Uma ilha é uma formação natural de terra, rodeada de água, que fica a descoberto na preia-mar.

2. Salvo o disposto no parágrafo 3º, o mar territorial, a zona contígua, a zona econômica exclusiva e a plataforma continental de uma ilha serão determinados de conformidade com as disposições da presente Convenção aplicáveis a outras formações terrestres.

3. Os rochedos que, por si próprios, não se prestam à habitação humana ou a vida econômica não devem ter zona econômica exclusiva nem plataforma continental.

PARTE IX
MARES FECHADOS OU SEMIFECHADOS

ARTIGO 122
DEFINIÇÃO

Para efeitos da presente Convenção, "mar fechado ou semifechado" significa um golfo, bacia ou mar rodeado por dois ou mais Estados e comunicando com outro mar ou com o oceano por uma saída estreita, ou formado inteira ou principalmente por mares territoriais e zonas econômicas exclusivas de dois ou mais Estados costeiros.

ARTIGO 123
COOPERAÇÃO ENTRE ESTADOS COSTEIROS DE MARES FECHADOS OU SEMIFECHADOS

Os Estados costeiros de um mar fechado ou semifechado deverão cooperar entre si no exercício dos seus direitos e no cumprimento dos seus deveres nos termos da presente Convenção. Para esse fim, diretamente ou por intermédio de uma organização regional apropriadas, devem procurar:

a) coordenar a conservação, gestão, exploração e aproveitamento dos recursos vivos do mar;

b) coordenar o exercício dos seus direitos e o cumprimento dos seus deveres no que se refere à proteção e preservação do meio marinho;

c) coordenar suas políticas de investigação científica e empreender, quando apropriado, programas conjuntos de investigação científica na área;

d) convidar, quando apropriado, outros Estados interessados ou organizações, internacionais a cooperar com eles na aplicação das disposições do presente artigo.

PARTE X
DIREITO DE ACESSO AO MAR E A PARTIR DO MAR DOS ESTADOS SEM LITORAL E LIBERDADE DE TRÂNSITO

ARTIGO 124
TERMOS UTILIZADOS

1. Para efeitos da presente Convenção:

a) "Estado sem litoral" significa um Estado que não tenha costa marítima;

b) "Estado de trânsito" significa um Estado com ou sem costa marítima situado entre um Estado sem litoral e o mar, através de cujo território passa o tráfego em trânsito;

c) "tráfego em trânsito" significa a passagem de pessoas, bagagens, mercadorias e meios de transporte através do território de um ou mais Estados de trânsito, quando a passagem através de tal território, com ou sem transbordo, armazenamento, fracionamento da carga ou mudança de modo de transporte, seja apenas uma parte de uma viagem completa que comece ou termine dentro do território do Estado sem litoral;

d) "meio de transporte" significa:

i) o material ferroviário rolante, as embarcações marítimas, lacustres e fluviais e os veículos rodoviários;

ii) quando as condições locais o exigirem, os carregadores e animais de carga.

2. Os Estados sem litoral e os Estados de trânsito podem, por mútuo acordo, incluir como meios de transporte dutos e gasodutos e outros meios de transporte diferentes dos incluídos no parágrafo 1º.

ARTIGO 125
DIREITO DE ACESSO AO MAR E A PARTIR DO MAR E LIBERDADE DE TRÂNSITO

1. Os Estados sem litoral têm o direito de acesso ao mar e a partir do mar para exercerem os direitos conferidos na presente Convenção, incluindo os relativos à liberdade do alto mar e ao patrimônio comum da humanidade. Para tal fim, os Estados sem litoral gozam de liberdade de trânsito através do território dos Estados de trânsito por todos os meios de transporte.

2. Os termos e condições para o exercício da liberdade de trânsito devem ser acordados entre os Estado sem

litoral e os Estado de trânsito interessados por meio de acordos bilaterais, sub-regionais ou regionais.

3. Os Estados de trânsito, no exercício da sua plena soberania sobre o seu território, têm o direito de tomar todas as medidas necessárias para assegurar que os direitos e facilidades conferidos na presente Parte aos Estados sem litoral não prejudiquem de forma alguma os seus legítimos interesses.

ARTIGO 126
EXCLUSÃO DA APLICAÇÃO DA CLÁUSULA DA NAÇÃO MAIS FAVORECIDA

As disposições da presente Convenção, bem como acordos especiais relativos ao exercício do direito de acesso ao mar e a partir do mar, que estabeleçam direitos e concedam facilidades em razão da situação geográfica especial dos Estados sem litoral, ficam excluídas da aplicação da cláusula da nação mais favorecida.

ARTIGO 127
DIREITOS ADUANEIROS, IMPOSTOS E OUTROS ENCARGOS

1. O tráfego em trânsito não deve estar sujeito a quaisquer direitos aduaneiros, impostos ou outros encargos, com exceção dos encargos devidos por serviços específicos prestados com relação a esse tráfego.

2. Os meios de transporte em trânsito e outras facilidades concedidas aos Estados sem litoral e por eles utilizados não devem estar sujeitos a impostos ou encargos mais elevados que os fixados para o uso dos meios de transporte do Estado e trânsito.

ARTIGO 128
ZONAS FRANCAS E OUTRAS FACILIDADES ADUANEIRAS

Para facilitar o tráfego em trânsito, podem ser estabelecidas zonas francas ou outras facilidades aduaneiras nos portos de entrada e de saída dos Estados de trânsito, mediante acordo entre estes Estados e os Estados sem litoral.

ARTIGO 129
COOPERAÇÃO NA CONSTRUÇÃO E MELHORAMENTO DOS MEIOS DE TRANSPORTE

Quando nos Estados de trânsito não existam meios de transporte que permitam dar efeito ao exercício efetivo da liberdade de trânsito, ou quando os meios existentes, incluindo as instalações e equipamentos portuários, sejam deficientes, sob qualquer aspecto, os Estados de trânsito e Estados sem litoral interessados podem cooperar na construção ou no melhoramento desses meios de transporte.

ARTIGO 130
MEDIDAS PARA EVITAR OU ELIMINAR ATRASOS OU OUTRAS DIFICULDADES DE CARÁTER TÉCNICO NO TRÁFEGO EM TRÂNSITO

1. Os Estados de trânsito devem tomar todas as medidas apropriadas para evitar atrasos ou outras dificuldades de caráter técnico no tráfego em trânsito.

2. No caso de se verificarem tais atrasos ou dificuldades, as autoridades competentes dos Estados de trânsito e Estados sem litoral interessados devem cooperar para a sua pronta eliminação.

ARTIGO 131
IGUALDADE DE TRATAMENTO NOS PORTOS MARÍTIMOS

Os navios arvorando a bandeira de um Estado sem litoral devem gozar nos portos marítimos do mesmo tratamento que o concedido a outros navios estrangeiros.

ARTIGO 132
CONCESSÃO DE MAIORES FACILIDADES DE TRÂNSITO

A presente Convenção não implica de modo algum a retirada de facilidades de trânsito que sejam maiores que as previstas na presente Convenção e que tenham sido acordadas entre os Estados Partes à presente Convenção ou concedidas por um Estado Parte. A presente Convenção não impede, também, a concessão de maiores facilidades no futuro.

PARTE XI
A ÁREA

SEÇÃO 1. DISPOSIÇÕES GERAIS

ARTIGO 133
TERMOS UTILIZADOS

Para efeitos da presente Parte:

a) "recursos" significa todos os recursos minerais sólidos, líquidos ou gasosos in situ, na Área, no leito do mar ou no seu subsolo, incluindo os nódulos polimetálicos;

b) os recursos, uma vez extraídos da Área, são denominados "minerais".

ARTIGO 134
ÂMBITO DE APLICAÇÃO DA PRESENTE PARTE

1. A presente parte aplica-se à Área.

2. A atividades na Área devem ser regidas pelas disposições da presente Parte.

3. Os requisitos relativos ao depósito e à publicidade a dar às cartas ou listas de coordenadas geográficas que indicam os limites referidos no parágrafo 1º do artigo 1 são estabelecidos na Parte VI.

4. Nenhuma das disposições do presente artigo afeta o estabelecimento dos limites exteriores da plataforma continental de conformidade com a Parte VI nem a validade dos acordos relativos à delimitação entre Estados com costas adjacentes ou situadas frente a frente.

ARTIGO 135

REGIME JURÍDICO DAS ÁGUAS E DO ESPAÇO AÉREO SOBREJACENTES

Nem a presente Parte nem quaisquer direitos concedidos ou exercidos nos termos da mesma afetam o regime jurídico das águas sobrejacentes à Área ou o do espaço aéreo dessas águas.

SEÇÃO 2. PRINCIPIOS QUE REGEM A ÁREA

ARTIGO 136

PATRIMÔNIO COMUM DA HUMANIDADE

A Área e seus recursos são patrimônio comum da humanidade.

ARTIGO 137

REGIME JURÍDICO DA ÁREA E DOS SEUS RECURSOS

1. Nenhum estado pode reivindicar ou exercer soberania ou direitos de soberania sobre qualquer parte da Área ou seus recursos; nenhum Estado ou pessoa física ou jurídica pode apropriar-se de qualquer parte da Área ou dos seus recursos. Não serão reconhecidos tal reivindicação ou exercício de soberania ou direitos de soberania nem tal apropriação.

2. Todos os direitos sobre os recursos da Área pertencem à humanidade em geral, em cujo nome, atuará a Autoridade. Esses recursos são inalienáveis. No entanto, os minerais extraídos da Área só poderão ser alienados de conformidade com a presente Parte e com as normas, regulamentos e procedimentos da Autoridade.

3. Nenhum Estado ou pessoa física ou jurídica poderá reivindicar, adquirir ou exercer direitos relativos aos minerais extraídos da Área, a não ser de conformidade com a presente Parte. De outro modo, não serão reconhecidos tal reivindicação, aquisição ou exercício de direitos.

ARTIGO 138

COMPORTAMENTO GERAL DOS ESTADOS EM RELAÇÃO À ÁREA

O comportamento geral dos Estados em relação à Área deve conformar-se com as disposições da presente Parte, com os princípios enunciados na Carta das Nações Unidas e com outras normas de direito internacional, no interesse da manutenção da paz e da segurança e da promoção da cooperação internacional e da compreensão mútua.

ARTIGO 139

OBRIGAÇÃO DE ZELAR PELO CUMPRIMENTO E RESPONSABILIDADE POR DANOS

1. Os Estados Partes ficam obrigados a zelar por que as atividades na Área, realizadas quer por Estados Partes, quer por empresas estatais ou por pessoas físicas ou jurídicas que possuam a nacionalidade dos Estados Partes ou se encontrem sob o controle efetivo desses Estados ou dos seus nacionais, sejam realizadas de conformidade com a presente Parte. A mesma obrigação incube às organizações internacionais por atividades que realizem na Área.

2. Sem prejuízo das normas de direito internacional e do artigo 22 do Anexo III, os danos causados pelo não cumprimento por um Estado Parte ou uma organização, internacional das suas obrigações, nos termos da presente Parte, implicam responsabilidade; os Estados Partes ou organizações internacionais que atuem em comum serão conjunta e solidariamente responsáveis. No entanto, o Estado Parte não será responsável pelos danos causados pelo não-cumprimento da presente Parte por uma pessoa jurídica a quem esse Estado patrocinou nos termos da alínea b) do parágrafo 2º do artigo 153 se o Estado Parte tiver tomado todas as medidas necessárias e apropriadas para assegurar o cumprimento efetivo do parágrafo 4º do artigo 153 e do parágrafo 4º do artigo 4 do Anexo III.

3. Os Estados Partes que sejam membros de organizações internacionais tomarão medidas apropriadas para assegurar a aplicação do presente artigo no que se refere a tais organizações.

ARTIGO 140

BENEFÍCIO DA HUMANIDADE

1. As atividades na Área devem ser realizadas, nos temos do previsto expressamente na presente Parte, em benefício da humanidade em geral, independentemente da situação geográfica dos Estados, costeiros ou sem litoral, e tendo particularmente em conta os interesses e as necessidades dos Estados em desenvolvimento e dos povos que não tenham alcançado a plena independência ou outro regime de autonomia reconhecido pelas Nações Unidas de conformidade

com a resolução 1514 (XV) e com as outras resoluções pertinentes da sua Assembléia Geral.

2. A autoridade, através de mecanismo apropriado, numa base não discriminatória, deve assegurar a distribuição equitativa dos benefícios financeiros e dos outros benefícios econômicos resultantes das atividades na Área de conformidade com a subalínea i) da alínea f) do parágrafo 2º do artigo 160.

ARTIGO 141

UTILIZAÇÃO DA ÁREA EXCLUSIVAMENTE PARA FINS PACÍFICOS

A Área está aberta à utilização exclusivamente para fins pacíficos por todos os Estados, costeiros ou sem litoral, sem discriminação e sem prejuízo das outras disposições da presente Parte.

ARTIGO 142

DIREITOS E INTERESSES LEGÍTIMOS DOS ESTADOS COSTEIROS

1. As atividades na Área relativas aos depósitos de recursos que se estendem além dos limites da mesma devem ser realizadas tendo em devida conta os direitos e interesses legítimos do Estado costeiro sob cuja jurisdição se encontrem tais extensões daqueles depósitos.

2. Devem ser efetuadas consultas com o Estado interessado, incluindo um sistema de notificação prévia, a fim de se evitar qualquer violação de tais direitos e interesses. Nos casos em que as atividades na Área possam dar lugar ao aproveitamento de recursos sob jurisdição nacional, será necessário o consentimento prévio do Estado costeiro interessado.

3. Nem a presente Parte nem quaisquer direitos concedidos ou exercidos nos termos da mesma devem afetar os direitos dos Estados costeiros de tomarem medidas compatíveis com as disposições pertinentes da Parte XII que sejam necessárias para prevenir, atenuar ou eliminar um perigo grave e iminente para o seu litoral ou interesses conexos, resultantes de poluição ou de ameaça de poluição ou de outros acidentes resultantes de ou causados por quaisquer atividades na Área;

ARTIGO 143

INVESTIGAÇÃO CIENTÍFICA MARINHA

1. A investigação científica marinha na Área deve ser realizada exclusivamente com fins pacíficos e em benefício da humanidade em geral, de conformidade com a Parte XIII.

2. A Autoridade pode realizar investigação científica marinha relativa à Área e seus recursos e celebrar contratos para tal fim. A Autoridade deve promover e impulsionar a realização da investigação científica marinha na Área, coordenar e difundir os resultados de tal investigação e análises, quando disponíveis.

3. Os Estados Partes podem realizar investigação científica marinha na Área. Os Estados Partes devem promover a cooperação internacional no campo da investigação cientifica marinha na Área;

a) participando em programas internacionais e incentivando a cooperação no campo da investigação científica marinha pelo pessoal de diferentes países e da Autoridade;

b) assegurando que os programas sejam elaborados, por intermédio da Autoridade ou de outras organizações internacionais, conforme o caso, em benefício dos Estados em desenvolvimento e dos Estados tecnologicamente menos desenvolvidos, com vista a:

i) fortalecer a sua capacidade de investigação;

ii) formar o seu pessoal e o pessoal da Autoridade nas técnicas e aplicações de investigação;

iii) favorecer o emprego do seu pessoal qualificado na investigação da Área;

c) difundindo efetivamente os resultados de investigação e análises, quando disponíveis, por intermédio da Autoridade ou de outros canais internacionais, quando apropriado.

ARTIGO 144

TRANSFERÊNCIA DE TECNOLOGIA

1. De conformidade com a presente Convenção, a Autoridade deve tomar medidas para:

a) adquirir tecnologia e conhecimentos científicos relativos às atividades na Área; e

b) promover e incentivar a transferência de tal tecnologia e conhecimentos científicos para os Estados em desenvolvimento, de modo a que todos os Estados Partes sejam beneficiados.

2. Para tal fim a Autoridade e os Estados Partes devem cooperar para promover a transferência de tecnologia, e conhecimentos científicos relativos às atividades realizadas na Área de modo a que a Empresa e todos os Estados Partes sejam beneficiados. Em particular, devem iniciar e promover:

a) programas para a transferência de tecnologia para a Empresa e para os Estados em desenvolvimento no que se refere às atividades na Área, incluindo, inter alia, facilidades de acesso da Empresa e dos Estados em desenvolvimento à tecnologia pertinente em modalidades e condições equitativas e razoáveis;

b) medidas destinadas a assegurar o progresso da tecnologia da Empresa e da tecnologia nacional dos Estados em desenvolvimento e em particular mediante a criação de oportunidades para a formação do pessoal da Empresa e dos Estados em desenvolvimento em matéria de ciência e tecnologia marinhas e para a sua plena participação nas atividades na Área.

ARTIGO 145

PROTEÇÃO DO MEIO MARINHO

No que se refere às atividades na Área, devem ser tomadas as medidas necessárias, de conformidade com a presente Convenção, para assegurar a proteção eficaz do meio marinho contra os efeitos nocivos que possam resultar de tais atividades. Para tal fim, a Autoridade adotará normas, regulamentos e procedimentos apropriados para, inter alia,:

a) prevenir, reduzir e controlar a poluição e outros perigos para o meio marinho, incluindo o litoral, bem como a perturbação do equilíbrio ecológico do meio marinho, prestando especial atenção à necessidade de proteção contra os efeitos nocivos de atividades, tais como a perfuração, dragagem, escavações, lançamento de detritos, construção e funcionamento ou manutenção de instalações, dutos e outros dispositivos relacionados com tais atividades;

b) proteger e conservar os recursos naturais da Área e prevenir danos à flora e à fauna do meio marinho.

ARTIGO 146

PROTEÇÃO DA VIDA HUMANA

No que se refere às atividades na Área, devem ser tomadas as medidas necessárias para assegurar a proteção eficaz da vida humana. Para tal fim, a Autoridade adotará normas, regulamentos e procedimentos apropriados que complementem o direito internacional existente tal como consagrado nos tratados sobre a matéria.

ARTIGO 147

HARMONIZAÇÃO DAS ATIVIDADES NA ÁREA E NO MEIO MARINHO

1. As atividades na Área devem ser realizadas, tendo razoavelmente em conta outras atividades no meio marinho.

2. As instalações, utilizadas para a realização de atividades na Área, devem estar sujeitas às seguintes condições:

a) serem construídas, colocadas e retiradas exclusivamente de conformidade com a presente Parte e segundo as normas, regulamentos e procedimentos da Autoridade. A construção, colocação e remoção de tais instalações devem ser devidamente notificadas e, sempre que necessário, devem ser assegurados meios permanentes para assinalar a sua presença;

b) não serem colocadas onde possam interferir na utilização de rotas marítimas reconhecidas e essenciais para a navegação internacional ou em áreas de intensa atividade pesqueira;

c) serem estabelecidas zonas de segurança em volta de tais instalações, com sinais de navegação apropriados, para garantir a segurança da navegação e das instalações. A configuração e localização de tais zonas de segurança devem ser tais que não formem um cordão que impeça o acesso lícito dos navios a determinadas zonas marítimas ou a navegação por rotas marítimas internacionais;

d) serem utilizadas exclusivamente para fins pacíficos;

e) não terem o estatuto jurídico de ilhas. Estas instalações não têm mar territorial próprio e a sua existência não afeta a delimitação do mar territorial, da zona econômica exclusiva ou da plataforma continental.

3. As demais atividades no meio marinho devem ser realizadas tendo razoavelmente em conta as atividades na Área.

ARTIGO 148

PARTICIPAÇÃO DOS ESTADOS EM DESENVOLVIMENTO NAS ATIVIDADES NA ÁREA

A participação efetiva dos Estados em desenvolvimento nas atividades na Área deve ser promovida tal como expressamente previsto na presente Parte, tendo em devida conta os seus interesses e necessidades especiais e, em particular, a necessidade especial dos Estados em desenvolvimento sem litoral ou em situação geográfica desfavorecida de superarem os obstáculos resultantes da sua localização desfavorável, incluído o afastamento da Área, e a dificuldade de acesso à Área e a partir dela.

ARTIGO 149

OBJETOS ARQUEOLÓGICOS E HISTÓRICOS

Todos os objetos de caráter arqueológico e histórico achados na Área serão conservados ou deles se disporá em benefício da humanidade em geral, tendo particularmente em conta os direitos preferenciais do Estado ou país de origem, do Estado de origem cultural ou do Estado de origem histórica e arqueológica.

SEÇÃO 3. APROVEITAMENTO DOS RECURSOS DA ÁREA

ARTIGO 150

POLÍTICAS GERAIS RELATIVAS ÀS ATIVIDADES NA ÁREA

1. As atividades na Área devem ser realizadas tal como expressamente previsto na presente Parte de modo a fomentar o desenvolvimento harmonioso da economia mundial e o crescimento equilibrado do comércio internacional e a promover a cooperação internacional

a favor do desenvolvimento geral de todos os países, especialmente dos Estados em desenvolvimento e com vista a assegurar:

a) o aproveitamento dos recursos da Área;

b) a gestão ordenada, segura e racional dos recursos da Área, incluindo a realização eficiente de atividades na Área e, de conformidade com sãos princípios de conservação, a evitação de desperdícios desnecessários;

c) a ampliação das oportunidades de participação em tais atividades, em particular de forma compatível com os artigos 144 e 148;

d) a participação da autoridade nas receitas e transferência de tecnologia à Empresa e aos Estados em desenvolvimento, tal como disposto na presente Convenção;

e) o aumento da disponibilidade dos minerais provenientes da Área, na medida necessária para, juntamente com os obtidos de outras fontes, assegurar o abastecimento aos consumidores de tais minerais;

f) a formação de preços justos e estáveis, remuneradores para os produtores e razoáveis para os consumidores, relativos aos minerais provenientes tanto da Área como de outras fontes, e a promoção do equilíbrio a longo prazo entre a oferta e a procura;

g) maiores oportunidades para que todos os Estados Partes, independentemente do seu sistema social e econômico ou situação geográfica, participem no aproveitamento dos recursos da Área e na prevenção da monopolização das atividades na Área;

h) a proteção dos Estados em desenvolvimento no que se refere aos efeitos adversos nas suas economias ou nas suas receitas de exportação, resultantes de uma redução no preço de um mineral afetado ou no volume de exportação desse mineral, na medida em que tal redução seja causada por atividades na Área, como previsto no Artigo 151;

i) o aproveitamento do patrimônio comum em benefício da humanidade em geral; e

j) que as condições de acesso aos mercados de importação de minerais provenientes dos recursos da Área e de importação de produtos básicos obtidos de tais minerais não sejam mais vantajosas que as de caráter mais favorável aplicadas às importações provenientes de outras fontes.

ARTIGO 151
POLÍTICAS DE PRODUÇÃO

1. a) Sem prejuízo dos objetivos previstos no artigo 150, e para efeitos de aplicação da alínea h) do referido artigo, a Autoridade deve, atuando através das instâncias existentes ou, segundo o caso, no quadro de novos ajustes ou acordos, com a participação de todas as partes interessadas, incluídos produtores e consumidores, tomar as medidas necessárias para promover o crescimento, a eficiência e a estabilidade dos mercados dos produtos básicos obtidos dos minerais provenientes da Área, a preços remuneradores para os produtores e razoáveis para os consumidores. Todos os Estados Partes devem cooperar para tal fim.

b) A Autoridade tem o direito de participar em qualquer conferência sobre produtos básicos, cujos trabalhos se refiram àqueles, e na qual participem todas as partes interessadas, incluídos produtores e consumidores. A Autoridade tem o direito de ser parte em qualquer ajuste ou acordo que resulte de tais conferências. A participação da Autoridade em quaisquer órgãos criados em virtude desses ajustes ou acordos deve ser com respeito à produção na Área e efetuar-se de conformidade com as normas pertinentes desses órgãos.

c) A Autoridade deve cumprir as obrigações que tenha contraído em virtude de ajustes ou acordos referidos no presente parágrafo de maneira a assegurar a sua aplicação uniforme e não discriminatória em relação à totalidade da produção dos minerais em causa na Área. Ao fazê-lo, a Autoridade deve atuar de forma compatível com os termos dos contratos existentes e os planos de trabalho aprovados da Empresa.

2. a) Durante o período provisório definido no parágrafo 3º, a produção comercial não deve ser empreendida com base num plano de trabalho aprovado, até que o operador tenha pedido e obtido da Autoridade uma autorização de produção. Essa autorização de produção não pode ser pedida ou emitida antes de cinco anos da data do início previsto para a produção comercial nos termos do plano de trabalho, a menos que, tendo em conta a natureza e o calendário de execução do projeto, outro período seja estabelecido nas normas, regulamentos e procedimentos da Autoridade.

b) No pedido de autorização de produção, o operador deve especificar a quantidade anual de níquel que prevê extrair com base no plano de trabalho aprovado. O pedido deve incluir um plano de despesas a serem feitas pelo operador após a recepção da autorização, as quais são razoavelmente calculadas para lhe permitir iniciar a produção comercial na data prevista.

c) Para efeitos das alíneas a) e b), a Autoridade deve estabelecer requisitos de execução apropriados, de conformidade com o artigo 17 do Anexo III.

d) A autoridade deve emitir uma autorização de produção para o volume de produção pedido, a menos que a soma desse volume e dos volumes já autorizados exceda, no decurso de qualquer ano de produção planejada compreendido no período provisório, o limite máximo de produção de níquel, calculado de conformidade com o parágrafo 4º e no ano de emissão da autorização.

e) Uma vez emitida a autorização de produção, esta e o pedido aprovado farão parte do plano de trabalho aprovado.

f) Se, em virtude da alínea d), o pedido de autorização feito pelo operador for recusado, este pode submeter um novo pedido à Autoridade em qualquer momento.

3. O período provisório começará cinco anos antes do dia 1 de Janeiro do ano no qual está prevista a primeira produção comercial com base no plano de trabalho aprovado. Se o início dessa produção comercial for adiado para além do ano originalmente previsto, o início do período provisório e o teto de produção inicialmente calculado deve ser reajustado em conformidade. O período provisório deve durar 25 anos ou até ao fim da Conferência de revisão referida no artigo 155 ou até ao dia da entrada em vigor dos novos ajustes ou acordos referidos no parágrafo 1º, prevalecendo o de prazo mais curto. Se os referidos ajustes ou acordos caducarem ou deixarem de Ter efeito por qualquer motivo, a Autoridade reassumirá os poderes estipulados no presente artigo para o resto do período provisório.

4. a) O teto de produção para qualquer ano do período provisório é a soma de:

i) a diferença ente os valores da curva de tendência do consumo de níquel, calculados de conformidade com a alínea b), para o ano imediatamente anterior ao da primeira produção comercial e para o ano imediatamente anterior ao do início do período provisório; e

ii) sessenta por cento da diferença entre os valores da curva de tendência do consumo de níquel calculados de conformidade com a alínea b) para o ano para o qual seja pedida a autorização de produção e para o ano imediatamente anterior ao da primeira autorização de produção comercial.

b) Para efeitos da alínea a):

i) os valores da curva de tendência utilizados para calcular o teto de produção de níquel devem ser os valores do consumo anual de níquel numa curva de tendência calculada durante o ano no qual foi emitida uma autorização de produção. A curva de tendência deve ser calculada a partir da regressão linear dos logaritmos do consumo real de níquel correspondente ao período de 15 anos mais recente do qual se disponha de dados, sendo o tempo a variável independente. Esta curva de tendência deve ser denominada curva de tendência inicial;

ii) se a taxa anual de aumento indicada pela curva de tendência inicial for inferior a três por cento, a curva de tendência utilizada para determinar as quantidades mencionadas na alínea a) deve ser uma curva que corte a curva de tendência inicial no ponto que represente o valor do primeiro ano do período de 15 anos considerado e que aumente à razão de três por cento ao ano. No entanto, o teto de produção estabelecido para qualquer ano do período provisório não pode exceder em caso algum a diferença entre o valor da curva de tendência inicial para esse ano e o valor da curva de tendência inicial para o ano imediatamente anterior ao do início de período provisório.

5. A Autoridade deve reservar para a produção inicial da Empresa, uma quantidade de 38 mil toneladas métricas de níquel da quantidade fixada como teto de produção disponível calculada de conformidade com o parágrafo 4º.

6. a) Um operador pode, em qualquer ano, não alcançar o volume de produção anual de minerais provenientes de nódulos polimetálicos especificado na sua autorização de produção ou pode excede-lo até oito por cento, desde que o volume global da produção não exceda o especificado na autorização. Qualquer excedente, compreendido entre oito a vinte por cento em qualquer ano ou qualquer excedente no primeiro ano e nos anos posteriores a dois anos consecutivos em que houve excedente, deve ser negociado com a Autoridade a qual pode exigir ao operador que obtenha uma autorização de produção suplementar para cobrir a produção adicional.

b) Os pedidos para tal autorização de produção suplementar só podem ser examinados pela Autoridade, quando esta tiver decidido sobre todos os pedidos pendentes submetidos pelos operadores que ainda não tenham recebido autorizações de produção e depois de ter tido devidamente em conta outros prováveis peticionários. A autoridade deve guiar-se pelo princípio de não exceder a produção total autorizada com base no teto de produção em qualquer ano do período provisório. A autoridade não deve autorizar, em qualquer plano de trabalho, a produção de uma quantidade que exceda 46.500 toneladas métricas de níquel por ano.

7. Os volumes de produção de outros metais, tais como o cobre, cobalto e manganês, extraídos dos nódulos polimetálicos obtidos de conformidade com uma autorização de produção, não devem ser superiores aos que teriam sido obtidos se o operador tivesse obtido desses nódulos o volume máximo de níquel de conformidade com o presente artigo. A autoridade deve adotar normas, regulamentos e procedimentos de conformidade com o artigo 17 do Anexo III para a aplicação do presente parágrafo.

8. Os direitos e obrigações relativos a práticas econômicas desleais nos acordos comerciais multilaterais pertinentes aplicam-se à exploração e aproveitamento dos minerais da Área. Na solução de controvérsias relativas à aplicação da presente disposição, os Estados Partes que sejam Partes em tais acordos comerciais multilaterais podem recorrer aos procedimentos de solução de controvérsias previstas nesses acordos.

9. A Autoridade tem o poder de limitar o volume de produção de minerais da Área, que não sejam os minerais provenientes de nódulos polimetálicos,

nas condições e segundo os métodos apropriados, mediante a adoção de regulamentos de conformidade com o parágrafo 8º do artigo 161.

10. Por recomendação do Conselho, baseada no parecer da Comissão de Planejamento Econômico, a Assembléia deve estabelecer um sistema de compensação ou tomar outras medidas de assistência para o reajuste econômico, incluindo a cooperação com os organismos especializados e outras organizações internacionais, em favor dos países em desenvolvimento cujas receitas de exportação ou cuja economia sofram sérios prejuízos como conseqüência de uma diminuição no preço ou no volume exportado de um mineral, na medida em que tal diminuição se deva a atividades na Área. A Autoridade, quando solicitada, deve iniciar estudos sobre os problemas desses Estados que possam ser mais gravemente afetados, a fim de minimizar as suas dificuldades e prestar-lhes auxílio para o seu reajuste econômico.

ARTIGO 152

EXERCÍCIO DE PODERES E FUNÇÕES PELA AUTORIDADE

1. A Autoridade deve evitar qualquer discriminação no exercício dos seus poderes e funções, inclusive na concessão de oportunidades para realização de atividades na Área.

2. No entanto, atenção especial pode ser dispensada aos países em desenvolvimento particularmente àqueles sem litoral ou em situação geográfica desfavorecida, em virtude do expressamente previsto na presente Parte.

ARTIGO 153

SISTEMA DE EXPLORAÇÃO E APROVEITAMENTO

1. As atividades na Área devem ser organizadas, realizadas e controladas pela Autoridade em nome da humanidade em geral de conformidade com o presente artigo, bem como com outras disposições pertinentes da presente Parte e dos anexos pertinentes e as normas, regulamentos e procedimentos da Autoridade.

2. As atividades na Área serão realizadas de conformidade com o parágrafo 3º:

a. pela Empresa; e

b. em associação com a Autoridade, por Estados Partes ou empresas estatais, ou pessoas físicas ou jurídicas que possuam a nacionalidade de Estados Partes ou sejam efetivamente controladas por eles ou seus nacionais, quando patrocinadas por tais Estados, ou por qualquer grupo dos anteriores que preencha os requisitos previstos na presente Parte e no Anexo III.

3. As atividades na Área devem ser realizadas de conformidade com um plano de trabalho formal escrito, preparado de conformidade com o Anexo III e aprovado pelo Conselho após exame pela Comissão Jurídica e Técnica. No caso das atividades na Área, realizadas com autorização da Autoridade pelas entidades ou pessoas especificadas na alínea b) do parágrafo 2º, o plano de trabalho deve ter a forma de um contrato, de conformidade com o artigo 3 do Anexo III. Tal o contrato pode prever ajustes conjuntos, de conformidade com o artigo 11 do Anexo III.

4. A Autoridade deve exercer, sobre as atividades na Área, o controle que for necessário para assegurar o cumprimento das disposições pertinentes da presente Parte e dos anexos pertinentes e das normas, regulamentos e procedimentos da Autoridade e dos planos de trabalho aprovados de conformidade com o parágrafo 3º. Os Estados Partes devem prestar assistência à Autoridade, tomando todas as medidas necessárias para assegurar tal cumprimento de conformidade com o artigo 139.

5. A autoridade tem o direito de tomar a todo o momento quaisquer medidas previstas na presente Parte para assegurar o cumprimento das suas disposições e o exercício das funções de controle e regulamentação que lhe são conferidas em virtude da presente Parte ou de um contrato. A Autoridade tem o direito de inspecionar todas as instalações na Área utilizadas para atividades realizadas na mesma.

6. Um contrato celebrado nos termos do parágrafo 3º deve garantir a titularidade do contraente. Por isso, o contrato não deve ser modificado, suspenso ou rescindido senão de conformidade com os artigos 18 e 19 do Anexo III.

ARTIGO 154

EXAME PERIÓDICO

De cinco em cinco anos, a partir da entrada em vigor da presente Convenção, a Assembléia deve proceder a um exame geral e sistemático da forma como o regime internacional da Área, estabelecido pela Convenção, tem funcionado na prática. À luz desse exame, a Assembléia pode tomar ou recomendar a outros órgãos que tomem medidas de conformidade com as disposições e procedimentos da presente Parte e dos anexos correspondentes, que permitam aperfeiçoar o funcionamento do regime.

ARTIGO 155

CONFERÊNCIA DE REVISÃO

1. Quinze anos após o dia 1 de Janeiro do ano do início da primeira produção comercial com base num plano de trabalho aprovado, a Assembléia convocará uma conferência para revisão das disposições da presente Parte e dos anexos pertinentes que regulamentam a exploração e o aproveitamento dos recursos da Área. A

Conferência de Revisão deve examinar em pormenor, à luz da experiência adquirida durante esse período:

a) se as disposições da presente Parte que regulamentam o sistema de exploração e aproveitamento dos recursos da Área atingiram os seu objetivos em todos os aspectos, inclusive se beneficiaram a humanidade em geral;

b) se, durante o período de quinze anos, as áreas reservadas foram aproveitadas de modo eficaz e equilibrado em comparação com áreas não reservadas;

c) se o desenvolvimento e a utilização da Área e dos seus recursos foram efetuados de modo a favorecer o desenvolvimento harmonioso da economia mundial e o crescimento equilibrado do comércio internacional;

d) se foi impedida a monopolização das atividades na Área;

e) se foram cumpridas as políticas estabelecidas nos artigos 150 e 151: e

f) se o sistema permitiu a distribuição equitativa de benefícios resultantes das atividades na Área, tendo particularmente em conta os interesses e necessidades dos Estados em desenvolvimento.

2. A conferência de Revisão deve igualmente assegurar a manutenção do princípio do patrimônio comum da humanidade, do regime internacional para o aproveitamento equitativo dos recursos da Área em beneficio de todos os países, especialmente dos Estados em desenvolvimento, e da existência de uma Autoridade que organize, realize e controle as atividades na Área. Deve também assegurar a manutenção dos princípios estabelecidos na presente Parte relativos à exclusão de reivindicações ou do exercício de soberania sobre qualquer parte da Área, aos direitos dos Estados e seu comportamento geral em relação à Área bem como sua participação nas atividades na Área de conformidade com a presente Convenção, à prevenção da monopolização de atividades na Área, à utilização da Área exclusivamente para fins pacíficos, aos aspectos econômicos das atividades na Área, à investigação científica marinha, à transferência de tecnologia, à proteção do meio marinho, à proteção da vida humana, aos direitos dos Estados costeiros, ao estatuto jurídico das águas sobrejacentes à Área e do espaço aéreo acima dessas águas e à harmonização entre as atividades na Área e outra atividades no meio marinho.

3. O procedimento para a tomada de decisões aplicável à Conferência de Revisão deve ser o mesmo que o aplicável à Terceira Conferência das Nações Unidas sobre o Direito do Mar. A Conferência deve fazer todo o possível para chegar a acordo sobre quaisquer emendas por consenso, não devendo proceder a votação de tais questões até que se tenham esgotado todos os esforços para chegar a consenso.

4. Se, cinco anos após o seu início, não tiver chegado a acordo sobre o sistema de exploração e aproveitamento dos recursos da Área, a Conferência de Revisão pode, nos doze meses seguintes, por maioria de três quartos dos Estados Partes, decidir a adoção e apresentação aos Estados Partes para ratificação ou adesão das emendas que mudem ou modifiquem o sistema que julgue necessárias e apropriadas. Tais emendas entrarão em vigor para todos os Estados Partes doze meses após o depósito dos instrumentos de ratificação ou de adesão de dois terços dos Estados Partes.

5. As emendas adotadas pela Conferência de Revisão, de conformidade com o presente artigo, não afetam os direitos adquiridos em virtude de contratos existentes.

SEÇÃO 4. AUTORIDADE

SUBSEÇÃO A. DISPOSIÇÕES GERAIS

ARTIGO 156

CRIAÇÃO DA AUTORIDADE

1. É criada a Autoridade Internacional dos Fundos Marinhos que funcionará de conformidade com a presente Parte.

2. Todos os Estados Partes são ipso-facto membros da Autoridade.

3. Os observadores na Terceira Conferência das Nações Unidas sobre o Direito do Mar, que tenham assinado a Ata Final e não estejam referidos nas alíneas c), d), e) ou f) do parágrafo 1º do artigo 305, têm o direito de participar na Autoridade como observadores de conformidade com as suas normas, regulamentos e procedimentos.

4. A Autoridade terá a sua sede na Jamaica.

5. A Autoridade pode criar os centros ou escritórios regionais que julgue necessários para o exercício das suas funções.

ARTIGO 157

NATUREZA E PRINCÍPIOS FUNDAMENTAIS DA AUTORIDADE

1. A Autoridade é a organização por intermédio da qual os Estados Partes, de conformidade com a presente Parte, organizam e controlam as atividades na Área, particularmente com vista à gestão dos recursos da Área.

2. A Autoridade tem os poderes e as funções que lhe são expressamente conferidos pela presente Convenção. A Autoridade terá os poderes subsidiários, compatíveis, com a presente Convenção que sejam implícitos e necessários ao exercício desses poderes e funções no que se refere à atividades na Área.

3. A Autoridade baseia-se no princípio da igualdade soberana de todos os seus membros.

4. Todos os membros da Autoridade devem cumprir de boa fé as obrigações contraídas de conformidade com a presente Parte, a fim de se assegurarem a cada um os direitos e benefícios decorrentes da sua qualidade de membro.

ARTIGO 158

ÓRGÃOS DA AUTORIDADE

1. São criados, como órgãos principais da Autoridade, uma Assembléia, um Conselho e um Secretariado.

2. E criada a Empresa, órgão por intermédio do qual a Autoridade exercerá as funções mencionadas no parágrafo 1º do artigo 170.

3. Podem ser criados, de conformidade com a presente Parte, os órgãos subsidiários considerados necessários.

4. Compete a cada um dos órgãos principais da Autoridade e à Empresa exercer os poderes e funções que lhes são conferidos. No exercício de tais poderes e funções, cada órgão deve abster-se de tomar qualquer medida que possa prejudicar ou impedir o exercício dos poderes e funções específicos conferidos a um outro órgão.

SUBSEÇÃO B. A ASSEMBLÉIA

ARTIGO 159

COMPOSIÇÃO, PROCEDIMENTO E VOTAÇÃO

1. A Assembléia é composta por todos os membros da Autoridade. Cada membro tem um representante na Assembléia o qual pode ser acompanhado por suplentes de assessores.

2. A Assembléia reunir-se-á em sessão ordinária anual e em sessão extraordinária quando ela o decidir ou quando for convocada pelo Secretário Geral a pedido do Conselho ou da maioria dos membros da Autoridade.

3. As sessões devem realizar-se na sede da Autoridade, a não ser que a Assembléia decida de outro modo.

4. A Assembléia adotará o seu regulamento interno. No início de cada sessão ordinária, elege o seu Presidente e os demais membros da Mesa que considere necessários. Estes devem manter-se em funções até à eleição de um novo Presidente e demais membros da Mesa na sessão ordinária seguinte.

5. O quorum é constituído pela maioria dos membros da Assembléia.

6. Cada membro da Assembléia dispõe de um voto.

7. As decisões sobre questões de procedimento, incluindo as decisões de convocação de sessões extraordinárias da Assembléia, devem ser tomadas por maioria dos membros presentes e votantes.

8. As decisões sobre questões de fundos serão tomadas por maioria de dois terços dos membros presentes e votantes, desde que tal maioria inclua uma maioria dos membros que participam na sessão. Em caso de dúvida sobre se uma questão é ou não de fundo, essa questão será tratada como questão de fundo, a não ser que Assembléia decida de outro modo, pela maioria requerida para as decisões sobre questões de fundo.

9. Quando uma questão do fundo for submetida a votação pela primeira vez, o Presidente pode e deve, se pelo menos uma quinta parte dos membros da Assembléia o solicitar, adiar a decisão de submeter essa questão a votação por um período não superior a cinco dias. A presente norma só pode ser aplicada a qualquer questão uma vez e não deve ser aplicada para adiar a questão para além do encerramento da sessão.

10. Quando for apresentada ao Presidente uma petição escrita que, apoiada por, pelo menos, um quarto dos membros da Autoridade, solicite um parecer sobre a conformidade com a presente Convenção de uma proposta à Assembléia sobre qualquer assunto, a Assembléia deve solicitar à Câmara de Controvérsias dos Fundos Marinhos do Tribunal Internacional do Direito do Mar que dê um parecer, e deve adiar a votação sobre tal proposta até que a câmara emita o seu parecer. Se o Parecer não for recebido antes da última semana da sessão em que foi solicitado, a Assembléia deve decidir quando se reunirá para votar a proposta adiada.

ARTIGO 160

PODERES E FUNÇÕES

1. A Assembléia, como único órgão da Autoridade composto por todos os seus membros, é considerada o órgão supremo da Autoridade, perante o qual devem responder os outros órgãos principais tal como expressamente previsto na presente Convenção. A Assembléia tem o poder de estabelecer a política geral sobre qualquer questão ou assunto da competência da Autoridade de conformidade com as disposições pertinentes da presente Convenção.

2. Além disso, a Assembléia tem os seguintes poderes e funções:

a) eleger os membros do Conselho de conformidade com o artigo 161;

b) eleger o Secretário Geral dentre os candidatos propostos pelo Conselho;

c) eleger, por recomendação do Conselho, os membros do Conselho de Administração da Empresa, e o Diretor Geral desta;

d) criar, de conformidade com a presente Parte, os órgãos subsidiários que julgue necessários para o exercício das suas funções. Na composição destes órgãos devem ser tomados em devida conta o princípio da distribuição geográfica equitativa, bem como os interesses especiais e a necessidade de assegurar o concurso de membros qualificados e competentes nas diferentes questões técnicas de que se ocupem tais órgãos;

e) determinar as contribuições dos membros para o orçamento administrativo da Autoridade de conformidade com uma escala acordada, com base na utilizada para o orçamento ordinário da Organização das Nações Unidas, até que a Autoridade disponha de receitas suficientes provenientes de outras fontes para fazer frente aos seus encargos administrativos;

f) i) examinar e aprovar, por recomendação do Conselho, as normas, regulamentos e procedimentos sobre a distribuição equitativa dos benefícios financeiros e outros benefícios econômicos obtidos das atividades na Área, bem como os pagamentos e contribuições feitos de conformidade com o Artigo 82, tendo particularmente em conta os interesses e necessidades dos Estados em desenvolvimento e dos povos que não tenham alcançado a plena independência ou outro regime de autonomia. Se a Assembléia não aprovar as recomendações do Conselho pode devolvê-las a este para reexame à luz das opiniões expressas pela Assembléia;

ii) examinar e aprovar as normas, regulamentos e procedimentos da Autoridade e quaisquer emendas aos mesmos, adotados provisoriamente pelo Conselho, de conformidade com a subalínea ii) da alínea o) do parágrafo 2º do artigo 162. Estas normas, regulamentos e procedimentos devem referir-se à prospecção, exploração e aproveitamento na Área, à gestão financeira e administração interna da Autoridade e, por recomendação do Conselho de Administração da Empresa, à transferência de fundos da Empresa para a Autoridade;

g) decidir acerca da distribuição equitativa dos benefícios financeiros e outros benefícios econômicos obtidos das atividades na Área, de forma compatível com a presente Convenção e com as normas, regulamentos e procedimentos da Autoridade;

h) examinar e aprovar o projeto de orçamento anual da Autoridade apresentado pelo Conselho;

i) examinar os relatórios periódicos do Conselho e da Empresa bem como os relatórios especiais pedidos ao Conselho ou a qualquer outro órgão da Autoridade;

j) proceder a estudos e fazer recomendações para promoção da cooperação internacional relativa às atividades na Área e para o encorajamento do desenvolvimento progressivo do direito internacional neste domínio e sua codificação;

k) examinar os problemas de caráter geral relacionados com as atividades na Área, em partícular os que se apresentem aos Estados em desenvolvimento, assim como os problemas de caráter geral relacionados com as atividades na Área que se apresentem a Estados em virtude da sua situação geográfica, em particular aos Estados sem litoral ou em situação geográfica desfavorecida;

l) estabelecer, por recomendação do Conselho baseada no parecer da Comissão de Planejamento Econômico, um sistema de compensação ou adorar outras medidas de assistência para o reajuste econômico de conformidade com o parágrafo 10º do artigo151;

m) suspender o exercício de direitos e privilégios inerentes À qualidade de membro, nos termos do artigo 185;

n) examinar qualquer questão ou assunto no âmbito de competência da Autoridade e decidir, de forma compatível com a distribuição de poderes e funções entre os órgãos da Autoridade, qual destes órgãos se deve ocupar de qualquer questão ou assunto que não seja expressamente atribuído a um órgão em particular.

SUBSEÇÃO C. O CONSELHO

ARTIGO 161

COMPOSIÇÃO, PROCEDIMENTO E VOTAÇÃO

1. O Conselho é composto de 36 membros da Autoridade, eleitos pela Assembléia na seguinte ordem:

a) quatro membros dentre os Estados Partes que, durante os últimos cinco anos para os quais se disponha de estatísticas, tenham absorvido mais de 2 por cento do consumo mundial total ou efetuado importações liquidas de mais de 2 por cento das importações mundiais totais dos produtos básicos obtidos a partir das categorias de minerais que venham a ser extraídos da Área e, em qualquer caso, um Estado da região da Europa Oriental (Socialista), bem como o maior consumidor;

b) quatro membros dentre os oito Estados Partes que, diretamente ou por intermédio dos seus nacionais, tenham feito os maiores investimentos na preparação e na realização de atividades na Área, incluindo, pelo menos, um Estado da região da Europa Oriental (Socialista);

c) quatro membros dentre os Estados Partes que, na base da produção nas áreas sob sua jurisdição, sejam grandes exportadores líquidos das categorias de minerais que venham a se extraídos da Área, incluindo, pelo menos, dois Estados em desenvolvimento, cujas exportações de tais minerais tenham importância substancial para a sua economia;

d) seis membros dentre os Estados Partes em desenvolvimento, que representem interesses especiais. Os interesses especiais a serem representados devem incluir os dos Estados com grande população, os dos Estados sem litoral ou em situação geográfica desfavorecida, os Estados que sejam grandes importadores das categorias de minerais que venham a ser extraídos da Área, os dos Estados que sejam produtores potenciais de tais minerais, e os dos Estados menos desenvolvidos;

e) dezoito membros eleitores de modo a assegurar o princípio de uma distribuição geográfica eqüitativa dos lugares do Conselho no seu conjunto, no entendimento de que cada região geográfica conte, pelo menos, com um membro eleito em virtude da presente alínea. Para tal efeito as regiões geográficas devem ser: África, América Latina, Ásia, Europa Ocidental e outros Estados e Europa Oriental (Socialista).

2. Na eleição dos membros do Conselho de conformidade com o parágrafo 1º, a Assembléia deve assegurar que:

a) os Estados sem litoral e aqueles em situação geográfica desfavorecida tenham uma representação, na medida do razoável, proporcional à sua representação na Assembléia;

b) os Estados costeiros, em particular os Estados em desenvolvimento, que não preencham as condições enunciadas nas alíneas a),b), c) ou d) do parágrafo 1º, tenham uma representação, na medida do razoável, proporcional à sua representação na Assembléia;

c) cada grupo de Estados Partes que a ser representado no Conselho esteja representado pelos membros que sejam eventualmente propostos por esse grupo.

3. As eleições são efetuadas nas sessões ordinárias da Assembléia. Cada membro do Conselho é eleito por quatro anos. Contudo, na primeira eleição o mandato de metade dos membros de cada um dos grupos previstos no parágrafo 1º é de dois anos.

4. Os membros do Conselho podem ser reeleitos, devendo, porém, Ter-se em conta a conveniência da rotação de membros;

5. O Conselho funciona na sede da Autoridade e deve reunir-se com a freqüência requerida pelos trabalhos da Autoridade, mas pelo menos três vezes por ano.

6. O quorum é constituído pela maioria dos membros do Conselho.

7. Cada membro do Conselho dispõe de um voto.

8. a) As decisões sobre questões de procedimento serão tomadas por maioria dos membros presentes e votantes.

b) As decisões sobre as questões de fundo que surjam em relação as alíneas f), g), h), i), n), p) e v) do parágrafo 2º do artigo 162 e com o artigo 191 serão tomadas por maioria de dois terços dos membros presentes e votantes, desde que tal maioria inclua uma maioria dos membros do Conselho.

c) As decisões sobra as questões de fundo que surjam em relação às disposições a seguir enumeradas serão tomadas por maioria de três quartos dos membros presentes e votantes, desde que tal maioria inclua uma maioria dos membro do Conselho: parágrafo 1º do artigo 162; alíneas a), b), c), d), e), l), q), r), s) e t) do parágrafo 2º do artigo 162; alínea u) do parágrafo 2º do artigo 162, nos casos de não-cumprimento por parte de um contratante ou de um patrocinador; alínea w) do parágrafo 2º do artigo 162, desde que a obrigatoriedade das ordens dadas nos termos dessa alínea não exceda 30 dias, salvo se confirmadas por uma decisão tomada de conformidade com a alínea d) deste parágrafo; alíneas x), y) e z) do parágrafo 2º do artigo 162; parágrafo 2º do artigo 163; parágrafo 3º Do artigo 174; artigo 11 do Anexo IV.

d) As decisões sobre as questões de fundo que surjam em relação às alíneas m) e o) do parágrafo 2º do artigo 162 bem como a aprovação de emendas a Parte XI serão tomadas por consenso.

e) Para efeitos das alíneas d), f) e g) do presente parágrafo "consenso" significa ausência de qualquer objeção formal. Dentro dos 14 dias seguintes à apresentação de uma proposta ao Conselho, o Presidente verificará se haveria uma objeção formal a sua aprovação. Se o Presidente do Conselho constatar que haveria tal objeção criará e convocará nos três dias seguintes uma Comissão de Conciliação, integrada por não mais de nove membros do Conselho cuja presidência assumirá, com o objetivo de conciliar as divergências e preparar uma proposta suscetível de ser aprovada por consenso. A Comissão agirá imediatamente e relatará ao Conselho nos 14 dias seguintes à sua constituição. Se a Comissão não poder recomendar uma proposta suscetível de ser aprovada por consenso, indicará no seu relatório os motivos que levaram à rejeição da proposta.

f) As decisões sobre as questões que não estejam enumeradas nas alíneas precedentes e que o Conselho esteja autorizado a tomar em virtude das normas, regulamentos e procedimentos da Autoridade ou a qualquer outro título, serão tomadas de conformidade com as alíneas do presente parágrafo especificadas nas normas, regulamentos e procedimentos da Autoridade ou, não sendo aí especificadas, por decisão do Conselho tomada por consenso, se possível antecipadamente.

g) Em caso de dúvida sobre se uma questão se inclui nas alíneas a), b), c) ou d), a questão será tratada como se estivesse incluída na alínea que exige a maioria mais elevada ou consenso, segundo o caso, a não ser que o Conselho decida de outro modo por tal maioria ou consenso.

9. O Conselho estabelecerá um procedimento pelo qual um membro da Autoridade que não esteja representado no Conselho possa enviar um representante para assistir a uma sessão deste, quando esse membro o solicitar ou quando o Conselho examinar uma questão que o afete Particularmente. Tal representante poderá participar nos debates, mas sem direito de voto.

ARTIGO 162
PODERES E FUNÇÕES

1. O conselho é o órgão executivo da Autoridade. O Conselho tem o poder de estabelecer, de conformidade com a presente Convenção e a políticas gerais estabelecidas pela Assembléia, as políticas especificas a serem seguidas pela Autoridade sobre qualquer questão ou assunto de sua competência.

2. Além disso, o Conselho:

a) supervisionará e coordenará a aplicação das disposições da presente Parte sobre todas as questões e assuntos da competência da Autoridade e alertará a Assembléia para os casos de não-cumprimento;

b) proporá à Assembléia uma lista de candidatos para a eleição do Secretário Geral;

c) recomendará à Assembléia candidatos para a eleição dos membros do Conselho de Administração da Empresa e do Diretor Geral desta;

d) estabelecerá, quando apropriado, e tendo em devida conta as exigências de economia e eficiência, os órgãos subsidiários que considere necessários para o exercício das suas funções, de conformidade com a presente Parte. Na composição de tais órgãos subsidiários, será dada ênfase à necessidade de se assegurar o consenso de membros qualificados e competentes nas matérias técnicas pertinentes de que se ocupem esses órgãos, tendo em devida conta o princípio da distribuição geográfica equitativa e os interesses especiais;

e) adotará o seu regulamento interno, incluindo o método de designação do seu presidente;

f) concluirá, em nome da Autoridade e no âmbito da sua competência, com as Nações Unidas ou com outras organizações internacionais, acordos sujeitos à aprovação da Assembléia;

g) examinará os relatórios da Empresa e transmiti-los-á à Assembléia com as suas recomendações;

h) apresentará à Assembléia relatórios anuais e os relatórios especiais que esta lhe solicite;

i) dará diretrizes à Empresa de conformidade com o artigo 170;

j) aprovará os planos de trabalho de conformidade com o artigo 6 do Anexo III. O Conselho tomará uma decisão sobre cada plano de trabalho nos 60 dias seguintes à sua apresentação pela Comissão Jurídica e Técnica a uma sessão do Conselho, de conformidade com os seguintes procedimentos:

i) quando a Comissão recomendar a aprovação de um plano de trabalho, este será considerado aprovado pelo Conselho, a menos que um membro do Conselho apresente ao Presidente uma objeção específica por escrito no prazo de 14 dias, na qual se alegue que não foram cumpridos os requisitos do artigo 6 do Anexo III. Se houver uma objeção aplicar-se-á o procedimento de conciliação da alínea e) do parágrafo 8º do artigo 161. Se, uma vez concluído o procedimento de conciliação, a objeção ainda se mantiver, o plano de trabalho será considerado como aprovado pelo Conselho, a menos que este o não aprove por consenso dos seus membros, excluindo qualquer Estado ou Estados que tenham apresentado o pedido ou patrocinado o peticionário;

ii) quando a Comissão recomendar a não aprovação de um plano de trabalho ou não fizer uma recomendação, o Conselho pode aprová-lo por maioria de três quartos dos membros presentes e votantes, desde que tal maioria inclua a maioria dos membros participantes na sessão;

k) aprovará os planos de trabalho apresentados pela Empresa de conformidade com o artigo 12 do anexo IV, aplicando, mutatis mutandis, os procedimentos previstos na alínea j);

l) exercerá controle sobre as atividades na Área, de conformidade com o parágrafo 4º do artigo 153 e com as normas, regulamentos e procedimentos da Autoridade;

m) tomará, por recomendação da Comissão de Planejamento Econômico e de conformidade com a alínea h) do artigo 150, as medidas necessárias e apropriadas para proteger os Estados em desenvolvimento dos efeitos econômicos adversos especificados nessa alínea;

n) fará recomendações à Assembléia, com base no parecer da Comissão de Planejamento Econômico, sobre o sistema de compensação ou outras medidas de assistência para o reajuste econômico como previsto no parágrafo 10º do artigo 151;

o) i) recomendará á Assembléia normas, regulamentos e procedimentos sobre a distribuição eqüitativa dos benefícios financeiros e outros benefícios econômicos derivados das atividades na Área e sobre os pagamentos e contribuições feitos nos termos do artigo 82, tendo particularmente em conta os interesses e necessidades dos Estados em desenvolvimento e dos povos que não tenham alcançado a plena independência ou outro estatuto de autonomia;

ii) adotará e aplicará provisoriamente, até à sua aprovação pela Assembléia, as normas, os regulamentos e os procedimentos da Autoridade, e quaisquer emendas aos mesmos, tendo em conta as recomendações da Comissão Jurídica e Técnica ou de outro órgão subordinado pertinente. Estas normas, regulamentos e procedimentos referir-se-ão à prospecção, exploração e aproveitamento na Área e à gestão financeira e administração interna da Autoridade. Será dada prioridade à adoção de normas, regulamentos e procedimentos para a exploração e aproveitamento de nódulos polimetálicos. As normas, regulamentos e procedimentos para a exploração e aproveitamento de qualquer recurso que não nódulos polimetálicos serão adotados dentro dos três anos a contar da data de um pedido feito à Autoridade por qualquer dos seus membros para que os adote. Tais normas, regulamentos e procedimentos permanecerão em vigor, a título provisório, até serem aprovados pela Assembléia ou emendados pelo conselho à luz das opiniões expressas pela Assembléia;

p)fiscalizará a cobrança de todos os pagamentos feitos à Autoridade e devidos a esta e relativos às atividades realizadas nos termos da presente Parte;

q) fará a seleção entre os peticionários de autorizações de produção de conformidade com o artigo 7 do Anexo III, quando tal seleção for exigida por essa disposição;

r) apresentará à Assembléia, para aprovação, o projeto de orçamento anual da Autoridade;

s) fará à Assembléia recomendações sobre políticas relativas a quaisquer questões ou assuntos da competência da Autoridade;

t) fará à Assembléia, de conformidade com o artigo 185, recomendações sobre a suspensão do exercício dos direitos e privilégios inerentes à qualidade de membro;

u) iniciará, em nome da Autoridade, procedimentos perante a Câmara de Controvérsia dos Fundos Marinhos nos casos de não cumprimento;

v) notificará a Assembléia da decisão da Câmara de Controvérsias dos Fundos Marinhos relativa aos processos instituídos nos termos da alínea u) e fará as recomendações que julgue apropriadas acerca das medidas a serem tomadas;

w) emitirá ordens de emergência, inclusive ordens de suspensão ou de reajustamento das operações, a fim de prevenir qualquer dano grave ao meio marinho como consequência das atividades na Área;

x) excluirá certas áreas do aproveitamento por contratantes ou pela Empresa, quando provas concludentes indiquem o risco de danos graves ao meio marinho;

y) criará um órgão subsidiário para a elaboração de projetos de normas, regulamentos e procedimentos financeiros relativos:

i) à gestão financeira de conformidade com os artigos 171 a 175; e

ii) a questões financeiras de conformidade com o artigo 13 e a alínea c) do parágrafo 1º do artigo 17 do Anexo III;

z) estabelecerá mecanismos apropriados para dirigir e supervisionar um corpo de inspetores que devem fiscalizar as atividades na Área para determinar se a presente Parte, as normas, regulamentos e procedimentos da Autoridade bem como as cláusulas e condições de qualquer contrato celebrado com a mesma estão sendo cumpridos.

ARTIGO 163
ÓRGÃOS DO CONSELHO

1. São criados, como órgãos do Conselho:

a) uma Comissão Jurídica e Técnica;

b) uma Comissão de Planejamento Econômico.

2. Cada Comissão é composta de 15 membros eleitos pelo Conselho entre os candidatos apresentados pelos Estados Partes. Contudo, o conselho pode, se necessário, decidir aumentar o número de membros de qualquer das Comissões, tendo em devida conta as exigências de economia e eficiência.

3. Os membros de uma Comissão devem ter qualificações adequadas no âmbito de competência dessa Comissão. Os Estados Partes devem propor candidatos da mais alta competência e integridade que possuam qualificações nas matérias pertinentes, de modo a assegurar o funcionamento eficaz das Comissões.

4. Na eleição dos membros das Comissões deve ser tomada em devida conta a necessidade de uma distribuição geográfica equitativa e de uma representação de interesses especiais.

5. Nenhum Estado Parte pode propor mais de um candidato para a mesma Comissão. Nenhuma pessoa pode ser eleita para mais de uma Comissão.

6. Os membros das Comissões são eleitos por cinco anos. Podem ser reeleitos para um novo mandato.

7. Em caso de falecimento, incapacidade ou renúncia de um membro de uma Comissão antes de ter expirado o seu mandato, o Conselho elegerá um membro da mesma região geográfica ou categoria de interesses, que exercerá o cargo até ao termo desse mandato.

8. Os membros das Comissões não devem ter interesses financeiros em qualquer atividade relacionada com a exploração e aproveitamento na Área. Sob reserva das suas responsabilidades perante as Comissões a que pertencerem, não revelarão, nem mesmo após o termo das suas funções, qualquer segredo industrial, qualquer dado que seja propriedade industrial e que seja transferido para a Autoridade de conformidade com o artigo 14 do Anexo III, bem como qualquer outra informação confidencial que chegue ao seu conhecimento em virtude do desempenho das suas funções.

9. Cada Comissão exercerá as suas funções de conformidade com as orientações e diretrizes adotadas pelo conselho.

10. Cada Comissão deve elaborar e submeter à aprovação do Conselho as normas e os regulamentos necessários ao desempenho eficaz das suas funções.

11. Os procedimentos para a tomada de decisões nas Comissões devem ser estabelecidos pelas normas, regulamentos e procedimentos da Autoridade. As recomendações ao Conselho devem ser acompanhadas,

quando necessário, de um resumo das divergências de opinião nas Comissões.

12. Cada comissão deve exercer normalmente as suas funções na sede da Autoridade e reunir-se com a freqüência requerida pelo desempenho eficaz das suas funções.

13. No exercício das suas funções, cada Comissão pode consultar, quando apropriado, uma outra Comissão, qualquer órgão competente das Nações Unidas ou das suas agências especializadas ou qualquer organização internacional com competência sobre o assunto objeto de consulta.

ARTIGO 164

COMISSÃO DE PLANEJAMENTO ECONÔMICO

1. Os membros da Comissão de Planejamento Econômico devem possuir as qualificações adequadas, designadamente em matéria de atividades mineiras, de gestão de atividades relacionadas com os recursos minerais, de comércio internacional ou de economia internacional. O Conselho deve procurar que a composição da Comissão reflita todas as qualificações pertinentes. A Comissão deve incluir pelo menos dois membros dos Estados em desenvolvimento cujas exportações das categorias de minerais a serem extraídos da Área tenham conseqüências importantes nas suas economias.

2. A Comissão deve:

a) propor, a pedido do Conselho, medidas para aplicar as decisões relativas às atividades na Área, tomadas de conformidade com a presente Convenção;

b) examinar as tendências da oferta, da procura e dos preços dos minerais que possam ser extraídos da Área, bem como os fatores que os influenciem, tendo em conta os interesses dos países importadores e dos países exportadores e, em particular, dos que entre eles forem Estados em desenvolvimento;

c) examinar qualquer situação suscetível de provocar os efeitos adversos referidos na alínea h) do artigo 150 e para a qual a sua atenção tenha sido chamada pelo Estado Parte ou pelos Estados Partes interessados e fazer as recomendações apropriadas ao Conselho;

d) propor ao Conselho, para apresentação à Assembléia, nos termos do parágrafo 10º do artigo 151, um sistema de compensação ou outras medidas de assistência para o reajuste econômico em favor dos Estados em desenvolvimento que sofram efeitos adversos como conseqüência das atividades na Área. A Comissão deve fazer ao Conselho as recomendações necessárias para a aplicação do sistema ou das medidas tomadas pela Assembléia, em casos concretos.

ARTIGO 165

COMISSÃO JURÍDICA E TÉCNICA

1. Os membros da Comissão Jurídica e Técnica devem possuir as qualificações adequadas designadamente em matéria de exploração, aproveitamento e tratamento de minerais, oceanologia, proteção do meio marinho ou assuntos econômicos ou jurídicos relativos à mineração oceânica e outros domínios conexos. O Conselho deve procurar que a composição da Comissão reflita todas as qualificações pertinentes.

2. A Comissão deve:

a) fazer, a pedido do Conselho, recomendações relativas ao exercício das funções da Autoridade;

b) examinar os planos de trabalho formais escritos relativos às atividades na Área, de conformidade com o parágrafo 3º do artigo 153 bem como fazer recomendações apropriadas ao Conselho. A Comissão deve fundamentar as suas recomendações unicamente nas disposições do Anexo III e apresentar relatório completo ao Conselho sobre o assunto;

c) supervisionar, a pedido do Conselho, as atividades na Área, em consulta e colaboração, quando necessário, com qualquer entidade ou pessoa que realize tais atividades, ou com o Estado ou Estados interessados, e relatar ao Conselho;

d) preparar avaliações das conseqüências ecológicas das atividades na Área;

e) fazer recomendações ao Conselho sobre a proteção do meio marinho, tendo em conta a opinião de peritos reconhecidos na matéria;

f) elaborar e submeter ao Conselho as normas, regulamentos e procedimentos referidos na alínea o) do parágrafo 2º Do artigo 162, tendo em conta todos o fatores pertinentes, incluindo a avaliação das conseqüências ecológicas das atividades na Área;

g) examinar continuamente tais normas, regulamentos e procedimentos e, periodicamente, recomendar ao Conselho as emendas que julgue necessárias ou desejáveis;

h) fazer recomendações ao Conselho relativas ao estabelecimento de um programa de controle sistemático para, regularmente, observar, medir, avaliar e analisar, mediante métodos científicos reconhecidos, os riscos ou as conseqüências da poluição do meio marinho, provenientes de atividades na Área, assegurar-se de que a regulamentação vigente seja adequada e cumprida bem como coordenar a execução do programa de controle sistemático aprovado pelo Conselho;

i) recomendar ao Conselho de conformidade com a presente Parte e com os anexos pertinentes o início, em nome da Autoridade, de procedimentos perante a Câmara de Controvérsias dos Fundos Marinhos tendo particularmente em conta o artigo 187;

j) fazer recomendações ao Conselho relativas às medidas a tomar sobre uma decisão da Câmara de Controvérsias dos Fundos Marinhos nos procedimentos iniciados em virtude da alínea i);

k) recomendar ao Conselho que emita ordens de emergência, inclusive ordens de suspensão ou de reajuste de operações, a fim de prevenir qualquer dano grave ao meio marinho decorrente das atividades na Área. O Conselho deve examinar tais recomendações com caráter prioritário;

l) recomendar ao Conselho que exclua certas áreas do aproveitamento por contratantes ou pela Empresa, quando provas concludentes indiquem o risco de danos graves no meio marinho;

m) fazer recomendações ao Conselho sobre a direção e supervisão de um corpo de inspetores que devem fiscalizar as atividades na Área, para determinar se as disposições da presente Parte, as normas, regulamentos e procedimentos da Autoridade bem como as cláusulas e condições de qualquer contrato celebrado com a mesma estão sendo cumpridos;

n) calcular o teto de produção e, em nome da Autoridade, emitir autorizações de produção nos termos dos parágrafo 2º a 7º do artigo 151, depois de o Conselho ter feito a necessária seleção entre os peticionários de conformidade com o artigo 7 do Anexo III.

3. No desempenho das suas funções de supervisão e inspeção, os membros da Comissão serão acompanhados por um representante desse Estado ou parte interessada, a pedido de qualquer Estado Parte ou de outra parte interessada.

SUBSEÇÃO D. O SECRETARIADO

ARTIGO 166
O SECRETARIADO

1. O Secretariado da Autoridade compreende um Secretário Geral e o pessoal de que a Autoridade possa necessitar.

2. O Secretário Geral será eleito pela Assembléia para um mandato de quatro anos, dentre os candidatos propostos pelo Conselho e podendo ser reeleito.

3. O Secretário Geral será o mais alto funcionário administrativo da Autoridade e, nessa qualidade, participará em todas as reuniões da Assembléia, do Conselho e de qualquer órgão subsidiário, e desempenhará as demais funções administrativas de que for incumbido por esses órgãos.

4. O Secretário Geral apresentará à Assembléia um relatório anual sobre as atividades da Autoridade.

ARTIGO 167
O PESSOAL DA AUTORIDADE

1. O pessoal da Autoridade é composto de funcionários qualificados nos domínios científico e técnico, e demais pessoal necessário ao desempenho das funções administrativas da Autoridade.

2. A consideração dominante ao recrutar e contratar o pessoal e ao determinar as suas condições de emprego será a necessidade de assegurar o mais alto grau de eficiência, competência e integridade. Ressalvada esta consideração, ter-se-á em devida conta a importância de recrutar o pessoal numa base geográfica tão ampla quanto possível.

3. O pessoal é nomeado pelo Secretário Geral. As modalidades e condições de nomeação, remuneração e demissão do pessoal devem ser conformes com as normas, regulamentos e procedimentos da Autoridade.

ARTIGO 168
CARÁTER INTERNACIONAL DO SECRETARIADO

1. No cumprimento dos seus deveres, o Secretário Geral e o pessoal da Autoridade não solicitarão nem receberão instruções de qualquer governo nem de nenhuma outra fonte estranha à Autoridade. Abster-se-ão de qualquer ato que possa afetar a sua condição de funcionários internacionais, responsáveis unicamente perante a Autoridade. Todo o Estado Parte compromete-se a respeitar o caráter exclusivamente internacional das funções do Secretário Geral e do pessoal e a não procurar influenciá-los no desempenho das suas funções. Qualquer não-cumprimento, por parte de um funcionário, das suas responsabilidades será submetido a um tribunal administrativo apropriado, como previsto nas normas, regulamentos e procedimentos da Autoridade.

2. O Secretário Geral e o pessoal não devem ter interesses financeiros em quaisquer atividades relacionadas com a exploração e aproveitamento na Área. Sob reserva das suas responsabilidades perante a Autoridade, não revelarão, mesmo após o termo das suas funções, qualquer segredo industrial, qualquer dado que seja propriedade industrial e que seja transferido para a Autoridade de conformidade com o artigo 14 do Anexo III, bem como qualquer outra informação confidencial que chegue ao seu conhecimento em virtude do desempenho das suas funções.

3. O não-cumprimento, por parte de um funcionário da Autoridade, das demais obrigações enunciadas no parágrafo 2º, deve ser, a pedido de um Estado Parte, ou de uma pessoa física ou jurídica patrocinada por um Estado Parte nos termos da alínea b) do parágrafo 2º do artigo 153 e lesados por tal não-cumprimento, submetido pela Autoridade contra o funcionário em causa perante um tribunal designado pelas normas,

regulamentos e procedimentos da Autoridade. A parte lesada terá direito de participar no processo. Se o tribunal o recomendar o Secretário Geral demitirá o funcionário em causa.

4. As normas, regulamentos e procedimentos da Autoridade incluirão as disposições necessárias para a aplicação do presente artigo.

ARTIGO 169

CONSULTA E COOPERAÇÃO COM AS ORGANIZAÇÕES INTERNACIONAIS E NÃO-GOVERNAMENTAIS

1. O Secretário Geral concluirá, nos assuntos da competência da Autoridade e com a aprovação do Conselho, ajustes apropriados para consulta e cooperação com as organizações internacionais e não-governamentais reconhecidas pelo Conselho Econômico e Social das Nações Unidas.

2. Qualquer organização com a qual o Secretário Geral tiver concluído um ajuste, nos termos do parágrafo 1º, pode designar representantes para assistirem como observadores às reuniões dos órgãos da Autoridade, de conformidade com o regulamento interno destes órgãos. Serão estabelecidos procedimentos para que essas organizações dêem a conhecer a sua opinião nos casos apropriados.

3. O Secretário Geral pode distribuir aos Estados Partes relatórios escritos, apresentados pelas organizações não-governamentais referidas no parágrafo 1º, sobre os assuntos que sejam da sua competência especial ou se relacionem com o trabalho da Autoridade.

SUBSEÇÃO E. A EMPRESA

ARTIGO 170

A EMPRESA

1. A Empresa é o órgão da Autoridade que realizará diretamente as atividades na Área, em aplicação da alínea a) do parágrafo 2º do artigo 153, bem como o transporte, o processamento e a comercialização dos minerais extraídos da Área.

2. No quadro da personalidade jurídica internacional da Autoridade, a Empresa terá a capacidade jurídica prevista no Estatuto que figura no Anexo IV. A Empresa agirá de conformidade com a presente Convenção e com as normas, regulamentos e procedimentos da Autoridade, bem como com as políticas gerais estabelecidas pela Assembléia e estará sujeita às diretrizes e ao controle do Conselho.

3. A Empresa terá a sua instalação principal na sede da Autoridade.

4. A Empresa será dotada, de conformidade com o parágrafo 2º do artigo 173 e o artigo 11 do Anexo IV, dos fundos necessários ao desempenho das suas funções e receberá a tecnologia prevista no artigo 144 e nas demais disposições pertinentes da presente Convenção.

SUBSEÇÃO F. RECURSOS FINANCEIROS DA AUTORIDADE

ARTIGO 171

RECURSOS FINANCEIROS DA AUTORIDADE

Os recursos financeiros da Autoridade incluirão:

a) as contribuições dos membros da Autoridade, fixadas de conformidade com a alínea e) do parágrafo 2º do artigo 160;

b) as receitas da Autoridade provenientes das atividades na Área, de conformidade com o artigo 13 do Anexo III;

c) os fundos transferidos da Empresa, de conformidade com artigo 10 do Anexo IV;

d) os empréstimos contraídos nos termos do artigo 174;

e) as contribuições voluntárias dos membros ou de outras entidades; e

f) os pagamentos efetuados, de conformidade com o parágrafo 10º do artigo 151, a um fundo de compensação cujas fontes devem ser recomendadas pela Comissão de Planejamento Econômico.

ARTIGO 172

ORÇAMENTO ANUAL DA AUTORIDADE

O Secretário Geral preparará o projeto de orçamento anual da Autoridade e submetê-lo-á ao Conselho. Este examinará o projeto de orçamento anual e submetê-lo-á à Assembléia com as respectivas recomendações. A Assembléia examinará e aprovará o projeto de orçamento de conformidade com a alínea h) do parágrafo 2º do artigo 160.

ARTIGO 173

DESPESAS DA AUTORIDADE

1. As contribuições referidas na alínea a) do artigo 171 serão depositadas numa conta especial para satisfazer as despesas administrativas da Autoridade, até que ela disponha de fundos suficientes provenientes de outras fontes para cobrir essas despesas.

2. Os fundos da Autoridade destinar-se-ão, em primeiro lugar, a cobrir as despesas administrativas. À exceção das contribuições referidas na alínea a) do artigo 171, os fundos restantes depois de cobertas as despesas administrativas poderão, inter alia:

a) ser distribuídos de conformidade com o artigo 140 e com a alínea g) do parágrafo 2º do artigo 160;

b) ser utilizados para proporcionar fundos à Empresa, de conformidade com o parágrafo 4º do artigo 170;

c) ser utilizados para compensar os Estados em desenvolvimento de conformidade com o parágrafo 4º do artigo 151 e com a alínea 1) do parágrafo 2º do artigo 160.

ARTIGO 174

CAPACIDADE DA AUTORIDADE PARA CONTRAIR EMPRÉSTIMOS

1. A Autoridade tem capacidade para contrair empréstimos.

2. A Assembléia fixará os limites da capacidade da Autoridade para contrair empréstimos, no regulamento financeiro que adotará de conformidade com a alínea f) do parágrafo 2º do artigo 160.

3. O Conselho exercerá o poder de contrair os empréstimos da autoridade.

4. OS ESTADOS PARTES NÃO SERÃO RESPONSÁVEIS PELAS DÍVIDAS DA AUTORIDADE.

ARTIGO 175

Verificação anual das contas

Os registros, livros e contas da Autoridade, inclusive os relatórios financeiros anuais, serão verificados todos os anos por um auditor independente designado pela Assembléia.

SUBSEÇÃO G. ESTATUTO JURÍDICO, PRIVILÉGIOS E IMUNIDADES

ARTIGO 176

ESTATUTO JURÍDICO

A Autoridade tem personalidade jurídica internacional e a capacidade jurídica necessária ao exercício das suas funções e à consecução dos seus objetivos.

ARTIGO 177

PRIVILÉGIOS E IMUNIDADES

A Autoridade, a fim de poder exercer as suas funções, goza, no território de cada Estado Parte, dos privilégios e imunidades estabelecidos na presente subseção. Os privilégios e imunidades relativos à Empresa são os estabelecidos no artigo 13 do Anexo IV.

ARTIGO 178

IMUNIDADE DE JURISDIÇÃO E DE EXECUÇÃO

A Autoridade, os seus bens e haveres gozam de imunidade de jurisdição e de execução, salvo na medida em que a Autoridade renuncie expressamente a esta imunidade num caso particular.

ARTIGO 179

IMUNIDADE DE BUSCA OU DE QUALQUER FORMA DE DETENÇÃO

Os bens e haveres da Autoridade, onde quer que se encontrem e independentemente de quem os tiver em seu poder, gozam de imunidade de busca, requisição, confiscação, expropriação ou de qualquer outra forma de detenção por ação executiva ou legislativa.

ARTIGO 180

ISENÇÃO DE RESTRIÇÕES, REGULAMENTAÇÃO, CONTROLE E MORATÓRIAS

Os bens e haveres da Autoridade estão isentos de qualquer tipo de restrições, regulamentação, controle e moratórias.

ARTIGO 181

ARQUIVOS E COMUNICAÇÕES OFICIAIS DA AUTORIDADE

1. Os arquivos da Autoridade são invioláveis, onde quer que se encontrem.

2. Os dados que sejam propriedade industrial, os dados que constituam segredo industrial e as informações análogas, bem como os processos do pessoal não são colocados em arquivos acessíveis ao público.

3. No que se refere às comunicações oficiais, cada Estado Parte concederá à Autoridade um tratamento não menos favorável do que o concedido por esse Estado a outras organizações internacionais.

ARTIGO 182

PRIVILÉGIOS E IMUNIDADES DE PESSOAS LIGADAS À AUTORIDADE

Os representantes dos Estados Partes que assistam a reuniões da Assembléia, do Conselho ou dos órgãos da Assembléia ou do Conselho, bem como Secretário Geral e o pessoal da Autoridade, gozam no território de cada Estado Parte:

a) de imunidade de jurisdição e de execução no que respeita a atos praticados no exercício das suas funções, salvo na medida em que o Estado que representam ou a Autoridade, conforme o caso, renuncie expressamente a esta imunidade num caso particular;

b) não sendo nacionais desse Estado Parte, das mesmas isenções relativas a restrições de imigração, a formalidade de inscrição de estrangeiros e a obrigações do serviço nacional, das mesmas facilidades em matéria de restrições cambiais e do mesmo tratamento no que respeita a facilidades de viagem que esse Estado conceder aos representantes, funcionários e empregados de categoria equivalente de outros Estados Partes.

ARTIGO 183

ISENÇÃO DE IMPOSTOS E DE DIREITOS ALFANDEGÁRIOS

1. No âmbito das suas atividades oficiais, a Autoridade, seus haveres, bens e rendimentos bem como as suas operações e transações autorizadas pela presente Convenção ficarão isentos de qualquer imposto direto e os bens importados ou exportados pela Autoridade para seu uso oficial ficarão isentos de qualquer direito aduaneiro. A Autoridade não reivindicará isenção de taxas correspondentes a encargos por serviços prestados.

2. Quando a compra de bens ou serviços de um valor considerável, necessários às atividades oficiais da Autoridade, for efetuada por esta, ou em seu nome, e quando o preço de tais bens ou serviços incluir impostos ou direitos, os Estados Partes tomarão, na medida do possível, as medidas apropriadas para conceder a isenção de tais impostos ou direitos ou para assegurar o seu reembolso. As mercadorias importadas ou adquiridas sob o regime de isenção previsto no presente artigo não devem ser vendidas nem de outro modo alienadas no território do Estado Parte que tiver concedido a isenção, exceto em condições acordadas com esse Estado Parte.

3. Os Estado Partes não cobrarão direta ou indiretamente nenhum imposto sobre os vencimentos, emolumentos ou outros pagamentos feitos pela Autoridade ao Secretário Geral e aos funcionários da Autoridade, bem como aos peritos que realizem missões para a Autoridade, que não sejam nacionais desses Estados.

SUBSEÇÃO H. SUSPENSÃO DO EXERCÍCIO DE DIREITOS E DE PRIVILÉGIOS DOS MEMBROS

ARTIGO 184
SUSPENSÃO DO EXERCÍCIO DO DIREITO DE VOTO

Qualquer Estado Parte, que esteja em atraso no pagamento das suas contribuições financeiras à Autoridade, não poderá votar quando o montante das suas dívidas for igual ou superior ao total das contribuições devidas para os dois anos anteriores completos. Contudo, a Assembléia, poderá autorizar esse membro a votar, caso verifique que a mora é devida a circunstâncias alheias à sua vontade.

ARTIGO 185

SUSPENSÃO DO EXERCÍCIO DE DIREITOS E PRIVILÉGIOS INERENTES À QUALIDADE DE MEMBRO

1. Qualquer Estado Parte, que tenha violado grave e persistentemente as disposições da presente Parte poderá, por recomendação do Conselho, ser suspenso pela Assembléia do exercício de direitos e privilégios inerentes à qualidade de membro.

2. Nenhuma decisão pode ser tomada nos termos do parágrafo 1º, até que a Câmara de Controvérsias dos Fundos Marinhos tenha determinado que um Estado Parte violou grave e persistentemente as disposições da presente Parte.

SEÇÃO 5. SOLUÇÃO DE CONTROVÉRSIAS E PARECERES CONSULTIVOS

ARTIGO 186

CÂMARA DE CONTROVÉRSIAS DOS FUNDOS MARINHOS DO TRIBUNAL INTERNACIONAL DO DIREITO DO MAR

O estabelecimento da Câmara de Controvérsias dos Fundos Marinhos e o modo como exercerá a sua competência serão regidos pelas disposições da presente seção, da Parte XV e do Anexo VI.

ARTIGO 187

COMPETÊNCIA DA CÂMARA DE CONTROVÉRSIAS DOS FUNDOS MARINHOS

A Câmara de Controvérsias dos Fundos Marinhos terá competência, nos termos da presente Parte e dos Anexos com ela relacionados, para solucionar as seguintes categorias de controvérsias referentes a atividades na Área:

a) controvérsias entre Estados Partes relativos à interpretação ou aplicação da presente Parte e dos relativos Anexos com ela relacionadas;

b) Controvérsias entre um Estado Parte e a Autoridade relativas a:

i) atos ou omissões da Autoridade ou de um Estado Parte que se alegue constituirem violação das disposições da presente Parte ou dos Anexos com ela relacionados, ou das normas, regulamentos e procedimentos da Autoridade adotados de conformidade com as mesmas disposições; ou

ii) atos da Autoridade que se alegue constituirem abuso ou desvio de poder;

c) controvérsias entre partes num contrato, quer se trate de Estados Partes, da Autoridade ou da Empresa, de empresas estatais e de pessoas físicas ou jurídicas referidas na alínea b) do parágrafo 2º do artigo 153, relativas a:

i) interpretação ou execução de um contrato ou de um plano de trabalho; ou

ii) atos ou omissões de uma parte no contrato relacionados com atividades na Área que afetem a outra parte ou prejudiquem diretamente os seus legítimos interesses;

d) controvérsias entre a Autoridade e um candidato a contratante que tenha sido patrocinado por um Estado, nos termos da alínea b) do parágrafo 2º do artigo 153, e preenchido devidamente as condições estipuladas no parágrafo 6º do artigo 4 e no parágrafo 2º do artigo 13 do Anexo III, relativas a uma denegação de um contrato ou a uma questão jurídica suscitada na negociação do contrato;

e) controvérsias entre a Autoridade e um Estado Parte, uma empresa estatal ou uma pessoa física ou jurídica patrocinada por um Estado Parte nos temos da alínea b) do parágrafo 2º do artigo 153, quando se alegue que a Autoridade incorreu em responsabilidade nos termos do artigo 22 do Anexo III.

f) quaisquer outras controvérsias relativamente às quais a competência da Câmara esteja expressamente prevista na presente Convenção.

ARTIGO 188
SUBMISSÃO DE CONTROVÉRSIAS A UMA CÂMARA ESPECIAL DO TRIBUNAL INTERNACIONAL DO DIREITO DO MAR OU A UMA CÂMARA AD HOC DA CÂMARA DE CONTROVÉRSIAS DOS FUNDOS MARINHOS OU A UMA ARBITRAGEM COMERCIAL OBRIGATÓRIA

1. As controvérsias entre Estados Partes referidas na alínea a) do artigo 187 podem ser submetidas:

a) a pedido das partes na controvérsia, a uma câmara especial do Tribunal Internacional do Direito do Mar constituída de conformidade com os artigos 15 e 17 do Anexo VI; ou

b) a pedido de qualquer das partes na controvérsia, a uma câmara ad hoc da Câmara de Controvérsias dos Fundos Marinhos constituída de conformidade com o artigo 36 do AnexoVI.

2. a) As controvérsias relativas à interpretação ou execução de um contrato referidas na subalinea i) da alínea c) do artigo 187 serão submetidas, a pedido de qualquer das partes na controvérsia, a uma arbitragem comercial obrigatória, salvo acordo em contrário das partes. O tribunal arbitral comercial, a que a controvérsia seja submetida, não terá jurisdição para decidir sobre qualquer questão de interpretação da presente Convenção. Quando a controvérsia suscitar também uma questão de interpretação da Parte XI e dos Anexos com ela relacionados relativamente às atividades na Área, essa questão será remetida à Câmara de Controvérsias dos Fundos Marinhos para decisão.

b) Se, no inicio ou no decurso de tal arbitragem, o tribunal arbitral comercial determinar, a pedido de uma das partes na controvérsia ou por iniciativa própria, que a sua decisão depende de uma decisão da Câmara de Controvérsias dos Fundos Marinhos, o tribunal arbitral remeterá tal questão à Câmara para esta se pronunciar. O tribunal arbitral proferirá em seguida sentença de conformidade com a decisão da Câmara de Controvérsias dos Fundos Marinhos.

c) Na ausência de disposição no contrato sobre o procedimento arbitral a aplicar a uma controvérsia, a arbitragem processar-se-á de conformidade com as Regras de Arbitragem da Comissão das Nações Unidas sobre o Direito Comercial Internacional (UNCITRAL) ou com quaisquer outras regras de arbitragem sobre a matéria estabelecida nas normas, regulamentos e procedimentos da Autoridade, salvo acordo em contrário das partes na controvérsia.

ARTIGO 189
LIMITAÇÃO DA COMPETÊNCIA RELATIVA A DECISÕES DA AUTORIDADE

A Câmara de Controvérsia dos Fundos Marinhos não terá competência para se pronunciar sobre o exercício pela Autoridade dos poderes discricionários que lhe são conferidos pela presente Parte; em nenhum caso a Câmara se substituirá à Autoridade no exercício dos poderes discricionários desta. Sem prejuízo do disposto no artigo 191, a Câmara de Controvérsias dos Fundos Marinhos, ao exercer a sua competência nos termos do artigo 187, não se pronunciará sobre a questão da conformidade com a presente Convenção das normas, regulamentos e procedimentos da Autoridade, nem declarará a invalidade de tais normas, regulamentos e procedimentos.A competência da Câmara limitar-se-á a decidir se a aplicação de quaisquer normas, regulamentos e procedimentos da Autoridade em casos particulares estaria em conflito com as obrigações contratuais das partes na controvérsia ou com as obrigações emergentes da presente Convenção, bem como decidir os pedidos relativos a abuso ou desvio de poder e pedidos por perdas ou danos ou outras indenizações a serem devidas à parte interessada por não-cumprimento pela outra parte das suas obrigações contratuais ou emergentes da presente Convenção.

ARTIGO 190
PARTICIPAÇÃO E INTERVENÇÃO NOS PROCEDIMENTOS PELOS ESTADOS PARTES PATROCINADORES

1. Se uma pessoa física ou jurídica for parte em qualquer das controvérsias referidas no artigo 187, o Estado patrocinador será disso notificado e terá o direito de participar nos procedimentos por meio de declarações escritas ou orais.

2. Se, numa controvérsia mencionada na alínea c) do artigo 187, for intentada uma ação contra um Estado Parte por pessoa física ou jurídica, patrocinada por outro Estado Parte, o Estado contra o qual a ação foi intentada poderá requerer que o Estado que patrocina essa pessoa intervenha no procedimento em nome da mesma. Não ocorrendo tal intervenção, o Estado

contra o qual a ação é intentada poderá fazer-se representar por essa pessoa jurídica da sua nacionalidade.

ARTIGO 191
PARECERES CONSULTIVOS

A Câmara de Controvérsias dos Fundos Marinhos emitirá, a pedido da Assembléia ou do Conselho, pareceres consultivos sobre questões jurídicas que se suscitem no âmbito das suas atividades. Tais pareceres serão emitidos com caráter de urgência.

PARTE XII
PROTEÇÃO E PRESERVAÇÃO DO MEIO MARINHO

SEÇÃO 1. DISPOSIÇÕES GERAIS

ARTIGO 192
OBRIGAÇÃO GERAL

Os Estados tem a obrigação de proteger e preservar o meio marinho.

ARTIGO 193
DIREITO DE SOBERANIA DOS ESTADOS PARA APROVEITAR OS SEUS RECURSOS NATURAIS

Os Estados têm o direito de soberania para aproveitar os seus recursos naturais de acordo com a sua política em matéria de meio ambiente e de conformidade com o seu dever de proteger e preservar o meio marinho.

ARTIGO 194
MEDIDAS PARA PREVENIR, REDUZIR E CONTROLAR A POLUIÇÃO DO MEIO MARINHO

1. Os Estados devem tomar, individual ou conjuntamente, como apropriado, todas as medidas compatíveis com a presente Convenção que sejam necessárias para prevenir, reduzir e controlar a poluição do meio marinho, qualquer que seja a sua fonte, utilizando para este fim os meios mais viáveis de que disponham e de conformidade com as suas possibilidades, e devem esforçar-se por harmonizar as suas políticas a esse respeito.

2. Os Estados dever tomar todas as medidas necessárias para garantir que as atividades sob sua jurisdição ou controle se efetuem de modo a não causar prejuízos por poluição a outros Estados e ao seu meio ambiente, e que a poluição causada por incidentes ou atividades sob sua jurisdição ou controle não se estenda além das áreas onde exerçam direitos de soberania, de conformidade com a presente Convenção.

3 As medidas tomadas, de acordo com a presente Parte, devem referir-se a todas as fontes de poluição do meio marinho. Estas medidas devem incluir, inter alia, as destinadas a reduzir tanto quanto possível:

a) a emissão de substancias tóxicas, prejudiciais ou nocivas, especialmente as não degradáveis, provenientes de fontes terrestres, provenientes da atmosfera ou através dela, ou por alijamento;

b) a poluição proveniente de embarcações, em particular medidas para prevenir acidentes e enfrentar situações de emergência, garantir a segurança das operações no mar, prevenir descargas internacionais ou não e regulamentar o projeto, construção, equipamento, funcionamento e tripulação das embarcações;

c) a poluição proveniente de instalações e dispositivos utilizados na exploração ou aproveitamento dos recursos naturais do leito do mar e do seu subsolo, em particular medidas para prevenir acidentes e enfrentar situações de emergência, garantir a segurança das operações no mar e regulamentar o projeto, construção, equipamento, funcionamento e tripulação de tais instalações ou dispositivos;

d) a poluição proveniente de outras instalações e dispositivos que funcionem no meio marinho, em particular medidas para prevenir acidentes e enfrentar situações de emergência, garantir a segurança das operações no mar e regulamentar o projeto, construção, equipamento, funcionamento e tripulação de tais instalações ou dispositivos.

4. Ao tomar medidas para prevenir, reduzir ou controlar a poluição do meio marinho, os Estados devem abster-se de qualquer ingerência injustificável nas atividades realizadas por outros Estados no exercício de direitos e no cumprimento de deveres de conformidade com a presente Convenção.

5. As medidas tomadas de conformidade com a presente Parte devem incluir as necessárias para proteger e preservar os ecossistemas raros ou frágeis, bem como a habitat de espécies e outras formas de vida marinha em vias de extinção, ameaçadas ou em perigo.

ARTIGO 195
DEVER DE NÃO TRANSFERIR DANOS OU RISCOS OU DE NÃO TRANSFORMAR UM TIPO DE POLUIÇÃO EM OUTRO

Ao tomar medidas para prevenir, reduzir e controlar a poluição do meio marinho, os Estados devem agir de modo a não transferir direta ou indiretamente os danos ou riscos de uma zona para outra ou a não transformar um tipo de poluição em outro.

ARTIGO 196
UTILIZAÇÃO DE TECNOLOGIAS OU INTRODUÇÃO DE ESPÉCIES ESTRANHAS OU NOVAS

1. Os Estados devem tomar todas as medidas necessárias para prevenir, reduzir e controlar a poluição do

meio marinho resultante da utilização de tecnologias sob sua jurisdição ou controle, ou a introdução intencional ou acidental num setor determinado do meio marinho de espécies estranhas ou novas que nele possam provocar mudanças importantes ou prejudiciais.

2. O disposto no presente artigo não afeta a aplicação da presente Convenção no que se refere à prevenção, redução e controle da poluição do meio marinho.

SEÇÃO 2. COOPERAÇÃO MUNDIAL E REGIONAL

ARTIGO 197
COOPERAÇÃO NO PLANO MUNDIAL OU REGIONAL

Os Estados devem cooperar no plano mundial e, quando apropriado, no plano regional, diretamente ou por intermédio de organizações internacionais competentes, na formulação e elaboração de regras e normas, bem como práticas e procedimentos recomendados de caráter internacional que sejam compatíveis com a presente Convenção, para a proteção e preservação do meio marinho, tendo em conta as características próprias de cada região.

ARTIGO 198
NOTIFICAÇÃO DE DANOS IMINENTES OU REAIS

Quando um Estado tiver conhecimento de casos em que o meio marinho se encontre em perigo iminente de sofrer danos por poluição, ou já os tenha sofrido, deve notificá-lo imediatamente a outros Estados que julgue possam vir a ser afetados por esses danos, bem como às organizações internacionais competentes.

ARTIGO 199
PLANOS DE EMERGÊNCIA CONTRA A POLUIÇÃO

Nos casos mencionados no artigo 198, os Estados da zona afetada, na medida das suas possibilidades, e as organizações internacionais competentes devem cooperar tanto quanto possível para eliminar os efeitos da poluição e prevenir ou reduzir ao mínimo os danos. Para tal fim, os Estados devem elaborar e promover em conjunto planos de emergência para enfrentar incidentes de poluição no meio marinho.

ARTIGO 200
ESTUDOS, PROGRAMAS DE INVESTIGAÇÃO E TROCA DE INFORMAÇÕES E DADOS

Os Estados devem cooperar, diretamente ou por intermédio de organizações internacionais competentes, para promover estudos, realizar programas de investigação científica e estimular a troca das informações e dos dados obtidos relativamente à poluição do meio marinho. Os Estados devem procurar participar ativamente nos programas regionais e mundiais, com vista a adquirir os conhecimentos necessários para avaliação da natureza e grau de poluição, efeitos da exposição à mesma, seu trajeto, riscos e soluções aplicáveis.

ARTIGO 201
CRITÉRIOS CIENTÍFICOS PARA A REGULAMENTAÇÃO

À luz das informações e dados adquiridos nos termos do artigo 200, os Estados devem cooperar, diretamente ou por intermédio das organizações internacionais competentes, no estabelecimento de critérios científicos apropriados para a formulação e elaboração de regras e normas, bem como práticas e procedimentos recomendados, para prevenir, reduzir e controlar a poluição do meio marinho.

SEÇÃO 3. ASSISTÊNCIA TÉCNICA

ARTIGO 202
ASSISTÊNCIA CIENTÍFICA E TÉCNICA AOS ESTADOS EM DESENVOLVIMENTO

Os Estados, diretamente ou por intermédio das organizações internacionais competentes devem:

a) promover programas de assistência científica, educativa, técnica e de outra índole, aos Estados em desenvolvimento para proteção e preservação do meio marinho e prevenção, redução e controle da poluição marinha. Essa assistência deve consistir, inter alia, em:

i) formar pessoal científico e técnico;

ii) facilitar a participação desse pessoal em programas internacionais pertinentes;

iii) proporcionar-lhes o equipamento e as facilidades necessárias;

iv) aumentar a sua capacidade para fabricar esse equipamento;

v) fornecer serviços de assessoria e desenvolver meios materiais para os programas de investigação, controle sistemático, educação e outros;

b) prestar assistência apropriada, especialmente aos Estados em desenvolvimento, para minimizar os efeitos dos acidentes importantes que possam provocar uma poluição grave do meio marinho;

c) prestar assistência apropriada, especialmente, aos Estados em desenvolvimento, no que se refere à preparação de avaliações ecológicas.

ARTIGO 203

TRATAMENTO PREFERENCIAL PARA OS ESTADOS EM DESENVOLVIMENTO

A fim de prevenir, reduzir e controlar a poluição do meio marinho ou minimizar os seus efeitos, as organizações internacionais devem dar um tratamento preferencial aos Estados em desenvolvimento no que se refere à:

a) distribuição de fundos e assistência técnica apropriados; e

b) utilização dos seus serviços especializados.

SEÇÃO 4. CONTROLE SISTEMÁTICO E AVALIAÇÃO ECOLÓGICA

ARTIGO 204

CONTROLE SISTEMÁTICO DOS RISCOS DE POLUIÇÃO OU EFEITOS DE POLUIÇÃO

1. Os Estados, diretamente ou por intermédio das organizações internacionais competentes, devem procurar, na medida do possível e tomando em consideração os direitos de outros Estados, observar, medir, avaliar e analisar, mediante métodos científicos reconhecidos, os riscos ou efeitos de poluição do meio marinho.

2. Em particular, os Estados devem manter sob vigilância os efeitos de quaisquer atividades por eles autorizadas ou a que se dediquem a fim de determinarem se as referidas atividades são suscetíveis de poluir o meio marinho.

ARTIGO 205

PUBLICAÇÃO DE RELATÓRIOS

Os Estados devem publicar relatórios sobre os resultados obtidos nos termos do artigo 204 ou apresentar tais relatórios com a periodicidade apropriada, às organizações internacionais competentes, que devem pô-los à disposição de todos os Estados.

ARTIGO 206

AVALIAÇÃO DOS EFEITOS POTENCIAIS DE ATIVIDADES

Os estados que tenham motivos razoáveis para acreditar que as atividades projetadas sob sua jurisdição ou controle podem causar uma poluição considerável do meio marinho ou nele provocar modificações significativas e prejudiciais, devem avaliar, na medida do possível, os efeitos potenciais dessas atividades para o meio marinho e publicar relatórios sobre os resultados dessas avaliações nos termos previstos no artigo 205.

SEÇÃO 5. REGRAS INTERNACIONAIS E LEGISLAÇÃO NACIONAL PARA PREVENIR, REDUZIR E CONTROLAR A POLUIÇÃO DO MEIO MARINHO

ARTIGO 207

POLUIÇÃO DE ORIGEM TERRESTRE

1. Os Estados devem adotar leis e regulamentos para prevenir, reduzir e controlar a poluição do meio marinho proveniente de fontes terrestres, incluindo rios, estuários, dutos e instalações de descarga, tendo em conta regras e normas, bem como práticas e procedimentos recomendados e internacionalmente acordados.

2. Os Estados devem tomar outras medidas que possam ser necessárias para prevenir, reduzir e controlar tal poluição.

3. Os Estados devem procurar harmonizar as suas políticas a esse respeito no plano regional apropriado.

4. Os Estados, atuando em especial por intermédio das organizações internacionais competentes ou de uma conferência diplomática, devem procurar estabelecer regras e normas, bem como práticas e procedimentos recomendados, de caráter mundial e regional para prevenir, reduzir e controlar tal poluição, tendo em conta as características próprias de cada região, a capacidade econômica dos Estados em desenvolvimento e a sua necessidade de desenvolvimento econômico. Tais regras e normas, bem como práticas e procedimentos recomendados devem ser reexaminados com a periodicidade necessária.

5. As leis, regulamentos, medidas, regras e normas, bem como práticas e procedimentos recomendados, referidos nos parágrafos 1º, 2º e 4º devem incluir disposições destinadas a minimizar, tanto quanto possível, a emissão no meio marinho de substâncias tóxicas, prejudiciais ou nocivas, especialmente as substâncias não degradáveis.

ARTIGO 208

POLUIÇÃO PROVENIENTE DE ATIVIDADES RELATIVAS AOS FUNDOS MARINHOS SOB JURISDIÇÃO NACIONAL

1. Os Estados costeiros devem adotar leis e regulamentos para prevenir, reduzir e controlar a poluição do meio marinho, proveniente direta ou indiretamente de atividades relativas aos fundos marinhos sob sua jurisdição e proveniente de ilhas artificiais, instalações e estruturas sob sua jurisdição, nos termos dos artigos 60 e 80.

2. Os Estados devem tomar outras medidas que possam ser necessárias para prevenir, reduzir e controlar tal poluição.

3. Tais leis, regulamentos e medidas não devem ser menos eficazes que as regras e normas, bem como

práticas e procedimentos recomendados, de caráter internacional.

4. Os Estados devem procurar harmonizar as suas políticas a esse respeito no plano regional apropriado.

5. Os Estados, atuando em especial por intermédio das organizações internacionais competentes ou de uma conferência diplomática, devem estabelecer regras e normas bem como práticas e procedimentos recomendados, de caráter mundial e regional para prevenir, reduzir e controlar a poluição do meio marinho a que se faz referência no parágrafo 1º. Tais regras e normas, bem como práticas e procedimentos recomendados, devem ser reexaminados com a periodicidade necessária.

ARTIGO 209

POLUIÇÃO PROVENIENTE DE ATIVIDADES NA ÁREA

1. De conformidade com a Parte XI, devem estabelecer-se regras e normas, bem como práticas e procedimentos recomendados de caráter internacional, para prevenir, reduzir e controlar a poluição do meio marinho proveniente de atividades na Área. Tais regras e normas, bem como práticas e procedimentos recomendados devem ser reexaminados com a periodicidade necessária.

2. Nos termos das disposições pertinentes da presente seção, os Estados devem adotar leis e regulamentos, para prevenir, reduzir e controlar a poluição do meio marinho proveniente de atividades na Área efetuadas por embarcações ou a partir de instalações, estruturas e outros dispositivos que arvorem a sua bandeira ou estejam registrados no seu território, ou operem sob sua autoridade, segundo o caso. Tais leis e regulamentos não devem ser menos eficazes que as normas, regulamentos e procedimentos internacionais referidos no parágrafo 1º.

ARTIGO 210

POLUIÇÃO POR ALIJAMENTO

1. Os Estados devem adotar leis e regulamentos para prevenir, reduzir e controlar a poluição do meio marinho por alijamento.

2. Os Estados devem tomar outras medidas que possam ser necessárias para prevenir, reduzir e controlar tal poluição.

3. Tais leis, regulamentos e medidas devem assegurar que o alijamento não se realize sem autorização das autoridades competentes dos Estados.

4. Os Estados, atuando em especial por intermédio das organizações internacionais competentes ou de uma conferência diplomática, devem procurar estabelecer regras e normas, bem como práticas e procedimentos recomendados de caráter mundial e regional para prevenir, reduzir e controlar tal poluição. Tais regras e normas, bem como práticas e procedimentos recomendados devem ser reexaminados com a periodicidade necessária.

5. O alijamento no mar territorial e na zona econômica exclusiva ou na plataforma continental não pode realizar-se sem o consentimento prévio expresso do Estado costeiro que tem o direito de autorizar, regular e controlar esse alijamento, depois de ter examinado devidamente a questão com outros Estados que, devido à sua situação geográfica, possam vir a ser desfavoravelmente afetados por tal alijamento.

6. As leis, regulamentos e medidas nacionais não devem ser menos eficazes que regras e normas de caráter mundial para prevenir, reduzir e controlar tal poluição.

ARTIGO 211

POLUIÇÃO PROVENIENTE DE EMBARCAÇÕES

1. Os Estados, atuando por intermédio da organização internacional competente ou de uma conferência diplomática geral, devem estabelecer regras e normas de caráter internacional para prevenir, reduzir e controlar a poluição do meio marinho proveniente de embarcações e devem do mesmo modo promover a adoção, quando apropriado, de sistemas de fixação de tráfego destinados a minimizar o risco de acidentes que possam causar a poluição do meio marinho incluindo o litoral e danos de poluição relacionados com os interesses do Estados costeiros. Tais regras e normas devem, do mesmo modo, ser reexaminadas com a periodicidade necessárias.

2. Os Estados devem adotar leis e regulamentos para prevenir, reduzir e controlar a poluição do meio marinho proveniente de embarcações que arvorem a sua bandeira ou estejam registradas no seu território. Tais leis e regulamentos devem ter pelo menos a mesma eficácia que as regras e normas internacionais geralmente aceitas que se estabeleçam por intermédio da organização internacional competente ou de uma conferência diplomática geral.

3. Os Estados que estabeleçam requisitos especiais para prevenir, reduzir e controlar a poluição do meio marinho, como condição para a admissão de embarcações estrangeiras nos seus portos ou nas suas águas interiores ou para fazerem escala nos seus terminais ao largo da costa, devem dar a devida publicidade a esses requisitos e comunicá-los à organização internacional competente. Quando dois ou mais Estados costeiros estabeleçam de forma idêntica os referidos requisitos num esforço para harmonizar a sua política neste setor, a comunicação deve indicar quais os Estados que participam em tais ajustes de cooperação. Todo Estado deve exigir ao capitão de uma embarcação que arvore a sua bandeira ou que esteja registrada no seu território que, quando navegar no mar territorial de um estado participante nos aludidos ajustes, informe,

a pedido desse Estado, se se dirige a um Estado da mesma região que participe em tais ajustes e, em caso afirmativo, indique se a embarcação reúne os requisitos estabelecidos por esse Estado para a admissão nos seus portos. O presente artigo deve ser aplicado sem prejuízo da embarcação continuar a exercer o seu direito de passagem inocente ou da aplicação do parágrafo 2º do artigo 25.

4. Os Estados costeiros podem, no exercício da sua soberania no mar territorial, adotar leis e regulamentos para prevenir, reduzir e controlar a poluição do meio marinho proveniente de embarcações estrangeiras, incluindo as embarcações que exerçam o direito de passagem inocente. De conformidade com a seção 3 da Parte II, tais leis e regulamentos não devem dificultar a passagem inocente de embarcações estrangeiras.

5. Os Estados costeiros podem, para fins da execução do estabelecido na seção 6, adotar relativamente às suas zonas econômicas exclusivas, leis e regulamentos para prevenir, reduzir e controlar a poluição proveniente de embarcações, de conformidade com e em aplicação das regras e normas internacionais geralmente aceitas estabelecidas por intermédio da organização internacional competente ou de uma conferência diplomática geral.

6. a) Quando as regras e normas internacionais referidas no parágrafo 1º sejam inadequadas para enfrentar circunstâncias especiais, e os Estados costeiros tenham motivos razoáveis para acreditar que uma área particular e claramente definida das suas respectivas zonas econômicas exclusivas requer a adoção de medidas obrigatórias especiais para prevenir a poluição proveniente de embarcações, por reconhecidas razões técnicas relacionadas com as suas condições oceanográficas e ecológicas, bem como pela sua utilização ou proteção dos seus recursos e o caráter particular do seu tráfego, os Estados costeiros podem, depois de terem devidamente consultado, por intermédio da organização internacional competente, qualquer outro Estado interessado, dirigir uma comunicação sobre essa área a tal organização, apresentando provas científicas e técnicas em seu apoio e informação sobre as instalações de recepção necessárias. Num prazo de doze meses após a recepção desta comunicação, a organização deve decidir se as condições nessa área correspondem aos requisitos anteriormente enunciados. Se a organização decide favoravelmente, os Estados costeiros podem adotar, para essa área leis e regulamentos destinados a prevenir, reduzir e controlar a poluição proveniente de embarcações, aplicando as regras e normas ou práticas de navegação internacionais que por intermédio da organização se tenham tornado aplicáveis às áreas especiais. Essas leis e regulamentos são aplicáveis a embarcações estrangeiras decorrido um prazo de 15 meses a contar da data em que a comunicação tenha sido apresentada à organização.

b) Os Estados costeiros devem publicar os limites de tal área particular e claramente definida.

c) Os Estados costeiros, ao apresentarem tal comunicação, devem notificar ao mesmo tempo a organização se têm intenção de adotar para essa área leis e regulamentos adicionais destinados a prevenir, reduzir e controlar a poluição proveniente de embarcações. Tais leis e regulamentos adicionais podem referir-se às descargas ou práticas de navegação, mas não podem obrigar as embarcações estrangeiras a cumprir normas de projeto, construção, tripulação ou equipamento, diferentes das regras e normas internacionais geralmente aceitas; são aplicáveis às embarcações estrangeiras decorrido um prazo de 15 meses a contar da data em que a comunicação tenha sido apresentada à organização desde que esta as aprove num prazo de 12 meses a contar da data da apresentação da comunicação.

7. As regras e normas internacionais referidas no presente artigo devem incluir, inter alia, as relativas à imediata notificação dos Estados costeiros, cujo litoral ou interesses conexos possam ser afetados por incidentes, incluindo acidentes marítimos que originem ou possam originar descargas.

ARTIGO 212

POLUIÇÃO PROVENIENTE DA ATMOSFERA OU ATRAVÉS DELA

1. Os Estados devem adotar leis e regulamentos para prevenir, reduzir e controlar a poluição do meio marinho proveniente da atmosfera ou através dela, aplicáveis ao espaço aéreo sob sua soberania ou a embarcações que arvorem a sua bandeira ou a embarcações ou aeronaves que estejam registradas no seu território, tendo em conta as regras e normas, bem como práticas e procedimentos recomendados, internacionalmente acordados, e a segurança da navegação aérea.

2. Os Estados devem tomar outras medidas que sejam necessárias para prevenir, reduzir e controlar tal poluição.

3. Os Estados, atuando em especial por intermédio das organizações internacionais competentes ou de uma conferência diplomática, devem procurar estabelecer no plano mundial e regional regras e normas, bem como práticas e procedimentos recomendados, para prevenir, reduzir e controlar tal poluição.

SEÇÃO 6 EXECUÇÃO

ARTIGO 213
EXECUÇÃO REFERENTE À POLUIÇÃO DE ORIGEM TERRESTRE

Os Estados devem assegurar a execução das suas leis e regulamentos adotados de conformidade com o artigo 207 e adotar leis e regulamentos e tomar outras medidas necessárias para pôr em prática as regras e normas internacionais aplicavéis estabelecidas por intermédio das organizações internacionais competentes ou de uma conferência diplomática para prevenir, reduzir e controlar a poluição do meio marinho de origem terrestre.

ARTIGO 214
EXECUÇÃO REFERENTE À POLUIÇÃO PROVENIENTE DE ATIVIDADES RELATIVAS AOS FUNDOS MARINHOS

Os Estados devem assegurar a execução das suas leis e regulamentos adotados de conformidade com o artigo 208 e adotar leis e regulamentos e tomar outras medidas necessárias para pôr em prática as regras e normas internacionais aplicáveis, estabelecidas por intermédio das organizações internacionais competentes ou de uma conferência diplomática, para prevenir, reduzir e controlar a poluição do meio marinho proveniente direta ou indiretamente de atividades relativas aos fundos marinhos sob sua jurisdição e de ilhas artificiais, instalações e estruturas sob sua jurisdição, nos termos dos artigos 60 e 80.

ARTIGO 215
EXECUÇÃO REFERENTE À POLUIÇÃO PROVENIENTE DE ATIVIDADES NA ÁREA

A execução das regras, normas, e procedimentos internacionais estabelecidos, de conformidade com a Parte XI, para prevenir, reduzir e controlar a poluição do meio marinho proveniente de atividades na Área, deve ser regida pelas disposições dessa Parte.

ARTIGO 216
EXECUÇÃO REFERENTE À POLUIÇÃO POR ALIJAMENTO

1. As leis e regulamentos adotados de conformidade com a presente Convenção e as regras e normas internacionais aplicavéis estabelecidas por intermédio das organizações internacionais competentes ou de uma conferência diplomática para prevenir, reduzir e controlar a poluição do meio marinho por alijamento devem ser executados:

a) pelo Estado costeiro no que se refere ao alijamento no seu mar territorial ou na sua zona econômica exclusiva ou na sua plataforma continental;

b) pelo Estado de bandeira no que se refere às embarcações que arvorem a sua bandeira ou às embarcações ou aeronaves que estejam registradas no seu território;

c) por qualquer Estado no que se refere a atos de carga de detritos ou de outras matérias realizados no seu território ou nos seus terminais ao largo da costa.

2. Nenhum Estado é obrigado em virtude do presente artigo a iniciar procedimentos quando outro Estado já os tenha iniciado de conformidade com o presente artigo.

ARTIGO 217
EXECUÇÃO PELOS ESTADOS DE BANDEIRA

1. Os Estados devem assegurar que as embarcações que arvorem a sua bandeira ou estejam registradas no seu território cumpram as regras e normas internacionais aplicáveis estabelecidas por intermédio da organização internacional competente ou de uma conferência diplomática geral, bem como as leis e regulamentos adotados de conformidade com a presente Convenção, para prevenir, reduzir e controlar a poluição do meio marinho proveniente de embarcações, e consequentemente adotar as leis e regulamentos e tomar outras medidas necessárias para pô-los em prática. Os Estados de bandeira devem velar pela execução efetiva de tais regras, normas, leis e regulamentos, independentemente do local em que tenha sido cometida a infração.

2. Os Estados devem, em especial, tomar as medidas apropriadas para assegurar que as embarcações que arvorem a sua bandeira ou estejam registradas no seu território sejam proibidas de navegar enquanto não estejam em condições de fazer-se ao mar em cumprimento dos requisitos, das regras e normas internacionais mencionadas no parágrafo 1º, incluindo os relativos ao projeto, construção, equipamento e tripulação das embarcações.

3. Os Estados devem assegurar que as embarcações que arvorem sua bandeira ou estejam registradas no seu território tenham a bordo os certificados exigidos pelas regras e normas internacionais mencionadas no parágrafo 1º e emitidos de conformidade com as mesmas. Os Estados devem assegurar que as embarcações que arvorem a sua bandeira sejam inspecionados periodicamente, a fim de verificar se tais certificados estão de conformidade com as condições reais da embarcação. Tais certificados devem ser aceitos pelos outros Estados como prova das condições da embarcação e ser-lhes reconhecida a mesma validade que aos certificados emitidos por eles próprios, a não ser que existam motivos sérios para acreditar que as condições

da embarcação não correspondem substancialmente aos dados que constam dos certificados.

4. Se uma embarcação comete uma infração às regras e normas estabelecidas por intermédio da organização internacional competente ou de uma conferência diplomática geral, o Estado de bandeira, sem prejuízo dos artigos 218, 220 e 228, deve ordenar uma investigação imediata e, se necessário, iniciar procedimentos relativos à alegada infração, independentemente do local em que tenha sido cometida a infração ou do local em que a poluição proveniente de tal infração tenha ocorrido ou tenha sido verificada.

5. Os Estados de bandeira que realizem uma investigação da infração podem solicitar a ajuda de qualquer outro Estado cuja cooperação possa ser útil para esclarecer as circunstâncias do caso. Os Estados devem procurar atender as solicitações apropriadas do Estado de bandeira.

6. Os Estados devem, a pedido por escrito de qualquer Estado, investigar qualquer infração que se alegue ter sido cometida pelas embarcações que arvorem a sua bandeira. Uma vez convencido de que dispõe de provas suficientes para iniciar um procedimento relativo à alegada infração, os Estado de bandeira devem iniciar sem demora esse procedimento de conformidade com o seu direito interno.

7. Os Estados de bandeira devem informar imediatamente o Estado solicitante e a organização internacional competente das medidas tomadas e do resultado obtido. Tal informação deve ser posta à disposição de todos os Estados.

8. As sanções previstas nas leis e regulamentos dos Estados para as embarcações que arvorem a sua bandeira devem ser suficientemente severas para desencorajar as infrações, independentemente do local em que tenham sido cometidas.

ARTIGO 218
EXECUÇÃO PELO ESTADO DO PORTO

1. Quando uma embarcação se encontrar voluntariamente num porto ou num terminal ao largo da costa de um Estado, este Estado poderá realizar investigações e, se as provas o justificarem, iniciar procedimentos relativos a qualquer descarga procedente dessa embarcação realizada fora das águas interiores, mar territorial ou zona econômica exclusiva desse Estado com violação das regras e normas internacionais aplicáveis estabelecidas por intermédio da organização internacional competente ou de uma conferência diplomática geral.

2. Não serão iniciados procedimentos nos termos do parágrafo 1º relativos a uma infração por descarga nas águas interiores, mar territorial ou zona econômica exclusiva de outro Estado, a não ser que o solicite esse Estado, o Estado de bandeira, ou qualquer Estado prejudicado ou ameaçado pela descarga, ou a não ser que a infração tenha provocado ou possa a vir a provocar poluição nas águas interiores, mar territorial ou zona econômica exclusiva do Estado que tenha iniciado os procedimentos.

3. Quando uma embarcação se encontrar voluntariamente num porto ou num terminal ao largo da costa de um Estado, esse Estado deve atender, na medida do possível, às solicitações de qualquer Estado relativas à investigação de uma infração por descarga referida no parágrafo 1º, que se julgue ter sido cometida nas águas interiores, mar territorial ou zona econômica exclusiva do Estado solicitante que tenha causado ou ameace causar danos aos mesmos. O Estado do porto deve igualmente atender, na medida do possível, as solicitações do Estado de bandeira relativas à investigação de tal infração, independentemente do local em que tenha sido cometida.

4. Os elementos da investigação efetuada pelo Estado do porto nos termos do presente artigo devem ser transmitidos ao Estado de bandeira ou ao Estado costeiro, a pedido destes. Quaisquer procedimentos iniciados pelo Estado do porto com base em tal investigação podem, salvo disposição em contrário da seção 7, ser suspensos a pedido do Estado costeiro, quando a infração tiver sido cometida nas águas interiores, mar territorial ou zona econômica exclusiva desse Estado. Em tal situação, as provas e os elementos do caso, assim como qualquer caução ou outra garantia financeira depositada junto das autoridades do Estado do porto, serão transferidos para o Estado costeiro. Esta transferência exclui a possibilidade de os procedimentos prosseguirem no Estado do porto.

ARTIGO 219
MEDIDAS RELATIVAS À NAVEGABILIDADE DAS EMBARCAÇÕES PARA EVITAR A POLUIÇÃO

Salvo disposição em contrário da seção 7, os Estados que, a pedido de terceiros ou por iniciativa própria, tenham comprovado que uma embarcação que se encontra num dos seus portos ou num dos seus terminais ao largo da costa viola as regras e normas internacionais aplicáveis em matéria de navegabilidade das embarcações e ameaça, em conseqüências, causar danos ao meio marinho, devem tomar, sempre que possível, medidas administrativas para impedir que a mesma embarcação navegue. Tais Estados apenas podem autorizar a referida embarcação a prosseguir até ao estaleiro de reparações apropriado mais próximo e, eliminadas as causas da infração, permitirão que a embarcação prossiga viagem sem demora.

ARTIGO 220
EXECUÇÃO PELOS ESTADOS COSTEIROS

1. Quando uma embarcação se encontrar voluntariamente num porto ou num terminal ao largo da costa de um Estado, esse Estado pode, tendo em conta o disposto na seção 7, iniciar procedimentos relativos a qualquer infração às suas leis e regulamentos adotados de conformidade com a presente Convenção ou com as regras e normas internacionais aplicáveis para prevenir, reduzir e controlar a poluição proveniente de embarcações, quando a infração tiver sido cometida no seu mar territorial ou sua zona econômica exclusiva.

2. Quando um Estado tiver motivos sérios para acreditar que uma embarcação que navegue no seu mar territorial violou, durante a sua passagem pelo mesmo, as leis e regulamentos desse Estado adotados de conformidade com a presente Convenção ou as regras e normas internacionais aplicáveis para prevenir, reduzir e controlar a poluição proveniente de embarcações, esse Estado, sem prejuízo da aplicação das disposições pertinentes da seção 3 da Parte II, pode proceder à inspeção material da embarcação relativa à infração e, quando as provas o justificarem, iniciar procedimentos, incluindo a detenção da embarcação, de conformidade com o seu direito interno, salvo disposições em contrário da seção 7.

3. Quando um Estado tiver motivos sérios para acreditar que uma embarcação que navegue na sua zona econômica exclusiva ou no seu mar territorial cometeu, na zona econômica exclusiva, uma violação das regras e normas internacionais aplicáveis para prevenir, reduzir e controlar a poluição proveniente de embarcações ou das leis e regulamentos desse Estado adotadas de conformidade com e que apliquem tais regras e normas, esse Estado pode exigir à embarcação que forneça informações sobre a sua identidade e o porto de registro, a sua última e próxima escala, e outras informações pertinentes, necessárias para determinar se foi cometida uma infração.

4. Os Estados devem adotar leis e regulamentos e tomar outras medidas para que as embarcações que arvorem a sua bandeira dêem cumprimento aos pedidos de informação feitos nos termos do parágrafo 3º.

5. Quando um Estado tiver motivos sérios para acreditar que uma embarcação que navegue na sua zona econômica exclusiva ou no seu mar territorial cometeu, na zona econômica exclusiva, uma das infrações referidas no parágrafo 3º, que tenha tido como resultado uma descarga substancial que provoque ou ameace provocar uma poluição importante no meio marinho, esse Estado pode proceder à inspeção material da embarcação sobre questões relacionadas com a infração, se a embarcação se tiver negado a fornecer informações ou se as informações fornecidas pela mesma estiverem em manifesta contradição com a situação fatual evidente e as circunstâncias do caso justificarem a referida inspeção.

6. Quando existir prova manifesta e objetiva de que uma embarcação que navegue na zona econômica exclusiva ou no mar territorial de um Estado cometeu, na zona econômica exclusiva, uma das infrações referidas no parágrafo 3º, que tenha tido como resultado uma descarga que provoque ou ameace provocar danos importantes para o litoral ou para os interesses conexos do Estado costeiro ou par quaisquer recursos do seu mar territorial ou da sua zona econômica exclusiva, esse Estado pode, tendo em conta o disposto na seção 7, e quando as provas o justificarem, iniciar procedimentos, incluindo a detenção da embarcação, de conformidade com o seu direito interno.

7. Não obstante as disposições do parágrafo 6º, sempre que tenham sido estabelecidos procedimentos apropriados, quer por intermédio da organização internacional competente, quer de outra forma acordados para garantir o cumprimento dos requisitos para prestação de caução ou de outra garantia financeira apropriada, o Estado costeiro, se vinculado por esses procedimentos, autorizará a embarcação a prosseguir a sua viagem.

8. As disposições dos parágrafos 3º, 4º, 5º, 6º e 7º também se aplicam às leis e regulamentos nacionais adotados de conformidade com o parágrafo 6º do artigo 211.

ARTIGO 221
MEDIDAS PARA EVITAR A POLUIÇÃO RESULTANTE DE ACIDENTES MARÍTIMOS

1. Nenhuma das disposições da presente Parte deve prejudicar o direito dos Estados de, nos termos do direito internacional tanto consuetudinário como convencional, tomar e executar medidas além do mar territorial proporcionalmente ao dano efetivo ou potencial a fim de proteger o seu litoral ou interesses conexos, incluindo a pesca, contra a poluição ou a ameaça de poluição resultante de um acidente marítimo ou de atos relacionados com tal acidente, dos quais se possa de forma razoável prever que resultem importantes conseqüências nocivas.

2. Para efeitos do presente artigo, "acidente marítimo" significa um abalroamento, encalhe ou outro incidente de navegação ou acontecimento a bordo de uma embarcação ou no seu exterior, de que resultem danos materiais ou ameaça iminente de danos materiais à embarcação ou à sua carga.

ARTIGO 222
EXECUÇÃO RELATIVA À POLUIÇÃO PROVENIENTE DA ATMOSFERA OU ATRAVÉS DELA

Os Estados devem assegurar a execução, no espaço aéreo sob sua soberania ou em relação a embarcações que arvorem a sua bandeira ou embarcações ou aeronaves que estejam registradas no seu território, das suas leis e regulamentos adotados de conformidade com o parágrafo 1º do artigo 212 e com outras disposições da presente Convenção, adotar também leis e regulamentos e tomar outras medidas para dar cumprimento às regras e normas internacionais aplicáveis, estabelecidas por intermédio de uma organização internacional competente ou de uma conferência diplomática para prevenir, reduzir e controlar a poluição do meio marinho proveniente da atmosfera ou através dela, de conformidade com todas as regras e normas internacionais pertinentes, relativas à segurança da navegação aérea.

SEÇÃO 7. GARANTIAS

ARTIGO 223
MEDIDAS PARA FACILITAR OS PROCEDIMENTOS

Nos procedimentos iniciados nos termos da presente Parte, os Estados devem tomar medidas para facilitar a audiência de testemunhas e a admissão de provas apresentadas por autoridades de outro Estado ou pela organização internacional competente e facilitar a assistência a esses procedimentos de representantes oficiais da organização internacional competente, do Estado de bandeira ou de qualquer Estado afetado pela poluição resultante de qualquer infração. Os representantes oficiais que assistam a esses procedimentos terão os direitos e deveres previstos no direito interno ou no direito internacional.

ARTIGO 224
EXERCÍCIO DOS PODERES DE POLÍCIA

Somente os funcionários oficialmente habilitados bem como os navios de guerra ou aeronaves militares ou outros navios ou aeronaves que possuam sinais claros e sejam identificáveis como estando ao serviço de um governo e para tanto autorizados podem exercer poderes de polícia em relação a embarcações estrangeiras em aplicação da presente Parte.

ARTIGO 225
OBRIGAÇÃO DE EVITAR CONSEQÜÊNCIAS ADVERSAS NO EXERCÍCIO DOS PODERES DE POLÍCIA

No exercício dos seus poderes de polícia previstos na presente Convenção em relação às embarcações estrangeiras, os Estados não devem pôr em perigo a segurança da navegação, nem fazer correr qualquer risco a uma embarcação nem a devem conduzir a um porto ou fundeadouro inseguro nem expor o meio marinho a um risco injustificado.

ARTIGO 226
INVESTIGAÇÃO SOBRE EMBARCAÇÕES ESTRANGEIRAS

1. a) Os Estados não devem reter uma embarcação estrangeira por mais tempo que o indispensável para os efeitos de investigações previstas nos artigos 216, 218, e 220. A inspeção material de uma embarcação estrangeira deve ser limitada a um exame dos certificados, registros e outros documentos que a embarcação é obrigada a ter a bordo de acordo com as regras e normas internacionais geralmente aceitas ou de qualquer outro documento similar que tiver a bordo. Só poderá ser feita uma inspeção material mais pormenorizada da embarcação depois de tal exame e apenas no caso de:

i) existirem motivos sérios para acreditar que a condição da embarcação ou do seu equipamento não corresponde essencialmente aos dados que figuram nesses documentos;

ii) o conteúdo de tais documentos não ser suficiente para confirmar ou verificar uma presumida infração; ou

iii) a embarcação não ter a bordo certificados nem registros válidos.

b) Se a investigação indicar uma violação das leis e regulamentos aplicáveis ou das regras e normas internacionais para a proteção e preservação do meio marinho, a embarcação será imediatamente liberta após o cumprimento de certas formalidades razoáveis, tais como a prestação de uma caução ou de outra garantia financeira apropriada.

c) Sem prejuízo das regras e normas internacionais aplicáveis relativas à navegabilidade das embarcações, poderá ser negada a libertação de uma embarcação ou condicionada ao requisito de a embarcação se dirigir ao estaleiro de reparações apropriado mais próximo, sempre que a mesma libertação represente uma ameaça injustificada de dano para o meio marinho. No caso de a libertação ter sido negada ou condicionada a determinados requisitos, o Estado de bandeira deve ser imediatamente notificado e poderá diligenciar no sentido da libertação da embarcação de conformidade com a Parte XV.

2. Os Estados devem cooperar para estabelecer procedimentos que evitem inspeções materiais desnecessárias de embarcações no mar.

ARTIGO 227
NÃO-DISCRIMINAÇÃO EM RELAÇÃO A EMBARCAÇÕES ESTRANGEIRAS

Ao exercer os seus direitos e ao cumprir as suas obrigações nos termos da presente Parte, os Estados não devem fazer discriminação de direito ou de fato em relação às embarcações de qualquer outro Estado.

ARTIGO 228

SUSPENSÃO DE PROCEDIMENTOS E RESTRIÇÕES À SUA INSTAURAÇÃO

1. Os procedimentos para imposição de penalidades decorrentes de qualquer infração às leis e regulamentos aplicáveis ou às regras e normas internacionais relativas à prevenção, redução e controle da poluição proveniente de embarcações, cometida por embarcação estrangeira além do mar territorial do Estado que instaurou tais procedimentos, serão suspensos no prazo de seis meses a contar da data da instauração desses procedimentos quando o Estado de bandeira tiver instaurado procedimentos para imposição de penalidades com base em acusações correspondentes a menos que aqueles procedimentos se relacionem com um caso de dano grave causado ao Estado costeiro ou o Estado de bandeira em questão tiver reiteradamente faltado ao cumprimento da sua obrigação de assegurar a execução efetiva das regras e normas internacionais aplicáveis, relativas a infrações cometidas por suas embarcações. Sempre que o Estado de bandeira pedir a suspensão dos procedimentos de conformidade com o presente artigo deverá facultar em tempo oportuno ao Estado que primeiro tiver instaurado os procedimentos um dossiê completo do caso, bem como as atas dos procedimentos. Concluídos os procedimentos instaurados pelo Estado de bandeira, os procedimentos suspensos serão extintos. Efetuado o pagamento das custas referentes a tais procedimentos, o Estado costeiro restituirá qualquer caução ou outra garantia financeira prestada em relação com os procedimentos suspensos.

2. Não serão instaurados procedimentos em relação a embarcações estrangeiras, uma vez decorridos três anos a contar da data em que a infração foi cometida, e nenhum Estado poderá instaurar procedimentos quando outro Estado os tiver já instaurado, salvo disposição em contrário do parágrafo 1º.

3. As disposições do presente artigo devem ser aplicadas sem prejuízo do direito do Estado de bandeira de tomar quaisquer medidas, incluindo a instauração de procedimentos de conformidade com o seu direito interno, independentemente dos procedimentos anteriormente instaurados por outro Estado.

ARTIGO 229

AÇÃO DE RESPONSABILIDADE CIVIL

Nenhuma das disposições da presente Convenção afeta o direito de intentar ação de responsabilidade civil por perdas ou danos causados pela poluição do meio marinho.

ARTIGO 230

PENAS PECUNIÁRIAS E RESPEITO DOS DIREITOS RECONHECIDOS DOS ACUSADOS

1. Só podem ser impostas penas pecuniárias no caso de infrações às leis e regulamentos nacionais ou às regras e normas internacionais aplicáveis para prevenir, reduzir e controlar a poluição do meio marinho proveniente de embarcações estrangeiras além do mar territorial.

2. Só podem ser impostas penas pecuniárias no caso de infrações às leis e regulamentos nacionais ou às regras e normas internacionais aplicáveis para prevenir, reduzir e controlar a poluição do meio marinho proveniente de embarcações estrangeiras no mar territorial, salvo ato internacional e grave de poluição.

3. No decurso dos procedimentos instaurados para reprimir tais infrações cometidas por embarcação estrangeira, que possam dar lugar à imposição de sanções, devem ser respeitados os direitos reconhecidos dos acusados.

ARTIGO 231

NOTIFICAÇÃO AO ESTADO DE BANDEIRA E A OUTROS ESTADOS INTERESSADOS

Os Estados devem notificar sem demora o Estado de bandeira e qualquer outro Estado interessado das medidas tomadas em relação a embarcações estrangeiras, nos termos da seção 6, e remeter ao Estado de bandeira todos os relatórios oficiais relativos a tais medidas. Contudo, no caso de infrações cometidas no mar territorial, as referidas obrigações do Estado costeiro restringem-se às medidas que se tomem no decurso dos procedimentos. Os agentes diplomáticos ou funcionários consulares e, na medida do possível, a autoridade marítima do Estado de bandeira devem ser imediatamente informados de tais medidas.

ARTIGO 232

RESPONSABILIDADE DOS ESTADOS DECORRENTE DE MEDIDAS DE EXECUÇÃO

Os Estados serão responsáveis por perdas ou danos que lhes sejam imputáveis, decorrentes das medidas tomadas nos termos da seção 6, quando tais medidas forem ilegais ou excederem o razoavelmente necessário à luz das informações disponíveis. Os Estados devem estabelecer meios para recorrer aos seus tribunais através de ações relativas a tais perdas ou danos.

ARTIGO 233

GARANTIAS RELATIVAS AOS ESTREITOS UTILIZADOS PARA A NAVEGAÇÃO INTERNACIONAL

Nenhuma das disposições das seções 5, 6 e 7 afeta o regime jurídico dos estreitos utilizados para a navegação internacional. Contudo, se um navio estrangeiro que não os mencionados na seção 10 cometer uma infração às leis e regulamentos mencionados nas alíneas a) e b) do parágrafo 1º do artigo 42 que cause ou ameace causar danos graves ao meio marinho dos estreitos, os Estados ribeirinhos dos estreitos podem tomar todas as medidas de execução apropriadas e, em tal caso, devem respeitar, mutatis mutandis, as disposições da presente seção.

SEÇÃO 8. ÁREAS COBERTAS DE GELO

ARTIGO 234

ÁREAS COBERTAS DE GELO

Os Estados tem o direito de adotar e aplicar leis e regulamentos não discriminatórios para prevenir, reduzir e controlar a poluição do meio marinho proveniente de embarcações na áreas cobertas de gelo dentro dos limites da zona econômica exclusiva, quando condições de clima particularmente rigorosas e a presença de gelo sobre tais áreas durante a maior parte do ano criem obstruções ou perigos excepcionais para a navegação, e a poluição do meio marinho possa causar danos graves ao equilíbrio ecológico ou alterá-lo de modo irreversível. Tais leis e regulamentos devem ter em devida conta a navegação e a proteção e preservação do meio marinho com base nos melhores dados científicos de que se disponha.

SEÇÃO 9 RESPONSABILIDADE

ARTIGO 235

RESPONSABILIDADE

1. Os Estados devem zelar pelo cumprimento das suas obrigações internacionais relativas à proteção e preservação do meio marinho. Serão responsáveis de conformidade com o direito internacional.

2. Os Estados devem assegurar através do seu direito interno meios de recurso que permitam obter uma indenização pronta e adequada ou outra reparação pelos danos resultantes da poluição do meio marinho por pessoas físicas ou jurídicas, sob sua jurisdição.

3. A fim de assegurar indenização pronta e adequada por todos os danos resultantes da poluição do meio marinho, os Estados devem cooperar na aplicação do direito internacional vigente e no ulterior desenvolvimento do direito internacional relativo às responsabilidades quanto à avaliação dos danos e à sua indenização e à solução das controvérsias conexas, bem como, se for o caso, na elaboração de critérios e procedimentos para o pagamentos de indenização adequada, tais como o seguro obrigatório ou fundos de indenização.

SEÇÃO 10. IMUNIDADE SOBERANA

ARTIGO 236

IMUNIDADE SOBERANA

As disposições da presente Convenção relativas à proteção e preservação do meio marinho não se aplicam a navios de guerra, embarcações auxiliares, outras embarcações ou aeronaves pertencentes ou operadas por um Estado e utilizadas, no momento considerado, unicamente em serviço governamental não comercial. Contudo, cada Estado deve assegurar, através de medidas apropriadas que não dificultem as operações ou a capacidade operacional de tais embarcações ou aeronaves que lhe pertençam ou sejam por ele utilizadas, que tais embarcações ou aeronaves procedam, na medida do possível e razoável, de modo compatível com a presente Convenção.

SEÇÃO 11. OBRIGAÇÕES CONTRAÍDAS EM VIRTUDE DE OUTRAS CONVENÇÕES SOBRE PROTEÇÃO E PRESERVAÇÃO DO MEIO MARINHO

ARTIGO 237

OBRIGAÇÕES CONTRAÍDAS EM VIRTUDE DE OUTRAS CONVENÇÕES SOBRE PROTEÇÃO E PRESERVAÇÃO DO MEIO MARINHO

1. As disposições da presente Parte não afetam as obrigações específicas contraídas pelos Estados em virtude de convenções e acordos especiais concluídos anteriormente sobre a proteção e preservação do meio marinho, nem os acordos que possam ser concluídos em aplicação dos princípios gerais enunciados na presente Convenção.

2. As obrigações específicas contraídas pelos Estados em virtude de convenções especiais, relativas à proteção e preservação do meio marinho, devem ser cumpridas de modo compatível com os princípios e objetivos gerais da presente Convenção.

PARTE XIII

INVESTIGAÇÃO CIENTÍFICA MARINHA

SEÇÃO 1. DISPOSIÇÕES GERAIS

ARTIGO 238

DIREITO DE REALIZAR INVESTIGAÇÃO CIENTÍFICA MARINHA

Todos os Estados, independentemente da sua situação geográfica, e as organizações internacionais competentes têm o direito de realizar investigação científica marinha sem prejuízo dos direitos e deveres de outros Estados tais como definidos na presente Convenção.

ARTIGO 239

PROMOÇÃO DA INVESTIGAÇÃO CIENTÍFICA MARINHA

Os Estados e as organizações internacionais competentes devem promover e facilitar o desenvolvimento e a realização da investigação científica marinha de conformidade com a presente Convenção.

ARTIGO 240

PRINCÍPIOS GERAIS PARA A REALIZAÇÃO DA INVESTIGAÇÃO CIENTÍFICA MARINHA

Na realização da investigação científica marinha devem ser aplicados os seguintes princípios:

a) a investigação científica marinha deve ser realizada exclusivamente com fins pacíficos;

b) a investigação científica marinha deve ser realizada mediante métodos e meios científicos apropriados compatíveis com a presente Convenção;

c) a investigação científica marinha não deve interferir injustificadamente com outras utilizações legítimas do mar compatíveis com a presente Convenção e será devidamente tomada em consideração no exercício de tais utilizações;

d) a investigação científica marinha deve ser realizada nos termos de todos os regulamentos pertinentes adotados de conformidade com a presente Convenção, incluindo os relativos à proteção e preservação do meio marinho.

ARTIGO 241

NÃO-RECONHECIMENTO DA INVESTIGAÇÃO CIENTÍFICA MARINHA COMO FUNDAMENTO JURÍDICO PARA REIVINDICAÇÕES

As atividades de investigação científica marinha não devem constituir fundamento jurídico de nenhuma reivindicação de qualquer parte do meio marinho ou de seus recursos.

SEÇÃO 2. COOPERAÇÃO INTERNACIONAL

ARTIGO 242

PROMOÇÃO DA COOPERAÇÃO INTERNACIONAL

1. Os Estados e as organizações internacionais competentes devem, de conformidade com o princípio do respeito da soberania e da jurisdição e na base de benefício mútuo, promover a cooperação internacional no campo da investigação científica marinha com fins pacíficos.

2. Neste contexto, e sem prejuízo dos direitos e deveres dos Estados em virtude da presente Convenção, um Estado, ao aplicar a presente Parte, deve dar a outros Estados, quando apropriado, oportunidade razoável para obter do mesmo, ou mediante a sua cooperação, a informação necessária para prevenir e controlar os danos à saúde e à segurança das pessoas e ao meio marinho.

ARTIGO 243

CRIAÇÃO DE CONDIÇÕES FAVORÁVEIS

Os Estados e as organizações internacionais competentes devem cooperar, mediante a celebração de acordos bilaterais e multilaterais, na criação de condições favoráveis à realização da investigação científica marinha no meio marinho e na integração dos esforços dos cientistas no estudo da natureza e inter-relações dos fenômenos e processos que ocorrem no meio marinho.

ARTIGO 244

PUBLICAÇÃO E DIFUSÃO DE INFORMAÇÃO E CONHECIMENTOS

1. Os Estados e as organizações internacionais competentes devem, de conformidade com a presente Convenção, mediante a publicação e difusão pelos canais apropriados, facultar informação sobre os principais programas propostos e seus objetivos, bem como os conhecimentos resultantes da investigação científica marinha.

2. Para tal fim, os Estados, quer individualmente quer em cooperação com outros Estados e com as organizações internacionais competentes, devem promover ativamente a difusão de dados e informação científicos e a transferência dos conhecimentos resultantes da investigação científica marinha, em particular para os Estados em desenvolvimento, bem como o fortalecimento da capacidade autônoma de investigação científica marinha dos Estados em desenvolvimento por meio de, inter alia, programas de formação e treino adequados ao seu pessoal técnico e científico.

SEÇÃO 3. REALIZAÇÃO E PROMOÇÃO DA INVESTIGAÇÃO CIENTÍFICA MARINHA

ARTIGO 245

INVESTIGAÇÃO CIENTÍFICA MARINHA NO MAR TERRITORIAL

Os Estados costeiros, no exercício da sua soberania, têm o direito exclusivo de regulamentar, autorizar e realizar investigação científica marinha no seu mar territorial. A investigação científica marinha no seu mar territorial só deve ser realizada com o consentimento expresso do Estado costeiro e nas condições por ele estabelecidas.

ARTIGO 246

INVESTIGAÇÃO CIENTÍFICA MARINHA NA ZONA ECONÔMICA EXCLUSIVA E NA PLATAFORMA CONTINENTAL

1. Os Estados costeiros, no exercício da sua jurisdição, têm o direito de regulamentar, autorizar e realizar investigação científica marinha na sua zona econômica exclusiva e na sua plataforma continental de conformidade com as disposições pertinentes da presente Convenção.

2. A investigação científica marinha na zona econômica exclusiva e na plataforma continental deve ser realizada com o consentimento do Estado costeiro.

3. Os Estados costeiros, em circunstâncias normais, devem dar o seu consentimento a outros Estados ou organizações internacionais competentes para que executem, de conformidade com a presente Convenção, projetos de investigação científica marinha na sua zona econômica exclusiva ou na sua plataforma continental, exclusivamente com fins pacíficos e com o propósito de aumentar o conhecimento científico do meio marinho em benefício de toda a humanidade. Para tal fim, os Estados costeiros devem estabelecer regras e procedimentos para garantir que tal consentimento não seja retardado nem denegado sem justificação razoável.

4. Para os efeitos de aplicação do parágrafo 3º, considera-se que podem existir circunstâncias normais independentemente da ausência de relações diplomáticas entre o Estado costeiro e o Estado que pretende investigar.

5. Os Estados costeiros poderão, contudo, discricionariamente, recusar-se a dar o seu consentimento à realização na sua zona econômica exclusiva ou na sua plataforma continental de um projeto de investigação científica marinha de outro Estado ou organização internacional competente se o projeto:

a) tiver uma influência direta na exploração e aproveitamento dos recurso naturais, vivos ou não vivos;

b) implicar perfurações na plataforma continental, a utilização de explosivos ou a introdução de substâncias nocivas no meio marinho;

c) implicar a construção, funcionamento ou utilização das ilhas artificiais, instalações e estruturas referidas nos artigos 60 e 80;

d) contiver informação prestada nos termos do artigo 248, sobre a natureza e os objetivos do projeto que seja inexata ou se o Estado ou a organização internacional competente, que pretende realizar a investigação, tiver obrigações pendentes para com o Estado costeiro decorrentes de um projeto de investigação anterior.

6. Não obstante as disposições do parágrafo 5º, os Estados costeiros não podem exercer o seu poder discricionário de recusar o seu consentimento nos termos da alínea a) do referido parágrafo em relação aos projetos de investigação científica marinha, a serem realizados de conformidade com as disposições da presente Parte, na plataforma continental, além das 200 milhas marítimas das linhas de base, a partir das quais se mede a largura do mar territorial fora das áreas específicas que os Estados costeiros venham a designar publicamente, em qualquer momento, como áreas na quais se estão a realizar ou se venham a realizar num prazo razoável atividades de aproveitamento ou operações pormenorizadas de exploração sobre essas áreas. Os Estados costeiros devem dar a devida publicidade à designação de tais áreas bem como qualquer modificação das mesmas, mas não serão obrigados a dar pormenores das operações realizadas nessa áreas.

7. As disposições do parágrafo 6º não prejudicam os direitos dos Estados Costeiros sobre a sua plataforma continental, como o estabelecido no Artigo 77.

8. As atividades de investigação científica marinha mencionadas no presente Artigo não devem interferir injustificadamente com as atividades empreendidas pelos Estados costeiros no exercício dos seus direitos de soberania e da sua jurisdição previstos na presente Convenção.

ARTIGO 247

PROJETOS DE INVESTIGAÇÃO CIENTÍFICA MARINHA REALIZADOS POR ORGANIZAÇÕES INTERNACIONAIS OU SOB OS SEUS AUSPÍCIOS

Entende-se que um Estado costeiro membro de uma organização internacional, ou ligado por acordo bilateral a tal organização, e em cuja zona econômica exclusiva ou plataforma continental essa organização pretende realizar, diretamente ou sob os seus auspícios, um projeto de investigação científica marinha, autorizou a realização do projeto de conformidade com as especificações acordadas se esse Estado tiver aprovado o projeto pormenorizado quando a organização decidiu pela sua realização ou se o Estado costeiro pretende participar no projeto e não tiver formulado qualquer objeção até à expiração do prazo de quatro meses a contar da data em que o projeto lhe tenha sido comunicado pela organização internacional.

ARTIGO 248

DEVER DE PRESTAR INFORMAÇÃO AO ESTADO COSTEIRO

Os Estados e as organizações internacionais competentes que se proponham realizar investigação científica marinha na zona econômica exclusiva ou na plataforma continental de um Estado costeiro devem fornecer a esse Estado, com a antecedência mínima de seis meses da data prevista para o início do projeto de investigação científica marinha, uma descrição completa de:

a) a natureza e os objetivos do projeto;

b) o método e os meios a utilizar, incluindo o nome, a a tonelagem, o tipo e a categoria das embarcações e uma descrição do equipamento científico;

c) as áreas geográficas precisas onde o projeto se vai realizar;

d) as datas previstas da primeira chegada e da partida definitiva das embarcaçõesde investigação, ou da instalação remoção do equipamento, quando apropriado;

e) o nome da instituição patrocinadora, o do seu diretor e o da pessoa encarregada do projeto; e

f) o âmbito em que se considera a eventual participação ou representação do Estado costeiro no projeto.

ARTIGO 249

DEVER DE CUMPRIR CERTAS CONDIÇÕES

1. Os Estados e as organizações internacionais competentes, quando realizem investigação científica marinha na zona econômica exclusiva ou na plataforma continental de um Estado costeiro, devem cumprir as seguintes condições:

a) garantir ao Estado costeiro, se este o desejar, o direito de participar ou estar representado no projeto de investigação científica marinha, especialmente, quando praticável, a bordo de embarcações e de outras unidades de investigação ou nas instalações de investigação científica, sem pagar qualquer remuneração aos investigadores do Estado costeiro e sem que este tenha obrigação de contribuir para os custos do projeto;

b) fornecer ao Estado costeiro, a pedido deste, tão depressa quanto possível, relatórios preliminares bem como os resultados e conclusões finais uma vez terminada a investigação;

c) comprometer-se a dar acesso ao Estado costeiro, a pedido deste, a todos os dados e amostras resultantes do projeto de investigação científica marinha bem como a fornecer-lhe os dados que possam ser reproduzidos e as amostras que possam ser divididas sem prejuízo do seu valor científico;

d) fornecer ao Estado costeiro, a pedido deste, uma avaliação de tais dados, amostras e resultados da investigação ou assisti-lo na sua avaliação ou interpretação;

e) garantir, com ressalva do disposto no parágrafo 2º, que os resultados da investigação estejam disponíveis, tão depressa quanto possível, no plano internacional por intermédio dos canais nacionais e internacionais apropriados;

f) informar imediatamente o Estado costeiro de qualquer mudança importante no programa de investigação;

g) Salvo acordo em contrário, retirar as instalações ou o equipamento de investigação científica uma vez terminada a investigação.

2. O presente artigo não prejudica as condições estabelecidas pelas leis e regulamentos do Estado costeiro para o exercício do poder discricionário de dar ou recusar o seu consentimento nos termos do parágrafo 5º do artigo 246, incluindo-se a exigência de acordo prévio para a divulgação no plano internacional dos resultados de um projeto de investigação com incidência direta na exploração e aproveitamento dos recursos naturais.

ARTIGO 250

COMUNICAÇÕES RELATIVAS AOS PROJETOS DE INVESTIGAÇÃO CIENTÍFICA MARINHA

As comunicações relativas aos projetos de investigação científica marinha devem ser feitas por intermédio dos canais oficiais apropriados, salvo acordo em contrário.

ARTIGO 251

CRITÉRIOS GERAIS E DIRETRIZES

Os Estados devem procurar promover, por intermédio das organizações internacionais competentes, o estabelecimento de critérios de critérios gerais e diretrizes que os ajudem a determinar a natureza e as implicações da investigação científica marinha.

ARTIGO 252

CONSENTIMENTO TÁCITO

Os Estados ou as organizações internacionais competentes podem empreender um projeto de investigação científica marinha seis meses após a data em que tenham sido fornecidas ao Estado costeiro as informações previstas no artigo 248, a não ser que, no prazo de quatro meses após terem sido recebidas essas informações, o Estado costeiro tenha informado o Estado ou a organização que se propõe realizar a investigação de que:

a) recusa o seu consentimento nos termos do disposto no artigo 246; ou

b) as informações fornecidas pelo Estado ou pela organização internacional competente sobre a natureza ou objetivos do projeto não correspondem a fatos manifestamente evidentes; ou

c) solicita informação suplementar sobre as condições e as informações previstas nos artigos 248 e 249; ou

d) existem obrigações pendentes relativamente às condições estabelecidas no artigo 249 a respeito de um projeto de investigação científica marinha anteriormente realizado por esse Estado ou organização.

ARTIGO 253

SUSPENSÃO OU CESSAÇÃO DAS ATIVIDADES DE INVESTIGAÇÃO CIENTÍFICA MARINHA

1. O Estado costeiro tem o direito de exigir a suspensão de quaisquer atividades de investigação científica marinha em curso na sua zona econômica exclusiva ou na sua plataforma continental, se:

a) as atividades de investigação não se realizarem de conformidade com as informações transmitidas nos termos do artigo 248 e nas quais se tenha fundamentado o consentimento do Estado costeiro; ou

b) o Estado ou a organização internacional competente que realizar as atividades de investigação não cumprir o disposto no artigo 249 no que se refere aos direitos do Estado costeiro relativos ao projeto de investigação científica marinha.

2. O Estado costeiro tem o direito de exigir a cessação de quaisquer atividades de investigação científica marinha em caso de qualquer não-cumprimento do disposto no artigo 248 que implique mudança fundamental no projeto ou nas atividades de investigação.

3. O Estado costeiro pode também exigir a cessação das atividades de investigação científica marinha se, num prazo razoável, não forem corrigidas quaisquer das situações previstas no parágrafo 1º.

4. Uma vez notificados pelo Estado costeiro da sua decisão de ordenar a suspensão ou cessação, os Estados ou as organizações internacionais competentes autorizados a realizar as atividades de investigação científica marinha devem pôr fim às atividades de investigação que são objeto de tal notificação.

5. A ordem se suspensão prevista no parágrafo 1º será revogada pelo Estado costeiro e permitida a continuação das atividades de investigação científica marinha quando o Estado ou a organização internacional competente que realizar a investigação tiver cumprido as condições exigidas nos artigos 248 e 249.

ARTIGO 254

DIREITOS DOS ESTADOS VIZINHOS SEM LITORAL E DOS ESTADOS EM SITUAÇÃO GEOGRÁFICA DESFAVORECIDA

1. Os Estados e as organizações internacionais competentes que tiverem apresentado a um Estado costeiro um projeto para realizar investigação científica marinha referida no parágrafo 3º do artigo 246 devem informar os Estados vizinhos sem litoral e aqueles em situação geográfica desfavorecida do projeto de investigação proposto e devem notificar o Estado costeiro de que deram tal informação.

2. Depois de o Estado costeiro interessado ter dado o seu consentimento ao projeto de investigação científica marinha proposto de conformidade com o artigo 246 e com outras disposições pertinentes da presente Convenção, os Estados e as organizações internacionais competentes que realizem esse projeto devem proporcionar aos Estados vizinhos sem litoral e àqueles em situação geográfica desfavorecida, por solicitação desses Estados e quando apropriado, a informação pertinente especificada no artigo 248 e na alínea f) do parágrafo 1º do artigo 249.

3. Aos referidos Estados vizinhos sem litoral e àqueles em situação geográfica desfavorecida deve ser dada, a seu pedido, a possibilidade de participarem, quando praticável, no projeto e investigação científica marinha proposto, por intermédio de peritos qualificados, nomeados por esses Estados e não recusados pelo Estado costeiro, segundo as condições acordadas para o projeto entre o Estado costeiro interessado e o Estado ou as organizações internacionais competentes que realizem a investigação científica marinha, de conformidade com as disposições da presente Convenção.

4. Os Estados e as organizações internacionais competentes referidos no parágrafo 1º devem prestar aos mencionados Estados sem litoral e àqueles em situação geográfica desfavorecida, a seu pedido, as informações e a assistência especificadas na alínea d) do parágrafo 1º do artigo 249, salvo o disposto no parágrafo 2º do mesmo Artigo.

ARTIGO 255

MEDIDAS PARA FACILITAR A INVESTIGAÇÃO CIENTÍFICA MARINHA E PRESTAR ASSISTÊNCIA ÀS EMBARCAÇÕES DE INVESTIGAÇÃO

Os Estados devem procurar adotar normas, regulamentos e procedimentos razoáveis par promover e facilitar a investigação científica marinha realizada além do seu mar territorial de conformidade com a presente convenção e, quando apropriado, facilitar o acesso aos seus portos e promover a assistência às embarcações de investigação científica marinha que cumpram as disposições pertinentes da presente Parte, salvo o disposto nas suas leis e regulamentos.

ARTIGO 256

INVESTIGAÇÃO CIENTÍFICA MARINHA NA ÁREA

Todos os Estados, independentemente da sua situação geográfica, bem como organizações internacionais competentes, têm o direito, de conformidade com as disposições da Parte XI, de realizar investigação científica marinha na Área.

ARTIGO 257

INVESTIGAÇÃO CIENTÍFICA MARINHA NA COLUNA DE ÁGUA ALÉM DOS LIMITES DA ZONA ECONÔMICA EXCLUSIVA

Todos os Estados, independentemente da sua situação geográfica, bem como as organizações internacionais competentes, têm o direito, de conformidade com a presente Convenção, de realizar investigação científica marinha na coluna de água além dos limites da zona econômica exclusiva.

SEÇÃO 4. INSTALAÇÕES E EQUIPAMENTO DE INVESTIGAÇÃO CIENTÍFICA NO MEIO MARINHO

ARTIGO 258

COLOCAÇÃO E UTILIZAÇÃO

A colocação e utilização de qualquer tipo de instalação ou equipamento de investigação científica em qualquer área do meio marinho devem estar sujeitas às mesmas condições estabelecidas na presente Convenção para a realização de investigação científica marinha nessa mesma área.

ARTIGO 259

ESTATUTO JURÍDICO

As instalações ou o equipamento referidos na presente seção não têm o estatuto jurídico de ilhas. Não têm mar territorial próprio e a sua presença não afeta a delimitação do mar territorial, da zona econômica exclusiva ou da plataforma continental.

ARTIGO 260

ZONAS DE SEGURANÇA

Podem ser estabelecidas em volta das instalações de investigação científica, de conformidade com as disposições pertinentes da presente Convenção, zonas de segurança de largura razoável que não exceda uma distância de 500 metros. Todos os Estados devem velar por que as suas embarcações respeitem tais zonas de segurança.

ARTIGO 261

NÃO-INTERFERÊNCIA NAS ROTAS DE NAVEGAÇÃO

A colocação e a utilização de qualquer tipo de instalações ou equipamento de investigação científica não devem constituir obstáculo às rotas estabelecidas para a navegação internacional.

ARTIGO 262

MARCAS DE IDENTIFICAÇÃO E SINAIS DE AVISO

As instalações ou o equipamento mencionados na presente seção devem dispor de marcas de identificação que indiquem o Estado de registro ou a organização internacional a que pertencem, bem como dos adequados sinais de aviso internacionalmente acordados para garantir a segurança no mar e a segurança da navegação aérea, tendo em conta as regras e normas estabelecidas pelas organizações internacionais competentes.

SEÇÃO 5. RESPONSABILIDADE

ARTIGO 263

RESPONSABILIDADES

1. Cabe aos Estados bem como às organizações internacionais competentes zelar por que a investigação científica marinha, efetuada por eles ou em seu nome, se realize de conformidade com a presente Convenção.

2. Os Estados e as organizações internacionais competentes são responsáveis pelas medidas que tomarem em violação da presente Convenção relativamente à investigação científica marinha realizada por outros Estados, suas pessoas físicas ou jurídicas ou por organizações internacionais competentes, e devem pagar indenizações pelos danos resultantes de tais medidas.

3. Os Estados e as organizações internacionais competentes são responsáveis, nos termos do artigo 235, pelos danos causados pela poluição do meio marinho, resultante da investigação científica marinha realizada por eles ou em seu nome.

SEÇÃO 6. SOLUÇÃO DE CONTROVÉRSIAS E MEDIDAS PROVISÓRIAS

ARTIGO 264

SOLUÇÃO DE CONTROVÉRSIAS

As controvérsias relativas à interpretação ou aplicação das disposições da presente Convenção referentes à investigação científica marinha devem ser solucionadas de conformidade com as seções 2 e 3 da Parte XV.

ARTIGO 265

MEDIDAS PROVISÓRIAS

Enquanto uma controvérsia não for solucionada de conformidade com as seções 2 e 3 da Parte XV, o Estado ou a organização internacional competente autorizado a realizar um projeto de investigação científica marinha não deve permitir que se iniciem ou continuem as atividades de investigação sem o consentimento expresso do Estado costeiro interessado.

PARTE XVI

DESENVOLVIMENTO E TRANSFERÊNCIA DE TECNOLOGIA MARINHA

SEÇÃO 1. DISPOSIÇÕES GERAIS

ARTIGO 266

PROMOÇÃO DO DESENVOLVIMENTO E DA TRANSFERÊNCIA DE TECNOLOGIA MARINHA

1. Os Estados, diretamente ou por intermédio das organizações internacionais competentes, devem cooperar, na medida das suas capacidades, para promover ativamente o desenvolvimento e a transferência da ciência e da tecnologia marinhas segundo modalidades e condições equitativas e razoáveis.

2. Os Estados devem promover o desenvolvimento da capacidade científica e tecnológica marinha dos Estados que necessitem e solicitem assistência técnica neste domínio, particularmente os Estados em desenvolvimento, incluindo os Estados sem litoral e aqueles em situação geográfica desfavorecida, no que se refere à exploração, aproveitamento, conservação e gestão dos recursos marinhos, à proteção e preservação do meio marinho, à investigação científica marinha e outras atividades no meio marinho compatíveis com a presente Convenção, tendo em vista acelerar o desenvolvimento econômico social dos Estados em desenvolvimento.

3. Os Estados devem procurar favorecer condições econômicas e jurídicas propícias à transferência de tecnologia marinha, numa base equitativa, em benefício de todas as partes interessadas.

ARTIGO 267

PROTEÇÃO DOS INTERESSES LEGÍTIMOS

Ao promover a cooperação, nos termos do artigo 266, os Estados devem ter em devida conta todos os interesses legítimos, incluindo, inter alia, os direitos e deveres dos possuidores, fornecedores e recebedores de tecnologia marinha.

ARTIGO 268

OBJETIVOS FUNDAMENTAIS

Os Estados, diretamente ou por intermédio das organizações internacionais competentes, devem promover:

a) a aquisição, avaliação e divulgação de conhecimentos de tecnologia marinha bem como facilitar o acesso a informação e dados pertinentes;

b) o desenvolvimento de tecnologia marinha apropriada;

c) o desenvolvimento da infra-estrutura tecnológica necessária para facilitar a transferência da tecnologia marinha;

d) o desenvolvimento dos recursos humanos através da formação e ensino a nacionais dos Estados e países em desenvolvimento e, em especial dos menos desenvolvidos entre eles; e

e) a cooperação internacional em todos os níveis, particularmente em nível regional, sub-regional e bilateral.

ARTIGO 269

MEDIDAS PARA ATINGIR OS OBJETIVOS FUNDAMENTAIS

Para atingir os objetivos mencionados no artigo 268, os Estados, diretamente ou por intermédio das organizações internacionais competentes, devem procurar, inter alia:

a) estabelecer programas de cooperação técnica para a efetiva transferência de todos os tipos de tecnologia marinha aos Estados que necessitem e solicitem assistência técnica nesse domínio, em especial aos Estados em desenvolvimento sem litoral e aos Estados em desenvolvimento em situação geográfica desfavorecida, bem como a outros Estados em desenvolvimento que não tenham podido estabelecer ou desenvolver a sua própria capacidade tecnológica no âmbito da ciência marinha e no da exploração e aproveitamento de recursos marinhos,nem podido desenvolver a infra-estrutura de tal tecnologia;

b) promover condições favoráveis à conclusão de acordos, contratos e outros ajustes similares em condições equitativas e razoáveis;

c) realizar conferências, seminários e simpósios sobre temas científicos e tecnológicos, em particular sobre políticas e métodos para a transferência de tecnologia marinha;

d) promover o intercâmbio de cientistas e peritos em tecnologia e outras matérias;

e) realizar projetos e promover empresas conjuntas e outras formas de cooperação bilateral e multilateral.

SEÇÃO 2 COOPERAÇÃO INTERNACIONAL

ARTIGO 270

FORMAS DE COOPERAÇÃO INTERNACIONAL

A cooperação internacional para o desenvolvimento e a transferência de tecnologia marinha deve ser efetuada, quando praticável e apropriado, através de programas bilaterais, regionais ou multilaterais existentes, bem como através de programas ampliados e de novos programas para facilitar a investigação científica marinha, a transferência de tecnologia marinha, particularmente em novos domínios e o financiamento internacional apropriado da investigação e desenvolvimento dos oceanos.

ARTIGO 271

DIRETRIZES, CRITÉRIOS E NORMAS

Os Estados devem promover, diretamente ou por intermédio das organizações internacionais competentes, o estabelecimento de diretrizes, critérios e normas geralmente aceitos para a transferência de tecnologia marinha numa base bilateral ou no âmbito das organizações internacionais e outros organismos, tendo particularmente em conta os interesses e necessidades dos Estados em desenvolvimento.

ARTIGO 272

COORDENAÇÃO DE PROGRAMAS INTERNACIONAIS

No domínio da transferência de tecnologia marinha, os Estados devem procurar assegurar que as organizações internacionais competentes coordenem as suas atividades, incluindo quaisquer programas regionais ou mundiais, tendo em conta os interesses e necessidades dos Estados em desenvolvimento, em particular dos Estados sem litoral e daqueles em situação geográfica desfavorecida.

ARTIGO 273

COOPERAÇÃO COM ORGANIZAÇÕES INTERNACIONAIS E COM A AUTORIDADE

Os Estados devem cooperar ativamente com as organizações internacionais competentes e com a Autoridade para encorajar e facilitar a transferência de conhecimentos especializados e de tecnologia marinha relativos às atividades na Área aos Estados em desenvolvimento, aos seus nacionais e à Empresa.

ARTIGO 274

OBJETIVOS DA AUTORIDADE

Sem prejuízo de todos os interesses legítimos, incluindo, inter alia, os direitos e deveres dos possuidores, fornecedores e recebedores de tecnologia, a Autoridade, no que se refere às atividades na Área, deve assegurar que:

a) os nacionais dos Estados em desenvolvimento, costeiros, sem litoral ou em situação geográfica desfavorecida, sejam admitidos para fins de estágio, com base no princípio da distribuição geográfica equitativa, como membros do pessoal de gestão, de investigação e técnico recrutado para as suas atividades;

b) a documentação técnica relativa ao equipamento, maquinaria, dispositivos e processos pertinentes seja posta à disposição de todos os Estados, em particular dos Estados em desenvolvimento que necessitem e solicitem assistência técnica nesse domínio;

c) sejam tomadas pela Autoridade disposições apropriadas para facilitar a aquisição de assistência técnica no domínio da tecnologia marinha pelos Estados que dela necessitem e a solicitem, em particular os Estados em desenvolvimento, bem como a aquisição pelos seus nacionais dos conhecimentos técnicos e especializados necessários, incluindo a formação profissional;

d) seja prestada aos Estados a assistência técnica de que necessitem e solicitem nesse domínio, em especial aos Estados em desenvolvimento, bem como assistência na aquisição de equipamento, instalações, processos e outros conhecimentos técnicos necessários, mediante qualquer ajuste financeiro previsto na presente Convenção.

SEÇÃO 3. CENTROS NACIONAIS E REGIONAIS DE INVESTIGAÇÃO CIENTÍFICA E TECNOLÓGICA MARINHA

ARTIGO 275

ESTABELECIMENTO DE CENTROS NACIONAIS

1. Os Estados devem promover, diretamente ou por intermédio das organizações internacionais competentes e da Autoridade, o estabelecimento, em especial nos Estados costeiros em desenvolvimento, de centros nacionais de investigação científica e tecnológica marinha bem como o reforço de centros nacionais existentes, a fim de estimular e impulsionar a realização de investigação científica marinha pelos Estados costeiros em desenvolvimento e de aumentar a sua capacidade nacional para utilizar e preservar os seus recursos marinhos em seu próprio benefício econômico.

2. Os Estados devem prestar, por intermédio das organizações internacionais competentes e da autoridade, apoio adequado para facilitar o estabelecimento e o reforço de tais centros nacionais, a fim de fornecerem serviços de formação avançada, e equipamento e conhecimentos práticos e técnicos necessários, bem como peritos técnicos, aos Estados que necessitem e solicitem tal assistência.

ARTIGO 276

ESTABELECIMENTO DE CENTROS REGIONAIS

1. Os Estados devem promover, em coordenação com as organizações internacionais competentes, com a Autoridade e com instituições nacionais de investigação científica e tecnológica marinha, o estabelecimento de centros regionais de investigação científica e tecnológica marinha, em especial nos Estados em desenvolvimento, a fim de estimular e impulsionar a realização de investigação científica

marinha pelos Estados em desenvolvimento e de favorecer a transferência de tecnologia marinha.

2. Todos os Estados de uma região devem cooperar com os respectivos centros regionais a fim de assegurarem a realização mais eficaz dos seus objetivos.

ARTIGO 277
FUNÇÕES DOS CENTROS REGIONAIS

As funções dos centros regionais devem compreender, inter alia:

a) programas de formação e ensino, em todos os níveis, sobre diversos aspectos da investigação científica e tecnológica marinha, em especial a biologia marinha, incluídas a conservação e a gestão dos recursos vivos, a oceanografia, a hidrografia, a engenharia, a exploração geológica dos fundos marinhos, a extração mineira bem como a tecnologia de dessalinização;

b) estudos de gestão;

c) programas de estudos relacionados com a proteção e preservação do meio marinho e com a prevenção, redução e controle da poluição;

d) organização de conferências, seminários e simpósios regionais;

e) aquisição e processamento de dados e informações sobre a ciência e tecnologia marinhas;

f) disseminação imediata dos resultados da investigação científica e tecnológica marinha por meio de publicações de fácil acesso;

g) divulgação das políticas nacionais sobre transferência de tecnologia marinha e estudo comparativo sistemático dessas políticas;

h) compilação e sistematização de informações sobre comercialização de tecnologia e sobre os contratos e outros ajustes relativos a patentes;

i) cooperação técnica com outros Estados da região.

SEÇÃO 4. COOPERAÇÃO ENTRE ORGANIZAÇÕES INTERNACIONAIS

ARTIGO 278
COOPERAÇÃO ENTRE ORGANIZAÇÕES INTERNACIONAIS

As organizações internacionais competentes mencionadas na presente Parte e na Parte XIII devem tomar todas as medidas apropriadas para assegurarem, diretamente ou em estreita cooperação entre si, o cumprimento efetivo das funções e responsabilidades decorrentes da presente Parte.

PARTE XV
SOLUÇÃO DE CONTROVÉRSIAS

SEÇÃO 1. DISPOSIÇÕES GERAIS

ARTIGO 279
OBRIGAÇÃO DE SOLUCIONAR CONTROVÉRSIAS POR MEIOS PACÍFICOS

Os Estados Partes devem solucionar qualquer controvérsia entre eles relativa à interpretação ou aplicação da presente Convenção por meios pacíficos, de conformidade com o parágrafo 3º do artigo 2 da Carta das Nações Unidas e, para tal fim, procurar uma solução pelos meios indicados no parágrafo 1º do artigo 33 da Carta.

ARTIGO 280
SOLUÇÃO DE CONTROVÉRSIAS POR QUAISQUER MEIOS PACÍFICOS ESCOLHIDOS PELAS PARTES

Nenhuma das disposições da presente Parte prejudica o direito dos Estados Partes de, em qualquer, momento, acordarem na solução de uma controvérsia entre eles relativa à interpretação ou aplicação da presente Convenção por quaisquer meios pacíficos de sua própria escolha.

ARTIGO 281
PROCEDIMENTO APLICÁVEL QUANDO AS PARTES NÃO TENHAM ALCANÇADO UMA SOLUÇÃO

1. Se os Estados Partes que são partes numa controvérsia relativa à interpretação ou aplicação da presente Convenção tiverem acordado em procurar solucioná-la por um meio pacífico de sua própria escolha, os procedimentos estabelecidos na presente Parte só serão aplicados se não tiver sido alcançada uma solução por esse meio e se o acordo entre as partes não excluir a possibilidade de outro procedimento.

2. Se as partes tiverem também acordado num prazo, o disposto no parágrafo 1º só será aplicado depois de expirado esse prazo.

ARTIGO 282
OBRIGAÇÕES DECORRENTES DE ACORDOS GERAIS, REGIONAIS OU BILATERAIS

Se os Estados Partes que são partes numa controvérsia relativa à interpretação ou aplicação da presente Convenção tiverem ajustado, por meio de acordo geral, regional ou bilateral, ou de qualquer outra forma, em que tal controvérsia seja submetida, a pedido de qualquer das partes na mesma, a um procedimento conducente a uma decisão obrigatória, esse procedimento será aplicado em lugar do previsto na presente Parte, salvo acordo em contrário das partes na controvérsia.

ARTIGO 283
OBRIGAÇÃO DE TROCAR OPINIÕES

1. Quando surgir uma controvérsia entre Estados Partes relativa à interpretação ou aplicação da presente Convenção, as partes na controvérsia devem proceder sem demora a uma troca de opiniões, tendo em vista solucioná-la por meio de negociação ou de outros meios pacíficos.

2. As Partes também devem proceder sem demora a uma troca de opiniões quando um procedimento para a solução de tal controvérsia tiver sido terminado sem que esta tenha sido solucionada ou quando se tiver obtido uma solução e as circunstâncias requeiram consultas sobre o modo como será implementada a solução.

ARTIGO 284
CONCILIAÇÃO

1. O Estado Parte que é parte numa controvérsia relativa à interpretação ou aplicação da presente Convenção pode convidar a outra ou outras partes a submetê-la a conciliação, de conformidade com o procedimento previsto na seção 1 do Anexo V ou com outro procedimento de conciliação.

2. Se o convite for aceito e as partes acordarem no procedimento de conciliação a aplicar, qualquer parte pode submeter a controvérsia a esse procedimento.

3. Se o convite não for aceito ou as partes não acordarem no procedimento, o procedimento de conciliação dever ser considerado terminado.

4. Quando uma controvérsia tiver sido submetida a conciliação, o procedimento só se poderá dar por terminado de conformidade com o procedimento de conciliação acordado, salvo acordo em contrário das partes.

ARTIGO 285
APLICAÇÃO DA PRESENTE SEÇÃO ÀS CONTROVÉRSIAS SUBMETIDAS NOS TERMOS DA PARTE XI

Esta seção aplica-se a qualquer controvérsia que, nos termos da seção 5 da Parte XI da presente Convenção, tenha de ser solucionada de conformidade com os procedimentos previstos na presente Parte. Se uma entidade que não um Estado Parte for parte em tal controvérsia, esta seção aplica-se mutatis mutandis.

SEÇÃO 2. PROCEDIMENTOS COMPULSÓRIOS CONDUCENTES A DECISÕES OBRIGATÓRIAS

ARTIGO 286
APLICAÇÃO DOS PROCEDIMENTOS NOS TERMOS DA PRESENTE SEÇÃO

Salvo o disposto na seção 3, qualquer controvérsia relativa à interpretação ou aplicação da presente Convenção, quando não tiver sido solucionada mediante a aplicação da seção 1, será submetida, a pedido de qualquer das partes na controvérsia, à corte ou tribunal que tenha jurisdição nos termos da presente seção.

ARTIGO 287
ESCOLHA DO PROCEDIMENTO

1. Um Estado ao assinar ou ratificar a presente Convenção ou a ela aderir, ou em qualquer momento ulterior, pode escolher livremente, por meio de declaração escrita, um ou mais dos seguintes meios para a solução das controvérsia relativas à interpretação ou aplicação da presente Convenção:

a) o Tribunal Internacional do Direito do Mar estabelecido de conformidade com o Anexo VI;

b) a Corte Internacional de Justiça;

c) um tribunal arbitral constituído de conformidade com o Anexo VII;

d) um tribunal arbitral especial constituído de conformidade com o Anexo VIII, para uma ou mais das categorias de controvérsias especificadas no referido Anexo.

2. Uma declaração feita nos termos do parágrafo 1º não deve afetar a obrigação de um Estado Parte de aceitar, na medida e na forma estabelecidas na seção 5 da Parte XI, a competência da Câmara de Controvérsias dos Fundos Marinhos do Tribunal Internacional do Direito do Mar nem deve ser afetada por essa obrigação.

3. O Estado Parte que é parte numa controvérsia não abrangida por uma declaração vigente, deve ser considerado como tendo aceito a arbitragem, de conformidade com o Anexo VII.

4. Se as partes numa controvérsia tiverem aceito o mesmo procedimento para a solução da controvérsia, esta só poderá ser submetida a esse procedimento, salvo acordo em contrário das partes.

5. Se as partes numa controvérsia não tiverem aceito o mesmo procedimento para a solução da controvérsia, esta só poderá ser submetida a arbitragem, de conformidade com o Anexo VII, salvo acordo em contrário das partes.

6. Uma declaração feita nos termos do parágrafo 1º manter-se-á em vigor até três meses depois da notificação de revogação ter sido depositada junto do Secretário Geral das Nações Unidas.

7. Nenhuma nova declaração, notificação de revogação ou expiração de uma declaração afeta de modo algum os procedimentos pendentes numa corte ou tribunal que tenha jurisdição nos termos do presente artigo, salvo acordo em contrário das partes.

8. As declarações e notificações referidas no presente artigo serão depositadas junto do Secretário Geral das Nações Unidas, que deve remeter cópias das mesmas aos Estados Partes.

ARTIGO 288
JURISDIÇÃO

1. A corte ou tribunal a que se refere o artigo 287 tem jurisdição sobre qualquer controvérsia relativa à interpretação ou aplicação da presente Convenção que lhe seja submetida de conformidade com a presente Parte.

2. A corte ou tribunal a que se refere o artigo 287 tem também jurisdição sobre qualquer controvérsia, relativa à interpretação ou aplicação de um acordo internacional relacionado com os objetivos da presente Convenção que lhe seja submetida de conformidade com esse acordo.

3 A Câmara de Controvérsias dos Fundos Marinhos do Tribunal Internacional do Direito do Mar estabelecida de conformidade com o Anexo VI, ou qualquer outra câmara ou tribunal arbitral a que se faz referência na seção 5 da Parte XI, tem jurisdição sobre qualquer das questões que lhe sejam submetidas de conformidade com essa seção.

4. Em caso de controvérsia sobre jurisdição de uma corte ou tribunal, a questão será resolvida por decisão dessa corte ou tribunal.

ARTIGO 289
PERITOS

A corte ou tribunal, no exercício da sua jurisdição nos termos da presente seção, pode, em qualquer controvérsia em que se suscitem questões científicas ou técnicas, a pedido de uma parte ou, por iniciativa própria, selecionar, em consulta com as partes, pelo menos dois peritos em questões científicas ou técnicas, escolhidos de preferência da lista apropriada preparada de conformidade com o artigo 2 do Anexo VIII, para participarem nessa corte ou tribunal, sem direito a voto.

ARTIGO 290
MEDIDAS PROVISÓRIAS

1. Se uma controvérsia tiver sido devidamente submetida a uma corte ou tribunal que se considere, prima facie, com jurisdição nos termos da presente Parte ou da seção 5 da Parte XI, a corte ou tribunal poderá decretar quaisquer medidas provisórias que considere apropriadas às circunstâncias, para preservar os direitos respectivos das partes na controvérsia ou impedir danos graves ao meio marinho, até decisão definitiva.

2. As medidas provisórias podem ser modificadas ou revogadas desde que as circunstâncias que as justificaram se tenham modificado ou deixado de existir.

3 As medidas provisórias só podem ser decretadas, modificadas ou revogadas, nos termos do presente artigo, a pedido de uma das partes na controvérsia e após ter sido dada às partes a oportunidade de serem ouvidas.

4. A corte ou tribunal notificará imediatamente as partes na controvérsia e, se julgar apropriado, outros Estados Partes, de qualquer medida provisória ou de qualquer decisão que a modifique ou revogue.

5. Enquanto não estiver constituído o tribunal arbitral ao qual uma controvérsia esteja a ser submetida nos termos da presente seção, qualquer corte ou tribunal, escolhido de comum acordo pelas partes ou, na falta de tal acordo, dentro de duas semanas subseqüentes à data do pedido de medidas provisórias, o Tribunal Internacional do Direito do Mar, ou, tratando-se de atividades na Área, a Câmara de Controvérsias dos Fundos Marinhos, pode decretar, modificar ou revogar medidas provisórias nos termos do presente artigo, se considerar, prima facie, que o tribunal a ser constituído teria jurisdição e que a urgência da situação assim o requer. Logo que estiver constituído, o tribunal ao qual a controvérsia foi submetida pode, atuando de conformidade com os parágrafos 1º a 4º, modificar, revogar ou confirmar essas medidas provisórias.

6. As partes na controvérsia devem cumprir sem demora quaisquer medidas provisórias decretadas nos termos do presente artigo.

ARTIGO 291
ACESSO

1. Os Estados Partes têm acesso a todos os procedimentos de solução de controvérsias especificados na presente Parte.

2. As entidades que não sejam Estados Partes têm acesso, apenas nos casos expressamente previstos na presente Convenção, aos procedimentos de solução de controvérsias especificados nesta Parte.

ARTIGO 292
PRONTA LIBERTAÇÃO DAS EMBARCAÇÕES E DAS SUAS TRIPULAÇÕES

1. Quando as autoridades de um Estado Parte tiverem apresado uma embarcação que arvore a bandeira de um outro Estado Parte e for alegado que o Estado que procedeu à detenção não cumpriu as disposições da presente Convenção no que se refere à pronta libertação da embarcação ou da sua tripulação, me-

diante a prestação de uma caução idônea ou outra garantia financeira, a questão da libertação poderá ser submetida, salvo acordo em contrário das partes, a qualquer corte ou tribunal escolhido por acordo entre as partes ou, não havendo acordo no prazo de dez dias subseqüentes ao momento da detenção, à corte ou tribunal aceito, nos temos do artigo 287, pelo Estado que fez a detenção ou ao Tribunal Internacional do Direito do Mar.

2. O pedido de libertação só pode ser feito pelo Estado de bandeira da embarcação ou em seu nome.

3. A corte ou tribunal apreciará imediatamente o pedido de libertação e ocupar-se-á exclusivamente da questão da libertação, sem prejuízo do mérito de qualquer ação judicial contra a embarcação, seu armador ou sua tripulação, intentada no foro nacional apropriado. As autoridades do Estado que tiverem efetuado a detenção continuarão a ser competentes para, em qualquer altura, ordenar a libertação da embarcação ou da sua tripulação.

ARTIGO 293
DIREITO APLICÁVEL

1. A corte ou tribunal que tiver jurisdição nos termos desta seção deve aplicar a presente Convenção e outras normas de direito internacional que não forem incompatíveis com esta Convenção.

2. O parágrafo 1º não prejudicará a faculdade da corte ou tribunal que tiver jurisdição nos termos da presente seção de decidir um caso ex aequo et bono, se as partes assim o acordarem.

ARTIGO 294
PROCEDIMENTOS PRELIMINARES

1. A corte ou tribunal referido no artigo 287 ao qual tiver sido feito um pedido relativo a uma controvérsia mencionada no artigo 297, decidirá, por solicitação de uma parte, ou poderá decidir, por iniciativa própria, se o pedido constitui utilização abusiva dos meios processuais ou se prima facie é bem fundamentado. Se a corte ou tribunal decidir que o pedido constitui utilização abusiva dos meios processuais ou é prima facie infundado, cessará a sua ação no caso.

2. Ao receber o pedido, a corte ou tribunal notificará imediatamente a outra parte ou partes e fixará um prazo razoável durante o qual elas possam solicitar-lhe que decida nos termos do parágrafo 1º.

3. Nada no presente artigo prejudica o direito de qualquer parte numa controvérsia de deduzir exceções preliminares de conformidade com as normas processuais aplicáveis.

ARTIGO 295
ESGOTAMENTO DOS RECURSOS INTERNOS

Qualquer controvérsia entre Estados Partes relativa à interpretação ou à aplicação da presente Convenção só pode ser submetida aos procedimentos estabelecidos na presente seção depois de esgotados os recursos internos de conformidade com o direito internacional.

ARTIGO 296
CARÁTER DEFINITIVO E FORÇA OBRIGATÓRIA DAS DECISÕES

1. Qualquer decisão proferida por uma corte ou tribunal com jurisdição nos termos da presente seção será definitiva e deverá ser cumprida por todas as partes na controvérsia.

2. Tal decisão não terá força obrigatória senão para as partes na controvérsia e no que se refere a essa mesma controvérsia.

SEÇÃO 3. LIMITES E EXCEÇÕES À APLICAÇÃO DA SEÇÃO 2

ARTIGO 297
LIMITES À APLICAÇÃO DA SEÇÃO 2.

1. As controvérsias relativas à interpretação ou aplicação da presente Convenção, no concernente ao exercício por um Estado costeiro dos seus direitos soberanos ou de jurisdição previstos na presente Convenção, serão submetidas aos procedimentos estabelecidos na seção 2 nos seguintes casos:

a) quando se alegue que um Estado costeiro atuou em violação das disposições da presente Convenção no concernente às liberdades e direitos de navegação ou de sobrevoo ou à liberdade e ao direito de colocação de cabos e dutos submarinos e, outros usos do mar internacionalmente lícitos especificados no artigo 58; ou

b) quando se alegue que um Estado, ao exercer as liberdades, os direitos, ou os usos anteriormente mencionados, atuou em violação das disposições da presente Convenção ou das leis ou regulamentos adotados pelo Estado costeiro, de conformidade com a presente Convenção e com outras normas de direito internacional que não sejam com ela incompatíveis; ou

c) quando se alegue que um Estado costeiro atuou em violação das regras e normas internacionais específicas para a proteção e preservação do meio marinho aplicáveis ao Estado costeiro e que tenham sido estabelecidas pela presente Convenção ou por intermédio de uma organização internacional competente ou de uma conferência diplomática de conformidade com a presente Convenção.

2. a) As controvérsias relativas à interpretação ou aplicação das disposições da presente Convenção concernentes à investigação científica marinha serão solucionadas de conformidade com a seção 2, com a ressalva de que o Estado costeiro não será obrigado a aceitar submeter aos procedimentos de solução, qualquer controvérsia, que se suscitem por motivo de:

i) o exercício pelo Estado costeiro de um direito ou poder discricionário de conformidade com o artigo 246; ou

ii) a decisão do Estado costeiro de ordenar a suspensão ou a cessação de um projeto de investigação de conformidade com o artigo 253.

b) A controvérsia suscitada quando o Estado que realiza as investigações alegar que, em relação a um determinado projeto, o Estado costeiro não está a exercer, de modo compatível com a presente Convenção, os direitos que lhe conferem os artigos 246 e 253, será submetida, a pedido de qualquer das partes, ao procedimento de conciliação nos termos da seção 2 do Anexo V, com a ressalva de que a comissão de conciliação não porá em causa o exercício pelo Estado costeiro do seu poder discricionário de designar as áreas específicas referidas no parágrafo 6º do artigo 246, ou do seu poder discricionário de recusar o seu consentimento, de conformidade com o parágrafo 5º do artigo 246.

3. a) As controvérsias relativas à interpretação ou aplicação das disposições da presente Convenção concernentes à pesca serão solucionadas de conformidade com as seção 2, com a ressalva de que o Estado costeiro não será obrigado a aceitar submeter aos procedimentos de solução qualquer controvérsia relativa aos seus direitos soberanos referentes aos recursos vivos da sua zona econômica exclusiva ou ao exercício desses direitos, incluídos os seus poderes discricionários de fixar a captura permissível, a sua capacidade de captura, a atribuição dos excedentes a outros Estados e as modalidades e condições estabelecidas nas suas leis e regulamentos de conservação e gestão.

b) Se a aplicação das disposições da seção 1 da presente Parte não permitiu chegar a uma solução, a controvérsia será submetida, a pedido de qualquer das partes na controvérsia, ao procedimento de conciliação nos termos da seção 2 do Anexo V, quando se alegue que um Estado costeiro:

i) tenha manifestamente deixado de cumprir as suas obrigações de assegurar, por meio de medidas apropriadas de conservação e gestão, que a manutenção dos recursos vivos da zona econômica exclusiva não fique seriamente ameaçada;

ii) tenha arbitrariamente recusado fixar, a pedido de outro Estado, a captura permissível e a sua própria capacidade de captura dos recursos vivos, no que se refere às populações que este outro Estado esteja interessado em pescar; ou

iii) tenha arbitrariamente recusado atribuir a qualquer Estado, nos termos dos artigos 62, 69 e 70, a totalidade ou parte do excedente que tenha declarado existir, segundo as modalidades e condições estabelecidas pelo Estado costeiro compatíveis com a presente Convenção.

c) Em nenhum caso a comissão de conciliação substituirá o seu poder discricionário pelo do Estado costeiro.

d) O relatório da comissão de conciliação deve ser comunicado às organizações internacionais competentes.

e) Ao negociar um acordo nos termos dos artigos 69 e 70, os Estados Partes deverão incluir, salvo acordo em contrário, uma cláusula sobre as medidas que tomarão para minimizar a possibilidade de divergência relativa à interpretação ou aplicação do acordo e sobre o procedimento a seguir se, apesar disso, a divergência surgir.

ARTIGO 298

EXCEÇÕES DE CARÁTER FACULTATIVO À APLICAÇÃO DA SEÇÃO 2

1. Ao assinar ou ratificar a presente Convenção ou a ela aderir, ou em qualquer outro momento ulterior, um Estado pode, sem prejuízo das obrigações resultantes da seção 1, declarar por escrito não aceitar um ou mais dos procedimentos estabelecidos na seção 2, com respeito a uma ou várias das seguintes categorias de controvérsias:

a) i) as controvérsias relativas à interpretação ou aplicação dos artigos 15, 74 e 83 referentes à delimitação de zonas marítimas, ou às baías ou títulos históricos, com a ressalva de que o Estado que tiver feito a declaração, quando tal controvérsia, surgir depois da entrada em vigor da presente Convenção e quando não se tiver chegado a acordo dentro de um prazo razoável de negociações entre as partes, aceito, a pedido de qualquer parte na controvérsia, submeter a questão ao procedimento de conciliação nos termos da seção 2 do Anexo V; além disso, fica excluída de tal submissão qualquer controvérsia que implique necessariamente o exame simultâneo de uma controvérsia não solucionada relativa à soberania ou outros direitos sobre um território continental ou insular;

ii) depois de a comissão de conciliação ter apresentado o seu relatório, no qual exporá as razões em que se fundamenta, as partes negociarão um acordo com base nesse relatório; se essas negociações não resultarem num acordo, as partes deverão, salvo acordo em contrário, submeter, por mútuo consentimento, a questão a um dos procedimentos previstos na seção 2;

iii) esta alínea não se aplica a nenhuma controvérsia relativa à delimitação de zonas marítimas que tenha sido definitivamente solucionada por acordo entre as partes, nem a qualquer controvérsia que deva ser solucionada de conformidade com um acordo bilateral ou multilateral obrigatório para essas partes;

b) as controvérsias relativas a atividades militares, incluídas as atividades militares de embarcações e aeronaves de Estado utilizadas em serviços não comerciais, e as controvérsias relativas a atividades destinadas a fazer cumprir normas legais tendo em vista o exercício de direitos soberanos ou da jurisdição excluídas, nos termos dos parágrafos 2º ou 3º do artigo 297, da jurisdição de uma corte ou tribunal;

c) as controvérsias a respeito das quais o Conselho de Segurança das Nações Unidas esteja a exercer as funções que lhe são conferidas pela Carta das Nações Unidas, a menos que o Conselho de Segurança retire a questão da sua ordem do dia ou convide as partes a solucioná-las pelos meios previstos na presente Convenção.

2. O Estado Parte que tiver feito uma declaração nos termos do parágrafo 1º poderá retirá-la em qualquer momento ou convir em submeter a controvérsia, excluída em virtude dessa declaração, a qualquer dos procedimentos estabelecidos na presente Convenção.

3. Um Estado Parte que tiver feito uma declaração nos termos do parágrafo 1º não pode submeter a controvérsia pertencente à categoria de controvérsias excluídas, a qualquer dos procedimentos previstos na presente Convenção, sem o consentimento de qualquer outro Estado Parte com o qual estiver em controvérsia.

4. Se um dos Estados Partes tiver feito uma declaração nos termos da alínea a) do parágrafo 1º, qualquer outro Estado Parte poderá submeter, contra a parte declarante, qualquer controvérsia pertencente a uma das categorias executadas ao procedimento especificado em tal declaração.

5. Uma nova declaração ou a retirada de uma declaração não afetará de modo algum os procedimentos em curso numa corte ou tribunal nos termos do presente artigo, salvo acordo em contrário da partes.

6. As declarações e as notificações de retirada das declarações nos termos do presente artigo serão depositadas junto do Secretário Geral das Nações Unidas, o qual enviará cópias das mesmas aos Estados Partes.

ARTIGO 299

DIREITO DE AS PARTES CONVIREM NUM PROCEDIMENTO

1. A controvérsia excluída dos procedimentos de solução de controvérsias previstos na seção 2 nos termos do artigo 297, ou executada de tais procedimentos por meio de uma declaração feita de conformidade com o artigo 298, só poderá ser submetida a esses procedimentos por acordo das partes na controvérsia.

2. Nenhuma das disposições da presente seção prejudica o direito de as partes na controvérsia convirem num outro procedimento para a solução de tal controvérsia ou de chegarem a uma solução amigável.

PARTE XVI
DISPOSIÇÕES GERAIS

ARTIGO 300
BOA FÉ E ABUSO DE DIREITO

Os Estados Partes devem cumprir de boa fé as obrigações contraídas nos termos da presente Convenção e exercer os direitos, jurisdição e liberdades reconhecidos na presente Convenção de modo a não constituir abuso de direito.

ARTIGO 301
UTILIZAÇÃO DO MAR PARA FINS PACÍFICOS

No exercício dos seus direitos e no cumprimento das suas obrigações nos termos da presente Convenção, os Estados Partes devem abster-se de qualquer ameaça ou uso da força contra a integridade territorial ou a independência política de qualquer Estado, ou de qualquer outra forma incompatível com os princípios de direito internacional incorporadas na Carta das Nações Unidas.

ARTIGO 302
DIVULGAÇÃO DE INFORMAÇÕES

Sem prejuízo do direito de um Estado Parte de recorrer aos procedimentos de solução de controvérsias estabelecidos na presente Convenção, nada nesta Convenção deve ser interpretado no sentido de exigir que um Estado Parte, no cumprimento das suas obrigações nos termos da presente Convenção, forneça informações cuja divulgação seja contrária aos interesses essenciais da sua segurança.

ARTIGO 303
OBJETOS ARQUEOLÓGICOS E HISTÓRICOS ACHADOS NO MAR

1. Os Estados têm o dever de proteger os objetos de caráter arqueológico e histórico achados no mar e devem cooperar para esse fim.

2. A fim de controlar o tráfico de tais objetos, o Estado costeiro pode presumir, ao aplicar o artigo 33, que a sua remoção dos fundos marinhos, na área referida nesse artigo, sem a sua autorização constitui uma infração, cometida no seu território ou no seu mar

territorial, das leis e regulamentos mencionados no referido artigo.

3. Nada no presente artigo afeta os direitos dos proprietários identificáveis, as normas de salvamento ou outras normas do direito marítimo bem como leis e práticas em matéria de intercâmbios culturais.

4. O presente artigo deve aplicar-se sem prejuízo de outros acordos internacionais e normas de direito internacional relativos à proteção de objetos de caráter arqueológico e histórico.

ARTIGO 304
RESPONSABILIDADE POR DANOS

As disposições da presente Convenção relativas à responsabilidade por danos não prejudicam a aplicação das normas vigentes e a elaboração de novas normas relativas à responsabilidade nos termos do direito internacional.

PARTE XVII
DISPOSIÇÕES FINAIS

ARTIGO 305
ASSINATURA

1. A presente Convenção está aberta à assinatura de:
a) todos os Estados;

b) a Namíbia, representada pelo conselho das Nações Unidas para a Namíbia;

c) todos os Estados autônomos associados que tenham escolhido este estatuto num ato de autodeterminação fiscalizado e aprovado pelas Nações Unidas de conformidade com a resolução 1514(XV) da Assembléia Geral, e que tenham competência sobre as matérias regidas pela presente Convenção, incluindo a de concluir tratados em relação a essas matérias;

d) todos os Estados autônomos associados que, de conformidade com os seus respectivos instrumentos de associação, tenham competência sobre as matérias regidas pela presente Convenção, incluindo a de concluir tratados em relação a essas matérias;

e) todos os territórios que gozem de plena autonomia interna, reconhecida como tal pelas Nações Unidas, mas que não tenham alcançado a plena independência de conformidade com a resolução 1514(XV) da Assembléia Geral, e que tenham competência sobre as matérias regidas pela presente Convenção, incluindo a de concluir tratados em relação a essas matérias;

f) as organizações internacionais, de conformidade com o Anexo IX.

2. A presente Convenção está aberta à assinatura até 9 de Dezembro de 1984 no Ministério dos Negócios Estrangeiros da Jamaica e também, a partir de 1 de Julho de 1983 até 9 de Dezembro de 1984, na Sede das Nações Unidas em Nova Iorque.

ARTIGO 306
RATIFICAÇÃO E CONFIRMAÇÃO FORMAL

A presente Convenção está sujeita à ratificação pelos Estados e outras entidades mencionadas nas alíneas b), c), d) e e) do parágrafo 1º do artigo 305, assim como a confirmação formal de conformidade com o Anexo IX, pelas entidades mencionadas na alínea f) no parágrafo 1º desse artigo. Os instrumentos de ratificação e de confirmação formal devem ser depositados junto do Secretário Geral das Nações Unidas.

ARTIGO 307
ADESÃO

A presente Convenção está aberta à adesão dos Estados e das outras entidades mencionadas no artigo 305. A adesão das entidades na alínea f) do parágrafo 1º do artigo 305 deve ser efetuada de conformidade com o Anexo IX. Os instrumentos de adesão devem ser depositados junto do Secretário Geral das Nações Unidas.

ARTIGO 308
ENTRADA EM VIGOR

1. A presente Convenção entra em vigor 12 meses após a data de depósito do sexagésimo instrumento de ratificação ou de adesão.

2. Para cada Estado que ratifique a presente Convenção ou a ela adira após o depósito do sexagésimo instrumento de ratificação ou de adesão, a Convenção entra em vigor no trigésimo dia seguinte à data de depósito do instrumento de ratificação ou de adesão, com observância do parágrafo 1º.

3. A Assembléia da Autoridade deve reunir-se na data da entrada em vigor da presente Convenção e eleger o Conselho da Autoridade. Se não for possível a aplicação estrita das disposições do artigo 161, o primeiro Conselho será constituído de forma compatível com o objetivo desse artigo.

4. As normas, regulamentos e procedimentos elaborados pela Comissão Preparatória devem aplicar-se provisoriamente até à sua aprovação formal pela Autoridade, de conformidade com a Parte XI.

5. A autoridade e os seus órgãos devem atuar de conformidade com a resolução II da Terceira Conferência das Nações Unidas sobre o Direito do Mar, relativa aos investimentos preparatórios, e com as decisões tomadas pela Comissão Preparatória na aplicação dessa resolução.

ARTIGO 309

RESERVAS E EXCEÇÕES

A presente Convenção não admite quaisquer reservas ou exceções além das por ela expressamente autorizadas noutros artigos.

ARTIGO 310

DECLARAÇÕES

O artigo 309 não impede um Estado Parte, quando assina ou ratifica a presente Convenção ou a ela adere, de fazer declarações, qualquer que seja a sua redação ou denominação, com o fim de, inter alia, harmonizar as suas leis e regulamentos com as disposições da presente Convenção, desde que tais declarações não tenham por finalidade excluir ou modificar o efeito jurídico das disposições da presente Convenção na sua aplicação a esse Estado.

ARTIGO 311

RELAÇÃO COM OUTRAS CONVENÇÕES E ACORDOS INTERNACIONAIS

1. A presente Convenção prevalece, nas relações entre os Estados Partes, sobre as Convenções de Genebra sobre o Direito do Mar de 29 de Abril de 1958.

2. A presente Convenção não modifica os direitos e as obrigações dos Estados Partes resultantes de outros acordos compatíveis com a presente Convenção e que não afetam o gozo por outros Estados Partes dos seus direitos nem o cumprimento das suas obrigações nos termos da mesma Convenção.

3. Dois ou mais Estados Partes podem concluir acordos, aplicáveis unicamente às suas relações entre si, que modifiquem as disposições da presente Convenção ou suspendam a sua aplicação, desde que tais acordos não se relacionem com nenhuma disposição cuja derrogação seja incompatível com a realização efetiva do objeto e fins da presente Convenção e, desde que tais acordos não afetem a aplicação dos princípios fundamentais nela enunciados e que as disposições de tais acordos não afetem o gozo por outro Estados Partes dos seus direitos ou o cumprimento das suas obrigações nos termos da mesma Convenção.

4. Os Estados Partes que pretendam concluir um acordo dos referidos no parágrafo 3º devem notificar os demais Estados Partes, por intermédio do depositário da presente Convenção, da sua intenção de concluir o acordo bem como da modificação ou suspensão que tal acordo preveja.

5. O presente artigo não afeta os acordos internacionais expressamente autorizados ou salvaguardados por outros artigos da presente Convenção.

6. Os Estados Partes convêm em que não podem ser feitas emendas ao princípio fundamentas relativo ao patrimônio comum da humanidade estabelecido no artigo 136 e em que não serão partes em nenhum acordo que derrogue esse princípio.

ARTIGO 312

EMENDAS

1. Decorridos 10 anos a contar da data de entrada em vigor da presente Convenção, qualquer Estado Parte pode propor, mediante comunicação escrita ao Secretário Geral das Nações Unidas, emendas concretas à presente Convenção, exceto as que se refiram a atividades na Área, e pode solicitar a convocação de uma conferência para examinar as emendas propostas. O Secretário Geral deve transmitir tal comunicação a todos os Estados Partes. Se, nos 12 meses seguintes à data de transmissão de tal comunicação, pelo menos metade dos Estados Partes responderem favoravelmente a esse pedido, o Secretário Geral deve convocar a conferência.

2. O procedimento de adoção de decisões aplicável na conferência de emendas deve ser o mesmo aplicado na Terceira Conferência das Nações Unidas sobre o Direito do Mar, a menos que a conferência decida de outro modo. A conferência deve fazer todo o possível para chegar a acordo sobre quaisquer emendas por consenso, não se devendo proceder a votação das emendas enquanto não se esgotarem todos os esforços para se chegar a consenso.

ARTIGO 313

EMENDAS POR PROCEDIMENTO SIMPLIFICADO

1. Todo Estado Parte pode propor, mediante comunicação escrita ao Secretário Geral das Nações Unidas, emenda à presente Convenção que não se relacione com atividades na Área, para ser adotada pelo procedimento simplificado estabelecido no presente artigo sem a convocação de uma conferência. O Secretário Geral deve transmitir a comunicação a todos os Estados Partes.

2. Se, nos 12 meses seguintes a contar da data de transmissão da comunicação, um Estado Parte apresentar objeção à emenda proposta ou à sua adoção pelo procedimento simplificado, a emenda será considerada rejeitada. O Secretário Geral deve notificar imediatamente todos os Estados Partes, em conformidade.

3. Se, nos 12 meses seguintes a contar da data de transmissão da comunicação, nenhum Estado Parte tiver apresentado qualquer objeção à emenda proposta ou à sua adoção pelo procedimento simplificado, a emenda proposta será considerada adotada. O Secretário Geral deve notificar todos os Estados Partes de que a emenda proposta foi adotada.

ARTIGO 314

EMENDAS ÀS DISPOSIÇÕES DA PRESENTE CONVENÇÃO RELATIVAS EXCLUSIVAMENTE A ATIVIDADES NA ÁREA

1. Todo Estado Parte pode propor, mediante comunicação escrita ao Secretário Geral da Autoridade, emenda às disposições da presente Convenção relativa exclusivamente a atividades na Área, incluindo a seção 4 do Anexo VI. O Secretário Geral deve transmitir tal comunicação a todos os Estados Partes. A emenda proposta fica sujeita à aprovação pela Assembléia depois de aprovada pelo Conselho. Os representantes dos Estados Partes nesses órgãos devem ter plenos poderes para examinar e aprovar a emenda proposta. A emenda proposta, tal como aprovada pelo Conselho e pela Assembléia, considera-se adotada.

2. Antes da aprovação de qualquer emenda nos termos do parágrafo 1º, o Conselho e a Assembléia devem assegurar-se de que ela não afeta o sistema de exploração e aproveitamento dos recursos da Área até à realização da conferência de Revisão, de conformidade com o artigo 155.

ARTIGO 315

ASSINATURA, RATIFICAÇÃO DAS EMENDAS, ADESÃO ÀS EMENDAS E TEXTOS AUTÊNTICOS DAS EMENDAS

1. Uma vez adotadas, as emendas à presente Convenção ficam abertas à assinatura pelos Estados Partes na presente Convenção nos 12 meses a contar da data da sua adoção, na Sede das Nações Unidas em Nova Iorque, salvo disposição em contrário na própria emenda.

2. Os artigos 306, 307 e 320 aplicam-se a todas as emendas à presente Convenção.

ARTIGO 316

ENTRADA EM VIGOR DAS EMENDAS

1. As emendas à presente Convenção, exceto as mencionadas no parágrafo 5º, entram em vigor para os Estados Partes que as ratifiquem ou a elas adiram no trigésimo dia seguinte ao depósito dos instrumentos de ratificação ou de adesão de dois terços dos Estados Partes ou de 60 Estados Partes, se este número for maior. Tais emendas não afetam o gozo por outros Estados Partes dos seus direitos ou o cumprimento das suas obrigações nos temos da presente Convenção.

2. Uma emenda pode prever, para a sua entrada em vigor, um número de ratificações ou de adesões maior do que o requerido pelo presente artigo.

3. Para qualquer Estado Parte que ratifique uma emenda referida no parágrafo 1º ou a ela adira, após o depósito do número requerido de instrumentos de ratificação ou de adesão, a emenda entra em vigor no trigésimo dia seguinte ao depósito do seu instrumento de ratificação ou de adesão.

4. Todo Estado que venha a ser Parte na presente Convenção depois da entrada em vigor de uma emenda de conformidade com o parágrafo 1º, se não manifestar intenção diferente, é considerado:

a) Parte na presente Convenção, tal como emendada; e

b) Parte na presente Convenção não emendada, em relação a qualquer Estado Parte que não esteja obrigado pela emenda.

5. As emendas relativas exclusivamente a atividades na Área e as emendas ao Anexo VI entram em vigor para todos os Estados Partes um ano após o depósito por três quartos dos Estados Partes dos seus instrumentos de ratificação ou de adesão.

6. Todo o Estado que venha a ser Parte na presente Convenção depois da entrada em vigor de emendas de conformidade com o parágrafo 5º é considerado Parte na presente Convenção, tal como emendada.

ARTIGO 317

DENÚNCIA

1. Todo Estado Parte pode, mediante notificação escrita dirigida ao Secretário Geral das Nações Unidas, denunciar a presente Convenção e indicar as razões da denúncia. A omissão de tais razões não afeta a validade da denúncia. A denúncia terá efeito um ano após a data do recebimento da notificação, a menos que aquela preveja uma data ulterior.

2. Nenhum Estado fica dispensado, em virtude da denúncia, das obrigações financeiras e contratuais contraídas enquanto Parte na presente Convenção, nem a denúncia afeta nenhum direito, obrigação ou situação jurídica desse Estado decorrentes da aplicação da presente Convenção antes de esta deixar de vigorar em relação a esse Estado.

3. A denúncia em nada afeta o dever de qualquer Estado Parte de cumprir qualquer obrigação incorporada na presente Convenção a que esteja sujeito nos termos do direito internacional, independentemente da presente Convenção.

ARTIGO 318

ESTATUTO DOS ANEXOS

Os Anexos são parte integrante da presente Convenção e, salvo disposição expressa em contrário, uma referência à presente Convenção ou a uma das suas Partes constitui uma referência aos Anexos correspondentes.

ARTIGO 319
DEPOSITÁRIO

1. O Secretário Geral das Nações Unidas é o depositário da presente Convenção e das emendas a esta.

2. Além das suas funções de depositário, o Secretário Geral das Nações Unidas deve:

a) enviar relatórios a todos os Estados Partes, à Autoridade e às organizações internacionais competentes relativos a questões de caráter geral que surjam em relação à presente Convenção;

b) notificar a Autoridade das ratificações, confirmações formais e adesões relativas à presente Convenção e das emendas a esta, bem como das denúncias da presente Convenção;

c) notificar os Estados Partes dos acordos concluídos, de conformidade com o parágrafo 4º do Artigo 311;

d) transmitir aos Estados Partes, para ratificação ou adesão, as emendas adotadas, de conformidade com a presente Convenção;

e) convocar as reuniões necessárias dos Estados Partes, de conformidade com a presente Convenção.

3. a) O Secretário Geral deve transmitir também aos observadores mencionados no artigo 156:

i) os relatórios mencionados na alínea a) do parágrafo 2º;

ii) as notificações mencionadas nas alíneas b) e c) do parágrafo 2º; e

iii) o texto das emendas mencionadas na alínea d) do parágrafo 2º, para sua informação.

b) O Secretário Geral deve convidar igualmente estes observadores a participarem, como observadores, nas reuniões dos Estados Partes mencionadas na alínea e) do parágrafo 2º.

ARTIGO 320
TEXTOS AUTÊNTICOS

O original da presente Convenção, cujos textos em Árabe, Chinês, Espanhol, Francês, Inglês e Russo fazem igualmente fé, fica depositado, sem prejuízo do disposto no parágrafo 2º do artigo 305, junto do Secretário Geral das Nações Unidas.

EM FÉ DO QUE os Plenipotenciários abaixo assinados, devidamente autorizados para o efeito, assinaram a presente Convenção.

FEITO EM MONTEGO BAY, no dia dez de dezembro de mil novecentos e oitenta e dois.

ANEXO I
ESPÉCIES ALTAMENTE MIGRATÓRIAS

1. Thunnus alalunga.
2. Thunnus thynnus.
3. Thunnus obesus.
4. Katsuwonus pelamis.
5. Thunnus albacares.
6. Thunnus atlanticus.
7. Euthynnus alleteratus; Euthynnus affinis.
8. Thunnus maccoyii.
9. Auxis thazard; Auxis rochei.
10. Família Bramidae.
11. Tetrapturus augustirostris; Tetrapturus belone; Tetrapturus pfluegeri; Tetrapturus albidus; Tetrapturus audax; Tetrapturus georgei; Makaira mazara; Makaira indica; Makaira nigricans.
12. Istiophorus platypterus; Istiophorus albicans.
13. Xiphias gladius.
14. Scomberesox saurus; cololabis saira; Cololabis adocetus; Scomberesox saurus scombroides.
15. Coryphaena hippurus; Coryphaena equiselis.
16. Hexanchus griseus; Cetorhinus maximus; Família Alopiidae; Rhincondon typus; Família Carcharhinidae; Família Sphyrnidae; Família Isurida.
17. Família Physeteridae; Família Balaenopteridae; Família Balaenidae; Família Eschrichtiidae; Família Monodontidae Família Ziphiidae; Família Delphinidae.

ANEXO II
COMISSÃO DE LIMITES DA PLATAFORMA CONTINENTAL

ARTIGO 1

De acordo com as disposições do artigo 76 da Parte VI da presente Convenção, será estabelecida uma Comissão de Limites da Plataforma Continental além das 200 milhas marítimas de conformidade com os artigos seguintes.

ARTIGO 2

1. A comissão será composta de 21 membros, peritos em geologia, geofísica ou hidrografia, eleitos pelos Estados Partes na presente Convenção entre os seus nacionais, tendo na devida conta a necessidade de assegurar uma representação geográfica equitativa, os quais prestarão serviços a título pessoal.

2. A primeira eleição deve realizar-se o mais cedo possível, mas em qualquer caso dentro de um prazo de 18 meses a contar da entrada em vigor da presente Convenção. Pelo menos três meses antes da data de cada eleição, o Secretário Geral das Nações Unidas enviará uma carta aos Estados Partes convidando-os a apresentar candidaturas num prazo de três meses, após consultas regionais apropriadas. O Secretário Geral preparará, por ordem alfabética, uma lista de

todos os candidatos assim eleitos e a apresentá-la-á a todos os Estados Partes.

3. A eleição dos membros da Comissão deve realizar-se numa reunião dos Estados Partes convocada pelo Secretário Geral na Sede das Nações Unidas. Nessa reunião, cujo quorum será constituído por dois terços dos Estados Partes, os membros eleitos para a Comissão serão os candidatos que obtiverem a maioria de dois terços dos votos dos representantes dos Estados Partes presentes e votantes. Serão eleitos, pelo menos, três membros de cada região geográfica.

4. Os membros da Comissão serão eleitos para um mandato de cinco anos. Poderão ser reeleitos.

5. O Estado Parte que tiver apresentado a candidatura de um membro da Comissão custeará as despesas do mesmo enquanto prestar serviço na Comissão. O Estado costeiro interessado custeará as despesas referentes à assessoria prevista na alínea b) do parágrafo 1º do artigo 3. O secretariado da Comissão será assegurado pelo Secretário Geral das Nações Unidas.

ARTIGO 3

1. As funções da Comissão serão as seguintes:

a) examinar os dados e outros elementos de informação apresentados pelos Estados costeiro sobre os limites exteriores da plataforma continental nas zonas em que tais limites se estenderem além de 200 milhas marítimas e formular recomendações de conformidade com o artigo 76 e a Declaração de Entendimento adotada em 29 de Agosto de 1980 pela Terceira Conferência das Nações Unidas sobre o Direito do Mar;

b) prestar assessoria científica e técnica, se o Estado costeiro interessado a solicitar, durante a preparação dos dados referidos na alínea a).

2. A Comissão pode cooperar, na medida em que se considere útil e necessário, com a Comissão Oceanográfica Intergovernamental da UNESCO, a Organização Hidrográfica Internacional e outras organizações internacionais competentes a fim de trocar informações científicas e técnicas que possam ajudar a Comissão no desempenho das suas responsabilidades.

ARTIGO 4

Quando um Estado costeiro tiver intenção de estabelecer, de conformidade com o artigo 76, o limite exterior da sua plataforma continental além de 200 milhas marítimas, apresentará à Comissão, logo que possível, mas em qualquer caso dentro dos 10 anos seguintes à entrada em vigor da presente Convenção para o referido Estado, as características de tal limite juntamente com informações científicas e técnicas de apoio. O Estado costeiro comunicará ao mesmo tempo os nomes de quaisquer membros da Comissão que lhe tenham prestado assessoria científica e técnica.

ARTIGO 5

A não ser que a Comissão decida de outro modo, deve funcionar por intermédio de subcomissões compostas de sete membros, designados de forma equilibrada tomando em conta os elementos específicos de cada proposta apresentado pelo Estado costeiro. Os membros da Comissão que forem nacionais do Estado costeiro interessado ou que tiverem auxiliado o Estado costeiro prestando-lhe assessoria científica e técnica a respeito da delimitação não serão membros da subcomissão que trate do caso, mas terão o direito a participar, na qualidade de membros, nos trabalhos da Comissão relativos ao caso. O Estado costeiro que tiver apresentado uma proposta à Comissão pode enviar representantes para participarem nos respectivos trabalhos, sem direito de voto.

ARTIGO 6

1. A subcomissão deve apresentar as suas recomendações à Comissão.

2. A aprovação das recomendações da subcomissão será feita pela Comissão por maioria de dois terços dos membros presentes e votantes.

3. As recomendações da Comissão devem ser apresentados por escrito ao Estado costeiro que tenha apresentado a proposta e ao Secretário Geral das Nações Unidas.

ARTIGO 7

Os Estados costeiros estabelecerão o limite exterior da sua plataforma continental de conformidade com as disposições do parágrafo 8º do artigo 76 e de acordo com os procedimentos nacionais apropriados.

ARTIGO 8

No caso de o Estado costeiro discordar das recomendações da Comissão, deve apresentar à Comissão dentro de um prazo razoável uma proposta revista ou uma nova proposta.

ARTIGO 9

As decisões da Comissão não devem prejudicar os assuntos relacionados com a delimitação entre Estados com costas adjacentes ou situadas frente a frente.

ANEXO III

CONDIÇÕES BÁSICAS PARA A PROSPECÇÃO, EXPLORAÇÃO E APROVEITAMENTO

ARTIGO 1

DIREITOS SOBRE OS MINERAIS

Os direitos sobre os minerais serão transferidos no momento da sua extração de conformidade com a presente Convenção.

ARTIGO 2

PROSPECÇÃO

1. a) A Autoridade deve fomentar a prospecção na Área.

b) A prospecção só deve ser realizada quando a Autoridade tiver recebido do prospetor proponente um compromisso escrito satisfatório de que ele cumprirá com a presente Convenção, bem como com as normas, regulamentos e procedimentos da Autoridade relativos à cooperação nos programas de formação previstos nos artigos 143 e 144 e à proteção do meio marinho, e que aceitará a verificação do cumprimento desse compromisso pela Autoridade. Juntamente com o compromisso, o prospector proponente deve notificar a Autoridade da área ou áreas aproximadas em que a prospecção será realizada.

c) A prospecção pode ser realizada simultaneamente por mais de um prospector na mesma área ou nas mesmas áreas.

2. A prospecção não confere ao prospector qualquer direito sobre os recursos. Contudo, o prospector pode extrair uma quantidade razoável de minerais para fins experimentais.

ARTIGO 3

EXPLORAÇÃO E APROVEITAMENTO

1. A Empresa, os Estados Partes e as demais entidades ou pessoas referidas na alínea b) do parágrafo 2º do artigo 153 podem pedir à Autoridade a aprovação de planos de trabalho relativos a atividades na Área.

2. A empresa pode fazer esse pedido em relação a qualquer parte da Área, mas os pedidos apresentados por outras entidades ou pessoas relativos a áreas reservadas devem estar sujeitos aos requisitos adicionais do artigo 9 do presente Anexo.

3. A exploração e o aproveitamento só devem ser realizados nas áreas especificadas nos planos de trabalho mencionados no parágrafo 3º Do artigo 153 e aprovados pela Autoridade de conformidade com a presente Convenção e com as normas, regulamentos e procedimentos pertinentes da Autoridade.

4. Qualquer plano de trabalho aprovado deve:

a) estar de conformidade com a presente Convenção e com as normas, regulamentos e procedimentos da Autoridade;

b) prever o controle pela Autoridade das atividades na Área, de conformidade com o parágrafo 4 do artigo 153;

c) conferir ao operador, de conformidade com as normas, regulamentos e procedimentos da Autoridade, direitos exclusivos para a exploração e aproveitamento, na área coberta pelo plano de trabalho, das categorias de recursos nele especificadas. Contudo, se o peticionário apresentar um plano de trabalho para aprovação que cubra apenas a fase de exploração ou a fase de aproveitamento, o plano de trabalho aprovado conferirá direitos exclusivos apenas em relação a essa fase.

5. Uma vez aprovado pela Autoridade, qualquer plano de trabalho, exceto os apresentados pela Empresa, terá a forma de um contrato concluído entre a autoridade e o peticionário ou os peticionários.

ARTIGO 4

REQUISITOS PARA A QUALIFICAÇÃO DE PETICIONÁRIOS

1. Com exceção da Empresa, devem ser qualificados os peticionários que preencherem os requisitos de nacionalidade ou controle e de patrocínio enumerados na alínea b) do parágrafo 2º do artigo 153 e que cumprirem os procedimentos e satisfizerem os critérios de qualificação estabelecidos nas normas, regulamentos e procedimentos da Autoridade.

2. Com exceção do disposto no parágrafo 6º, tais critérios de qualificação dirão respeito à capacidade financeira e técnica do peticionário e ao seu desempenho no cumprimento dos contratos anteriores com a Autoridade.

3. Cada peticionário deve ser patrocinado pelo Estado Parte do qual seja nacional, a não ser que o peticionário tenha mais de uma nacionalidade, como numa associação ou consórcio de entidades ou de pessoas nacionais de vários Estados, caso em que todos os Estados Partes em causa devem patrocinar o pedido, ou a não ser que o peticionário seja efetivamente controlado por um outro Estado Parte ou nacionais deste, caso em que ambos os Estados Partes devem patrocinar o pedido. Os critérios e procedimentos para a aplicação dos requisitos de patrocínio serão estabelecidos nas normas, regulamentos e procedimentos da Autoridade.

4. O Estado ou os Estados patrocinadores terão, nos termos do artigo 139, a responsabilidade de assegurar, no âmbito dos seus sistemas jurídicos, que o contratante assim patrocinado realize atividades na Área, de conformidade com os termos do seu contrato e com as obrigações que lhe incumbem

nos termos da presente Convenção. Contudo, um Estado patrocinador não será responsável pelos danos causados pelo não-cumprimento dessas obrigações por um contratante por ele patrocinado, quando esse Estado Parte tiver adotado leis e regulamentos e tomado medidas administrativas que, no âmbito do seu sistema jurídico, forem razoavelmente adequadas para assegurar o cumprimento dessas obrigações pelas pessoas sob sua jurisdição.

5. Os procedimentos para avaliar as qualificações dos Estados Partes que forem peticionários devem ter em conta a sua qualidade de Estados.

6. Os critérios de qualificação exigirão que, no seu pedido, qualquer peticionário, sem exceção, se comprometa a:

a) cumprir as obrigações aplicáveis das disposições da Parte XI, as normas, regulamentos e procedimentos da Autoridade, as decisões dos seus órgãos e os termos dos contratos concluídos com a Autoridade, e aceitar o seu caráter executório;

b) aceitar o controle pela Autoridade sobre as atividades na Área tal como autorizado pela presente Convenção;

c) dar à Autoridade garantias por escrito de que cumprirá de boa fé as obrigações que lhe incumbem em virtude do contrato;

d) cumprir as disposições relativas à transferência e tecnologia, previstas no artigo 5 do presente Anexo.

ARTIGO 5
TRANSFERÊNCIA DE TECNOLOGIA

1. Ao apresentar um plano de trabalho, qualquer peticionário porá à disposição da Autoridade uma descrição geral do equipamento e dos métodos que serão utilizados na realização de atividades na Área e outras informações pertinentes que não sejam propriedade industrial acerca das características de tal tecnologia, bem como informações sobre onde essa tecnologia se encontra disponível.

2. Qualquer operador comunicará à Autoridade as alterações na descrição e nas informações postas à disposição nos termos do parágrafo 1º, sempre que seja introduzida uma modificação ou inovação tecnológica importante.

3. Qualquer contrato para a realização de atividades na Área deve incluir os seguintes compromissos da parte do contratante:

a) pôr à disposição da Empresa, segundo modalidades e condições comerciais justas e razoáveis, quando solicitado pela Autoridade, a tecnologia que utiliza na realização de atividades na Área, nos termos do contrato e que o contratante esteja legalmente autorizado a transferir. A transferência far-se-á por meio de licenças ou outros ajustes apropriados que o contratante negociará com a Empresa e que serão especificados num acordo especial complementar ao contrato. Este compromisso só pode ser invocado se a Empresa verificar que não pode obter no mercado livre, segundo modalidades e condições comerciais justas e razoáveis, a mesma tecnologia ou tecnologia igualmente eficiente e apropriada;

b) obter do proprietário de qualquer tecnologia utilizada na realização de atividades na Área nos termos do contrato, e que não esteja geralmente disponível no mercado livre nem prevista na alínea a), a garantia escrita de que, quando solicitado pela Autoridade, porá essa tecnologia à disposição da Empresa por meio de licenças ou outros ajustes apropriados e segundo modalidades e condições comerciais justas e razoáveis, na mesma medida em que esteja à disposição do contratante. Se esta garantia não for obtida, tal tecnologia não poderá ser utilizada pelo contratante na realização de atividades na Área;

c) adquirir do proprietário, por meio de um contrato executório, a pedido da Empresa, e, se for possível ao contratante fazê-lo sem custo substanciais, o direito de transferir para a Empresa a tecnologia que utiliza na realização de atividades na Área nos termos do contrato, e que o contratante não esteja de outro modo legalmente autorizado a transferir nem esteja geralmente disponível no mercado livre. Nos casos em que exista um vínculo empresarial importante entre o contratante e o proprietário da tecnologia, a solidez desse vínculo e o grau de controle ou de influência serão tidos em conta para determinar se foram tomadas todas as medidas possíveis para a aquisição desse direito. Se o contratante exercer um controle efetivo sobre o proprietário, a não-aquisição desse direito legal será tida em conta para o exame dos requisitos de qualificação do contratante, quando este solicitar posteriormente a aprovação de um plano de trabalho.

d) facilitar, a pedido da Empresa, a aquisição pela mesma de qualquer tecnologia referida na alínea b), por meio de licença ou outros ajustes apropriados e segundo modalidades e condições comerciais justas e razoáveis, se a Empresa decidir negociar diretamente com o proprietário dessa tecnologia;

e) tomar, em benefício de um Estado em desenvolvimento ou de um grupo de Estados em desenvolvimento que tenha solicitado um contrato nos termos do artigo 9 do presente Anexo, as mesmas medidas previstas nas alíneas a), b), c) e d), desde que essas medidas se limitem ao aproveitamento da parte da área proposta pelo contratante que tenha sido reservada nos termos do artigo 8 do presente Anexo, e desde que as atividades previstas pelo contrato solicitado pelo Estado em desenvolvimento ou por um grupo de Estados em desenvolvimento não impliquem transferência de tecnologia para um terceiro

Estado ou para os nacionais de um terceiro Estado. A obrigação estabelecida na presente disposição só se aplica em relação ao contratante quando a tecnologia não tiver sido requisitada pela Empresa ou por ele transferida à Empresa.

4. As controvérsias relativas a compromissos requeridos pelo parágrafo 3º, bem como as relativas a outras cláusulas dos contratos, estarão sujeitas ao procedimento de solução obrigatória previsto na Parte XI e, em caso de inobservância desses compromissos, podem ser impostas penas pecuniárias ou a suspensão ou rescisão do contrato, de conformidade como o artigo 18 do presente Anexo. As controvérsias sobre a questão de saber se as ofertas do contratante são feitas segundo modalidades e condições comerciais justas e razoáveis podem ser submetidas por qualquer das partes à arbitragem comercial obrigatória de conformidade com as Regras de Arbitragem da Comissão das Nações Unidas sobre o Direito Comercial Internacional (UNICITRAL) ou outros regulamentos de arbitragem previstos nas normas, regulamentos e procedimentos da Autoridade. Quando se verificar que a oferta do contratante não está feita segundo modalidades e condições comerciais justas e razoáveis, será dado ao contratante um prazo de 45 dias para rever a sua oferta, de modo a que a mesma seja feita segundo tais modalidades e condições, antes que a Autoridade tome alguma decisão de conformidade com o artigo 18 do presente Anexo.

5. Se a Empresa não conseguir obter, segundo modalidades e condições comerciais, justas e razoáveis, tecnologia apropriada que lhe permita iniciar, em tempo oportuno, a extração e processamento de minerais da Área, o Conselho ou a Assembléia pode convocar um grupo de Estados Partes composto por Estados que realizem atividades na Área, por Estados que patrocinam entidades ou pessoas que realizem atividades na Área e por outros Estados Partes que têm acesso a essa tecnologia. Este grupo consultar-se-á e tomará medidas eficazes para assegurar que esta tecnologia seja posta à disposição da Empresa segundo modalidades e condições comerciais justas e razoáveis. Para este fim, cada um desses Estados Partes tomará todas as medidas possíveis no âmbito do seu sistema jurídico.

6. No caso de empreendimentos conjuntos com a Empresa, a transferência de tecnologia será feita de conformidade com as cláusulas do acordo que rege estes empreendimentos.

7. Os compromissos estabelecidos no parágrafo 3º serão incluídos em cada contrato para a realização de atividades na Área até dez anos após o início da produção comercial pela Empresa, e podem ser invocados durante esse período.

8. Para efeitos do presente artigo, "tecnologia" significa o equipamento especializado e conhecimentos técnicos, incluindo manuais, desenhos, instruções de funcionamento, formação e assessoria e assistência técnicas, necessários para a montagem, manutenção e funcionamento de um sistema viável, e o direito legal de utilizar estes elementos para esse fim numa base não exclusiva.

ARTIGO 6

APROVAÇÃO DE PLANOS DE TRABALHO

1. Seis meses após a entrada em vigor da presente Convenção e, posteriormente, de quatro em quatro meses, a Autoridade examinará os planos de trabalho propostos.

2. Ao examinar um pedido de aprovação de um plano de trabalho sob a forma de contrato, a Autoridade assegurar-se-á em primeiro lugar de que:

a) o peticionário cumpriu os procedimentos estabelecidos para os pedidos, de conformidade com o artigo 4 do presente Anexo e assumiu perante a Autoridade os compromissos e lhe deu as garantias requeridas por esse artigo. No caso de inobservância destes procedimentos ou na falta de qualquer desses compromissos ou garantias, será dado ao peticionário um prazo de 45 dias para suprir estas falhas;

b) o peticionário reúne os requisitos de qualificação previstos no artigo 4 do presente Anexo.

3. Todos os planos de trabalho propostos devem ser examinados pela ordem em que são recebidos. Os planos de trabalho propostos deverão cumprir com as disposições pertinentes da presente Convenção e com as normas, regulamentos e procedimentos da Autoridade, incluindo os requisitos relativos às operações, contribuições financeiras e compromissos referentes à transferência de tecnologia, e devem ser regidos pelos mesmos. Se os planos de trabalho propostos estiverem em conformidade com esses requisitos, a Autoridade aprová-los-á, sempre que estejam de acordo com os requisitos uniformes e não discriminatórios estabelecidos nas normas, regulamentos e procedimentos da autoridade, a menos que:

a) uma parte ou totalidade da área coberta pelo plano de trabalho proposto esteja incluída num plano de trabalho já aprovado ou num plano de trabalho anteriormente proposto sobre o qual a Autoridade não tenha ainda adotado uma decisão definitiva;

b) uma parte ou a totalidade da área coberta pelo plano de trabalho proposto tenha sido excluída pela Autoridade nos termos da alínea x) do parágrafo 2º do artigo 162; ou

c) o plano de trabalho proposto tenha sido apresentado ou patrocinado por um Estado Parte que já tenha:

i) planos de trabalho para a exploração e aproveitamento de nódulos polimetálicos em áreas não reservadas cuja superfície, juntamente com a de qualquer uma das partes da área coberta pelo plano de trabalho proposto, exceda 30 por cento da superfície de uma área circular de 400 mil quilômetros quadrados cujo centro seja o de qualquer uma das partes da área coberta pelo plano de trabalho proposto;

ii) planos de trabalho para a exploração e aproveitamento de nódulos polimetálicos em áreas não reservadas que, em conjunto, representem 2 por cento da superfície da área total dos fundos marinhos que não esteja reservada nem tenha sido excluída do aproveitamento nos temos da alínea x) do parágrafo 2º do artigo 162.

4. Para efeitos de aplicação do critério estabelecido na alínea c) do parágrafo 3º, um plano de trabalho apresentado por uma associação ou consórcio deve ser atribuído numa base proporcional aos Estados Partes patrocinadores, de conformidade com o parágrafo 3º do artigo 4 do presente Anexo. A Autoridade pode aprovar os planos de trabalho referidos na alínea c) do parágrafo 3º, se ela determinar que essa aprovação não permitirá que um Estado Parte ou entidades ou pessoas por ele patrocinadas monopolizem a realização de atividades na Área ou impeça que outros Estados Partes nela realizem atividades.

5. Não obstante a alínea a) do parágrafo 3º, depois de terminado o período provisório previsto no parágrafo 3º do artigo 151, a Autoridade pode adotar, por meio de normas regulamentos e procedimentos, outros procedimentos e critérios compatíveis com a presente Convenção para decidir quais os peticionários cujos planos de trabalho serão aprovados, nos casos em que tenha de ser feita uma seleção entre os peticionários para uma área proposta. Estes procedimentos e critérios assegurarão a aprovação dos planos de trabalho numa base equitativa e não-discriminatória.

ARTIGO 7
SELEÇÃO DE PETICIONÁRIOS DE AUTORIZAÇÕES DE PRODUÇÃO

1. Seis meses após a entrada em vigor da presente Convenção e, posteriormente, de quatro em quatro meses, a Autoridade examinará os pedidos de autorizações de produção apresentados durante o período imediatamente anterior. A Autoridade outorgará as autorizações solicitadas, se todos esses pedido puderem ser aprovados sem se excederem os limites de produção ou sem a infração pela Autoridade da obrigações que contraiu nos termos de um acordo ou ajuste sobre produtos básicos em que seja parte segundo o disposto no artigo 151.

2. Quando tiver de ser feita uma seleção entre peticionários de autorizações de produção em virtude dos limites e produção fixados nos parágrafos 2º a 7º do artigo 151 ou das obrigações contraídas pela Autoridade nos termos de um acordo ou ajuste sobre produtos básicos de que se tenha tornado parte segundo o disposto no parágrafo 1º do artigo 151, a Autoridade deve efetuar a seleção com base em critérios objetivos e não discriminatórios estabelecidos nas suas normas, regulamentos e procedimentos.

3. Ao aplicar o parágrafo 2º, a autoridade deve dar prioridade aos peticionários que:

a) ofereçam maiores garantias de execução, tendo em conta a sua capacidade financeira e técnica e, se for o caso, a forma como tenham executado planos de trabalho anteriormente aprovados;

b) ofereçam à Autoridade a possibilidade de obter benefícios financeiros mais rápidos, tendo em conta a data prevista para o inicio da produção comercial;

c) já tenham investido maiores recursos e esforços na prospecção ou exploração.

4. Os peticionários que nunca tenham sido selecionados, em qualquer período, terão prioridade nos períodos subsequentes até receberem uma autorização de produção.

5. A seleção será feita tendo em conta a necessidade de ampliar as oportunidades de todos os Estados Partes, independentemente dos seus sistemas sociais e econômicos ou da sua situação geográfica, de modo a evitar qualquer discriminação conta qualquer Estado ou sistema, na participação nas atividades na Área, e de impedir a monopolização dessas atividades.

6. Sempre que estiverem em aproveitamento menos áreas reservadas do que áreas não reservadas, terão prioridade os pedidos de autorização de produção relativos a áreas reservadas.

7. As decisões referidas no presente artigo serão tomadas o mais cedo possível após o termo de cada período.

ARTIGO 8
RESERVA DE ÁREAS

Cada pedido, excetuando os apresentados pela Empresa ou por quaisquer outras entidades ou pessoas, relativo a áreas reservadas, deve cobrir uma área total, não necessariamente contínua, com uma superfície e um valor comercial estimativo suficientes para permitir duas operações de mineração. O peticionário deve indicar as coordenadas que permitam dividir a área em duas partes de igual valor comercial estimativo e comunicará todos os dados que tenha obtido respeitantes às duas partes da área. Sem prejuízo dos poderes da Autoridade nos termos do artigo 17 do presente Anexo, os dados que devem ser apresentados relativos aos nódulos polimetálicos devem referir-se ao levantamento cartográfico, à amostragem, à concentração dos nódulos e ao seu teor em metais. Nos 45 dias seguintes ao recebimento destes dados, a Autoridade deve designar que parte será reservada exclusivamente para a realização de atividades pela Autoridade por intermédio da Empresa ou em associação com Estados em desenvolvimento. Essa designação pode ser diferida por um período adicional de 45 dias se a Autoridade solicitar um perito independente que determine se todos os dados requeridos pelo presente artigo lhe foram apresentados. A área designada tornar-se-á uma área reservada assim que o plano de trabalho para a área não reservada tiver sido aprovado e o contrato assinado.

ARTIGO 9
ATIVIDADES EM ÁREAS RESERVADAS

1. A empresa poderá decidir se pretende realizar atividades em cada área reservada. Esta decisão pode ser tomada em qualquer altura, a não ser que a autoridade receba uma notificação nos termos do parágrafo 4º, caso em que a Empresa tomará a sua decisão num prazo razoável. A Empresa pode decidir aproveitar essas áreas por meio de empreendimentos conjuntos com o Estado, a entidade ou pessoa interessados.

2. A Empresa pode celebrar contratos para a execução de uma parte das suas atividades de conformidade com o artigo 12 do Anexo IV. Pode também constituir empreendimentos conjuntos para a realização dessas atividades com quaisquer entidades ou pessoas que estejam habilitadas a realizar atividades na Área nos termos da alínea b) do parágrafo 2º do artigo 153. Ao considerar tais empreendimentos conjuntos, a Empresa deve oferecer a oportunidade de uma participação efetiva aos Estados Partes que sejam Estados em desenvolvimento e aos nacionais destes.

3. A Autoridade pode prescrever, nas suas normas, regulamentos e procedimentos, requisitos de fundo e de procedimento bem como condições, relativos e tais contratos e empreendimentos conjuntos.

4. Todo Estado Parte que seja um Estado em desenvolvimento ou qualquer pessoa física ou jurídica patrocinada por este e efetivamente controlada por este ou por um outro Estado em desenvolvimento, que seja um peticionário qualificado, ou qualquer grupo dos precedentes, pode notificar à Autoridade o seu desejo de apresentar um plano de trabalho nos termos do artigo 6 do presente Anexo, para uma área reservada. O plano de trabalho será examinado se a Empresa decidir, nos temos do parágrafo 1º, que não pretende realizar atividades nessa área.

ARTIGO 10
PREFERÊNCIA E PRIORIDADE DE CERTOS PETICIONÁRIOS

Um operador que tiver um plano de trabalho aprovado unicamente para a realização de atividades de exploração, de conformidade com a alínea c) do parágrafo 4º do artigo 3 do presente Anexo, deve ter preferência e prioridade sobre os demais peticionários que tenham apresentado um plano de trabalho para aproveitamento da mesma área e dos mesmos recursos. Contudo, tal preferência ou prioridade pode ser retirada se o operador não tiver executado o seu plano de trabalho de modo satisfatório.

ARTIGO 11
AJUSTES CONJUNTOS

1. Os contratos podem prever ajustes conjuntos entre o contratante e a Autoridade por intermédio da Empresa, sob a forma de empreendimentos conjuntos ou de repartição da produção, bem como qualquer outra forma de ajustes conjuntos, que gozarão da mesma proteção em matéria de revisão, suspensão ou rescisão que os contratos celebrados com a Autoridade.

2. Os contratantes que concluam com a Empresa esses ajustes conjuntos podem receber incentivos financeiros, tal como previsto no artigo 13 do presente Anexo.

3. Os sócios no empreendimento conjunto com a Empresa serão responsáveis pelos pagamentos previstos no artigo 13 do presente Anexo na proporção da sua participação no empreendimento conjunto, sob reserva de incentivos financeiros, tal como previsto nesse artigo.

ARTIGO 12
ATIVIDADES REALIZADAS PELA EMPRESA

1. As atividades na Área realizadas pela Empresa nos termos da alínea a) do parágrafo 2º do artigo 153 devem ser regidas pela Parte XI, pelas normas, regulamentos e procedimentos da Autoridade e decisões pertinentes desta.

2. Qualquer plano de trabalho apresentado pela Empresa deve ser acompanhado de provas da sua capacidade financeira e técnica.

ARTIGO 13
CLÁUSULAS FINANCEIRAS DOS CONTRATOS

1. Ao adotar normas, regulamentos e procedimentos relativos aos termos financeiros dos contratos entre a Autoridade e as entidades ou pessoas mencionadas na alínea b) do parágrafo 2º do artigo 153 e ao negociar esses termos financeiros de conformidade com a Parte XI e com essas normas, regulamentos e procedimentos, a Autoridade deve guiar-se pelos seguinte objetivos:

a) assegurar-se à Autoridade a otimização das receitas provenientes da produção comercial;

b) atrair investimentos e tecnologia para a exploração e aproveitamento da Área;

c) assegurar igualdade de tratamento financeiro e obrigações financeiras comparáveis para os contratantes;

d) oferecer os contratantes, numa base uniforme e não discriminatória, incentivos para a conclusão de ajustes conjuntos com a Empresa e com os Estados em desenvolvimento ou nacionais destes, para o estímulo da transferência de tecnologia à Empresa e a esses Estados e seus nacionais e para a formação do pessoal da Autoridade e dos Estados em desenvolvimento;

e) permitir à Empresa dedicar-se efetivamente à mineração dos fundos marinhos, ao mesmo tempo que as entidades ou pessoas mencionadas na alínea b) do parágrafo 2º do artigo 153; e

f) assegurar que, como resultado dos incentivos financeiros oferecidos a contratantes em virtude de parágrafo 14º, dos termos dos contratos revistos de conformidade com o artigo 19 do presente Anexo, ou das disposições do artigo 11 do presente Anexo relativas aos empreendimentos conjuntos, os contratantes não sejam subsidiados de modo a ser-lhes dada artificialmente uma vantagem competitiva em relação aos produtores terrestres de minérios.

2. Para as despesas administrativas relativas ao estudo dos pedidos de aprovação de um plano de trabalho sob a forma de um contrato, será cobrada uma taxa cujo montante será fixado em 500.000 dólares dos Estados Unidos por pedido. O montante da taxa será revisto periodicamente pelo Conselho a fim de que cubra as despesas administrativas efetuadas. Se as despesas feitas pela Autoridade no estudo de um pedido forem inferiores ao montante fixado, a Autoridade reembolsará a diferença ao peticionário.

3. Cada contratante deve pagar uma taxa anual fixa de 1 milhão de dólares dos Estados Unidos a partir da data de entrada em vigor do contrato. Se a data aprovada para o início da produção comercial for adiada em virtude de um atraso na outorga da autorização de produção, de conformidade com o artigo 151, o contratante ficará desobrigado da fração da taxa anual fixa durante o período de adiamento. A partir do início da produção comercial, o contratante pagará o imposto sobre a produção ou a taxa anual fixa, se esta for mais elevada.

4. Num prazo de um ano a contar do início da produção comercial, de conformidade com o parágrafo 3º, o contratante deve escolher efetuar a sua contribuição financeira à Autoridade.

a) quer pagando apenas um imposto sobre a produção;

b) quer pagando um imposto sobre a produção mais uma parte das receitas líquidas.

5. a) Se um contratante optar por efetuar a sua contribuição financeira à Autoridade, pagando apenas um imposto sobre a produção, o montante deste imposto será fixado a uma percentagem do valor de mercado dos metais processados, obtidos dos nódulos polimetálicos extraídos da área coberta pelo contrato. Esta percentagem será fixada do seguinte modo:

i) do primeiro ao décimo ano de produção comercial 5%

ii) do décimo primeiro ano até ao fim do período de produção comercial 12%

b) O valor de mercado acima mencionado é o produto da quantidade de metais processados obtidos dos nódulos polimetálicos extraídos da área coberta pelo contrato pelo preço médio desses metais durante o correspondente ano fiscal, tal como definido nos parágrafos 7º e 8º.

6. Se o contratante optar por efetuar a sua contribuição financeira à Autoridade, pagando um imposto sobre a produção mais uma parte das receitas líquidas, o montante destes pagamentos será determinado da seguinte maneira:

a) O montante do imposto sobre a produção será fixado a uma percentagem do valor de mercado, determinado de conformidade com a alínea b), dos metais processados, obtidos dos nódulos polimetálicos extraídos da área coberta pelo contrato. Esta percentagem será fixada do seguinte modo:

i) primeiro período de produção comercial 2%

ii) Segundo período de produção comercial 4%Se, durante o segundo período de produção comercial, tal como está definido na alínea d), o rendimento do investimento em qualquer ano fiscal, segundo a definição da alínea m), for inferior a 15 por cento como resultado do pagamento do imposto sobre a produção a 4 por cento, o imposto sobre a produção será nesse ano fiscal de 2 por cento em vez de 4 por cento.

b) O valor de mercado acima mencionado é o produto da quantidade de metais processados, obtidos dos nódulos polimetálicos extraídos da área coberta pelo contrato pelo preço médio desses metais durante o correspondente ano fiscal, tal como definido nos parágrafos 7º e 8º.

c) i) A parte da Autoridade nas receitas líquidas será retirada da parte das receitas líquidas do contratante atribuíveis à mineração dos recursos da área coberta pelo contrato, a partir daqui denominadas receitas líquidas atribuíveis.

ii) A parte da Autoridade nas receitas líquidas atribuíveis será determinada de conformidade com a seguinte tabela progressiva:

Parte das receitas líquidas atribuíveis		Participação da Autoridade
	Primeiro período de produção comercial	Segundo período de produção comercial
A parte que represente um rendimento do investimento superior a 0%, mas inferior a 10%	35%	40%
A parte que represente um rendimento do investimento igual ou superior a 10%, mas inferior a 20%	42,5%	50%
A parte que represente um rendimento do investimento igual ou superior a 20%	50%	70%

d) i) O primeiro período de produção comercial referido nas alíneas a) e c) terá início no primeiro ano fiscal da produção comercial e terminará com o ano fiscal em que os custos de desenvolvimento do contratante, juntamente com os juros sobre a parte não amortizada desses custos, são amortizadas na sua totalidade pelo superávit, como a seguir se indica:

No primeiro ano fiscal em que ocorrerem os custos de desenvolvimento, os custos de desenvolvimento não amortizados serão iguais aos custos de desenvolvimento menos o superávit nesse ano fiscal. Em cada um dos anos fiscais seguintes, os custos de desenvolvimento não amortizados serão iguais aos custos de desenvolvimento não amortizados no final do ano fiscal precedente, mais um juro anual de 10 por cento, mais os custos de desenvolvimento feitos durante o ano fiscal em curso e menos o superávit do contratante no ano fiscal em curso. O ano fiscal, em que pela primeira vez os custos de desenvolvimento não amortizados forem nulos, será o ano fiscal em que os custos de desenvolvimento do contratante, acrescidos dos juros sobre a parte não amortizada dos referidos custos, sejam amortizados na sua totalidade pelo seu superávit. O superávit do contratante em qualquer ano fiscal será o seu rendimento bruto, menos os custos operacionais e menos os pagamentos feitos por ele à Autoridade nos temos da alínea c).

ii) O segundo período de produção comercial terá início no ano fiscal seguinte ao término do primeiro período de produção comercial e continuará até ao fim do contrato.

e) "Receitas líquidas atribuíveis" significa o produto das receitas líquidas do contratante pelo quociente entre os custos de desenvolvimento correspondentes à extração e os custos de desenvolvimento do contratante. No caso de o contratante se dedicar à extração, ao transporte de nódulos polimetálicos e á produção de, basicamente, três metais processados, nomeadamente cobalto, cobre e níquel, as receitas líquidas atribuíveis não serão inferiores a 25 por cento das receitas líquidas do contratante. Salvo o disposto na alínea n), em todos os outros casos, incluindo aqueles em que o contratante se dedique à extração, ao transporte de nódulos polimetálicos e à produção de, basicamente, quatro metais processados, nomeadamente cobalto, cobre, manganês e níquel, a Autoridade pode prescrever, nas suas normas, regulamentos e procedimentos, escalões apropriados que mantenham para cada caso a mesma relação que o escalão de 25 por cento para o caso do três metais.

f) "Receitas líquidas do contratante" significa as receitas brutas do contratante, menos os custos operacionais e menos a amortização do custos de desenvolvimento, tal como estipulado na alínea j).

g) i) Se o contratante se dedicar à extração, ao transporte de nódulos polimetálicos e à produção de metais processados, "receitas brutas do contratante" significa o produto bruto da venda de metais processados e quaisquer outras receitas que se considerem razoavelmente atribuíveis a operações realizadas nos termos do contrato, de conformidade com as normas, regulamentos e procedimentos financeiros da Autoridade.

ii) Em todos os casos que não os especificados na subalínea i) da alínea g) e na subalínea iii) da alínea n), "receitas brutas do contratante" significa o produto bruto da venda de metais semi-processados obtidos dos nódulos polimetálicos extraídos da área coberta pelo contrato e quaisquer outras receitas que se considerem razoavelmente atribuíveis a operações realizadas nos termos do contrato, de conformidade com as normas, regulamentos e procedimentos financeiros da Autoridade.

h) "Custos de desenvolvimento do contratante" significa:

i) todos os custos efetuados antes do início da produção comercial que estejam diretamente relacionados com o desenvolvimento da capacidade de produção da área coberta pelo contrato e com atividades conexas nas operações realizadas nos termos do contrato em todos os casos que não os especificados na alínea n), de conformidade com princípios de contabilidade geralmente aceitos, incluídos, inter alia, custos com maquinaria, equipamento, embarcações, instalações de tratamento, construção, edifícios, terrenos, estradas, prospecção e exploração da área coberta pelo contrato, investigação e desenvolvimento, juros, arrendamentos requeridos, licenças e taxas; e

ii) as despesas similares às referidas na subalínea i), efetuadas após o início da produção comercial e necessárias à execução do plano de trabalho, com exceção das atribuíveis aos custos operacionais.

i) As receitas provenientes da alienação de bens de capital e o valor de mercado desses bens de capital que não sejam necessários para as operações nos termos do contrato e que não tenham sido vendidos serão deduzidos dos custos de desenvolvimento do contratante, o excedente será adicionado às receitas brutas do contratante.

j) Os custos de desenvolvimento do contratante efetuados antes do início da produção comercial, mencionados na subalínea i da alínea h) e na subalínea iv) da alínea n), serão amortizados em dez anuidades de igual valor a partir da data do início da produção comercial. Os custos de desenvolvimento do contratante efetuados após o início da produção comercial, referidos na subalínea ii) da alínea h) e na subalínea iv) da alínea n), serão amortizados em dez ou menos anuidades de igual valor de modo a garantir a sua amortização total no término do contrato.

k) "Custos operacionais do contratante" significa todas as despesas efetuadas após o início da produção comercial para utilização da capacidade de produção da área coberta pelo contrato e para atividades conexas nas operações realizadas nos termos do contrato, de conformidade com princípios de contabilidade geralmente aceitos, incluídos, inter alia, a taxa anual fixa ou o imposto sobre a produção, se este for mais elevado, as despesas com vencimentos, salários, benefícios pagos aos empregados, materiais, serviços, transportes, custos de processamento e comercialização, juros, prestações de serviços públicos, preservação do meio marinho, despesas gerais e administrativas especificamente relacionadas com as operações realizadas nos termos do contrato, e qualquer déficit operacional transportado para anos fiscais anteriores ou para anos fiscais posteriores como o que aqui se especifica. O déficit operacional pode ser transportado para dois anos fiscais posteriores e consecutivos, com exceção dos dois últimos anos do contrato, caso em que pode ser transportado retroativamente para os dois anos fiscais precedentes.

l) Se o contratante se dedicar à extração, ao transporte de nódulos polimetálicos e à produção de metais processados e semi-processados, "custos de desenvolvimento da extração" significa a parte dos custos de desenvolvimento do contratante diretamente relacionada com a extração dos recursos da área coberta pelo contrato, de conformidade com princípios de contabilidade geralmente aceitos e com as normas, regulamentos e procedimentos financeiros da Autoridade, incluídos, inter alia, a taxa pelo pedido, a taxa anual fixa e, se for o caso, os custos de prospecção e exploração da área coberta pelo contrato e um parte dos custos de investigação e de desenvolvimento.

m)"Rendimento do investimento" num ano fiscal significa o quociente entre as receitas líquidas atribuíveis nesse ano e os custos de desenvolvimento correspondentes à extração. Para o cálculo desse quociente, os custos de desenvolvimento correspondenres à extradição incluirão as despesas efetuadas com o equipamento novo ou com a substituição de equipamento utilizado na extração, menos o custo inicial do equipamento substituído.

n) Se o contratante se dedicar unicamente à extração:

i) "receitas líquidas atribuíveis" significa a totalidade das receitas líquidas do contratante;

ii) "receitas líquidas do contratante" são as definidas na alínea f);

iii) "receitas brutas do contratante" significa as receitas brutas da venda dos nódulos polimetálicos e quaisquer outras receitas consideradas como razoavelmente atribuíveis às operações realizadas nos termos do contrato, de conformidade com as normas, regulamentos e procedimentos financeiros da Autoridade;

iv) `custos de desenvolvimento do contratante" significa todas as despesas efetuadas antes do início da produção comercial nos termos da subalínea i) da alínea h) e todas as despesas efetuadas depois do início da produção comercial nos termos da subalínea ii) da alínea h), que estejam diretamente relacionadas com a extração dos recursos da área coberta pelo contrato, de conformidade com princípios de contabilidade geralmente aceitos;

v) "custos operacionais do contratante" significa os custos operacionais do contratante referidos na alínea k) que estejam diretamente relacionados com a extração dos recursos da área coberta pelo contrato, de conformidade com princípios de contabilidade geralmente aceitos;

vi) `rendimento do investimento" num ano fiscal significa o quociente entre as receitas líquidas do contratante nesse ano e os custos de desenvolvimento do contratante. Para o cálculo desse quociente os custos de desenvolvimento do contratante incluirão as despesas efetuadas com o equipamento novo ou com a substituição de equipamento, menos o custo inicial do equipamento substituído.

o) Os custos mencionados nas alíneas h), k), l), e n) relativos aos juros pagos pelo contratante devem ser autorizados, na medida em que, em todas as circunstâncias, a Autoridade, nos termos do parágrafo 1º do artigo 4 do presente Anexo, aprova como razoáveis a razão dívida/capital social e as taxas de juro, tendo em conta a prática comercial vigente.

p) Os custos mencionados no presente parágrafo não incluirão o pagamento dos impostos sobre os rendimentos das sociedades ou encargos similares cobrados pelos Estados em virtude das operações do contratante.

7. a) `Metais processados", referido nos parágrafos 5º e 6º, significa os metais sob a forma mais básica em que são habitualmente comercializados nos mercados terminais internacionais. Para este efeito, a Autoridade especificará nas suas normas, regulamentos e procedimentos financeiros o mercado terminal internacional pertinente. Para os metais que não sejam comercializados nesses mercados, `metais processados" significa os metais sob a forma mais básica em que são habitualmente comercializados em transações próprias de empresas independentes.

b) Se a autoridade não puder determinar de outro modo a quantidade de metais processados obtidos de nódulos polimetálicos extraídos da área coberta pelo contrato, referida na alínea b) do parágrafo 5º e na alínea b) do parágrafo 6º, essa quantidade será determinada com base nos teores em metais desses nódulos, na eficiência do processamento de recuperação e noutros fatores pertinentes, de conformidade com as normas, regulamentos e procedimentos da Autoridade e com princípios de contabilidade geralmente aceitos.8. Se um mercado terminal internacional oferece um mecanismo adequado de fixação de preços para os metais processados, para os nódulos polimetálicos e para os metais semi-processados obtidos de nódulos, deve utilizar-se o preço médio desse mercado. Em todos os outros casos, a Autoridade, depois de consultar o contratante, deve determinar um preço justo para esses produtos, de conformidade com o parágrafo 9º.

9. a) Todos os custos, despesas, receitas e rendimentos e todas as determinações de preços e valores mencionados no presente artigo serão o resultado de transações efetuadas em mercado livre ou de acordo com as transações próprias de empresas independentes. Se não for o caso, serão determinados pela autoridade, depois de consultar o contratante, como se tivessem resultado de transações efetuadas em mercado livre ou de transações próprias de empresas independentes, tendo em conta as transações pertinentes de outros mercados.

b) A fim de assegurar o cumprimento e a execução das disposições do presente parágrafo, a Autoridade deve guiar-se pelos princípios adotados e pelas interpretações dadas para as transações próprias de empresas independentes pela Comissão de Empresas Transnacionais das Nações Unidas, pelo Grupo de Peritos em Acordos Fiscais entre países em desenvolvimento e países desenvolvidos, bem como por outras organizações internacionais, e fixará, nas suas normas, regulamentos e procedimentos, normas e procedimentos fiscais uniformes e internacionalmente aceitos, bem como os métodos que o contratante deve seguir para selecionar os contabilistas diplomados e independentes que sejam aceitáveis pela Autoridade para fins de verificação das contas, de conformidade com essas normas, regulamentos e procedimentos.

10. O contratante porá à disposição dos contabilistas, de conformidade com as normas, regulamentos e procedimentos financeiros da Autoridade, os dados financeiros necessários para verificar o cumprimento do presente artigo.

11. Todos os custos, despesas, receitas e rendimentos e todos os preços e valores mencionados no presente artigo serão determinados de conformidade com os princípios de contabilidade geralmente aceitos e com as normas, regulamentos e procedimentos financeiros da Autoridade.

12. Os pagamentos à Autoridade em virtude dos parágrafos 5º e 6º serão efetuados em moedas livremente utilizáveis ou em moedas livremente disponíveis e efetivamente utilizáveis nos principais mercados de divisas ou, por escolha do contratante, no seu equivalente em metais processados ao valor de mercado. O valor de mercado deve ser determinado de conformidade com a alínea b) do parágrafo 5º. As moedas livremente utilizáveis e as moedas livremente disponíveis e efetivamente utilizáveis nos principais mercados de divisas devem ser definidas nas normas, regulamentos e procedimentos da Autoridade, de conformidade com a prática monetária internacional dominante.

13. Todas as obrigações financeiras do contratante para com a Autoridade, assim como todas as taxas, custos, despesas, receitas e rendimentos mencionados no presente artigo devem ser ajustados exprimindo-se em valores constantes relativos a um ano base.

14. A fim de promover a realização dos objetivos enunciados no parágrafo 1º, a Autoridade pode, tendo em conta as recomendações da Comissão de Planejamento Econômico e da Comissão Jurídica e Técnica, adotar normas, regulamentos e procedimentos que estabeleçam incentivos para os contratantes numa base uniforme e não discriminatória.

15. Em caso de controvérsia entre a Autoridade e um contratante relativa à interpretação ou aplicação das cláusulas financeiras de um contrato, qualquer das partes pode submeter a controvérsia a arbitragem comercial obrigatória, a não ser que as duas partes convenham em solucionar a controvérsia por outros meios, de conformidade com o parágrafo 2º do artigo 188.

ARTIGO 14

TRANSFERÊNCIA DE DADOS

1. O operador deve transferir para a Autoridade, de conformidade com as normas, regulamentos e proce-

dimentos da mesma e as modalidades e condições do plano de trabalho, em intervalos por ela determinados, todos os dados que sejam ao mesmo tempo necessários e pertinentes ao exercício efetivo dos poderes e funções dos órgãos principais da autoridade no que se refere à área coberta pelo plano de trabalho.

2. Os dados transferidos relativos à área coberta pelo plano de trabalho, considerados propriedade industrial, só podem ser utilizados para os fins estabelecidos no presente artigo. Os dados necessários para a elaboração pela Autoridade de normas, regulamentos e procedimentos relativos à proteção do meio marinho e à segurança, exceto os dados relativos ao projeto de equipamento, não devem ser considerados propriedade industrial.

3. Os dados transferidos para a Autoridade pelos prospectores, peticionários de contratos ou pelos contratantes e considerados propriedade industrial não devem ser revelados à Empresa nem a ninguém estranho à Autoridade, mas os dados sobre as áreas reservadas podem ser revelados à Empresa. Estes dados transferidos para a Empresa por tais entidades não devem ser revelados pela Empresa à Autoridade nem a ninguém estranho à Autoridade.

ARTIGO 15

PROGRAMAS DE FORMAÇÃO

O contratante deve preparar programas práticos para a formação do pessoal da Autoridade e dos Estados em desenvolvimento, incluindo a participação desse pessoal em todas as atividades na Área previstas no contrato, de conformidade com o parágrafo 2º do artigo 144.

ARTIGO 16

DIREITO EXCLUSIVO DE EXPLORAÇÃO E APROVEITAMENTO

A Autoridade deve, nos termos da Parte XI e das suas normas, regulamentos e procedimentos, outorgar ao operador o direito exclusivo de explorar e aproveitar a área coberta pelo plano de trabalho com respeito a uma categoria especificada de recursos e deve assegurar que nenhuma outra entidade realize na mesma área atividades relativas a uma categoria diferente de recursos de modo que possa interferir com as atividades do operador. A titularidade do operador deve ser garantida de conformidade com o parágrafo 6º do artigo 153.

ARTIGO 17

NORMAS, REGULAMENTOS E PROCEDIMENTOS DA AUTORIDADE

1. A Autoridade deve adotar e aplicar uniformemente normas, regulamentos e procedimentos, de conformidade com a subalínea ii) da alínea f) do parágrafo 2º do artigo 160 e com a subalínea ii) da alínea o) do parágrafo 2º do artigo 162, para o exercício das suas funções enunciadas na Parte VI, sobre, inter alia, as seguintes questões:

a) procedimentos administrativos relativos à prospecção, à exploração e ao aproveitamento da Área;

b) operações:

i) dimensão da área;

ii) duração das operações;

iii) requisitos de execução, incluindo as garantias previstas na alínea c) do parágrafo 6º do artigo 4 do presente Anexo;

iv) categorias de recursos;

v) renúncia de áreas;

vi) relatórios sobre o andamento dos trabalhos;

vii) apresentação de dados;

viii) inspeção e supervisão das operações;

ix) prevenção de interferências com outras atividades no meio marinho;

x) transferência de direitos e obrigações por um contratante;

xi) procedimentos para a transferência de tecnologia aos Estados em desenvolvimento, de conformidade com o artigo 144 e para a participação direta destes;

xii) critérios e práticas de mineração, incluídas as referentes à segurança das operações, à conservação dos recursos e à proteção do meio marinho;

xiii) definição de produção comercial;

xiv) critérios de qualificação dos peticionários;

c) questões financeiras:

i) estabelecimento de normas uniformes e não discriminatórias em matéria de custos e de contabilidade, bem como de métodos de seleção de auditores;

ii) distribuição das receitas das operações;

iii) os incentivos mencionados no artigo 13 do presente Anexo;

d) aplicação das decisões tomadas nos termos do parágrafo 4º do artigo 151 e da alínea d) do parágrafo 2º do artigo 164.2. As normas, regulamentos e procedimentos sobre as seguintes questões deverão refletir plenamente os critérios objetivos a seguir estabelecidos:

a) Dimensão das áreas:

A Autoridade deve determinar a dimensão apropriada das áreas para a exploração, que pode ir até ao dobro da dimensão das áreas para aproveitamento, a fim de se permitirem operações intensivas de exploração. A dimensão das áreas para aproveitamento deve ser calculada de modo a, de conformidade com as cláusulas do contrato, satisfazer os requisitos do artigo 8 do presente Anexo sobre reserva de áreas, bem como os requisitos de produção previstos compatíveis como o artigo 151, tendo em conta o grau de desenvolvimento da tecnologia disponível nesse momento para a mineração dos fundos marinhos e as características físicas pertinentes da área. As áreas não serão menores nem maiores que o necessário para satisfazer esse objetivo.

b) Duração das operações:

i) a prospecção não deve estar sujeita a prazo;

ii) a exploração deve ter a duração suficiente para permitir um estudo aprofundado da área determinada, o projeto e a construção de equipamento de extração mineira para a área, e o projeto e construção de instalações de processamento de pequena e média dimensão destinadas a testar sistemas de extração e processamento de minerais;

iii) a duração do aproveitamento deve ser em função da vida econômica do projeto de extração mineira, tendo em conta fatores como o esgotamento do depósito, a vida útil do equipamento de extração e das instalações de processamento, bem como a viabilidade comercial. A duração do aproveitamento deve ser suficiente para permitir a extração comercial dos minerais da área e incluir um prazo razoável para a construção de sistemas de extração e processamento de minerais à escala comercial, período durante o qual não deve ser exigida a produção comercial. Contudo, a duração total do aproveitamento deve também ser suficientemente breve para dar à Autoridade a possibilidade de modificar as modalidades e condições do plano de trabalho quando considerar a sua renovação, de conformidade com as normas, regulamentos e procedimentos que tenha adotado depois da aprovação do plano de trabalho.

c) Requisitos de execução:

A Autoridade deve exigir que, durante a fase de exploração, o operador efetue despesas periódicas que mantenham uma relação razoável com a dimensão da área coberta pelo plano de trabalho e com as despesas que sejam de esperar de um operador de boa fé que pretenda iniciar a produção comercial na área dentro dos prazos fixados pela Autoridade. Essas despesas não devem ser fixadas a um nível que desincentive possíveis operadores que disponham de uma tecnologia menos onerosa que a correntemente utilizada. A Autoridade deve fixar um intervalo máximo entre a conclusão da fase de exploração e o início da produção comercial.

Para fixar esse intervalo, a Autoridade deve ter em conta que a construção de sistemas de extração e processamento de minerais em grande escala não pode ser iniciada senão depois da conclusão da fase de exploração e do início da fase de aproveitamento. Em conseqüência, o intervalo até o início da produção comercial na área deve ter em conta o tempo necessário para a construção desses sistemas depois de completada a fase de exploração e prever um prazo razoável que tenha em conta atrasos inevitáveis no calendário da construção. Uma vez iniciada a produção comercial, a Autoridade, dentro dos limites razoáveis e tendo em conta todos os fatores pertinentes, deve exigir ao operador que mantenha a produção comercial durante a vigência do plano de trabalho.

d) Categorias de recursos:

Ao determinar as categorias de recursos a respeito dos quais um plano de trabalho possa ser aprovado, a Autoridade deve dar ênfase, inter alia, às seguintes características:

i) que diferentes recursos requerem a utilização de métodos semelhantes de extração; e

ii) que alguns recursos podem ser aproveitados simultaneamente por vários operadores que aproveitem recursos diferentes na mesma área sem que interfiram indevidamente entre si. Nada do disposto na presente alínea deve impedir a Autoridade de aprovar um plano de trabalho relativo a mais de uma categoria de recursos na mesma área a favor do mesmo peticionário.

e) Renúncia de áreas:

O operar pode renunciar em qualquer altura, sem sanção, à totalidade ou a uma parte dos seus direitos na área coberta pelo plano de trabalho.

f) Proteção do meio marinho:

Normas, regulamentos e procedimentos devem ser estabelecidos para assegurar a proteção eficaz do meio marinho contra efeitos nocivos resultantes diretamente de atividades na Área ou do processamento de minerais procedentes de uma área, de extração mineira a bordo de um navio posicionado sobre tal área, tendo em conta a medida em que tais efeitos nocivos possam resultar diretamente da perfuração, da dragagem, da extração de amostras e da escavação, bem como da eliminação, da imersão e da descarga no meio marinho de sedimentos, detritos ou outros efluentes.

g) Produção comercial:

Considera-se iniciada a produção comercial quando um operador se dedicar a operações de extração contínua em grande escala que produza uma quantidade de materiais suficiente para indicar claramente que o objetivo principal é a produção em grande escala e não a destinada a recolher informação, a analisar ou a testar o equipamento ou a instalação.

ARTIGO 18

SANÇÕES

1. Os direitos de um contratante nos termos do contrato só podem ser suspensos ou extintos nos seguintes casos:

a) se, apesar das advertências da Autoridade, contratante tiver realizado as suas atividades de forma a constituir uma violação grave, persistente e dolosa das cláusulas fundamentais do contrato, da Parte XI e das normas, regulamentos e procedimentos da Autoridade; ou

b) se o contratante não tiver cumprido uma decisão definitiva e obrigatória do órgão de solução de controvérsias que for aplicável.

2. Nos casos de qualquer violação do contrato não previstos na alínea a) do parágrafo 1º, ou em vez da suspensão ou extinção nos termos da alínea a) do parágrafo 1º, a Autoridade pode impor ao contratante sanções monetárias proporcionais à gravidade da violação.

3. Com exceção das ordens em caso de emergência nos termos da alínea w) do parágrafo 2º do artigo 162, a Autoridade não pode executar nenhuma decisão que implique sanções monetárias ou suspensão ou extinção até que tenha sido dada ao contratante uma oportunidade razoável de esgotar os meios judiciais de que dispõe, de conformidade com a seção 5 da Parte XI.

ARTIGO 19
REVISÃO DO CONTRATO

1. Quando tenham surgido ou possam surgir circunstâncias que, na opinião de qualquer das duas Partes, tornariam não equitativo o contrato, ou impraticável ou impossível a realização dos seus objetivos ou dos previstos na Parte XI, as Partes devem iniciar negociações para rever o contrato, em conformidade.

2. Qualquer contrato celebrado de conformidade com o parágrafo 3º do artigo 153 só pode ser revisto com o consentimento das Partes.

ARTIGO 20
TRANSFERÊNCIA DE DIREITOS E OBRIGAÇÕES

Os direitos e obrigações resultantes de um contrato só podem ser transferidos com o consentimento da Autoridade e de conformidade com as suas normas, regulamentos e procedimentos. A autoridade não negará sem causa razoável o seu consentimento à transferência se o cessionário proposto reunir todas as condições exigidas a um peticionário qualificado e assumir todas as obrigações do cedente, e se a transferência não conferir ao cessionário um plano de trabalho cuja aprovação estaria proibida pela alínea c) do parágrafo 3º do artigo 6 do presente Anexo.

ARTIGO 21
DIREITO APLICÁVEL

1. O contrato deve ser regido pelas cláusulas do contrato, pelas normas, regulamentos e procedimentos da Autoridade, pela Parte XI, e por outras normas de direito internacional não incompatíveis com a presente Convenção.

2. Qualquer decisão definitiva de uma corte ou tribunal que tenha jurisdição nos termos da presente Convenção no que se refere aos direitos e obrigações da Autoridade e do contratante deve ser executória no território de qualquer Estado Parte.

3. Nenhum Estado Parte pode impor a um contratante condições incompatíveis com a Parte XI. Contudo, não deve ser considerada incompatível com a Parte XI a aplicação, por um Estado Parte aos contratantes por ele patrocinados ou aos navios que arvorem a sua bandeira, de leis e regulamentos sobre a proteção do meio marinho ou de outra natureza mais restritos que as normas, regulamentos e procedimentos da Autoridade adotados nos termos da alínea f) do parágrafo 2º do artigo 17 do presente Anexo.

ARTIGO 22
RESPONSABILIDADE

O contratante terá responsabilidade pelos danos causados por atos ilícitos cometidos na realização das suas operações, tomando em conta a parte de responsabilidade por atos ou omissões imputáveis à Autoridade. Do mesmo modo, a Autoridade terá responsabilidade pelos danos causados por atos ilícitos cometidos no exercício dos seus poderes e funções, incluindo as violações ao parágrafo 2º do artigo 168, tomando em conta a parte de responsabilidade por atos ou omissões imputáveis ao contratante. Em qualquer caso, a reparação deve corresponder ao dano efetivo.

ANEXO IV
ESTATUTO DA EMPRESA

ARTIGO 1
OBJETIVOS

1. A empresa é o órgão da Autoridade que deve realizar diretamente atividades na Área, nos termos da alínea a) do parágrafo 2º do artigo 153, bem como atividades de transporte, processamento e comercialização de minerais extraídos da Área.

2. Na realização dos seus objetivos e no exercício das suas funções, a Empresa deve atuar de conformidade com a presente Convenção e com as normas, regulamentos e procedimentos da Autoridade.

3. Ao aproveitar os recursos da Área nos termos do parágrafo 1º, a empresa deve atuar de conformidade com princípios comerciais sólidos, com observância da presente Convenção.

ARTIGO 2
RELAÇÕES COM A AUTORIDADE

1. Nos termos do artigo 170, a Empresa deve atuar de conformidade com as políticas gerais da Assembléia e as diretrizes do Conselho.

2. Com observância do parágrafo 1º, a Empresa deve gozar de autonomia na realização das suas operações.

3. Nada na presente Convenção deve tornar a Empresa responsável pelos atos ou obrigações da Autoridade, nem a Autoridade responsável pelos atos ou obrigações da Empresa.

ARTIGO 3
LIMITAÇÃO DE RESPONSABILIDADE

Sem prejuízo do disposto no parágrafo 3º do artigo 11 do presente Anexo, nenhum membro da Autoridade é responsável pelos atos ou obrigações da Empresa, pelo simples fato da sua qualidade de membro.

ARTIGO 4
ESTRUTURA

A Empresa tem um Conselho de Administração, um Diretor Geral e o pessoal necessário ao exercício das suas funções.

ARTIGO 5
CONSELHO DE ADMINISTRAÇÃO

1. O Conselho de Administração é composto de 15 membros eleitos pela Assembléia, de conformidade com a alínea c) do parágrafo 2º do artigo 160. Na eleição dos membros do Conselho de Administração deve ser tomado em devida conta o princípio da distribuição geográfica equitativa. Ao apresentarem candidaturas ao Conselho de Administração, os membros da Autoridade devem ter em conta a necessidade de designar candidatos da mais alta competência e que possuam as qualificações nas matérias pertinentes, de modo a assegurar a viabilidade e o êxito da Empresa.

2. Os membros do conselho de Administração são eleitos por quatro anos e podem ser reeleitos devendo ser tomado em devida conta o princípio da rotação dos membros.

3. Os membros do Conselho de Administração devem permanecer em funções até à eleição dos seus sucessores. Se o lugar de um membro de Conselho de Administração ficar vago, a Assembléia deve eleger, de conformidade com a alínea c) do parágrafo 2º do artigo 160, um novo membro que exercerá o cargo até ao termo desse mandato.

4. Os membros do Conselho de Administração devem atuar a título pessoal. No exercício das suas funções não devem solicitar nem receber instruções de qualquer governo, nem de nenhuma outra fonte. Os membros da Autoridade devem respeitar a independência dos membros do Conselho de Administração e abster-se de qualquer tentativa de influenciar qualquer deles no desempenho das suas funções.

5. Cada membro do Conselho de Administração recebe uma remuneração custeada pelos fundos da Empresa. O montante da remuneração deve ser fixado pela Assembléia por recomendação do Conselho.

6. O Conselho de Administração funciona normalmente no escritório da Empresa e deve reunir-se com a freqüência requerida pelos trabalhos da Empresa.

7. O quorum é constituído por dois terços dos membros do Conselho de Administração.

8. Cada membro do Conselho de Administração dispõe de um voto. Todas as questões submetidas ao Conselho de Administração serão decididas por maioria dos seus membros. Se um membro tiver um conflito de interesses em relação a uma questão submetida ao Conselho de Administração deve abster-se de votar nessa questão.

9. Qualquer membro da Autoridade pode pedir ao Conselho de Administração informações sobre operações que o afetem particularmente. O conselho de Administração deve procurar fornecer tais informações.

ARTIGO 6
PODERES E FUNÇÕES DO CONSELHO DE ADMINISTRAÇÃO

O Conselho de Administração dirige as operações da Empresa. Com observância da presente Convenção, o Conselho de Administração deve exercer os poderes necessários ao cumprimento dos objetivos da Empresa, incluídos os poderes para:

a) eleger um Presidente dentre os seus membros;

b) adotar o seu regulamento interno;

c) elaborar e submeter por escrito ao Conselho planos formais de trabalho, de conformidade com o parágrafo 3º do artigo 153 e com a alínea j) do parágrafo 2º do artigo 162;

d) elaborar planos de trabalho e programas para realizar as atividades previstas no artigo 170;

e) preparar e submeter ao Conselho pedidos de autorização de produção, de conformidade com os parágrafos 2º a 7º do artigo 151;

f) autorizar negociações relativas a aquisição de tecnologia, incluindo as previstas nas alíneas a), c) e d) do parágrafo 3º do artigo 5 do Anexo III, e aprovar os resultados dessas negociações;

g) estabelecer modalidades e condições e autorizar negociações relativas a empreendimentos conjuntos ou outras formas de ajustes conjuntos referidos nos artigos 9 e 11 do Anexo III, e aprovar os resultados dessas negociações;

h) recomendar à Assembléia a parte da receita líquida da Empresa que deve ser retida para as reservas desta, de conformidade com a alínea f) do parágrafo 2º do artigo 160 e com o artigo 10 do presente Anexo;

i) aprovar o orçamento anual da Empresa;

j) autorizar a aquisição de bens e serviços, de conformidade com o parágrafo 3º do artigo 12 do presente Anexo;

k) apresentar um relatório anual ao Conselho, de conformidade com o artigo 9 do presente Anexo;

l) apresentar ao Conselho, para aprovação pela Assembléia, projetos de normas relativas à organização, administração, nomeação e demissão do pessoal da Empresa, e adotar os regulamentos para aplicação de tais normas;

m) contrair empréstimos e prestar as garantias ou cauções que possa determinar, de conformidade com o parágrafo 2º Do artigo 11 do presente Anexo;

n) participar em quaisquer procedimentos legais, acordos e transações e tomar quaisquer outras medidas, de conformidade com o artigo 13 do presente Anexo;

o) delegar, sujeito à aprovação do Conselho, quaisquer poderes não discricionários nas suas comissões ou no Diretor Geral.

ARTIGO 7
DIRETOR GERAL E PESSOAL DA EMPRESA

1. A Assembléia elege, por recomendação do Conselho e por proposta do Conselho de Administração, o Diretor Geral da Empresa que não será membro do Conselho de Administração. O Diretor Geral é eleito por um período determinado, que não deve exceder cinco anos, e pode ser reeleito para novos mandatos.

2. O Diretor Geral é o representante legal da Empresa e o seu chefe executivo e responde diretamente perante o Conselho de Administração pela condução das operações da Empresa. Tem a seu cargo a organização, administração, nomeação e demissão do pessoal, de conformidade com as normas e regulamentos referidos na alínea 1) do artigo 6 do presente Anexo. Deve participar, sem direito de voto, nas reuniões do Conselho de Administração e pode participar, sem direito de voto, nas reuniões do Conselho de Administração e pode participar, sem direito de voto, nas reuniões da Assembléia e do Conselho quando estes órgãos examinarem questões que interessem à Empresa.

3. A consideração dominante ao recrutar e nomear o pessoal e ao determinar as suas condições de emprego deve ser a necessidade de assegurar o mais alto grau de eficiência e competência técnica. Ressalvada esta consideração, deve ter-se em devida conta a importância de recrutar o pessoal numa base geográfica equitativa.

4. No cumprimento dos seus deveres, o Diretor Geral e o pessoal da Empresa não solicitarão nem receberão instruções de qualquer governo nem de nenhuma outra fonte estranha à Empresa. Devem abster-se de qualquer ato que possa afetar a sua condição de funcionários internacionais, responsáveis unicamente perante a Empresa. Todo o Estado Parte compromete-se a respeitar o caráter exclusivamente internacional das funções do Diretor Geral e do pessoal e a não procurar influenciá-los no desempenho das suas funções.

5. As responsabilidades estabelecidas no parágrafo 2º do artigo 168 devem aplicar-se igualmente ao pessoal da Empresa.

ARTIGO 8
LOCALIZAÇÃO

A Empresa tem o seu escritório principal na sede da Autoridade. Aempresa pode abrir outros escritórios e instalações no território de qualquer Estado Parte, com o consentimento deste.

ARTIGO 9
RELATÓRIOS E BALANÇOS FINANCEIROS

1. A Empresa deve submeter a exame do Conselho, nos três meses seguintes ao termo de cada ano fiscal, um relatório anual que contenha um extrato das suas contas, verificado por auditores e deve enviar ao mesmo Conselho, a intervalos adequados, um balanço sumário da sua situação financeira e um balanço de ganhos e perdas que mostre os resultados das suas operações.

2. A Empresa deve publicar o seu relatório anual e demais relatórios que considere apropriados.

3. Todos os relatórios e balanços financeiros referidos no presente artigo devem ser distribuídos aos membros da Autoridade.

ARTIGO 10
DISTRIBUIÇÃO DE RECEITAS LÍQUIDAS

1. Com observância do parágrafo 3º, a Empresa deve pagar à Autoridade os montantes devidos nos termos do artigo 13 do Anexo III ou seu equivalente.

2. A Assembléia, por recomendação do Conselho de Administração, deve determinar a parte da receita líquida da Empresa que deve ser retida para as reservas desta. O remanescente será transferido para a Autoridade.

3. Durante o período inicial necessário para que a Empresa se torne auto-suficiente, o qual não deve exceder dez anos a contar do início da sua produção comercial, a Assembléia deve isentar a Empresa dos

pagamentos referidos no parágrafo 1º e deixar a totalidade da receita líquida da Empresa nas reservas desta.

ARTIGO 11
FINANÇAS

1. Os recursos financeiros da Empresa devem incluir:

a) os montantes recebidos da Autoridade de conformidade com a alínea b) do parágrafo 2º do artigo 173;

b) as contribuições voluntárias feitas pelos Estados Partes com o objetivo de financiar atividades da Empresa;

c) o montante dos empréstimos contraídos pela Empresa de conformidade com os parágrafos 2º e 3º;

d) as receitas provenientes das operações da Empresa;

e) outros fundos postos à disposição da Empresa para lhe permitir iniciar as operações o mais cedo possível e desempenhar as suas funções.

2. a) A Empresa tem o poder de contrair empréstimos e de prestar as garantias ou cauções que possa determinar. Antes de proceder a uma venda pública das suas obrigações nos mercados financeiros ou na moeda de um Estado Parte, a Empresa deve obter a aprovação desse Estado. O montante total dos empréstimos deve ser aprovado pelo Conselho, por recomendação do Conselho de Administração.

b) Os Estados Partes devem fazer todos os esforços razoáveis para apoiar os pedidos de empréstimo da Empresa nos mercados de capital e instituições financeiras internacionais.

3. a) Devem ser fornecidos à Empresa os fundos necessários à exploração e aproveitamento de um setor mineiro e ao transporte, processamento e comercialização dos minerais dele extraídos e o níquel, cobre, cobalto e manganês obtidos, assim como a satisfação das suas despesas administrativas iniciais. A Comissão Preparatória deve indicar o montante desses fundos, bem como os critérios e fatores para o seu reajustamento, nos projetos de normas, regulamentos e procedimentos da Autoridade.

b) Todos os Estados Partes devem pôr à disposição da Empresa uma soma equivalente a metade dos fundos referidos na alínea a), sob a forma de empréstimos a longo prazo e sem juros, de conformidade com a escala de contribuições para o orçamento ordinário das Nações Unidas em vigor na data de entrega das contribuições, reajustada para ter em conta os Estados que não são membros das Nações Unidas. As dívidas contraídas pela Empresa na obtenção da outra metade dos fundos devem ser garantidas pelos Estados Partes de conformidade com a mesma escala.

c) Se a soma das contribuições financeiras dos Estados Partes for inferior à dos fundos a serem fornecidos à Empresa nos termos da alínea a), a Assembléia, na sua primeira sessão, deve considerar o montante da diferença e, tendo em conta a obrigação dos Estados Partes nos termos das alíneas a) e b) e as recomendações da Comissão Preparatória, deve adotar, por consenso, medidas para cobrir tal diferença.

d) i) Cada Estado Parte deve, nos sessenta dias seguintes à entrada em vigor da presente Convenção, ou nos trinta dias seguintes ao depósito do seu instrumento de ratificação ou adesão, se esta data for posterior, depositar junto da Empresa promissórias sem juros, não negociáveis e irrevogáveis, de montante igual à parte correspondente a esse Estado Parte dos empréstimos sem juros previstos na alínea b).

ii) Logo que possível após a entrada em vigor da presente Convenção e, após esta data, anualmente ou com a periodicidade apropriada, o Conselho de Administração deve preparar um programa que indique o montante dos fundos de que necessite para financiar as despesas administrativas da Empresa e para a realização de atividades nos temos do artigo 170 e do artigo 12 do presente Anexo e as datas em que necessite desses fundos.

iii) Uma vez preparando esse programa, a Empresa deve notificar imediatamente os Estados Partes, por intermédio da Autoridade, das partes respectivas nos fundos previstos na alínea b) do presente parágrafo e exigidos por tais despesas. A Empresa deve cobrar os montantes das promissórias necessários para financiar as despesas indicadas no programa acima referido em relação aos empréstimos sem juro.

iv) Após terem recebido a notificação, os Estados Partes devem pôr à disposição da Empresa as suas partes respectivas das garantias de dívidas da Empresa, de conformidade com a alínea b).

e) i) Se a Empresa o solicitar, os Estados Partes podem prestar garantias de dívida adicionais às que tenham prestado de conformidade com a escala mencionada na alínea b).

ii) Em vez de uma garantia de dívida, um Estado Parte pode fazer à Empresa uma contribuição voluntária de montante equivalente à fração das dívidas que de outro modo teria obrigação de garantir.

f) O reembolso dos empréstimos com juros tem prioridade sobre o reembolso dos empréstimos sem juros. Os empréstimos sem juros devem ser reembolsados de acordo com um programa adotado pela Assembléia, por recomendação do Conselho e ouvido o Conselho de Administração. No exercício dessa função, o Conselho de Administração deve guiar-se pelas normas, regulamentos e procedimentos da Autoridade, que devem ter em conta a necessidade primordial de assegurar o funcionamento eficaz da Empresa e, em particular, a sua independência financeira.

g) Os fundos postos à disposição da Empresa serão em moedas livremente utilizáveis ou em moedas livremente disponíveis e efetivamente utilizáveis nos principais mercados de divisas. Estas moedas serão definidas nas normas, regulamentos e procedimentos da Autoridade, de conformidade com a prática monetária internacional dominante. Salvo o disposto no parágrafo 2º, nenhum Estado Parte deve manter ou impor restrições à detenção, utilização ou câmbio desses fundos pela Empresa.

h) `Garantia de dívida" significa a promessa feita por um Estado Parte aos credores da Empresa de cumprir, na medida prevista pela escala apropriada, as obrigações financeiras da Empresa cobertas pela garantia, após os credores notificarem o Estado Parte do seu não-cumprimento pela Empresa. Os procedimentos para o pagamento dessas obrigações devem estar de conformidade com as normas, regulamentos e procedimentos da Autoridade.

4. Os fundos, haveres e despesas da Empresa devem ser mantidos separados dos da Autoridade. O presente artigo não deve impedir que a Empresa efetue ajustes com a Autoridade relativos às instalações, pessoal e serviços e ao reembolso das despesas administrativas pagas por uma delas em nome da outra.

5. Os documentos, livros e contas da Empresa, inclusive os relatórios financeiros anuais, devem ser verificados todos os anos por um auditor independente designado pelo Conselho.

ARTIGO 12
OPERAÇÕES

1. A Empresa deve propor ao Conselho projetos para a realização de atividades, de conformidade com o artigo 170. Tais propostas devem incluir um plano de trabalho formal escrito das atividades na Área, de conformidade com o parágrafo 3º do artigo 153 e quaisquer outras informações e dados que possam de tempos a tempos ser necessários à avaliação dos referidos projetos pela Comissão Jurídica e Técnica e à sua aprovação pelo Conselho.

2. Uma vez aprovado pelo Conselho, a Empresa deve executar o projeto com base no plano de trabalho formal escrito referido no parágrafo 1º.

3. a) Se a Empresa não dispuser dos bens e serviços necessários às suas operações, pode adquirí-los. Pare esse fim, deve abrir consultas ao mercado e adjudicar contratos aos licitantes que ofereçam a melhor combinação de qualidade, preço e prazo de entrega.

b) Se houver mais de uma oferta com essa combinação, o contrato deve ser adjudicado de conformidade com:

i) o princípio da não-discriminação com base em considerações políticas ou outras não relevantes para a realização com a devida diligência e eficiência das operações;

ii) as diretrizes aprovadas pelo Conselho relativas à preferência a ser dada aos bens e serviços originários de Estados em desenvolvimento, incluindo dentre eles os Estados em desenvolvimento, incluindo dentre eles os Estados sem litoral ou em situação geográfica desfavorecida.

c) O Conselho de Administração pode adotar normas que determinem as circunstâncias especiais em que, no melhor interesse da Empresa, o requisito de abertura de consultas ao mercado possa ser dispensado.

4 A Empresa tem o direito de propriedade sobre todos os minerais e Substâncias processadas que produzir.

5. A Empresa deve vender os seus produtos numa base não discriminatória. Não deve conceder descontos não comerciais.

6. Sem prejuízo de quaisquer poderes gerais ou especiais conferidos nos termos de qualquer outra disposição da presente Convenção, a Empresa deve exercer todos os poderes acessórios de que necessite para a condução dos seus trabalhos.

7. A Empresa não deve interferir nos assuntos políticos de qualquer Estado Parte, nem se deve deixar influenciar nas suas decisões pela orientação política dos Estados Partes interessados. As suas decisões devem ser baseadas exclusivamente em considerações de ordem comercial, as quais devem ser ponderadas de uma forma imparcial a fim de que se atinjam os objetivos especificados no artigo 1 do presente Anexo.

ARTIGO 13
ESTATUTO JURÍDICO, PRIVILÉGIOS E IMUNIDADES

1. A fim de permitir à Empresa o exercício das suas funções, devem ser-lhes concedidos, no território dos Estados Partes, o estatuto jurídico, os privilégios e as imunidades estabelecidos no presente artigo. Para a aplicação desse princípio, a Empresa e os Estados Partes podem, quando necessário, concluir acordos especiais.

2. A Empresa tem a capacidade jurídica necessária ao exercício das suas funções e à consecução dos seus objetivos e tem, em particular, capacidade para:

a) celebrar contratos, ajustes conjuntos ou outros ajustes, incluídos acordos com Estados e organizações internacionais;

b) adquirir, arrendar ou alugar, possuir e alienar bens móveis e imóveis;

c) ser parte em juízo.

3. a) A Empresa só pode ser demandada nos tribunais com jurisdição no território de um Estado Parte em que a Empresa:

i) possua escritório ou instalação;

ii) tenha nomeado um representante para receber citação ou notificação em processos judiciais;

iii) tenha celebrado um contrato relativo a bens ou serviços;

iv) tenha emitido obrigações; ou

v) realize outras atividades comerciais.

b) Os bens e haveres da Empresa, onde quer que se encontrem e independentemente de quem os detenha, devem gozar de imunidade de qualquer forma de arresto, embargo ou execução enquanto não seja proferida sentença definitiva contra a Empresa.

4. a) Os bens e haveres da Empresa, onde quer que se encontrem e independentemente de quem os detenha, devem gozar de imunidade de requisição, confisco, expropriação ou qualquer outra forma de apreensão resultante de medida executiva ou legislativa.

b) Os bens e haveres da Empresa, onde quer que se encontrem independentemente de quem os detenha, devem estar isentos de restrições, regulamentação, controle e moratórias discriminatórias de qualquer natureza.

c) A Empresa e o seu pessoal devem respeitar as leis e regulamentos de qualquer Estado ou território em que possam realizar atividades comerciais ou de outra natureza.

d) Os Estados Partes devem assegurar à Empresa o gozo de todos os direitos, privilégios e imunidades outorgados por eles a entidades que realizem atividades comerciais nos seus territórios. Estes direitos, privilégios e imunidades outorgados a Empresa não serão menos favoráveis do que os outorgados à entidades que realizem atividades comerciais similares. Quando os Estados Partes outorgarem privilégios especiais a Estados em desenvolvimento ou a entidades comerciais destes, a Empresa deve gozar desses privilégios numa base igualmente preferencial.

e) Os Estados Partes podem conceder incentivos, direitos, privilégios e imunidades especiais à Empresa sem a obrigação de os conceder a outras entidades comerciais.

5. A Empresa deve negociar a obtenção da isenção de impostos diretos e indiretos com os Estados em cujo território tenha escritórios e instalações.

6. Cada Estado Parte deve adotar as disposições necessárias para incorporar na sua própria legislação os princípios enunciados no presente Anexo e informar a Empresa das disposições concretas que tenha tomado.

7. A Empresa pode renunciar, na medida e segundo as condições que venha a determinar, a qualquer dos privilégios e imunidades outorgados nos termos do presente artigo ou de acordos especiais mencionado no parágrafo 1º.

ANEXO V
CONCILIAÇÃO

SEÇÃO 1. PROCEDIMENTOS DE CONCILIAÇÃO NOS TERMOS DA SEÇÃO 1 DA PARTE XV

ARTIGO 1
INÍCIO DO PROCEDIMENTO

Se as partes numa controvérsia tiverem acordado, de conformidade com o artigo 284, submetê-la ao procedimento de conciliação nos termos da presente seção, qualquer delas poderá, mediante notificação escrita dirigida à outra ou às outras partes na controvérsia, iniciar o procedimento.

ARTIGO 2
LISTA DE CONCILIADORES

O Secretário Geral das Nações Unidas elaborará e manterá uma lista de conciliadores. Cada Estado Parte designará quatro conciliadores que devem ser pessoas que gozem da mais elevada reputação pela sua imparcialidade, competência e integridade. A lista será composta pelos nomes das pessoas assim designadas. Se, em qualquer momento, os conciliadores designados por um Estado para integrar a lista forem menos de quatro, esse Estado Parte fará as designações suplementares necessárias. O nome de um conciliador permanecerá na lista até ser retirado pelo Estado Parte que o tiver designado, com a ressalva de que tal conciliador continuará a fazer parte de qualquer comissão de conciliação para a qual tenha sido designado até que tenha terminado o procedimento na referida Comissão.

ARTIGO 3
CONSTITUIÇÃO DA COMISSÃO DE CONCILIAÇÃO

Salvo acordo em contrário das partes, a comissão de conciliação será constituída da seguinte forma:

a) salvo o disposto na alínea g), a comissão de conciliação deve ser composta de cinco membros.

b) A parte que inicie o procedimento designará dois conciliadores, escolhidos de preferência da lista mencionada no artigo 2 do presente Anexo, dos quais um pode ser seu nacional, salvo acordo em contrário das Partes. Essas designações serão incluídas na notificação prevista no artigo 1 do presente Anexo.

c) A outra parte na controvérsia designará pela forma prevista na alínea b) dois conciliadores nos 21 dias seguintes ao recebimento da notificação prevista no artigo 1 do presente Anexo. Se as designações não se efetuam nesse prazo, a parte que tenha iniciado o procedimento pode, na semana seguinte à expiração desse prazo, pôr termo ao procedimento mediante notificação dirigida à outra parte ou pedir ao Secretário Geral das Nações Unidas que proceda às nomeações de conformidade com a alínea e).

d) Nos 30 dias seguintes à data em que se tenha efetuado a última designação, os quatro conciliadores designarão um quinto conciliador, escolhido da lista mencionada no artigo 2 do presente Anexo, que será o presidente. Se a designação não se efetua nesse prazo, qualquer das partes pode, na semana seguinte à expiração desse prazo, pedir ao Secretário Geral das nações Unidas que proceda à designação de conformidade com a alínea e).

e) Nos 30 dias Seguintes ao recebimento de um pedido nos termos do disposto nas alíneas c) ou d), o Secretário Geral das Nações Unidas fará, em consulta com as partes na controvérsia, as designações necessárias a partir da lista mencionada no artigo 2 do presente Anexo.

f) Qualquer vaga será preenchida pela forma prevista para a designação inicial.

g) Duas ou mais partes que determinem de comum acordo que têm o mesmo interesse designarão conjuntamente dois conciliadores. Quando duas ou mais partes tenham interesses distintos, ou quando não exista acordo sobre se têm ou não o mesmo interesse, as partes designarão conciliadores separadamente.

h) Nas controvérsias em que existam mais de duas partes com interesses distintos, ou quando não haja acordo sobre se têm o mesmo interesse, as partes devem aplicar, na medida do possível, as alíneas a) a f).

ARTIGO 4
PROCEDIMENTO

Salvo acordo em contrário das partes, a comissão de conciliação determinará o seu próprio procedimento. A comissão pode, com o consentimento das partes na controvérsia, convidar qualquer Estado Parte a apresentar as suas opiniões verbalmente ou por escrito. As decisões relativas a questões de procedimento, as recomendações e o relatório da comissão serão adotados por maioria de votos dos seus membros.

ARTIGO 5
SOLUÇÃO AMIGÁVEL

A comissão poderá chamar a atenção das partes para quaisquer medidas que possam facilitar uma solução amigável da controvérsia.

ARTIGO 6
FUNÇÕES DA COMISSÃO

A comissão ouvirá as partes, examinará as suas pretensões e objeções e far-lhes-á propostas para chegarem a uma solução amigável.

ARTIGO 7
RELATÓRIO

1. A comissão apresentará relatório nos 12 meses seguintes à sua constituição. O relatório conterá todos os acordos concluídos e, se os não houver, as conclusões sobre todas as questões de direito ou de fato relacionadas com a matéria em controvérsia e as recomendações que julgue apropriadas para uma solução amigável. O relatório será depositado junto do Secretário Geral das Nações Unidas, que o transmitirá imediatamente às partes na controvérsia.

2. O relatório da comissão, incluídas as suas conclusões ou recomendações, não terá força obrigatória para as partes.

ARTIGO 8
EXTINÇÃO DO PROCEDIMENTO

Extinguir-se-á o procedimento de conciliação quando a controvérsia tenha sido solucionada, quando as partes tenham aceito ou uma delas tenha rejeitado as recomendações do relatório, por via de notificação escrita dirigida ao Secretário Geral das Nações Unidas, ou quando tenha decorrido um prazo de três meses a contar da data em que o relatório foi transmitido às partes.

ARTIGO 9
HONORÁRIOS E DESPESAS

Os honorários e despesas da comissão ficarão a cargo das partes na controvérsia.

ARTIGO 10
DIREITO DAS PARTES MODIFICAREM O PROCEDIMENTO

As partes na controvérsia poderão, mediante acordo aplicável unicamente a essa controvérsia, modificar qualquer disposição do presente Anexo.

SEÇÃO 2. SUBMISSÃO OBRIGATÓRIA AO PROCEDIMENTO DE CONCILIAÇÃO NOS TERMOS DA SEÇÃO 3 DA PARTE XV

ARTIGO 11
INÍCIO DO PROCEDIMENTO

1. Qualquer das partes numa controvérsia que, de conformidade com a seção 3 da Parte XV, possa ser submetida ao procedimento de conciliação nos termos da presente seção, pode iniciar o procedimento por via de notificação escrita dirigida à outra ou às outras partes na controvérsia.

2. Qualquer das partes na controvérsia que tenha sido notificada nos termos do parágrafo 1º ficará obrigada a submeter-se a tal procedimento.

ARTIGO 12
AUSÊNCIA DE RESPOSTA OU NÃO-SUBMISSÃO AO PROCEDIMENTO DE CONCILIAÇÃO

O fato de uma ou várias partes na controvérsia não responderem à notificação relativa ao início do procedimento, ou de a ele não se submeterem, não constituirá obstáculo ao procedimento.

ARTIGO 13
COMPETÊNCIA

Qualquer desacordo quanto à competência da comissão de conciliação constituída nos termos da presente seção será resolvido por essa comissão.

ARTIGO 14
APLICAÇÃO DA SEÇÃO 1

Os artigos 2 a 10 da seção 1 do presente Anexo aplicar-se-ão salvo o disposto na presente seção.

ANEXO VI

ESTATUTO DO TRIBUNAL INTERNACIONAL DO DIREITO DO MAR

ARTIGO 1
DISPOSIÇÕES GERAIS

1. O Tribunal Internacional do Direito do Mar é constituído e deve funcionar de conformidade com as disposições desta Convenção e do presente Estatuto.

2. O Tribunal terá a sua sede na Cidade Livre e Hanseática de Hamburgo na República Federal da Alemanha.

3. O Tribunal pode reunir-se e exercer as suas funções em qualquer outro local, quando o considere desejável.

4. A submissão de qualquer controvérsia ao Tribunal deve ser regida pelas disposições das Partes XI e XV.

SEÇÃO 1. ORGANIZAÇÃO DO TRIBUNAL

ARTIGO 2
COMPOSIÇÃO

1. O Tribunal é composto de 21 membros independentes, eleitos de entre pessoas que gozem da mais alta reputação pela sua imparcialidade e integridade e sejam de reconhecida competência em matéria de direito do mar.

2. A representação dos principais sistemas jurídicos do mundo e uma distribuição geográfica equitativa devem ser asseguradas na composição global do Tribunal.

ARTIGO 3
MEMBROS

1. O Tribunal não pode ter como membros mais de um nacional do mesmo Estado. Para esse efeito, qualquer pessoa que possa ser nacional de mais de um Estado deve ser considerada nacional do Estado em que habitualmente exerce os seus direitos civis e políticos.

2. Não deve haver menos de três membros de cada um dos grupos geográficos estabelecidos pela Assembléia Geral das Nações Unidas.

ARTIGO 4
CANDIDATURAS E ELEIÇÕES

1. Cada Estado Parte pode designar, no máximo, duas pessoas que reunam as condições prescritas no artigo 2 do presente Anexo. Os membros do Tribunal devem ser eleitos da lista das pessoas assim designadas.

2. Pelo menos três meses antes da data da eleição, o Secretário Geral das Nações Unidas, no caso da primeira eleição, ou o Escrivão do Tribunal, no caso das eleições subseqüentes, deve endereçar convite escrito aos Estados Partes para apresentarem os seus candidatos a membros do Tribunal, num prazo de dois meses. O Secretário Geral ou o Escrivão deve preparar uma lista por ordem alfabética de todas as pessoas assim designadas, com a indicação dos Estados Partes que os tiverem designado e submetê-la aos Estados Partes antes do sétimo dia do último mês que anteceder a data da eleição.

3. A primeira eleição deve realizar-se nos seis meses seguintes à data da entrada em vigor da presente Convenção.

4. Os membros do Tribunal são eleitos por escrutínio secreto. As eleições devem realizar-se numa reunião dos Estados Partes convocada pelo Secretário Geral das Nações Unidas, no caso da primeira eleição ou segundo procedimento acordado pelos Estados Partes, no caso das eleições subseqüentes. Nessa reunião, o quorum deve ser constituído por dois terços dos Estados Partes. São eleitos para o Tribunal os candidatos que obtenham o maior número de votos e a maioria de dois terços dos votos dos Estados Partes presentes e votantes, desde que essa maioria compreenda a maioria dos Estados Partes.

ARTIGO 5

DURAÇÃO DO MANDATO

1. Os membros do Tribunal são eleitos por nove anos e podem ser reeleitos; contudo, tratando-se dos membros eleitos na primeira eleição, o mandato de sete dentre eles expira ao fim de três anos e de mais sete expira ao fim de seis anos.

2. Os membros do Tribunal cujos mandatos expiram ao fim dos mencionados períodos iniciais de três e seis anos devem ser escolhidos por sorteio efetuado pelo Secretário Geral das Nações Unidas imediatamente após a primeira eleição.

3. Os membros do Tribunal devem continuar no desempenho das suas funções até que tenham sido substituídos. Embora substituídos, devem continuar a conhecer até ao fim de quaisquer questões que tenham iniciado antes da data da sua substituição.

4. Em caso de renúncia de um membro do Tribunal, a carta de renúncia deve ser endereçada ao Presidente do Tribunal. O lugar fica vago a partir do momento em que a carta de renúncia é recebida.

ARTIGO 6

VAGAS

1. As vagas devem ser preenchidas pelo mesmo método seguido na primeira eleição, com ressalva da seguinte disposição: o Escrivão deve, dentro de um mês após a ocorrência da vaga, proceder ao envio dos convites previsto no artigo 4 do presente Anexo e o Presidente do Tribunal deve, após consulta com os Estados Partes, fixar a data da eleição.

2 O membro do Tribunal eleito em substituição de um membro cujo mandato não tenha expirado deve exercer o cargo até ao termo do mandato do seu predecessor.

ARTIGO 7

INCOMPATIBILIDADES

1. Nenhum membro do Tribunal pode exercer qualquer função política ou administrativa ou estar associado ativamente ou interessado financeiramente em qualquer das operações de uma empresa envolvida na exploração ou aproveitamento dos recursos do mar ou dos fundos marinhos ou noutra utilização comercial do mar ou dos fundos marinhos.

2. Nenhum membro do Tribunal pode exercer funções de agente, consultor ou advogado em qualquer questão.

3. Havendo dúvida sobre estes pontos, o Tribunal deve resolvê-la por maioria dos demais membros presentes.

ARTIGO 8

CONDIÇÕES RELATIVA À PARTICIPAÇÃO DOS MEMBROS NUMA QUESTÃO DETERMINADA

1. Nenhum membro do Tribunal pode participar na decisão de qualquer questão em que tenha intervindo anteriormente como agente, consultor ou advogado de qualquer das partes, ou como membro de uma corte ou tribunal nacional ou internacional, ou em qualquer outra qualidade.

2. Se, por alguma razão especial, um membro do Tribunal considera que não deve participar na decisão de uma questão determinada deve informar disso o Presidente do Tribunal.

3. Se o Presidente considera que, por alguma razão especial, um dos membros do Tribunal não deve conhecer de uma questão determinada, deve dar-lhe disso conhecimento.

4. Havendo dúvida sobre estes pontos, o Tribunal deve resolvê-la por maioria dos demais membros presentes.

ARTIGO 9

CONSEQÜÊNCIA DA PERDA DAS CONDIÇÕES REQUERIDAS

Se, na opinião unânime dos demais membros do Tribunal, um membro tiver deixado de reunir as condições requeridas, o Presidente do Tribunal deve declarar o lugar vago.

ARTIGO 10

PRIVILÉGIOS E IMUNIDADES

No exercício das suas funções, os membros do Tribunal gozam de privilégios e imunidades diplomáticos.

ARTIGO 11

DECLARAÇÃO SOLENE

Todos os membros do Tribunal devem, antes de assumir as suas funções, fazer, em sessão pública, uma declaração solene, de que exercerão as suas atribuições com imparcialidade e em consciência.

ARTIGO 12

PRESIDENTE, VICE-PRESIDENTE E ESCRIVÃO

1. O Tribunal elegerá, por três anos, o seu Presidente e Vice-presidente, que podem ser reeleitos.

2. O Tribunal nomeará o seu Escrivão e pode providenciar a nomeação dos demais funcionários necessários.

3. O Presidente e o Escrivão devem residir na sede do Tribunal.

ARTIGO 13
QUORUM

1. Todos os membros do Tribunal que estejam disponíveis devem estar presentes, sendo exigido um quorum de 11 membros eleitos para constituir o Tribunal.

2. Com observância do artigo 17 do presente Anexo, o Tribunal deve determinar quais os membros que estão disponíveis para constituir o Tribunal para o exame de uma determinada controvérsia, tendo em conta a necessidade de assegurar o funcionamento eficaz das câmaras previstas nos artigos 14 e 15 do presente Anexo.

3 O Tribunal delibera sobre todas as controvérsias e pedidos que lhe sejam submetidos a menos que o artigo 14 do presente Anexo se aplique ou as partes solicitem a aplicação do artigo 15 do presente Anexo.

ARTIGO 14
CÂMARA DE CONTROVÉRSIAS DOS FUNDOS MARINHOS

É criada uma Câmara de Controvérsias dos Fundos Marinhos, de conformidade com as disposições da seção 4 do presente Anexo. A sua competência, poderes e funções são os definidos na seção 5 da Parte XI.

ARTIGO 15
CÂMARAS ESPECIAIS

1. O Tribunal pode constituir as câmaras que considere necessárias, compostas de três ou mais dos seus membros eleitos, para conhecerem de determinadas categorias de controvérsias.

2. O Tribunal deve, se as partes assim o solicitarem, constituir uma câmara para conhecer de uma determinada controvérsia que lhe tenha sido submetida. O Tribunal deve fixar, com a aprovação das partes, a composição de tal câmara.

3. Com o fim de facilitar o andamento rápido dos assuntos, o Tribunal deve constituir anualmente uma câmara de cinco dos seus membros eleitos que pode deliberar sobre controvérsias em procedimento sumário. Devem ser designados dois membros suplentes para substituírem os que não possam participar numa determinada questão.

4. As câmaras previstas no presente artigo devem, se as partes assim o solicitarem, deliberar sobre as controvérsias.

5. A sentença de qualquer das câmaras previstas no presente artigo e no artigo 14 do presente Anexo deve ser considerada com proferida pelo Tribunal.

ARTIGO 16
REGULAMENTO DO TRIBUNAL

O Tribunal deve adotar normas para o exercício das suas funções. Deve elaborar, em particular, o seu regulamento interno.

ARTIGO 17
NACIONALIDADE DOS MEMBROS

1. Os membros do Tribunal nacionais de qualquer das partes numa controvérsia mantêm o seu direito de participar como membros do Tribunal.

2. Se o Tribunal, ao examinar uma controvérsia, incluir um membro nacional de uma das partes, qualquer outra parte poderá designar uma pessoa de sua escolha para participar na qualidade de membro do Tribunal.

3. Se o Tribunal, ao examinar uma controvérsia, não incluir um membro nacional das partes, cada uma destas poderá designar uma pessoa de sua escolha para participar na qualidade de membro do Tribunal.

4. O presente artigo aplica-se às câmaras referidas nos artigos 14 e 15 do presente Anexo. Em tais casos, o Presidente, em consulta com as partes, deve pedir a determinados membros do Tribunal que constituam a câmara, tantos quantos necessários, que cedam os seus lugares aos membros do Tribunal da nacionalidade das partes interessadas e, se os não houver ou não puderem estar presentes, aos membros especialmente designados pelas partes.

5. Se várias partes tiverem um mesmo interesse, deverão, para efeitos das disposições precedentes, ser consideradas como uma única parte. Havendo dúvida sobre este ponto, o Tribunal deve resolvê-la.

6. Os membros designados de conformidade com os parágrafos 2º,3º e 4º devem reunir as condições estabelecidas pelos artigos 2, 8 e 11 do presente Anexo. Devem participar na decisão do Tribunal em condições de absoluta igualdade com os seus colegas.

ARTIGO 18
REMUNERAÇÃO

1. Cada membro eleito do Tribunal recebe um vencimento anual e, por cada dia em que exerça as suas funções, um subsídio especial. A soma total do seu subsídio especial, em cada ano, não excederá o montante do vencimento anual.

2. O Presidente recebe um subsídio anual especial

3. O Vice-presidente recebe um subsídio especial por cada dia em que exerça as funções de Presidente.

4. Os membros designados nos termos do artigo 17 do presente Anexo, que não sejam membros eleitos do Tribunal, receberão uma compensação por cada dia em que exerçam as suas funções.

5. Os vencimentos, subsídios e compensações serão fixados periodicamente em reuniões dos Estados Partes, tendo em conta o volume de trabalho do Tribunal. Não podem sofrer redução enquanto durar o mandato.

6. O vencimento do Escrivão é fixado em reuniões dos Estados Partes, por proposta do Tribunal.

7. Nos regulamentos adotados em reuniões dos Estados Partes, serão fixadas as condições para a concessão de pensões de aposentação aos membros do Tribunal e ao Escrivão, bem como as condições para o reembolso, aos membros do Tribunal e ao Escrivão, das suas despesas de viagens.

8. Os vencimentos, subsídios e compensações estarão isentos de qualquer imposto.

ARTIGO 19

DESPESAS DO TRIBUNAL

1. As despesas do Tribunal serão custeadas pelos Estados Partes e pela Autoridade, nos termos e condições a determinar em reuniões dos Estados Partes.

2. Quando uma entidade distinta de um Estado Parte ou da Autoridade for parte numa controvérsia submetida ao Tribunal, este fixará o montante com que a referida parte terá de contribuir para as despesas do Tribunal.

SEÇÃO 2. JURISDIÇÃO

ARTIGO 20

ACESSO AO TRIBUNAL

1. Os Estados Partes terão acesso ao Tribunal.

2. As entidades distintas dos Estados Partes terão acesso ao Tribunal, em qualquer dos casos expressamente previstos na Parte XI ou em qualquer questão submetida nos termos de qualquer outro acordo que confira ao Tribunal jurisdição que seja aceita por todas as partes na questão.

ARTIGO 21

JURISDIÇÃO

A jurisdição do Tribunal compreende todas as controvérsias e pedidos que lhe sejam submetidos de conformidade com a presente Convenção, bem como todas as questões especialmente previstas em qualquer outro acordo que confira jurisdição ao Tribunal.

ARTIGO 22

SUBMISSÃO AO TRIBUNAL DE CONTROVÉRSIAS RELATIVAS A OUTRO ACORDOS

Se todas as partes num tratado ou convenção já em vigor sobre matérias cobertas pela presente Convenção assim o acordarem, qualquer controvérsia relativa à interpretação ou aplicação de tal tratado ou convenção pode, de conformidade com tal acordo, ser submetida ao Tribunal.

ARTIGO 23

DIREITO APLICÁVEL

Todas as controvérsias e pedidos serão decididos pelo Tribunal, de conformidade com o artigo 293.

SEÇÃO 3. PROCESSO

ARTIGO 24

INÍCIO DO PROCEDIMENTO

1. As controvérsias são submetidas ao Tribunal, conforme o caso, por notificação de um acordo especial ou por pedido escrito dirigido ao Escrivão. Em ambos os casos, o objeto da controvérsia e as partes devem ser indicados.

2. O Escrivão deve notificar imediatamente todos os interessados do acordo especial ou do pedido.

3. O Escrivão deve também notificar todos os Estados Partes.

ARTIGO 25

MEDIDAS PROVISÓRIAS

1. De conformidade com o artigo 290, o Tribunal e a sua Câmara de Controvérsias dos Fundos Marinhos têm o poder de decretar medidas provisórias.

2. Se o Tribunal não se encontrar reunido ou o número de membros disponíveis não for suficiente para que haja quorum, as medidas provisórias devem ser decretadas pela câmara criada nos termos do parágrafo 3º do artigo 15 do presente Anexo. Não obstante o disposto no parágrafo 4º do artigo 15 do presente Anexo, tais medidas provisórias podem ser tomadas a pedido de qualquer das partes na controvérsia. Tais medidas estarão sujeitas a exame de revisão pelo Tribunal.

ARTIGO 26

AUDIÊNCIAS

1. As audiências serão dirigidas pelo Presidente ou, na sua ausência, pelo Vice-presidente; se nenhum deles o puder fazer, presidirá o mais antigo dos juizes presentes do Tribunal.

2. As audiências devem ser públicas, salvo decisão em contrário do Tribunal ou a menos que as partes solicitem audiência à porta fechada.

ARTIGO 27

TRÂMITES DO PROCESSO

O Tribunal deve definir os tramites do processo, decidir a forma e os prazos em que cada parte deve concluir as suas alegações e tomar as medidas necessárias para a apresentação de provas.

ARTIGO 28

REVELIA

Quando uma das partes comparecer ante o Tribunal ou não apresentar a sua defesa, a outra parte poderá pedir ao Tribunal que continue os procedimentos e profira a sua decisão. A ausência de uma parte ou a não apresentação da defesa da sua causa não deve constituir impedimento aos procedimentos. Antes de proferir a sua decisão, o Tribunal deve assegurar-se de que não só tem jurisdição sobre a controvérsia, mas também de que a pretensão está de direito e de fato bem fundamentada.

ARTIGO 29

MAIORIA REQUERIDA PARA A TOMADA DE DECISÃO

1. Todas as decisões do Tribunal devem ser tomadas por maioria dos membros presentes.
2. Em caso de empate, decidirá o voto do Presidente ou o do membro do Tribunal que o substitua.

ARTIGO 30

SENTENÇA

1. A sentença deve ser fundamentada.
2. A sentença deve mencionar os nomes dos membros do Tribunal que tomarem parte na decisão.
3. Se, no todo ou em parte, a sentença não representar a opinião unânime dos membros do Tribunal, qualquer membro terá o direito de juntar à sentença a sua opinião individual ou dissidente.
4. A sentença deve ser assinada pelo Presidente e pelo Escrivão. Deve ser lida em sessão pública, depois de devidamente notificadas as partes na controvérsia.

ARTIGO 31

PEDIDOS DE INTERVENÇÃO

1. Se um Estado Parte considerar que tem um interesse de natureza jurídica que possa ser afetado pela decisão sobre qualquer controvérsia, poderá submeter ao Tribunal um pedido de intervenção.
2. Ao Tribunal compete pronunciar-se sobre o pedido.
3. Se um pedido de intervenção for aceito, a sentença do Tribunal sobre a controvérsia será obrigatória para o Estado Parte interveniente, em relação às questões nas quais esse Estado Parte interveio.

ARTIGO 32

DIREITO DE INTERVENÇÃO EM CASOS DE INTERPRETAÇÃO OU APLICAÇÃO

1. Sempre que se levantar uma questão de interpretação ou aplicação da presente Convenção, o Escrivão notificará imediatamente todos os Estados Partes.
2. Sempre que, no âmbito dos artigos 21 ou 22 do presente Anexo, se levantar uma questão de interpretação ou aplicação de uma acordo internacional, o Escrivão notificará todas as partes no acordo.
3. Qualquer parte a que se referem os parágrafos 1º e 2º tem o direito de intervir no processo; se exercer este direito, a interpretação constante da sentença será igualmente obrigatória para essa parte.

ARTIGO 33

NATUREZA DEFINITIVA E FORÇA OBRIGATÓRIA DA SENTENÇA

1. A sentença do Tribunal será definitiva e deverá ser acatada por todas as partes na controvérsia.
2. A sentença não terá força obrigatória senão para as partes e no que se refere a uma controvérsia determinada.
3. Em caso de desacordo sobre o sentido ou alcance da sentença, compete ao Tribunal interpretá-la, a pedido de qualquer das partes.

ARTIGO 34

DESPESAS

Salvo decisão em contrário do Tribunal, cada parte custeará a suas próprias despesas.

SEÇÃO 4. CÂMARA DE CONTRÓVERSIAS DOS FUNDOS MARINHOS

ARTIGO 35

COMPOSIÇÃO

1. A Câmara de Controvérsias dos Fundos Marinhos referida no artigo 14 do presente Anexo é composta de 11 membros, escolhidos pela maioria dos membros eleitos do Tribunal dentre eles.
2. Na escolha dos membros da Câmara a representação dos principais sistemas jurídicos do mundo e uma distribuição geográfica equitativa devem ser assegurados. A Assembléia da Autoridade pode adotar recomendações de caráter geral relativas à representação e distribuição referidas.
3. Os membros da Câmara serão escolhidos de três em três anos e poderão ser escolhidos para um segundo mandato.

4. A Câmara elegerá o seu Presidente dentre os seus membros; o mandato deste terá a duração do mandato da Câmara.

5. Se, ao fim de um período de três anos para o qual a Câmara tenha sido escolhida, houver processos pendentes, a Câmara deverá terminar esses processos com a sua composição original.

6. Se ocorrer alguma vaga na Câmara, o Tribunal escolherá dentre os seus membros eleitos um sucessor que deverá exercer o cargo até ao fim do mandato do seu predecessor.

7. Para a constituição da Câmara é exigido um quorum de sete membros escolhidos pelo Tribunal.

ARTIGO 36

CÂMARAS AD HOC

1. A Câmara de Controvérsias dos Fundos Marinhos deve constituir uma câmara ad hoc, composta de três dos seus membros, para conhecer duma determinada controvérsia que lhe seja submetida de conformidade com a alínea b) do parágrafo 1º do artigo 188. A composição de tal câmara deve ser estabelecida pela Câmara de Controvérsias dos Fundos Marinhos com a aprovação das partes.

2. Se as partes não concordarem com a composição da câmara ad hoc, cada uma delas designará um membro devendo o terceiro membro ser designado por ambas de comum acordo. Se não chegarem a acordo, ou se qualquer das partes não fizer a designação, o Presidente da Câmara de Controvérsias dos Fundos Marinhos deverá proceder sem demora à designação ou designações dentre os membros dessa Câmara após consulta às partes.

3. Os membros da câmara ad hoc não devem estar ao serviço de qualquer das partes na controvérsia, nem ser nacionais destas.

ARTIGO 37

ACESSO

Os Estados Partes, a Autoridade e as outras entidades referidas na seção 5 da Parte XI terão acesso à Câmara.

ARTIGO 38

DIREITO APLICÁVEL

Além das disposições do artigo 293, a Câmara deve aplicar:

a) as normas, regulamentos e os procedimentos da Autoridade adotados de conformidade com a presente Convenção; e

b) as cláusulas dos contratos relativos a atividades na Área, em matérias relacionadas com esses contratos.

ARTIGO 39

EXECUÇÃO DAS DECISÕES DA CÂMARA

As decisões da Câmara serão executórias nos territórios dos Estados Partes da mesma maneira que sentenças ou despachos do supremo tribunal do Estado Parte em cujo território a execução for requerida.

ARTIGO 40

APLICABILIDADE DAS OUTRAS SEÇÕES DO PRESENTE ANEXO

1. As outras seções do presente Anexo não incompatíveis com a presente seção aplicam-se à Câmara.

2. No exercício das suas funções consultivas, a Câmara deve guiar-se pelas disposições do presente Anexo relativas ao processo ante o Tribunal, na medida em que as considere aplicáveis.

SEÇÃO 5. EMENDAS

ARTIGO 41

EMENDAS

1. As emendas ao presente Anexo, com exceção das relativas à seção 4, só podem ser adotadas de conformidade com o artigo 3l3 ou por consenso numa conferência convocada de conformidade com a presente convenção.

2. As emendas à seção 4 só podem ser adotadas de conformidade com o artigo 314.

3. O Tribunal pode propor as emendas ao presente Estatuto que considere necessárias, mediante comunicação escrita aos Estados Partes para que estes as examinem, de conformidade com os parágrafos 1º e 2º.

ANEXO VII

ARBITRAGEM

ARTIGO 1

INÍCIO DO PROCEDIMENTO

Sem prejuízo das disposições da Parte XV, qualquer parte numa controvérsia pode submeter a controvérsia ao procedimento de arbitragem previsto no presente Anexo, mediante notificação escrita dirigida à outra parte ou partes na controvérsia. A notificação deve ser acompanhada de uma exposição da pretensão e dos motivos em que se fundamenta.

ARTIGO 2

LISTA DE ÁRBITROS

1. O Secretário Geral das Nações Unidas deve elaborar e manter uma lista de árbitros. Cada Estado Parte tem o direito de designar quatro árbitros que devem ser

pessoas com experiência em assuntos marítimos e gozam da mais elevada reputação pela sua imparcialidade, competência e integridade. A lista deve ser composta dos nomes das pessoas assim designadas.

2 Se, em qualquer momento, os árbitros designados por um Estado Parte e que integram a lista assim constituída forem menos de quatro, esse Estado Parte tem o direito de fazer as designações suplementares necessárias.

3. O nome de um árbitro deve permanecer na lista até ser retirado pelo Estado Parte que o tiver designado, desde que tal árbitro continue a fazer parte de qualquer tribunal arbitral para o qual tenha sido designado até terminar o procedimento ante o referido tribunal.

ARTIGO 3
CONSTITUIÇÃO DO TRIBUNAL ARBITRAL

Para efeitos dos procedimentos previstos no presente Anexo, o tribunal arbitral deve, salvo acordo em contrário das partes, ser constituído da seguinte forma:

a) sem prejuízo do disposto na alínea g), o tribunal arbitral é composto de cinco membros;

b) a parte que inicie o procedimento deve designar um membro, escolhido de preferência da lista mencionada no artigo 2 do presente Anexo, que pode ser seu nacional. A designação deve ser incluída na notificação prevista no artigo 1 do presente Anexo;

c) a outra parte na controvérsia deve, nos 30 dias seguintes à data de recebimento da notificação referida no artigo 1 do presente Anexo, designar um membro, a ser escolhido de preferência da lista, o qual pode ser seu nacional. Se a designação não se efetuar nesse prazo, a parte que tiver iniciado o procedimento poderá, nas duas semanas seguintes à expiração desse prazo, pedir que a designação seja feita de conformidade com a alínea e);

d) os outro três membros devem ser designados por acordo entre as partes. Estes devem, salvo acordo em contrário das partes, ser escolhidos de preferência da lista e ser nacionais de terceiros Estados. As partes na controvérsia devem designar o presidente do tribunal arbitral dentre esse três membros. Se, nos 60 dias seguintes ao recebimento da notificação mencionada no artigo 1 do presente Anexo, as partes não puderem chegar a acordo sobre a designação de um ou mais membros do tribunal que devem ser designados de comum acordo, ou sobre a designação do Presidente, a designação ou designações pendentes devem ser feitas de conformidade com a alínea e), a pedido de uma das partes na controvérsia. Tal pedido deve ser apresentado dentro das duas semanas seguintes à expiração do referido prazo de 60 dias;

e) a menos que as partes concordem que qualquer designação nos termos das alíneas c) e d) seja feita por uma pessoas ou por um terceiro Estado escolhido por elas, o Presidente do Tribunal Internacional do Direito do Mar deve proceder às designações necessárias. Se o Presidente não puder agir de conformidade com a presente alínea ou for nacional de uma das partes na controvérsia, a designação deve ser feita pelo membro mais antigo do Tribunal Internacional do Direito do Mar que esteja disponível e não seja nacional de qualquer das partes. As designações previstas na presente alínea devem ser feitas com base na lista mencionada no artigo 2 do presente Anexo no prazo de 30 dias a contar da data de recebimento do pedido e em consulta com as partes. Os membros assim designados devem ser de nacionalidades diferentes e não podem estar ao serviço de qualquer da partes na controvérsia, nem Residir habitualmente no território de uma dessas partes nem ser nacionais de qualquer delas;

f) qualquer vaga deve ser preenchida da maneira estabelecida para a designação inicial;

g) as partes com interesse comum devem designar conjuntamente e por acordo um membro do tribunal. Quando várias partes tiverem interesses distintos, ou haja desacordo sobre se existe ou não interesse comum, cada uma delas deve designar um membros do tribunal. O número de membro do tribunal designados separadamente pelas partes deve ser sempre inferior em um ao número de membros do tribunal designados conjuntamente pelas partes;

h) as disposições das alíneas a) a f) devem aplicar-se, o máximo possível, nas controvérsias em que estejam envolvidas mais de duas partes.

ARTIGO 4
FUNÇÕES DO TRIBUNAL ARBITRAL

Um tribunal arbitral constituído nos termos do artigo 3 do presente Anexo deve funcionar de conformidade com o presente Anexo e com as demais disposições da presente Convenção.

ARTIGO 5
PROCEDIMENTO

Salvo acordo em contrário das partes na controvérsia, o tribunal arbitral deve adotar o seu próprio procedimento, garantindo a cada uma das partes plena oportunidade de ser ouvida e de apresentar a sua causa.

ARTIGO 6
OBRIGAÇÕES DAS PARTES NUMA CONTROVÉRSIA

As partes numa controvérsia devem facilitar o trabalho do tribunal arbitral e, de conformidade com a sua legislação e utilizando todos os meios à sua disposição, devem, em particular:

a) fornecer-lhe todos os documentos, meios e informações pertinentes; e

b) permitir-lhe, quando necessário, citar testemunhas ou peritos e receber as suas provas e visitar os lugares relacionados com a causa.

ARTIGO 7

DESPESAS

Salvo decisão em contrário do tribunal arbitral por razões de circunstâncias particulares da causa, as despesas do tribunal, incluindo a remuneração dos seus membros, devem ser custeadas, em montantes iguais, pelas partes na controvérsia.

ARTIGO 8

MAIORIA REQUERIDA PARA A TOMADA DE DECISÃO

As decisões do tribunal arbitral devem ser tomadas por maioria de voto dos seus membros. A ausência ou abstenção de menos de metade dos membros não constitui impedimento à tomada de decisão pelo tribunal. Em caso de empate, decidirá o voto do Presidente.

ARTIGO 9

REVELIA

Quando uma das partes na controvérsia não comparecer ante o tribunal arbitral ou não apresentar a sua defesa, a outra parte poderá pedir ao tribunal que continue os procedimentos e profira o seu laudo. A ausência de uma parte ou a não apresentação da defesa da sua causa não deve constituir impedimento aos procedimentos. Antes de proferir o seu laudo, o tribunal arbitral deve assegura-se de que não só tem jurisdição sobre a controvérsia, mas também de que a pretensão está, de direito e de fato, bem fundamentada.

ARTIGO 10

LAUDO ARBITRAL

O laudo do tribunal arbitral deve limitar-se ao objeto da controvérsia e ser fundamentado. Deve mencionar os nomes dos membros do tribunal arbitral que tomaram parte no laudo e a data em que foi proferido. Qualquer membro do tribunal terá o direito de juntar ao laudo a sua opinião individual ou dissidente.

ARTIGO 11

NATUREZA DEFINITIVA DO LAUDO ARBITRAL

O laudo deve ser definitivo e inapelável, a não ser que as partes na controvérsia tenham previamente acordado num procedimento de apelação. Deve ser acatado pelas partes na controvérsia.

ARTIGO 12

INTERPRETAÇÃO OU EXECUÇÃO DO LAUDO ARBITRAL

1. Qualquer desacordo, que possa surgir entre as parte na controvérsia sobre a interpretação ou o modo de execução do laudo, pode ser submetido por qualquer das parte à decisão do tribunal arbitral que proferiu o laudo. Para esse efeito, qualquer vaga no tribunal deve ser preenchida pela forma prevista para as designações iniciais dos membros do tribunal.

2. Qualquer desacordo dessa natureza pode, nos termos do artigo 287, ser submetido a outra corte ou tribunal por acordo de todas as partes na controvérsia.

ARTIGO 13

APLICAÇÃO A ENTIDADES DISTINTAS DE ESTADOS PARTES

As disposições do presente Anexo devem aplicar-se, mutatis mutandis, a qualquer controvérsia em que estejam envolvidas entidades distintas de Estados Partes.

ANEXO VIII

ARBITRAGEM ESPECIAL

ARTIGO 1

INÍCIO DO PROCEDIMENTO

Sem prejuízo das disposições da Parte XV, qualquer parte numa controvérsia relativa à interpretação ou à aplicação dos artigos da presente Convenção sobre: 1) pescas, 2) proteção e preservação do meio marinho, 3) investigação científica marinha ou 4) navegação, incluindo a poluição proveniente de embarcações e por alijamento pode submeter a controvérsia ao procedimento de arbitragem especial previsto no presente Anexo, mediante notificação escrita dirigida à outra ou às outras partes na controvérsia. A notificação deve ser acompanhada de uma exposição da pretensão e dos motivos em que esta se fundamenta.

ARTIGO 2

LISTA DE PERITOS

1. Deve ser elaborada e mantida uma lista de peritos para cada uma das seguintes matérias: 1) pescas, 2) proteção e preservação do meio marinho, 3) investigação científica marinha, e 4) navegação, incluindo a poluição proveniente de embarcações e por alijamento.

2. A elaboração e manutenção de cada lista de peritos deve competir: em matéria de pescas, à Organização das Nações Unidas para a Alimentação e a Agricultura; em matéria de proteção e preservação do meio marinho, ao Programa das Nações Unidas para o

Meio Ambiente; em matéria de investigação científica marinha, à Comissão Oceanográfica Intergovernamental; em matéria de navegação, incluindo a poluição proveniente de embarcações e por alijamento, à Organização Marítima Internacional, ou, em cada caso, ao órgão subsidiário apropriado em que tal organização, programa ou comissão tiver investido dessas funções.

3. Cada Estado Parte tem o direito de designar dois peritos em cada uma dessas matérias, cuja competência jurídica, científica ou técnica na matéria correspondente seja comprovada e geralmente reconhecida e que gozem da mais elevada reputação pela sua imparcialidade e integridade. A lista apropriada deve ser composta dos nomes das pessoas assim designadas em cada matéria.

4. Se, em qualquer momento, os peritos designados por um Estado Parte e que integram a lista assim constituída, forem menos de dois, esse Estado Parte tem o direito de fazer as designações suplementares necessárias.

5 O nome de um perito deve permanecer na lista até ser retirado pelo Estado Parte que o tiver designado, desde que tal perito continue a fazer parte de qualquer tribunal arbitral especial para o qual tenha sido designado até terminar o procedimento ante o referido tribunal.

ARTIGO 3
CONSTITUIÇÃO DO TRIBUNAL ARBITRAL ESPECIAL

Para efeitos dos procedimentos previstos no presente Anexo, o tribunal arbitral especial deve, salvo acordo em contrário das partes, ser constituído da seguinte forma:

a) sem prejuízo do disposto na alínea g), o tribunal arbitral especial é composto de cinco membros;

b) a parte que inicie o procedimento deve designar dois membros, escolhidos de preferência da lista ou listas mencionadas no artigo 2 do presente Anexo relativas às questões em controvérsia, os quais podem ser seus nacionais. As designações devem ser incluídas na notificação prevista no artigo 2 do presente Anexo;

c) a outra parte na controvérsia deve, nos 30 dias seguintes à data de recebimento da notificação referida no artigo 1 do presente Anexo, designar, dois membros a serem escolhidos de preferência da lista ou listas relativas às questões em contróversia, um dos quais pode ser nacional. Se a designação não se efetuar nesse prazo, a parte que tiver iniciado o procedimento poderá, nas duas semanas seguintes à expiração desse prazo, pedir que as designações sejam feitas de conformidade com a alínea e);

d) as partes na controvérsia devem designar de comum acordo o Presidente do tribunal arbitral especial, escolhido preferencialmente da lista apropriada que deve ser nacional de um terceiro Estado, salvo acordo em contrário das partes. Se, nos 30 dias seguintes ao recebimento da notificação mencionada no artigo 1 do presente Anexo, as partes não puderem chegar a acordo sobre a designação do Presidente, a designação deve ser feita de conformidade com a alínea e),a pedido de uma das partes na controvérsia. Tal pedido deve ser apresentado dentro das duas semanas seguintes à expiração do referido prazo de 30 dias;

e) a menos que as partes concordem que a designação seja feita por uma pessoa ou por um terceiro Estado escolhido por elas, o Secretário Geral das Nações Unidas deve proceder às designações necessárias nos 30 dias seguintes à data em que o pedido, feito nos termos das alíneas c) e d), foi recebido. As designações previstas na presente alínea devem ser feitas com base na lista ou listas apropriadas de peritos mencionadas no artigo 2 do presente Anexo, em consulta com as partes na controvérsia e com a organização internacional apropriada. Os membros assim designados devem ser de nacionalidades diferentes, não podem estar ao serviço de qualquer das partes na controvérsia, nem residir habitualmente no território de uma dessas partes, nem ser nacionais de qualquer delas;

f) qualquer vaga deve ser preenchida da maneira prevista para a designação inicial;

g) as partes com interesse comum devem designar, conjuntamente e por acordo, dois membros do tribunal. Quando várias partes tiverem interesses distintos, ou haja desacordo sobre se existe ou não um mesmo interesse, cada uma delas designará um membro do tribunal;

h) as disposições das alíneas a) a f) devem aplicar-se, no máximo do possível, nas controvérsias em que estejam envolvidas mais de duas partes.

ARTIGO 4
DISPOSIÇÕES GERAIS

Os artigos 4 a 13 do Anexo VII aplicam-se, mutatis mutandis, ao procedimento de arbitragem especial, previsto no presente anexo.

ARTIGO 5
DETERMINAÇÃO DOS FATOS

1. As partes numa controvérsia relativa à interpretação ou à aplicação das disposições da presente Convenção sobre: 1) pescas, 2) proteção e preservação do meio marinho, 3) investigação científica marinha ou 4) navegação, incluindo a poluição proveniente de embarcações e por alijamento, podem, em qualquer momento, acordar em solicitar a um tribunal arbitral especial, constituído de conformidade com o artigo 3 do presente Anexo, a realização de uma investigação e determinação dos fatos que tenham originado a controvérsia.

2. Salvo acordo em contrário das partes, os fatos apurados pelo tribunal arbitral especial, de conformidade com o parágrafo 1º, devem ser considerados estabelecidos entre as partes.

3. Se todas as partes na controvérsia assim o solicitarem, o tribunal arbitral especial pode formular recomendações que, sem terem força decisória, devem apenas constituir base para um exame pelas partes das questões que originaram a controvérsia.

4. Sem prejuízo do disposto no parágrafo 2º, o tribunal arbitral especial deve, salvo acordo em contrário das partes, atuar de conformidade com as disposições do presente Anexo.

ANEXO IX
PARTICIPAÇÃO DE ORGANIZAÇÕES INTERNACIONAIS

ARTIGO 1
UTILIZAÇÃO DO TERMO `ORGANIZAÇÃO INTERNACIONAL"

Para efeitos do artigo 305 e do presente Anexo, `organização internacional" significa uma organização intergovernamental constituída por Estados à qual os seus Estados membros tenham transferido competência em matérias regidas pela presente Convenção, incluindo a competência para concluir tratados relativos a essas matérias.

ARTIGO 2
ASSINATURA

Uma organização internacional pode assinar a presente Convenção se a maioria dos seus Estados membros for signatária da Convenção. No momento da assinatura, uma organização internacional deve fazer uma declaração que especifique as matérias regidas pela convenção em relação às quais os seus Estados membros que sejam signatários da presente Convenção lhe tenham transferido competência, bem como a natureza e a extensão dessa competência.

ARTIGO 3
CONFIRMAÇÃO FORMAL E ADESÃO

1. Uma organização internacional pode depositar o seu instrumento de confirmação formal ou de adesão se a maioria dos seus Estados membros depositar ou tiver depositado os seus instrumentos de ratificação ou de adesão.

2. Os instrumentos depositados pela organização internacional deve conter os compromissos e declarações exigidos pelos artigos 4 e 5 do presente Anexo.

ARTIGO 4
ALCANCE DA PARTICIPAÇÃO E DIREITOS E OBRIGAÇÕES

1. O instrumento de confirmação formal ou de adesão depositado por uma organização internacional deve conter o compromisso de esta aceitar os direitos e obrigações dos Estados nos termos da presente Convenção relativos a matérias em relação às quais os seus Estados membros que sejam Partes na presente Convenção lhe tenham transferido competência.

2. Uma organização internacional será Parte na presente Convenção na medida da competência especificada nas declarações, comunicações ou notificações referidas no artigo 5 do presente Anexo.

3. Tal organização internacional exercerá os direitos e cumprirá as obrigações que, de outro modo, competiriam, nos termos da presente Convenção, aos seus Estados membros que são Partes na Convenção relativos a matérias em relação às quais esses Estados membros lhe tenham transferido competência. Os Estados membros dessa organização internacional não exercerão a competência que lhe tenham transferido.

4. A participação de tal organização internacional não implicará em caso algum um aumento na representação a que teriam direito os seus Estados membros que forem Partes na Convenção, incluindo os direitos em matéria de tomada de decisões.

5. A participação de tal organização internacional não confere, em caso algum, aos seus Estados membros que não forem Partes na Convenção, quaisquer dos direitos estabelecidos na presente Convenção.

6. Em caso de conflito entre as obrigações de uma organização internacional resultante da presente Convenção e as que lhe incumbam por virtude do acordo que estabelece a organização ou de quaisquer atos com ele relacionados, prevalecem as obrigações estabelecidas na presente Convenção.

ARTIGO 5
DECLARAÇÕES, NOTIFICAÇÕES E COMUNICAÇÕES

1. O instrumento de confirmação formal ou de adesão de uma organização internacional deve conter uma declaração que especifique as matérias regidas pela presente Convenção em relação às quais os seus Estados membros que forem Partes na presente Convenção lhe tenham transferido competência.

2. Um Estado membro de uma organização internacional deve fazer uma declaração que especifique as matérias regidas pela presente Convenção em relação às quais tenha transferido competência para a organização, no momento da ratificação da Convenção ou de adesão a ela ou no momento do depósito pela organização do seu instrumento de

confirmação formal ou de adesão, considerando-se o que for posterior.

3. Presume-se que os Estados Partes membros de uma organização internacional que for Parte na Convenção têm competência sobre todas as matérias regidas pela presente Convenção em relação às quais transferências de competência para a organização não tenham sido especificamente declaradas, notificadas ou comunicadas, nos termos do presente artigo.

4. A organização internacional e seus Estados membros que forem Partes na presente Convenção notificarão sem demora o depositário da presente Convenção de quaisquer modificações na distribuição da competência especificada nas declarações previstas nos parágrafos 1º e 2º, incluindo novas transferências de competência.

5. Qualquer Estado Parte pode pedir a uma organização internacional e aos seus Estados membros, que forem Estados Partes, que informem sobre quem, se a organização ou seus Estados membros, tem competência em relação a qualquer questão específica que tenha surgido. A organização e os Estados membros interessados devem prestar essa informação num prazo razoável. A organização internacional e os Estados membros também podem prestar essa informação por iniciativa própria.

6. A declarações, notificações e comunicações de informação a que se refere o presente artigo devem especificar a natureza e o alcance da competência transferida.

ARTIGO 6
RESPONSABILIDADE

1. As Partes que tiverem competência nos termos do artigo 5 do presente Anexo serão responsáveis pelo não-cumprimento das obrigações ou por qualquer outra violação desta Convenção.

2. Qualquer Estado Parte pode pedir a uma organização internacional ou aos seus Estados membros que forem Estados Partes que informem sobre quem tem responsabilidade em relação a qualquer matéria específica. A organização e os Estados membros interessados devem prestar essa informação. Se não o fizerem num prazo razoável ou prestarem informações contraditórias, serão conjunta e solidariamente responsáveis.

ARTIGO 7
SOLUÇÃO DE CONTROVÉRSIAS

1. No momento do depósito do seu instrumento de confirmação formal ou de adesão, ou em qualquer momento ulterior, uma organização internacional é livre de escolher, mediante declaração escrita, um ou vários dos meios previstos nas alíneas a), c) ou d) do parágrafo 1º do artigo 287, para a solução de controvérsias relativas à interpretação ou à aplicação da presente Convenção.

2. A Parte XV aplica-se, mutatis mutandis, a qualquer controvérsia entre Partes na presente Convenção quando uma delas ou mais sejam organizações internacionais.

3. Quando uma organização internacional e um ou mais dos seus Estados membros forem partes conjuntas numa controvérsia, ou forem partes com um interesse comum, considerar-se-á que a organização aceitou os mesmos procedimentos de solução de controvérsias que os escolhidos pelos Estados membros; no entanto, quando um Estado membro tiver escolhido unicamente a Corte Internacional de Justiça nos termos do artigo 287, considerar-se-á que a organização e o Estado membro interessado aceitaram a arbitragem de conformidade com o Anexo VII, salvo acordo em contrário das partes na controvérsia.

ARTIGO 8
APLICAÇÃO DA PARTE XVII

A Parte XVII aplica-se, mutatis mutandis, a uma organização internacional, com as seguintes exceções:

a) o instrumento de confirmação formal ou de adesão de uma organização internacional não deve ser tomado em conta para efeitos de aplicação do parágrafo 1º do artigo 308;

b) i) uma organização internacional deve ter capacidade exclusiva no que se refere à aplicação dos artigos 312 a 315, na medida em que, nos termos do artigo 5 do presente Anexo, tiver competência sobre a totalidade da matéria a que se refere a emenda;

ii) o instrumento de confirmação formal ou de adesão de uma organização internacional relativo a uma emenda sobre matéria em relação a cuja totalidade a organização tenha competência nos termos do artigo 5 deste Anexo, é considerado o instrumento de ratificação ou de adesão de cada um dos seus Estados membros que sejam Estados Partes na Convenção, para efeitos de aplicação dos parágrafos 1º, 2º e 3º do artigo 316.

iii) o instrumento de confirmação formal ou de adesão de uma organização internacional não deve ser tomado em conta na aplicação dos parágrafos 1º e 2º do artigo 316 no que se refere a todas as demais emendas;

c) i) uma organização internacional não poderá denunciar a presente Convenção nos termos do artigo 317, enquanto qualquer dos seus Estados membros for Parte na Convenção e ela continuar a reunir os requisitos especificados no artigo 1 do presente Anexo;

ii) uma organização internacional deverá denunciar a Convenção quando nenhum dos seus Estados membros for Parte na Convenção ou a organização internacional deixar de reunir os requisitos especificados no artigo 1 do presente Anexo. Tal denúncia terá efeito imediato.

LEI Nº 9.474, DE 22 DE JULHO DE 1997

Define mecanismos para a implementação do Estatuto dos Refugiados de 1951, e determina outras providências.

O Presidente da República

Faço saber que o Congresso Nacional decreta e eu sanciono a seguinte Lei:

TÍTULO I
DOS ASPECTOS CARACTERIZADORES

CAPÍTULO I
DO CONCEITO, DA EXTENSÃO E DA EXCLUSÃO

SEÇÃO I
DO CONCEITO

Art. 1º Será reconhecido como refugiado todo indivíduo que:

I – devido a fundados temores de perseguição por motivos de raça, religião, nacionalidade, grupo social ou opiniões políticas encontre-se fora de seu país de nacionalidade e não possa ou não queira acolher-se à proteção de tal país;

II – não tendo nacionalidade e estando fora do país onde antes teve sua residência habitual, não possa ou não queira regressar a ele, em função das circunstâncias descritas no inciso anterior;

III – devido a grave e generalizada violação de direitos humanos, é obrigado a deixar seu país de nacionalidade para buscar refúgio em outro país.

SEÇÃO II
DA EXTENSÃO

Art. 2º Os efeitos da condição dos refugiados serão extensivos ao cônjuge, aos ascendentes e descendentes, assim como aos demais membros do grupo familiar que do refugiado dependerem economicamente, desde que se encontrem em território nacional.

SEÇÃO III
DA EXCLUSÃO

Art. 3º Não se beneficiarão da condição de refugiado os indivíduos que:

I – já desfrutem de proteção ou assistência por parte de organismo ou instituição das Nações Unidas que não o Alto Comissariado das Nações Unidas para os Refugiados – ACNUR;

II – sejam residentes no território nacional e tenham direitos e obrigações relacionados com a condição de nacional brasileiro;

III – tenham cometido crime contra a paz, crime de guerra, crime contra a humanidade, crime hediondo, participado de atos terroristas ou tráfico de drogas;

IV – sejam considerados culpados de atos contrários aos fins e princípios das Nações Unidas.

CAPÍTULO II
DA CONDIÇÃO JURÍDICA DE REFUGIADO

Art. 4º O reconhecimento da condição de refugiado, nos termos das definições anteriores, sujeitará seu beneficiário ao preceituado nesta Lei, sem prejuízo do disposto em instrumentos internacionais de que o Governo brasileiro seja parte, ratifique ou venha a aderir.

Art. 5º O refugiado gozará de direitos e estará sujeito aos deveres dos estrangeiros no Brasil, ao disposto nesta Lei, na Convenção sobre o Estatuto dos Refugiados de 1951 e no Protocolo sobre o Estatuto dos Refugiados de 1967, cabendo-lhe a obrigação de acatar as leis, regulamentos e providências destinados à manutenção da ordem pública.

Art. 6º O refugiado terá direito, nos termos da Convenção sobre o Estatuto dos Refugiados de 1951, a cédula de identidade comprobatória de sua condição jurídica, carteira de trabalho e documento de viagem.

TÍTULO II
DO INGRESSO NO TERRITÓRIO NACIONAL E DO PEDIDO DE REFÚGIO

Art. 7º O estrangeiro que chegar ao território nacional poderá expressar sua vontade de solicitar reconhecimento como refugiado a qualquer autoridade migratória que se encontre na fronteira, a qual lhe proporcionará as informações necessárias quanto ao procedimento cabível.

§ 1º Em hipótese alguma será efetuada sua deportação para fronteira de território em que sua vida ou liberdade esteja ameaçada, em virtude de raça, religião, nacionalidade, grupo social ou opinião política.

§ 2º O benefício previsto neste artigo não poderá ser invocado por refugiado considerado perigoso para a segurança do Brasil.

Art. 8º O ingresso irregular no território nacional não constitui impedimento para o estrangeiro solicitar refúgio às autoridades competentes.

Art. 9º A autoridade a quem for apresentada a solicitação deverá ouvir o interessado e preparar termo de declaração, que deverá conter as circunstâncias relativas à entrada no Brasil e às razões que o fizeram deixar o país de origem.

Art. 10. A solicitação, apresentada nas condições previstas nos artigos anteriores, suspenderá qualquer procedimento administrativo ou criminal pela entrada irregular, instaurado contra o peticionário e pessoas de seu grupo familiar que o acompanhem.

§ 1º Se a condição de refugiado for reconhecida, o procedimento será arquivado, desde que demonstrado que a infração correspondente foi determinada pelos mesmos fatos que justificaram o dito reconhecimento.

§ 2º Para efeito do disposto no parágrafo anterior, a solicitação de refúgio e a decisão sobre a mesma deverão ser comunicadas à Polícia Federal, que as transmitirá ao órgão onde tramitar o procedimento administrativo ou criminal.

TÍTULO III
DO CONARE

Art. 11. Fica criado o Comitê Nacional para os Refugiados – CONARE, órgão de deliberação coletiva, no âmbito do Ministério da Justiça.

CAPÍTULO I
DA COMPETÊNCIA

Art. 12. Compete ao CONARE, em consonância com a Convenção sobre o Estatuto dos Refugiados de 1951, com o Protocolo sobre o Estatuto dos Refugiados de 1967 e com as demais fontes de direito internacional dos refugiados:

I – analisar o pedido e declarar o reconhecimento, em primeira instância, da condição de refugiado;

II – decidir a cessação, em primeira instância, *ex officio* ou mediante requerimento das autoridades competentes, da condição de refugiado;

III – determinar a perda, em primeira instância, da condição de refugiado;

IV – orientar e coordenar as ações necessárias à eficácia da proteção, assistência e apoio jurídico aos refugiados;

V – aprovar instruções normativas esclarecedoras à execução desta Lei.

Art. 13. O regimento interno do CONARE será aprovado pelo Ministro de Estado da Justiça.

Parágrafo único. O regimento interno determinará a periodicidade das reuniões do CONARE.

CAPÍTULO II
DA ESTRUTURA E DO FUNCIONAMENTO

Art. 14. O CONARE será constituído por:

I – um representante do Ministério da Justiça, que o presidirá;

II – um representante do Ministério das Relações Exteriores;

III – um representante do Ministério do Trabalho;

IV – um representante do Ministério da Saúde;

V – um representante do Ministério da Educação e do Desporto;

VI – um representante do Departamento de Polícia Federal;

VII – um representante de organização não-governamental, que se dedique a atividades de assistência e proteção de refugiados no País.

§ 1º O Alto Comissariado das Nações Unidas para Refugiados – ACNUR será sempre membro convidado para as reuniões do CONARE, com direito a voz, sem voto.

§ 2º Os membros do CONARE serão designados pelo Presidente da República, mediante indicações dos órgãos e da entidade que o compõem.

§ 3º O CONARE terá um Coordenador-Geral, com a atribuição de preparar os processos de requerimento de refúgio e a pauta de reunião.

Art. 15. A participação no CONARE será considerada serviço relevante e não implicará remuneração de qualquer natureza ou espécie.

Art. 16. O CONARE reunir-se-á com *quorum* de quatro membros com direito a voto, deliberando por maioria simples.

Parágrafo único. Em caso de empate, será considerado voto decisivo o do Presidente do CONARE.

TÍTULO IV
DO PROCESSO DE REFÚGIO

CAPÍTULO I
DO PROCEDIMENTO

Art. 17. O estrangeiro deverá apresentar-se à autoridade competente e externar vontade de solicitar o reconhecimento da condição de refugiado.

Art. 18. A autoridade competente notificará o solicitante para prestar declarações, ato que marcará a data de abertura dos procedimentos.

Parágrafo único. A autoridade competente informará o Alto Comissariado das Nações Unidas para Refugiados – ACNUR sobre a existência do processo de solicitação de refúgio e facultará a esse organismo a possibilidade de oferecer sugestões que facilitem seu andamento.

Art. 19. Além das declarações, prestadas se necessário com ajuda de intérprete, deverá o estrangeiro preencher a solicitação de reconhecimento como refugiado, a qual deverá conter identificação completa, qualificação profissional, grau de escolaridade do solicitante e membros do seu grupo familiar, bem como relato das circunstâncias e fatos que fundamentem o pedido de refúgio, indicando os elementos de prova pertinentes.

Art. 20. O registro de declaração e a supervisão do preenchimento da solicitação do refúgio devem ser efetuados por funcionários qualificados e em condições que garantam o sigilo das informações.

CAPÍTULO II
DA AUTORIZAÇÃO DE RESIDÊNCIA PROVISÓRIA

Art. 21. Recebida a solicitação de refúgio, o Departamento de Polícia Federal emitirá protocolo em favor do solicitante e de seu grupo familiar que se encontre no território nacional, o qual autorizará a estada até a decisão final do processo.

§ 1º O protocolo permitirá ao Ministério do Trabalho expedir carteira de trabalho provisória, para o exercício de atividade remunerada no País.

§ 2º No protocolo do solicitante de refúgio serão mencionados, por averbamento, os menores de quatorze anos.

Art. 22. Enquanto estiver pendente o processo relativo à solicitação de refúgio, ao peticionário será aplicável a legislação sobre estrangeiros, respeitadas as disposições específicas contidas nesta Lei.

CAPÍTULO III
DA INSTRUÇÃO E DO RELATÓRIO

Art. 23. A autoridade competente procederá a eventuais diligências requeridas pelo CONARE, devendo averiguar todos os fatos cujo conhecimento seja conveniente para uma justa e rápida decisão, respeitando sempre o princípio da confidencialidade.

Art. 24. Finda a instrução, a autoridade competente elaborará, de imediato, relatório, que será enviado ao Secretário do CONARE, para inclusão na pauta da próxima reunião daquele Colegiado.

Art. 25. Os intervenientes nos processos relativos às solicitações de refúgio deverão guardar segredo profissional quanto às informações a que terão acesso no exercício de suas funções.

CAPÍTULO IV
DA DECISÃO, DA COMUNICAÇÃO E DO REGISTRO

Art. 26. A decisão pelo reconhecimento da condição de refugiado será considerada ato declaratório e deverá estar devidamente fundamentada.

Art. 27. Proferida a decisão, o CONARE notificará o solicitante e o Departamento de Polícia Federal, para as medidas administrativas cabíveis.

Art. 28. No caso de decisão positiva, o refugiado será registrado junto ao Departamento de Polícia Federal, devendo assinar termo de responsabilidade e solicitar cédula de identidade pertinente.

CAPÍTULO V
DO RECURSO

Art. 29. No caso de decisão negativa, esta deverá ser fundamentada na notificação ao solicitante, cabendo direito de recurso ao Ministro de Estado da Justiça, no prazo de quinze dias, contados do recebimento da notificação.

Art. 30. Durante a avaliação do recurso, será permitido ao solicitante de refúgio e aos seus familiares permanecer no território nacional, sendo observado o disposto nos §§ 1º e 2º do art. 21 desta Lei.

Art. 31. A decisão do Ministro de Estado da Justiça não será passível de recurso, devendo ser notificada ao CONARE, para ciência do solicitante, e ao Departamento de Polícia Federal, para as providências devidas.

Art. 32. No caso de recusa definitiva de refúgio, ficará o solicitante sujeito à legislação de estrangeiros, não devendo ocorrer sua transferência para o seu país de nacionalidade ou de residência habitual, enquanto permanecerem as circunstâncias que põem em risco sua vida, integridade física e liberdade, salvo nas situações determinadas nos incisos III e IV do art. 3º desta Lei.

TÍTULO V
DOS EFEITOS DO ESTATUTO DE REFUGIADOS SOBRE A EXTRADIÇÃO E A EXPULSÃO

CAPÍTULO I
DA EXTRADIÇÃO

Art. 33. O reconhecimento da condição de refugiado obstará o seguimento de qualquer pedido de extradição baseado nos fatos que fundamentaram a concessão de refúgio.

Art. 34. A solicitação de refúgio suspenderá, até decisão definitiva, qualquer processo de extradição pendente, em fase administrativa ou judicial, baseado nos fatos que fundamentaram a concessão de refúgio.

Art. 35. Para efeito do cumprimento do disposto nos arts. 33 e 34 desta Lei, a solicitação de reconhecimento como refugiado será comunicada ao órgão onde tramitar o processo de extradição.

CAPÍTULO II
DA EXPULSÃO

Art. 36. Não será expulso do território nacional o refugiado que esteja regularmente registrado, salvo por motivos de segurança nacional ou de ordem pública.

Art. 37. A expulsão de refugiado do território nacional não resultará em sua retirada para país onde sua vida, liberdade ou integridade física possam estar em risco, e apenas será efetivada quando da certeza de sua admissão em país onde não haja riscos de perseguição.

TÍTULO VI
DA CESSAÇÃO E DA PERDA DA CONDIÇÃO DE REFUGIADO

CAPÍTULO I
DA CESSAÇÃO DA CONDIÇÃO DE REFUGIADO

Art. 38. Cessará a condição de refugiado nas hipóteses em que o estrangeiro:

I – voltar a valer-se da proteção do país de que é nacional;

II – recuperar voluntariamente a nacionalidade outrora perdida;

III – adquirir nova nacionalidade e gozar da proteção do país cuja nacionalidade adquiriu;

IV – estabelecer-se novamente, de maneira voluntária, no país que abandonou ou fora do qual permaneceu por medo de ser perseguido;

V – não puder mais continuar a recusar a proteção do país de que é nacional por terem deixado de existir as circunstâncias em conseqüência das quais foi reconhecido como refugiado;

VI – sendo apátrida, estiver em condições de voltar ao país no qual tinha sua residência habitual, uma vez que tenham deixado de existir as circunstâncias em conseqüência das quais foi reconhecido como refugiado.

CAPÍTULO II
DA PERDA DA CONDIÇÃO DE REFUGIADO

Art. 39. Implicará perda da condição de refugiado:

I – a renúncia;

II – a prova da falsidade dos fundamentos invocados para o reconhecimento da condição de refugiado ou a existência de fatos que, se fossem conhecidos quando do reconhecimento, teriam ensejado uma decisão negativa;

III – o exercício de atividades contrárias à segurança nacional ou à ordem pública;

IV – a saída do território nacional sem prévia autorização do Governo brasileiro.

Parágrafo único. Os refugiados que perderem essa condição com fundamento nos incisos I e IV deste artigo serão enquadrados no regime geral de permanência de estrangeiros no território nacional, e os que a perderem com fundamento nos incisos II e III estarão sujeitos às medidas compulsórias previstas na Lei nº 6.815, de 19 de agosto de 1980.

CAPÍTULO III
DA AUTORIDADE COMPETENTE E DO RECURSO

Art. 40. Compete ao CONARE decidir em primeira instância sobre cessação ou perda da condição de refugiado, cabendo, dessa decisão, recurso ao Ministro de Estado da Justiça, no prazo de quinze dias, contados do recebimento da notificação.

§ 1º A notificação conterá breve relato dos fatos e fundamentos que ensejaram a decisão e cientificará o refugiado do prazo para interposição do recurso.

§ 2º Não sendo localizado o estrangeiro para a notificação prevista neste artigo, a decisão será publicada no Diário Oficial da União, para fins de contagem do prazo de interposição de recurso.

Art. 41. A decisão do Ministro de Estado da Justiça é irrecorrível e deverá ser notificada ao CONARE, que a informará ao estrangeiro e ao Departamento de Polícia Federal, para as providências cabíveis.

TÍTULO VII
DAS SOLUÇÕES DURÁVEIS

CAPÍTULO I
DA REPATRIAÇÃO

Art. 42. A repatriação de refugiados aos seus países de origem deve ser caracterizada pelo caráter voluntário do retorno, salvo nos casos em que não possam recusar a proteção do país de que são nacionais, por não mais subsistirem as circunstâncias que determinaram o refúgio.

CAPÍTULO II
DA INTEGRAÇÃO LOCAL

Art. 43. No exercício de seus direitos e deveres, a condição atípica dos refugiados deverá ser considerada quando da necessidade da apresentação de documentos emitidos por seus países de origem ou por suas representações diplomáticas e consulares.

Art. 44. O reconhecimento de certificados e diplomas, os requisitos para a obtenção da condição de residente e o ingresso em instituições acadêmicas de todos os níveis deverão ser facilitados, levando-se em consideração a situação desfavorável vivenciada pelos refugiados.

CAPÍTULO III
DO REASSENTAMENTO

Art. 45. O reassentamento de refugiados em outros países deve ser caracterizado, sempre que possível, pelo caráter voluntário.

Art. 46. O reassentamento de refugiados no Brasil se efetuará de forma planificada e com a participação coordenada dos órgãos estatais e, quando possível, de organizações não-governamentais, identificando áreas de cooperação e de determinação de responsabilidades.

TÍTULO VIII
DAS DISPOSIÇÕES FINAIS

Art. 47. Os processos de reconhecimento da condição de refugiado serão gratuitos e terão caráter urgente.

Art. 48. Os preceitos desta Lei deverão ser interpretados em harmonia com a Declaração Universal dos Direitos do Homem de 1948, com a Convenção sobre o Estatuto dos Refugiados de 1951, com o Protocolo sobre o Estatuto dos Refugiados de 1967 e com todo dispositivo pertinente de instrumento internacional de proteção de direitos humanos com o qual o Governo brasileiro estiver comprometido.

Art. 49. Esta Lei entra em vigor na data de sua publicação.

Brasília, 22 de julho de 1997; 176º da Independência e 109º da República.

FERNANDO HENRIQUE CARDOSO

DOU de 23.7.1997

DECRETO Nº 5.015, DE 12 DE MARÇO DE 2004

Promulga a Convenção das Nações Unidas contra o Crime Organizado Transnacional.

O Presidente da República, no uso da atribuição que lhe confere o art. 84, inciso IV, da Constituição, e

Considerando que o Congresso Nacional aprovou, por meio do Decreto Legislativo nº 231, de 29 de maio de 2003, o texto da Convenção das Nações Unidas contra o Crime Organizado Transnacional, adotada em Nova York, em 15 de novembro de 2000;

Considerando que o Governo brasileiro depositou o instrumento de ratificação junto à Secretaria-Geral da ONU, em 29 de janeiro de 2004;

Considerando que a Convenção entrou em vigor internacional, em 29 de setembro de 2003, e entrou em vigor para o Brasil, em 28 de fevereiro de 2004;

DECRETA:

Art. 1º A Convenção das Nações Unidas contra o Crime Organizado Transnacional, adotada em Nova York, em 15 de novembro de 2000, apensa por cópia ao presente Decreto, será executada e cumprida tão inteiramente como nela se contém.

Art 2º São sujeitos à aprovação do Congresso Nacional quaisquer atos que possam resultar em revisão da referida Convenção ou que acarretem encargos ou compromissos gravosos ao patrimônio nacional, nos termos do art. 49, inciso I, da Constituição.

Art. 3º Este Decreto entra em vigor na data de sua publicação.

Brasília, 12 de março de 2004; 183º da Independência e 116º da República.

LUIZ INÁCIO LULA DA SILVA

DOU de 15.3.2004

CONVENÇÃO DAS NAÇÕES UNIDAS CONTRA O CRIME ORGANIZADO TRANSNACIONAL

ARTIGO 1
OBJETIVO

O objetivo da presente Convenção consiste em promover a cooperação para prevenir e combater mais eficazmente a criminalidade organizada transnacional.

ARTIGO 2
TERMINOLOGIA

Para efeitos da presente Convenção, entende-se por:

a) "Grupo criminoso organizado" – grupo estruturado de três ou mais pessoas, existente há algum tempo e atuando concertadamente com o propósito de cometer uma ou mais infrações graves ou enunciadas na presente Convenção, com a intenção de obter, direta ou indiretamente, um benefício econômico ou outro benefício material;

b) "Infração grave" – ato que constitua infração punível com uma pena de privação de liberdade, cujo máximo não seja inferior a quatro anos ou com pena superior;

c) "Grupo estruturado" – grupo formado de maneira não fortuita para a prática imediata de uma infração, ainda que os seus membros não tenham funções formalmente definidas, que não haja continuidade na sua composição e que não disponha de uma estrutura elaborada;

d) "Bens" – os ativos de qualquer tipo, corpóreos ou incorpóreos, móveis ou imóveis, tangíveis ou intangíveis, e os documentos ou instrumentos jurídicos que atestem a propriedade ou outros direitos sobre os referidos ativos;

e) "Produto do crime" – os bens de qualquer tipo, provenientes, direta ou indiretamente, da prática de um crime;

f) "Bloqueio" ou "apreensão" – a proibição temporária de transferir, converter, dispor ou movimentar bens, ou a custódia ou controle temporário de bens, por decisão de um tribunal ou de outra autoridade competente;

g) "Confisco" – a privação com caráter definitivo de bens, por decisão de um tribunal ou outra autoridade competente;

h) "Infração principal" – qualquer infração de que derive um produto que possa passar a constituir objeto de uma infração definida no Artigo 6 da presente Convenção;

i) "Entrega vigiada" – a técnica que consiste em permitir que remessas ilícitas ou suspeitas saiam do território de um ou mais Estados, os atravessem ou neles entrem, com o conhecimento e sob o controle das suas autoridades competentes, com a finalidade de investigar infrações e identificar as pessoas envolvidas na sua prática;

j) "Organização regional de integração econômica" – uma organização constituída por Estados soberanos de uma região determinada, para a qual estes Estados tenham transferido competências nas questões reguladas pela presente Convenção e que tenha sido devidamente mandatada, em conformidade com os seus procedimentos internos, para assinar, ratificar, aceitar ou aprovar a Convenção ou a ela aderir; as referências aos "Estados Partes" constantes da presente Convenção são aplicáveis a estas organizações, nos limites das suas competências.

ARTIGO 3
ÂMBITO DE APLICAÇÃO

1. Salvo disposição em contrário, a presente Convenção é aplicável à prevenção, investigação, instrução e julgamento de:

a) Infrações enunciadas nos Artigos 5, 6, 8 e 23 da presente Convenção; e

b) Infrações graves, na acepção do Artigo 2 da presente Convenção;

sempre que tais infrações sejam de caráter transnacional e envolvam um grupo criminoso organizado;

2. Para efeitos do parágrafo 1 do presente Artigo, a infração será de caráter transnacional se:

a) For cometida em mais de um Estado;

b) For cometida num só Estado, mas uma parte substancial da sua preparação, planeamento, direção e controle tenha lugar em outro Estado;

c) For cometida num só Estado, mas envolva a participação de um grupo criminoso organizado que pratique atividades criminosas em mais de um Estado; ou

d) For cometida num só Estado, mas produza efeitos substanciais noutro Estado.

ARTIGO 4
PROTEÇÃO DA SOBERANIA

1. Os Estados Partes cumprirão as suas obrigações decorrentes da presente Convenção no respeito pelos princípios da igualdade soberana e da integridade territorial dos Estados, bem como da não-ingerência nos assuntos internos de outros Estados.

2. O disposto na presente Convenção não autoriza qualquer Estado Parte a exercer, em território de outro Estado, jurisdição ou funções que o direito interno desse Estado reserve exclusivamente às suas autoridades.

ARTIGO 5
CRIMINALIZAÇÃO DA PARTICIPAÇÃO EM UM GRUPO CRIMINOSO ORGANIZADO

1. Cada Estado Parte adotará as medidas legislativas ou outras que sejam necessárias para caracterizar como infração penal, quando praticado intencionalmente:

a) Um dos atos seguintes, ou ambos, enquanto infrações penais distintas das que impliquem a tentativa ou a consumação da atividade criminosa:

i) O entendimento com uma ou mais pessoas para a prática de uma infração grave, com uma intenção direta ou indiretamente relacionada com a obtenção de um benefício econômico ou outro benefício material e, quando assim prescrever o direito interno, envolvendo um ato praticado por um dos participantes para concretizar o que foi acordado ou envolvendo a participação de um grupo criminoso organizado;

ii) A conduta de qualquer pessoa que, conhecendo a finalidade e a atividade criminosa geral de um grupo criminoso organizado, ou a sua intenção de cometer as infrações em questão, participe ativamente em:

a. Atividades ilícitas do grupo criminoso organizado;

b. Outras atividades do grupo criminoso organizado, sabendo que a sua participação contribuirá para a finalidade criminosa acima referida;

b) O ato de organizar, dirigir, ajudar, incitar, facilitar ou aconselhar a prática de uma infração grave que envolva a participação de um grupo criminoso organizado.

2. O conhecimento, a intenção, a finalidade, a motivação ou o acordo a que se refere o parágrafo 1 do presente Artigo poderão inferir-se de circunstâncias factuais objetivas.

3. Os Estados Partes cujo direito interno condicione a incriminação pelas infrações referidas no inciso i) da alínea a) do parágrafo 1 do presente Artigo ao envolvimento de um grupo criminoso organizado diligenciarão no sentido de que o seu direito interno abranja todas as infrações graves que envolvam a participação de grupos criminosos organizados. Estes Estados Partes, assim como os Estados Partes cujo direito interno condicione a incriminação pelas infrações definidas no inciso i) da alínea a) do parágrafo 1 do presente Artigo à prática de um ato concertado, informarão deste fato o Secretário Geral da Organização das Nações Unidas, no momento da assinatura ou do

depósito do seu instrumento de ratificação, aceitação, aprovação ou adesão à presente Convenção.

ARTIGO 6

CRIMINALIZAÇÃO DA LAVAGEM DO PRODUTO DO CRIME

1. Cada Estado Parte adotará, em conformidade com os princípios fundamentais do seu direito interno, as medidas legislativas ou outras que sejam necessárias para caracterizar como infração penal, quando praticada intencionalmente:

a) i) A conversão ou transferência de bens, quando quem o faz tem conhecimento de que esses bens são produto do crime, com o propósito de ocultar ou dissimular a origem ilícita dos bens ou ajudar qualquer pessoa envolvida na prática da infração principal a furtar-se às conseqüências jurídicas dos seus atos;

ii) A ocultação ou dissimulação da verdadeira natureza, origem, localização, disposição, movimentação ou propriedade de bens ou direitos a eles relativos, sabendo o seu autor que os ditos bens são produto do crime;

b) e, sob reserva dos conceitos fundamentais do seu ordenamento jurídico:

i) A aquisição, posse ou utilização de bens, sabendo aquele que os adquire, possui ou utiliza, no momento da recepção, que são produto do crime;

ii) A participação na prática de uma das infrações enunciadas no presente Artigo, assim como qualquer forma de associação, acordo, tentativa ou cumplicidade, pela prestação de assistência, ajuda ou aconselhamento no sentido da sua prática.

2. Para efeitos da aplicação do parágrafo 1 do presente Artigo:

a) Cada Estado Parte procurará aplicar o parágrafo 1 do presente Artigo à mais ampla gama possível de infrações principais;

b) Cada Estado Parte considerará como infrações principais todas as infrações graves, na acepção do Artigo 2 da presente Convenção, e as infrações enunciadas nos seus Artigos 5, 8 e 23. Os Estados Partes cuja legislação estabeleça uma lista de infrações principais específicas incluirá entre estas, pelo menos, uma gama completa de infrações relacionadas com grupos criminosos organizados;

c) Para efeitos da alínea b), as infrações principais incluirão as infrações cometidas tanto dentro como fora da jurisdição do Estado Parte interessado. No entanto, as infrações cometidas fora da jurisdição de um Estado Parte só constituirão infração principal quando o ato correspondente constitua infração penal à luz do direito interno do Estado em que tenha sido praticado e constitua infração penal à luz do direito interno do Estado Parte que aplique o presente Artigo se o crime aí tivesse sido cometido;

d) Cada Estado Parte fornecerá ao Secretário Geral das Nações Unidas uma cópia ou descrição das suas leis destinadas a dar aplicação ao presente Artigo e de qualquer alteração posterior;

e) Se assim o exigirem os princípios fundamentais do direito interno de um Estado Parte, poderá estabelecer-se que as infrações enunciadas no parágrafo 1 do presente Artigo não sejam aplicáveis às pessoas que tenham cometido a infração principal;

f) O conhecimento, a intenção ou a motivação, enquanto elementos constitutivos de uma infração enunciada no parágrafo 1 do presente Artigo, poderão inferir-se de circunstâncias fatuais objetivas.

ARTIGO 7

MEDIDAS PARA COMBATER A LAVAGEM DE DINHEIRO

1. Cada Estado Parte:

a) Instituirá um regime interno completo de regulamentação e controle dos bancos e instituições financeiras não bancárias e, quando se justifique, de outros organismos especialmente susceptíveis de ser utilizados para a lavagem de dinheiro, dentro dos limites da sua competência, a fim de prevenir e detectar qualquer forma de lavagem de dinheiro, sendo nesse regime enfatizados os requisitos relativos à identificação do cliente, ao registro das operações e à denúncia de operações suspeitas;

b) Garantirá, sem prejuízo da aplicação dos Artigos 18 e 27 da presente Convenção, que as autoridades responsáveis pela administração, regulamentação, detecção e repressão e outras autoridades responsáveis pelo combate à lavagem de dinheiro (incluindo, quando tal esteja previsto no seu direito interno, as autoridades judiciais), tenham a capacidade de cooperar e trocar informações em âmbito nacional e internacional, em conformidade com as condições prescritas no direito interno, e, para esse fim, considerará a possibilidade de criar um serviço de informação financeira que funcione como centro nacional de coleta, análise e difusão de informação relativa a eventuais atividades de lavagem de dinheiro.

2. Os Estados Partes considerarão a possibilidade de aplicar medidas viáveis para detectar e vigiar o movimento transfronteiriço de numerário e de títulos negociáveis, no respeito pelas garantias relativas à legítima utilização da informação e sem, por qualquer forma, restringir a circulação de capitais lícitos. Estas medidas poderão incluir a exigência de que os particulares e as entidades comerciais notifiquem as transferências transfronteiriças de quantias elevadas em numerário e títulos negociáveis.

3. Ao instituírem, nos termos do presente Artigo, um regime interno de regulamentação e controle, e sem prejuízo do disposto em qualquer outro artigo da presente Convenção, todos os Estados Partes são instados a utilizar como orientação as iniciativas pertinentes tomadas pelas organizações regionais, inter-regionais e multilaterais para combater a lavagem de dinheiro.

4. Os Estados Partes diligenciarão no sentido de desenvolver e promover a cooperação à escala mundial, regional, sub-regional e bilateral entre as autoridades judiciais, os organismos de detecção e repressão e as autoridades de regulamentação financeira, a fim de combater a lavagem de dinheiro.

ARTIGO 8

CRIMINALIZAÇÃO DA CORRUPÇÃO

1. Cada Estado Parte adotará as medidas legislativas e outras que sejam necessárias para caracterizar como infrações penais os seguintes atos, quando intencionalmente cometidos:

a) Prometer, oferecer ou conceder a um agente público, direta ou indiretamente, um benefício indevido, em seu proveito próprio ou de outra pessoa ou entidade, a fim de praticar ou se abster de praticar um ato no desempenho das suas funções oficiais;

b) Por um agente público, pedir ou aceitar, direta ou indiretamente, um benefício indevido, para si ou para outra pessoa ou entidade, a fim de praticar ou se abster de praticar um ato no desempenho das suas funções oficiais.

2. Cada Estado Parte considerará a possibilidade de adotar as medidas legislativas ou outras que sejam necessárias para conferir o caracter de infração penal aos atos enunciados no parágrafo 1 do presente Artigo que envolvam um agente público estrangeiro ou um funcionário internacional. Do mesmo modo, cada Estado Parte considerará a possibilidade de conferir o caracter de infração penal a outras formas de corrupção.

3. Cada Estado Parte adotará igualmente as medidas necessárias para conferir o caráter de infração penal à cumplicidade na prática de uma infração enunciada no presente Artigo.

4. Para efeitos do parágrafo 1 do presente Artigo e do Artigo 9, a expressão "agente público" designa, além do funcionário público, qualquer pessoa que preste um serviço público, tal como a expressão é definida no direito interno e aplicada no direito penal do Estado Parte onde a pessoa em questão exerce as suas funções.

ARTIGO 9

MEDIDAS CONTRA A CORRUPÇÃO

1. Para além das medidas enunciadas no Artigo 8 da presente Convenção, cada Estado Parte, na medida em que seja procedente e conforme ao seu ordenamento jurídico, adotará medidas eficazes de ordem legislativa, administrativa ou outra para promover a integridade e prevenir, detectar e punir a corrupção dos agentes públicos.

2. Cada Estado Parte tomará medidas no sentido de se assegurar de que as suas autoridades atuam eficazmente em matéria de prevenção, detecção e repressão da corrupção de agentes públicos, inclusivamente conferindo a essas autoridades independência suficiente para impedir qualquer influência indevida sobre a sua atuação.

ARTIGO 10

RESPONSABILIDADE DAS PESSOAS JURÍDICAS

1. Cada Estado Parte adotará as medidas necessárias, em conformidade com o seu ordenamento jurídico, para responsabilizar pessoas jurídicas que participem em infrações graves envolvendo um grupo criminoso organizado e que cometam as infrações enunciadas nos Artigos 5, 6, 8 e 23 da presente Convenção.

2. No respeito pelo ordenamento jurídico do Estado Parte, a responsabilidade das pessoas jurídicas poderá ser penal, civil ou administrativa.

3. A responsabilidade das pessoas jurídicas não obstará à responsabilidade penal das pessoas físicas que tenham cometido as infrações.

4. Cada Estado Parte diligenciará, em especial, no sentido de que as pessoas jurídicas consideradas responsáveis em conformidade com o presente Artigo sejam objeto de sanções eficazes, proporcionais e acautelatórias, de natureza penal e não penal, incluindo sanções pecuniárias.

ARTIGO 11

PROCESSOS JUDICIAIS, JULGAMENTO E SANÇÕES

1. Cada Estado Parte tornará a prática de qualquer infração enunciada nos Artigos 5, 6, 8 e 23 da presente Convenção passível de sanções que tenham em conta a gravidade dessa infração.

2. Cada Estado Parte diligenciará para que qualquer poder judicial discricionário conferido pelo seu direito interno e relativo a processos judiciais contra indivíduos por infrações previstas na presente Convenção seja exercido de forma a otimizar a eficácia das medidas de detecção e de repressão destas infrações, tendo na devida conta a necessidade de exercer um efeito cautelar da sua prática.

3. No caso de infrações como as enunciadas nos Artigos 5, 6, 8 e 23 da presente Convenção, cada Estado Parte tomará as medidas apropriadas, em conformidade com o seu direito interno, e tendo na devida conta os direitos da defesa, para que as condições a que estão sujeitas as decisões de aguardar julgamento em liberdade ou relativas ao processo de recurso tenham em consideração a necessidade de assegurar a presença do argüido em todo o processo penal ulterior.

4. Cada Estado Parte providenciará para que os seus tribunais ou outras autoridades competentes tenham presente a gravidade das infrações previstas na presente Convenção quando considerarem a possibilidade de uma libertação antecipada ou condicional de pessoas reconhecidas como culpadas dessas infrações.

5. Sempre que as circunstâncias o justifiquem, cada Estado Parte determinará, no âmbito do seu direito interno, um prazo de prescrição prolongado, durante o qual poderá ter início o processo relativo a uma das infrações previstas na presente Convenção, devendo esse período ser mais longo quando o presumível autor da infração se tenha subtraído à justiça.

6. Nenhuma das disposições da presente Convenção prejudica o princípio segundo o qual a definição das infrações nela enunciadas e dos meios jurídicos de defesa aplicáveis, bem como outros princípios jurídicos que rejam a legalidade das incriminações, são do foro exclusivo do direito interno desse Estado Parte, e segundo o qual as referidas infrações são objeto de procedimento judicial e punidas de acordo com o direito desse Estado Parte.

ARTIGO 12
CONFISCO E APREENSÃO

1. Os Estados Partes adotarão, na medida em que o seu ordenamento jurídico interno o permita, as medidas necessárias para permitir o confisco:

a) Do produto das infrações previstas na presente Convenção ou de bens cujo valor corresponda ao desse produto;

b) Dos bens, equipamentos e outros instrumentos utilizados ou destinados a ser utilizados na prática das infrações previstas na presente Convenção.

2. Os Estados Partes tomarão as medidas necessárias para permitir a identificação, a localização, o embargo ou a apreensão dos bens referidos no parágrafo 1 do presente Artigo, para efeitos de eventual confisco.

3. Se o produto do crime tiver sido convertido, total ou parcialmente, noutros bens, estes últimos podem ser objeto das medidas previstas no presente Artigo, em substituição do referido produto.

4. Se o produto do crime tiver sido misturado com bens adquiridos legalmente, estes bens poderão, sem prejuízo das competências de embargo ou apreensão, ser confiscados até ao valor calculado do produto com que foram misturados.

5. As receitas ou outros benefícios obtidos com o produto do crime, os bens nos quais o produto tenha sido transformado ou convertido ou os bens com que tenha sido misturado podem também ser objeto das medidas previstas no presente Artigo, da mesma forma e na mesma medida que o produto do crime.

6. Para efeitos do presente Artigo e do Artigo 13, cada Estado Parte habilitará os seus tribunais ou outras autoridades competentes para ordenarem a apresentação ou a apreensão de documentos bancários, financeiros ou comerciais. Os Estados Partes não poderão invocar o sigilo bancário para se recusarem a aplicar as disposições do presente número.

7. Os Estados Partes poderão considerar a possibilidade de exigir que o autor de uma infração demonstre a proveniência lícita do presumido produto do crime ou de outros bens que possam ser objeto de confisco, na medida em que esta exigência esteja em conformidade com os princípios do seu direito interno e com a natureza do processo ou outros procedimentos judiciais.

8. As disposições do presente Artigo não deverão, em circunstância alguma, ser interpretadas de modo a afetar os direitos de terceiros de boa-fé.

9. Nenhuma das disposições do presente Artigo prejudica o princípio segundo o qual as medidas nele previstas são definidas e aplicadas em conformidade com o direito interno de cada Estado Parte e segundo as disposições deste direito.

ARTIGO 13
COOPERAÇÃO INTERNACIONAL PARA EFEITOS DE CONFISCO

1. Na medida em que o seu ordenamento jurídico interno o permita, um Estado Parte que tenha recebido de outro Estado Parte, competente para conhecer de uma infração prevista na presente Convenção, um pedido de confisco do produto do crime, bens, equipamentos ou outros instrumentos referidos no parágrafo 1 do Artigo 12 da presente Convenção que se encontrem no seu território, deverá:

a) Submeter o pedido às suas autoridades competentes, a fim de obter uma ordem de confisco e, se essa ordem for emitida, executá-la; ou

b) Submeter às suas autoridades competentes, para que seja executada conforme o solicitado, a decisão de confisco emitida por um tribunal situado no território do Estado Parte requerente, em conformidade com o parágrafo 1 do Artigo 12 da presente Convenção, em relação ao produto do crime, bens, equipamentos ou outros instrumentos referidos no parágrafo 1 do Artigo 12 que se encontrem no território do Estado Parte requerido.

2. Quando um pedido for feito por outro Estado Parte competente para conhecer de uma infração prevista na presente Convenção, o Estado Parte requerido tomará medidas para identificar, localizar, embargar ou apreender o produto do crime, os bens, os equipamentos ou os outros instrumentos referidos no parágrafo 1 do Artigo 12 da presente Convenção, com vista a um eventual confisco que venha a ser ordenado, seja pelo Estado Parte requerente, seja, na seqüência de um pedido formulado ao abrigo do parágrafo 1 do presente Artigo, pelo Estado Parte requerido.

3. As disposições do Artigo 18 da presente Convenção aplicam-se mutatis mutandis ao presente Artigo. Para além das informações referidas no parágrafo 15 do Artigo 18, os pedidos feitos em conformidade com o presente Artigo deverão conter:

a) Quando o pedido for feito ao abrigo da alínea a) do parágrafo 1 do presente Artigo, uma descrição dos bens a confiscar e uma exposição dos fatos em que o Estado Parte requerente se baseia, que permita ao Estado Parte requerido obter uma decisão de confisco em conformidade com o seu direito interno;

b) Quando o pedido for feito ao abrigo da alínea b) do parágrafo 1 do presente Artigo, uma cópia legalmente admissível da decisão de confisco emitida pelo Estado Parte requerente em que se baseia o pedido, uma exposição dos fatos e informações sobre os limites em que é pedida a execução da decisão;

c) Quando o pedido for feito ao abrigo do parágrafo 2 do presente Artigo, uma exposição dos fatos em que se baseia o Estado Parte requerente e uma descrição das medidas pedidas.

4. As decisões ou medidas previstas no parágrafo 1 e parágrafo 2 do presente Artigo são tomadas pelo Estado Parte requerido em conformidade com o seu direito interno e segundo as disposições do mesmo direito, e em conformidade com as suas regras processuais ou com qualquer tratado, acordo ou protocolo bilateral ou multilateral que o ligue ao Estado Parte requerente.

5. Cada Estado Parte enviará ao Secretário Geral da Organização das Nações Unidas uma cópia das suas leis e regulamentos destinados a dar aplicação ao presente Artigo, bem como uma cópia de qualquer alteração ulteriormente introduzida a estas leis e regulamentos ou uma descrição destas leis, regulamentos e alterações ulteriores.

6. Se um Estado Parte decidir condicionar a adoção das medidas previstas nos parágrafos 1 e 2 do presente Artigo à existência de um tratado na matéria, deverá considerar a presente Convenção como uma base jurídica necessária e suficiente para o efeito.

7. Um Estado Parte poderá recusar a cooperação que lhe é solicitada ao abrigo do presente Artigo, caso a infração a que se refere o pedido não seja abrangida pela presente Convenção.

8. As disposições do presente Artigo não deverão, em circunstância alguma, ser interpretadas de modo a afetar os direitos de terceiros de boa fé.

9. Os Estados Partes considerarão a possibilidade de celebrar tratados, acordos ou protocolos bilaterais ou multilaterais com o objetivo de reforçar a eficácia da cooperação internacional desenvolvida para efeitos do presente Artigo.

ARTIGO 14
DISPOSIÇÃO DO PRODUTO DO CRIME OU DOS BENS CONFISCADOS

1. Um Estado Parte que confisque o produto do crime ou bens, em aplicação do Artigo 12 ou do parágrafo 1 do Artigo 13 da presente Convenção, disporá deles de acordo com o seu direito interno e os seus procedimentos administrativos.

2. Quando os Estados Partes agirem a pedido de outro Estado Parte em aplicação do Artigo 13 da presente Convenção, deverão, na medida em que o permita o seu direito interno e se tal lhes for solicitado, considerar prioritariamente a restituição do produto do crime ou dos bens confiscados ao Estado Parte requerente, para que este último possa indenizar as vítimas da infração ou restituir este produto do crime ou estes bens aos seus legítimos proprietários.

3. Quando um Estado Parte atuar a pedido de um outro Estado Parte em aplicação dos Artigos 12 e 13 da presente Convenção, poderá considerar especialmente a celebração de acordos ou protocolos que prevejam:

a) Destinar o valor deste produto ou destes bens, ou os fundos provenientes da sua venda, ou uma parte destes fundos, à conta criada em aplicação da alínea c) do parágrafo 2 do Artigo 30 da presente Convenção e a organismos intergovernamentais especializados na luta contra a criminalidade organizada;

b) Repartir com outros Estados Partes, sistemática ou casuisticamente, este produto ou estes bens, ou os fundos provenientes da respectiva venda, em conformidade com o seu direito interno ou os seus procedimentos administrativos.

ARTIGO 15
JURISDIÇÃO

1. Cada Estado Parte adotará as medidas necessárias para estabelecer a sua competência jurisdicional em relação às infrações enunciadas nos Artigos 5, 6, 8 e 23 da presente Convenção, nos seguintes casos:

a) Quando a infração for cometida no seu território; ou

b) Quando a infração for cometida a bordo de um navio que arvore a sua bandeira ou a bordo de uma aeronave matriculada em conformidade com o seu direito interno no momento em que a referida infração for cometida.

2. Sem prejuízo do disposto no Artigo 4 da presente Convenção, um Estado Parte poderá igualmente estabelecer a sua competência jurisdicional em relação a qualquer destas infrações, nos seguintes casos:

a) Quando a infração for cometida contra um dos seus cidadãos;

b) Quando a infração for cometida por um dos seus cidadãos ou por uma pessoa apátrida residente habitualmente no seu território; ou

c) Quando a infração for:

i) Uma das previstas no parágrafo 1 do Artigo 5 da presente Convenção e praticada fora do seu território, com a intenção de cometer uma infração grave no seu território;

ii) Uma das previstas no inciso ii) da alínea b) do parágrafo 1 do Artigo 6 da presente Convenção e praticada fora do seu território com a intenção de cometer, no seu território, uma das infrações enunciadas nos incisos i) ou ii) da alínea a) ou i) da alínea b) do parágrafo 1 do Artigo 6 da presente Convenção.

3. Para efeitos do parágrafo 10 do Artigo 16 da presente Convenção, cada Estado Parte adotará as medidas necessárias para estabelecer a sua competência jurisdicional em relação às infrações abrangidas pela presente Convenção quando o presumível autor se encontre no seu território e o Estado Parte não o extraditar pela única razão de se tratar de um seu cidadão.

4. Cada Estado Parte poderá igualmente adotar as medidas necessárias para estabelecer a sua competência jurisdicional em relação às infrações abrangidas pela presente Convenção quando o presumível autor se encontre no seu território e o Estado Parte não o extraditar.

5. Se um Estado Parte que exerça a sua competência jurisdicional por força dos parágrafos 1 e 2 do presente Artigo tiver sido notificado, ou por qualquer outra forma tiver tomado conhecimento, de que um ou vários Estados Partes estão a efetuar uma investigação ou iniciaram diligências ou um processo judicial tendo por objeto o mesmo ato, as autoridades competentes destes Estados Partes deverão consultar-se, da forma que for mais conveniente, para coordenar as suas ações.

6. Sem prejuízo das normas do direito internacional geral, a presente Convenção não excluirá o exercício de qualquer competência jurisdicional penal estabelecida por um Estado Parte em conformidade com o seu direito interno.

ARTIGO 16
EXTRADIÇÃO

1. O presente Artigo aplica-se às infrações abrangidas pela presente Convenção ou nos casos em que um grupo criminoso organizado esteja implicado numa infração prevista nas alíneas a) ou b) do parágrafo 1 do Artigo 3 e em que a pessoa que é objeto do pedido de extradição se encontre no Estado Parte requerido, desde que a infração pela qual é pedida a extradição seja punível pelo direito interno do Estado Parte requerente e do Estado Parte requerido.

2. Se o pedido de extradição for motivado por várias infrações graves distintas, algumas das quais não se encontrem previstas no presente Artigo, o Estado Parte requerido pode igualmente aplicar o presente Artigo às referidas infrações.

3. Cada uma das infrações às quais se aplica o presente Artigo será considerada incluída, de pleno direito, entre as infrações que dão lugar a extradição em qualquer tratado de extradição em vigor entre os Estados Partes. Os Estados Partes comprometem-se a incluir estas infrações entre aquelas cujo autor pode ser extraditado em qualquer tratado de extradição que celebrem entre si.

4. Se um Estado Parte que condicione a extradição à existência de um tratado receber um pedido de extradição de um Estado Parte com o qual não celebrou tal tratado, poderá considerar a presente Convenção como fundamento jurídico da extradição quanto às infrações a que se aplique o presente Artigo.

5. Os Estados Partes que condicionem a extradição à existência de um tratado:

a) No momento do depósito do seu instrumento de ratificação, aceitação, aprovação ou adesão à presente Convenção, indicarão ao Secretário Geral da Organização das Nações Unidas se consideram a presente Convenção como fundamento jurídico para a cooperação com outros Estados Partes em matéria de extradição; e

b) Se não considerarem a presente Convenção como fundamento jurídico para cooperar em matéria de extradição, diligenciarão, se necessário, pela celebração de tratados de extradição com outros Estados Partes, a fim de darem aplicação ao presente Artigo.

6. Os Estados Partes que não condicionem a extradição à existência de um tratado reconhecerão entre si, às infrações às quais se aplica o presente Artigo, o caráter de infração cujo autor pode ser extraditado.

7. A extradição estará sujeita às condições previstas no direito interno do Estado Parte requerido ou em tratados de extradição aplicáveis, incluindo, nomeadamente, condições relativas à pena mínima requerida para uma extradição e aos motivos pelos quais o Estado Parte requerido pode recusar a extradição.

8. Os Estados Partes procurarão, sem prejuízo do seu direito interno, acelerar os processos de extradição e simplificar os requisitos em matéria de prova com eles relacionados, no que se refere às infrações a que se aplica o presente Artigo.

9. Sem prejuízo do disposto no seu direito interno e nos tratados de extradição que tenha celebrado, o Estado Parte requerido poderá, a pedido do Estado Parte requerente, se considerar que as circunstâncias o justificam e que existe urgência, colocar em detenção uma pessoa, presente no seu território, cuja extradição é pedida, ou adotar a seu respeito quaisquer outras medidas apropriadas para assegurar a sua presença no processo de extradição.

10. Um Estado Parte em cujo território se encontre o presumível autor da infração, se não extraditar esta pessoa a título de uma infração à qual se aplica o presente Artigo pelo único motivo de se tratar de um seu cidadão, deverá, a pedido do Estado Parte requerente da extradição, submeter o caso, sem demora excessiva, às suas autoridades competentes para efeitos de procedimento judicial. Estas autoridades tomarão a sua decisão e seguirão os trâmites do processo da mesma forma que em relação a qualquer outra infração grave, à luz do direito interno deste Estado Parte. Os Estados Partes interessados cooperarão entre si, nomeadamente em matéria processual e probatória, para assegurar a eficácia dos referidos atos judiciais.

11. Quando um Estado Parte, por força do seu direito interno, só estiver autorizado a extraditar ou, por qualquer outra forma, entregar um dos seus cidadãos na condição de que essa pessoa retorne seguidamente ao mesmo Estado Parte para cumprir a pena a que tenha sido condenada na seqüência do processo ou do procedimento que originou o pedido de extradição ou de entrega, e quando este Estado Parte e o Estado Parte requerente concordarem em relação a essa opção e a outras condições que considerem apropriadas, a extradição ou entrega condicional será suficiente para dar cumprimento à obrigação enunciada no parágrafo 10 do presente Artigo.

12. Se a extradição, pedida para efeitos de execução de uma pena, for recusada porque a pessoa que é objeto deste pedido é um cidadão do Estado Parte requerido, este, se o seu direito interno o permitir, em conformidade com as prescrições deste direito e a pedido do Estado Parte requerente, considerará a possibilidade de dar execução à pena que foi aplicada em conformidade com o direito do Estado Parte requerente ou ao que dessa pena faltar cumprir.

13. Qualquer pessoa que seja objeto de um processo devido a qualquer das infrações às quais se aplica o presente Artigo terá garantido um tratamento eqüitativo em todas as fases do processo, incluindo o gozo de todos os direitos e garantias previstos no direito interno do Estado Parte em cujo território se encontra.

14. Nenhuma disposição da presente Convenção deverá ser interpretada no sentido de que impõe uma obrigação de extraditar a um Estado Parte requerido, se existirem sérias razões para supor que o pedido foi apresentado com a finalidade de perseguir ou punir uma pessoa em razão do seu sexo, raça, religião, nacionalidade, origem étnica ou opiniões políticas, ou que a satisfação daquele pedido provocaria um prejuízo a essa pessoa por alguma destas razões.

15. Os Estados Partes não poderão recusar um pedido de extradição unicamente por considerarem que a infração envolve também questões fiscais.

16. Antes de recusar a extradição, o Estado Parte requerido consultará, se for caso disso, o Estado Parte requerente, a fim de lhe dar a mais ampla possibilidade de apresentar as suas razões e de fornecer informações em apoio das suas alegações.

17. Os Estados Partes procurarão celebrar acordos ou protocolos bilaterais e multilaterais com o objetivo de permitir a extradição ou de aumentar a sua eficácia.

ARTIGO 17
TRANSFERÊNCIA DE PESSOAS CONDENADAS

Os Estados Partes poderão considerar a celebração de acordos ou protocolos bilaterais ou multilaterais relativos à transferência para o seu território de pessoas condenadas a penas de prisão ou outras penas de privação de liberdade devido a infrações previstas na presente Convenção, para que aí possam cumprir o resto da pena.

ARTIGO 18
ASSISTÊNCIA JUDICIÁRIA RECÍPROCA

1. Os Estados Partes prestarão reciprocamente toda a assistência judiciária possível nas investigações, nos processos e em outros atos judiciais relativos às infrações previstas pela presente Convenção, nos termos do Artigo 3, e prestarão reciprocamente uma assistência similar quando o Estado Parte requerente tiver motivos razoáveis para suspeitar de que a infração a que se referem as alíneas a) ou b) do parágrafo 1 do Artigo 3 é de caráter transnacional, inclusive quando as vítimas, as testemunhas, o produto, os instrumentos ou os elementos de prova destas infrações se encontrem no Estado Parte requerido e nelas esteja implicado um grupo criminoso organizado.

2. Será prestada toda a cooperação judiciária possível, tanto quanto o permitam as leis, tratados, acordos e protocolos pertinentes do Estado Parte requerido, no âmbito de investigações, processos e outros atos judiciais relativos a infrações pelas quais possa ser considerada responsável uma pessoa coletiva no Estado Parte requerente, em conformidade com o Artigo 10 da presente Convenção.

3. A cooperação judiciária prestada em aplicação do presente Artigo pode ser solicitada para os seguintes efeitos:

a) Recolher testemunhos ou depoimentos;

b) Notificar atos judiciais;

c) Efetuar buscas, apreensões e embargos;

d) Examinar objetos e locais;

e) Fornecer informações, elementos de prova e pareceres de peritos;

f) Fornecer originais ou cópias certificadas de documentos e processos pertinentes, incluindo documentos administrativos, bancários, financeiros ou comerciais e documentos de empresas;

g) Identificar ou localizar os produtos do crime, bens, instrumentos ou outros elementos para fins probatórios;

h) Facilitar o comparecimento voluntário de pessoas no Estado Parte requerente;

i) Prestar qualquer outro tipo de assistência compatível com o direito interno do Estado Parte requerido.

4. Sem prejuízo do seu direito interno, as autoridades competentes de um Estado Parte poderão, sem pedido prévio, comunicar informações relativas a questões penais a uma autoridade competente de outro Estado Parte, se considerarem que estas informações poderão ajudar a empreender ou concluir com êxito investigações e processos penais ou conduzir este último Estado Parte a formular um pedido ao abrigo da presente Convenção.

5. A comunicação de informações em conformidade com o parágrafo 4 do presente Artigo será efetuada sem prejuízo das investigações e dos processos penais no Estado cujas autoridades competentes fornecem as informações. As autoridades competentes que recebam estas informações deverão satisfazer qualquer pedido no sentido de manter confidenciais as referidas informações, mesmo se apenas temporariamente, ou de restringir a sua utilização. Todavia, tal não impedirá o Estado Parte que receba as informações de revelar, no decurso do processo judicial, informações que inocentem um argüido. Neste último caso, o Estado Parte que recebeu as informações avisará o Estado Parte que as comunicou antes de as revelar e, se lhe for pedido, consultará este último. Se, num caso excepcional, não for possível uma comunicação prévia, o Estado Parte que recebeu as informações dará conhecimento da revelação, prontamente, ao Estado Parte que as tenha comunicado.

6. As disposições do presente Artigo em nada prejudicam as obrigações decorrentes de qualquer outro tratado bilateral ou multilateral que regule, ou deva regular, inteiramente ou em parte, a cooperação judiciária.

7. Os parágrafos 9 a 29 do presente Artigo serão aplicáveis aos pedidos feitos em conformidade com o presente Artigo, no caso de os Estados Partes em questão não estarem ligados por um tratado de cooperação judiciária. Se os referidos Estados Partes estiverem ligados por tal tratado, serão aplicáveis as disposições correspondentes desse tratado, a menos que os Estados Partes concordem em aplicar, em seu lugar, as disposições dos parágrafos 9 a 29 do presente Artigo. Os Estados Partes são fortemente instados a aplicar estes números, se tal facilitar a cooperação.

8. Os Estados Partes não poderão invocar o sigilo bancário para recusar a cooperação judiciária prevista no presente Artigo.

9. Os Estados Partes poderão invocar a ausência de dupla criminalização para recusar prestar a assistência judiciária prevista no presente Artigo. O Estado Parte requerido poderá, não obstante, quando o considerar apropriado, prestar esta assistência, na medida em que o decida por si próprio, independentemente de o ato estar ou não tipificado como uma infração no direito interno do Estado Parte requerido.

10. Qualquer pessoa detida ou a cumprir pena no território de um Estado Parte, cuja presença seja requerida num outro Estado Parte para efeitos de identificação, para testemunhar ou para contribuir por qualquer outra forma para a obtenção de provas no âmbito de investigações, processos ou outros atos judiciais relativos às infrações visadas na presente Convenção, pode ser objeto de uma transferência, se estiverem reunidas as seguintes condições:

a) Se referida pessoa, devidamente informada, der o seu livre consentimento;

b) Se as autoridades competentes dos dois Estados Partes em questão derem o seu consentimento, sob reserva das condições que estes Estados Partes possam considerar convenientes.

11. Para efeitos do parágrafo 10 do presente Artigo:

a) O Estado Parte para o qual a transferência da pessoa em questão for efetuada terá o poder e a obrigação de a manter detida, salvo pedido ou autorização em contrário do Estado Parte do qual a pessoa foi transferida;

b) O Estado Parte para o qual a transferência for efetuada cumprirá prontamente a obrigação de entregar a pessoa à guarda do Estado Parte do qual foi transferida, em conformidade com o que tenha sido previamente acordado ou com o que as autoridades competentes dos dois Estados Partes tenham decidido;

c) O Estado Parte para o qual for efetuada a transferência não poderá exigir do Estado Parte do qual a transferência foi efetuada que abra um processo de extradição para que a pessoa lhe seja entregue;

d) O período que a pessoa em questão passe detida no Estado Parte para o qual for transferida é contado para o cumprimento da pena que lhe tenha sido aplicada no Estado Parte do qual for transferida;

12. A menos que o Estado Parte do qual a pessoa for transferida, ao abrigo dos parágrafos 10 e 11 do presente Artigo, esteja de acordo, a pessoa em questão, seja qual for a sua nacionalidade, não será objeto de

processo judicial, detida, punida ou sujeita a outras restrições à sua liberdade de movimentos no território do Estado Parte para o qual seja transferida, devido a atos, omissões ou condenações anteriores à sua partida do território do Estado Parte do qual foi transferida.

13. Cada Estado Parte designará uma autoridade central que terá a responsabilidade e o poder de receber pedidos de cooperação judiciária e, quer de os executar, quer de os transmitir às autoridades competentes para execução. Se um Estado Parte possuir uma região ou um território especial dotado de um sistema de cooperação judiciária diferente, poderá designar uma autoridade central distinta, que terá a mesma função para a referida região ou território. As autoridades centrais deverão assegurar a execução ou a transmissão rápida e em boa e devida forma dos pedidos recebidos. Quando a autoridade central transmitir o pedido a uma autoridade competente para execução, instará pela execução rápida e em boa e devida forma do pedido por parte da autoridade competente. O Secretário Geral da Organização das Nações Unidas será notificado da autoridade central designada para este efeito no momento em que cada Estado Parte depositar os seus instrumentos de ratificação, aceitação, aprovação ou adesão à presente Convenção. Os pedidos de cooperação judiciária e qualquer comunicação com eles relacionada serão transmitidos às autoridades centrais designadas pelos Estados Partes. A presente disposição não afetará o direito de qualquer Estado Parte a exigir que estes pedidos e comunicações lhe sejam remetidos por via diplomática e, em caso de urgência, e se os Estados Partes nisso acordarem, por intermédio da Organização Internacional de Polícia Criminal, se tal for possível.

14. Os pedidos serão formulados por escrito ou, se possível, por qualquer outro meio capaz de produzir registro escrito, numa língua que seja aceita pelo Estado Parte requerido, em condições que permitam a este Estado Parte verificar a sua autenticidade. O Secretário Geral das Nações Unidas será notificado a respeito da língua ou línguas aceitas por cada Estado Parte no momento em que o Estado Parte em questão depositar os seus instrumentos de ratificação, aceitação, aprovação ou adesão à presente Convenção. Em caso de urgência, e se os Estados Partes nisso acordarem, os pedidos poderão ser feitos oralmente, mais deverão ser imediatamente confirmados por escrito.

15. Um pedido de assistência judiciária deverá conter as seguintes informações:

a) A designação da autoridade que emite o pedido;

b) O objeto e a natureza da investigação, dos processos ou dos outros atos judiciais a que se refere o pedido, bem como o nome e as funções da autoridade que os tenha a cargo;

c) Um resumo dos fatos relevantes, salvo no caso dos pedidos efetuados para efeitos de notificação de atos judiciais;

d) Uma descrição da assistência pretendida e pormenores de qualquer procedimento específico que o Estado Parte requerente deseje ver aplicado;

e) Caso seja possível, a identidade, endereço e nacionalidade de qualquer pessoa visada; e

f) O fim para o qual são pedidos os elementos, informações ou medidas.

16. O Estado Parte requerido poderá solicitar informações adicionais, quando tal se afigure necessário à execução do pedido em conformidade com o seu direito interno, ou quando tal possa facilitar a execução do pedido.

17. Qualquer pedido será executado em conformidade com o direito interno do Estado Parte requerido e, na medida em que tal não contrarie este direito e seja possível, em conformidade com os procedimentos especificados no pedido.

18. Se for possível e em conformidade com os princípios fundamentais do direito interno, quando uma pessoa que se encontre no território de um Estado Parte deva ser ouvida como testemunha ou como perito pelas autoridades judiciais de outro Estado Parte, o primeiro Estado Parte poderá, a pedido do outro, autorizar a sua audição por videoconferência, se não for possível ou desejável que a pessoa compareça no território do Estado Parte requerente. Os Estados Partes poderão acordar em que a audição seja conduzida por uma autoridade judicial do Estado Parte requerente e que a ela assista uma autoridade judicial do Estado Parte requerido.

19. O Estado Parte requerente não comunicará nem utilizará as informações ou os elementos de prova fornecidos pelo Estado Parte requerido para efeitos de investigações, processos ou outros atos judiciais diferentes dos mencionados no pedido sem o consentimento prévio do Estado Parte requerido. O disposto neste número não impedirá o Estado Parte requerente de revelar, durante o processo, informações ou elementos de prova ilibatórios de um argüido. Neste último caso, o Estado Parte requerente avisará, antes da revelação, o Estado Parte requerido e, se tal lhe for pedido, consultará neste último. Se, num caso excepcional, não for possível uma comunicação prévia, o Estado Parte requerente informará da revelação, prontamente, o Estado Parte requerido.

20. O Estado Parte requerente poderá exigir que o Estado Parte requerido guarde sigilo sobre o pedido e o seu conteúdo, salvo na medida do que seja necessário para o executar. Se o Estado Parte requerido não puder satisfazer esta exigência, informará prontamente o Estado Parte requerente.

21. A cooperação judiciária poderá ser recusada:

a) Se o pedido não for feito em conformidade com o disposto no presente Artigo;

b) Se o Estado Parte requerido considerar que a execução do pedido pode afetar sua soberania, sua segurança, sua ordem pública ou outros interesses essenciais;

c) Se o direito interno do Estado Parte requerido proibir suas autoridades de executar as providências solicitadas com relação a uma infração análoga que tenha sido objeto de investigação ou de procedimento judicial no âmbito da sua própria competência;

d) Se a aceitação do pedido contrariar o sistema jurídico do Estado Parte requerido no que se refere à cooperação judiciária.

22. Os Estados Partes não poderão recusar um pedido de cooperação judiciária unicamente por considerarem que a infração envolve também questões fiscais.

23. Qualquer recusa de cooperação judiciária deverá ser fundamentada.

24. O Estado Parte requerido executará o pedido de cooperação judiciária tão prontamente quanto possível e terá em conta, na medida do possível, todos os prazos sugeridos pelo Estado Parte requerente para os quais sejam dadas justificações, de preferência no pedido. O Estado Parte requerido responderá aos pedidos razoáveis do Estado Parte requerente quanto ao andamento das diligências solicitadas. Quando a assistência pedida deixar de ser necessária, o Estado Parte requerente informará prontamente desse fato o Estado Parte requerido.

25. A cooperação judiciária poderá ser diferida pelo Estado Parte requerido por interferir com uma investigação, processos ou outros atos judiciais em curso.

26. Antes de recusar um pedido feito ao abrigo do parágrafo 21 do presente Artigo ou de diferir a sua execução ao abrigo do parágrafo 25, o Estado Parte requerido estudará com o Estado Parte requerente a possibilidade de prestar a assistência sob reserva das condições que considere necessárias. Se o Estado Parte requerente aceitar a assistência sob reserva destas condições, deverá respeitá-las.

27. Sem prejuízo da aplicação do parágrafo 12 do presente Artigo, uma testemunha, um perito ou outra pessoa que, a pedido do Estado Parte requerente, aceite depor num processo ou colaborar numa investigação, em processos ou outros atos judiciais no território do Estado Parte requerente, não será objeto de processo, detida, punida ou sujeita a outras restrições à sua liberdade pessoal neste território, devido a atos, omissões ou condenações anteriores à sua partida do território do Estado Parte requerido. Esta imunidade cessa quando a testemunha, o perito ou a referida pessoa, tendo tido, durante um período de quinze dias consecutivos ou qualquer outro período acordado pelos Estados Partes, a contar da data em que recebeu a comunicação oficial de que a sua presença já não era exigida pelas autoridades judiciais, a possibilidade de deixar o território do Estado Parte requerente, nele tenha voluntariamente permanecido ou, tendo-o deixado, a ele tenha regressado de livre vontade.

28. As despesas correntes com a execução de um pedido serão suportadas pelo Estado Parte requerido, salvo acordo noutro sentido dos Estados Partes interessados. Quando venham a revelar-se necessárias despesas significativas ou extraordinárias para executar o pedido, os Estados Partes consultar-se-ão para fixar as condições segundo as quais o pedido deverá ser executado, bem como o modo como as despesas serão assumidas.

29. O Estado Parte requerido:

a) Fornecerá ao Estado Parte requerente cópias dos processos, documentos ou informações administrativas que estejam em seu poder e que, por força do seu direito interno, estejam acessíveis ao público;

b) Poderá, se assim o entender, fornecer ao Estado Parte requerente, na íntegra ou nas condições que considere apropriadas, cópias de todos os processos, documentos ou informações que estejam na sua posse e que, por força do seu direito interno, não sejam acessíveis ao público.

30. Os Estados Partes considerarão, se necessário, a possibilidade de celebrarem acordos ou protocolos bilaterais ou multilaterais que sirvam os objetivos e as disposições do presente Artigo, reforçando-as ou dando-lhes maior eficácia.

ARTIGO 19
INVESTIGAÇÕES CONJUNTAS

Os Estados Partes considerarão a possibilidade de celebrar acordos ou protocolos bilaterais ou multilaterais em virtude dos quais, com respeito a matérias que sejam objeto de investigação, processos ou ações judiciais em um ou mais Estados, as autoridades competentes possam estabelecer órgãos mistos de investigação. Na ausência de tais acordos ou protocolos, poderá ser decidida casuisticamente a realização de investigações conjuntas. Os Estados Partes envolvidos agirão de modo a que a soberania do Estado Parte em cujo território decorra a investigação seja plenamente respeitada.

ARTIGO 20
TÉCNICAS ESPECIAIS DE INVESTIGAÇÃO

1. Se os princípios fundamentais do seu ordenamento jurídico nacional o permitirem, cada Estado Parte, tendo em conta as suas possibilidades e em conformidade com as condições prescritas no seu direito interno, adotará as medidas necessárias para permitir

o recurso apropriado a entregas vigiadas e, quando o considere adequado, o recurso a outras técnicas especiais de investigação, como a vigilância eletrônica ou outras formas de vigilância e as operações de infiltração, por parte das autoridades competentes no seu território, a fim de combater eficazmente a criminalidade organizada.

2. Para efeitos de investigações sobre as infrações previstas na presente Convenção, os Estados Partes são instados a celebrar, se necessário, acordos ou protocolos bilaterais ou multilaterais apropriados para recorrer às técnicas especiais de investigação, no âmbito da cooperação internacional. Estes acordos ou protocolos serão celebrados e aplicados sem prejuízo do princípio da igualdade soberana dos Estados e serão executados em estrita conformidade com as disposições neles contidas.

3. Na ausência dos acordos ou protocolos referidos no parágrafo 2 do presente Artigo, as decisões de recorrer a técnicas especiais de investigação a nível internacional serão tomadas casuisticamente e poderão, se necessário, ter em conta acordos ou protocolos financeiros relativos ao exercício de jurisdição pelos Estados Partes interessados.

4. As entregas vigiadas a que se tenha decidido recorrer a nível internacional poderão incluir, com o consentimento dos Estados Partes envolvidos, métodos como a intercepção de mercadorias e a autorização de prosseguir o seu encaminhamento, sem alteração ou após subtração ou substituição da totalidade ou de parte dessas mercadorias.

ARTIGO 21
TRANSFERÊNCIA DE PROCESSOS PENAIS

Os Estados Partes considerarão a possibilidade de transferirem mutuamente os processos relativos a uma infração prevista na presente Convenção, nos casos em que esta transferência seja considerada necessária no interesse da boa administração da justiça e, em especial, quando estejam envolvidas várias jurisdições, a fim de centralizar a instrução dos processos.

ARTIGO 22
ESTABELECIMENTO DE ANTECEDENTES PENAIS

Cada Estado Parte poderá adotar as medidas legislativas ou outras que sejam necessárias para ter em consideração, nas condições e para os efeitos que entender apropriados, qualquer condenação de que o presumível autor de uma infração tenha sido objeto noutro Estado, a fim de utilizar esta informação no âmbito de um processo penal relativo a uma infração prevista na presente Convenção.

ARTIGO 23
CRIMINALIZAÇÃO DA OBSTRUÇÃO À JUSTIÇA

Cada Estado Parte adotará medidas legislativas e outras consideradas necessárias para conferir o caráter de infração penal aos seguintes atos, quando cometidos intencionalmente:

a) O recurso à força física, a ameaças ou a intimidação, ou a promessa, oferta ou concessão de um benefício indevido para obtenção de um falso testemunho ou para impedir um testemunho ou a apresentação de elementos de prova num processo relacionado com a prática de infrações previstas na presente Convenção;

b) O recurso à força física, a ameaças ou a intimidação para impedir um agente judicial ou policial de exercer os deveres inerentes à sua função relativamente à prática de infrações previstas na presente Convenção. O disposto na presente alínea não prejudica o direito dos Estados Partes de disporem de legislação destinada a proteger outras categorias de agentes públicos.

ARTIGO 24
PROTEÇÃO DAS TESTEMUNHAS

1. Cada Estado Parte, dentro das suas possibilidades, adotará medidas apropriadas para assegurar uma proteção eficaz contra eventuais atos de represália ou de intimidação das testemunhas que, no âmbito de processos penais, deponham sobre infrações previstas na presente Convenção e, quando necessário, aos seus familiares ou outras pessoas que lhes sejam próximas.

2. Sem prejuízo dos direitos do argüido, incluindo o direito a um julgamento regular, as medidas referidas no parágrafo 1 do presente Artigo poderão incluir, entre outras:

a) Desenvolver, para a proteção física destas pessoas, procedimentos que visem, consoante as necessidades e na medida do possível, nomeadamente, fornecer-lhes um novo domicílio e impedir ou restringir a divulgação de informações relativas à sua identidade e paradeiro;

b) Estabelecer normas em matéria de prova que permitam às testemunhas depor de forma a garantir a sua segurança, nomeadamente autorizando-as a depor com recurso a meios técnicos de comunicação, como ligações de vídeo ou outros meios adequados.

3. Os Estados Partes considerarão a possibilidade de celebrar acordos com outros Estados para facultar um novo domicílio às pessoas referidas no parágrafo 1 do presente Artigo.

4. As disposições do presente Artigo aplicam-se igualmente às vítimas, quando forem testemunhas.

ARTIGO 25

ASSISTÊNCIA E PROTEÇÃO ÀS VÍTIMAS

1. Cada Estado Parte adotará, segundo as suas possibilidades, medidas apropriadas para prestar assistência e assegurar a proteção às vítimas de infrações previstas na presente Convenção, especialmente em caso de ameaça de represálias ou de intimidação.

2. Cada Estado Parte estabelecerá procedimentos adequados para que as vítimas de infrações previstas na presente Convenção possam obter reparação.

3. Cada Estado Parte, sem prejuízo do seu direito interno, assegurará que as opiniões e preocupações das vítimas sejam apresentadas e tomadas em consideração nas fases adequadas do processo penal aberto contra os autores de infrações, por forma que não prejudique os direitos da defesa.

ARTIGO 26

MEDIDAS PARA INTENSIFICAR A COOPERAÇÃO COM AS AUTORIDADES COMPETENTES PARA A APLICAÇÃO DA LEI

1. Cada Estado Parte tomará as medidas adequadas para encorajar as pessoas que participem ou tenham participado em grupos criminosos organizados:

a) A fornecerem informações úteis às autoridades competentes para efeitos de investigação e produção de provas, nomeadamente

i) A identidade, natureza, composição, estrutura, localização ou atividades dos grupos criminosos organizados;

ii) As conexões, inclusive conexões internacionais, com outros grupos criminosos organizados;

iii) As infrações que os grupos criminosos organizados praticaram ou poderão vir a praticar;

b) A prestarem ajuda efetiva e concreta às autoridades competentes, susceptível de contribuir para privar os grupos criminosos organizados dos seus recursos ou do produto do crime.

2. Cada Estado Parte poderá considerar a possibilidade, nos casos pertinentes, de reduzir a pena de que é passível um argüido que coopere de forma substancial na investigação ou no julgamento dos autores de uma infração prevista na presente Convenção.

3. Cada Estado Parte poderá considerar a possibilidade, em conformidade com os princípios fundamentais do seu ordenamento jurídico interno, de conceder imunidade a uma pessoa que coopere de forma substancial na investigação ou no julgamento dos autores de uma infração prevista na presente Convenção.

4. A proteção destas pessoas será assegurada nos termos do Artigo 24 da presente Convenção.

5. Quando uma das pessoas referidas no parágrafo 1 do presente Artigo se encontre num Estado Parte e possa prestar uma cooperação substancial às autoridades competentes de outro Estado Parte, os Estados Partes em questão poderão considerar a celebração de acordos, em conformidade com o seu direito interno, relativos à eventual concessão, pelo outro Estado Parte, do tratamento descrito nos parágrafos 2 e 3 do presente Artigo.

ARTIGO 27

COOPERAÇÃO ENTRE AS AUTORIDADES COMPETENTES PARA A APLICAÇÃO DA LEI

1. Os Estados Partes cooperarão estreitamente, em conformidade com os seus respectivos ordenamentos jurídicos e administrativos, a fim de reforçar a eficácia das medidas de controle do cumprimento da lei destinadas a combater as infrações previstas na presente Convenção. Especificamente, cada Estado Parte adotará medidas eficazes para:

a) Reforçar ou, se necessário, criar canais de comunicação entre as suas autoridades, organismos e serviços competentes, para facilitar a rápida e segura troca de informações relativas a todos os aspectos das infrações previstas na presente Convenção, incluindo, se os Estados Partes envolvidos o considerarem apropriado, ligações com outras atividades criminosas;

b) Cooperar com outros Estados Partes, quando se trate de infrações previstas na presente Convenção, na condução de investigações relativas aos seguintes aspectos:

i) Identidade, localização e atividades de pessoas suspeitas de implicação nas referidas infrações, bem como localização de outras pessoas envolvidas;

ii) Movimentação do produto do crime ou dos bens provenientes da prática destas infrações;

iii) Movimentação de bens, equipamentos ou outros instrumentos utilizados ou destinados a ser utilizados na prática destas infrações;

c) Fornecer, quando for caso disso, os elementos ou as quantidades de substâncias necessárias para fins de análise ou de investigação;

d) Facilitar uma coordenação eficaz entre as autoridades, organismos e serviços competentes e promover o intercâmbio de pessoal e de peritos, incluindo, sob reserva da existência de acordos ou protocolos bilaterais entre os Estados Partes envolvidos, a designação de agentes de ligação;

e) Trocar informações com outros Estados Partes sobre os meios e métodos específicos utilizados pelos grupos criminosos organizados, incluindo, se for caso disso, sobre os itinerários e os meios de transporte, bem como o uso de identidades falsas, de documentos alterados ou falsificados ou outros meios de dissimulação das suas atividades;

f) Trocar informações e coordenar as medidas administrativas e outras tendo em vista detectar o mais rapidamente possível as infrações previstas na presente Convenção.

2. Para dar aplicação à presente Convenção, os Estados Partes considerarão a possibilidade de celebrar acordos ou protocolos bilaterais ou multilaterais que prevejam uma cooperação direta entre as suas autoridades competentes para a aplicação da lei e, quando tais acordos ou protocolos já existam, considerarão a possibilidade de os alterar. Na ausência de tais acordos entre os Estados Partes envolvidos, estes últimos poderão basear-se na presente Convenção para instituir uma cooperação em matéria de detecção e repressão das infrações previstas na presente Convenção. Sempre que tal se justifique, os Estados Partes utilizarão plenamente os acordos ou protocolos, incluindo as organizações internacionais ou regionais, para intensificar a cooperação entre as suas autoridades competentes para a aplicação da lei.

3. Os Estados Partes procurarão cooperar, na medida das suas possibilidades, para enfrentar o crime organizado transnacional praticado com recurso a meios tecnológicos modernos.

ARTIGO 28
COLETA, INTERCÂMBIO E ANÁLISE DE INFORMAÇÕES SOBRE A NATUREZA DO CRIME ORGANIZADO

1. Cada Estado Parte considerará a possibilidade de analisar, em consulta com os meios científicos e universitários, as tendências da criminalidade organizada no seu território, as circunstâncias em que opera e os grupos profissionais e tecnologias envolvidos.

2. Os Estados Partes considerarão a possibilidade de desenvolver as suas capacidades de análise das atividades criminosas organizadas e de as partilhar diretamente entre si e por intermédio de organizações internacionais e regionais. Para este efeito, deverão ser elaboradas e aplicadas, quando for caso disso, definições, normas e metodologias comuns.

3. Cada Estado Parte considerará o estabelecimento de meios de acompanhamento das suas políticas e das medidas tomadas para combater o crime organizado, avaliando a sua aplicação e eficácia.

ARTIGO 29
FORMAÇÃO E ASSISTÊNCIA TÉCNICA

1. Cada Estado Parte estabelecerá, desenvolverá ou melhorará, na medida das necessidades, programas de formação específicos destinados ao pessoal das autoridades competentes para a aplicação da lei, incluindo promotores públicos, juízes de instrução e funcionários aduaneiros, bem como outro pessoal que tenha por função prevenir, detectar e reprimir as infrações previstas na presente Convenção. Estes programas, que poderão prever cessões e intercâmbio de pessoal, incidirão especificamente, na medida em que o direito interno o permita, nos seguintes aspectos:

a) Métodos utilizados para prevenir, detectar e combater as infrações previstas na presente Convenção;

b) Rotas e técnicas utilizadas pelas pessoas suspeitas de implicação em infrações previstas na presente Convenção, incluindo nos Estados de trânsito, e medidas adequadas de combate;

c) Vigilância das movimentações dos produtos de contrabando;

d) Detecção e vigilância das movimentações do produto do crime, de bens, equipamentos ou outros instrumentos, de métodos de transferência, dissimulação ou disfarce destes produtos, bens, equipamentos ou outros instrumentos, bem como métodos de luta contra a lavagem de dinheiro e outras infrações financeiras;

e) Coleta de provas;

f) Técnicas de controle nas zonas francas e nos portos francos;

g) Equipamentos e técnicas modernas de detecção e de repressão, incluindo a vigilância eletrônica, as entregas vigiadas e as operações de infiltração;

h) Métodos utilizados para combater o crime organizado transnacional cometido por meio de computadores, de redes de telecomunicações ou outras tecnologias modernas; e

i) Métodos utilizados para a proteção das vítimas e das testemunhas.

2. Os Estados Partes deverão cooperar entre si no planejamento e execução de programas de investigação e de formação concebidos para o intercâmbio de conhecimentos especializados nos domínios referidos no parágrafo 1 do presente Artigo e, para este efeito, recorrerão também, quando for caso disso, a conferências e seminários regionais e internacionais para promover a cooperação e estimular as trocas de pontos de vista sobre problemas comuns, incluindo os problemas e necessidades específicos dos Estados de trânsito.

3. Os Estados Partes incentivarão as atividades de formação e de assistência técnica suscetíveis de facilitar a extradição e a cooperação judiciária. Estas atividades de cooperação e de assistência técnica poderão incluir ensino de idiomas, cessões e intercâmbio do pessoal das autoridades centrais ou de organismos que tenham responsabilidades nos domínios em questão.

4. Sempre que se encontrem em vigor acordos bilaterais ou multilaterais, os Estados Partes reforçarão, tanto quanto for necessário, as medidas tomadas no sentido de otimizar as atividades operacionais e de formação no âmbito de organizações internacionais e regionais e no âmbito de outros acordos ou protocolos bilaterais e multilaterais na matéria.

ARTIGO 30

OUTRAS MEDIDAS: APLICAÇÃO DA CONVENÇÃO ATRAVÉS DO DESENVOLVIMENTO ECONÔMICO E DA ASSISTÊNCIA TÉCNICA

1. Os Estados Partes tomarão as medidas adequadas para assegurar a melhor aplicação possível da presente Convenção através da cooperação internacional, tendo em conta os efeitos negativos da criminalidade organizada na sociedade em geral e no desenvolvimento sustentável em particular.

2. Os Estados Partes farão esforços concretos, na medida do possível, em coordenação entre si e com as organizações regionais e internacionais:

a) Para desenvolver a sua cooperação a vários níveis com os países em desenvolvimento, a fim de reforçar a capacidade destes para prevenir e combater a criminalidade organizada transnacional;

b) Para aumentar a assistência financeira e material aos países em desenvolvimento, a fim de apoiar os seus esforços para combater eficazmente a criminalidade organizada transnacional e ajudá-los a aplicar com êxito a presente Convenção;

c) Para fornecer uma assistência técnica aos países em desenvolvimento e aos países com uma economia de transição, a fim de ajudá-los a obter meios para a aplicação da presente Convenção. Para este efeito, os Estados Partes procurarão destinar voluntariamente contribuições adequadas e regulares a uma conta constituída especificamente para este fim no âmbito de um mecanismo de financiamento das Nações Unidas. Os Estados Partes poderão também considerar, especificamente, em conformidade com o seu direito interno e as disposições da presente Convenção, a possibilidade de destinarem à conta acima referida uma percentagem dos fundos ou do valor correspondente do produto do crime ou dos bens confiscados em aplicação das disposições da presente Convenção;

d) Para incentivar e persuadir outros Estados e instituições financeiras, quando tal se justifique, a associarem-se aos esforços desenvolvidos em conformidade com o presente Artigo, nomeadamente fornecendo aos países em desenvolvimento mais programas de formação e material moderno, a fim de os ajudar a alcançar os objetivos da presente Convenção.

e) Tanto quanto possível, estas medidas serão tomadas sem prejuízo dos compromissos existentes em matéria de assistência externa ou de outros acordos de cooperação financeira a nível bilateral, regional ou internacional.

4. Os Estados Partes poderão celebrar acordos ou protocolos bilaterais ou multilaterais relativos a assistência técnica e logística, tendo em conta os acordos financeiros necessários para assegurar a eficácia dos meios de cooperação internacional previstos na presente Convenção, e para prevenir, detectar e combater a criminalidade organizada transnacional.

ARTIGO 31

PREVENÇÃO

1. Os Estados Partes procurarão elaborar e avaliar projetos nacionais, bem como estabelecer e promover as melhores práticas e políticas para prevenir a criminalidade organizada transnacional.

2. Em conformidade com os princípios fundamentais do seu direito interno, os Estados Partes procurarão reduzir, através de medidas legislativas, administrativas ou outras que sejam adequadas, as possibilidades atuais ou futuras de participação de grupos criminosos organizados em negócios lícitos utilizando o produto do crime. Estas medidas deverão incidir:

a) No fortalecimento da cooperação entre autoridades competentes para a aplicação da lei ou promotores e entidades privadas envolvidas, incluindo empresas;

b) Na promoção da elaboração de normas e procedimentos destinados a preservar a integridade das entidades públicas e privadas envolvidas, bem como de códigos de conduta para determinados profissionais, em particular advogados, tabeliães, consultores tributários e contadores;

c) Na prevenção da utilização indevida, por grupos criminosos organizados, de concursos públicos, bem como de subvenções e licenças concedidas por autoridades públicas para a realização de atividades comerciais;

d) Na prevenção da utilização indevida de pessoas jurídicas por grupos criminosos organizados; estas medidas poderão incluir:

i) O estabelecimento de registros públicos de pessoas jurídicas e físicas envolvidas na criação, gestão e financiamento de pessoas jurídicas;

ii) A possibilidade de privar, por decisão judicial ou por qualquer outro meio adequado, as pessoas condenadas por infrações previstas na presente Convenção, por um período adequado, do direito de exercerem funções de direção de pessoas jurídicas estabelecidas no seu território;

iii) O estabelecimento de registos nacionais de pessoas que tenham sido privadas do direito de exercerem funções de direção de pessoas jurídicas; e

iv) O intercâmbio de informações contidas nos registros referidos nos incisos i) e iii) da presente alínea com as autoridades competentes dos outros Estados Partes.

3. Os Estados Partes procurarão promover a reinserção na sociedade das pessoas condenadas por infrações previstas na presente Convenção.

4. Os Estados Partes procurarão avaliar periodicamente os instrumentos jurídicos e as práticas administrativas aplicáveis, a fim de determinar se contêm lacunas que

permitam aos grupos criminosos organizados fazerem deles utilização indevida.

5. Os Estados Partes procurarão sensibilizar melhor o público para a existência, as causas e a gravidade da criminalidade organizada transnacional e para a ameaça que representa. Poderão fazê-lo, quando for o caso, por intermédio dos meios de comunicação social e adotando medidas destinadas a promover a participação do público nas ações de prevenção e combate à criminalidade.

6. Cada Estado Parte comunicará ao Secretário Geral da Organização das Nações Unidas o nome e o endereço da(s) autoridade(s) que poderão assistir os outros Estados Partes na aplicação das medidas de prevenção do crime organizado transnacional.

7. Quando tal se justifique, os Estados Partes colaborarão, entre si e com as organizações regionais e internacionais competentes, a fim de promover e aplicar as medidas referidas no presente Artigo. A este título, participarão em projetos internacionais que visem prevenir a criminalidade organizada transnacional, atuando, por exemplo, sobre os fatores que tornam os grupos socialmente marginalizados vulneráveis à sua ação.

ARTIGO 32
CONFERÊNCIA DAS PARTES NA CONVENÇÃO

1. Será instituída uma Conferência das Partes na Convenção, para melhorar a capacidade dos Estados Partes no combate à criminalidade organizada transnacional e para promover e analisar a aplicação da presente Convenção.

2. O Secretário Geral da Organização das Nações Unidas convocará a Conferência das Partes, o mais tardar, um ano após a entrada em vigor da presente Convenção. A Conferência das Partes adotará um regulamento interno e regras relativas às atividades enunciadas nos parágrafos 3 e 4 do presente Artigo (incluindo regras relativas ao financiamento das despesas decorrentes dessas atividades).

3. A Conferência das Partes acordará em mecanismos destinados a atingir os objetivos referidos no parágrafo 1 do presente Artigo, nomeadamente:

a) Facilitando as ações desenvolvidas pelos Estados Partes em aplicação dos Artigos 29, 30 e 31 da presente Convenção, inclusive incentivando a mobilização de contribuições voluntárias;

b) Facilitando o intercâmbio de informações entre Estados Partes sobre as características e tendências da criminalidade organizada transnacional e as práticas eficazes para a combater;

c) Cooperando com as organizações regionais e internacionais e as organizações não-governamentais competentes;

d) Avaliando, a intervalos regulares, a aplicação da presente Convenção;

e) Formulando recomendações a fim de melhorar a presente Convenção e a sua aplicação;

4. Para efeitos das alíneas d) e e) do parágrafo 3 do presente Artigo, a Conferência das Partes inteirar-se-á das medidas adotadas e das dificuldades encontradas pelos Estados Partes na aplicação da presente Convenção, utilizando as informações que estes lhe comuniquem e os mecanismos complementares de análise que venha a criar.

5. Cada Estado Parte comunicará à Conferência das Partes, a solicitação desta, informações sobre os seus programas, planos e práticas, bem como sobre as suas medidas legislativas e administrativas destinadas a aplicar a presente Convenção.

ARTIGO 33
SECRETARIADO

1. O Secretário Geral da Organização das Nações Unidas fornecerá os serviços de secretariado necessários à Conferência das Partes na Convenção.

2. O secretariado:

a) Apoiará a Conferência das Partes na realização das atividades enunciadas no Artigo 32 da presente Convenção, tomará as disposições e prestará os serviços necessários para as sessões da Conferência das Partes;

b) Assistirá os Estados Partes, a pedido destes, no fornecimento à Conferência das Partes das informações previstas no parágrafo 5 do Artigo 32 da presente Convenção; e

c) Assegurará a coordenação necessária com os secretariados das organizações regionais e internacionais.

ARTIGO 34
APLICAÇÃO DA CONVENÇÃO

1. Cada Estado Parte adotará as medidas necessárias, incluindo legislativas e administrativas, em conformidade com os princípios fundamentais do seu direito interno, para assegurar o cumprimento das suas obrigações decorrentes da presente Convenção.

2. As infrações enunciadas nos Artigos 5, 6, 8 e 23 da presente Convenção serão incorporadas no direito interno de cada Estado Parte, independentemente da sua natureza transnacional ou da implicação de um grupo criminoso organizado nos termos do parágrafo 1 do Artigo 3 da presente Convenção, salvo na medida em que o Artigo 5 da presente Convenção exija o envolvimento de um grupo criminoso organizado.

3. Cada Estado Parte poderá adotar medidas mais estritas ou mais severas do que as previstas na presente Convenção a fim de prevenir e combater a criminalidade organizada transnacional.

ARTIGO 35

SOLUÇÃO DE CONTROVÉRSIAS

1. Os Estados Partes procurarão solucionar controvérsias relativas à interpretação ou aplicação da presente Convenção por negociação direta.

2. Qualquer controvérsia entre dois ou mais Estados Partes relativa à interpretação ou aplicação da presente Convenção que não possa ser resolvida por via negocial num prazo razoável será, a pedido de um destes Estados Partes, submetida a arbitragem. Se, no prazo de seis meses a contar da data do pedido de arbitragem, os Estados Partes não chegarem a acordo sobre a organização da arbitragem, qualquer deles poderá submeter a controvérsia ao Tribunal Internacional de Justiça, mediante requerimento em conformidade com o Estatuto do Tribunal.

3. Qualquer Estado Parte poderá, no momento da assinatura, da ratificação, da aceitação ou da aprovação da presente Convenção, ou da adesão a esta, declarar que não se considera vinculado pelo parágrafo 2 do presente Artigo. Os outros Estados Partes não estarão vinculados pelo parágrafo 2 do presente Artigo em relação a qualquer Estado Parte que tenha formulado esta reserva.

4. Um Estado Parte que tenha formulado uma reserva ao abrigo do parágrafo 3 do presente Artigo poderá retirá-la a qualquer momento, mediante notificação do Secretário Geral da Organização das Nações Unidas.

ARTIGO 36

ASSINATURA, RATIFICAÇÃO, ACEITAÇÃO, APROVAÇÃO E ADESÃO

1. A presente Convenção será aberta à assinatura de todos os Estados entre 12 e 15 de Dezembro de 2000, em Palermo (Itália) e, seguidamente, na sede da Organização das Nações Unidas, em Nova Iorque, até 12 de Dezembro de 2002.

2. A presente Convenção estará igualmente aberta à assinatura de organizações regionais de integração econômica, desde que pelos menos um Estado-Membro dessa organização tenha assinado a presente Convenção, em conformidade com o parágrafo 1 do presente Artigo.

3. A presente Convenção será submetida a ratificação, aceitação ou aprovação. Os instrumentos de ratificação, aceitação ou aprovação serão depositados junto do Secretário Geral da Organização das Nações Unidas. Uma organização regional de integração econômica poderá depositar os seus instrumentos de ratificação, aceitação ou aprovação se pelo menos um dos seus Estados-Membros o tiver feito. Neste instrumento de ratificação, aceitação ou aprovação, a organização declarará o âmbito da sua competência em relação às questões que são objeto da presente Convenção. Informará igualmente o depositário de qualquer alteração relevante do âmbito da sua competência.

4. A presente Convenção estará aberta à adesão de qualquer Estado ou de qualquer organização regional de integração econômica de que, pelo menos, um Estado membro seja parte na presente Convenção. Os instrumentos de adesão serão depositados junto do Secretário Geral da Organização das Nações Unidas. No momento da sua adesão, uma organização regional de integração econômica declarará o âmbito da sua competência em relação às questões que são objeto da presente Convenção. Informará igualmente o depositário de qualquer alteração relevante do âmbito dessa competência.

ARTIGO 37

RELAÇÃO COM OS PROTOCOLOS

1. A presente Convenção poderá ser completada por um ou mais protocolos.

2. Para se tornar Parte num protocolo, um Estado ou uma organização regional de integração econômica deverá igualmente ser Parte na presente Convenção.

3. Um Estado Parte na presente Convenção não estará vinculado por um protocolo, a menos que se torne Parte do mesmo protocolo, em conformidade com as disposições deste.

4. Qualquer protocolo à presente Convenção será interpretado conjuntamente com a presente Convenção, tendo em conta a finalidade do mesmo protocolo.

ARTIGO 38

ENTRADA EM VIGOR

1. A presente Convenção entrará em vigor no nonagésimo dia seguinte à data de depósito do quadragésimo instrumento de ratificação, aceitação, aprovação ou adesão. Para efeitos do presente número, nenhum dos instrumentos depositados por uma organização regional de integração econômica será somado aos instrumentos já depositados pelos Estados membros dessa organização.

2. Para cada Estado ou organização regional de integração econômica que ratifique, aceite ou aprove a presente Convenção ou a ela adira após o depósito do quadragésimo instrumento pertinente, a presente Convenção entrará em vigor no trigésimo dia seguinte à data de depósito do instrumento pertinente do referido Estado ou organização.

ARTIGO 39

EMENDAS

1. Quando tiverem decorrido cinco anos a contar da entrada em vigor da presente Convenção, um Estado Parte poderá propor uma emenda e depo-

sitar o respectivo texto junto do Secretário Geral da Organização das Nações Unidas, que em seguida comunicará a proposta de emenda aos Estados Partes e à Conferência das Partes na Convenção, para exame da proposta e adoção de uma decisão. A Conferência das Partes esforçar-se-á por chegar a um consenso sobre qualquer emenda. Se todos os esforços nesse sentido se tiverem esgotado sem que se tenha chegado a acordo, será necessário, como último recurso para que a emenda seja aprovada, uma votação por maioria de dois terços dos votos expressos dos Estados Partes presentes na Conferência das Partes.

2. Para exercerem, ao abrigo do presente Artigo, o seu direito de voto nos domínios em que sejam competentes, as organizações regionais de integração econômica disporão de um número de votos igual ao número dos seus Estados-Membros que sejam Partes na presente Convenção. Não exercerão o seu direito de voto quando os seus Estados-Membros exercerem os seus, e inversamente.

3. Uma emenda aprovada em conformidade com o parágrafo 1 do presente Artigo estará sujeita à ratificação, aceitação ou aprovação dos Estados Partes.

4. Uma emenda aprovada em conformidade com o parágrafo 1 do presente Artigo entrará em vigor para um Estado Parte noventa dias após a data de depósito pelo mesmo Estado Parte junto do Secretário Geral da Organização das Nações Unidas de um instrumento de ratificação, aceitação ou aprovação da referida emenda.

5. Uma emenda que tenha entrado em vigor será vinculativa para os Estados Partes que tenham declarado o seu consentimento em serem por ela vinculados. Os outros Estados Partes permanecerão vinculados pelas disposições da presente Convenção e por todas as emendas anteriores que tenham ratificado, aceite ou aprovado.

ARTIGO 40

DENÚNCIA

1. Um Estado Parte poderá denunciar a presente Convenção mediante notificação escrita dirigida ao Secretário Geral da Organização das Nações Unidas. A denúncia tornar-se-á efetiva um ano após a data da recepção da notificação pelo Secretário Geral.

2. Uma organização regional de integração econômica cessará de ser Parte na presente Convenção quando todos os seus Estados-Membros a tenham denunciado.

3. A denúncia da presente Convenção, em conformidade com o parágrafo 1 do presente Artigo, implica a denúncia de qualquer protocolo a ela associado.

ARTIGO 41

DEPOSITÁRIO E LÍNGUAS

1. O Secretário Geral da Organização das Nações Unidas será o depositário da presente Convenção.

2. O original da presente Convenção, cujos textos em inglês, árabe, chinês, espanhol, francês e russo fazem igualmente fé, será depositado junto do Secretário Geral da Organização das Nações Unidas.

EM FÉ DO QUE os plenipotenciários abaixo assinados, devidamente mandatados para o efeito pelos respectivos Governos, assinaram a presente Convenção.

DECRETO Nº 5.687, DE 31 DE JANEIRO DE 2006

Promulga a Convenção das Nações Unidas contra a Corrupção, adotada pela Assembléia-Geral das Nações Unidas em 31 de outubro de 2003 e assinada pelo Brasil em 9 de dezembro de 2003.

O Presidente da República, no uso da atribuição que lhe confere o art. 84, inciso IV, da Constituição, e

Considerando que o Congresso Nacional aprovou o texto da Convenção das Nações Unidas contra a Corrupção, por meio do Decreto Legislativo nº 348, de 18 de maio de 2005;

Considerando que o Governo brasileiro ratificou a citada Convenção em 15 de junho de 2005;

Considerando que a Convenção entrou em vigor internacional, bem como para o Brasil, em 14 de dezembro de 2005;

DECRETA:

Art. 1º A Convenção das Nações Unidas contra a Corrupção, adotada pela Assembléia-Geral das Nações Unidas em 31 de outubro de 2003 e assinada pelo Brasil em 9 de dezembro de 2003, apensa por cópia ao presente Decreto, será executada e cumprida tão inteiramente como nela se contém.

Art. 2º São sujeitos à aprovação do Congresso Nacional quaisquer atos que possam resultar em revisão da referida Convenção ou que acarretem encargos ou compromissos gravosos ao patrimônio nacional, nos termos do art. 49, inciso I, da Constituição.

Art. 3º Este Decreto entra em vigor na data de sua publicação.

Brasília, 31 de janeiro de 2006; 185º da Independência e 118º da República.

LUIZ INÁCIO LULA DA SILVA

DOU de 1º.2.2006

CONVENÇÃO DAS NAÇÕES UNIDAS CONTRA A CORRUPÇÃO

PREÂMBULO

Os Estados Partes da presente convenção,

Preocupados com a gravidade dos problemas e com as ameaças decorrentes da corrupção, para a estabilidade e a segurança das sociedades, ao enfraquecer as instituições e os valores da democracia, da ética e da justiça e ao comprometer o desenvolvimento sustentável e o Estado de Direito;

Preocupados, também, pelos vínculos entre a corrupção e outras formas de delinqüência, em particular o crime organizado e a corrupção econômica, incluindo a lavagem de dinheiro;

Preocupados, ainda, pelos casos de corrupção que penetram diversos setores da sociedade, os quais podem comprometer uma proporção importante dos recursos dos Estados e que ameaçam a estabilidade política e o desenvolvimento sustentável dos mesmos;

Convencidos de que a corrupção deixou de ser um problema local para converter-se em um fenômeno transnacional que afeta todas as sociedades e economias, faz-se necessária a cooperação internacional para preveni-la e lutar contra ela;

Convencidos, também, de que se requer um enfoque amplo e multidisciplinar para prevenir e combater eficazmente a corrupção;

Convencidos, ainda, de que a disponibilidade de assistência técnica pode desempenhar um papel importante para que os Estados estejam em melhores condições de poder prevenir e combater eficazmente a corrupção, entre outras coisas, fortalecendo suas capacidades e criando instituições;

Convencidos de que o enriquecimento pessoal ilícito pode ser particularmente nocivo para as instituições democráticas, as economias nacionais e o Estado de Direito;

Decididos a prevenir, detectar e dissuadir com maior eficácia as transferências internacionais de ativos adquiridos ilicitamente e a fortalecer a cooperação internacional para a recuperação destes ativos;

Reconhecendo os princípios fundamentais do devido processo nos processos penais e nos procedimentos civis ou administrativos sobre direitos de propriedade;

Tendo presente que a prevenção e a erradicação da corrupção são responsabilidades de todos os Estados e que estes devem cooperar entre si, com o apoio e a participação de pessoas e grupos que não pertencem ao setor público, como a sociedade civil, as organizações não-governamentais e as organizações de base comunitárias, para que seus esforços neste âmbito sejam eficazes;

Tendo presentes também os princípios de devida gestão dos assuntos e dos bens públicos, eqüidade, responsabilidade e igualdade perante a lei, assim como a necessidade de salvaguardar a integridade e fomentar uma cultura de rechaço à corrupção;

Elogiando o trabalho da Comissão de Prevenção de Delitos e Justiça Penal e o Escritório das Nações Unidas contra as Drogas e o Delito na prevenção e na luta contra a corrupção;

Recordando o trabalho realizado por outras organizações internacionais e regionais nesta esfera, incluídas as atividades do Conselho de Cooperação Aduaneira (também denominado Organização Mundial de Aduanas), o Conselho Europeu, a Liga dos Estados Árabes, a Organização de Cooperação e Desenvolvimento Econômicos, a Organização dos Estados Americanos, a União Africana e a União Européia;

Tomando nota com reconhecimento dos instrumentos multilaterais encaminhados para prevenir e combater a corrupção, incluídos, entre outros, a Convenção Interamericana contra a Corrupção, aprovada pela Organização dos Estados Americanos em 29 de março de 1996, o Convênio relativo à luta contra os atos de corrupção no qual estão envolvidos funcionários das Comunidades Européias e dos Estados Partes da União Européia, aprovado pelo Conselho da União Européia em 26 de maio de 1997, o Convênio sobre a luta contra o suborno dos funcionários públicos estrangeiros nas transações comerciais internacionais, aprovado pelo Comitê de Ministros do Conselho Europeu em 27 de janeiro de 1999, o Convênio de direito civil sobre a corrupção, aprovado pelo Comitê de Ministros do Conselho Europeu em 4 de novembro de 1999 e a Convenção da União Africana para prevenir e combater a corrupção, aprovada pelos Chefes de Estado e Governo da União Africana em 12 de julho de 2003;

Acolhendo com satisfação a entrada em vigor, em 29 de setembro de 2003, da Convenção das Nações Unidas contra o Crime Organizado Internacional;

Chegaram em acordo ao seguinte:

CAPÍTULO I
DISPOSIÇÕES GERAIS

ARTIGO 1
FINALIDADE

A finalidade da presente Convenção é:

a) Promover e fortalecer as medidas para prevenir e combater mais eficaz e eficientemente a corrupção;

b) Promover, facilitar e apoiar a cooperação internacional e a assistência técnica na prevenção e na luta contra a corrupção, incluída a recuperação de ativos;

c) Promover a integridade, a obrigação de render contas e a devida gestão dos assuntos e dos bens públicos.

ARTIGO 2

DEFINIÇÕES

Aos efeitos da presente Convenção:

a) Por "funcionário público" se entenderá: i) toda pessoa que ocupe um cargo legislativo, executivo, administrativo ou judicial de um Estado Parte, já designado ou empossado, permanente ou temporário, remunerado ou honorário, seja qual for o tempo dessa pessoa no cargo; ii) toda pessoa que desempenhe uma função pública, inclusive em um organismo público ou numa empresa pública, ou que preste um serviço público, segundo definido na legislação interna do Estado Parte e se aplique na esfera pertinente do ordenamento jurídico desse Estado Parte; iii) toda pessoa definida como "funcionário público" na legislação interna de um Estado Parte. Não obstante, aos efeitos de algumas medidas específicas incluídas no Capítulo II da presente Convenção, poderá entender-se por "funcionário público" toda pessoa que desempenhe uma função pública ou preste um serviço público segundo definido na legislação interna do Estado Parte e se aplique na esfera pertinente do ordenamento jurídico desse Estado Parte;

b) Por "funcionário público estrangeiro" se entenderá toda pessoa que ocupe um cargo legislativo, executivo, administrativo ou judicial de um país estrangeiro, já designado ou empossado; e toda pessoa que exerça uma função pública para um país estrangeiro, inclusive em um organismo público ou uma empresa pública;

c) Por "funcionário de uma organização internacional pública" se entenderá um funcionário público internacional ou toda pessoa que tal organização tenha autorizado a atuar em seu nome;

d) Por "bens" se entenderá os ativos de qualquer tipo, corpóreos ou incorpóreos, móveis ou imóveis, tangíveis ou intangíveis e os documentos ou instrumentos legais que creditem a propriedade ou outros direitos sobre tais ativos;

e) Por "produto de delito" se entenderá os bens de qualquer índole derivados ou obtidos direta ou indiretamente da ocorrência de um delito;

f) Por "embargo preventivo" ou "apreensão" se entenderá a proibição temporária de transferir, converter ou trasladar bens, ou de assumir a custódia ou o controle temporário de bens sobre a base de uma ordem de um tribunal ou outra autoridade competente;

g) Por "confisco" se entenderá a privação em caráter definitivo de bens por ordem de um tribunal ou outra autoridade competente;

h) Por "delito determinante" se entenderá todo delito do qual se derive um produto que possa passar a constituir matéria de um delito definido no Artigo 23 da presente Convenção;

i) Por "entrega vigiada" se entenderá a técnica consistente em permitir que remessas ilícitas ou suspeitas saiam do território de um ou mais Estados, o atravessem ou entrem nele, com o conhecimento e sob a supervisão de suas autoridades competentes, com o fim de investigar um delito e identificar as pessoas envolvidas em sua ocorrência.

ARTIGO 3

ÂMBITO DE APLICAÇÃO

1. A presente Convenção se aplicará, de conformidade com suas disposições, à prevenção, à investigação e à instrução judicial da corrupção e do embargo preventivo, da apreensão, do confisco e da restituição do produto de delitos identificados de acordo com a presente Convenção.

2. Para a aplicação da presente Convenção, a menos que contenha uma disposição em contrário, não será necessário que os delitos enunciados nela produzam dano ou prejuízo patrimonial ao Estado.

ARTIGO 4

PROTEÇÃO DA SOBERANIA

1. Os Estados Partes cumprirão suas obrigações de acordo com a presente Convenção em consonância com os princípios de igualdade soberana e integridade territorial dos Estados, assim como de não intervenção nos assuntos internos de outros Estados.

2. Nada do disposto na presente Convenção delegará poderes a um Estado Parte para exercer, no território de outro Estado, jurisdição ou funções que a legislação interna desse Estado reserve exclusivamente a suas autoridades.

CAPÍTULO II

MEDIDAS PREVENTIVAS

ARTIGO 5

POLÍTICAS E PRÁTICAS DE PREVENÇÃO DA CORRUPÇÃO

1. Cada Estado Parte, de conformidade com os princípios fundamentais de seu ordenamento jurídico, formulará e aplicará ou manterá em vigor políticas coordenadas e eficazes contra a corrupção que promovam a participação da sociedade e reflitam os princípios do Estado de Direito, a devida gestão dos assuntos e bens públicos, a integridade, a transparência e a obrigação de render contas.

2. Cada Estado Parte procurará estabelecer e fomentar práticas eficazes encaminhadas a prevenir a corrupção.

3. Cada Estado Parte procurará avaliar periodicamente os instrumentos jurídicos e as medidas administrativas pertinentes a fim de determinar se são adequadas para combater a corrupção.

4. Os Estados Partes, segundo procede e de conformidade com os princípios fundamentais de seu ordenamento jurídico, colaborarão entre si e com as organizações internacionais e regionais pertinentes na promoção e formulação das medidas mencionadas no presente Artigo. Essa colaboração poderá compreender a participação em programas e projetos internacionais destinados a prevenir a corrupção.

ARTIGO 6
ÓRGÃO OU ÓRGÃOS DE PREVENÇÃO À CORRUPÇÃO

1. Cada Estado Parte, de conformidade com os princípios fundamentais de seu ordenamento jurídico, garantirá a existência de um ou mais órgãos, segundo procede, encarregados de prevenir a corrupção com medidas tais como:

a) A aplicação das políticas as quais se faz alusão no Artigo 5 da presente Convenção e, quando proceder, a supervisão e coordenação da prática dessas políticas;

b) O aumento e a difusão dos conhecimentos em matéria de prevenção da corrupção.

2. Cada Estado Parte outorgará ao órgão ou aos órgãos mencionados no parágrafo 1 do presente Artigo a independência necessária, de conformidade com os princípios fundamentais de seu ordenamento jurídico, para que possam desempenhar suas funções de maneira eficaz e sem nenhuma influência indevida. Devem proporcionar-lhes os recursos materiais e o pessoal especializado que sejam necessários, assim como a capacitação que tal pessoal possa requerer para o desempenho de suas funções.

3. Cada Estado Parte comunicará ao Secretário Geral das Nações Unidas o nome e a direção da(s) autoridade(s) que possa(m) ajudar a outros Estados Partes a formular e aplicar medidas concretas de prevenção da corrupção.

ARTIGO 7
SETOR PÚBLICO

1. Cada Estado Parte, quando for apropriado e de conformidade com os princípios fundamentais de seu ordenamento jurídico, procurará adotar sistemas de convocação, contratação, retenção, promoção e aposentadoria de funcionários públicos e, quando proceder, de outros funcionários públicos não empossados, ou manter e fortalecer tais sistemas. Estes:

a) Estarão baseados em princípios de eficiência e transparência e em critérios objetivos como o mérito, a eqüidade e a aptidão;

b) Incluirão procedimentos adequados de seleção e formação dos titulares de cargos públicos que se considerem especialmente vulneráveis à corrupção, assim como, quando proceder, a rotação dessas pessoas em outros cargos;

c) Fomentarão uma remuneração adequada e escalas de soldo eqüitativas, tendo em conta o nível de desenvolvimento econômico do Estado Parte;

d) Promoverão programas de formação e capacitação que lhes permitam cumprir os requisitos de desempenho correto, honroso e devido de suas funções e lhes proporcionem capacitação especializada e apropriada para que sejam mais conscientes dos riscos da corrupção inerentes ao desempenho de suas funções. Tais programas poderão fazer referência a códigos ou normas de conduta nas esferas pertinentes.

2. Cada Estado Parte considerará também a possibilidade de adotar medidas legislativas e administrativas apropriadas, em consonância com os objetivos da presente Convenção e de conformidade com os princípios fundamentais de sua legislação interna, a fim de estabelecer critérios para a candidatura e eleição a cargos públicos.

3. Cada Estado Parte considerará a possibilidade de adotar medidas legislativas e administrativas apropriadas, em consonância com os objetivos da presente Convenção e de conformidade com os princípios fundamentais de sua legislação interna, para aumentar a transparência relativa ao financiamento de candidaturas a cargos públicos eletivos e, quando proceder, relativa ao financiamento de partidos políticos.

4. Cada Estado Parte, em conformidade com os princípios de sua legislação interna, procurará adotar sistemas destinados a promover a transparência e a prevenir conflitos de interesses, ou a manter e fortalecer tais sistemas.

ARTIGO 8
CÓDIGOS DE CONDUTA PARA FUNCIONÁRIOS PÚBLICOS

1. Com o objetivo de combater a corrupção, cada Estado Parte, em conformidade com os princípios fundamentais de seu ordenamento jurídico, promoverá, entre outras coisas, a integridade, a honestidade e a responsabilidade entre seus funcionários públicos.

2. Em particular, cada Estado Parte procurará aplicar, em seus próprios ordenamentos institucionais e jurídicos, códigos ou normas de conduta para o correto, honroso e devido cumprimento das funções públicas.

3. Com vistas a aplicar as disposições do presente Artigo, cada Estado Parte, quando proceder e em conformidade com os princípios fundamentais de seu ordenamento jurídico, tomará nota das iniciativas pertinentes das organizações regionais, interregionais e multilaterais, tais como o Código Internacional de

Conduta para os titulares de cargos públicos, que figura no anexo da resolução 51/59 da Assembléia Geral de 12 de dezembro de 1996.

4. Cada Estado Parte também considerará, em conformidade com os princípios fundamentais de sua legislação interna, a possibilidade de estabelecer medidas e sistemas para facilitar que os funcionários públicos denunciem todo ato de corrupção às autoridades competentes quando tenham conhecimento deles no exercício de suas funções.

5. Cada Estado Parte procurará, quando proceder e em conformidade com os princípios fundamentais de sua legislação interna, estabelecer medidas e sistemas para exigir aos funcionários públicos que tenham declarações às autoridades competentes em relação, entre outras coisas, com suas atividades externas e com empregos, inversões, ativos e presentes ou benefícios importantes que possam dar lugar a um conflito de interesses relativo a suas atribuições como funcionários públicos.

6. Cada Estado Parte considerará a possibilidade de adotar, em conformidade com os princípios fundamentais de sua legislação interna, medidas disciplinares ou de outra índole contra todo funcionário público que transgrida os códigos ou normas estabelecidos em conformidade com o presente Artigo.

ARTIGO 9
CONTRATAÇÃO PÚBLICA E GESTÃO DA FAZENDA PÚBLICA

1. Cada Estado Parte, em conformidade com os princípios fundamentais de seu ordenamento jurídico, adotará as medidas necessárias para estabelecer sistemas apropriados de contratação pública, baseados na transparência, na competência e em critérios objetivos de adoção de decisões, que sejam eficazes, entre outras coisas, para prevenir a corrupção. Esses sistemas, em cuja aplicação se poderá ter em conta valores mínimos apropriados, deverão abordar, entre outras coisas:

a) A difusão pública de informação relativa a procedimentos de contratação pública e contratos, incluída informação sobre licitações e informação pertinente ou oportuna sobre a adjudicação de contratos, a fim de que os licitadores potenciais disponham de tempo suficiente para preparar e apresentar suas ofertas;

b) A formulação prévia das condições de participação, incluídos critérios de seleção e adjudicação e regras de licitação, assim como sua publicação;

c) A aplicação de critérios objetivos e predeterminados para a adoção de decisões sobre a contratação pública a fim de facilitar a posterior verificação da aplicação correta das regras ou procedimentos;

d) Um mecanismo eficaz de exame interno, incluindo um sistema eficaz de apelação, para garantir recursos e soluções legais no caso de não se respeitarem as regras ou os procedimentos estabelecidos conforme o presente parágrafo;

e) Quando proceda, a adoção de medidas para regulamentar as questões relativas ao pessoal encarregado da contratação pública, em particular declarações de interesse relativo de determinadas contratações públicas, procedimentos de pré-seleção e requisitos de capacitação.

2. Cada Estado Parte, em conformidade com os princípios fundamentais de seu ordenamento jurídico, adotará medidas apropriadas para promover a transparência e a obrigação de render contas na gestão da fazenda pública. Essas medidas abarcarão, entre outras coisas:

a) Procedimentos para a aprovação do pressuposto nacional;

b) A apresentação oportuna de informação sobre gastos e ingressos;

c) Um sistema de normas de contabilidade e auditoria, assim como a supervisão correspondente;

d) Sistemas eficazes e eficientes de gestão de riscos e controle interno; e

e) Quando proceda, a adoção de medidas corretivas em caso de não cumprimento dos requisitos estabelecidos no presente parágrafo.

3. Cada Estado Parte, em conformidade com os princípios fundamentais de sua legislação interna, adotará as medidas que sejam necessárias nos âmbitos civil e administrativo para preservar a integridade dos livros e registros contábeis, financeiros ou outros documentos relacionados com os gastos e ingressos públicos e para prevenir a falsificação desses documentos.

ARTIGO 10
INFORMAÇÃO PÚBLICA

Tendo em conta a necessidade de combater a corrupção, cada Estado Parte, em conformidade com os princípios fundamentais de sua legislação interna, adotará medidas que sejam necessárias para aumentar a transparência em sua administração pública, inclusive no relativo a sua organização, funcionamento e processos de adoção de decisões, quando proceder. Essas medidas poderão incluir, entre outras coisas:

a) A instauração de procedimentos ou regulamentações que permitam ao público em geral obter, quando proceder, informação sobre a organização, o funcionamento e os processos de adoção de decisões de sua administração pública, com o devido respeito à proteção da intimidade e dos documentos pessoais, sobre as decisões e atos jurídicos que incumbam ao público;

b) A simplificação dos procedimentos administrativos, quando proceder, a fim de facilitar o acesso do público às autoridades encarregadas da adoção de decisões; e

c) A publicação de informação, o que poderá incluir informes periódicos sobre os riscos de corrupção na administração pública.

ARTIGO 11

MEDIDAS RELATIVAS AO PODER JUDICIÁRIO E AO MINISTÉRIO PÚBLICO

1. Tendo presentes a independência do poder judiciário e seu papel decisivo na luta contra a corrupção, cada Estado Parte, em conformidade com os princípios fundamentais de seu ordenamento jurídico e sem menosprezar a independência do poder judiciário, adotará medidas para reforçar a integridade e evitar toda oportunidade de corrupção entre os membros do poder judiciário. Tais medidas poderão incluir normas que regulem a conduta dos membros do poder judiciário.

2. Poderão formular-se e aplicar-se no ministério público medidas com idêntico fim às adotadas no parágrafo 1 do presente Artigo nos Estados Partes em que essa instituição não forme parte do poder judiciário mas goze de independência análoga.

ARTIGO 12

SETOR PRIVADO

1. Cada Estado Parte, em conformidade com os princípios fundamentais de sua legislação interna, adotará medidas para prevenir a corrupção e melhorar as normas contábeis e de auditoria no setor privado, assim como, quando proceder, prever sanções civis, administrativas ou penais eficazes, proporcionadas e dissuasivas em caso de não cumprimento dessas medidas.

2. As medidas que se adotem para alcançar esses fins poderão consistir, entre outras coisas, em:

a) Promover a cooperação entre os organismos encarregados de fazer cumprir a lei e as entidades privadas pertinentes;

b) Promover a formulação de normas e procedimentos com o objetivo de salvaguardar a integridade das entidades privadas pertinentes, incluídos códigos de conduta para o correto, honroso e devido exercício das atividades comerciais e de todas as profissões pertinentes e para a prevenção de conflitos de interesses, assim como para a promoção do uso de boas práticas comerciais entre as empresas e as relações contratuais das empresas com o Estado;

c) Promover a transparência entre entidades privadas, incluídas, quando proceder, medidas relativas à identificação das pessoas jurídicas e físicas envolvidas no estabelecimento e na gestão de empresas;

d) Prevenir a utilização indevida dos procedimentos que regulam as entidades privadas, incluindo os procedimentos relativos à concessão de subsídios e licenças pelas autoridades públicas para atividades comerciais;

e) Prevenir os conflitos de interesse impondo restrições apropriadas, durante um período razoável, às atividades profissionais de ex-funcionários públicos ou à contratação de funcionários públicos pelo setor privado depois de sua renúncia ou aposentadoria quando essas atividades ou essa contratação estejam diretamente relacionadas com as funções desempenhadas ou supervisionadas por esses funcionários públicos durante sua permanência no cargo;

f) Velar para que as empresas privadas, tendo em conta sua estrutura e tamanho, disponham de suficientes controles contábeis internos para ajudar a prevenir e detectar os atos de corrupção e para que as contas e os estados financeiros requeridos dessas empresas privadas estejam sujeitos a procedimentos apropriados de auditoria e certificação;

3. A fim de prevenir a corrupção, cada estado parte adotará as medidas que sejam necessárias, em conformidade com suas leis e regulamentos internos relativos à manutenção de livros e registros, à divulgação de estados financeiros e às normas de contabilidade e auditoria, para proibir os seguintes atos realizados com o fim de cometer quaisquer dos delitos qualificados de acordo com a presente Convenção:

a) O estabelecimento de contas não registradas em livros;

b) A realização de operações não registradas em livros ou mal especificadas;

c) O registro de gastos inexistentes;

d) O juízo de gastos nos livros de contabilidade com indicação incorreta de seu objetivo;

e) A utilização de documentos falsos; e

f) A destruição deliberada de documentos de contabilidade antes do prazo previsto em lei.

4. Cada Estado Parte ditará a dedução tributária relativa aos gastos que venham a constituir suborno, que é um dos elementos constitutivos dos delitos qualificados de acordo com os Artigos 15 e 16 da presente Convenção e, quando proceder, relativa a outros gastos que tenham tido por objetivo promover um comportamento corrupto.

ARTIGO 13

PARTICIPAÇÃO DA SOCIEDADE

1. Cada Estado Parte adotará medidas adequadas, no limite de suas possibilidades e de conformidade com os princípios fundamentais de sua legislação interna, para fomentar a participação ativa de pessoas e grupos que não pertençam ao setor público, como a sociedade civil, as organizações não-governamentais e as

organizações com base na comunidade, na prevenção e na luta contra a corrupção, e para sensibilizar a opinião pública a respeito à existência, às causas e à gravidade da corrupção, assim como a ameaça que esta representa. Essa participação deveria esforçar-se com medidas como as seguintes:

a) Aumentar a transparência e promover a contribuição da cidadania aos processos de adoção de decisões;

b) Garantir o acesso eficaz do público à informação;

c) Realizar atividade de informação pública para fomentar a intransigência à corrupção, assim como programas de educação pública, incluídos programas escolares e universitários;

d) Respeitar, promover e proteger a liberdade de buscar, receber, publicar e difundir informação relativa à corrupção. Essa liberdade poderá estar sujeita a certas restrições, que deverão estar expressamente qualificadas pela lei e ser necessárias para: i) Garantir o respeito dos direitos ou da reputação de terceiros; ii) Salvaguardar a segurança nacional, a ordem pública, ou a saúde ou a moral públicas.

2. Cada Estado Parte adotará medidas apropriadas para garantir que o público tenha conhecimento dos órgão pertinentes de luta contra a corrupção mencionados na presente Convenção, e facilitará o acesso a tais órgãos, quando proceder, para a denúncia, inclusive anônima, de quaisquer incidentes que possam ser considerados constitutivos de um delito qualificado de acordo com a presente Convenção.

ARTIGO 14

MEDIDAS PARA PREVENIR A LAVAGEM DE DINHEIRO

1. Cada Estado Parte:

a) Estabelecerá um amplo regimento interno de regulamentação e supervisão dos bancos e das instituições financeiras não-bancárias, incluídas as pessoas físicas ou jurídicas que prestem serviços oficiais ou oficiosos de transferência de dinheiro ou valores e, quando proceder, outros órgãos situados dentro de sua jurisdição que sejam particularmente suspeitos de utilização para a lavagem de dinheiro, a fim de prevenir e detectar todas as formas de lavagem de dinheiro, e em tal regimento há de se apoiar fortemente nos requisitos relativos à identificação do cliente e, quando proceder, do beneficiário final, ao estabelecimento de registros e à denúncia das transações suspeitas;

b) Garantirá, sem prejuízo à aplicação do Artigo 46 da presente Convenção, que as autoridades de administração, regulamentação e cumprimento da lei e demais autoridades encarregadas de combater a lavagem de dinheiro (incluídas, quando seja pertinente de acordo com a legislação interna, as autoridades judiciais) sejam capazes de cooperar e intercambiar informações nos âmbitos nacional e internacional, de conformidade com as condições prescritas na legislação interna e, a tal fim, considerará a possibilidade de estabelecer um departamento de inteligência financeira que sirva de centro nacional de recompilação, análise e difusão de informação sobre possíveis atividades de lavagem de dinheiro.

2. Os Estados Partes considerarão a possibilidade de aplicar medidas viáveis para detectar e vigiar o movimento transfronteiriço de efetivo e de títulos negociáveis pertinentes, sujeitos a salvaguardas que garantam a devida utilização da informação e sem restringir de modo algum a circulação de capitais lícitos. Essas medidas poderão incluir a exigência de que os particulares e as entidades comerciais notifiquem as transferências transfronteiriças de quantidades elevadas de efetivos e de títulos negociáveis pertinentes.

3. Os Estados Partes considerarão a possibilidade de aplicar medidas apropriadas e viáveis para exigir às instituições financeiras, incluídas as que remetem dinheiro, que:

a) Incluam nos formulários de transferência eletrônica de fundos e mensagens conexas informação exata e válida sobre o remetente;

b) Mantenham essa informação durante todo o ciclo de operação; e

c) Examinem de maneira mais minuciosa as transferências de fundos que não contenham informação completa sobre o remetente.

4. Ao estabelecer um regimento interno de regulamentação e supervisão de acordo com o presente Artigo, e sem prejuízo do disposto em qualquer outro Artigo da presente Convenção, recomenda-se aos Estados Partes que utilizem como guia as iniciativas pertinentes das organizações regionais, interregionais e multilaterais de luta contra a lavagem de dinheiro.

5. Os Estados Partes se esforçarão por estabelecer e promover a cooperação em escala mundial, regional, sub-regional e bilateral entre as autoridades judiciais, de cumprimento da lei e de regulamentação financeira a fim de combater a lavagem de dinheiro.

CAPÍTULO III

PENALIZAÇÃO E APLICAÇÃO DA LEI

ARTIGO 15

SUBORNO DE FUNCIONÁRIOS PÚBLICOS NACIONAIS

Cada Estado Parte adotará as medidas legislativas e de outras índoles que sejam necessárias para qualificar como delito, quando cometidos intencionalmente:

a) A promessa, o oferecimento ou a concessão a um funcionário público, de forma direta ou indireta, de um benefício indevido que redunde em seu próprio proveito ou no de outra pessoa ou entidade com o fim de que tal funcionário atue ou se abstenha de atuar no cumprimento de suas funções oficiais;

b) A solicitação ou aceitação por um funcionário público, de forma direta ou indireta, de um benefício indevido que redunde em seu próprio proveito ou no de outra pessoa ou entidade com o fim de que tal funcionário atue ou se abstenha de atuar no cumprimento de suas funções oficiais.

ARTIGO 16

SUBORNO DE FUNCIONÁRIOS PÚBLICOS ESTRANGEIROS E DE FUNCIONÁRIOS DE ORGANIZAÇÕES INTERNACIONAIS PÚBLICAS

1. Cada Estado Parte adotará as medidas legislativas e de outras índoles que sejam necessárias para qualificar como delito, quando cometido intencionalmente, a promessa, oferecimento ou a concessão, de forma direta ou indireta, a um funcionário público estrangeiro ou a um funcionário de organização internacional pública, de um benefício indevido que redunde em seu próprio proveito ou no de outra pessoa ou entidade com o fim de que tal funcionário atue ou se abstenha de atuar no exercício de suas funções oficiais para obter ou manter alguma transação comercial ou outro benefício indevido em relação com a realização de atividades comerciais internacionais.

2. Cada Estado Parte considerará a possibilidade de adotar medidas legislativas e de outras índoles que sejam necessárias para qualificar como delito, quando cometido intencionalmente, a solicitação ou aceitação por um funcionário público estrangeiro ou funcionário de organização internacional pública, de forma direta ou indireta, de um benefício indevido que redunde em proveito próprio ou no de outra pessoa ou entidade, com o fim de que tal funcionário atue ou se abstenha de atuar no exercício de suas funções oficiais.

ARTIGO 17

MALVERSAÇÃO OU PECULATO, APROPRIAÇÃO INDÉBITA OU OUTRAS FORMAS DE DESVIO DE BENS POR UM FUNCIONÁRIO PÚBLICO

Cada Estado Parte adotará as medidas legislativas e de outras índoles que sejam necessárias para qualificar como delito, quando cometido intencionalmente, a malversação ou o peculato, a apropriação indébita ou outras formas de desvio de bens, fundos ou títulos públicos ou privados ou qualquer outra coisa de valor que se tenham confiado ao funcionário em virtude de seu cargo.

ARTIGO 18

TRÁFICO DE INFLUÊNCIAS

Cada Estado Parte considerará a possibilidade de adotar as medidas legislativas e de outras índoles que sejam necessárias para qualificar como delito, quando cometido intencionalmente:

a) A promessa, o oferecimento ou a concessão a um funcionário público ou a qualquer outra pessoa, de forma direta ou indireta, de um benefício indevido com o fim de que o funcionário público ou a pessoa abuse de sua influência real ou suposta para obter de uma administração ou autoridade do Estado Parte um benefício indevido que redunde em proveito do instigador original do ato ou de qualquer outra pessoa;

b) A solicitação ou aceitação por um funcionário público ou qualquer outra pessoa, de forma direta ou indireta, de um benefício indevido que redunde em seu proveito próprio ou no de outra pessoa com o fim de que o funcionário público ou a pessoa abuse de sua influência real ou suposta para obter de uma administração ou autoridade do Estado Parte um benefício indevido.

ARTIGO 19

ABUSO DE FUNÇÕES

Cada Estado Parte considerará a possibilidade de adotar as medidas legislativas e de outras índoles que sejam necessárias para qualificar como delito, quando cometido intencionalmente, o abuso de funções ou do cargo, ou seja, a realização ou omissão de um ato, em violação à lei, por parte de um funcionário público no exercício de suas funções, com o fim de obter um benefício indevido para si mesmo ou para outra pessoa ou entidade.

ARTIGO 20

ENRIQUECIMENTO ILÍCITO

Com sujeição a sua constituição e aos princípios fundamentais de seu ordenamento jurídico, cada Estado Parte considerará a possibilidade de adotar as medidas legislativas e de outras índoles que sejam necessárias para qualificar como delito, quando cometido intencionalmente, o enriquecimento ilícito, ou seja, o incremento significativo do patrimônio de um funcionário público relativos aos seus ingressos legítimos que não podem ser razoavelmente justificados por ele.

ARTIGO 21

SUBORNO NO SETOR PRIVADO

Cada Estado Parte considerará a possibilidade de adotar medidas legislativas e de outras índoles que sejam necessárias para qualificar como delito, quando cometido intencionalmente no curso de atividades econômicas, financeiras ou comerciais:

a) A promessa, o oferecimento ou a concessão, de forma direta ou indireta, a uma pessoa que dirija uma entidade do setor privado ou cumpra qualquer função nela, de um benefício indevido que redunde em seu próprio proveito ou no de outra pessoa, com o fim de que, faltando ao dever inerente às suas funções, atue ou se abstenha de atuar;

b) A solicitação ou aceitação, de forma direta ou indireta, por uma pessoa que dirija uma entidade do setor privado ou cumpra qualquer função nela, de um benefício indevido que redunde em seu próprio proveito ou no de outra pessoa, com o fim de que, faltando ao dever inerente às suas funções, atue ou se abstenha de atuar.

ARTIGO 22

MALVERSAÇÃO OU PECULATO DE BENS NO SETOR PRIVADO

Cada Estado Parte considerará a possibilidade de adotar medidas legislativas e de outras índoles que sejam necessárias para qualificar como delito, quando cometido intencionalmente no curso de atividades econômicas, financeiras ou comerciais, a malversação ou peculato, por uma pessoa que dirija uma entidade do setor privado ou cumpra qualquer função nela, de quaisquer bens, fundos ou títulos privados ou de qualquer outra coisa de valor que se tenha confiado a essa pessoa por razão de seu cargo.

ARTIGO 23

LAVAGEM DE PRODUTO DE DELITO

1. Cada Estado Parte adotará, em conformidade com os princípios fundamentais de sua legislação interna, as medidas legislativas e de outras índoles que sejam necessárias para qualificar como delito, quando cometido intencionalmente:

a) i) A conversão ou a transferência de bens, sabendo-se que esses bens são produtos de delito, com o propósito de ocultar ou dissimular a origem ilícita dos bens e ajudar a qualquer pessoa envolvida na prática do delito com o objetivo de afastar as conseqüências jurídicas de seus atos; ii) A ocultação ou dissimulação da verdadeira natureza, origem, situação, disposição, movimentação ou da propriedade de bens o do legítimo direito a estes, sabendo-se que tais bens são produtos de delito;

b) Com sujeição aos conceitos básicos de seu ordenamento jurídico: i) A aquisição, possessão ou utilização de bens, sabendo-se, no momento de sua receptação, de que se tratam de produto de delito; ii) A participação na prática de quaisquer dos delitos qualificados de acordo com o presente Artigo, assim como a associação e a confabulação para cometê-los, a tentativa de cometê-los e a ajuda, incitação, facilitação e o assessoramento com vistas à sua prática.

2. Para os fins de aplicação ou colocação em prática do parágrafo 1 do presente Artigo:

a) Cada Estado Parte velará por aplicar o parágrafo 1 do presente Artigo à gama mais ampla possível de delitos determinantes;

b) Cada Estado Parte incluirá como delitos determinantes, como mínimo, uma ampla gama de delitos qualificados de acordo com a presente Convenção;

c) Aos efeitos do item "b)" supra, entre os delitos determinantes se incluirão os delitos cometidos tanto dentro como fora da jurisdição do Estado Parte interessado. Não obstante, os delitos cometidos fora da jurisdição de um Estado Parte constituirão delito determinante sempre e quando o ato correspondente seja delito de acordo com a legislação interna do Estado em que se tenha cometido e constitui-se assim mesmo delito de acordo com a legislação interna do Estado Parte que aplique ou ponha em prática o presente Artigo se o delito houvesse sido cometido ali;

d) Cada Estado Parte proporcionará ao Secretário Geral das Nações Unidas uma cópia de suas leis destinadas a dar aplicação ao presente Artigo e de qualquer emenda posterior que se atenha a tais leis;

e) Se assim requererem os princípios fundamentais da legislação interna de um Estado Parte, poderá dispor-se que os delitos enunciados no parágrafo 1 do presente Artigo não se apliquem às pessoas que tenham cometido o delito determinante.

ARTIGO 24

ENCOBRIMENTO

Sem prejuízo do disposto no Artigo 23 da presente Convenção, cada Estado Parte considerará a possibilidade de adotar as medidas legislativas e de outra índole que sejam necessárias para qualificar o delito, quando cometido intencionalmente após a prática de quaisquer dos delitos qualificados de acordo com a presente Convenção mas sem haver participados deles, o encobrimento ou a retenção contínua de bens sabendo-se que tais bens são produtos de quaisquer dos delitos qualificados de acordo com a presente Convenção.

ARTIGO 25

OBSTRUÇÃO DA JUSTIÇA

Cada Estado Parte adotará as medidas legislativas e de outras índoles que sejam necessárias para qualificar como delito, quando cometidos intencionalmente:

a) O uso da força física, ameaças ou intimidação, ou a promessa, o oferecimento ou a concessão de um benefício indevido para induzir uma pessoa a prestar falso testemunho ou a atrapalhar a prestação de testemunho ou a apartação de provas em processos relacionados com a prática dos delitos qualificados de acordo com essa Convenção;

b) O uso da força física, ameaças ou intimidação para atrapalhar o cumprimento das funções oficiais de um funcionário da justiça ou dos serviços encarregados de fazer cumprir-se a lei em relação com a prática dos delitos qualificados de acordo com a presente Convenção. Nada do previsto no presente Artigo menosprezará a legislação interna dos Estados Partes que disponham de legislação que proteja a outras categorias de funcionários públicos.

ARTIGO 26

RESPONSABILIDADE DAS PESSOAS JURÍDICAS

1. Cada Estado Parte adotará as medidas que sejam necessárias, em consonância com seus princípios jurídicos, a fim de estabelecer a responsabilidade de pessoas jurídicas por sua participação nos delitos qualificados de acordo com a presente Convenção.

2. Sujeito aos princípios jurídicos do Estado Parte, a responsabilidade das pessoas jurídicas poderá ser de índole penal, civil ou administrativa.

3. Tal responsabilidade existirá sem prejuízo à responsabilidade penal que incumba às pessoas físicas que tenham cometido os delitos.

4. Cada Estado Parte velará em particular para que se imponham sanções penais ou não-penais eficazes, proporcionadas e dissuasivas, incluídas sanções monetárias, às pessoas jurídicas consideradas responsáveis de acordo com o presente Artigo.

ARTIGO 27

PARTICIPAÇÃO OU TENTATIVA

1. Cada Estado Parte adotará as medidas legislativas e de outras índoles que sejam necessárias para qualificar como delito, em conformidade com sua legislação interna, qualquer forma de participação, seja ela como cúmplice, colaborador ou instigador, em um delito qualificado de acordo com a presente Convenção.

2. Cada Estado Parte poderá adotar as medidas legislativas e de outras índoles que sejam necessárias para qualificar como delito, em conformidade com sua legislação interna, toda tentativa de cometer um delito qualificado de acordo com a presente Convenção.

3. Cada Estado Parte poderá adotar as medidas legislativas e de outras índoles que sejam necessárias para qualificar como delito, em conformidade com sua legislação interna, a preparação com vistas a cometer um delito qualificado de acordo com a presente Convenção.

ARTIGO 28

CONHECIMENTO, INTENÇÃO E PROPÓSITO COMO ELEMENTOS DE UM DELITO

O conhecimento, a intenção ou o propósito que se requerem como elementos de um delito qualificado de acordo com a presente Convenção poderão inferir-se de circunstâncias fáticas objetivas.

ARTIGO 29

PRESCRIÇÃO

Cada Estado Parte estabelecerá, quando proceder, de acordo com sua legislação interna, um prazo de prescrição amplo para iniciar processos por quaisquer dos delitos qualificados de acordo com a presente Convenção e estabelecerá um prazo maior ou interromperá a prescrição quando o presumido delinqüente tenha evadido da administração da justiça.

ARTIGO 30

PROCESSO, SENTENÇA E SANÇÕES

1. Cada Estado Parte punirá a prática dos delitos qualificados de acordo com a presente Convenção com sanções que tenham em conta a gravidade desses delitos.

2. Cada Estado Parte adotará as medidas que sejam necessárias para estabelecer ou manter, em conformidade com seu ordenamento jurídico e seus princípios constitucionais, um equilíbrio apropriado entre quaisquer imunidades ou prerrogativas jurisdicionais outorgadas a seus funcionários públicos para o cumprimento de suas funções e a possibilidade, se necessário, de proceder efetivamente à investigação, ao indiciamento e à sentença dos delitos qualificados de acordo com a presente Convenção.

3. Cada Estado Parte velará para que se exerçam quaisquer faculdades legais discricionárias de que disponham conforme sua legislação interna em relação ao indiciamento de pessoas pelos delitos qualificados de acordo com a presente Convenção a fim de dar máxima eficácia às medidas adotadas para fazer cumprir a lei a respeito desses delitos, tendo devidamente em conta a necessidade de preveni-los.

4. Quando se trate dos delitos qualificados de acordo com a presente Convenção, cada Estado Parte adotará as medidas apropriadas, em conformidade com sua legislação interna e levando devidamente em consideração os direitos de defesa, com vistas a procurar que, ao impor condições em relação com a decisão de conceder liberdade em espera de juízo ou apelação, se tenha presente a necessidade de garantir o comparecimento do acusado em todo procedimento penal posterior.

5. Cada Estado Parte terá em conta a gravidade dos delitos pertinentes ao considerar a eventualidade de conceder a liberdade antecipada ou a liberdade condicional a pessoas que tenham sido declaradas culpadas desses delitos.

6. Cada Estado Parte considerará a possibilidade de estabelecer, na medida em que ele seja concordante com os princípios fundamentais de seu ordenamento jurídico, procedimentos em virtude dos quais um funcionário público que seja acusado de um delito qualificado de acordo com a presente Convenção possa, quando proceder, ser destituído, suspenso ou transferido pela autoridade correspondente, tendo presente o respeito ao princípio de presunção de inocência.

7. Quando a gravidade da falta não justifique e na medida em que ele seja concordante com os princípios fundamentais de seu ordenamento jurídico, cada Estado Parte considerará a possibilidade de estabelecer procedimentos para inabilitar, por mandado judicial ou outro meio apropriado e por um período determinado em sua legislação interna, as pessoas condenadas por delitos qualificados de acordo com a presente Convenção para:

a) Exercer cargos públicos; e

b) Exercer cargos em uma empresa de propriedade total ou parcial do Estado.

8. O parágrafo 1 do presente Artigo não prejudicará a aplicação de medidas disciplinares pelas autoridades competentes contra funcionários públicos.

9. Nada do disposto na presente Convenção afetará o princípio de que a descrição dos delitos qualificados de acordo com ela e dos meios jurídicos de defesa aplicáveis ou demais princípios jurídicos que regulam a legalidade de uma conduta que a reservada à legislação interna dos Estados Partes e de que esses delitos haverão de ser perseguidos e sancionados em conformidade com essa legislação.

10. Os Estados Partes procurarão promover a reinserção social das pessoas condenadas por delitos qualificados de acordo com a presente Convenção.

ARTIGO 31
EMBARGO PREVENTIVO, APREENSÃO E CONFISCO

1. Cada Estado Parte adotará, no maior grau permitido em seu ordenamento jurídico interno, as medidas que sejam necessárias para autorizar o confisco:

a) Do produto de delito qualificado de acordo com a presente Convenção ou de bens cujo valor corresponda ao de tal produto;

b) Dos bens, equipamentos ou outros instrumentos utilizados ou destinados utilizados na prática dos delitos qualificados de acordo com a presente Convenção.

2. Cada Estado Parte adotará as medidas que sejam necessárias para permitir a identificação, localização, embargo preventivo ou a apreensão de qualquer bem a que se tenha referência no parágrafo 1 do presente Artigo com vistas ao seu eventual confisco.

3. Cada Estado Parte adotará, em conformidade com sua legislação interna, as medidas legislativas e de outras índoles que sejam necessárias para regular a administração, por parte das autoridades competentes, dos bens embargados, incautados ou confiscados compreendidos nos parágrafos 1 e 2 do presente Artigo.

4. Quando esse produto de delito se tiver transformado ou convertido parcialmente ou totalmente em outros bens, estes serão objeto das medidas aplicáveis a tal produto de acordo com o presente Artigo.

5. Quando esse produto de delito se houver mesclado com bens adquiridos de fontes lícitas, esses bens serão objeto de confisco até o valor estimado do produto mesclado, sem menosprezo de qualquer outra faculdade de embargo preventivo ou apreensão.

6. Os ingressos e outros benefícios derivados desse produto de delito, de bens nos quais se tenham transformado ou convertido tal produto ou de bens que se tenham mesclado a esse produto de delito também serão objeto das medidas previstas no presente Artigo, da mesma maneira e no mesmo grau que o produto do delito.

7. Aos efeitos do presente Artigo e do Artigo 55 da presente Convenção, cada Estado Parte facultará a seus tribunais ou outras autoridades competentes para ordenar a apresentação ou a apreensão de documentos bancários, financeiros ou comerciais. Os Estados Partes não poderão abster-se de aplicar as disposições do presente parágrafo amparando-se no sigilo bancário.

8. Os Estados Partes poderão considerar a possibilidade de exigir de um delinqüente que demonstre a origem lícita do alegado produto de delito ou de outros bens expostos ao confisco, na medida em que ele seja conforme com os princípios fundamentais de sua legislação interna e com a índole do processo judicial ou outros processos.

9. As disposições do presente Artigo não se interpretarão em prejuízo do direito de terceiros que atuem de boa-fé.

10. Nada do disposto no presente Artigo afetará o princípio de que as medidas nele previstas se definirão e aplicar-se-ão em conformidade com a legislação interna dos Estados Partes e com sujeição a este.

ARTIGO 32
PROTEÇÃO A TESTEMUNHAS, PERITOS E VÍTIMAS

1. Cada Estado Parte adotará medidas apropriadas, em conformidade com seu ordenamento jurídico

interno e dentro de suas possibilidades, para proteger de maneira eficaz contra eventuais atos de represália ou intimidação as testemunhas e peritos que prestem testemunho sobre os delitos qualificados de acordo com a presente Convenção, assim como, quando proceder, a seus familiares e demais pessoas próximas.

2. As medidas previstas no parágrafo 1 do presente Artigo poderão consistir, entre outras, sem prejuízo dos direitos do acusado e incluindo o direito de garantias processuais, em:

a) Estabelecer procedimentos para a proteção física dessas pessoas, incluída, na medida do necessário e do possível, sua remoção, e permitir, quando proceder, à proibição total ou parcial de revelar informação sobre sua identidade e paradeiro;

b) Estabelecer normas probatórias que permitam que as testemunhas e peritos prestem testemunho sem pôr em perigo a segurança dessas pessoas, por exemplo, aceitando o testemunho mediante tecnologias de comunicação como a videoconferência ou outros meios adequados.

3. Os Estados Partes considerarão a possibilidade de celebrar acordos ou tratados com outros Estados para a remoção das pessoas mencionadas no parágrafo 1 do presente Artigo.

4. As disposições do presente Artigo se aplicarão também às vítimas na medida em que sejam testemunhas.

5. Cada Estado Parte permitirá, com sujeição a sua legislação interna, que se apresentem e considerem as opiniões e preocupações das vítimas em etapas apropriadas das ações penais contra os criminosos sem menosprezar os direitos de defesa.

ARTIGO 33

PROTEÇÃO AOS DENUNCIANTES

Cada Estado Parte considerará a possibilidade de incorporar em seu ordenamento jurídico interno medidas apropriadas para proporcionar proteção contra todo trato injusto às pessoas que denunciem ante as autoridades competentes, de boa-fé e com motivos razoáveis, quaisquer feitos relacionados com os delitos qualificados de acordo com a presente Convenção.

ARTIGO 34

CONSEQÜÊNCIAS DOS ATOS DE CORRUPÇÃO

Com a devida consideração aos direitos adquiridos de boa-fé por terceiros, cada Estado Parte, em conformidade com os princípios fundamentais de sua legislação interna, adotará medidas para eliminar as conseqüências dos atos de corrupção. Neste contexto, os Estados Partes poderão considerar a corrupção um fator pertinente em procedimentos jurídicos encaminhados a anular ou deixar sem efeito um contrato ou a revogar uma concessão ou outro instrumento semelhante, o adotar qualquer outra medida de correção.

ARTIGO 35

INDENIZAÇÃO POR DANOS E PREJUÍZOS

Cada Estado Parte adotará as medidas que sejam necessárias, em conformidade com os princípios de sua legislação interna, para garantir que as entidades ou pessoas prejudicadas como conseqüência de um ato de corrupção tenham direito a iniciar uma ação legal contra os responsáveis desses danos e prejuízos a fim de obter indenização.

ARTIGO 36

AUTORIDADES ESPECIALIZADAS

Cada Estado Parte, de conformidade com os princípios fundamentais de seu ordenamento jurídico, se certificará de que dispõe de um ou mais órgãos ou pessoas especializadas na luta contra a corrupção mediante a aplicação coercitiva da lei. Esse(s) órgão(s) ou essa(s) pessoa(s) gozarão da independência necessária, conforme os princípios fundamentais do ordenamento jurídico do Estado Parte, para que possam desempenhar suas funções com eficácia e sem pressões indevidas. Deverá proporcionar-se a essas pessoas ou ao pessoal desse(s) órgão(s) formação adequada e recursos suficientes para o desempenho de suas funções.

ARTIGO 37

COOPERAÇÃO COM AS AUTORIDADES ENCARREGADAS DE FAZER CUMPRIR A LEI

1. Cada Estado Parte adotará as medidas apropriadas para restabelecer as pessoas que participem ou que tenham participado na prática dos delitos qualificados de acordo com a presente Convenção que proporcionem às autoridades competentes informação útil com fins investigativos e probatórios e as que lhes prestem ajuda efetiva e concreta que possa contribuir a privar os criminosos do produto do delito, assim como recuperar esse produto.

2. Cada Estado Parte considerará a possibilidade de prever, em casos apropriados, a mitigação de pena de toda pessoa acusada que preste cooperação substancial à investigação ou ao indiciamento dos delitos qualificados de acordo com a presente Convenção.

3. Cada Estado parte considerará a possibilidade de prever, em conformidade com os princípios fundamentais de sua legislação interna, a concessão de imunidade judicial a toda pessoa que preste cooperação substancial na investigação ou no indiciamento dos delitos qualificados de acordo com a presente Convenção.

4. A proteção dessas pessoas será, mutatis mutandis, a prevista no Artigo 32 da presente Convenção.

5. Quando as pessoas mencionadas no parágrafo 1 do presente Artigo se encontrem em um Estado Parte e possam prestar cooperação substancial às autoridades competentes de outro Estado Parte, os Estados Partes interessados poderão considerar a possibilidade de celebrar acordos ou tratados, em conformidade com sua legislação interna, a respeito da eventual concessão, por esse Estado Parte, do trato previsto nos parágrafos 2 e 3 do presente Artigo.

ARTIGO 38

COOPERAÇÃO ENTRE ORGANISMOS NACIONAIS

Cada Estado Parte adotará as medidas que sejam necessárias, em conformidade com sua legislação interna, para estabelecer a cooperação entre, de um lado, seus organismos públicos, assim como seus funcionários públicos, e, do outro, seus organismos encarregados de investigar e processar judicialmente os delitos. Essa cooperação poderá incluir:

a) Informar a esses últimos organismos, por iniciativa do Estado Parte, quando tenha motivos razoáveis para suspeitar-se que fora praticado algum dos crimes qualificados de acordo com os Artigos 15, 21 e 23 da presente Convenção; ou

b) Proporcionar a esses organismos toda a informação necessária mediante solicitação.

ARTIGO 39

COOPERAÇÃO ENTRE OS ORGANISMOS NACIONAIS E O SETOR PRIVADO

1. Cada Estado Parte adotará as medidas que sejam necessárias, em conformidade com seu direito interno, para estabelecer a cooperação entre os organismos nacionais de investigação e o ministério público, de um lado, e as entidades do setor privado, em particular as instituições financeiras, de outro, em questões relativas à prática dos delitos qualificados de acordo com a presente Convenção.

2. Cada Estado Parte considerará a possibilidade de estabelecer que seus cidadãos e demais pessoas que tenham residência em seu território a denunciar ante os organismos nacionais de investigação e o ministério público a prática de todo delito qualificado de acordo com a presente Convenção.

ARTIGO 40

SIGILO BANCÁRIO

Cada Estado Parte velará para que, no caso de investigações penais nacionais de delitos qualificados de acordo com a presente Convenção, existam em seu ordenamento jurídico interno mecanismos apropriados para eliminar qualquer obstáculo que possa surgir como conseqüência da aplicação da legislação relativa ao sigilo bancário.

ARTIGO 41

ANTECEDENTES PENAIS

Cada Estado Parte poderá adotar as medidas legislativas ou de outras índoles que sejam necessárias para ter em conta, nas condições e para os fins que estime apropriados, toda prévia declaração de culpabilidade de um presumido criminoso em outro Estado a fim de utilizar essa informação em ações penais relativas a delitos qualificados de acordo com a presente Convenção.

ARTIGO 42

JURISDIÇÃO

1. Cada Estado Parte adotará as medidas que sejam necessárias para estabelecer sua jurisdição a respeito dos delitos qualificados de acordo com a presente Convenção quando:

a) O delito se cometa em seu território; ou

b) O delito se cometa a bordo de uma embarcação que possua identificação de tal Estado ou de uma aeronave registrada sob suas leis no momento de sua prática.

2. Com sujeição ao disposto no Artigo 4 da presente Convenção, um Estado Parte também poderá estabelecer sua jurisdição para ter conhecimento de tais delitos quando:

a) O delito se cometa contra um de seus cidadãos;

b) O delito seja cometido por um de seus cidadãos ou por um estrangeiro que tenha residência em seu território;

c) O delito seja um dos delitos qualificados de acordo com o inciso "ii)" da parte "b)" do parágrafo 1 do Artigo 23 da presente Convenção e se cometa fora de seu território com vistas à prática, dentro de seu território, de um delito qualificado de acordo com os incisos "i)" e "ii)" da parte "a)" ou inciso "i)" da parte "b)" do parágrafo 1 do Artigo 23 da presente Convenção; ou

d) O delito se cometa contra o Estado Parte.

3. Aos efeitos do Artigo 44 da presente Convenção, cada Estado Parte adotará as medidas que sejam necessárias para estabelecer a jurisdição relativa aos delitos qualificados de acordo com a presente Convenção quando o presumido criminoso se encontre em seu território e o Estado Parte não o extradite pelo fato de ser um de seus cidadãos.

4. Cada Estado Parte poderá também adotar as medidas que sejam necessárias para estabelecer sua jurisdição a respeito dos delitos qualificados na presente Convenção quando o presumido criminoso

se encontre em seu território e o Estado Parte não o extradite.

5. Se um Estado Parte que exerce sua jurisdição de acordo com os parágrafos 1 ou 2 do presente Artigo for notificado, ou tomar conhecimento por outro meio, de que outros Estados Partes estão realizando uma investigação, um processo ou uma ação judicial relativos aos mesmos fatos, as autoridades competentes desses Estados Partes se consultarão, segundo proceda, a fim de coordenar suas medidas.

6. Sem prejuízo às normas do direito internacional geral, a presente Convenção não excluirá o exercício das competências penais estabelecidas pelos Estados Partes em conformidade com suas legislações internas.

CAPÍTULO IV
COOPERAÇÃO INTERNACIONAL

ARTIGO 43
COOPERAÇÃO INTERNACIONAL

1. Os Estados Partes cooperarão em assuntos penais conforme o disposto nos Artigos 44 a 50 da presente Convenção. Quando proceda e estiver em consonância com seu ordenamento jurídico interno, os Estados Partes considerarão a possibilidade de prestar-se assistência nas investigações e procedimentos correspondentes a questões civis e administrativas relacionadas com a corrupção.

2. Em questões de cooperação internacional, quando a dupla incriminação seja um requisito, este se considerará cumprido se a conduta constitutiva do delito relativo ao qual se solicita assistência é um delito de acordo com a legislação de ambos os Estados Partes, independentemente se as leis do Estado Parte requerido incluem o delito na mesma categoria ou o denominam com a mesma terminologia que o Estado Parte requerente.

ARTIGO 44
EXTRADIÇÃO

1. O presente Artigo se aplicará a todos os delitos qualificados de acordo com a presente Convenção no caso de que a pessoa que é objeto de solicitação de extradição se encontre no território do Estado Parte requerido, sempre e quando o delito pelo qual se pede a extradição seja punível de acordo com a legislação interna do Estado Parte requerente e do Estado Parte requerido.

2. Sem prejuízo ao disposto no parágrafo 1 do presente Artigo, os Estados Partes cuja legislação o permitam poderão conceder a extradição de uma pessoa por quaisquer dos delitos compreendidos na presente Convenção que não sejam puníveis com relação à sua própria legislação interna.

3. Quando a solicitação de extradição incluir vários delitos, dos quais ao menos um dê lugar à extradição conforme o disposto no presente Artigo e alguns não derem lugar à extradição devido ao período de privação de liberdade que toleram mas guardem relação com os delitos qualificados de acordo com a presente Convenção, o Estado Parte requerido poderá aplicar o presente Artigo também a respeito desses delitos.

4. Cada um dos delitos aos quais se aplicam o presente Artigo se considerará incluído entre os delitos que dão lugar à extradição em todo tratado de extradição vigente entre os Estados Partes. Estes se comprometem a incluir tais delitos como causa de extradição em todo tratado de extradição que celebrem entre si. Os Estados Partes cujas legislações os permitam, no caso de que a presente Convenção sirva de base para a extradição, não considerarão de caráter político nenhum dos delitos qualificados de acordo com a presente Convenção.

5. Se um Estado Parte que submete a extradição à existência de um tratado recebe uma solicitação de extradição de outro Estado Parte com o qual não celebra nenhum tratado de extradição, poderá considerar a presente Convenção como a base jurídica da extradição a respeito dos delitos aos quais se aplicam o presente Artigo.

6. Todo Estado Parte que submeta a extradição à existência de um tratado deverá:

a) No momento de depositar seu instrumento de ratificação, aceitação ou aprovação da presente Convenção ou de adesão à ela, informar ao Secretário Geral das Nações Unidas se considerará ou não a presente Convenção como a base jurídica da cooperação em matéria de extradição em suas relações com os outros Estados Partes da presente Convenção; e

b) Se não considera a presente Convenção como a base jurídica da cooperação em matéria de extradição, procurar, quando proceder, celebrar tratados de extradição com outros Estados Partes da presente Convenção a fim de aplicar o presente Artigo.

7. Os Estados Partes que não submetem a extradição à existência de um tratado reconhecerão os delitos aos quais se aplica o presente Artigo como causa de extradição entre eles.

8. A extradição estará sujeita às condições previstas na legislação interna do Estado Parte requerido ou nos tratados de extradição aplicáveis, incluídas, entre outras coisas, as relativas ao requisito de uma pena mínima para a extradição e aos motivos que o Estado Parte requerido pode incorrer na extradição.

9. Os Estados Partes, em conformidade com sua legislação interna, procurarão agilizar os procedimentos de extradição e simplificar os requisitos probatórios correspondentes com relação a qualquer dos delitos aos quais se aplicam o presente Artigo.

10. A respeito do disposto em sua legislação interna e em seus tratados de extradição, o Estado Parte requerido poderá, após haver-se certificado de que as circunstâncias o justificam e têm caráter urgente, e à solicitação do Estado Parte requerente, proceder à detenção da pessoa presente em seu território cuja extradição se peça ou adotar outras medidas adequadas para garantir o comparecimento dessa pessoa nos procedimentos de extradição.

11. O Estado Parte em cujo território se encontre um presumido criminoso, se não o extradita quando de um delito aos qual se aplica o presente Artigo pelo fato de ser um de seus cidadãos, estará obrigado, quando solicitado pelo Estado Parte que pede a extradição, a submeter o caso sem demora injustificada a suas autoridades competentes para efeitos de indiciamento. As mencionadas autoridades adotarão sua decisão e levarão a cabo suas ações judiciais da mesma maneira em que o fariam feito com relação a qualquer outro delito de caráter grave de acordo com a legislação interna desse Estado Parte. Os Estados Partes interessados cooperarão entre si, em particular no tocante aos aspectos processuais e probatórios, com vistas a garantir a eficiência das mencionadas ações.

12. Quando a legislação interna de um Estado Parte só permite extraditar ou entregar de algum outro modo um de seus cidadãos a condição de que essa pessoa seja devolvida a esse Estado Parte para cumprir a pena imposta como resultado do juízo do processo por aquele que solicitou a extradição ou a entrega e esse Estado Parte e o Estado Parte que solicita a extradição aceitem essa opção, assim como toda outra condição que julguem apropriada, tal extradição ou entrega condicional será suficiente para que seja cumprida a obrigação enunciada no parágrafo 11 do presente Artigo.

13. Se a extradição solicitada com o propósito de que se cumpra uma pena é negada pelo fato de que a pessoa procurada é cidadã do Estado Parte requerido, este, se sua legislação interna autoriza e em conformidade com os requisitos da mencionada legislação, considerará, ante solicitação do Estado Parte requerente, a possibilidade de fazer cumprir a pena imposta ou o resto pendente de tal pena de acordo com a legislação interna do Estado Parte requerente.

14. Em todas as etapas das ações se garantirá um tratamento justo a toda pessoa contra a qual se tenha iniciado uma instrução em relação a qualquer dos delitos aos quais se aplica o presente Artigo, incluindo o gozo de todos os direitos e garantias previstos pela legislação interna do Estado Parte em cujo território se encontre essa pessoa.

15. Nada do disposto na presente Convenção poderá interpretar-se como a imposição de uma obrigação de extraditar se o Estado Parte requerido tem motivos justificados para pressupor que a solicitação foi apresentada com o fim de perseguir ou castigar a uma pessoa em razão de seu sexo, raça, religião, nacionalidade, origem étnica ou opiniões políticas ou que seu cumprimento ocasionaria prejuízos à posição dessa pessoa por quaisquer destas razões.

16. Os Estados Partes não poderão negar uma solicitação de extradição unicamente porque se considere que o delito também envolve questões tributárias.

17. Antes de negar a extradição, o Estado Parte requerido, quando proceder, consultará o Estado parte requerente para dar-lhe ampla oportunidade de apresentar suas opiniões e de proporcionar informação pertinente a sua alegação.

18. Os Estados Partes procurarão celebrar acordos ou tratados bilaterais e multilaterais para levar a cabo a extradição ou com vistas a aumentar sua eficácia.

ARTIGO 45

TRASLADO DE PESSOAS CONDENADAS A CUMPRIR UMA PENA

Os Estados Partes poderão considerar a possibilidade de celebrar acordos ou tratados bilaterais ou multilaterais sobre o traslado a seu território de toda pessoa que tenha sido condenada a pena de prisão ou outra forma de privação de liberdade por algum dos delitos qualificados de acordo com a presente Convenção a fim de que cumpra ali sua pena.

ARTIGO 46

ASSISTÊNCIA JUDICIAL RECÍPROCA

1. Os Estados Partes prestar-se-ão a mais ampla assistência judicial recíproca relativa a investigações, processos e ações judiciais relacionados com os delitos compreendidos na presente Convenção.

2. Prestar-se-á assistência judicial recíproca no maior grau possível conforme as leis, tratados, acordos e declarações pertinentes do Estado Parte requerido com relação a investigações, processos e ações judiciais relacionados com os delitos dos quais uma pessoa jurídica pode ser considerada responsável em conformidade com o Artigo 26 da presente Convenção no Estado Parte requerente.

3. A assistência judicial recíproca que se preste em conformidade com o presente Artigo poderá ser solicitada para quaisquer dos fins seguintes:

a) Receber testemunhos ou tomar declaração de pessoas;

b) Apresentar documentos judiciais;

c) Efetuar inspeções, incautações e/ou embargos preventivos;

d) Examinar objetos e lugares;

e) Proporcionar informação, elementos de prova e avaliações de peritos;

f) Entregar originais ou cópias certificadas dos documentos e expedientes pertinentes, incluída a documentação pública, bancária e financeira, assim como a documentação social ou comercial de sociedades mercantis;

g) Identificar ou localizar o produto de delito, os bens, os instrumentos e outros elementos para fins probatórios;

h) Facilitar o comparecimento voluntário de pessoas ao Estado Parte requerente;

i) Prestar qualquer outro tipo de assistência autorizada pela legislação interna do Estado Parte requerido;

j) Identificar, embargar com caráter preventivo e localizar o produto de delito, em conformidade com as disposições do Capítulo V da presente Convenção;

l) Recuperar ativos em conformidade com as disposições do Capítulo V da presente Convenção.

4. Sem menosprezo à legislação interna, as autoridades competentes de um Estado Parte poderão, sem que se lhes solicite previamente, transmitir informação relativa a questões penais a uma autoridade competente de outro Estado Parte se crêem que essa informação poderia ajudar a autoridade a empreender ou concluir com êxito indagações e processos penais ou poderia dar lugar a uma petição formulada por este último Estado Parte de acordo com a presente Convenção.

5. A transmissão de informação de acordo com o parágrafo 4 do presente Artigo se fará sem prejuízo às indagações e processos penais que tenham lugar no Estado das autoridades competentes que facilitaram a informação. As autoridades competentes que recebem a informação deverão aquiescer a toda solicitação de que se respeite seu caráter confidencial, inclusive temporariamente, ou de que se imponham restrições a sua utilização. Sem embargo, ele não obstará para que o Estado Parte receptor revele, em suas ações, informação que seja fator de absolvição de uma pessoa acusada. Em tal caso, o Estado Parte receptor notificará o Estado Parte transmissor antes de revelar a mencionada informação e, se assim for solicitado, consultará o Estado Parte transmissor. Se, em um caso excepcional, não for possível notificar com antecipação, o Estado Parte receptor informará sem demora ao Estado Parte transmissor sobre a mencionada revelação.

6. O disposto no presente Artigo não afetará as obrigações inerentes de outros tratados bilaterais ou multilaterais vigentes ou futuros que rejam, total ou parcialmente, a assistência judicial recíproca.

7. Os parágrafos 9 a 29 do presente Artigo se aplicarão às solicitações que se formulem de acordo com o presente Artigo sempre que não se estabeleça entre os Estados Partes interessados um tratado de assistência judicial recíproca. Quando estes Estados Partes estiverem vinculados por um tratado dessa índole se aplicarão as disposições correspondentes do tal tratado, salvo quando aos Estados Partes convenha aplicar, em seu lugar, os parágrafos 9 a 29 do presente Artigo. Insta-se encarecidamente aos Estados Partes que apliquem esses parágrafos se a cooperação for facilitada.

8. Os Estados Partes não invocarão o sigilo bancário para negar a assistência judicial recíproca de acordo com o presente Artigo.

9. a) Ao atender a uma solicitação de assistência de acordo com o presente Artigo, na ausência de dupla incriminação, o Estado Parte requerido terá em conta a finalidade da presente Convenção, enunciada no Artigo 1;

b) Os Estados Partes poderão negar-se a prestar assistência de acordo com o presente Artigo invocando a ausência de dupla incriminação. Não obstante, o Estado Parte requerido, quando esteja em conformidade com os conceitos básicos de seu ordenamento jurídico, prestará assistência que não envolva medidas coercitivas. Essa assistência poderá ser negada quando a solicitação envolva assuntos de minimis ou questões relativas às quais a cooperação ou a assistência solicitada estiver prevista em virtude de outras disposições da presente Convenção;

c) Na ausência da dupla incriminação, cada Estado Parte poderá considerar a possibilidade de adotar as medidas necessárias que lhe permitam prestar uma assistência mais ampla de acordo com o presente Artigo.

10. A pessoa que se encontre detida ou cumprindo uma pena no território de um Estado Parte e cuja presença se solicite por outro Estado Parte para fins de identificação, para prestar testemunho ou para que ajude de alguma outra forma na obtenção das provas necessárias para investigações, processos ou ações judiciais relativos aos delitos compreendidos na presente Convenção poderá ser trasladada se cumprirem-se as condições seguintes:

a) A pessoa, devidamente informada, dá seu livre consentimento;

b) As autoridades competentes de ambos os Estados Partes estão de acordo, com sujeição às condições que estes considerem apropriadas.

11. Aos efeitos do parágrafo 10 do presente Artigo:

a) O Estado Parte ao qual se traslade a pessoa terá a competência e a obrigação de mantê-la detida, salvo se o Estado Parte do qual a pessoa fora trasladada solicitar ou autorizar outra coisa;

b) O Estado Parte ao qual se traslade a pessoa cumprirá sem delongas sua obrigação de devolvê-la à custódia do Estado Parte do qual a trasladou, segundo convenham de antemão ou de outro modo as autoridades competentes de ambos os Estados Partes;

c) O Estado Parte ao qual se traslade a pessoa não poderá exigir do Estado Parte do qual a pessoa tenha sido trasladada que inicie procedimentos de extradição para sua devolução;

d) O tempo em que a pessoa tenha permanecido detida no Estado Parte ao qual fora trasladada se computará como parte da pena que se cumpre no Estado Parte do qual fora trasladada.

12. A menos que o Estado Parte remetente da pessoa a ser trasladada de conformidade com os parágrafos 10 e 11 do presente Artigo estiver de acordo, tal pessoa, seja qual for sua nacionalidade, não poderá ser processada, detida, condenada nem submetida a nenhuma outra restrição de sua liberdade pessoal no território do Estado ao qual fora trasladada em relação a atos, omissões ou penas anteriores a sua saída do território do Estado remetente.

13. Cada Estado Parte designará uma autoridade central encarregada de receber solicitações de assistência judicial recíproca e permitida a dar-lhes cumprimento ou para transmiti-las às autoridades competentes para sua execução. Quando alguma região ou algum território especial de um Estado Parte disponha de um regimento distinto de assistência judicial recíproca, o Estado Parte poderá designar outra autoridade central que desempenhará a mesma função para tal região ou mencionado território. As autoridades centrais velarão pelo rápido e adequado cumprimento ou transmissão das solicitações recebidas. Quando a autoridade central transmitir a solicitação a uma autoridade competente para sua execução, alentará a rápida e adequada execução da solicitação por parte da mencionada autoridade. Cada Estado Parte notificará o Secretário Geral das Nações Unidas, no momento de depositar seu instrumento de ratificação, aceitação ou aprovação da presente Convenção ou de adesão a ela, o nome da autoridade central que tenha sido designada para tal fim. As solicitações de assistência judicial recíproca e qualquer outra comunicação pertinente serão transmitidas às autoridades centrais designadas pelos Estados Partes. A presente disposição não afetará a legislação de quaisquer dos Estados Partes para exigir que estas solicitações e comunicações lhe sejam enviadas por via diplomática e, em circunstâncias urgentes, quando os Estados Partes convenham a ele, por condução da Organização Internacional de Polícia Criminal, de ser possível.

14. As solicitações se apresentarão por escrito ou, quando possível, por qualquer meio capaz de registrar um texto escrito, em um idioma aceitável pelo Estado Parte requerido. Em condições que permitam ao mencionado Estado Parte determinar sua autenticidade. Cada Estado Parte notificará o Secretário Geral das Nações Unidas, no momento de depositar seu instrumento de ratificação, aceitação ou aprovação da presente Convenção ou de adesão a ela, o(s) idioma(s) que é(são) aceitável(veis). Em situações de urgência, e quando os Estados Partes convenham a ele, as solicitações poderão fazer-se oralmente, devendo ser confirmadas por escrito sem delongas.

15. Toda solicitação de assistência judicial recíproca conterá o seguinte:

a) A identidade da autoridade que faz a solicitação;

b) O objeto e a índole das investigações, dos processos e das ações judiciais a que se refere a solicitação e o nome e as funções da autoridade encarregada de efetuar tais investigações, processos ou ações;

c) Um resumo dos feitos pertinentes, salvo quando se trate de solicitações de apresentação de documentos judiciais;

d) Uma descrição da assistência solicitada e pormenores sobre qualquer procedimento particular que o Estado Parte requerente deseja que se aplique;

e) Se possível, a identidade, situação e nacionalidade de cada pessoa interessada; e

f) A finalidade pela qual se solicita a prova, informação ou atuação.

16. O Estado Parte requerido poderá pedir informação adicional quando seja necessária para dar cumprimento à solicitação em conformidade com sua legislação interna ou para facilitar tal cumprimento.

17. Dar-se-á cumprimento a toda solicitação de acordo com o ordenamento jurídico interno do Estado Parte requerido e, na medida em que ele não o contravenha e seja factível, em conformidade com os procedimentos especificados na solicitação.

18. Sempre quando for possível e compatível com os princípios fundamentais da legislação interna, quando uma pessoa se encontre no território de um Estado Parte e tenha que prestar declaração como testemunha ou perito ante autoridades judiciais de outro Estado Parte, o primeiro Estado Parte, ante solicitação do outro, poderá permitir que a audiência se celebre por videoconferência se não for possível ou conveniente que a pessoa em questão compareça pessoalmente ao território do Estado Parte requerente. Os Estados Partes poderão combinar que a audiência fique a cargo de uma autoridade judicial do Estado Parte requerente e que seja assistida por uma autoridade judicial do Estado Parte requerido.

19. O Estado Parte requerente não transmitirá nem utilizará, sem prévio consentimento do Estado Parte requerido, a informação ou as provas proporcionadas por este para investigações, processos ou ações judiciais distintas daquelas indicadas na solicitação. Nada do disposto no presente parágrafo impedirá que o Estado Parte requerente revele, em suas ações, informação ou provas que sejam fatores de absolvição de uma pessoa acusada. Neste último caso, o Estado Parte requerente notificará o Estado Parte requerido antes de revelar a informação ou as provas e, se assim solicitado, consultará o Estado Parte requerido. Se,

em um caso excepcional, não for possível notificar este com antecipação, o Estado Parte requerente informará sem demora o Estado Parte requerido da mencionada revelação.

20. O Estado Parte requerente poderá exigir que o Estado Parte requerido mantenha sigilo acerca da existência e do conteúdo da solicitação, salvo na medida necessária para dar-lhe cumprimento. Se o Estado Parte requerido não pode manter esse sigilo, terá de fazer o Estado parte requerente sabê-lo de imediato.

21. A assistência judicial recíproca poderá ser negada:

a) Quando a solicitação não esteja em conformidade com o disposto no presente Artigo;

b) Quando o Estado Parte requerido considere que o cumprimento da solicitação poderia agredir sua soberania, sua segurança, sua ordem pública ou outros interesses fundamentais;

c) Quando a legislação interna do Estado Parte requerido proíba suas autoridades de atuarem na forma solicitada relativa a um delito análogo, se este tiver sido objeto de investigações, processos ou ações judiciais no exercício de sua própria competência;

d) Quando aquiescer à solicitação seja contrário ao ordenamento jurídico do Estado Parte requerido no tocante à assistência judicial recíproca.

22. Os Estados Parte não poderão negar uma solicitação de assistência judicial recíproca unicamente por considerarem que o delito também envolve questões tributárias.

23. Toda negação de assistência judicial recíproca deverá fundamentar-se devidamente.

24. O Estado Parte requerido cumprirá a solicitação de assistência judicial recíproca o quanto antes e terá plenamente em conta, na medida de suas possibilidades, os prazos que sugira o Estado Parte requerente e que estejam devidamente fundamentados, de preferência na própria solicitação. O Estado Parte requerente poderá pedir informação razoável sobre o estado e a evolução das gestões realizadas pelo Estado Parte requerido para satisfazer tal petição. O Estado Parte requerido responderá às solicitações razoáveis que formule o Estado Parte requerente relativas ao estado e à evolução do trâmite da resolução. O Estado Parte requerente informará de pronto ao Estado Parte requerido quando já não mais necessite da assistência requisitada.

25. A assistência judicial recíproca poderá ser modificada pelo Estado Parte requerido se perturba investigações, processos ou ações judiciais em curso.

26. Antes de negar uma solicitação apresentada de acordo com o parágrafo 21 do presente Artigo ou de modificar seu cumprimento de acordo com o parágrafo 25 do presente Artigo, o Estado Parte requerido consultará o Estado Parte requerente para considerar se é possível prestar a assistência solicitada submetendo-a às condições que julgue necessárias. Se o Estado Parte requerente aceita a assistência de acordo com essas condições, esse Estado Parte deverá cumprir as condições impostas.

27. Sem prejuízo à aplicação do parágrafo 12 do presente Artigo, a testemunha, perito ou outra pessoa que, sob requisição do Estado Parte requerente, consente em prestar testemunho em juízo ou colaborar em uma investigação, processo ou ação judicial no território do Estado Parte requerente, não poderá ser indiciado, detido, condenado nem submetido a nenhuma restrição de sua liberdade pessoal nesse território por atos, omissões ou declarações de culpabilidade anteriores ao momento em que abandonou o território do Estado Parte requerido. Esse salvo-conduto cessará quando a testemunha, perito ou outra pessoa tenha tido, durante 15 (quinze) dias consecutivos ou durante o período acordado entre os Estados Partes após a data na qual se tenha informado oficialmente de que as autoridades judiciais já não requeriam sua presença, a oportunidade de sair do país e não obstante permaneceu voluntariamente nesse território ou a ele regressou livremente depois de havê-lo abandonado.

28. Os gastos ordinários que ocasionem o cumprimento da solicitação serão sufragados pelo Estado Parte requerido, a menos que os Estados Partes interessados tenham acordado outro meio. Quando se requeiram para este fim gastos vultosos ou de caráter extraordinário, os Estados Partes se consultarão para determinar as condições nas quais se dará cumprimento à solicitação, assim como a maneira em que se sufragarão os gastos.

29. O Estado Parte requerido:

a) Facilitará ao Estado Parte requerente uma cópia dos documentos oficiais e outros documentos ou papéis que tenha sob sua custódia e que, conforme sua legislação interna, sejam de acesso do público em geral;

b) Poderá, a seu arbítrio e com sujeição às condições que julgue apropriadas, proporcionar ao Estado Parte requerente uma cópia total ou parcial de documentos oficiais ou de outros documentos ou papéis que tenha sob sua custódia e que, conforme sua legislação interna, não sejam de acesso do público em geral.

30. Quando se fizer necessário, os Estados Partes considerarão a possibilidade de celebrar acordos ou tratados bilaterais ou multilaterais que contribuam a lograr os fins do presente Artigo e que levem à prática ou reforcem suas disposições.

ARTIGO 47

ENFRAQUECIMENTO DE AÇÕES PENAIS

Os Estados Partes considerarão a possibilidade de enfraquecer ações penais para o indiciamento por um delito qualificado de acordo com a presente Convenção quando se estime que essa remissão redundará em benefício da devida administração da justiça, em particular nos casos nos quais intervenham várias jurisdições, com vistas a concentrar as atuações do processo.

ARTIGO 48

COOPERAÇÃO EM MATÉRIA DE CUMPRIMENTO DA LEI

1. Os Estados Partes colaborarão estritamente, em consonância com seus respectivos ordenamentos jurídicos e administrativos, com vistas a aumentar a eficácia das medidas de cumprimento da lei orientada a combater os delitos compreendidos na presente Convenção. Em particular, os Estados Parte adotarão medidas eficazes para:

a) Melhorar os canais de comunicação entre suas autoridades, organismos e serviços competentes e, quando necessário, estabelecê-los, a fim de facilitar o intercâmbio seguro e rápido de informações sobre todos os aspectos dos delitos compreendidos na presente Convenção, assim como, se os Estados Partes interessados estimarem oportuno, sobre suas vinculações com outras atividades criminosas;

b) Cooperar com outros Estados Partes na realização de indagações a respeito dos delitos compreendidos na presente Convenção acerca de: i) A identidade, o paradeiro e as atividades de pessoas presumidamente envolvidas em tais delitos ou a situação de outras pessoas interessadas; ii) A movimentação do produto do delito ou de bens derivados da prática desses delitos; iii) A movimentação de bens, equipamentos ou outros instrumentos utilizados ou destinados à prática desses delitos.

c) Proporcionar, quando proceder, os elementos ou as quantidades de substâncias que se requeiram para fins de análise e investigação.

d) Intercambiar, quando proceder, informação com outros Estados Partes sobre os meios e métodos concretos empregados para a prática dos delitos compreendidos na presente Convenção, entre eles o uso de identidades falsas, documentos falsificados, alterados ou falsos ou outros meios de encobrir atividades vinculadas a esses delitos;

e) Facilitar uma coordenação eficaz entre seus organismos, autoridades e serviços competentes e promover o intercâmbio de pessoal e outros, incluída a designação de oficiais de enlace com sujeição a acordos ou tratados bilaterais entre os Estados Partes interessados;

f) Intercambiar informação e coordenar as medidas administrativas e de outras índoles adotadas para a pronta detecção dos delitos compreendidos na presente Convenção.

2. Os Estados Partes, com vistas a dar efeito à presente Convenção, considerarão a possibilidade de celebrar acordos ou tratados bilaterais ou multilaterais em matéria de cooperação direta entre seus respectivos organismos encarregados de fazer cumprir a lei e, quando tais acordos ou tratados já existam, melhorá-los. Na falta de tais acordos ou tratados entre os Estados Partes interessados, os Estados Partes poderão considerar que a presente Convenção constitui a base para a cooperação recíproca em matéria de cumprimento da lei no que diz respeitos aos delitos compreendidos na presente Convenção. Quando proceda, os Estados Partes aproveitarão plenamente os acordos e tratados, incluídas as organizações internacionais ou regionais, a fim de aumentar a cooperação entre seus respectivos organismos encarregados de fazer cumprir a lei.

3. Os Estados Partes se esforçarão por colaborar na medida de suas possibilidades para fazer frente aos delitos compreendidos na presente Convenção que se cometam mediante o recurso de tecnologia moderna.

ARTIGO 49

INVESTIGAÇÕES CONJUNTAS

Os Estados Partes considerarão a possibilidade de celebrar acordos ou tratados bilaterais ou multilaterais em virtude dos quais, em relação com questões que são objeto de investigações, processos ou ações penais em um ou mais Estados, as autoridades competentes possam estabelecer órgãos mistos de investigação. Na falta de tais acordos ou tratados, as investigações conjuntas poderão levar-se a cabo mediante acordos acertados caso a caso. Os Estados Partes interessados velarão para que a soberania do Estado Parte em cujo território se efetua a investigação seja plenamente respeitada.

ARTIGO 50

TÉCNICAS ESPECIAIS DE INVESTIGAÇÃO

1. A fim de combater eficazmente a corrupção, cada Estado Parte, na medida em que lhe permitam os princípios fundamentais de seu ordenamento jurídico interno e conforme às condições prescritas por sua legislação interna, adotará as medidas que sejam necessárias, dentro de suas possibilidades, para prever o adequado recurso, por suas autoridades competentes em seu território, à entrega vigiada e, quando considerar apropriado, a outras técnicas especiais de investigação como a vigilância eletrônica ou de outras índoles e as operações secretas, assim como para permitir a admissibilidade das provas derivadas dessas técnicas em seus tribunais.

2. Para efeitos de investigação dos delitos compreendidos na presente Convenção, se recomenda aos Estados Partes que celebrem, quando proceder, acordos ou tratados bilaterais ou multilaterais apropriados para

utilizar essas técnicas especiais de investigação no contexto da cooperação no plano internacional. Esses acordos ou tratados se apoiarão e executarão respeitando plenamente o princípio da igualdade soberana dos Estados e, ao pô-los em prática, cumprir-se-ão estritamente as condições neles contidas.

3. Não existindo os acordos ou tratados mencionados no parágrafo 2 do presente Artigo, toda decisão de recorrer a essas técnicas especiais de investigação no plano internacional se adotará sobre cada caso particular e poderá, quando seja necessário, ter em conta os tratados financeiros e os entendimentos relativos ao exercício de jurisdição pelos Estados Partes interessados.

4. Toda decisão de recorrer à entrega vigiada no plano internacional poderá, com o consentimento dos Estados Partes interessados, incluir a aplicação de métodos tais como interceptar bens e fundos, autorizá-los a prosseguir intactos ou retirá-los ou substituí-los total ou parcialmente.

CAPÍTULO V
RECUPERAÇÃO DE ATIVOS

ARTIGO 51
DISPOSIÇÃO GERAL

A restituição de ativos de acordo com o presente Capítulo é um princípio fundamental da presente Convenção e os Estados Partes se prestarão à mais ampla cooperação e assistência entre si a esse respeito.

ARTIGO 52
PREVENÇÃO E DETECÇÃO DE TRANSFERÊNCIAS DE PRODUTO DE DELITO

1. Sem prejuízo ao disposto no Artigo 14 da presente Convenção, cada Estado Parte adotará as medidas que sejam necessárias, em conformidade com sua legislação interna, para exigir das instituições financeiras que funcionam em seu território que verifiquem a identidade dos clientes, adotem medidas razoáveis para determinar a identidade dos beneficiários finais dos fundos depositados em contas vultosas, e intensifiquem seu escrutínio de toda conta solicitada ou mantida no ou pelo nome de pessoas que desempenhem ou tenham desempenhado funções públicas eminentes e de seus familiares e estreitos colaboradores. Esse escrutínio intensificado dar-se-á estruturado razoavelmente de modo que permita descobrir transações suspeitas com objetivo de informar às autoridades competentes e não deverá ser concebido de forma que atrapalhe ou impeça o curso normal do negócio das instituições financeiras com sua legítima clientela.

2. A fim de facilitar a aplicação das medidas previstas no parágrafo 1 do presente Artigo, cada Estado Parte, em conformidade com sua legislação interna e inspirando-se nas iniciativas pertinentes de suas organizações regionais, interregionais e multilaterais de luta contra a lavagem de dinheiro, deverá:

a) Estabelecer diretrizes sobre o tipo de pessoas físicas ou jurídicas cujas contas as instituições financeiras que funcionam em seu território deverão submeter a um maior escrutínio, os tipos de contas e transações às quais deverão prestar particular atenção e a maneira apropriada de abrir contas e de levar registros ou expedientes relativos a elas; e

b) Notificar, quando proceder, as instituições financeiras que funcionam em seu território, mediante solicitação de outro Estado Parte ou por iniciativa própria, a identidade de determinadas pessoas físicas ou jurídicas cujas contas essas instituições deverão submeter a um maior escrutínio, além das quais as instituições financeiras possam identificar de outra forma.

3. No contexto da parte "a)" do parágrafo 2 do presente Artigo, cada Estado Parte aplicará medidas para velar para que as instituições financeiras mantenham, durante um prazo conveniente, registros adequados das contas e transações relacionadas com as pessoas mencionadas no parágrafo 1 do presente Artigo, os quais deverão conter, no mínimo, informação relativa à identidade do cliente e, na medida do possível, do beneficiário final.

4. Com o objetivo de prevenir e detectar as transferências do produto dos delitos qualificados de acordo com a presente Convenção, cada Estado Parte aplicará medidas apropriadas e eficazes para impedir, com a ajuda de seus órgãos reguladores e de supervisão, o estabelecimento de bancos que não tenham presença real e que não estejam afiliados a um grupo financeiro sujeito à regulação. Ademais, os Estados Partes poderão considerar a possibilidade de exigir de suas instituições financeiras que se neguem a entabular relações com essas instituições na qualidade de bancos correspondentes, ou a continuar relações existentes, e que se abstenham de estabelecer relações com instituições financeiras estrangeiras que permitam utilizar suas contas a bancos que não tenham presença real e que não estejam afiliados a um grupo financeiro sujeito a regulação.

5. Cada Estado Parte considerará a possibilidade de estabelecer, em conformidade com sua legislação interna, sistemas eficazes de divulgação de informação financeira para os funcionários públicos pertinentes e aplicará sanções adequadas para todo descumprimento do dever a declarar. Cada Estado Parte considerará também a possibilidade de adotar as medidas que sejam necessárias para permitir que suas autoridades competentes compartilhem essa informação com as autoridades competentes de outros Estados Partes, se essa é necessária para investigar, reclamar ou re-

cuperar o produto dos delitos qualificados de acordo com a presente Convenção.

6. Cada Estado Parte considerará a possibilidade de adotar as medidas que sejam necessárias, de acordo com sua legislação interna, para exigir dos funcionários públicos pertinentes que tenham algum direito ou poder de firma ou de outras índoles sobre alguma conta financeira em algum país estrangeiro que declarem sua relação com essa conta às autoridades competentes e que levem ao devido registro da tal conta. Essas medidas deverão incluir sanções adequadas para todo o caso de descumprimento.

ARTIGO 53
MEDIDAS PARA A RECUPERAÇÃO DIRETA DE BENS

Cada Estado Parte, em conformidade com sua legislação interna:

a) Adotará as medidas que sejam necessárias a fim de facultar a outros Estados Partes para entabular ante seus tribunais uma ação civil com o objetivo de determinar a titularidade ou propriedade de bens adquiridos mediante a prática de um delito qualificado de acordo com a presente Convenção;

b) Adotará as medidas que sejam necessárias a fim de facultar a seus tribunais para ordenar àqueles que tenham praticado delitos qualificados de acordo com a presente Convenção que indenizem ou ressarçam por danos e prejuízos a outro Estado Parte que tenha sido prejudicado por esses delitos; e

c) Adotará as medidas que sejam necessárias a fim de permitir a seus tribunais ou suas autoridades competentes, quando devam adotar decisões no que diz respeito ao confisco, que reconheça o legítimo direito de propriedade de outro Estado Parte sobre os bens adquiridos mediante a prática de um dos delitos qualificados de acordo com a presente Convenção.

ARTIGO 54
MECANISMOS DE RECUPERAÇÃO DE BENS MEDIANTE A COOPERAÇÃO INTERNACIONAL PARA FINS DE CONFISCO

1. Cada Estado Parte, a fim de prestar assistência judicial recíproca conforme o disposto no Artigo 55 da presente Convenção relativa a bens adquiridos mediante a prática de um dos delitos qualificados de acordo com a presente Convenção ou relacionados a esse delito, em conformidade com sua legislação interna:

a) Adotará as medidas que sejam necessárias para que suas autoridades competentes possam dar efeito a toda ordem de confisco ditada por um tribunal de outro Estado Parte;

b) Adotará as medidas que sejam necessárias para que suas autoridades competentes, quando tenham jurisdição, possam ordenar o confisco desses bens de origem estrangeira em uma sentença relativa a um delito de lavagem de dinheiro ou quaisquer outros delitos sobre os quais possa ter jurisdição, ou mediante outros procedimentos autorizados em sua legislação interna; e

c) Considerará a possibilidade de adotar as medidas que sejam necessárias para permitir o confisco desses bens sem que envolva uma pena, nos casos nos quais o criminoso não possa ser indiciado por motivo de falecimento, fuga ou ausência, ou em outros casos apropriados.

2. Cada Estado Parte, a fim de prestar assistência judicial recíproca solicitada de acordo com o parágrafo 2 do Artigo 55 da presente Convenção, em conformidade com sua legislação interna:

a) Adotará as medidas que sejam necessárias para que suas autoridades competentes possam efetuar o embargo preventivo ou a apreensão de bens em cumprimento a uma ordem de embargo preventivo ou apreensão ditada por um tribunal ou autoridade competente de um Estado Parte requerente que constitua um fundamento razoável para que o Estado Parte requerido considere que existam razões suficientes para adotar essas medidas e que ulteriormente os bens seriam objeto de uma ordem de confisco de acordo com os efeitos da parte "a)" do parágrafo 1 do presente Artigo;

b) Adotará as medidas que sejam necessárias para que suas autoridades competentes possam efetuar o embargo preventivo ou a apreensão de bens em cumprimento de uma solicitação que constitua fundamento razoável para que o Estado Parte requerido considere que existam razões suficientes para adotar essas medidas e que ulteriormente os bens seriam objeto de uma ordem de confisco de acordo com os efeitos da parte "a)" do parágrafo 1 do presente Artigo; e

c) Considerará a possibilidade de adotar outras medidas para que suas autoridades competentes possam preservar os bens para efeitos de confisco, por exemplo sobre a base de uma ordem estrangeira de detenção ou imputação de culpa penal relacionada com a aquisição desses bens.

ARTIGO 55
COOPERAÇÃO INTERNACIONAL PARA FINS DE CONFISCO

1. Os Estados Partes que recebam uma solicitação de outro Estado Parte que tenha jurisdição para conhecer um dos delitos qualificados de acordo com a presente Convenção com vistas ao confisco do produto de delito, os bens, equipamentos ou outros

instrumentos mencionados no parágrafo 1 do Artigo 31 da presente Convenção que se encontrem em seu território deverão, no maior grau que lhe permita seu ordenamento jurídico interno:

a) Enviar a solicitação a suas autoridades competentes para obter uma ordem de confisco ao qual, em caso de concessão, darão cumprimento; ou

b) Apresentar a suas autoridades competentes, a fim de que se dê cumprimento ao solicitado, a ordem de confisco expedida por um tribunal situado no território do Estado Parte requerente em conformidade com o disposto no parágrafo 1 do Artigo 31 e na parte "a)" do parágrafo 1 do Artigo 54 da presente Convenção na medida em que guarde relação com o produto do delito, os bens, os equipamentos ou outros instrumentos mencionados no parágrafo 1 do Artigo 31 que se encontrem no território do Estado Parte requerido.

2. Com base na solicitação apresentada por outro Estado Parte que tenha jurisdição para conhecer um dos delitos qualificados de acordo com a presente Convenção, o Estado Parte requerido adotará as medidas encaminhadas para a identificação, localização e embargo preventivo ou apreensão do produto de delito, os bens, os equipamentos ou outros instrumentos mencionados no parágrafo e do Artigo 31 da presente Convenção com vistas ao seu eventual confisco, que haverá de ordenar o Estado Parte requerente ou, em caso de que envolva uma solicitação apresentada de acordo com o parágrafo 1 do presente Artigo, o Estado Parte requerido.

3. As disposições do Artigo 46 da presente Convenção serão aplicáveis, mutatis mutandis, ao presente Artigo. Ademais da informação indicada no parágrafo 15 do Artigo 46, as solicitações apresentadas em conformidade com o presente Artigo conterão o seguinte:

a) Quando se trate de uma solicitação relativa à parte "a)" do parágrafo 1 do presente Artigo, uma descrição dos bens suscetíveis de confisco, assim como, na medida do possível, a situação e, quando proceder, o valor estimado dos bens e uma exposição dos fatos em que se baseia a solicitação do Estado Parte requerente que sejam suficientemente explícitas para que o Estado Parte requerido possa tramitar a ordem de acordo com sua legislação interna;

b) Quando se trate de uma solicitação relativa à parte "b)" do parágrafo 1 do presente Artigo, uma cópia admissível pela legislação da ordem de confisco expedida pelo Estado Parte requerente na qual se baseia a solicitação, uma exposição dos feitos e da informação que proceder sobre o grau de execução que se solicita dar à ordem, uma declaração na qual se indiquem as medidas adotadas pelo Estado Parte requerente para dar notificação adequada a terceiros de boa-fé e para garantir o devido processo e um certificado de que a ordem de confisco é definitiva;

c) Quando se trate de uma solicitação relativa ao parágrafo 2 do presente Artigo, uma exposição dos feitos nos quais se baseia o Estado Parte requerente e uma descrição das medidas solicitadas, assim como, quando dispor-se dela, uma cópia admissível pela legislação da ordem de confisco na qual se baseia a solicitação.

4. O Estado Parte requerido adotará as decisões ou medidas previstas nos parágrafos 1 e 2 do presente Artigo conforme e com sujeição ao disposto em sua legislação interna e em suas regras de procedimento ou nos acordos ou tratados bilaterais ou multilaterais pelos quais poderia estar vinculado ao Estado Parte requerente.

5. Cada Estado Parte proporcionará ao Secretário Geral das Nações Unidas uma cópia de suas leis e regulamentos destinados a dar aplicação ao presente Artigo e de quaisquer emendas ulteriores que se tenham de tais leis e regulamentos ou uma descrição destas.

6. Se um Estado Parte opta por submeter a adoção das medidas mencionadas nos parágrafos 1 e 2 do presente Artigo à existência de um tratado pertinente, esse Estado Parte considerará a presente Convenção como a base legal necessária e suficiente para cumprir esse requisito.

7. A cooperação prevista no presente Artigo também se poderá negar, ou poder-se-ão levantar as medidas cautelares, se o Estado Parte requerido não receber provas suficientes ou oportunas ou se os bens são de valor escasso.

8. Antes de levantar toda medida cautelar adotada em conformidade com o presente Artigo, o Estado Parte requerido deverá, sempre que possível, dar ao Estado Parte requerente a oportunidade de apresentar suas razões a favor de manter em vigor a medida.

9. As disposições do presente Artigo não se interpretarão em prejuízo dos direitos de terceiros de boa-fé.

ARTIGO 56
COOPERAÇÃO ESPECIAL

Sem prejuízo ao disposto em sua legislação interna, cada Estado Parte procurará adotar as medidas que lhe facultem para remeter a outro Estado Parte que não tenha solicitado, sem prejuízo de suas próprias investigações ou ações judiciais, informação sobre o produto dos delitos qualificados de acordo com a presente Convenção se considerar que a divulgação dessa informação pode ajudar o Estado Parte destinatário a pôr em marcha ou levar a cabo suas investigações ou ações judiciais, ou que a informação assim facilitada poderia dar lugar a que esse Estado Parte apresentará uma solicitação de acordo com o presente Capítulo da presente Convenção.

ARTIGO 57
RESTITUIÇÃO E DISPOSIÇÃO DE ATIVOS

1. Cada Estado Parte disporá dos bens que tenham sido confiscados conforme o disposto nos Artigos 31 ou 55 da presente convenção, incluída a restituição a seus legítimos proprietários anteriores, de acordo com o parágrafo 3 do presente Artigo, em conformidade com as disposições da presente Convenção e com sua legislação interna.

2. Cada Estado Parte adotará, em conformidade com os princípios fundamentais de seu direito interno, as medidas legislativas e de outras índoles que sejam necessárias para permitir que suas autoridades competentes procedam à restituição dos bens confiscados, ao dar curso a uma solicitação apresentada por outro Estado Parte, em conformidade com a presente Convenção, tendo em conta os direitos de terceiros de boa-fé.

3. Em conformidade com os Artigos 46 e 55 da presente Convenção e com os parágrafos 1 e 2 do presente Artigo, o Estado Parte requerido:

a) Em caso de malversação ou peculato de fundos públicos ou de lavagem de fundos públicos malversados aos quais se faz referência nos Artigos 17 e 23 da presente Convenção, restituirá ao Estado Parte requerente os bens confiscados quando se tenha procedido ao confisco de acordo com o disposto no Artigo 55 da presente Convenção e sobre a base da sentença firme ditada no Estado Parte requerente, requisito ao qual poderá renunciar o Estado Parte requerido;

b) Caso se trate do produto de qualquer outro delito compreendido na presente Convenção, restituirá ao Estado Parte requerente os bens confiscados quando se tenha procedido ao confisco de acordo com o disposto no Artigo 55 da presente Convenção e sobre a base de uma sentença firme ditada no Estado Parte requerente, requisito ao qual poderá renunciar o Estado Parte requerido, e quando o Estado Parte requerente acredite razoavelmente ante o Estado Parte requerido sua propriedade anterior dos bens confiscados ou o Estado Parte requerido reconheça os danos causados ao Estado Parte requerente como base para a restituição dos bens confiscados;

c) Em todos os demais casos, dará consideração prioritária à restituição ao Estado Parte requerente dos bens confiscados, à restituição desses bens a seus proprietários legítimos anteriores ou à indenização das vítimas do delito.

4. Quando proceder, a menos que os Estados Partes decidam diferentemente, o Estado Parte requerido poderá deduzir os gastos razoáveis que tenham sido feitos no curso das investigações ou ações judiciais que tenham possibilitado a restituição ou disposição dos bens confiscados conforme o disposto no presente Artigo.

5. Quando proceder, os Estados Partes poderão também dar consideração especial à possibilidade de celebrar acordos ou tratados mutuamente aceitáveis, baseados em cada caso particular, com vistas à disposição definitiva dos bens confiscados.

ARTIGO 58
DEPARTAMENTO DE INTELIGÊNCIA FINANCEIRA

Os Estados Partes cooperarão entre si a fim de impedir e combater a transferência do produto de quaisquer dos delitos qualificados de acordo com a presente Convenção e promover meios para recuperar o mencionado produto e, para tal fim, considerarão a possibilidade de estabelecer um departamento de inteligência financeira que se encarregará de receber, analisar e dar a conhecer às autoridades competentes toda informação relacionada com as transações financeiras suspeitas.

ARTIGO 59
ACORDOS E TRATADOS BILATERAIS E MULTILATERAIS

Os Estados Partes considerarão a possibilidade de celebrar acordos ou tratados bilaterais ou multilaterais com vistas a aumentar a eficácia da cooperação internacional prestada em conformidade com o presente Capítulo da presente Convenção.

CAPÍTULO VI
ASSISTÊNCIA TÉCNICA E INTERCÂMBIO DE INFORMAÇÕES

ARTIGO 60
CAPACITAÇÃO E ASSISTÊNCIA TÉCNICA

1. Cada Estado Parte, na medida do necessário, formulará, desenvolverá ou aperfeiçoará programas de capacitação especificamente concebidos para o pessoal de seus serviços encarregados de prevenir e combater a corrupção. Esses programas de capacitação poderão versar, entre outras coisas, sobre:

a) Medidas eficazes para prevenir, detectar, investigar, sancionar e combater a corrupção, inclusive o uso de métodos de reunião de provas e investigação;

b) Fomento da capacidade de formulação e planificação de uma política estratégica contra a corrupção;

c) Capacitação das autoridades competentes na preparação de solicitações de assistência judicial recíproca que satisfaçam os requisitos da presente Convenção;

d) Avaliação e fortalecimento das instituições, da gestão da função pública e a gestão das finanças públicas, incluída a contratação pública, assim como do setor privado;

e) Prevenção e luta contra as transferências de produtos de quaisquer dos delitos qualificados de acordo com a presente Convenção e recuperação do mencionado produto;

f) Detecção e embargo preventivo das transferências do produto de quaisquer dos delitos qualificados de acordo com a presente Convenção;

g) Vigilância da movimentação de produto de quaisquer dos delitos qualificados de acordo com a presente Convenção, assim como dos métodos empregados para a transferência, ocultação ou dissimulação de tal produto;

h) Mecanismos e métodos legais e administrativos apropriados e eficientes para facilitar a restituição do produto de quaisquer dos delitos qualificados de acordo com a presente Convenção;

i) Métodos utilizados para proteger as vítimas e as testemunhas que cooperem com as autoridades judiciais; e

j) Capacitação em matéria de regulamentos nacionais e internacionais e em idiomas.

2. Na medida de suas possibilidades, os Estados Partes considerarão a possibilidade de prestar-se a mais ampla assistência técnica, especialmente em favor dos países em desenvolvimento, em seus respectivos planos e programas para combater a corrupção, incluindo apoio material e capacitação nas esferas mencionadas no parágrafo 1 do presente Artigo, assim como a capacitação e assistência e intercâmbio mútuo de experiências e conhecimentos especializados, o que facilitará a cooperação internacional entre os Estados Partes nas esferas da extradição e da assistência judicial recíproca.

3. Os Estados Partes intensificarão, na medida do necessário, os esforços para otimizar as atividades operacionais e de capacitação nas organizações internacionais e regionais e no âmbito de acordos ou tratados bilaterais ou multilaterais pertinentes.

4. Os Estados Partes considerarão, ante solicitação, a possibilidade de ajudarem-se entre si na realização de avaliações, estudos e investigações sobre os tipos, causas, efeitos e custos da corrupção em seus respectivos países com vistas a elaborar, com a participação das autoridades competentes e da sociedade, estratégias e planos de ação contra a corrupção.

5. A fim de facilitar a recuperação de produto de quaisquer dos delitos qualificados de acordo com a presente Convenção, os Estados Partes poderão cooperar facilitando-se os nomes dos peritos que possam ser úteis para lograr esse objetivo.

6. Os Estados Partes considerarão a possibilidade de recorrer à organização de conferências e seminários sub-regionais, regionais e internacionais para promover a cooperação e a assistência técnica, e para fomentar os debates sobre problemas de interesse mútuo, incluídos os problemas e necessidades especiais dos países em desenvolvimento e dos países com economias em transição.

7. Os Estados Partes considerarão a possibilidade de estabelecer mecanismos voluntários com vistas a contribuir financeiramente com os esforços dos países em desenvolvimento e dos países com economias em transição para aplicar a presente Convenção mediante programas e projetos de assistência técnica.

8. Cada Estado Parte considerará a possibilidade de fazer contribuições voluntárias ao Escritório das Nações Unidas contra as Drogas e o Crime com o propósito de impulsionar, através do mencionado Escritório, programas e projetos nos países em desenvolvimento com vistas a aplicar a presente Convenção.

ARTIGO 61
RECOMPILAÇÃO, INTERCÂMBIO E ANÁLISE DE INFORMAÇÕES SOBRE A CORRUPÇÃO

1. Cada Estado Parte considerará a possibilidade de analisar, em consulta com especialistas, as tendências da corrupção em seu território, assim como as circunstâncias em que se cometem os delitos de corrupção.

2. Os Estados Partes considerarão a possibilidade de desenvolver e compartilhar, entre si e por ação de organizações internacionais e regionais, estatísticas, experiência analítica acerca da corrupção e informações com vistas a estabelecer, na medida do possível, definições, normas e metodologias comuns, assim como informações sobre práticas aceitáveis para prevenir e combater a corrupção.

3. Cada Estado Parte considerará a possibilidade de velar por suas políticas e medidas em vigor encaminhadas a combater a corrupção e de avaliar sua eficácia e eficiência.

ARTIGO 62
OUTRAS MEDIDAS: APLICAÇÃO DA PRESENTE CONVENÇÃO MEDIANTE O DESENVOLVIMENTO ECONÔMICO E A ASSISTÊNCIA TÉCNICA

1. Os Estados Partes adotarão disposições condizentes com a aplicação aceitável da presente Convenção na medida do possível, mediante a cooperação internacional, tendo em conta os efeitos adversos da corrupção na sociedade em geral e no desenvolvimento sustentável, em particular.

2. Os Estados Partes farão esforços concretos, na medida do possível e na forma coordenada entre si, assim como com organizações internacionais e regionais, para:

a) Intensificar sua cooperação nos diversos planos com os países em desenvolvimento com vistas a fortalecer a capacidade desses países para prevenir e combater a corrupção;

b) Aumentar a assistência financeira e material a fim de apoiar os esforços dos países em desenvolvimento para prevenir e combater a corrupção com eficácia e ajudá-los a aplicar satisfatoriamente a presente Convenção;

c) Prestar assistência técnica aos países em desenvolvimento e aos países com economias em transição para ajudá-los a satisfazer suas necessidades relacionadas com a aplicação da presente Convenção. Para tal fim, os Estados Partes procurarão fazer contribuições voluntárias adequadas e periódicas a uma conta especificamente designada para esses efeitos em um mecanismo de financiamento das Nações Unidas. De acordo com sua legislação interna e com as disposições da presente Convenção, os Estados Partes poderão também dar consideração especial à possibilidade de ingressar nessa conta uma porcentagem do dinheiro confiscado ou da soma equivalente aos bens ou ao produto de delito confiscados conforme o disposto na presente Convenção;

d) Apoiar e persuadir outros Estados Partes e instituições financeiras, segundo proceder, para que se somem os esforços empregados de acordo com o presente Artigo, em particular proporcionando um maior número de programas de capacitação e equipamentos modernos aos países em desenvolvimento e com a finalidade de ajudá-los a lograr os objetivos da presente Convenção.

3. Na medida do possível, estas medidas não menosprezarão os compromissos existentes em matéria de assistência externa nem outros acordos de cooperação financeira nos âmbitos bilateral, regional ou internacional.

4. Os Estados Partes poderão celebrar acordos ou tratados bilaterais ou multilaterais sobre assistência material e logística, tendo em conta os acordos financeiros necessários para fazer efetiva a cooperação internacional prevista na presente Convenção e para prevenir, detectar e combater a corrupção.

CAPÍTULO VII
MECANISMOS DE APLICAÇÃO

ARTIGO 63
CONFERÊNCIA DOS ESTADOS PARTES DA PRESENTE CONVENÇÃO

1. Estabelecer-se-á uma Conferência dos estados Parte da presente Convenção a fim de melhorar a capacidade dos Estados Partes e a cooperação entre eles para alcançar os objetivos enunciados na presente Convenção e promover e examinar sua aplicação.

2. O Secretário Geral das Nações Unidas convocará a Conferência dos estados Parte da presente Convenção no mais tardar um ano depois da entrada em vigor da presente Convenção. Posteriormente celebrar-se-ão reuniões periódicas da Conferência dos Estados Partes em conformidade com o disposto nas regras de procedimento aprovadas pela Conferência.

3. A Conferência dos Estados Partes aprovará o regulamento e as normas que rejam a execução das atividades enunciadas no presente Artigo, incluídas as normas relativas à admissão e à participação de observadores e o pagamento dos gastos que ocasione a realização dessas atividades.

4. A Conferência dos Estados Partes realizará atividades, procedimentos e métodos de trabalho com vistas a lograr os objetivos enunciados no parágrafo 1 do presente Artigo, e, em particular:

a) Facilitará as atividades que realizem os Estados Partes de acordo com os Artigos 60 e 62 e com os Capítulos II a V da presente Convenção, inclusive promovendo o incentivo de contribuições voluntárias;

b) Facilitará o intercâmbio de informações entre os Estados Partes sobre as modalidades e tendências da corrupção e sobre práticas eficazes para preveni-la e combatê-la, assim como para a restituição do produto de delito, mediante, entre outras coisas, a publicação das informações pertinentes mencionadas no presente Artigo;

c) Cooperação com organizações e mecanismos internacionais e regionais e organizações não-governamentais pertinentes;

d) Aproveitará adequadamente a informação pertinente elaborada por outros mecanismos internacionais e regionais encarregados de combater e prevenir a corrupção a fim de evitar a duplicação desnecessária de atividades;

e) Examinará periodicamente a aplicação da presente Convenção por seus Estados Partes;

f) Formulará recomendações para melhorar a presente Convenção e sua aplicação;

g) Tomará nota das necessidades de assistência técnica dos Estados Partes com relação à aplicação da presente Convenção e recomendará as medidas que considere necessária a esse respeito.

5. Aos efeitos do parágrafo 4 do presente Artigo, a Conferência dos Estados Partes obterá o conhecimento necessário das medidas adotadas e das dificuldades encontradas pelos Estados Partes na aplicação da presente Convenção por via da informação que eles facilitem e dos demais mecanismos de exame que estabeleça a Conferência dos Estados Partes.

6. Cada Estado Parte proporcionará à Conferência dos Estados Partes informação sobre seus programas, planos e práticas, assim como sobre as medidas legislativas e administrativas adotadas para aplicar a

presente Convenção, segundo requeira a Conferência dos Estados Partes. A Conferência dos Estados Partes procurará determinar a maneira mais eficaz de receber e processar as informações, inclusive aquelas recebidas dos Estados Partes e de organizações internacionais competentes. Também poder-se-ão considerar as aprovações recebidas de organizações não-governamentais pertinentes devidamente acreditadas conforme os procedimentos acordados pela Conferência dos Estados Partes.

7. Em cumprimento aos parágrafos 4 a 6 do presente Artigo, a Conferência dos Estados Partes estabelecerá, se considerar necessário, um mecanismo ou órgão apropriado para apoiar a aplicação efetiva da presente Convenção.

ARTIGO 64

SECRETARIA

1. O Secretário Geral das Nações Unidas prestará os serviços de secretaria necessários à Conferência dos Estados Partes da presente Convenção.

2. A secretaria:

a) Prestará assistência à Conferência dos Estados Partes na realização das atividades enunciadas no Artigo 63 da presente Convenção e organizará os períodos de seções da Conferência dos Estados Partes e proporcionar-lhes-á os serviços necessários;

b) Prestará assistência aos Estados Partes que a solicitem na subministração de informação da Conferência dos Estados Partes segundo o previsto nos parágrafos 5 e 6 do Artigo 63 da presente Convenção; e

c) Velará pela coordenação necessária com as secretarias de outras organizações internacionais e regionais pertinentes.

CAPÍTULO VIII

DISPOSIÇÕES FINAIS

ARTIGO 65

APLICAÇÃO DA CONVENÇÃO

1. Cada Estado Parte adotará, em conformidade com os princípios fundamentais de sua legislação interna, as medidas que sejam necessárias, incluídas medidas legislativas e administrativas, para garantir o cumprimento de suas obrigações de acordo com a presente Convenção.

2. Cada Estado Parte poderá adotar medidas mais estritas ou severas que as previstas na presente Convenção a fim de prevenir e combater a corrupção.

ARTIGO 66

SOLUÇÃO DE CONTROVÉRSIAS

1. Os Estados Partes procurarão solucionar toda controvérsia relacionada com a interpretação ou aplicação da presente Convenção mediante a negociação.

2. Toda controvérsia entre dois ou mais Estados Partes acerca da interpretação ou da aplicação da presente Convenção que não possa ser resolvida mediante a negociação dentro de um prazo razoável deverá, por solicitação de um desses Estados Partes, submeter-se à arbitragem. Se, seis meses depois da data de solicitação da arbitragem, esses Estados Partes não se puseram de acordo sobre a organização da arbitragem, quaisquer dos Estados Partes poderá remeter a controvérsia à Corte Internacional de Justiça mediante solicitação conforme o Estatuto da Corte.

3. Cada Estado Parte poderá, no momento da firma, ratificação aceitação ou aprovação da presente Convenção ou de adesão a ela, declarar que não se considera vinculado pelo parágrafo do presente Artigo. Os demais Estados Partes não ficarão vinculados pelo parágrafo 2 do presente Artigo a respeito de todo Estado Parte que tenha feito essa reserva.

4. O Estado Parte que tenha feito uma reserva de conformidade com o parágrafo 3 do presente Artigo poderá em qualquer momento retirar essa reserva notificando o fato ao Secretário Geral das Nações Unidas.

ARTIGO 67

FIRMA, RATIFICAÇÃO, ACEITAÇÃO, APROVAÇÃO E ADESÃO

1. A presente Convenção estará aberta à assinatura de todos os Estados de 9 a 11 de dezembro de 2003 em Mérida, México, e depois desse evento na Sede das Nações Unidas em Nova York até o dia 9 de dezembro de 2005.

2. A presente Convenção também estará aberta à firma das organizações regionais de integração econômica que tenham, ao menos, algum de seus Estados Membros como Partes da presente Convenção em conformidade com o disposto no parágrafo 1 do presente Artigo.

3. A presente Convenção estará sujeita a ratificação, aceitação ou aprovação. Os instrumentos de ratificação, aceitação ou aprovação depositar-se-ão em poder do Secretário Geral das Nações Unidas. As organizações regionais de integração econômica poderão depositar seus instrumentos de ratificação, aceitação ou aprovação se pelo menos um de seus Estados Membros houver procedido de igual maneira. Nesse instrumento de ratificação, aceitação ou aprovação, essas organizações declararão o alcance de sua competência com respeito às questões regidas pela presente Convenção. As mencionadas organizações

comunicarão também ao depositário qualquer modificação pertinente ao alcance de sua competência.

4. A presente Convenção estará aberta à adesão de todos os Estados ou organizações regionais de integração econômica que contem com pelo menos um Estado Membro que seja Parte da presente Convenção. Os instrumentos de adesão depositar-se-ão em poder do Secretário Geral das Nações Unidas. No momento de sua adesão, as organizações regionais de integração econômica declararão o alcance de sua competência com respeito às questões regidas pela presente Convenção. As mencionadas organizações comunicarão também ao depositário qualquer modificação pertinente ao alcance de sua competência.

ARTIGO 68

ENTRADA EM VIGOR

1. A presente Convenção entrará em vigor no nonagésimo dia após a inclusão do trigésimo instrumento de ratificação, aceitação, aprovação ou adesão. Aos efeitos do presente parágrafo, os instrumentos depositados por uma organização regional de integração econômica não serão considerados adicionais aos depositados por seus Estados Membros.

2. Para cada Estado ou organização regional de integração econômica que ratifique, aceite ou aprove a presente Convenção ou a ela adira depois de haver-se depositado o trigésimo instrumento de ratificação, aceitação, aprovação ou adesão, a presente Convenção entrará em vigor após o trigésimo dia depois que esse Estado ou organização tenha depositado o instrumento pertinente ou no momento de sua entrada em vigor de acordo com o parágrafo 1 do presente Artigo, se esta for posterior.

ARTIGO 69

EMENDA

1. Quando houverem transcorridos 5 (cinco) anos desde a entrada em vigor da presente Convenção, os Estados Partes poderão propor emendas e transmiti-las ao Secretário Geral das Nações Unidas, quem, por continuação, comunicará toda emenda proposta aos Estados Partes e à Conferência dos Estados Partes da presente Convenção para que a examinem e adotem uma decisão a seu respeito. A Conferência dos Estados Partes fará todo o possível para lograr um consenso sobre cada emenda. Se esgotarem-se todas as possibilidades de lograr um consenso e não se tiver chegado a um acordo, a aprovação da emenda exigirá, em última instância, uma maioria de dois terços dos Estados Partes presentes e votante na reunião da Conferência dos Estados Partes.

2. As organizações regionais de integração econômica, em assuntos de sua competência, exercerão seu direito de voto de acordo com o presente Artigo com um número de votos igual ao número de seus Estados Membros que sejam Partes da presente Convenção. As mencionadas organizações não exercerão seu direito de voto se seus Estados Membros exercerem os seus e vice-versa.

3. Toda emenda aprovada em conformidade com o parágrafo 1 do presente Artigo estará sujeita a ratificação, aceitação ou aprovação por parte dos Estados Partes.

4. Toda emenda aprovada em conformidade com o parágrafo 1 do presente Artigo entrará em vigor em relação a um Estado Parte noventa dias depois do momento em que este deposite em poder do Secretário Geral das Nações Unidas um instrumento de ratificação, aceitação ou aprovação dessa emenda.

5. Quando uma emenda entrar em vigor, será vinculante para os Estados Partes que tenham expressado seu consentimento a respeito. Os demais Estados Partes ficarão sujeitos às disposições da presente Convenção, assim como a qualquer outra emenda anterior que tenham ratificado, aceitado ou aprovado.

ARTIGO 70

DENÚNCIA

1. Os Estados Partes poderão denunciar a presente Convenção mediante notificação escrita ao Secretário Geral das Nações Unidas. A denúncia surtirá efeito um ano depois do momento em que o Secretário Geral tenha recebido a notificação.

2. As organizações regionais de integração econômica deixarão de ser Partes da presente Convenção quando tiverem denunciado todos seus Estados Membros.

ARTIGO 71

DEPOSITÁRIO E IDIOMAS

1. O Secretário Geral das Nações Unidas será o depositário da presente Convenção.

2. O original da presente Convenção, cujos textos em árabe, chinês, espanhol, francês inglês e russo possuem igual autenticidade, depositar-se-á em poder do Secretário Geral das Nações Unidas.

EM FÉ DO QUE, os plenipotenciários infra-escritos, devidamente autorizados por seus respectivos Governos, firmaram a presente Convenção.

DECRETO Nº 7.030, DE 14 DE DEZEMBRO DE 2009

Promulga a Convenção de Viena sobre o Direito dos Tratados, concluída em 23 de maio de 1969, com reserva aos Artigos 25 e 66.

O Presidente da República, no uso da atribuição que lhe confere o art. 84, inciso IV, da Constituição, e

Considerando que o Congresso Nacional aprovou, por meio do Decreto Legislativo nº 496, de 17 de julho de 2009, a Convenção de Viena sobre o Direito dos Tratados, concluída em 23 de maio de 1969, com reserva aos Artigos 25 e 66;

Considerando que o Governo brasileiro depositou o instrumento de ratificação da referida Convenção junto ao Secretário-Geral das Nações Unidas em 25 de setembro de 2009;

DECRETA:

Art. 1º A Convenção de Viena sobre o Direito dos Tratados, concluída em 23 de maio de 1969, com reserva aos Artigos 25 e 66, apensa por cópia ao presente Decreto, será executada e cumprida tão inteiramente como nela se contém.

Art. 2º São sujeitos à aprovação do Congresso Nacional quaisquer atos que possam resultar em revisão da referida Convenção ou que acarretem encargos ou compromissos gravosos ao patrimônio nacional, nos termos do art. 49, inciso I, da Constituição.

Art. 3º Este Decreto entra em vigor na data de sua publicação.

Brasília, 14 de dezembro de 2009; 188º da Independência e 121º da República.

LUIZ INÁCIO LULA DA SILVA

DOU de 15.12.2009

CONVENÇÃO DE VIENA SOBRE O DIREITO DOS TRATADOS

Os Estados Partes na presente Convenção,

Considerando o papel fundamental dos tratados na história das relações internacionais,

Reconhecendo a importância cada vez maior dos tratados como fonte do Direito Internacional e como meio de desenvolver a cooperação pacífica entre as nações, quaisquer que sejam seus sistemas constitucionais e sociais,

Constatando que os princípios do livre consentimento e da boa fé e a regra *pacta sunt servanda* são universalmente reconhecidos,

Afirmando que as controvérsias relativas aos tratados, tais como outras controvérsias internacionais, devem ser solucionadas por meios pacíficos e de conformidade com os princípios da Justiça e do Direito Internacional,

Recordando a determinação dos povos das Nações Unidas de criar condições necessárias à manutenção da Justiça e do respeito às obrigações decorrentes dos tratados,

Conscientes dos princípios de Direito Internacional incorporados na Carta das Nações Unidas, tais como os princípios da igualdade de direitos e da autodeterminação dos povos, da igualdade soberana e da independência de todos os Estados, da não-intervenção nos assuntos internos dos Estados, da proibição da ameaça ou do emprego da força e do respeito universal e observância dos direitos humanos e das liberdades fundamentais para todos,

Acreditando que a codificação e o desenvolvimento progressivo do direito dos tratados alcançados na presente Convenção promoverão os propósitos das Nações Unidas enunciados na Carta, que são a manutenção da paz e da segurança internacionais, o desenvolvimento das relações amistosas e a consecução da cooperação entre as nações,

Afirmando que as regras do Direito Internacional consuetudinário continuarão a reger as questões não reguladas pelas disposições da presente Convenção,

Convieram no seguinte:

PARTE I

INTRODUÇÃO

ARTIGO 1
ÂMBITO DA PRESENTE CONVENÇÃO

A presente Convenção aplica-se aos tratados entre Estados.

ARTIGO 2
EXPRESSÕES EMPREGADAS

1. Para os fins da presente Convenção:

a) "tratado" significa um acordo internacional concluído por escrito entre Estados e regido pelo Direito Internacional, quer conste de um instrumento único, quer de dois ou mais instrumentos conexos, qualquer que seja sua denominação específica;

b) "ratificação", "aceitação", "aprovação" e "adesão" significam, conforme o caso, o ato internacional assim denominado pelo qual um Estado estabelece no plano internacional o seu consentimento em obrigar-se por um tratado;

c) "plenos poderes" significa um documento expedido pela autoridade competente de um Estado e pelo qual são designadas uma ou várias pessoas para representar o Estado na negociação, adoção ou autenticação do texto de um tratado, para manifestar o consentimento do Estado em obrigar-se por um tratado ou para praticar qualquer outro ato relativo a um tratado;

d) "reserva" significa uma declaração unilateral, qualquer que seja a sua redação ou denominação, feita por um Estado ao assinar, ratificar, aceitar ou aprovar um tratado, ou a ele aderir, com o objetivo de excluir ou modificar o efeito jurídico de certas disposições do tratado em sua aplicação a esse Estado;

e) "Estado negociador" significa um Estado que participou na elaboração e na adoção do texto do tratado;

f) "Estado contratante" significa um Estado que consentiu em se obrigar pelo tratado, tenha ou não o tratado entrado em vigor;

g) "parte" significa um Estado que consentiu em se obrigar pelo tratado e em relação ao qual este esteja em vigor;

h) "terceiro Estado" significa um Estado que não é parte no tratado;

i) "organização internacional" significa uma organização intergovernamental.

2. As disposições do parágrafo 1 relativas às expressões empregadas na presente Convenção não prejudicam o emprego dessas expressões, nem os significados que lhes possam ser dados na legislação interna de qualquer Estado.

ARTIGO 3

ACORDOS INTERNACIONAIS EXCLUÍDOS DO ÂMBITO DA PRESENTE CONVENÇÃO

O fato de a presente Convenção não se aplicar a acordos internacionais concluídos entre Estados e outros sujeitos de Direito Internacional, ou entre estes outros sujeitos de Direito Internacional, ou a acordos internacionais que não sejam concluídos por escrito, não prejudicará:

a) a eficácia jurídica desses acordos;

b) a aplicação a esses acordos de quaisquer regras enunciadas na presente Convenção às quais estariam sujeitos em virtude do Direito Internacional, independentemente da Convenção;

c) a aplicação da Convenção às relações entre Estados, reguladas em acordos internacionais em que sejam igualmente partes outros sujeitos de Direito Internacional.

ARTIGO 4

IRRETROATIVIDADE DA PRESENTE CONVENÇÃO

Sem prejuízo da aplicação de quaisquer regras enunciadas na presente Convenção a que os tratados estariam sujeitos em virtude do Direito Internacional, independentemente da Convenção, esta somente se aplicará aos tratados concluídos por Estados após sua entrada em vigor em relação a esses Estados.

ARTIGO 5

TRATADOS CONSTITUTIVOS DE ORGANIZAÇÕES INTERNACIONAIS E TRATADOS ADOTADOS NO ÂMBITO DE UMA ORGANIZAÇÃO INTERNACIONAL

A presente Convenção aplica-se a todo tratado que seja o instrumento constitutivo de uma organização internacional e a todo tratado adotado no âmbito de uma organização internacional, sem prejuízo de quaisquer normas relevantes da organização.

PARTE II

CONCLUSÃO E ENTRADA EM VIGOR DE TRATADOS

SEÇÃO 1

CONCLUSÃO DE TRATADOS

ARTIGO 6

CAPACIDADE DOS ESTADOS PARA CONCLUIR TRATADOS

TODO ESTADO TEM CAPACIDADE PARA CONCLUIR TRATADOS.

ARTIGO 7

PLENOS PODERES

1. Uma pessoa é considerada representante de um Estado para a adoção ou autenticação do texto de um tratado ou para expressar o consentimento do Estado em obrigar-se por um tratado se:

a) apresentar plenos poderes apropriados; ou

b) a prática dos Estados interessados ou outras circunstâncias indicarem que a intenção do Estado era considerar essa pessoa seu representante para esses fins e dispensar os plenos poderes.

2. Em virtude de suas funções e independentemente da apresentação de plenos poderes, são considerados representantes do seu Estado:

a) os Chefes de Estado, os Chefes de Governo e os Ministros das Relações Exteriores, para a realização de todos os atos relativos à conclusão de um tratado;

b) os Chefes de missão diplomática, para a adoção do texto de um tratado entre o Estado acreditante e o Estado junto ao qual estão acreditados;

c) os representantes acreditados pelos Estados perante uma conferência ou organização internacional ou um de seus órgãos, para a adoção do texto de um tratado em tal conferência, organização ou órgão.

ARTIGO 8

CONFIRMAÇÃO POSTERIOR DE UM ATO PRATICADO SEM AUTORIZAÇÃO

Um ato relativo à conclusão de um tratado praticado por uma pessoa que, nos termos do artigo 7, não pode ser considerada representante de um Estado para esse fim não produz efeitos jurídicos, a não ser que seja confirmado, posteriormente, por esse Estado.

ARTIGO 9
ADOÇÃO DO TEXTO

1. A adoção do texto do tratado efetua-se pelo consentimento de todos os Estados que participam da sua elaboração, exceto quando se aplica o disposto no parágrafo 2.

2. A adoção do texto de um tratado numa conferência internacional efetua-se pela maioria de dois terços dos Estados presentes e votantes, salvo se esses Estados, pela mesma maioria, decidirem aplicar uma regra diversa.

ARTIGO 10
AUTENTICAÇÃO DO TEXTO

O texto de um tratado é considerado autêntico e definitivo:

a) mediante o processo previsto no texto ou acordado pelos Estados que participam da sua elaboração; ou

b) na ausência de tal processo, pela assinatura, assinatura ad referendum ou rubrica, pelos representantes desses Estados, do texto do tratado ou da Ata Final da Conferência que incorporar o referido texto.

ARTIGO 11
MEIOS DE MANIFESTAR CONSENTIMENTO EM OBRIGAR-SE POR UM TRATADO

O consentimento de um Estado em obrigar-se por um tratado pode manifestar-se pela assinatura, troca dos instrumentos constitutivos do tratado, ratificação, aceitação, aprovação ou adesão, ou por quaisquer outros meios, se assim acordado.

ARTIGO 12
CONSENTIMENTO EM OBRIGAR-SE POR UM TRATADO MANIFESTADO PELA ASSINATURA

1. O consentimento de um Estado em obrigar-se por um tratado manifesta-se pela assinatura do representante desse Estado:

a) quando o tratado dispõe que a assinatura terá esse efeito;

b) quando se estabeleça, de outra forma, que os Estados negociadores acordaram em dar à assinatura esse efeito; ou

c) quando a intenção do Estado interessado em dar esse efeito à assinatura decorra dos plenos poderes de seu representante ou tenha sido manifestada durante a negociação.

2. Para os efeitos do parágrafo 1:

a) a rubrica de um texto tem o valor de assinatura do tratado, quando ficar estabelecido que os Estados negociadores nisso concordaram;

b) a assinatura *ad referendum* de um tratado pelo representante de um Estado, quando confirmada por esse Estado, vale como assinatura definitiva do tratado.

ARTIGO 13
CONSENTIMENTO EM OBRIGAR-SE POR UM TRATADO MANIFESTADO PELA TROCA DOS SEUS INSTRUMENTOS CONSTITUTIVOS

O consentimento dos Estados em se obrigarem por um tratado, constituído por instrumentos trocados entre eles, manifesta-se por essa troca:

a) quando os instrumentos estabeleçam que a troca produzirá esse efeito; ou

b) quando fique estabelecido, por outra forma, que esses Estados acordaram em que a troca dos instrumentos produziria esse efeito.

ARTIGO 14
CONSENTIMENTO EM OBRIGAR-SE POR UM TRATADO MANIFESTADO PELA RATIFICAÇÃO, ACEITAÇÃO OU APROVAÇÃO

1. O consentimento de um Estado em obrigar-se por um tratado manifesta-se pela ratificação:

a) quando o tratado disponha que esse consentimento se manifeste pela ratificação;

b) quando, por outra forma, se estabeleça que os Estados negociadores acordaram em que a ratificação seja exigida;

c) quando o representante do Estado tenha assinado o tratado sujeito a ratificação; ou

d) quando a intenção do Estado de assinar o tratado sob reserva de ratificação decorra dos plenos poderes de seu representante ou tenha sido manifestada durante a negociação.

2. O consentimento de um Estado em obrigar-se por um tratado manifesta-se pela aceitação ou aprovação em condições análogas às aplicáveis à ratificação.

ARTIGO 15
CONSENTIMENTO EM OBRIGAR-SE POR UM TRATADO MANIFESTADO PELA ADESÃO

O consentimento de um Estado em obrigar-se por um tratado manifesta-se pela adesão:

a) quando esse tratado disponha que tal consentimento pode ser manifestado, por esse Estado, pela adesão;.

b) quando, por outra forma, se estabeleça que os Estados negociadores acordaram em que tal consentimento pode ser manifestado, por esse Estado, pela adesão; ou

c) quando todas as partes acordaram posteriormente em que tal consentimento pode ser manifestado, por esse Estado, pela adesão.

ARTIGO 16
TROCA OU DEPÓSITO DOS INSTRUMENTOS DE RATIFICAÇÃO, ACEITAÇÃO, APROVAÇÃO OU ADESÃO

A não ser que o tratado disponha diversamente, os instrumentos de ratificação, aceitação, aprovação ou adesão estabelecem o consentimento de um Estado em obrigar-se por um tratado por ocasião:

a) da sua troca entre os Estados contratantes;

b) do seu depósito junto ao depositário; ou

c) da sua notificação aos Estados contratantes ou ao depositário, se assim for convencionado.

ARTIGO 17
CONSENTIMENTO EM OBRIGAR-SE POR PARTE DE UM TRATADO E ESCOLHA ENTRE DISPOSIÇÕES DIFERENTES

1. Sem prejuízo do disposto nos artigos 19 a 23, o consentimento de um Estado em obrigar-se por parte de um tratado só produz efeito se o tratado o permitir ou se outros Estados contratantes nisso acordarem.

2. O consentimento de um Estado em obrigar-se por um tratado que permite a escolha entre disposições diferentes só produz efeito se as disposições a que se refere o consentimento forem claramente indicadas.

ARTIGO 18
OBRIGAÇÃO DE NÃO FRUSTRAR O OBJETO E FINALIDADE DE UM TRATADO ANTES DE SUA ENTRADA EM VIGOR

Um Estado é obrigado a abster-se da prática de atos que frustrariam o objeto e a finalidade de um tratado, quando:

a) tiver assinado ou trocado instrumentos constitutivos do tratado, sob reserva de ratificação, aceitação ou aprovação, enquanto não tiver manifestado sua intenção de não se tornar parte no tratado; ou

b) tiver expressado seu consentimento em obrigar-se pelo tratado no período que precede a entrada em vigor do tratado e com a condição de esta não ser indevidamente retardada.

SEÇÃO 2
RESERVAS

ARTIGO 19
FORMULAÇÃO DE RESERVAS

Um Estado pode, ao assinar, ratificar, aceitar ou aprovar um tratado, ou a ele aderir, formular uma reserva, a não ser que:

a) a reserva seja proibida pelo tratado;

b) o tratado disponha que só possam ser formuladas determinadas reservas, entre as quais não figure a reserva em questão; ou

c) nos casos não previstos nas alíneas a e b, a reserva seja incompatível com o objeto e a finalidade do tratado.

ARTIGO 20
ACEITAÇÃO DE RESERVAS E OBJEÇÕES ÀS RESERVAS

1. Uma reserva expressamente autorizada por um tratado não requer qualquer aceitação posterior pelos outros Estados contratantes, a não ser que o tratado assim disponha.

2. Quando se infere do número limitado dos Estados negociadores, assim como do objeto e da finalidade do tratado, que a aplicação do tratado na íntegra entre todas as partes é condição essencial para o consentimento de cada uma delas em obrigar-se pelo tratado, uma reserva requer a aceitação de todas as partes.

3. Quando o tratado é um ato constitutivo de uma organização internacional, a reserva exige a aceitação do órgão competente da organização, a não ser que o tratado disponha diversamente.

4. Nos casos não previstos nos parágrafos precedentes e a menos que o tratado disponha de outra forma:

a) a aceitação de uma reserva por outro Estado contratante torna o Estado autor da reserva parte no tratado em relação àquele outro Estado, se o tratado está em vigor ou quando entrar em vigor para esses Estados;

b) a objeção feita a uma reserva por outro Estado contratante não impede que o tratado entre em vigor entre o Estado que formulou a objeção e o Estado autor da reserva, a não ser que uma intenção contrária tenha sido expressamente manifestada pelo Estado que formulou a objeção;

c) um ato que manifestar o consentimento de um Estado em obrigar-se por um tratado e que contiver uma reserva produzirá efeito logo que pelo menos outro Estado contratante aceitar a reserva.

5. Para os fins dos parágrafos 2 e 4, e a não ser que o tratado disponha diversamente, uma reserva é tida como aceita por um Estado se este não formulou objeção à reserva quer no decurso do prazo de

doze meses que se seguir à data em que recebeu a notificação, quer na data em que manifestou o seu consentimento em obrigar-se pelo tratado, se esta for posterior.

ARTIGO 21
EFEITOS JURÍDICOS DAS RESERVAS E DAS OBJEÇÕES ÀS RESERVAS

1. Uma reserva estabelecida em relação a outra parte, de conformidade com os artigos 19, 20 e 23:

a) modifica para o autor da reserva, em suas relações com a outra parte, as disposições do tratado sobre as quais incide a reserva, na medida prevista por esta; e

b) modifica essas disposições, na mesma medida, quanto a essa outra parte, em suas relações com o Estado autor da reserva.

2. A reserva não modifica as disposições do tratado quanto às demais partes no tratado em suas relações inter se.

3. Quando um Estado que formulou objeção a uma reserva não se opôs à entrada em vigor do tratado entre ele próprio e o Estado autor da reserva, as disposições a que se refere a reserva não se aplicam entre os dois Estados, na medida prevista pela reserva.

ARTIGO 22
RETIRADA DE RESERVAS E DE OBJEÇÕES ÀS RESERVAS

1. A não ser que o tratado disponha de outra forma, uma reserva pode ser retirada a qualquer momento, sem que o consentimento do Estado que a aceitou seja necessário para sua retirada.

2. A não ser que o tratado disponha de outra forma, uma objeção a uma reserva pode ser retirada a qualquer momento.

3. A não ser que o tratado disponha ou fique acordado de outra forma:

a) a retirada de uma reserva só produzirá efeito em relação a outro Estado contratante quando este Estado receber a correspondente notificação;

b) a retirada de uma objeção a uma reserva só produzirá efeito quando o Estado que formulou a reserva receber notificação dessa retirada.

ARTIGO 23
PROCESSO RELATIVO ÀS RESERVAS

1. A reserva, a aceitação expressa de uma reserva e a objeção a uma reserva devem ser formuladas por escrito e comunicadas aos Estados contratantes e aos outros Estados que tenham o direito de se tornar partes no tratado.

2. Uma reserva formulada quando da assinatura do tratado sob reserva de ratificação, aceitação ou aprovação, deve ser formalmente confirmada pelo Estado que a formulou no momento em que manifestar o seu consentimento em obrigar-se pelo tratado. Nesse caso, a reserva considerar-se-á feita na data de sua confirmação.

3. Uma aceitação expressa de uma reserva, ou objeção a uma reserva, feita antes da confirmação da reserva não requer confirmação.

4. A retirada de uma reserva ou de uma objeção a uma reserva deve ser formulada por escrito.

SEÇÃO 3
ENTRADA EM VIGOR DOS TRATADOS E APLICAÇÃO PROVISÓRIA

ARTIGO 24
ENTRADA EM VIGOR

1. Um tratado entra em vigor na forma e na data previstas no tratado ou acordadas pelos Estados negociadores.

2. Na ausência de tal disposição ou acordo, um tratado entra em vigor tão logo o consentimento em obrigar-se pelo tratado seja manifestado por todos os Estados negociadores.

3. Quando o consentimento de um Estado em obrigar-se por um tratado for manifestado após sua entrada em vigor, o tratado entrará em vigor em relação a esse Estado nessa data, a não ser que o tratado disponha de outra forma.

4. Aplicam-se desde o momento da adoção do texto de um tratado as disposições relativas à autenticação de seu texto, à manifestação do consentimento dos Estados em obrigarem-se pelo tratado, à maneira ou à data de sua entrada em vigor, às reservas, às funções de depositário e aos outros assuntos que surjam necessariamente antes da entrada em vigor do tratado.

ARTIGO 25
APLICAÇÃO PROVISÓRIA

1. Um tratado ou uma parte do tratado aplica-se provisoriamente enquanto não entra em vigor, se:

a) o próprio tratado assim dispuser; ou

b) os Estados negociadores assim acordarem por outra forma.

2. A não ser que o tratado disponha ou os Estados negociadores acordem de outra forma, a aplicação provisória de um tratado ou parte de um tratado, em relação a um Estado, termina se esse Estado notificar aos outros Estados, entre os quais o tratado é aplicado

provisoriamente, sua intenção de não se tornar parte no tratado.

PARTE III

OBSERVÂNCIA, APLICAÇÃO E INTERPRETAÇÃO DE TRATADOS

SEÇÃO 1
OBSERVÂNCIA DE TRATADOS

ARTIGO 26
PACTA SUNT SERVANDA

Todo tratado em vigor obriga as partes e deve ser cumprido por elas de boa fé.

ARTIGO 27
DIREITO INTERNO E OBSERVÂNCIA DE TRATADOS

Uma parte não pode invocar as disposições de seu direito interno para justificar o inadimplemento de um tratado. Esta regra não prejudica o artigo 46.

SEÇÃO 2
APLICAÇÃO DE TRATADOS

ARTIGO 28
IRRETROATIVIDADE DE TRATADOS

A não ser que uma intenção diferente se evidencie do tratado, ou seja estabelecida de outra forma, suas disposições não obrigam uma parte em relação a um ato ou fato anterior ou a uma situação que deixou de existir antes da entrada em vigor do tratado, em relação a essa parte.

ARTIGO 29
APLICAÇÃO TERRITORIAL DE TRATADOS

A não ser que uma intenção diferente se evidencie do tratado, ou seja estabelecida de outra forma, um tratado obriga cada uma das partes em relação a todo o seu território.

ARTIGO 30
APLICAÇÃO DE TRATADOS SUCESSIVOS SOBRE O MESMO ASSUNTO

1. Sem prejuízo das disposições do artigo 103 da Carta das Nações Unidas, os direitos e obrigações dos Estados partes em tratados sucessivos sobre o mesmo assunto serão determinados de conformidade com os parágrafos seguintes.

2. Quando um tratado estipular que está subordinado a um tratado anterior ou posterior ou que não deve ser considerado incompatível com esse outro tratado, as disposições deste último prevalecerão.

3. Quando todas as partes no tratado anterior são igualmente partes no tratado posterior, sem que o tratado anterior tenha cessado de vigorar ou sem que a sua aplicação tenha sido suspensa nos termos do artigo 59, o tratado anterior só se aplica na medida em que as suas disposições sejam compatíveis com as do tratado posterior.

4. Quando as partes no tratado posterior não incluem todas a partes no tratado anterior:

a) nas relações entre os Estados partes nos dois tratados, aplica-se o disposto no parágrafo 3;

b) nas relações entre um Estado parte nos dois tratados e um Estado parte apenas em um desses tratados, o tratado em que os dois Estados são partes rege os seus direitos e obrigações recíprocos.

5. O parágrafo 4 aplica-se sem prejuízo do artigo 41, ou de qualquer questão relativa à extinção ou suspensão da execução de um tratado nos termos do artigo 60 ou de qualquer questão de responsabilidade que possa surgir para um Estado da conclusão ou da aplicação de um tratado cujas disposições sejam incompatíveis com suas obrigações em relação a outro Estado nos termos de outro tratado.

SEÇÃO 3
INTERPRETAÇÃO DE TRATADOS

ARTIGO 31
REGRA GERAL DE INTERPRETAÇÃO

1. Um tratado deve ser interpretado de boa fé segundo o sentido comum atribuível aos termos do tratado em seu contexto e à luz de seu objetivo e finalidade.

2. Para os fins de interpretação de um tratado, o contexto compreenderá, além do texto, seu preâmbulo e anexos:

a) qualquer acordo relativo ao tratado e feito entre todas as partes em conexão com a conclusão do tratado;

b) qualquer instrumento estabelecido por uma ou várias partes em conexão com a conclusão do tratado e aceito pelas outras partes como instrumento relativo ao tratado.

3. Serão levados em consideração, juntamente com o contexto:

a) qualquer acordo posterior entre as partes relativo à interpretação do tratado ou à aplicação de suas disposições;

b) qualquer prática seguida posteriormente na aplicação do tratado, pela qual se estabeleça o acordo das partes relativo à sua interpretação;

c) quaisquer regras pertinentes de Direito Internacional aplicáveis às relações entre as partes.

4. Um termo será entendido em sentido especial se estiver estabelecido que essa era a intenção das partes.

ARTIGO 32

MEIOS SUPLEMENTARES DE INTERPRETAÇÃO

Pode-se recorrer a meios suplementares de interpretação, inclusive aos trabalhos preparatórios do tratado e às circunstâncias de sua conclusão, a fim de confirmar o sentido resultante da aplicação do artigo 31 ou de determinar o sentido quando a interpretação, de conformidade com o artigo 31:

a) deixa o sentido ambíguo ou obscuro; ou

b) conduz a um resultado que é manifestamente absurdo ou desarrazoado.

ARTIGO 33

INTERPRETAÇÃO DE TRATADOS AUTENTICADOS EM DUAS OU MAIS LÍNGUAS

1. Quando um tratado foi autenticado em duas ou mais línguas, seu texto faz igualmente fé em cada uma delas, a não ser que o tratado disponha ou as partes concordem que, em caso de divergência, prevaleça um texto determinado.

2. Uma versão do tratado em língua diversa daquelas em que o texto foi autenticado só será considerada texto autêntico se o tratado o previr ou as partes nisso concordarem.

3. Presume-se que os termos do tratado têm o mesmo sentido nos diversos textos autênticos.

4. Salvo o caso em que um determinado texto prevalece nos termos do parágrafo 1, quando a comparação dos textos autênticos revela uma diferença de sentido que a aplicação dos artigos 31 e 32 não elimina, adotar-se-á o sentido que, tendo em conta o objeto e a finalidade do tratado, melhor conciliar os textos.

SEÇÃO 4

TRATADOS E TERCEIROS ESTADOS

ARTIGO 34

REGRA GERAL COM RELAÇÃO A TERCEIROS ESTADOS

Um tratado não cria obrigações nem direitos para um terceiro Estado sem o seu consentimento.

ARTIGO 35

TRATADOS QUE CRIAM OBRIGAÇÕES PARA TERCEIROS ESTADOS

Uma obrigação nasce para um terceiro Estado de uma disposição de um tratado se as partes no tratado tiverem a intenção de criar a obrigação por meio dessa disposição e o terceiro Estado aceitar expressamente, por escrito, essa obrigação.

ARTIGO 36

TRATADOS QUE CRIAM DIREITOS PARA TERCEIROS ESTADOS

1. Um direito nasce para um terceiro Estado de uma disposição de um tratado se as partes no tratado tiverem a intenção de conferir, por meio dessa disposição, esse direito quer a um terceiro Estado, quer a um grupo de Estados a que pertença, quer a todos os Estados, e o terceiro Estado nisso consentir. Presume-se o seu consentimento até indicação em contrário, a menos que o tratado disponha diversamente.

2. Um Estado que exerce um direito nos termos do parágrafo 1 deve respeitar, para o exercício desse direito, as condições previstas no tratado ou estabelecidas de acordo com o tratado.

ARTIGO 37

REVOGAÇÃO OU MODIFICAÇÃO DE OBRIGAÇÕES OU DIREITOS DE TERCEIROS ESTADOS

1. Qualquer obrigação que tiver nascido para um terceiro Estado nos termos do artigo 35 só poderá ser revogada ou modificada com o consentimento das partes no tratado e do terceiro Estado, salvo se ficar estabelecido que elas haviam acordado diversamente.

2. Qualquer direito que tiver nascido para um terceiro Estado nos termos do artigo 36 não poderá ser revogado ou modificado pelas partes, se ficar estabelecido ter havido a intenção de que o direito não fosse revogável ou sujeito a modificação sem o consentimento do terceiro Estado.

ARTIGO 38

REGRAS DE UM TRATADO TORNADAS OBRIGATÓRIAS PARA TERCEIROS ESTADOS POR FORÇA DO COSTUME INTERNACIONAL

Nada nos artigos 34 a 37 impede que uma regra prevista em um tratado se torne obrigatória para terceiros Estados como regra consuetudinária de Direito Internacional, reconhecida como tal.

PARTE IV

EMENDA E MODIFICAÇÃO DE TRATADOS

ARTIGO 39

REGRA GERAL RELATIVA À EMENDA DE TRATADOS

Um tratado poderá ser emendado por acordo entre as partes. As regras estabelecidas na parte II aplicar-se-ão a tal acordo, salvo na medida em que o tratado dispuser diversamente.

ARTIGO 40
EMENDA DE TRATADOS MULTILATERAIS

1. A não ser que o tratado disponha diversamente, a emenda de tratados multilaterais reger-se-á pelos parágrafos seguintes.

2. Qualquer proposta para emendar um tratado multilateral entre todas as partes deverá ser notificada a todos os Estados contratantes, cada um dos quais terá o direito de participar:

a) na decisão quanto à ação a ser tomada sobre essa proposta;

b) na negociação e conclusão de qualquer acordo para a emenda do tratado.

3. Todo Estado que possa ser parte no tratado poderá igualmente ser parte no tratado emendado.

4. O acordo de emenda não vincula os Estados que já são partes no tratado e que não se tornaram partes no acordo de emenda; em relação a esses Estados, aplicar-se-á o artigo 30, parágrafo 4 (b).

5. Qualquer Estado que se torne parte no tratado após a entrada em vigor do acordo de emenda será considerado, a menos que manifeste intenção diferente:

a) parte no tratado emendado; e

b) parte no tratado não emendado em relação às partes no tratado não vinculadas pelo acordo de emenda.

ARTIGO 41
ACORDOS PARA MODIFICAR TRATADOS MULTILATERAIS SOMENTE ENTRE ALGUMAS PARTES

1. Duas ou mais partes num tratado multilateral podem concluir um acordo para modificar o tratado, somente entre si, desde que:

a) a possibilidade de tal modificação seja prevista no tratado; ou

b) a modificação em questão não seja proibida pelo tratado; e

i)não prejudique o gozo pelas outras partes dos direitos provenientes do tratado nem o cumprimento de suas obrigações

ii)não diga respeito a uma disposição cuja derrogação seja incompatível com a execução efetiva do objeto e da finalidade do tratado em seu conjunto.

2. A não ser que, no caso previsto na alínea a do parágrafo 1, o tratado disponha de outra forma, as partes em questão notificarão às outras partes sua intenção de concluir o acordo e as modificações que este introduz no tratado.

PARTE V
NULIDADE, EXTINÇÃO E SUSPENSÃO DA EXECUÇÃO DE TRATADOS

SEÇÃO 1
DISPOSIÇÕES GERAIS

ARTIGO 42
VALIDADE E VIGÊNCIA DE TRATADOS

1. A validade de um tratado ou do consentimento de um Estado em obrigar-se por um tratado só pode ser contestada mediante a aplicação da presente Convenção.

2. A extinção de um tratado, sua denúncia ou a retirada de uma das partes só poderá ocorrer em virtude da aplicação das disposições do tratado ou da presente Convenção. A mesma regra aplica-se à suspensão da execução de um tratado.

ARTIGO 43
OBRIGAÇÕES IMPOSTAS PELO DIREITO INTERNACIONAL, INDEPENDENTEMENTE DE UM TRATADO

A nulidade de um tratado, sua extinção ou denúncia, a retirada de uma das partes ou a suspensão da execução de um tratado em conseqüência da aplicação da presente Convenção ou das disposições do tratado não prejudicarão, de nenhum modo, o dever de um Estado de cumprir qualquer obrigação enunciada no tratado à qual estaria ele sujeito em virtude do Direito Internacional, independentemente do tratado.

ARTIGO 44
DIVISIBILIDADE DAS DISPOSIÇÕES DE UM TRATADO

1. O direito de uma parte, previsto num tratado ou decorrente do artigo 56, de denunciar, retirar-se ou suspender a execução do tratado, só pode ser exercido em relação à totalidade do tratado, a menos que este disponha ou as partes acordem diversamente.

2. Uma causa de nulidade, de extinção, de retirada de uma das partes ou de suspensão de execução de um tratado, reconhecida na presente Convenção, só pode ser alegada em relação à totalidade do tratado, salvo nas condições previstas nos parágrafos seguintes ou no artigo 60.

3. Se a causa diz respeito apenas a determinadas cláusulas, só pode ser alegada em relação a essas cláusulas e desde que:

a) essas cláusulas sejam separáveis do resto do tratado no que concerne a sua aplicação;

b) resulte do tratado ou fique estabelecido de outra forma que a aceitação dessas cláusulas não constituía para a outra parte, ou para as outras partes no tratado, uma base essencial do seu consentimento em obrigar-se pelo tratado em seu conjunto; e

c) não seja injusto continuar a executar o resto do tratado.

4. Nos casos previstos nos artigos 49 e 50, o Estado que tem o direito de alegar o dolo ou a corrupção pode fazê-lo em relação à totalidade do tratado ou, nos termos do parágrafo 3, somente às determinadas cláusulas.

5. Nos casos previstos nos artigos 51, 52 e 53 a divisão das disposições de um tratado não é permitida.

ARTIGO 45

PERDA DO DIREITO DE INVOCAR CAUSA DE NULIDADE, EXTINÇÃO, RETIRADA OU SUSPENSÃO DA EXECUÇÃO DE UM TRATADO

Um Estado não pode mais invocar uma causa de nulidade, de extinção, de retirada ou de suspensão da execução de um tratado, com base nos artigos 46 a 50 ou nos artigos 60 e 62, se, depois de haver tomado conhecimento dos fatos, esse Estado:

a) tiver aceito, expressamente, que o tratado é válido, permanece em vigor ou continua em execução conforme o caso, ou

b) em virtude de sua conduta, deva ser considerado como tendo concordado em que o tratado é válido, permanece em vigor ou continua em execução, conforme o caso.

SEÇÃO 2

NULIDADE DE TRATADOS

ARTIGO 46

DISPOSIÇÕES DO DIREITO INTERNO SOBRE COMPETÊNCIA PARA CONCLUIR TRATADOS

1. Um Estado não pode invocar o fato de que seu consentimento em obrigar-se por um tratado foi expresso em violação de uma disposição de seu direito interno sobre competência para concluir tratados, a não ser que essa violação fosse manifesta e dissesse respeito a uma norma de seu direito interno de importância fundamental.

2. Uma violação é manifesta se for objetivamente evidente para qualquer Estado que proceda, na matéria, de conformidade com a prática normal e de boa fé.

ARTIGO 47

RESTRIÇÕES ESPECÍFICAS AO PODER DE MANIFESTAR O CONSENTIMENTO DE UM ESTADO

Se o poder conferido a um representante de manifestar o consentimento de um Estado em obrigar-se por um determinado tratado tiver sido objeto de restrição específica, o fato de o representante não respeitar a restrição não pode ser invocado como invalidando o consentimento expresso, a não ser que a restrição tenha sido notificada aos outros Estados negociadores antes da manifestação do consentimento.

ARTIGO 48

ERRO

1. Um Estado pode invocar erro no tratado como tendo invalidado o seu consentimento em obrigar-se pelo tratado se o erro se referir a um fato ou situação que esse Estado supunha existir no momento em que o tratado foi concluído e que constituía uma base essencial de seu consentimento em obrigar-se pelo tratado.

2. O parágrafo 1 não se aplica se o referido Estado contribui para tal erro pela sua conduta ou se as circunstâncias foram tais que o Estado devia ter-se apercebido da possibilidade de erro.

3. Um erro relativo à redação do texto de um tratado não prejudicará sua validade; neste caso, aplicar-se-á o artigo 79.

ARTIGO 49

DOLO

Se um Estado foi levado a concluir um tratado pela conduta fraudulenta de outro Estado negociador, o Estado pode invocar a fraude como tendo invalidado o seu consentimento em obrigar-se pelo tratado.

ARTIGO 50

CORRUPÇÃO DE REPRESENTANTE DE UM ESTADO

Se a manifestação do consentimento de um Estado em obrigar-se por um tratado foi obtida por meio da corrupção de seu representante, pela ação direta ou indireta de outro Estado negociador, o Estado pode alegar tal corrupção como tendo invalidado o seu consentimento em obrigar-se pelo tratado.

ARTIGO 51

COAÇÃO DE REPRESENTANTE DE UM ESTADO

Não produzirá qualquer efeito jurídico a manifestação do consentimento de um Estado em obrigar-se por um tratado que tenha sido obtida pela coação de seu representante, por meio de atos ou ameaças dirigidas contra ele.

ARTIGO 52

COAÇÃO DE UM ESTADO PELA AMEAÇA OU EMPREGO DA FORÇA

É nulo um tratado cuja conclusão foi obtida pela ameaça ou o emprego da força em violação dos princípios de Direito Internacional incorporados na Carta das Nações Unidas.

ARTIGO 53

TRATADO EM CONFLITO COM UMA NORMA IMPERATIVA DE DIREITO INTERNACIONAL GERAL (JUS COGENS)

É nulo um tratado que, no momento de sua conclusão, conflite com uma norma imperativa de Direito Internacional geral. Para os fins da presente Convenção, uma norma imperativa de Direito Internacional geral é uma norma aceita e reconhecida pela comunidade internacional dos Estados como um todo, como norma da qual nenhuma derrogação é permitida e que só pode ser modificada por norma ulterior de Direito Internacional geral da mesma natureza.

SEÇÃO 3

EXTINÇÃO E SUSPENSÃO DA EXECUÇÃO DE TRATADOS

ARTIGO 54

EXTINÇÃO OU RETIRADA DE UM TRATADO EM VIRTUDE DE SUAS DISPOSIÇÕES OU POR CONSENTIMENTO DAS PARTES

A extinção de um tratado ou a retirada de uma das partes pode ter lugar:

a) de conformidade com as disposições do tratado; ou

b) a qualquer momento, pelo consentimento de todas as partes, após consulta com os outros Estados contratantes.

ARTIGO 55

REDUÇÃO DAS PARTES NUM TRATADO MULTILATERAL AQUÉM DO NÚMERO NECESSÁRIO PARA SUA ENTRADA EM VIGOR

A não ser que o tratado disponha diversamente, um tratado multilateral não se extingue pelo simples fato de que o número de partes ficou aquém do número necessário para sua entrada em vigor.

ARTIGO 56

DENÚNCIA, OU RETIRADA, DE UM TRATADO QUE NÃO CONTÉM DISPOSIÇÕES SOBRE EXTINÇÃO, DENÚNCIA OU RETIRADA

1. Um tratado que não contém disposição relativa à sua extinção, e que não prevê denúncia ou retirada, não é suscetível de denúncia ou retirada, a não ser que:

a) se estabeleça terem as partes tencionado admitir a possibilidade da denúncia ou retirada; ou

b) um direito de denúncia ou retirada possa ser deduzido da natureza do tratado.

2. Uma parte deverá notificar, com pelo menos doze meses de antecedência, a sua intenção de denunciar ou de se retirar de um tratado, nos termos do parágrafo 1.

ARTIGO 57

SUSPENSÃO DA EXECUÇÃO DE UM TRATADO EM VIRTUDE DE SUAS DISPOSIÇÕES OU PELO CONSENTIMENTO DAS PARTES

A execução de um tratado em relação a todas as partes ou a uma parte determinada pode ser suspensa:

a)de conformidade com as disposições do tratado; ou

b)a qualquer momento, pelo consentimento de todas as partes, após consulta com os outros Estados contratantes

ARTIGO 58

SUSPENSÃO DA EXECUÇÃO DE TRATADO MULTILATERAL POR ACORDO APENAS ENTRE ALGUMAS DA PARTES

1. Duas ou mais partes num tratado multilateral podem concluir um acordo para suspender temporariamente, e somente entre si, a execução das disposições de um tratado se:

a) a possibilidade de tal suspensão estiver prevista pelo tratado; ou

b)essa suspensão não for proibida pelo tratado e:

i)não prejudicar o gozo, pelas outras partes, dos seus direitos decorrentes do tratado nem o cumprimento de suas obrigações

ii)não for incompatível com o objeto e a finalidade do tratado.

2. Salvo se, num caso previsto no parágrafo 1 (a), o tratado dispuser diversamente, as partes em questão notificarão às outras partes sua intenção de concluir o acordo e as disposições do tratado cuja execução pretendem suspender.

ARTIGO 59

EXTINÇÃO OU SUSPENSÃO DA EXECUÇÃO DE UM TRATADO EM VIRTUDE DA CONCLUSÃO DE UM TRATADO POSTERIOR

1. Considerar-se-á extinto um tratado se todas as suas partes concluírem um tratado posterior sobre o mesmo assunto e:

a)resultar do tratado posterior, ou ficar estabelecido por outra forma, que a intenção das partes foi regular o assunto por este tratado; ou

b)as disposições do tratado posterior forem de tal modo incompatíveis com as do anterior, que os dois tratados não possam ser aplicados ao mesmo tempo.

2. Considera-se apenas suspensa a execução do tratado anterior se se depreender do tratado posterior, ou ficar estabelecido de outra forma, que essa era a intenção das partes.

ARTIGO 60

EXTINÇÃO OU SUSPENSÃO DA EXECUÇÃO DE UM TRATADO EM CONSEQÜÊNCIA DE SUA VIOLAÇÃO

1. Uma violação substancial de um tratado bilateral por uma das partes autoriza a outra parte a invocar a violação como causa de extinção ou suspensão da execução de tratado, no todo ou em parte.

2. Uma violação substancial de um tratado multilateral por uma das partes autoriza:

a) as outras partes, por consentimento unânime, a suspenderem a execução do tratado, no todo ou em parte, ou a extinguirem o tratado, quer:

i) nas relações entre elas e o Estado faltoso;

ii) entre todas as partes;

b) uma parte especialmente prejudicada pela violação a invocá-la como causa para suspender a execução do tratado, no todo ou em parte, nas relações entre ela e o Estado faltoso;

c) qualquer parte que não seja o Estado faltoso a invocar a violação como causa para suspender a execução do tratado, no todo ou em parte, no que lhe diga respeito, se o tratado for de tal natureza que uma violação substancial de suas disposições por parte modifique radicalmente a situação de cada uma das partes quanto ao cumprimento posterior de suas obrigações decorrentes do tratado.

3. Uma violação substancial de um tratado, para os fins deste artigo, consiste:

a) numa rejeição do tratado não sancionada pela presente Convenção; ou

b) na violação de uma disposição essencial para a consecução do objeto ou da finalidade do tratado.

4. Os parágrafos anteriores não prejudicam qualquer disposição do tratado aplicável em caso de violação.

5. Os parágrafos 1 a 3 não se aplicam às disposições sobre a proteção da pessoa humana contidas em tratados de caráter humanitário, especialmente às disposições que proíbem qualquer forma de represália contra pessoas protegidas por tais tratados.

ARTIGO 61

IMPOSSIBILIDADE SUPERVENIENTE DE CUMPRIMENTO

1. Uma parte pode invocar a impossibilidade de cumprir um tratado como causa para extinguir o tratado ou dele retirar-se, se esta possibilidade resultar da destruição ou do desaparecimento definitivo de um objeto indispensável ao cumprimento do tratado. Se a impossibilidade for temporária, pode ser invocada somente como causa para suspender a execução do tratado.

2. A impossibilidade de cumprimento não pode ser invocada por uma das partes como causa para extinguir um tratado, dele retirar-se, ou suspender a execução do mesmo, se a impossibilidade resultar de uma violação, por essa parte, quer de uma obrigação decorrente do tratado, quer de qualquer outra obrigação internacional em relação a qualquer outra parte no tratado.

ARTIGO 62

MUDANÇA FUNDAMENTAL DE CIRCUNSTÂNCIAS

1. Uma mudança fundamental de circunstâncias, ocorrida em relação às existentes no momento da conclusão de um tratado, e não prevista pelas partes, não pode ser invocada como causa para extinguir um tratado ou dele retirar-se, salvo se:

a) a existência dessas circunstâncias tiver constituído uma condição essencial do consentimento das partes em obrigarem-se pelo tratado; e

b) essa mudança tiver por efeito a modificação radical do alcance das obrigações ainda pendentes de cumprimento em virtude do tratado.

2. Uma mudança fundamental de circunstâncias não pode ser invocada pela parte como causa para extinguir um tratado ou dele retirar-se:

a) se o tratado estabelecer limites; ou

b) se a mudança fundamental resultar de violação, pela parte que a invoca, seja de uma obrigação decorrente do tratado, seja de qualquer outra obrigação internacional em relação a qualquer outra parte no tratado.

3. Se, nos termos dos parágrafos anteriores, uma parte pode invocar uma mudança fundamental de circunstâncias como causa para extinguir um tratado ou dele retirar-se, pode também invocá-la como causa para suspender a execução do tratado.

ARTIGO 63

ROMPIMENTO DE RELAÇÕES DIPLOMÁTICAS E CONSULARES

O rompimento de relações diplomáticas ou consulares entre partes em um tratado não afetará as relações jurídicas estabelecidas entre elas pelo tratado, salvo na medida em que a existência de relações diplomáticas ou consulares for indispensável à aplicação do tratado.

ARTIGO 64

SUPERVENIÊNCIA DE UMA NOVA NORMA IMPERATIVA DE DIREITO INTERNACIONAL GERAL (JUS COGENS)

Se sobrevier uma nova norma imperativa de Direito Internacional geral, qualquer tratado existente que estiver em conflito com essa norma torna-se nulo e extingue-se.

SEÇÃO 4

PROCESSO

ARTIGO 65

PROCESSO RELATIVO À NULIDADE, EXTINÇÃO, RETIRADA OU SUSPENSÃO DA EXECUÇÃO DE UM TRATADO

1. Uma parte que, nos termos da presente Convenção, invocar quer um vício no seu consentimento em obrigar-se por um tratado, quer uma causa para impugnar a validade de um tratado, extingui-lo, dele retirar-se ou suspender sua aplicação, deve notificar sua pretensão às outras partes. A notificação indicará a medida que se propõe tomar em relação ao tratado e as razões para isso.

2. Salvo em caso de extrema urgência, decorrido o prazo de pelo menos três meses contados do recebimento da notificação, se nenhuma parte tiver formulado objeções, a parte que fez a notificação pode tomar, na forma prevista pelo artigo 67, a medida que propôs.

3. Se, porém, qualquer outra parte tiver formulado uma objeção, as partes deverão procurar uma solução pelos meios previstos, no artigo 33 da Carta das Nações Unidas.

4. Nada nos parágrafos anteriores afetará os direitos ou obrigações das partes decorrentes de quaisquer disposições em vigor que obriguem as partes com relação à solução de controvérsias.

5. Sem prejuízo do artigo 45, o fato de um Estado não ter feito a notificação prevista no parágrafo 1 não o impede de fazer tal notificação em resposta a outra parte que exija o cumprimento do tratado ou alegue a sua violação.

ARTIGO 66

PROCESSO DE SOLUÇÃO JUDICIAL, DE ARBITRAGEM E DE CONCILIAÇÃO

Se, nos termos do parágrafo 3 do artigo 65, nenhuma solução foi alcançada, nos 12 meses seguintes à data na qual a objeção foi formulada, o seguinte processo será adotado:

a) qualquer parte na controvérsia sobre a aplicação ou a interpretação dos artigos 53 ou 64 poderá, mediante pedido escrito, submetê-la à decisão da Corte Internacional de Justiça, salvo se as partes decidirem, de comum acordo, submeter a controvérsia a arbitragem;

b) qualquer parte na controvérsia sobre a aplicação ou a interpretação de qualquer um dos outros artigos da Parte V da presente Convenção poderá iniciar o processo previsto no Anexo à Convenção, mediante pedido nesse sentido ao Secretário-Geral das Nações Unidas.

ARTIGO 67

INSTRUMENTOS DECLARATÓRIOS DA NULIDADE, DA EXTINÇÃO, DA RETIRADA OU SUSPENSÃO DA EXECUÇÃO DE UM TRATADO

1. A notificação prevista no parágrafo 1 do artigo 65 deve ser feita por escrito.

2. Qualquer ato que declare a nulidade, a extinção, a retirada ou a suspensão da execução de um tratado, nos termos das disposições do tratado ou dos parágrafos 2 e 3 do artigo 65, será levado a efeito através de um instrumento comunicado às outras partes. Se o instrumento não for assinado pelo Chefe de Estado, Chefe de Governo ou Ministro das Relações Exteriores, o representante do Estado que faz a comunicação poderá ser convidado a exibir plenos poderes.

ARTIGO 68

REVOGAÇÃO DE NOTIFICAÇÕES E INSTRUMENTOS PREVISTOS NOS ARTIGOS 65 E 67

Uma notificação ou um instrumento previstos nos artigos 65 ou 67 podem ser revogados a qualquer momento antes que produzam efeitos.

SEÇÃO 5

CONSEQÜÊNCIAS DA NULIDADE, DA EXTINÇÃO E DA SUSPENSÃO DA EXECUÇÃO DE UM TRATADO

ARTIGO 69

CONSEQÜÊNCIAS DA NULIDADE DE UM TRATADO

1. É nulo um tratado cuja nulidade resulta das disposições da presente Convenção. As disposições de um tratado nulo não têm eficácia jurídica.

2. Se, todavia, tiverem sido praticados atos em virtude desse tratado:

a)cada parte pode exigir de qualquer outra parte o estabelecimento, na medida do possível, em suas relações mútuas, da situação que teria existido se esses atos não tivessem sido praticados;

b)os atos praticados de boa fé, antes de a nulidade haver sido invocada, não serão tornados ilegais pelo simples motivo da nulidade do tratado.

3. Nos casos previsto pelos artigos 49, 50, 51 ou 52, o parágrafo 2 não se aplica com relação à parte a que é imputado o dolo, o ato de corrupção ou a coação.

4. No caso da nulidade do consentimento de um determinado Estado em obrigar-se por um tratado multilateral, aplicam-se as regras acima nas relações entre esse Estado e as partes no tratado.

ARTIGO 70

CONSEQÜÊNCIAS DA EXTINÇÃO DE UM TRATADO

1. A menos que o tratado disponha ou as partes acordem de outra forma, a extinção de um, tratado, nos termos de suas disposições ou da presente Convenção:

a)libera as partes de qualquer obrigação de continuar a cumprir o tratado;

b)não prejudica qualquer direito, obrigação ou situação jurídica das partes, criados pela execução do tratado antes de sua extinção.

2. Se um Estado denunciar um tratado multilateral ou dele se retirar, o parágrafo 1 aplica-se nas relações entre esse Estado e cada uma das outras partes no tratado, a partir da data em que produza efeito essa denúncia ou retirada.

ARTIGO 71

CONSEQÜÊNCIAS DA NULIDADE DE UM TRATADO EM CONFLITO COM UMA NORMA IMPERATIVA DE DIREITO INTERNACIONAL GERAL

1. No caso de um tratado nulo em virtude do artigo 53, as partes são obrigadas a:

a)eliminar, na medida do possível, as conseqüências de qualquer ato praticado com base em uma disposição que esteja em conflito com a norma imperativa de Direito Internacional geral; e

b)adaptar suas relações mútuas à norma imperativa do Direito Internacional geral.

2. Quando um tratado se torne nulo e seja extinto, nos termos do artigo 64, a extinção do tratado:

a)libera as partes de qualquer obrigação de continuar a cumprir o tratado;

b)não prejudica qualquer direito, obrigação ou situação jurídica das partes, criados pela execução do tratado, antes de sua extinção; entretanto, esses direitos, obrigações ou situações só podem ser mantidos posteriormente, na medida em que sua manutenção não entre em conflito com a nova norma imperativa de Direito Internacional geral.

ARTIGO 72

CONSEQÜÊNCIAS DA SUSPENSÃO DA EXECUÇÃO DE UM TRATADO

1. A não ser que o tratado disponha ou as partes acordem de outra forma, a suspensão da execução de um tratado, nos termos de suas disposições ou da presente Convenção:

a) libera as partes, entre as quais a execução do tratado seja suspensa, da obrigação de cumprir o tratado nas suas relações mútuas durante o período da suspensão;

b) não tem outro efeito sobre as relações jurídicas entre as partes, estabelecidas pelo tratado.

2. Durante o período da suspensão, as partes devem abster-se de atos tendentes a obstruir o reinício da execução do tratado.

PARTE VI

DISPOSIÇÕES DIVERSAS

ARTIGO 73

CASO DE SUCESSÃO DE ESTADOS, DE RESPONSABILIDADE DE UM ESTADO E DE INÍCIO DE HOSTILIDADES

As disposições da presente Convenção não prejulgarão qualquer questão que possa surgir em relação a um tratado, em virtude da sucessão de Estados, da responsabilidade internacional de um Estado ou do início de hostilidades entre Estados.

ARTIGO 74

RELAÇÕES DIPLOMÁTICAS E CONSULARES E CONCLUSÃO DE TRATADOS

O rompimento ou a ausência de relações diplomáticas ou consulares entre dois ou mais Estados não obsta à conclusão de tratados entre os referidos Estados. A conclusão de um tratado, por si, não produz efeitos sobre as relações diplomáticas ou consulares.

ARTIGO 75

CASO DE ESTADO AGRESSOR

As disposições da presente Convenção não prejudicam qualquer obrigação que, em relação a um tratado, possa resultar para um Estado agressor de medidas tomadas em conformidade com a Carta das Nações Unidas, relativas à agressão cometida por esse Estado.

PARTE VII
DEPOSITÁRIOS, NOTIFICAÇÕES, CORREÇÕES E REGISTRO

ARTIGO 76
DEPOSITÁRIOS DE TRATADOS

1. A designação do depositário de um tratado pode ser feita pelos Estados negociadores no próprio tratado ou de alguma outra forma. O depositário pode ser um ou mais Estados, uma organização internacional ou o principal funcionário administrativo dessa organização.

2. As funções do depositário de um tratado têm caráter internacional e o depositário é obrigado a agir imparcialmente no seu desempenho. Em especial, não afetará essa obrigação o fato de um tratado não ter entrado em vigor entre algumas das partes ou de ter surgido uma divergência, entre um Estado e o depositário, relativa ao desempenho das funções deste último.

ARTIGO 77
FUNÇÕES DOS DEPOSITÁRIOS

1. As funções do depositário, a não ser que o tratado disponha ou os Estados contratantes acordem de outra forma, compreendem particularmente:

a) guardar o texto original do tratado e quaisquer plenos poderes que lhe tenham sido entregues;

b) preparar cópias autenticadas do texto original e quaisquer textos do tratado em outros idiomas que possam ser exigidos pelo tratado e remetê-los às partes e aos Estados que tenham direito a ser partes no tratado;

c) receber quaisquer assinaturas ao tratado, receber e guardar quaisquer instrumentos, notificações e comunicações pertinentes ao mesmo;

d) examinar se a assinatura ou qualquer instrumento, notificação ou comunicação relativa ao tratado, está em boa e devida forma e, se necessário, chamar a atenção do Estado em causa sobre a questão;

e) informar as partes e os Estados que tenham direito a ser partes no tratado de quaisquer atos, notificações ou comunicações relativas ao tratado;

f) informar os Estados que tenham direito a ser partes no tratado sobre quando tiver sido recebido ou depositado o número de assinaturas ou de instrumentos de ratificação, de aceitação, de aprovação ou de adesão exigidos para a entrada em vigor do tratado;

g) registrar o tratado junto ao Secretariado das Nações Unidas;

h) exercer as funções previstas em outras disposições da presente Convenção.

2. Se surgir uma divergência entre um Estado e o depositário a respeito do exercício das funções deste último, o depositário levará a questão ao conhecimento dos Estados signatários e dos Estados contratantes ou, se for o caso, do órgão competente da organização internacional em causa.

ARTIGO 78
NOTIFICAÇÕES E COMUNICAÇÕES

A não ser que o tratado ou a presente Convenção disponham de outra forma, uma notificação ou comunicação que deva ser feita por um Estado, nos termos da presente Convenção:

a) será transmitida, se não houver depositário, diretamente aos Estados a que se destina ou, se houver depositário, a este último;

b) será considerada como tendo sido feita pelo Estado em causa somente a partir do seu recebimento pelo Estado ao qual é transmitida ou, se for o caso, pelo depositário;

c) se tiver sido transmitida a um depositário, será considerada como tendo sido recebida pelo Estado ao qual é destinada somente a partir do momento em que este Estado tenha recebido do depositário a informação prevista no parágrafo 1 (e) do artigo 77.

ARTIGO 79
CORREÇÃO DE ERROS EM TEXTOS OU EM CÓPIAS AUTENTICADAS DE TRATADOS

1. Quando, após a autenticação do texto de um tratado, os Estados signatários e os Estados contratantes acordarem em que nele existe erro, este, salvo decisão sobre diferente maneira de correção, será corrigido:

a) mediante a correção apropriada no texto, rubricada por representantes devidamente credenciados;

b) mediante a elaboração ou troca de instrumento ou instrumentos em que estiver consignada a correção que se acordou em fazer; ou

c) mediante a elaboração de um texto corrigido da totalidade do tratado, segundo o mesmo processo utilizado para o texto original.

2. Quando o tratado tiver um depositário, este deve notificar aos Estados signatários e contratantes a existência do erro e a proposta de corrigi-lo e fixar um prazo apropriado durante o qual possam ser formulados objeções à correção proposta. Se, expirado o prazo:

a) nenhuma objeção tiver sido feita, o depositário deve efetuar e rubricar a correção do texto, lavrar a ata de retificação do texto e remeter cópias da mesma às partes e aos Estados que tenham direito a ser partes no tratado;

b) uma objeção tiver sido feita, o depositário deve comunicá-la aos Estados signatários e aos Estados contratantes.

3. As regras enunciadas nos parágrafos 1 e 2 aplicam-se igualmente quando o texto, autenticado em duas ou mais línguas, apresentar uma falta de concordância que, de acordo com os Estados signatários e os Estados contratantes, deva ser corrigida.

4. O texto corrigido substitui *ab initio* o texto defeituoso, a não ser que os Estados signatários e os Estados contratantes decidam de outra forma.

5. A correção do texto de um tratado já registrado será notificado ao Secretariado das Nações Unidas.

6. Quando se descobrir um erro numa cópia autenticada de um tratado, o depositário deve lavrar uma ata mencionando a retificação e remeter cópia da mesma aos Estados signatários e aos Estados contratantes.

ARTIGO 80
REGISTRO E PUBLICAÇÃO DE TRATADOS

1. Após sua entrada em vigor, os tratados serão remetidos ao Secretariado das Nações Unidas para fins de registro ou de classificação e catalogação, conforme o caso, bem como de publicação

2. A designação de um depositário constitui autorização para este praticar os atos previstos no parágrafo anterior.

PARTE VIII
DISPOSIÇÕES FINAIS

ARTIGO 81
ASSINATURA

A presente Convenção ficará aberta à assinatura de todos. os Estados Membros das Nações Unidas ou de qualquer das agências especializadas ou da Agência Internacional de Energia Atômica, assim como de todas as partes no Estatuto da Corte Internacional de Justiça e de qualquer outro Estado convidado pela Assembléia Geral das Nações Unidas a tornar-se parte na Convenção, da seguinte maneira: até 30 de novembro de 1969, no Ministério Federal dos Negócios Estrangeiros da República da Áustria e, posteriormente, até 30 de abril de 1970, na sede das Nações Unidas em Nova York.

ARTIGO 82
RATIFICAÇÃO

A presente Convenção é sujeita à ratificação. Os instrumentos de ratificação serão depositados junto ao Secretário-Geral das Nações Unidas.

ARTIGO 83
ADESÃO

A presente Convenção permanecerá aberta à adesão de todo Estado pertencente a qualquer das categorias mencionadas no artigo 81. Os instrumentos de adesão serão depositados junto ao Secretário-Geral das Nações Unidas.

ARTIGO 84
ENTRADA EM VIGOR

1. A presente Convenção entrará em vigor no trigésimo dia que se seguir à data do depósito do trigésimo quinto instrumento de ratificação ou adesão.

2. Para cada Estado que ratificar a Convenção ou a ela aderir após o depósito do trigésimo quinto instrumento de ratificação ou adesão, a Convenção entrará em vigor no trigésimo dia após o depósito, por esse Estado, de seu instrumento de ratificação ou adesão.

ARTIGO 85
TEXTOS AUTÊNTICOS

O original da presente Convenção, cujos textos em chinês, espanhol, francês, inglês e russo fazem igualmente fé, será depositado junto ao Secretário-Geral das Nações Unidas.

Em fé do que, os plenipotenciários abaixo assinados, devidamente autorizados por seus respectivos Governos, assinaram a presente Convenção.

Feita em Viena, aos vinte e três dias de maio de mil novecentos e sessenta e nove.

ANEXO

1. O Secretário-Geral das Nações Unidas deve elaborar e manter uma lista de conciliadores composta de juristas qualificados. Para esse fim, todo Estado membro das Nações Unidas ou parte na presente Convenção será convidado a nomear dois conciliadores e os nomes das pessoas assim nomeadas constituirão a lista. A nomeação dos conciliadores, inclusive os nomeados para preencher uma vaga eventual, é feita por um período de cinco anos, renovável. Com a expiração do período para o qual forem nomeados, os conciliadores continuarão a exercer as funções para as quais tiverem sido escolhidos, nos termos do parágrafo seguinte.

2. Quando um pedido é apresentado ao Secretário-Geral nos termos do artigo 66, o Secretário-Geral deve submeter a controvérsia a uma comissão de conciliação, constituída do seguinte modo:

0 Estado ou os Estados que constituem uma das partes na controvérsia nomeiam:

a)um conciliador da nacionalidade desse Estado ou de um desses Estados, escolhido ou não da lista prevista no parágrafo 1; e

b)um conciliador que não seja da nacionalidade desse Estado ou de um desses Estados, escolhido da lista.

O Estado ou os Estados que constituírem a outra parte na controvérsia nomeiam dois conciliadores do mesmo modo. Os quatro conciliadores escolhidos pelas partes devem ser nomeados num prazo de sessenta dias a partir da data do recebimento do pedido pelo Secretário-Geral.

Nos sessenta dias que se seguirem à última nomeação, os quatro conciliadores nomeiam um quinto, escolhido da lista, que será o presidente. Se a nomeação do presidente ou de qualquer outro conciliador não for feita no prazo acima previsto para essa nomeação, será feita pelo Secretário-Geral nos sessenta dias seguintes à expiração desse prazo. 0 Secretário-Geral pode nomear como presidente uma das pessoas inscritas na lista ou um dos membros da Comissão de Direito Internacional. Qualquer um dos prazos, nos quais as nomeações devem ser feitas, pode ser prorrogado, mediante acordo das partes na controvérsia.

Qualquer vaga deve ser preenchida da maneira prevista para a nomeação inicial.

3. A Comissão de Conciliação adotará o seu próprio procedimento. A Comissão, com o consentimento das partes na controvérsia, pode convidar qualquer outra parte no tratado a submeter seu ponto de vista oralmente ou por escrito. A decisão e as recomendações da Comissão serão adotadas por maioria de votos de seus cinco membros.

4. A Comissão pode chamar a atenção das partes na controvérsia sobre qualquer medida suscetível de facilitar uma solução amigável.

5. A Comissão deve ouvir as partes, examinar as pretensões e objeções e fazer propostas às partes a fim de ajudá-las a chegar a uma solução amigável da controvérsia.

6. A Comissão deve elaborar um relatório nos doze meses que se seguirem à sua constituição. Seu relatório deve ser depositado junto ao Secretário-Geral e comunicado às partes na controvérsia. 0 relatório da Comissão, inclusive todas as conclusões nele contidas quanto aos fatos e às questões de direito, não vincula as partes e não terá outro valor senão o de recomendações submetidas à consideração das partes, a fim de facilitar uma solução amigável da controvérsia.

7. O Secretário-Geral fornecerá à Comissão a assistência e as facilidades de que ela possa necessitar. As despesas da Comissão serão custeadas pelas Nações Unidas.

DECRETO Nº 7.962, DE 15 DE MARÇO DE 2013

Regulamenta a Lei nº 8.078, de 11 de setembro de 1990, para dispor sobre a contratação no comércio eletrônico.

A Presidenta da República, no uso da atribuição que lhe confere o art. 84, *caput*, inciso IV, da Constituição, e tendo em vista o disposto na Lei nº 8.078, de 11 de setembro de 1990,

DECRETA:

Art. 1º Este Decreto regulamenta a Lei nº 8.078, de 11 de setembro de 1990, para dispor sobre a contratação no comércio eletrônico, abrangendo os seguintes aspectos:

I - informações claras a respeito do produto, serviço e do fornecedor;

II - atendimento facilitado ao consumidor; e

III - respeito ao direito de arrependimento.

Art. 2º Os sítios eletrônicos ou demais meios eletrônicos utilizados para oferta ou conclusão de contrato de consumo devem disponibilizar, em local de destaque e de fácil visualização, as seguintes informações:

I - nome empresarial e número de inscrição do fornecedor, quando houver, no Cadastro Nacional de Pessoas Físicas ou no Cadastro Nacional de Pessoas Jurídicas do Ministério da Fazenda;

II - endereço físico e eletrônico, e demais informações necessárias para sua localização e contato;

III - características essenciais do produto ou do serviço, incluídos os riscos à saúde e à segurança dos consumidores;

IV - discriminação, no preço, de quaisquer despesas adicionais ou acessórias, tais como as de entrega ou seguros;

V - condições integrais da oferta, incluídas modalidades de pagamento, disponibilidade, forma e prazo da execução do serviço ou da entrega ou disponibilização do produto; e

VI - informações claras e ostensivas a respeito de quaisquer restrições à fruição da oferta.

Art. 3º Os sítios eletrônicos ou demais meios eletrônicos utilizados para ofertas de compras coletivas ou modalidades análogas de contratação deverão conter, além das informações previstas no art. 2º, as seguintes:

I - quantidade mínima de consumidores para a efetivação do contrato;

II - prazo para utilização da oferta pelo consumidor; e

III - identificação do fornecedor responsável pelo sítio eletrônico e do fornecedor do produto ou serviço ofertado, nos termos dos incisos I e II do art. 2º.

Art. 4º Para garantir o atendimento facilitado ao consumidor no comércio eletrônico, o fornecedor deverá:

I - apresentar sumário do contrato antes da contratação, com as informações necessárias ao pleno exercício do direito de escolha do consumidor, enfatizadas as cláusulas que limitem direitos;

II - fornecer ferramentas eficazes ao consumidor para identificação e correção imediata de erros ocorridos nas etapas anteriores à finalização da contratação;

III - confirmar imediatamente o recebimento da aceitação da oferta;

IV - disponibilizar o contrato ao consumidor em meio que permita sua conservação e reprodução, imediatamente após a contratação;

V - manter serviço adequado e eficaz de atendimento em meio eletrônico, que possibilite ao consumidor a resolução de demandas referentes a informação, dúvida, reclamação, suspensão ou cancelamento do contrato;

VI - confirmar imediatamente o recebimento das demandas do consumidor referidas no inciso, pelo mesmo meio empregado pelo consumidor; e

VII - utilizar mecanismos de segurança eficazes para pagamento e para tratamento de dados do consumidor.

Parágrafo único. A manifestação do fornecedor às demandas previstas no inciso V do *caput* será encaminhada em até cinco dias ao consumidor.

Art. 5º O fornecedor deve informar, de forma clara e ostensiva, os meios adequados e eficazes para o exercício do direito de arrependimento pelo consumidor.

§ 1º O consumidor poderá exercer seu direito de arrependimento pela mesma ferramenta utilizada para a contratação, sem prejuízo de outros meios disponibilizados.

§ 2º O exercício do direito de arrependimento implica a rescisão dos contratos acessórios, sem qualquer ônus para o consumidor.

§ 3º O exercício do direito de arrependimento será comunicado imediatamente pelo fornecedor à instituição financeira ou à administradora do cartão de crédito ou similar, para que:

I – a transação não seja lançada na fatura do consumidor; ou

II – seja efetivado o estorno do valor, caso o lançamento na fatura já tenha sido realizado.

§ 4º O fornecedor deve enviar ao consumidor confirmação imediata do recebimento da manifestação de arrependimento.

Art. 6º As contratações no comércio eletrônico deverão observar o cumprimento das condições da oferta, com a entrega dos produtos e serviços contratados, observados prazos, quantidade, qualidade e adequação.

Art. 7º A inobservância das condutas descritas neste Decreto ensejará aplicação das sanções previstas no art. 56 da Lei nº 8.078, de 1990.

Art. 8º O Decreto nº 5.903, de 20 de setembro de 2006, passa a vigorar com as seguintes alterações:

"Art. 10. ....

Parágrafo único. O disposto nos arts. 2º, 3º e 9º deste Decreto aplica-se às contratações no comércio eletrônico."

Art. 9º Este Decreto entra em vigor sessenta dias após a data de sua publicação.

Brasília, 15 de março de 2013; 192º da Independência e 125º da República.

DILMA ROUSSEFF

DOU de 15.3.2013 – Edição extra

LEI Nº 12.414, DE 9 DE JUNHO DE 2011

Disciplina a formação e consulta a bancos de dados com informações de adimplemento, de pessoas naturais ou de pessoas jurídicas, para formação de histórico de crédito.

A Presidenta da República

Faço saber que o Congresso Nacional decreta e eu sanciono a seguinte Lei:

Art. 1º Esta Lei disciplina a formação e consulta a bancos de dados com informações de adimplemento, de pessoas naturais ou de pessoas jurídicas, para formação de histórico de crédito, sem prejuízo do disposto na Lei nº 8.078, de 11 de setembro de 1990 – Código de Proteção e Defesa do Consumidor.

Parágrafo único. Os bancos de dados instituídos ou mantidos por pessoas jurídicas de direito público interno serão regidos por legislação específica.

Art. 2º Para os efeitos desta Lei, considera-se:

I – banco de dados: conjunto de dados relativo a pessoa natural ou jurídica armazenados com a finalidade de subsidiar a concessão de crédito, a realização de venda a prazo ou de outras transações comerciais e empresariais que impliquem risco financeiro;

II – gestor: pessoa jurídica responsável pela administração de banco de dados, bem como pela coleta, armazenamento, análise e acesso de terceiros aos dados armazenados;

III – cadastrado: pessoa natural ou jurídica que tenha autorizado inclusão de suas informações no banco de dados;

IV – fonte: pessoa natural ou jurídica que conceda crédito ou realize venda a prazo ou outras transações comerciais e empresariais que lhe impliquem risco financeiro;

V – consulente: pessoa natural ou jurídica que acesse informações em bancos de dados para qualquer finalidade permitida por esta Lei;

VI – anotação: ação ou efeito de anotar, assinalar, averbar, incluir, inscrever ou registrar informação relativa ao histórico de crédito em banco de dados; e

VII – histórico de crédito: conjunto de dados financeiros e de pagamentos relativos às operações de crédito e obrigações de pagamento adimplidas ou em andamento por pessoa natural ou jurídica.

Art. 3º Os bancos de dados poderão conter informações de adimplemento do cadastrado, para a formação do histórico de crédito, nas condições estabelecidas nesta Lei.

§ 1º Para a formação do banco de dados, somente poderão ser armazenadas informações objetivas, claras, verdadeiras e de fácil compreensão, que sejam necessárias para avaliar a situação econômica do cadastrado.

§ 2º Para os fins do disposto no § 1º, consideram-se informações:

I – objetivas: aquelas descritivas dos fatos e que não envolvam juízo de valor;

II – claras: aquelas que possibilitem o imediato entendimento do cadastrado independentemente de remissão a anexos, fórmulas, siglas, símbolos, termos técnicos ou nomenclatura específica;

III – verdadeiras: aquelas exatas, completas e sujeitas à comprovação nos termos desta Lei; e

IV – de fácil compreensão: aquelas em sentido comum que assegurem ao cadastrado o pleno conhecimento do conteúdo, do sentido e do alcance dos dados sobre ele anotados.

§ 3º Ficam proibidas as anotações de:

I – informações excessivas, assim consideradas aquelas que não estiverem vinculadas à análise de risco de crédito ao consumidor; e

II – informações sensíveis, assim consideradas aquelas pertinentes à origem social e étnica, à saúde, à informação genética, à orientação sexual e às convicções políticas, religiosas e filosóficas.

Art. 4º A abertura de cadastro requer autorização prévia do potencial cadastrado mediante consentimento informado por meio de assinatura em instrumento específico ou em cláusula apartada.

§ 1º Após a abertura do cadastro, a anotação de informação em banco de dados independe de autorização e de comunicação ao cadastrado.

§ 2º Atendido o disposto no caput, as fontes ficam autorizadas, nas condições estabelecidas nesta Lei, a fornecer aos bancos de dados as informações necessárias à formação do histórico das pessoas cadastradas.

§ 3º (VETADO).

Art. 5º São direitos do cadastrado:

I – obter o cancelamento do cadastro quando solicitado;

II – acessar gratuitamente as informações sobre ele existentes no banco de dados, inclusive o seu histórico, cabendo ao gestor manter sistemas seguros, por telefone ou por meio eletrônico, de consulta para informar as informações de adimplemento;

III – solicitar impugnação de qualquer informação sobre ele erroneamente anotada em banco de dados e ter, em até 7 (sete) dias, sua correção ou cancelamento e comunicação aos bancos de dados com os quais ele compartilhou a informação;

IV – conhecer os principais elementos e critérios considerados para a análise de risco, resguardado o segredo empresarial;

V – ser informado previamente sobre o armazenamento, a identidade do gestor do banco de dados, o objetivo do tratamento dos dados pessoais e os destinatários dos dados em caso de compartilhamento;

VI – solicitar ao consulente a revisão de decisão realizada exclusivamente por meios automatizados; e

VII – ter os seus dados pessoais utilizados somente de acordo com a finalidade para a qual eles foram coletados.

§ 1º (VETADO).

§ 2º (VETADO).

Art. 6º Ficam os gestores de bancos de dados obrigados, quando solicitados, a fornecer ao cadastrado:

I – todas as informações sobre ele constantes de seus arquivos, no momento da solicitação;

II – indicação das fontes relativas às informações de que trata o inciso I, incluindo endereço e telefone para contato;

III – indicação dos gestores de bancos de dados com os quais as informações foram compartilhadas;

IV – indicação de todos os consulentes que tiveram acesso a qualquer informação sobre ele nos 6 (seis) meses anteriores à solicitação; e

V – cópia de texto contendo sumário dos seus direitos, definidos em lei ou em normas infralegais pertinentes à sua relação com bancos de dados, bem como a lista dos órgãos governamentais aos quais poderá ele recorrer, caso considere que esses direitos foram infringidos.

§ 1º É vedado aos gestores de bancos de dados estabelecerem políticas ou realizarem operações que impeçam, limitem ou dificultem o acesso do cadastrado previsto no inciso II do art. 5º.

§ 2º O prazo para atendimento das informações estabelecidas nos incisos II, III, IV e V deste artigo será de 7 (sete) dias.

Art. 7º As informações disponibilizadas nos bancos de dados somente poderão ser utilizadas para:

I – realização de análise de risco de crédito do cadastrado; ou

II – subsidiar a concessão ou extensão de crédito e a realização de venda a prazo ou outras transações comerciais e empresariais que impliquem risco financeiro ao consulente.

Parágrafo único. Cabe ao gestor manter sistemas seguros, por telefone ou por meio eletrônico, de consulta para informar aos consulentes as informações de adimplemento do cadastrado.

Art. 8º São obrigações das fontes:

I – manter os registros adequados para demonstrar que a pessoa natural ou jurídica autorizou o envio e a anotação de informações em bancos de dados;

II – comunicar os gestores de bancos de dados acerca de eventual exclusão ou revogação de autorização do cadastrado;

III – verificar e confirmar, ou corrigir, em prazo não superior a 2 (dois) dias úteis, informação impugnada, sempre que solicitado por gestor de banco de dados ou diretamente pelo cadastrado;

IV – atualizar e corrigir informações enviadas aos gestores de bancos de dados, em prazo não superior a 7 (sete) dias;

V – manter os registros adequados para verificar informações enviadas aos gestores de bancos de dados; e

VI – fornecer informações sobre o cadastrado, em bases não discriminatórias, a todos os gestores de bancos de dados que as solicitarem, no mesmo formato e contendo as mesmas informações fornecidas a outros bancos de dados.

Parágrafo único. É vedado às fontes estabelecerem políticas ou realizarem operações que impeçam, limitem ou dificultem a transmissão a banco de dados de informações de cadastrados que tenham autorizado a anotação de seus dados em bancos de dados.

Art. 9º O compartilhamento de informação de adimplemento só é permitido se autorizado expressamente pelo cadastrado, por meio de assinatura em instrumento específico ou em cláusula apartada.

§ 1º O gestor que receber informações por meio de compartilhamento equipara-se, para todos os efeitos desta Lei, ao gestor que anotou originariamente a informação, inclusive quanto à responsabilidade solidária por eventuais prejuízos causados e ao dever de receber e processar impugnação e realizar retificações.

§ 2º O gestor originário é responsável por manter atualizadas as informações cadastrais nos demais bancos de dados com os quais compartilhou informações, bem como por informar a solicitação de cancelamento do cadastro, sem quaisquer ônus para o cadastrado.

§ 3º O cancelamento do cadastro pelo gestor originário implica o cancelamento do cadastro em todos os bancos de dados que compartilharam informações, que ficam obrigados a proceder, individualmente, ao respectivo cancelamento nos termos desta Lei.

§ 4º O gestor deverá assegurar, sob pena de responsabilidade, a identificação da pessoa que promover qualquer inscrição ou atualização de dados relacionados com o cadastrado, registrando a data desta ocorrência, bem como a identificação exata da fonte, do nome do agente que a efetuou e do equipamento ou terminal a partir do qual foi processada tal ocorrência.

Art. 10. É proibido ao gestor exigir exclusividade das fontes de informações.

Art. 11. Desde que autorizados pelo cadastrado, os prestadores de serviços continuados de água, esgoto, eletricidade, gás e telecomunicações, dentre outros, poderão fornecer aos bancos de dados indicados, na forma do regulamento, informação sobre o adimplemento das obrigações financeiras do cadastrado.

Parágrafo único. É vedada a anotação de informação sobre serviço de telefonia móvel na modalidade pós-paga.

Art. 12. Quando solicitado pelo cliente, as instituições autorizadas a funcionar pelo Banco Central do Brasil fornecerão aos bancos de dados indicados as informações relativas às suas operações de crédito.

§ 1º As informações referidas no caput devem compreender somente o histórico das operações de empréstimo e de financiamento realizadas pelo cliente.

§ 2º É proibido às instituições autorizadas a funcionar pelo Banco Central do Brasil estabelecer políticas ou realizar operações que impeçam, limitem ou dificultem a transmissão das informações bancárias de seu cliente a bancos de dados, quando por este autorizadas.

§ 3º O Conselho Monetário Nacional adotará as medidas e normas complementares necessárias para a aplicação do disposto neste artigo.

Art. 13. O Poder Executivo regulamentará o disposto nesta Lei, em especial quanto ao uso, guarda, escopo e compartilhamento das informações recebidas por bancos de dados e quanto ao disposto no art. 5º.

Art. 14. As informações de adimplemento não poderão constar de bancos de dados por período superior a 15 (quinze) anos.

Art. 15. As informações sobre o cadastrado constantes dos bancos de dados somente poderão ser acessadas por consulentes que com ele mantiverem ou pretenderem manter relação comercial ou creditícia.

Art. 16. O banco de dados, a fonte e o consulente são responsáveis objetiva e solidariamente pelos danos materiais e morais que causarem ao cadastrado.

Art. 17. Nas situações em que o cadastrado for consumidor, caracterizado conforme a Lei nº 8.078, de 11 de setembro de 1990 – Código de Proteção e Defesa do Consumidor, aplicam-se as sanções e penas nela previstas e o disposto no § 2º.

§ 1º Nos casos previstos no caput, a fiscalização e a aplicação das sanções serão exercidas concorrentemente pelos órgãos de proteção e defesa do consumidor da União, dos Estados, do Distrito Federal e dos Municípios, nas respectivas áreas de atuação administrativa.

§ 2º Sem prejuízo do disposto no caput e no § 1º, os órgãos de proteção e defesa do consumidor poderão aplicar medidas corretivas, estabelecendo aos bancos de dados que descumprirem o previsto nesta Lei obrigações de fazer com que sejam excluídas do cadastro, no prazo de 7 (sete) dias, informações incorretas, bem como cancelados cadastros de pessoas que não autorizaram a abertura.

Art. 18. Esta Lei entra em vigor na data de sua publicação.

Brasília, 9 de junho de 2011; 190º da Independência e 123º da República.

DILMA ROUSSEFF

DOU de 10.6.2011

LEI Nº 12.741, DE 8 DE DEZEMBRO DE 2012

Dispõe sobre as medidas de esclarecimento ao consumidor, de que trata o § 5º do artigo 150 da Constituição Federal; altera o inciso III do art. 6º e o inciso IV do art. 106 da Lei nº 8.078, de 11 de setembro de 1990 – Código de Defesa do Consumidor.

A Presidenta da República

Faço saber que o Congresso Nacional decreta e eu sanciono a seguinte Lei:

Art. 1º Emitidos por ocasião da venda ao consumidor de mercadorias e serviços, em todo território nacional, deverá constar, dos documentos fiscais ou equivalentes, a informação do valor aproximado correspondente à totalidade dos tributos federais, estaduais e municipais, cuja incidência influi na formação dos respectivos preços de venda.

§ 1º A apuração do valor dos tributos incidentes deverá ser feita em relação a cada mercadoria ou serviço, separadamente, inclusive nas hipóteses de regimes jurídicos tributários diferenciados dos respectivos fabricantes, varejistas e prestadores de serviços, quando couber.

§ 2º A informação de que trata este artigo poderá constar de painel afixado em local visível do estabelecimento, ou por qualquer outro meio eletrônico ou impresso, de forma a demonstrar o valor ou percentual, ambos aproximados, dos tributos incidentes sobre todas as mercadorias ou serviços postos à venda.

§ 3º Na hipótese do § 2º, as informações a serem prestadas serão elaboradas em termos de percentuais sobre o preço a ser pago, quando se tratar de tributo com alíquota ad valorem, ou em valores monetários (no caso de alíquota específica); no caso de se utilizar meio eletrônico, este deverá estar disponível ao consumidor no âmbito do estabelecimento comercial.

§ 4º (VETADO).

§ 5º Os tributos que deverão ser computados são os seguintes:

I – Imposto sobre Operações relativas a Circulação de Mercadorias e sobre Prestações de Serviços de Transporte Interestadual e Intermunicipal e de Comunicação (ICMS);

II – Imposto sobre Serviços de Qualquer Natureza (ISS);

III – Imposto sobre Produtos Industrializados (IPI);

IV – Imposto sobre Operações de Crédito, Câmbio e Seguro, ou Relativas a Títulos ou Valores Mobiliários (IOF);

V – (VETADO);

VI – (VETADO);

VII – Contribuição Social para o Programa de Integração Social (PIS) e para o Programa de Formação do Patrimônio do Servidor Público (Pasep) – (PIS/Pasep);

VIII – Contribuição para o Financiamento da Seguridade Social (Cofins);

IX – Contribuição de Intervenção no Domínio Econômico, incidente sobre a importação e a comercialização de petróleo e seus derivados, gás natural e seus derivados, e álcool etílico combustível (Cide).

§ 6º Serão informados ainda os valores referentes ao imposto de importação, PIS/Pasep/Importação e Cofins/Importação, na hipótese de produtos cujos insumos ou componentes sejam oriundos de operações de comércio exterior e representem percentual superior a 20% (vinte por cento) do preço de venda.

§ 7º Na hipótese de incidência do imposto sobre a importação, nos termos do § 6º, bem como da incidência do Imposto sobre Produtos Industrializados – IPI, todos os fornecedores constantes das diversas cadeias produtivas deverão fornecer aos adquirentes, em meio magnético, os valores dos 2 (dois) tributos individualizados por item comercializado.

§ 8º Em relação aos serviços de natureza financeira, quando não seja legalmente prevista a emissão de documento fiscal, as informações de que trata este artigo deverão ser feitas em tabelas afixadas nos respectivos estabelecimentos.

§ 9º (VETADO).

§ 10. A indicação relativa ao IOF (prevista no inciso IV do § 5º) restringe-se aos produtos financeiros sobre os quais incida diretamente aquele tributo.

§ 11. A indicação relativa ao PIS e à Cofins (incisos VII e VIII do § 5º), limitar-se-á à tributação incidente sobre a operação de venda ao consumidor.

§ 12. Sempre que o pagamento de pessoal constituir item de custo direto do serviço ou produto fornecido ao consumidor, deve ser divulgada, ainda, a contribuição previdenciária dos empregados e dos empregadores incidente, alocada ao serviço ou produto.

Art. 2º Os valores aproximados de que trata o art. 1º serão apurados sobre cada operação, e poderão, a critério das empresas vendedoras, ser calculados e fornecidos, semestralmente, por instituição de âmbito nacional reconhecidamente idônea, voltada primordialmente à apuração e análise de dados econômicos.

Art. 3º O inciso III do art 6º da Lei nº 8.078, de 11 de setembro de 1990, passa a vigorar com a seguinte redação:

"Art. 6º ....

....

....

....

III – a informação adequada e clara sobre os diferentes produtos e serviços, com especificação correta de quantidade, características, composição, qualidade, tributos incidentes e preço, bem como sobre os riscos que apresentem;"

....

....

Art. 4º (VETADO).

Art. 5º Decorrido o prazo de 12 (doze) meses, contado do início de vigência desta Lei, o descumprimento de suas disposições sujeitará o infrator às sanções previstas no Capítulo VII do Título I da Lei nº 8.078, de 11 de setembro de 1990. (Redação dada pela Lei nº 12.868, de 2013)

Art. 6º Esta Lei entra em vigor 6 (seis) meses após a data de sua publicação.

Brasília, 8 de dezembro de 2012; 191º da Independência e 124º da República.

DILMA ROUSSEFF

DOU de 10.12.2012

LEI Nº 9.019, DE 30 DE MARÇO DE 1995

Dispõe sobre a aplicação dos direitos previstos no Acordo Antidumping e no Acordo de Subsídios e Direitos Compensatórios, e dá outras providências.

Faço saber que o Presidente da República adotou a Medida Provisória nº 926, de 1995, que o Congresso Nacional aprovou, e eu, JOSÉ SARNEY, Presidente, para os efeitos do disposto no parágrafo único do art. 62 da Constituição Federal, promulgo a seguinte lei:

Art. 1º Os direitos antidumping e os direitos compensatórios, provisórios ou definitivos, de que tratam o Acordo Antidumping e o Acordo de Subsídios e Direitos Compensatórios, aprovados, respectivamente, pelos Decretos Legislativos nºs 20 e 22, de 5 de dezembro de 1986, e promulgados pelos Decretos nºs 93.941, de 16 de janeiro de 1987, e 93.962, de 22 de janeiro de 1987, decorrentes do Acordo Geral sobre Tarifas Aduaneiras e Comércio (Gatt), adotado pela Lei nº 313, de 30 de julho de 1948, e ainda o Acordo sobre Implementação do Artigo VI do Acordo Geral sobre Tarifas e Comércio 1994 e o Acordo sobre Subsídios e Medidas Compensatórias, anexados ao Acordo Constitutivo da Organização Mundial de Comércio (OMC), parte integrante da Ata Final que Incorpora os Resultados da Rodada Uruguai de Negociações Comerciais Multilaterais do Gatt, assinada em Marraqueche, em 12 de abril de 1994, aprovada pelo Decreto Legislativo nº 30, de 15 de dezembro de 1994, promulgada pelo Decreto nº 1.355, de 30 de dezembro de 1994, serão aplicados mediante a cobrança de importância, em moeda corrente do País, que corresponderá a percentual da margem de dumping ou do montante de subsídios, apurados em processo administrativo, nos termos dos mencionados Acordos, das decisões PC/13, PC/14, PC/15 e PC/16 do Comitê Preparatório e das partes contratantes do Gatt, datadas de 13 de dezembro de 1994, e desta lei, suficientes para sanar dano ou ameaça de dano à indústria doméstica.

Parágrafo único. Os direitos antidumping e os direitos compensatórios serão cobrados independentemente de quaisquer obrigações de natureza tributária relativas à importação dos produtos afetados.

Art. 2º Poderão ser aplicados direitos provisórios durante a investigação, quando da análise preliminar verificar-se a existência de indícios da prática de dumping ou de concessão de subsídios, e que tais práticas causam dano, ou ameaça de dano, à indústria doméstica, e se julgue necessário impedi-las no curso da investigação.

Parágrafo único. Os termos "dano" e "indústria doméstica" deverão ser entendidos conforme o disposto nos Acordos *Antidumping* e nos Acordos de Subsídios e Direitos Compensatórios, mencionados no art. 1º, abrangendo as empresas produtoras de bens agrícolas, minerais ou industriais.(Redação dada pela Medida Provisória nº 2.158-35, de 2001)

Art. 3º A exigibilidade dos direitos provisórios poderá ficar suspensa, até decisão final do processo, a critério da CAMEX, desde que o importador ofereça garantia equivalente ao valor integral da obrigação e dos demais encargos legais, que consistirá em: (Redação dada pela Medida Provisória nº 2.158-35, de 2001)

I – depósito em dinheiro; ou

II – fiança bancária.

§ 1º A garantia deverá assegurar, em todos os casos, a aplicação das mesmas normas que disciplinam a hipótese de atraso no pagamento de tributos federais, inclusive juros, desde a data de vigência dos direitos provisórios.

§ 2º A Secretaria da Receita Federal (SRF), do Ministério da Fazenda, disporá sobre a forma de prestação e liberação da garantia referida neste artigo.

§ 3º O desembaraço aduaneiro dos bens objeto da aplicação dos direitos provisórios dependerá da prestação da garantia a que se refere este artigo.

Art. 4º Poderá ser celebrado com o exportador ou o governo do país exportador compromisso que elimine os efeitos prejudiciais decorrentes da prática de dumping ou de subsídios.

§ 1º O compromisso a que se refere este artigo será celebrado perante a Secretaria de Comércio Exterior – SECEX, do Ministério do Desenvolvimento, Indústria e Comércio Exterior, submetido a homologação da CAMEX. (Redação dada pela Medida Provisória nº 2.158-35, de 2001)

§ 2º Na hipótese de homologação de compromisso, a investigação será suspensa, sem a imposição de direitos provisórios ou definitivos, ressalvado o disposto nos Acordos Antidumping e nos Acordos de Subsídios e Direitos Compensatórios, mencionados no art. 1º.

Art. 5º Compete à SECEX, mediante processo administrativo, apurar a margem de *dumping* ou o montante de subsídio, a existência de dano e a relação causal entre esses.(Redação dada pela Medida Provisória nº 2.158-35, de 2001)

Art. 6º Compete à CAMEX fixar os direitos provisórios ou definitivos, bem como decidir sobre a suspensão da exigibilidade dos direitos provisórios, a que se refere o art. 3º desta Lei. (Redação dada pela Medida Provisória nº 2.158-35, de 2001)

Parágrafo único. O ato de imposição de direitos *antidumping* ou Compensatórios, provisórios ou definitivos, deverá indicar o prazo de vigência, o produto atingido, o valor da obrigação, o país de origem ou de exportação, as razões pelas quais a decisão foi tomada, e, quando couber, o nome dos exportadores.(Redação dada pela Medida Provisória nº 2.158-35, de 2001)

Art. 7º O cumprimento das obrigações resultantes da aplicação dos direitos antidumping e dos direitos compensatórios, sejam definitivos ou provisórios, será condição para a introdução no comércio do País de produtos objeto de dumping ou subsídio.

§ 1º Será competente para a cobrança dos direitos antidumping e compensatórios, provisórios ou definitivos, quando se tratar de valor em dinheiro, bem como, se for o caso, para sua restituição, a SRF do Ministério da Fazenda.

§ 2º Os direitos *antidumping* e os direitos compensatórios são devidos na data do registro da declaração de importação. (Redação dada pela Lei nº 10.833, de 29.12.2003)

§ 3º A falta de recolhimento de direitos *antidumping* ou de direitos compensatórios na data prevista no § 2º acarretará, sobre o valor não recolhido: (Incluído pela Lei nº 10.833, de 29.12.2003)

I – no caso de pagamento espontâneo, após o desembaraço aduaneiro: (Incluído pela Lei nº 10.833, de 29.12.2003)

a) a incidência de multa de mora, calculada à taxa de 0,33% (trinta e três centésimos por cento), por dia de atraso, a partir do 1º (primeiro) dia subsequente ao do registro da declaração de importação até o dia em que ocorrer o seu pagamento, limitada a 20% (vinte por cento); e (Incluído pela Lei nº 10.833, de 29.12.2003)

b) a incidência de juros de mora calculados à taxa referencial do Sistema Especial de Liquidação e Custódia – SELIC, para títulos federais, acumulada mensalmente, a partir do 1º (primeiro) dia do mês subsequente ao do registro da declaração de importação até o último dia do mês anterior ao do pagamento e de 1% (um por cento) no mês do pagamento; e (Incluído pela Lei nº 10.833, de 29.12.2003)

II – no caso de exigência de ofício, de multa de 75% (setenta e cinco por cento) e dos juros de mora previstos na alínea *b* do inciso I deste parágrafo. (Incluído pela Lei nº 10.833, de 29.12.2003)

§ 4º A multa de que trata o inciso II do § 3º será exigida isoladamente quando os direitos antidumping ou os direitos compensatórios houverem sido pagos após o registro da declaração de importação, mas sem os acréscimos moratórios. (Incluído pela Lei nº 10.833, de 29.12.2003)

§ 5º A exigência de ofício de direitos antidumping ou de direitos compensatórios e decorrentes acréscimos moratórios e penalidades será formalizada em auto de infração lavrado por Auditor-Fiscal da Receita Federal, observado o disposto no Decreto nº 70.235, de 6 de março de 1972, e o prazo de 5 (cinco) anos contados da data de registro da declaração de importação. (Incluído pela Lei nº 10.833, de 29.12.2003)

§ 6º Verificado o inadimplemento da obrigação, a Secretaria da Receita Federal encaminhará o débito à Procuradoria-Geral da Fazenda Nacional, para inscrição em Dívida Ativa da União e respectiva cobrança, observado o prazo de prescrição de 5 (cinco) anos. (Incluído pela Lei nº 10.833, de 29.12.2003)

§ 7º A restituição de valores pagos a título de direitos antidumping e de direitos compensatórios, provisórios ou definitivos, enseja a restituição dos acréscimos legais correspondentes e das penalidades pecuniárias, de caráter material, prejudicados pela causa da restituição. (Incluído pela Lei nº 10.833, de 29.12.2003)

Art. 8º Os direitos antidumping ou compensatórios, provisórios ou definitivos, somente serão aplicados sobre bens despachados para consumo a partir da data da publicação do ato que os estabelecer, excetuando-se os casos de retroatividade previstos nos Acordos Antidumping e nos Acordos de Subsídios e Direitos Compensatórios, mencionados no art. 1º.

§ 1º Nos casos de retroatividade, a Secretaria da Receita Federal intimará o contribuinte ou responsável para pagar os direitos antidumping ou compensatórios, provisórios ou definitivos, no prazo de 30 (trinta) dias, sem a incidência de quaisquer acréscimos moratórios. (Incluído pela Lei nº 10.833, de 29.12.2003)

§ 2º Vencido o prazo previsto no § 1º, sem que tenha havido o pagamento dos direitos, a Secretaria da Receita Federal deverá exigi-los de ofício, mediante a lavratura de auto de infração, aplicando-se a multa e os juros de mora previstos no inciso II do § 3º do art. 7º, a partir do término do prazo de 30 (trinta) dias previsto no § 1º deste artigo. (Incluído pela Lei nº 10.833, de 29.12.2003)

Art. 9º Os direitos terão vigência temporária, a ser definida no ato de seu estabelecimento, observado que:

I – os provisórios terão vigência não superior a cento e vinte dias, salvo no caso de direitos *antidumping*, quando, por decisão da CAMEX, poderão vigorar por um período de até duzentos e setenta dias, observado o disposto nos Acordos *Antidumping*, mencionados no art. 1º; (Redação dada pela Medida Provisória nº 2.158-35, de 2001)

II – os definitivos ou compromisso homologado só permanecerão em vigor durante o tempo e na medida necessária para eliminar ou neutralizar as práticas de *dumping* e a concessão de subsídios que estejam causando dano. Em nenhuma hipótese, vigorarão por mais de cinco anos, exceto quando, no caso de revisão, se mostre necessário manter a medida para impedir a continuação ou a retomada do *dumping* e do dano causado pelas importações objeto de *dumping* ou subsídio. (Redação dada pela Medida Provisória nº 2.158-35, de 2001)

Parágrafo único. Os exportadores envolvidos no processo de investigação que desejarem a extensão para até seis meses do prazo de vigência de direitos antidumping provisórios, nos termos do inciso I deste artigo, deverão apresentar à Secex solicitação formal nesse sentido, no prazo máximo de trinta dias antes do término do período de vigência do direito.

Art. 10. Para efeito de execução orçamentária, as receitas oriundas da cobrança dos direitos antidumping e dos direitos compensatórios, classificadas como receitas originárias, serão enquadradas na categoria de entradas compensatórias previstas no parágrafo único do art. 3º da Lei nº 4.320, de 17 de março de 1964.

Parágrafo único. As receitas oriundas da cobrança dos direitos *antidumping* e dos Direitos Compensatórios de que trata este artigo, serão destinadas ao Ministério do Desenvolvimento, Indústria e Comércio Exterior, para aplicação na área de comércio exterior, conforme diretrizes estabelecidas pela CAMEX. (Incluído pela Medida Provisória nº 2.158-35, de 2001)

Art. 10-A. As medidas antidumping e compensatórias poderão ser estendidas a terceiros países, bem como a partes, peças e componentes dos produtos objeto de medidas vigentes, caso seja constatada a existência de práticas elisivas que frustrem a sua aplicação. (Incluído pela Lei nº 11.786, de 2008)

Art. 11. Compete à CAMEX editar normas complementares a esta Lei, exceto às relativas à oferta de garantia prevista no art. 3º e ao cumprimento do disposto no art. 7º, que competem ao Ministério da Fazenda. (Redação dada pela Medida Provisória nº 2.158-35, de 2001)

Art. 12. O processo administrativo a que se referem os arts. 1º e 5º atenderá, no que couber, ao disposto na Resolução nº 1.227, de 14 de maio de 1987, com as alterações da Resolução nº 1.582, de 17 de fevereiro de 1989, ambas da extinta Comissão de Política Aduaneira (CPA).

Art. 13. Ficam convalidados os atos praticados com base na Medida Provisória nº 879, de 30 de janeiro de 1995.

Art. 14. Esta Lei entra em vigor na data de sua publicação.

Art. 15. Revoga-se o § 2º do art. 1º do Decreto-lei nº 1.578, de 11 de outubro de 1977.

Senado Federal, em 30 de março de 1995; 174º da Independência e 107º da República

SENADOR JOSÉ SARNEY
Presidente

D.O.U. de 31.3.1995

EDITORA *Jus*PODIVM

www.editorajuspodivm.com.br

Dizer O Direito